中国历代名著全译·丛书

庄子全译

上

[战国] 庄周 著
张耿光 译注

贵州出版集团
贵州人民出版社

中国历代名著全译丛书
再版工作委员会

再版说明

◎ 在人类文明历史长河中，中华民族创造了源远流长、博大精深的优秀传统文化，它是中华民族的“根”与“魂”，为中华民族生生不息、发展壮大提供了强大的精神支撑。中华优秀传统文化内容包蕴万千，而浩如烟海的历代经典名著正是其中最为璀璨的瑰宝。

◎ 为了传承和弘扬中华优秀传统文化，使广大读者了解我国历代经典名著的全豹，上世纪90年代，我们在全国学术界许多著名学者的支持下，出版了这套《中国历代名著全译丛书》。丛书分两批，每批50种，精选我国历代经史子集四部名著以全注全译的形式整理出版。由于丛书开名著全译之先河且兼具权威性、通俗性、学术性和资料性，出版之后得到书界的认可和受到读者的喜爱，并于1993年荣获第三届中宣部精神文明建设“五个一工程”奖。

◎ 随着中国开启建设社会主义现代化国家新征程，文化作为一个国家、一个民族的灵魂，在中国特色社会主义事业全局中的重要地位被进一步凸显，提高文化软实力成为实现中华民族伟大复兴的重要支撑。正是由于这样的背景，让我们开启《中国历代名著全译丛书》的再版工作具有非同寻常的意义。此次再版我们主要做了两项工作：一是对书的内容进行全面细致的校订，改正上一版中存在的舛误，同时，在尊重和保持作者学术成果原貌的基础之上，对个别属于历史局限的地方作了适当处理，使其内容更加精善；二是对书的装帧形式重新进行设计，使其形态更具审美价值并符合新时代读者的阅读习惯。

◎ 我们相信，这套新版的《中国历代名著全译丛书》在让读者领略到中华优秀传统文化独特风采与恒久魅力的同时，对提升中华民族文化自觉自信将起到应有的作用。

贵州人民出版社有限公司

2021年1月

前言

◎《庄子》是我国古代典籍中的瑰宝，无论是在思想史、文学史上，都具有极重要的地位，它对后世的影响，无论是积极方面，还是消极方面，也都十分深远广泛。本书不可能对《庄子》一书作出全面介绍，目的只是通过现代汉语的注译，帮助读者特别是广大青年读者阅读这部先秦典籍。

一

◎《庄子》的主要作者是庄子。庄子名周，字子休，战国早期宋国蒙城（今河南省商丘市梁园区）人。庄子的生平事迹历史资料不多，生卒年月更很难确切考定。最早记载庄子事迹的是司马迁的《史记》。《史记》上说庄子“与梁惠王、齐宣王同时”，据此马叙伦先生考定其生卒年代是周烈王七年至周赧王二十九年，即公元前369年至前286年，大体跟孟子同时或偏早。

◎ 庄周曾做过蒙城的小官（漆园吏），但不久辞去，不愿与统治者合作。《史记》上还记载“楚威王闻庄周贤，使使厚币迎之，许以为相”，可是庄周并未接受，“宁游戏污渎之中自快，无为有国者所羁，终身不仕”。庄周一生过着十分贫苦的生活，就是《庄子》一书中也多次写到他鄙薄高官厚禄的故事。他居处陋巷，向人借粮，自织草鞋，穿粗布衣和破鞋，甘愿闲居独处，与《史记》中简单的记载是吻合的。

◎ 庄周生活在一个剧烈动荡的时代。战国初年，周王朝已名存实亡，诸侯兵戎相见，战乱频仍，群雄割据，齐、楚、燕、赵、韩、魏、秦七大诸侯国争霸天下，社会动荡不安，各种社会矛盾极为尖锐而又复杂。在这样的社会背景下，继儒、墨两家之争以后，学术思想空前活跃，学术流派竞相而起，借助社会的动荡阐述各自的政治主张和对社会现实的看法，形成了百家争鸣之势。庄周目光敏锐、博学纵览，深通各家学说，而且身居卑微，不慕富贵，嘲讽权势，在《老子》的基础上，逐步形成了他独特的哲学体系和思想风格。

◎《庄子》一书是道家学派的代表作，成书于战国中晚期，《史记》中已能见到现存于《庄子》中的部分篇名，但并未记载《庄子》有多少篇。《汉书·艺文志》上说《庄子》有52篇，而我们今天所能见到的《庄子》只有33篇。这是根据晋代郭象的注本流传至今的。33篇划分为3个部分，即内篇（7篇）、外篇（15篇）和杂篇（11篇）。至于33篇的真伪问题，宋代以前从未有过异议，认为都是庄周所作。自宋代苏轼以后人们对《庄子》篇目的真伪却有不少争议，认为少数篇目不是庄周所作，也不像庄派后学之作，理由不外乎部分篇目的思想内容与庄周一贯的主张不尽吻合，或者笔意浮浅，风格与庄周汪洋恣肆的特点不一致。纵观全书，的确有个别篇目无论就内容说还是风格说都与全书格调不能合拍，但仍不能足以证明就是伪托之作。正如先秦许多典籍往往不是出自一人之手一样，庄派的后学者在成书过程中确曾起过整理或增删的作用，更何况像庄周这样一个“心如泉涌，意如飘风”的大家，先秦各家思想互相渗透和影响的情况是随处可以找到材料说明的。因此篇目真伪的讨论对于理解《庄子》的内容并没有多大意义。

◎ 西汉独尊儒术而罢黜百家，封建统治阶级感兴趣的只是利用儒家思想有利于维护封建秩序的一面,《庄子》理所当然地不被看重。经过东汉末年的社会大动荡和三国时代的纷争，士大夫目睹征战之苦和社会的黑暗与残暴，用托古喻今的办法寄托他们的反抗，表白自身的高洁以及对当世的否定，于是玄学盛行,《庄子》这才受到世人的重视。晋人司马彪、崔馔、向秀、郭象等纷纷为《庄子》作注，这对于保存和流传《庄子》起到了至关重要的作用。隋唐时代注疏《庄子》的本子已经有20多种，以陆德明《经典释文》中的《庄子音义》和成玄英的《庄子注疏》最有价值。宋代以后研究《庄子》的人多侧重于它的哲理方面，林希逸的《庄子鬳斋口义》、褚伯秀的《南华真经义海纂微》就很有成就。清代王夫之的《庄子通》在研究《庄子》的哲学思想方面也很有见地，至于清代的考据校勘工作更为《庄子》的整理作出了卓有成效的工作。为《庄子》的注解进行汇编工作的是清末郭庆藩的《庄子集释》和王先谦的《庄子集解》，而郭氏的成就更高，它在辑录郭象的注、成玄英的疏和陆德明的音义的基础上，又大量采录了王念孙、俞樾等大学问家的训诂考据成果，因此流传颇广，很有价值。

◎《庄子》一书风格独特，它把深奥玄妙的哲理与生动具体的形象熔于一炉，使抽象的逻辑思维与具体的形象思维结合起来；它想象丰富，构筑奇特，笔调婉曲，意气纵放，思想内涵发掘之深，语言文辞设置之妙，堪称当世之绝。

二

◎《庄子》的哲学体系是博大精深的，其中心就是“道”，这也是道家学派的由来。“道”是一个极为复杂的概念，它集中反映了在生产力低下、科学认识水平还不高的情况下道家学派对宇宙本体和物质变化的总的认识。“道”有多层含义，可以指宇宙的本原，可以指万物发展变化所依循的规律，又可以指宇宙万物的同一性，同时“道”还可以视为哲学领域里的一种境界。

◎ 宇宙万物是怎么形成的呢?《知北游》中有一句重要的话:“通天下一气耳。”《则阳》又说:“阴阳者，气之大者也。”《庄子》全书多次讨论到生命的起源。《庄子》认为一切有生命的东西都起源于“气”，所谓“人之生，气之聚也”。《田子方》还说:“至阴肃肃，至阳赫赫；肃肃出乎天，赫赫发乎地，两者交通成和，而物生焉。”“气”乃是构成物质形体的原始材料，战国时代许多哲学著作都有这样的认识；而最大的“气”又是“阴”与“阳”，阴阳交媾就会形成物体。可知“气”与“阴”“阳”是客观存在的，是具有物质性的东西。

◎ 但当时《庄子》所能认识的物还是有形、有色、能够感知的物，这就使它在探讨宇宙本原时受到很大局限。《达生》说:“凡有貌象声色者，皆物也。”这里给“物”所下的定义就只能认为是能够感知的物。“气”合而成物，“气”又是怎么来的呢？天地又是怎么形成的呢?《知北游》说:“有先天地生者物邪？物物者非物。”这就是说产生有形之物的一定不会是能够感知的物，就像产生天地的一定不会是天地那样的东西，于是只得求助于“无”，万物的客观存在又是从“无”开始了；当然这个“无”就不宜视为“没有”，而是针对“貌象声色”的“有”而说的。《庚桑楚》说:“万物出乎无有，有不能以有为有，必出于无有”，这样自然就归结为“道”。《大宗师》也说：“夫道，有情有信，无为无形，可传而不可受，可得而不可见，自本自根，未有天地，自古以固存。神鬼神帝，生天生地；在太极之先而不为高，在六极之下而不为深，先天地生而不为久，长于上古而不为老。”“道”就被视为宇宙的本原，能产生天地驾驭鬼神，但又无有形象不可感知。可知《庄子》中的“道”具有两重性，既不是人格化了的神，也不是超越了客观世界的主观意念，而是一种客观存在。从这一角度说，“道”也就是“气”的推进，“气”的抽象化，但“道”又具有一定的神秘色彩，无形无象，不可捉摸，更不可描绘与言传。

◎“道”又是“一”的同义语，常用来称述事物的总体性、同一性。《庄子》认为既然事物都源于气，各种事物尽管千差万别，归根结蒂其本质却是同一的，没有差异的，所谓事物间的对立与差异，全是人为划分的结果。《庄子》中所描绘的“太初”景象里，宇宙万物是“芴漠”“浑沌”而融于一体的，至于各种事物的生灭与变化，那也是整个物质世界内部发展过程中的一小部分，某一事物的消亡就意味着另一事物的产生，这一事物的形成也同样意味着他事物的分解与毁坏。千变万化的世界便总是一大整体。从同源引申为同质，这是“道”的第二层含义。《逍遥游》中的“万物以为一”，《齐物论》中的“天地一指也，万物一马也”,《大宗师》中的“天地之一气”,《知北游》中的“通天下一气”,《天地》中的“万物一府”,《秋水》中的“万物一齐”，都是用来讨论事物的总体性、同一性的，归结起来就是“万物皆一”(《德充符》)和“道通为一”(《齐物论》)。

◎《庄子》中的“道”又是规律和自然的同义语。全书十分注重事物的运动与变化，认为各种事物总是处在不停的变化发展中,《秋水》中就说:“无动而不变，无时而不移。”那么谁在主宰事物的运动与变化呢？那就是事物自身，也就是说一切运动变化都是自然地出现、自然地形成、自然地发展、自然地消失，即一切都是本来如此、必然如此。《知北游》中说:“天不得不高，地不得不广，日月不得不行，万物不得不昌，此其道与?”《天道》中又说:“天地固有常矣，日月固有明矣，星辰固有列矣，禽兽固有群矣，树木固有立矣。”由此可知“道”就是事物的本然性和必然性，即事物的自然规律。《缮性》中说:“道，理也。”既然“道”是永恒的、固有的，因而只能“循道而趋”，遵循它的必然规律。

◎《庄子》一书中多次谈到“体道”一事，表面上看,“体道”乃是个人的自我修养，其实是追求一种宇宙精神，追求物我交融的心态，从这一角度说,“道”又是一种精神境界。这种境界的基本特征是:“天地与我并生，万物与我为一”(《齐物论》）；“芒然彷徨乎尘垢之外，逍遥乎无为之业”（《大宗师》）；“乘夫莽眇之鸟，以出六极之外，而游无何有之乡，以处圹埌之野”（《应帝王》）。要达到这样的境界当然得去除各种内外的阻滞和障蔽，包括超越外在各种因素的诱惑与影响，突破自身形骸的局限，并消除一切智能活动和成见；同时还要培养起死生如一的心态，从了解宇宙变化的真情中逐步凝聚自己的精神世界，即所谓“外天下”“外物”“外生死”以及“离形去智”而达到“坐忘”“心斋”的境界。这样的精神境界既是一种人生观的体现，也是一种世界观的体现。

◎《庄子》哲学思想的又一重要组成部分，就是它的相对论认识。首先,《庄子》认为事物总是相对而又相生的，也就是说任何事物都具有既互相对立，又互相依赖的正反两个方面。拿形成万物的“气”来说，同样存在阴与阳相对相生的性质，天与地、日与月、动与静、明与晦、生与死、消与长、男与女、雄与雌等等就是最普通的阴阳相对相生的概念。

◎ 其次,《庄子》认识到事物的运动变化总是向它相对立的方面转化。《齐物论》说“其分也，成也；其成也，毁也”，总结出事物分化与合成的对应发展的基本趋势。《则阳》又进一步说:“阴阳相照，相盖相治；四时相代，相生相杀。欲恶去就，于是桥起；雌雄片合，于是庸有。安危相易，祸福相生；缓急相摩，聚散以成。此名实之可纪，精微之可志也。随序之相理，桥运之相使，穷则反，终则始。此物之所有，言之所尽，知之所至，极言而已。”

◎ 第三,《庄子》认为从“道”的总体性、同一性的角度说，宇宙万物尽管千差万别，小与大、短与长、美与丑、分与成，说到底又是齐一的，没有区别的。

◎ 第四,《庄子》认为确定认知的标准是困难的，甚至是不可能的，因为任何认知都会受到特定条件的限制，受到时空的制约。如果离开特定的条件，超越了时空的制约，认知就只能是相对的。《大宗师》说:“知有所待而后当，其所待者，特未定也。”加之“物量无穷，时无止，分无常，终始无故”(《秋水》)，认知也就只具有相对性，不可能有客观划一的标准。全书多次举例说明时空的无限性、事物变化的不定性以及认知主体的局限性，从而夸大了事物的相对性，掩盖了相对关系中的绝对性因素，于是导向不可知。《齐物论》中说道:“物无非彼，物无非是，自彼则不见，自是则知之。故曰，彼出于是，是亦因彼。彼是方生之说也。虽然，方生方死，方死方生，方可方不可，方不可方可；因是因非，因非因是。”于是得出这样的结论:“天下莫大于秋毫之末，而太山为小；莫寿于殇子，而彭祖为夭。”(《齐物论》)错误当然不言自明。由此,《庄子》认为“彼亦一是非，此亦一是非”，任何辩论的双方都无所谓是非，因而言论也应是齐一的了。

◎《庄子》的哲学思想深邃玄妙，它触及认知世界里的许多重大问题，处处闪烁出人类思维活动的火花，当然它也深深打上了那一时代的烙印。

三

◎ 再来讨论《庄子》的社会观。《逍遥游》中有这样一句话："至人无己，神人无功，圣人无名。"《天道》又说："夫帝王之德，以天地为宗，以道德为主，以无为为常。无为也，则用天下而有余；有为也，则为天下用而不足。"通观全书，"无为"和"无己"就是《庄子》一书政治主张和生活旨趣的高度概括。

◎《庄子》中的人物众多，上至诸侯国君，下到奴仆屠者，不同阶层、不同社会面貌的人都能深深留下印记，通过这些形形色色的人所组成的形形色色的事，反映出那一时代的社会画面。《庄子》认为社会"沈浊"，"不可与庄语"，因此该书大多采用寓言的曲折手法，透过各种自然和社会现象探求更为深邃、更有价值的哲理。

◎《庄子》一书充分表现了庄周愤世嫉邪的思想和情绪。它抨击各国诸侯的征战，谴责他们给人民带来祸殃，《徐无鬼》中说"君独为万乘之主，以苦一国之民，以养耳目鼻口"，指出他们"杀人之士民，兼人之土地，以养吾私与吾神"，并且直接戳穿统治者挑起战争的欺骗蛊惑手段，“爱民，害民之始也；为义偃兵，造兵之本也”。它认为一切虚伪、欺诈、盗窃等社会弊端全都是统治者造成的，《则阳》中借古讽今说：“古之君人者，以得为在民，以失为在己；以正为在民，以枉为在己。故一形有失其形者，退而自责。今则不然，匿为物，而愚不识；大为难，而罪不敢；重为任，而罚不胜；远其涂，而诛不至。民知力竭，则以伪继之。日出多伪，士民安取不伪？夫力不足则伪，知不足则欺，财不足则盗，盗窃之行，于谁责而可乎？”《山木》还直接指责统治者是“昏上乱相”，《胠箧》说得更直接：“窃钩者诛，窃国者为诸侯，诸侯之门仁义存焉。”正是因为统治者的肆虐，才会造成“今世殊死者相枕也，桁杨者相推也，刑戮者相望也”（《在宥》）的社会惨况。书中对于权贵的嘲讽，对于社会名流的讥诮，对于贪婪、欺诈、虚伪、骄矜、故作姿态等等丑行的揭露与批判，是举不胜举的。

◎ 然而，面对社会的黑暗与不公，面对社会的矛盾与动荡，庄周却未能看到社会进步发展的必然趋势，而是走向了另一极端，主张退回到原始朴鄙的社会去。《庄子》认为社会的不公与丑恶，是跟统治者出现于政治历史舞台分不开的。《庚桑楚》就说：“大乱之本，必生于尧舜之间，其末存乎千世之后。千世之后，其必有人与人相食也。”因此《庄子》在抨击黑暗现实的同时，多次描绘出原始“至德之世”的景象，作为他政治理想上的追求。《胠箧》说：“子独不知至德之世乎？……当是时也，民结绳而用之，甘其食，美其服，乐其俗，安其居，邻国相望，鸡狗之音相闻，民至老死而不相往来。”《马蹄》还说：“夫至德之世，同与禽兽居，族与万物并，恶乎知君子、小人哉！同乎无知，其德不离；同乎无欲，是谓素朴。素朴而民性得矣。”这实际上是让社会倒退到原始蒙昧的时代。

◎《庄子》复古倒退的社会历史观和政治主张，乃是庄周及其后学者面对社会黑暗与不公却又看不到出路的叹惋与哀吟，同时也是其哲学思想在社会政治理念上的必然归宿。庄周所能看到的是满目疮痍的社会，是弱肉强食的现实，应运而生的各种游说之士摇舌鼓唇，不外乎是些追名逐利之徒，他们的主张并不能真正使社会得到安宁，仁义与兼爱带有极大的欺骗性和虚伪性。在洞悉真伪之余更感到社会有越治越乱的趋势，于是也就把眼光投向远古，由伤今而至怀古了。

◎ 同时《庄子》的“道”强调了宇宙的本原和事物的总体性、同一性，强调了宇宙万物发生发展的必然性，强调了外在世界归根结蒂只能统一为“一”的归宿，因而在政治理念上势必会追求无有等级差异、人人事事顺应其位并得以自然发展的境界；这又与哀叹世事、悲愤当今的思想一拍即合，并进而在批判仁义、摒弃贤圣的基础上发展成为诋毁文明和进步的主张。正如《胠箧》中所提出的“掊斗折衡”“擢乱六律”“灭文章”“散五采”“绝钩绳”“弃规矩”，这样，“天下之德始玄同矣”。更有甚者，《庄子》还错误地认为社会进步，会使人们耽于心智，妨碍体道的进程，甚至会加剧社会的不公，《天地》中就写有反对机械吸水的故事，理由是“有机械者必有机事，有机事者必有机心；机心存于胸中，则纯白不备；纯白不备，则神生不定；神生不定者，道之所不载也”。这当然是十分荒谬的了。

◎ 一方面斥责仁义和圣贤，一方面弃置聪明与智巧，把这两者并合起来，就是《庄子》一书治世的总方针，《在宥》就说：“绝圣弃知，天下大治。”照此构想，功利还有什么用，无为也就是最大的作为了。

◎《庄子》所倡导的人生态度的中心是顺应自然。既然社会的发展，乃至事物的运动变化都有其自身的规律，不可抗拒，不可改变，因此全书多处提出对人为的批评，指出有为的有害性。全书认为要真正做到无为，首先还得忘掉自我，“无己”之后当然就不会受外物所拘滞，不会去追逐名利，不会去谴责是非曲直，这样才“可以保身，可以全身，可以养亲，可以尽年”（《养生主》）。然后才是有感而应，凝神寂志，并最终达到恬淡自适的境界，正像《天地》所说的那样：“夫虚静、恬淡、寂寞无为者，天地之平，而道德之至。”《庄子》人生哲学的另一重要内容，就是对待生死的态度。庄周主张生死不分、死生齐一，即超脱生死，置死生于度外。《刻意》说：“其生若浮，其死若休。”《大宗师》也说：“不知所以生，不知所以死。”生与死既然都是“气”的聚合与离散，因而“死生同状”（《天地》）。就是他临死时还在风趣地对弟子说：“在上为乌鸢食，在下为蝼蚁食，夺彼与此，何其偏也！”（《列御寇》）

◎ 顺应自然固然有遵循客观规律的积极一面，但一任顺应，过分强调了事物的自身运动而忽略了人的主观能动作用，势必又导向其反面，走向听天由命的宿命观，这又是庄周人生态度上的消极面。《大宗师》说：“死生，命也；其有夜旦之常，天也。人之有所不得与，皆物之情也。”《德充符》说：“死生、存亡、穷达、贫富、贤与不肖、毁誉、饥渴、寒暑，是非之变，命之行也。”把困厄、贫富、好坏、毁誉看作命运的安排，这当然是应当加以批判的。

◎《庄子》的思想是十分复杂的。一方面谴责人为征战的恶果和社会不公，一方面又希图让人安于现状；一方面指出了事物的对立转化，另一方面却又大倡不可知论，其矛盾的焦点又集中到对待儒学的态度上。全书多处痛斥儒家的仁义之道，揭露其学说的虚伪性和欺骗性，但在具有后序性质的《天下》篇中却没有用一个字来谴责孔子和儒学；有的篇章抨击孔子一点不留情面，有的篇章却褒扬孔子身临厄境还能泰然处顺。全书反复倡导无为而治，顺乎自然，但个别篇章又滑向“上必无为有用天下，下必有为为天下用”（《天道》），甚至《天下》等篇还提出了所谓“外王”的概念，用与“内圣”相对，这都与庄周的初衷不尽吻合。其实这些矛盾现象正反映出《庄子》思想的复杂性，说明《庄子》思想体系本身就是一个复杂的整体，要知道活跃在当世的众多学说体系不可能不互相影响、互相渗透，不同的境况，不同的心绪也会不自觉地偏离初衷。

四

◎《庄子》文情跌宕，意境深远，变化莫测，恣肆汪洋，在先秦诸子散文中独树一帜，甚至可以说代表了那一时代散文艺术的最高成就。人们常常把它与屈原的作品相提并称，鲁迅先生在《汉文学史纲要》中曾这样评价：“汪洋辟阖，仪态万方，晚周诸子之作，莫能先也。”

◎《庄子》的艺术特点最突出的是寓言，司马迁就曾说过：“其著述十余万言，大抵率寓言也。”寓言的形式大大增加了《庄子》的文学形象性。《庄子》全书描写了许多有趣的人物，这许多人物有不少在历史上也是有名有姓的，如孔子、盗跖、老聃、列御寇、宋元君、魏惠王、惠施、公孙龙、接舆、许由、子产等。有名有姓并非真有其事，故事是编出来的，人物是为其表达设置的，为其主题服务的。杜撰的人物更是多得不可胜举，盗墓的大儒与小儒，奇丑怪异的王骀、申徒嘉、叔山无趾和哀骀它，仿效西施捧胸蹙眉的东施，善于把无用看作有用的匠石，专心致志的痀偻，出神入化的东郭子綦，故作姿态的尸祝以及许许多多体道者的形象。就是那些小动物，也被拟人化而具有了鲜明的个性。

◎ 但是《庄子》写人叙事目的并不在于写人叙事本身，而是为了寄寓深刻的哲理。故事和人物是作为形象化了的论据出现的，这就使深奥的道理和生动的形象结合起来，使逻辑思维和形象思维结合起来，创造出一种独特的散文意境，从而加深了它的哲理论述的形象性。

◎《庄子》的又一重要艺术特点是形象生动的譬喻。庖丁解牛喻指遵循事物自然之理；埳井之蛙喻指浅薄鄙陋之人；不龟手之药喻指不识深妙高远的作用等等。《庄子》极富于想象，又精于神话表现手法，其用作譬喻的材料也格外丰富，方法也格外灵活多样，可以说任何时空的情况和任何事物之间都可以构成譬喻。《齐物论》中描写各种自然的音响，连续用了16个譬喻，生动贴切、淋漓尽致。《则阳》篇里讽刺诸侯之间的战争，用蜗牛的左右角来号称触氏与蛮氏的对抗。为了表达追求自然、反对人为的思想,《胠箧》篇把规矩、绳墨、陶冶、驯马之术等比喻成治事的束缚。这一切运用之灵活、达意之精微，在古代典籍中是极为少见的。

◎《庄子》散文的又一艺术特点是丰富奇特的想象。《庄子》的联想是在寓托和比喻基础上，进一步通过虚构、夸张和奇妙的幻想，造成一种极为深邃、极为玄妙的意境。人们常说《庄子》极富于浪漫主义色彩，指的就是这层意思。在《逍遥游》中，为了追求所谓绝对的自由，他将特大与特小之事物均有所依待的情况对比起来描写。鹏鸟水击三千里、抟扶摇而上九万里，而斥鴳跃起而飞不过数仞而下；坳堂杯水,“置杯则胶”，而“芥为之舟”。寿长如大椿，以八千岁为春、八千岁为秋，寿短如菌类朝生暮谢。至于那游离、飘逸的雾霭和尘土更是那么沸沸扬扬、变化不定，使人读后遐想联翩，思维顿感活跃起来。《外物》写负有大任的人必有大志，寓设任公子“为大钩巨缁”，用50头犍牛作钓饵，蹲在会稽山上，投竿于浩瀚的东海，一整年钓不上一条鱼；一旦大鱼上钩，便“白波如山，海水震荡，声侔鬼神，惮赫千里”，而且浙江以东、苍梧以北的人没有谁不吃厌了鱼肉。其想象力之丰富真可说是无与伦比。

◎ 此外,《至乐》中庄子跟骷髅的趣谈,《德充符》中子产与申徒嘉走出师门谁先谁后的对话,《秋水》中虚拟的埳井之蛙与东海之鳖的交谈,《列御寇》中庄子对曹商使秦的嘲讽,《外物》中大儒、小儒伙同盗墓的描写和庄子向监河侯借粮时的答话等等,更是妙趣横生,酸甜苦辣、嬉笑怒骂一应俱全。《庄子》中的许许多多生动形象、丰富多彩的语言材料,具有极强的表现力和穿透力,既是对生活的高度概括,又是智慧的凝聚与闪现。至今不少语言材料还活跃在成语里,成为现代汉语词汇中的宝贵财富,如“朝三暮四”“运斤成风”“望洋兴叹”“贻笑大方”“邯郸学步”“吐故纳新”“得意忘言”“摇舌鼓唇”“大相径庭”“东施效颦”“庖丁解牛”“痀偻承蜩”“埳井之蛙”“鸡鸣狗吠”“每况愈下”“越俎代庖”等等,这是《庄子》对汉语言文学的一大贡献。

◎ 本书注译以郭庆藩的《庄子集释》为底本,参考了近现代《庄子》研究的重要成果,如章炳麟的《庄子解故》、马叙伦的《庄子义证》、刘文典的《庄子补正》、杨树达的《庄子拾遗》、王叔岷的《庄子校释》、于省吾的《庄子新证》和高亨的《诸子新笺》,对郭本的少数用字和句读也作了适当校正。注释一律不注明出处,而且一般只注一种解释,目的只在于串通文意;注释以注词义为主。译文力求直译,直译有困难时方才考虑意译。为帮助阅读,每篇之首还加了题解和段落大意的提示。

◎ 笔者长期从事语言工作,对《庄子》的哲学思想和文学价值的探讨还自感肤浅。承蒙出版社同志和诸位同仁厚爱和帮助，笔者勉为其难，总算完稿。疏漏与不如人意之处在所难免，只得留待读者批评指正了。

目录

内篇

外篇

杂篇

内篇

逍遥游

题解

“逍遥”也写作“消摇”，意思是优游自得的样子。“逍遥游”就是没有任何束缚地、自由自在地活动。

全文可分为三个部分，第一部分至“圣人无名”，是本篇的主体，从对比许多不能“逍遥”的例子说明，要真正达到自由自在的境界，必须“无己”“无功”“无名”。第二部分至“窅然丧其天下焉”，紧承上一部分进一步阐述，说明“无己”是摆脱各种束缚和依凭的唯一途径，只要真正做到忘掉自己、忘掉一切，就能达到逍遥的境界，也只有“无己”的人才是精神境界最高的人。余下为第三部分，论述什么是真正的有用和无用，说明不能为物所滞，要把无用当作有用，进一步表达了不受任何拘束，追求优游自得的生活旨趣。

本篇是《庄子》的代表篇目之一，充满奇特的想象和浪漫的色彩，寓说理于寓言和生动的比喻中，形成独特的风格。“逍遥游”也是庄子哲学思想的一个重要方面。全篇一再阐述无所依凭的主张，追求精神世界的绝对自由。在庄子的眼里，客观现实中的一事一物，包括人类本身都是对立而又相互依存的，这就没有绝对的自由，要想无所依凭就得无己。因而他希望一切顺乎自然，超脱于现实，否定人在社会生活中的一切作用，把人类的生活与万物的生存混为一体；提倡不滞于物，追求无条件的精神自由。

原文

北冥有鱼[①]，其名曰鲲[②]。鲲之大，不知其几千里也；化而为鸟，其名为鹏[③]。鹏之背，不知其几千里也；怒而飞[④]，其翼若垂天之云[⑤]。是鸟也，海运则将徙于南冥[⑥]。南冥者，天池也[⑦]。齐谐者[⑧]，志怪者也[⑨]。谐之言曰："鹏之徙于南冥也，水击三千里[⑩]，抟扶摇而上者九万里[⑪]，去以六月息者也[⑫]。"野马也[⑬]，尘埃也[⑭]，生物之以息相吹也[⑮]。天之苍苍，其正色邪？其远而无所至极邪[⑯]？其视下也，亦若是则已矣。

注释

① 冥：亦作溟，海之意。"北冥"，就是北方的大海。下文的"南冥"仿此。传说北海无边无际，水深而黑。

② 鲲（kūn）：本指鱼卵，这里借表大鱼之名。

③ 鹏：本为古"凤"字，这里用表大鸟之名。

④ 怒：奋起。

⑤ 垂：边远；这个意义后代写作"陲"。一说遮，遮天。

⑥ 海运：海水运动，这里指汹涌的海涛；一说指鹏鸟在海面飞行。徙：迁移。

⑦ 天池：天然的大池。

⑧ 齐谐：书名。一说人名。

⑨志：记载。

⑩击：拍打，这里指鹏鸟奋飞而起双翼拍打水面。

⑪抟（tuán）：环绕而上。一说“抟”当作“搏（bó）”，拍击的意思。扶摇：又名叫飙，由地面急剧盘旋而上的暴风。

⑫去：离，这里指离开北海。息：停歇。

⑬野马：春天林泽中的雾气。雾气浮动状如奔马，故名“野马”。

⑭尘埃：扬在空中的土叫“尘”，细碎的尘粒叫“埃”。

⑮生物：概指各种有生命的东西。息，这里指有生命的东西呼吸所产生的气息。

⑯极：尽。

译文

北方的大海里有一条鱼，它的名字叫做鲲。鲲的体积，真不知道大到几千里；变化成为鸟，它的名字就叫鹏。鹏的脊背，真不知道长到几千里；当它奋起而飞的时候，那展开的双翅就像天边的云。这只鹏鸟呀，随着海上汹涌的波涛迁徙到南方的大海。南方的大海是个天然的大池。《齐谐》是一部专门记载怪异事情的书，这本书上记载说：“鹏鸟迁徙到南方的大海，翅膀拍击水面激起三千里的波涛，海面上急骤的狂风盘旋而上直冲九万里高空，离开北方的大海用了六个月的时间方才停歇下来。”春日林泽原野上蒸腾浮动犹如奔马的雾气，低空里沸沸扬扬的尘埃，都是大自然里各种生物的气息吹拂所致。天空是那么湛蓝湛蓝的，难道这就是它真正的颜色吗？抑或是高旷辽远没法看到它的尽头呢？鹏鸟在高空往下看，不过也就像这个样子罢了。

原文 且夫水之积也不厚，则其负大舟也无力。覆杯水于坳堂之上[①]，则芥为之舟[②]；置杯焉则胶，水浅而舟大也。风之积也不厚，则其负大翼也无力，故九万里则风斯在下矣[③]。而后乃今培风[④]，背负青天而莫之夭阏者[⑤]，而后乃今将图南。蜩与学鸠笑之曰[⑥]：“我决起而飞[⑦]，抢榆枋[⑧]，时则不至，而控于地而已矣[⑨]；奚以之九万里而南为[⑩]？”适莽苍者[⑪]，三飡而反[⑫]，腹犹果然[⑬]；适百里者，宿舂粮[⑭]；适千里者，三日聚粮。之二虫又何知[⑮]？小知不及大知[⑯]，小年不及大年。奚以知其然也？朝菌不知晦朔[⑰]，蟪蛄不知春秋[⑱]，此小年也。楚之南有冥灵者[⑲]，以五百岁为春，五百岁为秋；上古有大椿者[⑳]，以八千岁为春，八千岁为秋[㉑]。而彭祖乃今以久特闻[㉒]，众人匹之[㉓]，不亦悲乎？

注释

①覆：倾倒。坳（ào）：坑凹处，“坳堂”指厅堂地面上的坑凹处。

②芥：小草。

③斯：则，就。

④而后乃今：意思是这之后方才；以下同此解。培：通作“凭”，凭借。

⑤莫：这里作没有什么力量讲。夭阏（è）：又写作“夭遏”，意思是遏阻、阻拦。“莫之夭阏”即“莫夭阏之”的倒装。

⑥蜩（tiáo）：蝉。学鸠：一种小灰雀，这里泛指小鸟。

⑦决（xuè）：通作“翅”，迅疾的样子。

⑧抢（qiāng）：突过。榆枋：两种树名。

⑨控：投下，落下来。

⑩奚以：何以。之：去到。为：句末疑问语气词。

⑪适：往，去到。莽苍：指迷茫看不真切的郊野。

⑫飡（cān）：同“餐”。反：返回。

⑬犹：还。果然：饱的样子。

⑭宿：这里指一夜。

⑮之：这。二虫：指上述的蜩与学鸠。

⑯知（zhì）：通“智”，智慧。

⑰朝：清晨。晦朔：一个月的最后一天和最初一天。一说“晦”指黑夜，“朔”指清晨。

⑱蟪蛄（huì gū）：即寒蝉，春生夏死或夏生秋死。

⑲冥灵：传说中的大龟。一说树名。

⑳大椿：传说中的古树名。

㉑根据前后用语结构的特点，此句之下当有“此大年也”一句，但传统本子均无此句。

㉒彭祖：古代传说中年寿最长的人。乃今：而今。以：凭。特：独。闻：闻名于世。

㉓匹：配，比。

译文

再说水汇积不深，它浮载大船就没有力量。倒杯水在厅堂的低洼处，那么小小的芥草也可以给它当作船；而搁置杯子就粘住不动了，因为水太浅而船太大了。风聚积的力量不雄厚，它托负巨大的翅膀便力量不够。所以，鹏鸟高飞九万里，狂风就在它的身下，然后方才凭借风力飞行，背负青天而没有什么力量能够阻遏它了，然后才像现在这样飞到南方去。寒蝉与小灰雀讥笑它说：“我从地面急速起飞，碰着榆树和檀树的树枝，常常飞不到而落在地上，为什么要到九万里的高空而向南飞呢？”到迷茫的郊野去，带上三餐就可以往返，肚子还是饱饱的；到百里之外去，要用一整夜时间准备干粮；到千里之外去，三个月以前就要准备粮食。寒蝉和灰雀这两个小东西懂得什么！小聪明赶不上大智慧，寿命短比不上寿命长。怎么知道是这样的呢？清晨的菌类不会懂得什么是晦朔，寒蝉也不会懂得什么是春秋，这就是短寿。楚国南边有叫冥灵的大龟，它把五百年当作春，把五百年当作秋；上古有叫大椿的古树，它把八千年当作春，把八千年当作秋，这就是长寿。可是彭祖到如今还是以年寿长久而闻名于世，人们与他攀比，岂不可悲可叹吗？

原文 汤之问棘也是已[①]：“穷发之北有冥海者[②]，天池也。有鱼焉，其广数千里，未有知其修者[③]，其名曰鲲。有鸟焉，其名为鹏，背若太山[④]，翼若垂天之云；抟扶摇、羊角而上者九万里[⑤]，绝云气[⑥]，负青天，然后图南，且适南冥也。斥鴳笑之曰：‘彼且奚适也？我腾跃而上，不过数仞而下[⑦]，翱翔蓬蒿之间，此亦飞之至也[⑧]。而彼且奚适也？’”此小大之辩也[⑨]。

注释 ①汤：商汤。棘：汤时的贤大夫。已：矣。

②穷发：不长草木的地方。

③修：长。

④太山：大山。一说即泰山。

⑤羊角：旋风，回旋向上如羊角状。

⑥绝：穿过。

⑦斥鴳（yàn）：一种小鸟。

⑧仞：古代长度单位，周制为八尺，汉制为七尺；这里应从周制。

⑨至：极点。

⑩辩：通作“辨”，辨别、区分的意思。

译文 商汤询问棘的话是这样的：“在那草木不生的北方，有一个很深的大海，那就是‘天池’。那里有一种鱼，它的脊背有好几千里，没有人能够知道它有多长，它的名字叫做鲲。有一种鸟，它的名字叫鹏，它的脊背像座大山，展开双翅就像天边的云。鹏鸟奋起而飞，翅膀拍击急速旋转向上的气流直冲九万里高空，穿过云气，背负青天，这才向南飞去，打算飞到南方的大海。斥鴳讥笑它说：‘它打算飞到哪儿去？我奋力跳起来往上飞，不过几丈高就落了下来，盘旋于蓬蒿丛中，这也是我飞翔的极限了。而它打算飞到什么地方去呢？’”这就是小与大的不同了。

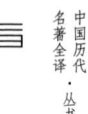

原文 故夫知效一官[①]、行比一乡[②]、德合一君、而徵一国者[③]，其自视也亦若此矣。而宋荣子犹然笑之[④]。且举世而誉之而不加劝[⑤]，举世而非之而不加沮[⑥]，定乎内外之分[⑦]，辩乎荣辱之境[⑧]，斯已矣。彼其于世，未数数然也[⑨]。虽然，犹有未树也。夫列子御风而行[⑩]，泠然善也[⑪]，旬有五日而后反[⑫]。彼于致福者[⑬]，未数数然也。此虽免乎行，犹有所待者[⑭]。若夫乘天地之正[⑮]，而御六气之辩[⑯]，以游无穷者，彼且恶乎待哉[⑰]？故曰：至人无己[⑱]，神人无功[⑲]，圣人无名[⑳]。

注释 ①效：功效；这里含有胜任的意思。官：官职。

②行：品行。比：比并。

③而：通作“能”，能力。徵：取信。

④宋荣子：一名宋钘，宋国人，战国时期的思想家。犹然：讥笑的禅子。

⑤举：全。劝：劝勉，努力。

⑥非：责难，批评。沮（jǔ）：沮丧。

⑦内外：这里分别指自身和身外之物。在庄子看来，自主的精神是内在的，荣誉和非难都是外在的，而只有自主的精神才是重要的、可贵的。

⑧境：界限。

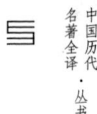

⑨数数（shuò）然：急急忙忙的样子。

⑩列子：郑国人，名叫列御寇，战国时代思想家。御：驾驭。

⑪泠（líng）然：轻盈美好的样子。

⑫旬：十天。有：又。

⑬致：罗致，这里有寻求的意思。

⑭待：凭借，依靠。

⑮乘：遵循，凭借。天地。这里指万物，指整个自然界。正：本；这里指自然的本性。

⑯御：含有因循、顺着的意思。六气：指阴、阳、风、雨、晦、明。辩：通作“变”，变化的意思。

⑰恶：何，什么。

⑱至人：这里指道德修养最高尚的人。无己：清除外物与自我的界线，达到忘掉自己的境界。

⑲神人：这里指精神世界完全能超脱于物外的人。无功：不建树功业。

⑳圣人：这里指思想修养臻于完美的人。无名：不追求名誉地位。

译文 所以，那些才智足以胜任一个官职，品行合乎一乡人心愿，道德能使国君感到满意，能力足以取信一国之人的人，他们看待自己也像是这样哩。而宋荣子却讥笑他们。世上的人们都赞誉他，他不会因此越发努力；世上的人们都非难他，他也不会因此而更加沮丧。他清楚地划定自身与物外的区别，辨别荣誉与耻辱的界限，不过如此而已呀！宋荣子他对于整个社会，从来不急急忙忙地去追求什么。虽然如此，他还是未能达到最高的境界。列子能驾风行走，那样子实在轻盈美好，而且十五天后方才返回。列子对于寻求幸福，从来没有急急忙忙的样子。他这样做虽然免除了行走的劳苦，可还是有所依凭呀。至于遵循宇宙万物的规律，把握“六气”的变化，遨游于无穷无尽的境域，他还仰赖什么呢！因此说，道德修养高尚的“至人”能够达到忘我的境界，精神世界完全超脱物外的“神人”心目中没有功名和事业，思想修养臻于完美的“圣人”从不去追求名誉和地位。

原文 尧让天下于许由①，曰：“日月出矣，而爝火不息②；其于光也，不亦难乎？时雨降矣③，而犹浸灌④；其于泽也⑤，不亦劳乎⑥？夫子立而天下治⑦，而我犹尸之⑧；吾自视缺然⑨，请致天下⑩。”许由曰：“子治天下⑪，天下既已治也；而我犹代子，吾将为名乎？名者，实之宾也⑫；吾将为宾乎？鹪鹩巢于深林⑬，不过一枝；偃鼠饮河[14]，不过满腹。归休乎君[15]，予无所用天下为[16]！庖人虽不治庖[17]，尸祝不越樽俎而代之矣[18]！”

注释

①尧：我国历史上传说时代的圣明君主。许由：古代传说中的高士，字仲武，隐于箕山。相传尧要让天下给他，他自命高洁而不受。

②爝（jué）火：炬火，木材上蘸上油脂燃起的火把。

③时雨：按时令季节及时降下的雨。

④浸灌：灌溉。

⑤泽：润泽。

⑥劳：这里含有徒劳的意思。

⑦立：位，在位。

⑧尸：庙中的神主，这里用其空居其位，虚有其名之义。

⑨缺然：不足的样子。

⑩致：给予。

⑪子：对人的尊称。

⑫宾：次要的、派生的东西。

⑬鹪鹩（jiāo liáo）：一种善于筑巢的小鸟。

⑭偃鼠：鼹鼠。

⑮休：止，这里是算了的意思。

⑯为：句末疑问语气词。

⑰庖人：厨师。

⑱尸祝：祭祀时主持祭祀的人。樽：酒器。俎：盛肉的器皿。“樽俎”这里代指各种厨事。成语“越俎代庖”出于此。

译文 尧打算把天下让给许由，说：“太阳和月亮都已升起来了，可是小小的炬火还在燃烧不熄；它要跟太阳和月亮的光亮相比，不是很难吗？季雨及时降落了，可是还在不停地浇水灌地；如此费力的人工灌溉对于整个大地的润泽，不显得徒劳吗？先生如能居于国君之位，天下一定会获得大治，可是我还空居其位；我自己越看越觉得能力不够，请允许我把天下交给你。”许由回答说：“你治理天下，天下已经获得了大治，而我却还要去替代你，我将为了名声吗？‘名’是‘实’所派生出来的次要东西，我将去追求这次要的东西吗？鹪鹩在森林中筑巢，不过占用一根树枝；鼹鼠到大河边饮水，不过喝满肚子。你还是打消念头回去吧，天下对于我来说没有什么用处啊！厨师即使不下厨，祭祀主持人也不会越俎代庖的！”

原文 肩吾问于连叔曰①：“吾闻言于接舆②，大而无当③，往而不反[④]。吾惊怖其言。犹河汉而无极也[⑤]；大有径庭[⑥]，不近人情焉。”连叔曰：“其言谓何哉？”曰：“藐姑射之山[⑦]，有神人居焉。肌肤若冰雪，绰约若处子[⑧]，不食五谷，吸风饮露，乘云气，御飞龙，而游乎四海之外；其神凝[⑨]，使物不疵疠而年谷熟[⑩]。吾以是狂而不信也[⑪]。”连叔曰：“然。瞽者无以与乎文章之观[⑫]，聋者无以与乎钟鼓之声。岂唯形骸有聋盲哉？夫知亦有之！是其言也犹时女也[⑬]。之人也，之德也，将旁礴万物以为一[⑭]，世蕲乎乱[⑮]，孰弊弊焉以天下为事[⑯]！之人也，物莫之伤：大浸稽天而不溺[⑰]，大旱金石流，土山焦而不热。是其尘垢秕穅将犹陶铸尧舜者也[⑱]，孰肯以物为事？”

注释

①肩吾、连叔：旧说皆为有道之人，实是庄子为表达的需要而虚构的人物。

②接舆：楚国的隐士，姓陆名通，接舆为字。

③当（dàng）：底，边际。

④反：返。

⑤河汉：银汉。极：边际，尽头。

⑥径：门外的小路。庭：堂外之地。“径庭”连用，这里喻指差异很大。成语“大相径庭”出于此。

⑦藐：遥远的样子。姑射（yè）：传说中的山名。

⑧绰（chuò）约：柔弱、美好的样子。处子：处女。

⑨凝：指神情专一。

⑩疵疠：疾病。

⑪以：认为。狂：通作“诳”，虚妄之言。信：真实可靠。

⑫瞽（gǔ）：盲。文章：花纹、色彩。

⑬时：是。女：汝，你。旧注指时女为处女，联系上下文实是牵强，故未从。

⑭旁礴：混同的样子。

⑮蕲（qí）：祈求的意思。乱：这里作“治”讲，这是古代同词义反的语言现象。

⑯弊弊焉：忙忙碌碌、疲惫不堪的样子。

⑰大浸：大水。稽：至。

⑱秕：瘪谷。穅：“糠”字之异体。陶：用土烧制瓦器。铸：熔炼金属铸造器物。

译文

肩吾向连叔求教：“我从接舆那里听到谈话，大话连篇没有边际，一说下去就回不到原来的话题上。我十分惊恐他的言谈，就好像天上的银河没有边际，跟一般人的言谈差异甚远，确实是太不近情理了。”连叔问：“他说的是些什么呢？”肩吾转述道：“在遥远的姑射山上，住着一位神人，皮肤润白像冰雪，体态柔美如处女，不食五谷，吸清风饮甘露，乘云气驾飞龙，遨游于四海之外。他的神情那么专注，使得世间万物不受病害，年年五谷丰登。我认为这全是虚妄之言，一点也不可信。”连叔听后说：“是呀！对于瞎子没法同他们欣赏花纹和色彩，对于聋子没法同他们聆听钟鼓的乐声。难道只是形骸上有聋与瞎吗？思想上也有聋和瞎啊！这话似乎就是说你肩吾的呀。那位神人，他的德行，与万事万物混同一起，以此求得整个天下的治理，谁还会忙忙碌碌把管理天下当回事！那样的人呀，外物没有什么能伤害他，滔天的大水不能淹没他，天下大旱使金石熔化、土山焦裂，他也不感到灼热。他所留下的尘埃以及瘪谷糠麸之类的废物，也可造就出尧舜那样的圣贤人君来，他怎么会把忙着管理万物当作已任呢！”

原文 宋人资章甫而适诸越①，越人断发文身②，无所用之。尧治天下之民，平海内之政，往见四子藐姑射之山，汾水之阳③，窅然丧其天下焉④。

注释 ①资：贩卖。章甫：古代殷地人的一种礼帽。适：往。

②断发：不蓄头发。文身：在身上刺满花纹。越国处南方，习俗与中原的宋国不同。

③四子：旧注指王倪、啮缺、被衣、许由四人，实为虚构的人物。阳：山的南面或水流的北面。

④窅（yǎo）然：怅然若失的样子。丧：丧失、忘掉。

译文 北方的宋国有人贩卖帽子到南方的越国，越国人不蓄头发满身刺着花纹，没什么地方用得着帽子。尧治理好天下的百姓，安定了海内的政局，到姑射山上、汾水北面，去拜见四位得道的高士，不禁怅然若失，忘记了自己居于治理天下的地位。

原文 惠子谓庄子曰[①]："魏王贻我大瓠之种[②]，我树之成[③]，而实五石[④]，以盛水浆，其坚不能自举也[⑤]。剖之以为瓢，则瓠落无所容[⑥]。非不呺然大也[⑦]，吾为其无用而掊之[⑧]。"庄子曰："夫子固拙于用大矣[⑨]！宋人有善为不龟手之药者[⑩]，世世以洴澼絖为事[⑪]。客闻之，请买其方百金[⑫]。聚族而谋曰：'我世世为洴澼絖，不过数金；今一朝而鬻技百金[⑬]，请与之。'客得之，以说吴王[⑭]。越有难[⑮]，吴王使之将[⑯]，冬与越人水战，大败越人，裂地而封之[⑰]。能不龟手一也[⑱]，或以封[19]，或不免于洴澼绕，则所用之异也。今子有五石之瓠，何不虑以为大樽[20]，而浮于江湖，而忧其瓠落无所容？则夫子犹有蓬之心也夫[21]！”

注释

① 惠子：宋国人，姓惠名施，做过梁惠王的相。惠施本是庄子的朋友，为先秦名家代表，但本篇及以下许多篇章中所写惠施与庄子的故事，多为寓言性质，并不真正反映惠施的思想。

② 魏王：即梁惠王。贻（yí）：赠送。瓠（hù）：葫芦。

③ 树：种植、培育。

④实：结的葫芦。石（dàn）：容量单位，十斗为一石。

⑤举：拿起来。

⑥瓠落：又写作“廓落”，很大很大的样子，

⑦呺（xiāo）然：庞大而又中空的样子。

⑧为（wèi）：因为。掊（pǒu）：砸破。

⑨固：实在，确实。

⑩龟（jūn）：通作“皲”，皮肤受冻开裂。

⑪洴（píng）：浮。澼（pì）：在水中漂洗。絖（kuàng）：丝絮。

⑫方：药方。

⑬鬻（yù）：卖，出售。

⑭说（shuì）：劝说，游说。

⑮难：发难，这里指越国对吴国有军事行动。

⑯将（jiàng）：统帅部队。

⑰裂：划分出。

⑱一：同一，一样的。

⑲或：无定代词，这里指有的人。以：凭借，其后省去宾语“不龟手之药”。

⑳虑：考虑。一说通作“摅”，用绳络缀结。樽：本为酒器，这里指形似酒樽，可以拴在身上的一种凫水工具，俗称腰舟。

㉑蓬：草名，其状弯曲不直。“有蓬之心”喻指见识浅薄不能通晓大道理。

译文 惠子对庄子说：“魏王送我大葫芦种子，我将它培植起来后，结出的果实有五石容积。用大葫芦去盛水浆，可是它的坚固程度承受不了水的压力。把它剖开做瓢也太大了，没有什么地方可以放得下。这个葫芦不是不大呀，我因为它没有什么用处而砸烂了它。”庄子说：“先生实在是不善于使用大东西啊！宋国有一善于调制不皲手药物的人家，世世代代以漂洗丝絮为职业。有个游客听说了这件事，愿意用百金的高价收买他的药方。全家人聚集在一起商量：‘我们世世代代在河水里漂洗丝絮，所得不过数金，如今一下子就可卖得百金。还是把药方卖给他吧。’游客得到药方，来游说吴王。正巧越国发难，吴王派他统率部队，冬天跟越军在水上交战，大败越军，吴王划割土地封赏他。能使手不皲裂，药方是同样的，有的人用它来获得封赏，有的人却只能靠它在水中漂洗丝絮，这是使用的方法不同。如今你有五石容积的大葫芦，怎么不考虑用它来制成腰舟，而浮游于江湖之上，却担忧葫芦太大无处可容？看来先生你还是心窍不通啊！”

原文 惠子谓庄子曰："吾有大树，人谓之樗①。其大本拥肿而不中绳墨②，其小枝卷曲而不中规矩③，立之塗④，匠人不顾。今子之言大而无用，众所同去也。"庄子曰："子独不见狸狌乎⑤？卑身而伏⑥，以候敖者⑦；东西跳梁⑧，不辟高下⑨；中于机辟⑩，死于罔罟⑪。今夫斄牛⑫，其大若垂天之云。此能为大矣，而不能执鼠。今子有大树，患其无用，何不树之于无何有之乡⑬，广莫之野⑭，彷徨乎无为其侧⑮，逍遥乎寝卧其下。不夭斤斧⑯，物无害者，无所可用，安所困苦哉！"

注释

①樗（chū）：一种高大的落叶乔木，但木质粗劣不可用。

②大本：树干粗大。拥（擁）肿：今写作“臃肿”，这里形容树干弯曲、疙里疙瘩。中（zhòng）：符合。绳墨：木工用以求直的墨线。

③规矩：即圆规和角尺。

④涂：通作“途”，道路。

⑤狸（lí）：野猫。狌（shēng）：黄鼠狼。

⑥卑：低。

⑦敖：通“遨”，遨游。

⑧跳梁：跳踉，跳跃、蹿越的意思。

⑨辟：避开；这个意义后代写作“避”。

⑩机辟：捕兽的机关陷阱。

⑪罔：网。罟（gǔ）：网的总称。

⑫斄（lí）牛：牦牛。

⑬无何有之乡：指什么也没有生长的地方。

⑭莫：大。

⑮彷徨：徘徊，纵放。无为：无所事事。

⑯夭：夭折。斤：伐木之斧。

译文

惠子又对庄子说：“我有棵大树，人们都叫它‘樗’。它的树干却疙里疙瘩，不符合绳墨取直的要求，它的树枝弯弯扭扭，也不适应圆规和角尺取材的需要。虽然生长在道路旁，木匠连看也不看。现今你的言谈，大而无用，大家都会鄙弃它的。”庄子说：“先生你没看见过野猫和黄鼠狼吗？低着身子匍匐于地，等待那些出洞觅食或游乐的小动物。一会儿东，一会儿西，跳来跳去，一会儿高，一会儿低，上下蹿越，不曾想到落入猎人设下的机关，死于猎网之中。再有那犛牛，庞大的身体就像天边的云。它的本事可大了，不过不能捕捉老鼠。如今你有这么大一棵树，却担忧它没有什么用处，怎么不把它栽种在什么也没有生长的地方，栽种在无边无际的旷野里，悠然自得地徘徊于树旁，优游自在地躺卧于树下。大树不会遭到刀斧砍伐，也没有什么东西会去伤害它。虽然没有派上什么用场，可是哪里又会有什么困苦呢？”

齐物论

题解 本篇是《庄子》的又一代表篇目。“齐物论”包含齐物与齐论两个意思。庄子认为世界万物包括人的品性和感情，看起来是千差万别，归根结底却又是齐一的，这就是“齐物”。庄子还认为人们的各种看法和观点，看起来也是千差万别的，但世间万物既是齐一的，言论归根结底也应是齐一的，没有所谓是非和不同，这就是“齐论”。“齐物”和“齐论”合在一起便是本篇的主旨。

全文大体分成七个部分，第一部分至“怒者其谁邪”，从子綦进入无我境界开篇，生动地描写大自然的不同声响，并且指出它们全都出于自身。第二部分至“吾独且奈何哉”，推进一步描述社会各种现象和人的各种不同心态，并指出这些实实在在的东西又都是出自虚无。第三部分至“此之谓以明”说明是非之争并没有价值。万物都有其对立的一面，也有其统一的一面；万物都在变化之中，而且都在向它自身对立的那一面转化。从这一意义说，万物既然是齐一的，那么区别是与非就没有必要，才智也就成了没有价值的东西。第四部分至“此之谓葆光”，进一步指出大道并不曾有过区分，言论也不曾有过定论，人们所持有的是非与区分并非物之本然，而是主观对外物的偏见，物、我一体，因而是非无别，容藏于一体。第五部分至“而况利害之端乎”，从忘物才能齐物入手，说明认识事物并没有什么绝对客观的尺度，因而人的言论也就没有确定是非区别的必要。第六部分至“故寓诸无竟”，借寓言人物之口阐述齐物与齐论的途径，即忘掉死生、忘掉是非，把自己寄托于无穷的境域，从而遨游于尘埃之外，这也就进一步说明物之不可分、言之不可辩。余下为第七部分，通过两个寓言故事表明“无所凭依”和物我交合、物我俱化的旨意。

“齐物”与“齐论”是庄子哲学思想的又一重要方面，与“逍遥游”一并构成庄子哲学思想体系的主体。庄子看到了客观事物存在这样那样的区别，看到了事物的对立。但出于万物一体的观点，他又认为这一切又都是统一的，浑然一体的，而且都在向其对立的一面不断转化，因而又都是没有区别的。庄子还认为各种各样的学派和论争都是没有价值的。是与非、正与误，从事物本于一体的观点看也是不存在的。这既有宇宙观方面的讨论，也涉及认识论方面的许多问题，因而在我国古代哲学研究中具有重要地位。篇文充满辩证的观点，但也经常陷入形而上学的泥潭，须得细加体会和分析。

原文 南郭子綦隐机而坐①，仰天而嘘②，荅焉似丧其耦③。

颜成子游立侍乎前[4]，曰："何居乎[5]？形固可使如槁木[6]，而心固可使如死灰乎[7]？今之隐机者，非昔之隐机者也[8]。"子綦曰："偃[9]，不亦善乎，而问之也[10]？今者吾丧我，汝知之乎？女闻人籁[11]，而未闻地籁，女闻地籁而未闻天籁夫！"子游曰："敢问其方[12]。"子綦曰："夫大块噫气[13]，其名为风，是唯无作[14]，作则万窍怒呺[15]，而独不闻之翏翏乎[16]？山林之畏佳[17]，大木百围之窍穴，似鼻，似口，似耳，似枅[18]，似圈，似臼，似洼者，似污者[19]。激者[20]，謞者[21]，叱者，吸者，叫者，譹者[22]，宎者[23]，咬者[24]，前者唱于而随者唱喁[25]。泠风则小和[26]，飘风则大和，厉风济则众窍为虚[27]。而独不见之调调之刁刁乎[28]？"子游曰："地籁则众窍是已[29]，人籁则比竹是已，敢问天籁。"子綦曰："夫吹万不同[30]，而使其自己也[31]，咸其自取[32]，怒者其谁邪[33]？"

注释

① 南郭子綦（qí）：楚人，居住南郭，故名南郭子綦。旧说为楚庄王庶出的弟弟，做过楚庄王的司马，疑为庄子中寓托的高士，而非历史人物。隐：凭倚。机：亦作几，案几。

② 嘘：吐气。

③荅（tá）焉：亦作"嗒焉"，离形去智的样子。耦（ǒu）：

匹对。庄子认为人是肉体和精神的对立统一体，“耦”在这里即指与精神相对立的躯体。丧其耦，表示精神超脱躯体达到忘我的境界。

④颜成子游：子綦的学生，姓颜名偃，子游为字，死后谥成，故名颜成子游。

⑤居：表疑问的语气词。

⑥固：诚然。槁：干枯。

⑦心：思想，精神。固：岂，难道。

⑧“今齐隐机者”与“昔之隐机者”实指一人，即南郭子綦，意思是南郭子綦今日隐机入神出体与旧时大不一样。

⑨偃：见注④。

⑩而：你，人称代词。“不亦善乎，而问之也”乃是“尔问之不亦善乎”之倒置。

⑪籁（lài）：箫，古代的一种管状乐器，这里泛指从孔穴里发出的声响。“人籁”即出自人为的声响，与下两句的“地籁”“天籁”相对应，所谓“地籁”或“天籁”，即出自自然的声响。

⑫敢：表示谦敬的副词，含有“冒昧地”“斗胆地”的意思。方：道术，指所言“地籁”“天籁”的真实含意。

⑬大块：大地。噫（yì）气：吐气。

⑭是：此，这里指风。唯：句中语气词，含有仅此的意思。

作，兴起。

⑮窍：孔穴。呺（háo）：亦作“号”，吼叫。

⑯翏翏（liù）：亦作飂飂，大风呼呼的声响。

⑰林，通作“陵”，大山。畏佳（cuī）：即嵬崔，山陵高峻的样子。

⑱枅（jī）：柱头横木。

⑲污：停滞不流的水塘。

⑳激：水流湍急的声音。

㉑謞（xiào）：这里用来形容箭头飞去的声响，

㉒譹（háo）：嚎哭声。

㉓宎（yǎo）：深而沉。

㉔咬（jiāo），鸟鸣叫的声音。一说哀切声。

㉕于、喁（yú）：风吹树动前后相和的声音。

㉖泠（líng）风：小风，清风。

㉗厉风：迅猛的暴风。济：止。

㉘调调、刁刁：风吹草木晃动摇曳的样子。“刁刁”亦作“刀刀”。

㉙是，这样。已：矣。

㉚比：并合。竹：这里指并合在一起可以发出声响、不同形状的竹管。

㉛这句及以下是表述“天籁”的，故有人疑“夫”字之后缺“天

籁者”三字。

㉜使其自己：意思是使它们自身发出各种各样的声音。一说“已”当作“已”，是停止的意思，但联系上下文不宜从此解。

㉝咸：全。

㉞怒：这里是奋发的意思。

译文 南郭子綦靠着几案而坐，仰首向天缓缓地吐着气，那离神去智的样子真好像精神脱离了躯体。他的学生颜成子游陪站在跟前说道："这是怎么啦？形体诚然可以使它像干枯的树木，精神和思想难道也可以使它像死灰那样吗？你今天凭几而坐，跟往昔凭几而坐的情景大不一样呢。"子綦回答说，"偃，你这个问题不是问得很好吗？今天我忘掉了自己，你知道吗？你听见过人籁，却没有听见过'地籁'，你即使听见过'地籁'却没有听见过'天籁'啊！"子游问："我冒昧地请教它们的真实含意。"子綦说："大地吐出的气，名字叫风。风不发作则已，一旦发作整个大地上数不清的窍孔都怒吼起来。你独独没有听过那呼呼的风声吗？山陵上陡峭峥嵘的各种去处，百围大树上无数的窍孔，有的像鼻子，有的像嘴巴，有的像耳朵，有的像圆柱上插入横木的方孔，有的像圈围的栅栏，有的像舂米的臼窝，有的像深池，有的像浅池。它们发出的声音，像湍急的流水声，像迅疾的箭镞声，像大声的呵叱声，像细细的呼吸声，像放声叫喊，像嚎啕大哭，像在山谷里深沉回荡，像鸟儿鸣叫叽喳，真好像前面在呜呜倡导，后面在呼呼随和。清风徐徐就有小小的和声，长风呼呼便有大的反响，迅猛的暴风突然停歇，万般窍穴也就寂然无声。你难道不曾看见风儿过处万物随风摇曳晃动的样子吗？”子游说：“地籁是从万种窍穴里发出的风声，人籁是从合并在一起的各种不同的竹管里发出的声音。我再冒昧地向你请教什么是天籁。”子綦说：“天籁虽然有万般不同，但使它们发生和停息的都是出于自身，发动者还有谁呢？”

原文 大知闲闲[①]，小知閒閒[②]；大言炎炎[③]，小言詹詹[④]。其寐也魂交[⑤]，其觉也形开[⑥]；与接为構，日以心斗：缦者[⑧]，窖者[⑨]，密者[⑩]。小恐惴惴[⑪]，大恐缦缦[⑫]。其发若机栝[⑬]，其司是非之谓也[⑭]；其留如诅盟[⑮]，其守胜之谓也。其杀若秋冬[⑯]，以言其日消也；其溺之所为之[⑰]，不可使复之也；其厌也如缄[⑱]，以言其老洫也[⑲]；近死之心，莫使复阳也[⑳]。喜怒哀乐，虑叹变慹[㉑]，姚佚启态[㉒]。乐出虚[㉓]，蒸成菌[㉔]。日夜相代乎前㉕，而莫知其所萌㉖。已乎㉗，已乎！旦暮得此㉘，其所由以生乎㉙！

注释

①闲闲：广博豁达的样子。

②閒閒（jiàn）："閒"是"间"的古体，今简作"间"，"閒閒"即间间，明察细别的样子。

③炎炎：猛烈；这里借猛火炎燎之势，比喻说话时气焰很盛。

④詹詹：言语琐细，说个没完。

⑤寐：睡眠。魂交：心灵驰躁，神魂交接。

⑥觉：睡醒。形开：身形开朗，目开意悟。一说形体不宁。

⑦接：接触，这里指与外界环境接触。搆："构（構）"字的异体，交合的意思。

⑧缦（màn）：通作"慢"，疏怠迟缓的意思。

⑧窖：深沉，用心不可捉摸。

⑩密：隐秘、谨严。

⑪惴惴（zhuì）：恐惧不安的样子。

⑫缦缦（màn）：神情沮丧的样子。

⑬机：弩机，弩上的发射部位。栝（guā）：箭杆末端扣弦部位。

⑭司：主。"司是非"犹言主宰是非，意思是"是"与"非"都由此产生。一说"司"通"伺"，窥伺人之是非的意思。

⑮留：守住，指留存内心，与上句的“发”相对应。诅盟，誓约；结盟时的誓言，坚守不渝。

⑯杀（shāi）：肃杀，衰败。

⑰溺：沉湎。“之”疑讲作“于”。

⑱厌（yā）：通作“压”，闭塞的意思。缄：绳索，这里是用绳索加以束缚的意思。

⑲洫（xù）：败坏。

⑳复阳：复生，恢复生机。

㉑虑：忧虑。叹：感叹。变：反复。慹（zhé）：通作“慑”，恐惧的意思。

㉒姚：轻浮躁动。佚（yì）：奢华放纵。启：这里指放纵情欲而不知收敛。态：这里是故作姿态的意思。

㉓乐：乐声。虚：中空的情态，用管状乐器中空的特点代指乐器本身。

㉔蒸成菌：在暑热潮湿的条件下蒸腾而生各种菌类。

㉕相代：相互对应地更换与替代。

㉖萌：萌发、产生。

㉗已：止，算了。

㉘旦暮：昼夜，这里表示时间很短。此：指上述对立、对应的各种情态形成发生的道理，犹如乐出于虚，菌出于气，一切都形成于“虚”和“无”。

㉙由：从，自。所由：产生的原由。

译文 才智超群的人广博豁达，只有点小聪明的人则乐于细察、斤斤计较，合于大道的言论就像猛火烈焰一样气焰凌人，拘于智巧的言论则琐细无方、没完没了。他们睡眠时神魂交构，醒来后身形开朗；跟外界交接相应，整日里勾心斗角。有的疏怠迟缓，有的高深莫测，有的辞慎语谨。小的惧怕惴惴不安，大的惊恐失魂落魄。他们说话就好像利箭发自弩机快疾而又尖刻，那就是说是与非都由此而产生；他们将心思存留心底就好像盟约誓言坚守不渝，那就是说持守胸臆坐待胜机。他们衰败犹如秋冬的草木，这说明他们日益消逝；他们沉湎于所从事的各种事情，致使他们不可能再恢复到原有的情状；他们心灵闭塞好像被绳索缚住，这说明他们衰老颓败，没法使他们恢复生气。他们欣喜、愤怒、悲哀、欢乐，他们忧思、叹惋、反复、恐惧，他们躁动轻浮、奢华放纵、情张欲狂、造姿作态。好像乐声从中空的乐管中发出，又像菌类由地气蒸腾而成。这种种情态日夜在面前相互对应地更换与替代，却不知道是怎么萌生的。算了吧，算了吧！ 一旦懂得这一切发生的道理，不就明白了这种种情态发生、形成的原因？

原文

并彼无我①，非我无所取②。是亦近矣③，而不知其所为使④。若有真宰⑤，而特不得其眹⑥，可行已信，而不见其形，有情而无形⑦。百骸⑧、九窍⑨、六藏⑩，赅而存焉⑪，吾谁与为亲⑫？汝皆说之乎⑬？其有私焉⑭？如是皆有为臣妾乎？其臣妾不足以相治乎？其递相为君臣乎？其有真君存焉⑮？如求得其情与不得⑯，无益损乎其真。一受其成形⑰，不亡以待尽⑱。与物相刃相靡⑲，其行尽如驰⑳，而莫之能止，不亦悲乎！终身役役而不见其成功㉑，苶然疲役而不知其所归㉒，可不哀邪！人谓之不死，奚益！其形化，其心与之然，可不谓大哀乎？人之生也，固若是芒乎㉓？其我独芒，而人亦有不芒者乎？

注释

①“彼”就字面上讲指“我”的对立面，也可以理解为非我的大自然，甚至包括上述各种情态。

②取：资证，呈现。

③近：彼此接近；引申一步，像前两句话（“非彼无我，非我无所取”）那样的认识和处理，就接近于事物的本质，接近于认识事物的真理。

④所为使：为……所驱使。

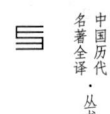

⑤宰：主宰。“真宰”，犹如今日言“造世主”，但也可理解为真我，即我身的主宰。

⑥特：但，只。眹（zhèn）：端倪、征兆。

⑦情：真，指事实上的存在。

⑧百：概数，言其多，非确指。骸：骨节。

⑨九窍：人体上九个可以向外张开的孔穴，指双眼、双耳、双鼻孔、口、生殖器、肛门。

⑩藏：内脏；这个意义后代写作“臟”，简化成“脏”。心、肺、肝、脾、肾俗称五脏，但也有把左右两肾分别称谓的，这就成了“六脏”，

⑪赅：齐备。

⑫谁与：与谁。

⑬说（yuè）：喜悦，这个意义后写作“悦”。

⑭私：偏私，偏爱。

⑮真君：对待“我”来说，“真君”即“真我”“真心”，对待社会的各种情态说，“真君”就是“真宰”。

⑯情：究竟，真实情况。

⑰一：一旦。

⑱亡：亦作“忘”，忘记。一说“亡”为“代”字之讹，变化的意思。尽：耗竭、消亡。

⑲刃：刀口，这里喻指针锋相对的对立面。靡：倒下，这里是顺应的意思。

⑳驰：迅疾奔跑。

㉑役役：相当于“役于役”。意思是为役使之物所役使。一说劳苦不休的样子。

㉒苶（nié）然：疲倦困顿的样子。疲役：犹言疲于役，为役使所疲顿。

㉓芒：通作“茫”，迷昧无知。

译文

没有我的对应面就没有我本身，没有我本身就没法呈现我的对应面。这样的认识也就接近于事物的本质，然而却不知道这一切受什么所驱使。仿佛有“真宰”，却又寻不到它的端倪。可以去实践并得到验证，然而却看不见它的形体，真实的存在而又没有反映它的具体形态。

众多的骨节，眼耳口鼻等九个孔窍和心肺肝肾等六脏，全都齐备地存在于我的身体，我跟它们哪一部分最为亲近呢？你对它们都同样喜欢吗？还是对其中某一部分格外偏爱呢？这样，每一部分都只会成为臣妾似的仆属吗？难道臣妾似的仆属就不足以相互支配了吗？还是轮流作为君臣呢？难道又果真有什么“真君”存在其间？无论寻求到它的究竟与否，那都不会对它的真实存在有什么增益和损坏。人一旦禀承天地之气而形成形体，就不能忘掉自身而等待最后的消亡。他们跟外界环境或相互对立，或相互顺应，他们的行动全都像快马奔驰，没有什么力量能使他们止步，这不是很可悲吗！他们终身承受役使却看不到自己的成功，一辈子困顿疲劳却不知道自己的归宿，这能不悲哀吗！人们说这种人不会死亡，这又有什么益处！人的形骸逐渐衰竭，人的精神和感情也跟着一块儿衰竭，这能不算是最大的悲哀吗？人生在世，本来就像这样迷昧无知吗？难道只有我才这么迷昧无知，而世人也有不迷昧无知的吗？

原文

夫随其成心而师之①，谁独且无师乎？奚必知代而心自取者有之②？愚者与有焉。未成乎心而有是非，是今日适越而昔至也③。是以无有为有。无有为有，虽有神禹且不能知④，吾独且奈何哉！

注释

①成心：业已形成的偏执之见。

②代：更改，变化。“知代”意思是懂得变化更替的道理。取：资证、取信的意思。

③这句是比喻，说明没有成见就已经出现是非观念。

④神禹：神明的夏禹。

译文 追随业已形成的偏执己见并把它当作老师，那么谁会没有老师呢？为什么必须通晓事物的更替并从自己的精神世界里找到资证的人才有老师呢？愚昧的人也会跟他们一样有老师哩。还没有在思想上形成定见就有是与非的观念，这就像今天到越国去而昨天就已经到达。这就是把没有当作有，没有就是有，即使圣明的大禹尚且不可能通晓其中的奥妙，我偏偏又能怎么样呢。

原文 夫言非吹也①。言者有言，其所言者特未定也②。果有言邪？其未尝有言邪？其以为异于鷇音③，亦有辩乎④？其无辩乎？

注释 ① 吹：风吹。根据本段大意看，“言”似有所指，不宜看作一般所谓的说话、言谈，而指“辩论”；下句的“言者”则当指善辩的人。辩言之是非出于己见，而风吹出于自然，所以说“言非吹”。

② 特：但，只。

③ 鷇（gòu）音：刚刚破卵而出的鸟的叫声。

④ 辩：通作“辨”，分辨、区别。

译文 说话辩论并不像是吹风。善辩的人辩论纷纭，他们所说的话也不曾有过定论。果真说了些什么吗？还是不曾说过些什么呢？他们都认为自己的言谈不同于雏鸟的鸣叫，真有区别，还是没有什么区别呢？

原文 道恶乎隐而有真伪？言恶乎隐而有是非①？道恶乎往而不存？言恶乎存而不可？道隐于小成②，言隐于荣华③。故有儒墨之是非④，以是其所非而非其所是。欲是其所非而非其所是，则莫若以明⑤。

注释 ①恶（wù）：何，怎么。隐：隐秘，藏匿。

②成：成就。“小成”这里指一时的、局部的成功。

③荣华：木草之花，这里喻指华丽的词藻。

④儒墨：儒家和墨家，战国时期两个政治和哲学流派。

⑤莫若以明：传统的解释为“莫如即以本然之明照之”，意思是“不如用其自然加以观察”。姑存此说。

译文 大道是怎么隐匿起来而有了真和假呢？言论是怎么隐

匿起来而有了是与非呢？大道怎么会出现而又不复存在？言论又怎么存在而又不宜认可？大道被小小的成功所隐蔽，言论被浮华的词藻所掩盖。所以就有了儒家和墨家的是非之辩，肯定对方所否定的东西而否定对方所肯定的东西。想要肯定对方所否定的东西而非难对方所肯定的东西，那么不如用事物的本然去加以观察而求得明鉴。

原文 物无非彼，物无非是。自彼则不见，自知则知之①。故曰：彼出于是，是亦因彼。彼是，方生之说也②。虽然，方生方死，方死方生；方可方不可，方不可方可③；因是因非，因非因是④。是以圣人不由而照之于天⑤，亦因是也⑥。是亦彼也，彼亦是也。彼亦一是非，此亦一是非⑦。果且有彼是乎哉？果且无彼是乎哉⑧？彼是莫得其偶⑨，谓之道枢⑩。枢始得其环中⑪，以应无穷⑫。是亦一无穷，非亦一无穷也。故曰莫若以明。

注释 ①“自知”疑为“自是”之误，与上句之“自彼”互文；若按“自知”讲，语义亦不通达。

②方生：并存。一说“方”通作“旁”，依的意思。

③方：始，随即。

④因：遵循，依托。

⑤由：自，经过。一说用，“不由”就是不用。照，观察。天：这里指事物的自然，即本然。

⑥因：顺着。

⑦一：同一，同样。

⑧果：果真。

⑨偶：对，对立面。

⑩枢：枢要。道枢：大道的关键之处。庄子认为，彼和此是事物对立的两个方面，如果彼和此都失去了相对立的一面，那么这就是道的枢要，即齐物以至齐论的关键。一切都出自虚无、一切都归于虚无，还有不“齐物”和“齐论”的吗？

⑪环中：环的中心。“得其环中”喻指抓住要害。

⑫应：适应，顺应。穷：尽。

译文

各种事物无不存在它自身对立的那一面，各种事物也无不存在它自身对立的这一面。从事物相对立的那一面看便看不见这一面，从事物相对立的这一面看就能有所认识和了解。所以说：事物的那一面出自事物的这一面，事物的这一面亦起因于事物的那一面。事物对立的两个方面是相互并存、相互依赖的。虽然这样，刚刚产生随即便是死亡，刚刚死亡随即便会复生；刚刚肯定随即就是否定，刚刚否定随即又予以肯定；依托正确的一面同时也就遵循了谬误的一面，依托谬误的一面同时也就遵循了正确的一面。因此圣人不走划分正误是非的道路而是观察比照事物的本然，也就是顺着事物自身的情态。事物的这一面也就是事物的那一面，事物的那一面也就是事物的这一面。事物的那一面同样存在是与非，事物的这一面也同样存在正与误。事物果真存在彼此两个方面吗？事物果真不存在彼此两个方面的区分吗？彼此两个方面都没有其对立的一面，这就是大道的枢纽。抓住了大道的枢纽也就抓住了事物的要害，从而顺应事物无穷无尽的变化。“是”是无穷的，“非”也是无穷的。所以说不如用事物的本然来加以观察和认识。

原文 以指喻指之非指，不若以非指喻指之非指也①；以马喻马之非马②，不若以非马喻马之非马也。天地一指也，万物一马也。

注释 ①指：不宜讲作手指之指，战国名家学派公孙龙子著《指物论》，这里应是针对该篇内容而言，所谓“指”，即组成事物的要素。联系下一句，事物的要素并非事物本身，而事物的要素只有在事物内才有它的存在，故有“指之非指”的说法。喻：说明。

②马：跟上句的“指”一样，同是当时论辩的主要论题。名家公孙龙子就曾作《白马篇》，阐述了“白马非马”的观点。

译文 所以说不如用事物的本然来加以观察和认识、用组成事物的要素来说明要素不是事物本身，不如用非事物的要素来说明事物的要素并非事物本身；用白马来说明白马不是马，不如用非马来说明白马不是马。整个自然界不论存在多少要素，但作为要素而言却是一样；各种事物不论存在多少具体物象，但作为具体物象而言也都是一样的。

原文 可乎可，不可乎不可。道行之而成，物谓之而然①。恶乎然？然于然。恶乎不然？不然于不然②。恶乎可？可于可。恶乎不可？不可于不可③。物固有所然，物固有所可；无物不然，无物不可。故为是举莛与楹④、厉与西施⑤、恢恑憰怪⑤，道通为一⑥。其分也⑦，成也⑧；其成也，毁也⑨。凡物无成与毁，复通为一。唯达者知通为一⑩，为是不用而寓诸庸⑪。庸也者，用也[12]；用也者，通也；通也者，得也[13]；适得而几矣[14]。因是已[15]，已而不知其然[16]，谓之道。劳神明为一而不知其同也[17]，谓之朝三[18]。何谓朝三？狙公赋芧曰："朝三而暮四。"众狙皆怒。曰："然则朝四而暮三。"众狙皆悦。名实未亏而喜怒为用[19]，亦因是也。是以圣人和之以是非而休乎天钧[20]，是之谓两行[21]。

注释

①谓：称谓、称呼。然：这样。

②然：对的、正确的。

③以上十二句历来认为有错简或脱落现象，句子序列暂取较通行的校勘意见。

④莛（tíng）：草茎。楹（yíng）：厅堂前的木柱。"莛""楹"对文：代指物之细小者和巨大者。

⑤厉：通作"疠"，指皮肤溃烂，这里用表丑陋的人。西施：吴王的美姬，古代著名的美人。

⑥恢：宽大。恑（guǐ）：奇变。憰（jué）：诡诈。怪：怪异。恢恑憰怪四字连在一起，概指千奇百怪的各种事态。

⑦一：浑一，一体。联系上文，庄子认为世上一切小与大、丑与美、千差万别的各种情态或各种事物，都是相通而又处在对立统一体内，从这一观点出发，世上一切事物就不会不

“齐”，不会不具有某种共同性。

⑧分：分开、分解。

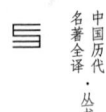

⑨成：生成、形成。“成”和“分”也是相对立的，一个事物被分解了，这就意味生成一新的事物。

⑩毁：毁灭，指失去了原有的状态。“毁”与“成”也是相对立的，一个新事物通过分解而生成了，这就意味原事物的本有状态必定走向毁灭。

⑪达：通达，“达者”这里指通晓事理的人。

⑫为是不用：为了这个缘故不用固执已见；“不用”之后有所省略，即一定把物“分”而“成”的观点，也就是不“齐”的观点。寓：寄托。诸：讲作“之于”。庸，指平常之理。一说讲作“用”，含有功用的意思。

⑬以下四句至“适得而几矣”，有人认为是衍文，是前人作注的语言，并非庄子的原文。姑备一说。

⑭得：中，合乎常理的意思。一说自得。

⑮适：恰。几：接近。

⑯因：顺应。是：此，这里指上述“为一”的观点，即物之本然而不要去加以分别的观点。

⑰已：这里是一种特殊的省略，实指前面整个一句话，“已”当讲作“因是已”。

⑱劳：操劳、耗费。神明：心思，指精神和才智。为一：了

解、认识事物浑然一体、不可分割的道理。言外之意，事物本来就是浑然一体，并不需要去辨求。同：具有同一的性状和特点。

⑲朝三：“朝三”、“暮四”的故事《列子·黄帝篇》亦有记载。朝是早晨，暮是夜晚，三和四表示数量，即三升、四升。“朝三”、“暮四”或者“朝四”、“暮三”，其总和皆为“七”，这里借此譬喻名虽不一，实却无损，总都归结为“一”。

⑳狙（jū）：猴子。狙公：养猴子的人。赋：给予。芧（xù）：橡子。

㉑亏：亏损。为用：为之所用，意思是喜怒因此而有所变化。

㉒和：调和、混用。“和之以是非”即“以是非和之”，把是和非混同起来。休：本指休息，这里含有优游自得地生活的意思。钧：通作“均”；“天钧”即自然而又均衡。

㉓两行：物与我，即自然界与自我的精神世界都能各得其所，自行发展。

译文

能认可吗？ 一定有可以加以肯定的东西方才可以认可；不可以认可吗？ 一定也有不可以加以肯定的东西方才不能认可。道路是行走而成的，事物是人们称谓而就的。怎样才算是正确呢？正确在于其本身就是正确的。怎样才算是不正确呢？不正确的在于其本身就是不正确的。怎样才能认可呢？能认可在于其自身就是能认可的。怎样才不能认可呢？不能认可在于其本身就是不能认可的。事物原本就有正确的一面，事物原本就有能认可的一面，没有什么事物不存在正确的一面，也没有什么事物不存在能认可的一面。所以可以列举细小的草茎和高大的庭柱，丑陋的癞头和美丽的西施，宽大、奇变、诡诈、怪异等千奇百怪的各种事态来说明这一点，从“道”的观点看它们都是相通而浑一的。旧事物的分解，亦即新事物的形成，新事物的形成亦即旧事物的毁灭。所有事物并无形成与毁灭的区别，还是相通而浑一的特点。只有通达的人方才知晓事物相通而浑一的道理，因此不用固执地对事物作出这样那样的解释，而应把自己的观点寄托于平常的事理之中。所谓平庸的事理就是无用而有用；认识事物无用就是有用，这就算是通达；通达的人才是真正了解事物常理的人；恰如其分地了解事物常理也就接近于大道。顺应事物相通而浑一的本来状态吧，这样还不能了解它的究竟，这就叫做“道”。耗费心思方才能认识事物浑然为一而不知事物本身就具有同一的性状和特点，这就叫“朝三”。什么叫做“朝三”呢？养猴人给猴子分橡子，说：“早上分给三升，晚上分给四升。”猴子们听了非常愤怒。养猴人便改口说：“那么就早上四升晚上三升吧。”猴子们听了都高兴起来。名义和实际都没有亏损，喜与怒却各为所用而有了变化，也就是因为这样的道理。因此，古代圣人把是与非混同起来，优游自得地生活在自然而又均衡的境界里，这就叫物与我各得其所、自行发展。

原文 古之人，其知有所至矣。恶乎至[①]？有以为未始有物者，至矣，尽矣，不可以加矣。其次以为有物矣，而未始有封也[②]。其次以为有封焉，而未始有是非也。是非之彰也，道之所以亏也。道之所以亏，爱之所以成[③]。果且有成与亏乎哉？果且无成与亏乎哉？有成与亏，故昭氏之鼓琴也[④]。无成与亏，故昭氏之不鼓琴也。昭文之鼓琴也，师旷之枝策也[⑤]，惠子之据梧也[⑥]，三子之知几乎[⑦]！皆其盛者也，故载之末年[⑧]。唯其好之也[⑨]，以异于彼；其好之也，欲以明之[⑩]。彼非所明而明之，故以坚白之昧终[⑪]。而其子又以文之纶终[⑫]，终身无成。若是而可谓成乎？虽我亦成也[⑬]。若是而不可谓成乎？物与我无成也。是故滑疑之耀[⑭]，圣人之所图也[⑮]。为是不用而寓诸庸，此之谓以明。

注释

①至：造极，最高的境界。

②封：疆界、界线。

③以：原本作“之”，据文义改。

④昭氏：即昭文，以善于弹琴著称。庄子认为，音本是一个整体，没有高低长短之分就无法演奏，任何高明的琴师都不可能同时并奏各种各样的声音。正因为分出音的高低长短才能在琴弦上演奏出来。

⑤师旷：晋平公时的著名乐师。枝策：用如动词，用枝或策叩击拍节，犹如今天的打拍子。一说举杖击节。

⑥惠子：惠施，古代名家学派的著名人物。据：依。梧：树名。惠施善辩，“据梧”意思就是靠着桐树高谈阔论。一说“梧”当讲作桐木几案，“据梧”则是靠着几案的意思。

⑦几：尽，意思是达到了顶点。

⑧载：记载；一说载誉。末年：晚年。

⑨好（hào）：喜好；“好之”意思是各自喜好自己的专长和学识。

⑩明：明白、表露。

⑪坚白：指石的颜色白而质地坚，但“白”和“坚”都独立于“石”之外。公孙龙子曾有“坚白论”之说，庄子是极不

赞成的。昧：迷昧。

⑫其子：指昭文之子。一说指惠施之子。纶：绪，这里指继承昭文的事业。

⑬这句语意有所隐含，意思是“虽我无成亦成也”，即如果上述情况都叫有所成就的话，即使是我没有什么成就也可说有了成就了。

⑭滑（gǔ）疑：纷乱的样子，这里指各种迷乱人心的辩说。

⑮图（圖）：亦写作“啚”，疑为“鄙”字之误，瞧不起，摒弃的意思。

译文

古时候的人，他们的智慧达到了最高的境界。如何才能达到最高的境界呢？那时有人认为，整个宇宙从一开始就不存在什么具体的事物，这样的认识是最了不起，最尽善尽美，而无以复加了。其次，认为宇宙之始是存在事物的，可是万事万物从不曾有过区分和界线。再其次，认为万事万物虽有这样那样的区别，但是却从不曾有过是与非的不同。是与非的显露，对于宇宙万物的理解也就因此出现亏损和缺陷，理解上出现亏损与缺陷，偏私的观念也就因此形成。果真有形成与亏缺吗？果真没有形成与亏缺吗？事物有了形成与亏缺，所以昭文才能够弹琴奏乐。没有形成和亏缺，昭文就不再能够弹琴奏乐。昭文善于弹琴，师旷精于乐律，惠施乐于靠着梧桐树高谈阔论，这三位先生的才智可说是登峰造极了！他们都享有盛誉，所以他们的事迹得到记载并流传下来。他们都爱好自己的学问与技艺，因而跟别人大不一样；正因为爱好自己的学问和技艺，所以总希望能够表现出来。而他们将那些不该彰明的东西彰明于世，因而最终以石之色白与质坚均独立于石头之外的迷昧而告终；而昭文的儿子也继承其父亲的事业，终生没有什么作为。像这样就可以称作成功吗？那即使是我虽无成就也可说是成功了。像这样便不可以称作成功吗？外界事物和我本身就都没有成功。因此，各种迷乱人心的巧说辩言的炫耀，都是圣哲之人所鄙夷、摒弃的。所以说，各种无用均寄托于有用之中，这才是用事物的本然观察事物而求得真实的理解。

原文 今且有言于此，不知其与是类乎？其与是不类乎？类与不类，相与为类[①]，则与彼无以异矣。虽然，请尝言之[②]。有始也者，有未始有始也者，有未始有夫未始有始也者。有有也者，有无也者，有未始有无也者，有未始有夫未始有无也者。俄而有无矣[③]，而未知有无之果孰有孰无也。今我则已有谓矣④，而未知吾所谓之其果有谓乎，其果无谓乎？夫天下莫大于秋豪之末⑤，而大山为小⑥；莫寿乎殇子⑦，而彭祖为夭⑧。天地与我并生，而万物与我为一。既已为一矣，且得有言乎？既已谓之一矣，且得无言乎？一与言为二，二与一为三。自此以往，巧历不能得⑨，而况其凡乎⑩！故自无适有以至于三⑪，而况自有适有乎！无适焉，因是已⑫。

注释

①类：同类、相同。

②尝：试。

③俄而：突然。

④谓：评说、议论。以下几句同此解。

⑤于：比。豪：通作“毫”，细毛。末：末梢。秋毫之末比喻事物的细小。

⑥大山：一说读如泰山。

⑦殇子：未成年而死的人。

⑧夭：夭折，短命。

⑨历（曆）：历数，计算。

⑩凡：平凡，这里指普通的人。

⑪适：往，到。

⑫因：顺应。已：矣。

译文

现在暂且在这里说一番话，不知道这些话跟其他人的谈论是相同的呢，还是不相同的呢？相同的言论与不相同的言论，既然相互间都是言谈议论，从这一意义上说，不管其内容如何也就是同类的了。虽然这样，还是请让我试着把这一问题说一说。宇宙万物有它的开始，同样有它未曾开始的开始，还有它未曾开始的未曾开始的开始。宇宙之初有过这样那样的“有”，但也有个“无”，还有个未曾有过的“无”，同样也有个未曾有过的未曾有过的“无”。突然间生出了“有”和“无”，却不知道“有”与“无”谁是真正的“有”，谁是真正的“无”。现在我已经说了这些言论和看法，但不知道我听说的言论和看法是我果真说过的言论和看法呢，还是果真没有说过的言论和看法呢？天下没有什么比秋毫的末端更大，而泰山算是最小；世上没有什么人比夭折的孩子更长寿，而传说中年寿最长的彭祖却是短命的。天地与我共生，万物与我为一体。既然已经浑然为一体，还能够有什么议论和看法？既然已经称作一体，又还能够没有什么议论和看法？客观存在的一体加上我的议论和看法就成了“二”，“二”如果再加上一个“一”就成了“三”，以此类推，最精明的计算也不可能求得最后的数字，何况大家都是凡夫俗子！所以，从无到有乃至推到“三”，又何况从“有”推演到“有”呢？没有必要这样地推演下去，还是顺应事物的本然吧。

原文 夫道未始有封①，言未始有常②，为是而有畛也③。请言其畛：有左有右，有伦有义④，有分有辩，有竞有争，此之谓八德⑤。六合之外⑥，圣人存而不论；六合之内，圣人论而不议⑦。春秋经世先王之志⑧，圣人议而不辩。故分也者，有不分也；辩也者，有不辩也。曰：何也？圣人怀之⑨，众人辩之以相示也⑩。故曰：辩也者，有不见也。

注释 ①封：界线，分别。

②常：定见，定论。

③是：对的，正确的；“为是”，意思是各自认为自己是正确的。畛（zhěn）：田地里的界路，这里泛指事物、事理间的界线和区分。

④伦：次序。义：仪，等别。一说本句当作“有论有议”，姑备参考。

⑤八德：八类、八种。

⑥六合：天、地和东、西、南、北四方。

⑦论：研究。议：评说。

⑧春秋：这里泛指古代历史，并非指战国以前的那一段历史年代。经世：经纶世事，这是用调理织物来喻指治理社会。志：记载；这个意义后代写作“誌”。

⑨怀：囊括于胸，指不去分辨物我和是非，把物与我、是与非都容藏于身。

⑩示：显示，这里含有夸耀于外的意思。

译文 所谓真理从不曾有过界线，言论也不曾有过定准，只因为各自认为只有自己的观点和看法才是正确的，这才有了这样那样的界线和区别。请让我谈谈那些界线和区别：有左有右，有序列有等别，有分解有辩驳，有竞比有相争，这就是所谓八类。天地四方宇宙之外的事，圣人总是存而不论；宇宙之内的事，圣人虽然细加研究，却不随意评说。至于古代历史上善于治理社会的前代君王们的记载，圣人虽然有所评说却不争辩。可知有分别就因为存在不能分别，有争辩也就因为存在不能辩驳，有人会说，这是为什么呢？圣人把事物都囊括于胸、容藏于己，而一般人则争辩不休夸耀于外，所以说，大凡争辩，总因为有自己所看不见的一面。

原文 夫大道不称①，大辩不言，大仁不仁，大廉不嗛②，大勇不忮③。道昭而不道④，言辩而不及⑤，仁常而不成，廉清而不信，勇忮而不成。五者圆而几向方矣⑥。故知止其所不知，至矣。孰知不言之辩、不道之道？若有能知，此之谓天府⑦。注焉而不满⑧，酌焉而不竭⑨，而不知其所由来，此之谓葆光⑩。

注释 ①称：举称。一说通作“偁”，宣扬的意思。

②嗛（qiān）：通“谦”，谦逊。

③忮（zhì）：伤害。

④昭：明；这里指明白无误地完全表露出来。

⑤不及：达不到，这里指言论表达不到的地方。

⑥圆：这里作做圆、求圆解。几：近，近似。“圆而几向方”，意思是求圆却近似于方，比喻事与愿违。

⑦府：储存财物的地方。天府，指自然生成的府库，也就是整个宇宙。

⑧注：注入。焉：讲作“于之”。

⑨酌：舀取。竭：尽。

⑩葆（bǎo）：藏，隐蔽。“葆光”即潜隐光亮而不露。

译文

至高无上的真理是不必称扬的，最了不起的辩说是不必言说的，最具仁爱的人是不必向人表示仁爱的，最廉洁方正的人是不必表示谦让的，最勇敢的人是从不伤害他人的。真理完全表露于外那就不算是真理，逞言肆辩总有表达不到的地方，仁爱之心经常流露反而成就不了仁爱，廉洁到清白的极点反而不太真实，勇敢到随处伤人也就不能成为真正勇敢的人。这五种情况就好像着意求圆却几近成方一样。因此懂得停止于自己所不知晓的境域，那就是绝顶的明智。谁能真正通晓不用言语的辩驳、不用称说的道理呢？假如有谁能够知道，这就是所说的自然生成的府库。无论注入多少东西，它不会满盈，无论取出多少东西，它也不会枯竭，而且也不知这些东西出自哪里，这就叫做潜藏不露的光亮。

原文

故昔者尧问于舜曰：“我欲伐宗、脍、胥敖①，南面而不释然②，其故何也？”舜曰：“夫三子者③，犹存乎蓬艾之间④。若不释然⑤，何哉？昔者十日并出⑥，万物皆照，而况德之进乎日者乎⑦！”

注释 ①宗、脍、胥敖：三个小国国名。

②南面：君主临朝。古代帝王上朝理事总坐北朝南。释然：不耿介于怀的样子。一说“释”通作“怿”，喜悦的意思。

③三子者：指上述三国的国君。

④蓬艾：两种草名。“存乎蓬艾之间”比喻国微君卑，不足与之计较。

⑤若：你。

⑥十日并出：指古代寓言中十个太阳一并出来的故事，庄子借此比喻阳光普照到每一个地方。

⑦进：进了一步，超过、胜过的意思。

译文 从前尧曾向舜问道：“我想征伐宗、脍、胥敖三个小国，每当上朝理事总是心绪不宁，是什么原因呢？”舜回答说：“那三个小国的国君，就像生存于蓬蒿艾草之中。你总是耿耿于怀心神不宁，为什么呢？过去十个太阳一块儿升起，万物都在阳光普照之下，何况你崇高的德行又远远超过了太阳的光亮呢！”

原文 齧缺问乎王倪曰①：“子知物之所同是乎②？”曰：“吾恶乎知之！”“子知子之所不知邪？”曰：“吾恶乎知之！”“然则物无知邪？”曰：“吾恶乎知之！虽然，尝试言之。庸讵知吾所谓知之非不知邪？庸讵知吾所谓不知之非知邪[3]？且吾尝试问乎女[4]：民湿寝则腰疾偏死[5]，鳍然乎哉[6]？木处则惴慄恂惧[7]，猨猴然乎哉[8]？三者孰知正处？民食刍豢[9]，麋鹿食荐[10]，蝍蛆甘带[11]，鸱鸦耆鼠[12]，四者孰知正味？猨猵狙以为雌[13]，麋与鹿交，鳍与鱼游[14]。毛嫱丽姬[15]，人之所美也，鱼见之深入，鸟见之高飞，麋鹿见之决骤[16]，四者孰知天下之正色哉？自我观之，仁义之端[17]，是非之塗[18]，樊然殽乱[19]，吾恶能知其辩[20]！”

注释

①啮（niè）缺、王倪：传说中的古代贤人，实为庄子寓言故事中虚拟的人物。

②所同是：意思是相互间共同的地方。

③庸讵：怎么、哪里。

④女：汝，你。

⑤湿寝：在潮湿的地方寝卧。偏死：偏瘫，即半身不遂。

⑥鳍（qiū）："鳅"字的异体，即泥鳅。

⑦木处：在高高的树木上居住。惴、慄、恂（xún）、惧：四字都是恐惧、惧怕的意思。

⑧猨："猿"字的异体，"猨猴"即"猿猴"。

⑨刍：草。豢（huàn）：养。"刍豢"，用草喂养，这里代指

家畜、牲口。

⑩麋：一种食草的珍贵兽类，与鹿同科。荐（jiàn）：美草。

⑪蝍（jí）蛆：蜈蚣。甘：甜美，嗜好；这里作动词。带：小蛇。“甘带”意思是以小蛇为美食。

⑫鸱（chí）：猫头鹰。耆：亦写作“嗜”，嗜好。

⑬猵（biān）狙（jū）：一种类似猿猴的动物。“猨猵狙以为雌”，即“猿以猵狙为雌”。旧注猵狙喜与雌猿交配，“以猿为雌”，但与句法不合，姑备参考。

⑭游：戏游，即交尾。

⑮毛嫱（qiáng）、丽姬：古代著名的美人。

⑯决（xuè）：通作“翅”，迅疾的样子。骤：快速奔跑。

⑰端：端绪。

⑱塗：通作“途”，道路，途径。

⑲樊然：杂乱的样子。殽（yáo）：这里讲作“淆”，混杂的意思。

⑳辩：通作“辨”，分别、区分的意思。

译文 啮缺问王倪：“你知道各种事物相互间总有共同的地方吗？”王倪说：“我怎么知道呢！”啮缺又问：“你知道你所不知道的东西吗？”王倪回答说：“我怎么知道呢！”啮缺接着又问：“那么各种事物便都无法知道了

吗?”王倪回答:“我怎么知道呢!虽然这样，我还是试着来回答你的问题。你怎么知道我所说的知道不是不知道呢?你又怎么知道我所说的不知道不是知道呢?我还是先问一问你：人们睡在潮湿的地方就会腰部患病甚至半身不遂，泥鳅也会这样吗?人们住在高高的树木上就会心惊胆战、惶恐不安，猿猴也会这样吗?人、泥鳅、猿猴三者究竟谁最懂得居处的标准呢?人以牲畜的肉为食物，麋鹿食草芥，蜈蚣嗜吃小蛇，猫头鹰和乌鸦则爱吃老鼠，人、麋鹿、蜈蚣、猫头鹰和乌鸦这四类动物究竟谁才懂得真正的美味?猿猴把猵狙当作配偶，麋喜欢与鹿交配，泥鳅则与鱼交尾。毛嫱和丽姬，是人们称道的美人了，可是鱼儿见了她们深深潜入水底，鸟儿见了她们高高飞向天空，麋鹿见了她们撒开四蹄飞快地逃离。人、鱼、鸟和麋鹿四者究竟谁才懂得天下真正的美色呢?以我来看，仁与义的端绪，是与非的途径，都纷杂错乱，我怎么能知晓它们之间的分别!”

原文 齧缺曰:“子不知利害，则至人固不知利害乎[①]?”王倪曰:“至人神矣[②]!大泽焚而不能热[③]，河汉沍而不能寒[④]，疾雷破山、飘风振海而不能惊[⑤]。若然者，乘云气，骑日月，而游乎四海之外。死生无变于己[6]，而况利害之端乎！”

注释

①至人：这里指能够达到忘我境界的、道德修养极高的人。

②神：神妙不测。

③泽：聚水的洼地。泽地水源充足，林木灌丛生长茂密。

④沍（hù）：河水冻结。

⑤根据前两句的句式结构分析，这一句似应分别成两个七字句，故有人认为此处有脱落，疑为“疾雷破山不能伤，飘风振海不能惊”，姑备参考。

⑥无变于己：意思是对于他自己全无变化。

译文

齧缺说：“你不了解利与害，道德修养高尚的至人难道也不知晓利与害吗？”王倪说：“进入物我两忘境界的至人实在是神妙不测啊！林泽焚烧不能使他感到热，黄河、汉水封冻了不能使他感到冷，迅疾的雷霆劈山破岩、狂风翻江倒海不能使他感到震惊。假如这样，便可驾驭云气，骑乘日月，在四海之外遨游，死和生对于他自身都没有变化，何况利与害这些微不足道的端绪呢！”

原文 瞿鹊子问乎长梧子曰[①]："吾闻诸夫子[②]，圣人不从事于务[③]，不就利[④]；不违害[⑤]，不喜求，不缘道[⑥]；无谓有谓[⑦]，有谓无谓，而游乎尘垢之外。夫子以为孟浪之言[⑧]，而我以为妙道之行也。吾子以为奚若[⑨]？"

注释 ①瞿鹊子、长梧子：杜撰的人名。

②夫子：孔子，名丘，字仲尼，儒家创始人。

③务：事，含有琐细事务的意思。

④就：趋赴，追求。

⑤违：避开。

⑥缘：因循；"不缘道"即不拘于道。

⑦谓：说，言谈。

⑧孟浪：言语轻率不当。

⑨奚若：何如，怎么样。

译文 瞿鹊子向长梧子问道："我从孔夫子那里听到这样的谈论：圣人不从事琐细的事务，不追逐私利，不回避灾害，不喜好贪求，不因循成规；没说什么又好像说了些什么，说了些什么又好像什么也没有说，因而遨游于世俗之外。孔夫子认为这些都是轻率不当的言论，而我却认为是精妙之道的实践和体现。先生你认为怎么样呢?”

原文 长梧子曰:“是黄帝之所听荧也①,而丘也何足以知之!且女亦大早计②,见卵而求时夜③,见弹而求鸮炙④。予尝为女妄言之,女以妄听之。奚旁日月⑤,挟宇宙?为其脗合⑥,置其滑涽⑦,以隶相尊⑧。众人役役⑨,圣人愚芚⑩,参万岁而一成纯⑪。万物尽然⑫,而以是相蕴⑬。

“予恶乎知说生之非惑邪⑭!予恶乎知恶死之非弱丧而不知归者邪⑮!丽之姬⑯,艾封人之子也⑰。晋国之始得之也,涕泣沾襟,及其至于王所⑱,与王同筐床⑲,食刍豢,而后悔其泣也。予恶乎知夫死者不悔其始之蕲生乎⑳!梦饮酒者,旦而哭泣;梦哭泣者,旦而田猎㉑。方其梦也㉒,不知其梦也。梦之中又占其梦焉,觉而后知其梦也。且有大觉而后知此其大梦也,而愚者自以为觉,窃窃然知之㉓。君乎、牧乎,固哉㉔!丘也与女,皆梦也;予谓女梦,亦梦也。是其言也,其名为吊诡㉕。万世之后而一遇大圣,知其解者,是旦暮遇之也㉖!

注释 ①听荧(yíng):疑惑不明。

②大早：过早。计：考虑。

③时夜：司夜，即报晓的鸡。

④鸮（xiāo）：一种肉质鲜美的鸟，俗名斑鸠。炙：烤肉。

⑤奚：这里用同“盍”，意思是“怎么不”。旁（bàng）：依傍。

⑥脗：“吻”字的异体。

⑦滑（gǔ）：通作“汩”，淆乱的意思。涽（hūn）：乱。一说讲作暗。

⑧隶：奴仆，这里指地位卑贱，与“尊”相对。

⑨役役：驰骛于是非之境，意思是一心忙于分辨所谓是与非。

⑩芚：（chūn）：浑然无所觉察和识别的样子。

⑪参：糁糅。万岁：年代久远。“参万岁”意思是糅合历史的长久变异与沉浮。纯：精粹不杂，指不为纷乱和差异所乱。

⑫尽：皆、全。

⑬以是：因此，因为这个缘故。蕴：积。

⑭说（yuè）：通“悦”，喜悦。

⑮恶死：讨厌死亡。弱：年少。丧（sàng）：丧失，这里指流离失所。

⑯丽：丽戎，春秋时的小国。姬：美女。“丽之姬”即丽姬，宠于晋献公，素以美貌称于世。

⑰艾：地名。封人，封疆守土的人。子：女儿.

⑱及：等到。

⑲筐床：亦写作“匡床”，方正而又安适的床。

⑳蕲（qí）：祈，求的意思。

㉑田：打猎。这个意义后代写作“畋”。“田猎”即畋猎。

㉒方：正当。

㉓窃窃然：明察的样子。

㉔牧：牧夫，用指所谓卑贱的人，与高贵的“君”相对。固：鄙陋。

㉕吊诡：奇特、怪异。

㉖旦暮：很短的时间，含有偶然的意思。

译文

长梧子说：“这些话黄帝也会疑惑不解的，而孔丘怎么能够知晓呢！而且你也谋虑得太早，就好像见到鸡蛋便想立即得到报晓的公鸡，见到弹子便想立即获取烤熟的斑鸠肉。我姑且给你胡乱说一说，你也就胡乱听一听。怎么不依傍日月，怀藏宇宙？跟万物吻合为一体，置各种混乱纷争于不顾，把卑贱与尊贵都等同起来。人们总是一心忙于去争辩是非，圣人却好像十分愚昧无所觉察，糅合古往今来多少变异、沉浮，自身却浑成一体不为纷杂错异所困扰。万物全都是这样，而且因为这个缘故相互蕴积于浑朴而又精纯的状态之中。

“我怎么知道贪恋活在世上不是困惑呢？我又怎么知道厌恶死亡不是年幼流落他乡而老大还不知回归呢？丽姬是艾地封疆守土之人的女儿，晋国征伐丽戎时俘获了她，她当时哭得泪水浸透了衣襟，等她到晋国进入王宫，跟晋侯同睡一床而宠为夫人，吃上美味珍馐，也就后悔当初不该那么伤心地哭泣了。我又怎么知道那些死去的人不会后悔当初的求生呢？睡梦里饮酒作乐的人，天亮醒来后很可能痛哭饮泣；睡梦中痛哭饮泣的人，天亮醒来后又可能在欢快地逐围打猎。正当他在做梦的时候，他并不知道自己是在做梦。睡梦中还会卜问所做之梦的吉凶，醒来以后方知是在做梦。人在最为清醒的时候方才知道他自身也是一场大梦，而愚昧的人则自以为清醒，好像什么都知晓什么都明了。君尊牧卑，这种看法实在是浅薄鄙陋呀！孔丘和你都是在做梦，我说你们在做梦，其实我也在做梦。上面讲的这番话，它的名字可以叫作奇特和怪异。万世之后假若一朝遇上一位大圣人，悟出上述一番话的道理，这恐怕也是偶然遇上的吧！

原文 “既使我与若辩矣[①]，若胜我，我不若胜[②]，若果是也，我果非也邪？我胜若，若不吾胜，我果是也，而果非也邪[3]？其或是也，其或非也邪？其俱是也，其俱非也邪？我与若不能相知也，则人固受其黮闇[4]，吾谁使正之[5]？使同乎若者正之？既与若同矣，恶能正之！使同乎我者正之？既同乎我矣，恶能正之！使异乎我与若者正之？既异乎我与若矣，恶能正之！使同乎我与若者正之？既同乎我与若矣，恶能正之！然则我与若与人，俱不能相知也，而待彼也邪[6]？化声之相待[7]，若其不相待，和之以无倪[8]，因之以曼衍[9]，所以穷年也[10]。

注释

①若：你，即说话人的对方瞿鹊子；“我”则为说话人长梧子。

②不若胜：即不胜你。

③而：你。

④黮（dǎn）闇：昏暗不明的样子。“闇”是“暗”字的异体。

⑤谁使：使谁。

⑥彼：这里讲作另外的什么人。

⑦化声：变化的声音，这里指是非不同的言论。这一句及至“所以穷年也”，计五句二十五字，旧本原在下段中部“然若果然也”之前，今据上下文意和多本校勘意见前移于此。

⑧倪：分，“天倪”即天然的分际。

⑨因：顺应。曼衍：变化发展。

⑩所以：这里讲作“用这样的办法”。穷：尽，终了。

译文 倘使我和你展开辩论，你胜了我，我没有胜你，那么，你果真对，我果真错吗？我胜了你，你没有胜我，我果真对，你果真错吗？难道我们两人有谁是正确的，有谁是不正确的吗？难道我们两人都是正确的，或都是不正确的吗？我和你都无从知道，而世人原本也都承受着蒙昧与晦暗，我们又能让谁作出正确的裁定？让观点跟你相同的人来判定吗？既然看法跟你相同，怎么能作出公正的评判！让观点跟我相同的人来判定吗？既然看法跟我相同，怎么能作出公正的评判！让观点不同于我和你的人来判定吗？既然看法不同于我和你，怎么能作出公正的评判！让观点跟我和你都相同的人来判定吗？既然看法跟我和你都相同，又怎么能作出公正的评判！如此，那么我和你跟大家都无从知道这一点，还等待别的什么人呢？辩论中的不同言辞跟变化中的不同声音一样相互对立，就像没有相互对立一样，都不能相互作出公正的评判。用自然的分际来调和它，用无尽的变化来顺应它，还是用这样的办法来了此一生吧。

原文 “何谓和之以天倪？曰：是不是，然不然。是若果是也，则是之异乎不是也亦无辩；然若果然也，则然之异乎不然也亦无辩。忘年忘义[①]，振于无竟[②]，故寓诸无竟”[③]。

注释 ①年：概指生死。义：概指是非。

②振：畅。竟：通“境”；境界、境地。

③寓：寄托。

译文 “什么叫调和自然的分际呢？对的也就像是不对的，正确的也就像是不正确的。对的假如果真是对的，那么对的不同于不对的，这就不需去争辩；正确的假如果真是正确的，那么正确的不同于不正确的，这也不需去争辩。忘掉死生忘掉是非，到达无穷无尽的境界，因此圣人总把自己寄托于无穷无尽的境域之中。”

原文 罔两问景曰[①]：“曩子行[②]，今子止；曩子坐，今子起。何其无特操与[③]？”景曰：“吾有待而然者邪[④]？吾所待又有待而然者邪？吾待蛇蚹蜩翼邪[⑤]？恶识所以然？恶识所以不然？”

注释 ①罔两：影子之外的微阴。景：影子；这个意义后代写作“影”。

②曩（nǎng）：以往，从前。

③特：独。操：操守。

④待：依靠，凭借。

⑤蚹（fù）：蛇肚腹下的横鳞，蛇赖此行走。蜩：蝉。

译文 影子之外的微阴问影子：“先前你行走，现在又停下；以往你坐着，如今又站了起来。你怎么没有自己独立的操守呢？”影子回答说：“我是有所依凭才这样的吗？我所依凭的东西又有所依凭才这样的吗？我所依凭的东西难道像蛇的蚹鳞和鸣蝉的翅膀吗？我怎么知道因为什么缘故会是这样？我又怎么知道因为什么缘故而不会是这样？”

原文 昔者庄周梦为胡蝶[①]，栩栩然胡蝶也[②]，自喻适志与[③]！不知周也。俄然觉[④]，则蘧蘧然周也[⑤]。不知周之梦为胡蝶与，胡蝶之梦为周与？周与胡蝶，则必有分矣。此之谓物化[⑥]。

注释 ①胡蝶：亦作蝴蝶。

②栩（xú）栩然：欣然自得的样子。

③喻：通作“愉”，愉快。适志：合乎心意，心情愉快。

④俄然：突然。

⑤蘧（qú）蘧然：惊惶的样子。

⑥物化：事物自身的变化。根据本段文意，所谓变化即外物与自我的交合，推进一步，一切事物也都将浑而为一。

译文 过去庄周梦见自己变成蝴蝶，欣然自得地飞舞着的一只蝴蝶，感到多么愉快和惬意啊！不知道自己原本是庄周。突然间醒过来，惊惶不定之间方知原来是我庄周。不知是庄周梦中变成蝴蝶呢，还是蝴蝶梦见自己变成庄周呢？庄周与蝴蝶那必定是有区别的。这就可叫做物、我的交合与变化。

养生主

题解 这是一篇谈养生之道的文章。“养生主”意思就是养生的要领。庄子认为，养生之道重在顺应自然，忘却情感，不为外物所滞。

全文分成三个部分，第一部分至“可以尽年”，是全篇的总纲，指出养生最重要的是要做到“缘督以为经”，即秉承事物中虚之道，顺应自然的变化与发展。第二部分至“得养生焉”，以厨工分解牛体比喻人之养生，说明处世、生活都要“因其固然”“依乎天理”，而且要取其中虚“有间”，方能“游刃有余”，从而避开是非和矛盾的纠缠。余下为第三部分，进一步说明听凭天命，顺应自然，“安时而处顺”的生活态度。庄子思想的中心，一是无所依凭自由自在，一是反对人为顺其自然，本文字里行间虽是在谈论养生，实际上是在体现作者的哲学思想和生活旨趣。

原文

吾生也有涯①，而知也无涯②。以有涯随无涯③，殆已④；已而为知者⑤，殆而已矣！为善无近名⑥，为恶无近刑。缘督以为经⑦，可以保身，可以全生⑧，可以养亲⑨，可以尽年⑩。

注释

①涯：边际，极限。

②知（zhì）：知识，才智。

③随：追随，索求。

④殆：危险，这里指疲困不堪，神伤体乏。

⑤已：此，如此；这里指上句所说的用有限的生命索求无尽

的知识的情况。

⑥近：接近，这里含有追求、贪图的意思。

⑦缘：顺着，遵循。督：中，正道。中医有奇经八脉之说，所谓督脉即身背之中脉，具有总督诸阳经之作用；“缘督”就是顺从自然之中道的含意。经：常。

⑧生：通作“性”，“全生”意思是保全天性。

⑨养亲：从字面上讲，上下文意不能衔接，旧说称不为父母留下忧患，亦觉牵强。姑备参考。

⑩尽年：终享天年，不使夭折。

译文 人们的生命是有限的，而知识却是无限的。以有限的生命去追求无限的知识，势必体乏神伤，既然如此还在不停地追求知识，那可真是十分危险的了！做了世人所谓的善事却不去贪图名声，做了世人所谓的恶事却不至于面对刑戮的屈辱。遵从自然的中正之路并把它作为顺应事物的常法，这就可以护卫自身，就可以保全天性，就可以不给父母留下忧患，就可以终享天年。

原文 庖丁为文惠君解牛①，手之所触②，肩之所倚③，足之所履④，膝之所踦⑤，砉然向然⑥，奏刀騞然⑦，莫不中音⑧，合于桑林之舞⑨，乃中经首之会⑩。

注释

①庖（páo）：厨房。“庖丁”即厨师。一说“庖”指厨师，“丁”是他的名字。为（wèi）：替，给。文惠君：旧说指梁惠王。解：剖开、分解。

②触：接触。

③依：靠。

④履：踏、踩。

⑤踦（yǐ）：用膝抵住。

⑥砉（huà）然：皮肉分离的声音。向（嚮）：通作“响（響）”，声响。“向（响）然”，多种声音相互响应的样子。

⑦奏：进。騞（huò）然：以刀快速割牛的声音。

⑧中（zhòng）：合乎；“中音”，意思是合乎音乐的节奏。

⑨桑林：传说中的殷商时代的乐曲名。“桑林之舞”意思是用桑林乐曲伴奏的舞蹈。

⑩经首：传说中帝尧时代的乐曲名。会：乐律，节奏。

译文

厨师给文惠君宰杀牛牲，分解牛体时手接触的地方，肩靠着的地方，脚踩踏的地方，膝抵住的地方，都发出砉砉的声响，快速进刀时刷刷的声音，无不像美妙的音乐旋律，符合桑林舞曲的节奏，又合于经首乐曲的乐律。

原文 文惠君曰：“譆①，善哉！技蓋至此乎②？”庖丁释刀对曰③：“臣之所好者道也④，进乎技矣⑤。始臣之解牛之时，所见无非全牛者。三年之后，未尝见全牛也。方今之时，臣以神遇而不以目视⑥，官知止而神欲行⑦。依乎天理⑧，批大郤⑨，导大窾⑩，因其固然⑪；技经肯綮之未尝⑫，而况大軱乎⑬！良庖岁更刀⑭，割也；族庖月更刀⑮，折也⑯。今臣之刀十九年矣，所解数千牛矣，而刀刃若新发于硎⑰。彼节者有間⑱，而刀刃者无厚。以无厚入有間，恢恢乎其于游刃必有余地矣⑲，是以十九年而刀刃若新发于硎。虽然，每至于族⑳，吾见其难为，怵然为戒㉑，视为止，行为迟，动刀甚微。謋然已解㉒，如土委地㉓。提刀而立，为之四顾，为之踌躇满志㉔，善刀而藏之㉕。”

注释 ①譆（xī）：“嘻”字的异体。

②蓋：通作“盍”，讲作何，怎么的意思。一说为句中语气词，读如“盖”。

③释：放下。

④好（hào）：喜好。道：事物的规律。

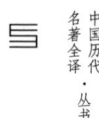

⑤进：进了一层，含有超过、胜过的意思。乎：于，比。

⑥神：精神，心思。

⑦官：器官，这里指眼。知：知觉，这里指视觉。

⑧天理：自然的纹理，这里指牛体的自然结构。

⑨批：击。郤（xì）：通作“隙”，这里指牛体筋腱骨骼间的空隙。

⑩导：引导，导向。窾（kuǎn）：空：这里指牛体骨节间较大的空处。

⑪因：依，顺着。固然，本然，原本的样子。

⑫技（zhī）：通作“枝”，指支脉。经：经脉。“技经”指经络结聚的地方。肯：附在骨上的肉。綮（qǐ）：骨肉连接很紧的地方。未：不曾。尝：尝试。

⑬軱（gǔ）：大骨。

⑭岁：每年。更（gēng）：更换。

⑮族：众；“族庖”指一般的厨师。

⑯折：断；这里指用刀砍断骨头。

⑰发：出，这里指刚从磨刀石上磨出来。硎（xíng）：磨刀石。

⑱閒（jiàn）：缝，间隙；这个意义后代写作“间”。

⑲恢恢：宽广。游刃：运转的刀刃。

⑳族：指骨节、筋腱聚结交错的部位。

㉑怵（chù）然：小心谨慎的样子。

㉒谍（huò）：牛体分解的声音。

㉓委：堆积。

㉔踌躇：悠然自得的样子。满志：满足了心意。

㉕善：这里讲作摆弄、擦拭的意思。

译文 文惠君说：“嘻，妙呀！技术怎么达到如此高超的地步呢？”厨师放下刀回答说：“我所喜好的是摸索事物的规律，比起一般的的技术、技巧又进了一层。我开始分解牛体的时候，所看见的没有不是一头整牛的。几年之后，就不曾再看到整体的牛了。现在，我只用心神去接触而不必用眼睛去观察，眼睛的官能似乎停了下来而精神世界还在不停地运行。依照牛体自然的生理结构，劈击肌肉骨骼间大的缝隙，把刀导向那些骨节间大的空处，顺着牛体的天然结构去解剖；从不曾碰撞过经络结聚的部位和骨肉紧密连接的地方，何况那些大骨头呢！优秀的厨师一年更换一把刀，因为他们是在用刀割肉；普通的厨师一个月就更换一把刀，因为他们是在用刀砍骨头。如今我使用的这把刀已经十九年了，所宰杀的牛牲上千头了，而刀刃锋利就像刚从磨刀石上磨过一样。牛的骨节乃至各个组合部位之间是有空隙的，而刀刃几乎没有什么厚度，用薄薄的刀刃插入有空隙的骨节和组合部位间，对于刀刃的运转和回旋来说那是多么宽绰而有余地呀。所以我的刀使用了十九年，刀锋仍像刚从磨刀石上磨过一样。虽然这样，每当遇上筋腱、骨节聚结交错的地方，我看到难于下刀，为此而格外谨慎不敢大意，目光专注，动作迟缓，动刀十分轻微。牛体霍霍地全部分解开来，就像是一堆泥土堆放在地上。我于是提着刀站在那儿，为此而环顾四周，为此而踌躇满志，这才擦拭好刀收藏起来。”

原文 文惠君曰：“善哉！吾闻庖丁之言，得养生焉[①]。”

注释 ①养生：其后省中心语，意思是“养生之道”。

译文 文惠君说：“妙啊，我听了厨师这一番话，从中得到养生的道理了。”

原文 公文轩见右师而惊曰[①]：“是何人也？恶乎介也[②]？天与，其人与？”曰：“天也，非人也。天之生是使独也[③]，人之貌有与也[④]。以是知其天也，非人也。”

注释

①公文轩：相传为宋国人，复姓公文，名轩。右师：官名，古人常有借某人之官名称谓其人的习惯。

②介：独，只有一只脚。一说“介”当作“兀”，失去一足的意思。

③是：此，指代形体上只有一只脚的情况。独：只有一只脚。

④与：旧注解释为“共”，所谓“有与”即两足共行。一说“与”当讲作赋予，意思是人的外形当是自然的赋予。

译文

公文轩见到右师大吃一惊，说：“这是什么人？怎么只有一只脚呢？是天生只有一只脚，还是人为地失去一只脚呢？”右师说：“天生成的，不是人为的。老天爷生就了我这样一副形体让我只有一只脚，人的外观完全是上天所赋予的。所以知道是天生的，不是人为的。”

原文

泽雉十步一啄①，百步一饮，不蕲畜乎樊中②。神虽王③，不善也。

注释

①雉（zhì）：雉鸟，俗称野鸡。

②蕲：祈求，希望。畜：养。樊：笼。

③王（wàng）：旺盛，这个意义后代写作“旺”。

译文 沼泽边的野鸡走上十步才能啄到一口食物，走上百步才能喝到一口水，可是它丝毫也不会祈求畜养在笼子里。生活在樊笼里虽然不必费力寻食，但精力即使十分旺盛，那也是很不快意的。

原文 老聃死①，秦失吊之②，三号而出③。弟子曰："非夫子之友邪？"曰："然。""然则吊焉若此，可乎？"曰："然。始也吾以为其人也④，而今非也。向吾入而吊焉⑤，有老者哭之，如哭其子；少者哭之，如哭其母。彼其所以会之⑥，必有不蕲言而言，不蕲哭而哭者。是遁天倍情⑦，忘其所受⑧，古者谓之遁天之刑⑨。适来⑩，夫子时也⑪；适去，夫子顺也。安时而处顺，哀乐不能入也，古者谓是帝之县解⑫。"

注释 ①老聃（dān）：相传即老子，楚人，姓李名耳。

②秦失（yì）：亦写作"秦佚"，老聃的朋友。

③号：这里指大声地哭。

④其人：指与秦失对话的哭泣者。老聃和秦失都把生死看得很轻，在秦失的眼里老聃的弟子也应都是能够超脱物外的人，但如此伤心地长久哭泣，显然哀痛过甚，有失老聃的遗风。

⑤向：刚才。

⑥彼其：指哭泣者，即前四句中的“老者”和“少者”。所以：讲作“…… 的原因”。会：聚，碰在一块儿。

⑦遁：逃避，违反。倍：通作“背”，背弃的意思。一说“倍”讲作“加”，是增益的意思。

⑧忘其所受：大意是忘掉了受命于天的道理。庄子认为人体禀承于自然，方才有生有死，如果好生恶死，这就忘掉了受命于天的道理。

⑨刑：过失。“遁天之刑”是说感伤过度，势必违反自然之道而招来过失。一说“刑”即刑辱之意。

⑩适：偶然。来：来到世上，与下一句的“去”讲作离开人世相对立；这里的“来”“去”实指人的生和死。

⑪夫子：指老聃。

⑫帝：天，万物的主宰。县（xuán），同“悬”。“帝之县解”犹言“自然解脱”。在庄子看来，忧乐不能入，死生不能系，做到“安时而处顺”，就自然地解除了困缚，犹如解脱了倒悬之苦。

译文

老聃死了，他的朋友秦失去吊丧，大哭几声便离开了。老聃的弟子问道：“你不是我们老师的朋友吗？”秦失说：“是的。”弟子们又问：“那么吊唁朋友像这样，行吗？”秦失说：“行。原来我认为你们跟随老师多年都是超脱物外的人了，现在看来并不是这样的。刚才我进入灵堂去吊唁，有老年人在哭他，像做父母的哭自己的孩子；有年轻人在哭他，像做孩子的哭自己的父母。他们之所以会聚在这里，一定有人本不想说什么却情不自禁地诉说了什么，本不想哭泣却情不自禁地痛哭起来。如此喜生恶死是违反常理、背弃真情的，他们都忘掉了人是禀承于自然、受命于天的道理，古时候人们称这种做法就叫做背离自然的过失。偶然来到世上，你们的老师他应时而生；偶然离开人世，你们的老师他顺依而死。安于天理和常分，顺从自然和变化，哀伤和欢乐便都不能进入心怀，古时候人们称这样做就叫做自然的解脱，好像解除倒悬之苦似的。”

原文　指穷于为薪①，火传也，不知其尽也。

注释　①本句旨意历来解释纷纭，不得要领。根据前文所述可这样理解：“指”“薪”即脂薪，又称烛薪，用以取光照物，“穷”是尽的意思，油脂燃尽于浸裹的柴薪，但火种却不会熄灭，传之于无穷。

译文 取光照物的烛薪终会燃尽，而火种却传续下来，永远不会熄灭。

人间世

题解 《人间世》的中心是讨论处世之道，既表述了庄子所主张的处人与自处的人生态度，也揭示出庄子处世的哲学观点。

全文可分为前后两大部分，前一部分至“可不惧邪”，以下为后一部分。前一部分假托3个故事：孔子在颜回打算出仕卫国时对他的谈话，叶公子高将出使齐国时向孔子的求教，颜阖被请去做卫太子师傅时向蘧伯玉的讨教，以此来说明处世之难，不可不慎。怎样才能应付艰难的世事呢?《庄子》首先提出要“心斋”，即“虚以待物”。再则提出要“知其不可奈何而安之若命”，第三提出要“正女身”，并“形莫若就”“心莫若和”。归结到一点仍旧是“无己”。第二部分着力表达“无用”之为有用，用树木不成材却终享天年和支离疏形体不全却避除了许多灾祸来比喻说明，最后一句“人皆知有用之用，而莫知无用之用”，便是整个第二部分的结语。前后两部分是互补的，世事艰难推出了“无用”之用的观点，“无用”之用正是“虚以待物”的体现。“无用”之用决定了庄子“虚无”的人生态度，但也充满了辩证法，有用和无用是客观的，但也是相对的，而且在特定环境里还会出现转化。

原文 颜回见仲尼①，请行。曰：“奚之②？”曰：“将之卫。”曰：“奚为焉？”曰：“回闻卫君，其年壮，其行独③；轻用其国，而不见其过；轻用民死，死者以国量乎泽若蕉④，民其无如矣⑤。回尝闻之夫子曰：‘治国去之⑥，乱国就之⑦，医门多疾。’愿以所闻思其则⑧，庶几其国有瘳乎⑨！”

注释 ①颜回：孔子的弟子，姓颜名回，字子渊，鲁国人。仲尼：孔子，仲尼为字。孔子与颜回的这段谈话完全出自假托。

②之：往。

③独：专断。

④蕉：草芥。

⑤如：往；“无如”意思是没有归往的地方。

⑥去：离。

⑦就：趋赴，前往。

⑧以：用，根据。则：准则，办法。

⑨庶几：也许可以；含有希望的意思。瘳（chōu）：病愈，

这里指国家恢复了元气。

译文 颜回拜见老师仲尼，请求同意他出远门。孔子说："到哪里去呢?"颜回回答："打算去卫国。"孔子说："去卫国干什么呢?"颜回说："我听说卫国的国君，他正年轻，办事专断；轻率地处理政事，却看不到自己的过失；轻率地役使百姓使人民大量死亡，死人遍及全国不可胜数，就像大泽中的草芥一样，百姓都失去了可以归往的地方。我曾听老师说：'治理得好的国家可以离开它，治理得不好的国家却要去到那里，就好像医生门前病人多一样。'我希望根据先生的这些教诲思考治理卫国的办法，卫国也许还可以逐步恢复元气吧!"

原文 仲尼曰："譆！若殆往而刑耳①！夫道不欲杂，杂则多，多则扰，扰则忧，忧而不救。古之至人，先存诸己而后存诸人②。所存于己者未定，何暇至于暴人之所行③！

注释 ①殆：恐怕，大概。刑：遭受刑戮。

②存：存立，这里指道德修养的建立。

③暴人：施政暴虐的人，这里指卫国国君。

译文 孔子说："嘻！你恐怕去到卫国就会遭到杀害啊！推行大道是不宜掺杂的，杂乱了就会事绪繁多，事绪繁多就会心生扰乱，心生扰乱就会产生忧患，忧患多了也就自身难保，更何况拯救国家。古时候道德修养高尚的至人，总是先使自己日臻成熟方才去扶助他人。如今在自己的道德修养方面还没有什么建树，哪里还有什么工夫到暴君那里去推行大道！

原文 "且若亦知夫德之所荡而知之所为出乎哉[①]？德荡乎名，知出乎争。名也者，相轧也[②]；知也者，争之器也。二者凶器，非所以尽行也。

注释 ①荡：丧失，毁坏。所为：讲作"……的原因"。

②轧：倾轧。

译文 "你懂得道德毁败和智慧表露的原因吗？道德的毁败在于追求名声，智慧的表露在于争辩是非。名声是互相倾轧的原因，智慧是互相争斗的工具。二者都像是凶器，不可以将它推行于世。

原文 “且德厚信矼①，未达人气②，名闻不争，未达人心。而强以仁义绳墨之言术暴人之前者③，是以人恶有其美也④，命之曰菑人⑤。菑人者，人必反菑之，若殆为人菑夫？且苟为悦贤而恶不肖⑥，恶用而求有以异⑦？若唯无诏⑧，王公必将乘人而斗其捷⑨。而目将荧之⑩，而色将平之⑪，口将营之⑫，容将形之⑬，心且成之⑭。是以火救火，以水救水，名之曰益多。顺始无穷，若殆以不信厚言，必死于暴人之前矣！

注释 ①矼（qiāng）：坚实，笃厚。

②人气：犹言民情、民心，与下句的“人心”意思相近。“未达人气”“未达人心”，意思是未能得到人们广泛的理解。

③绳墨：喻指规矩、规范。术（術）：通作“述”。一说“術”字是“衒”字之误，卖弄的意思。

④此句就上下文意看很难串通。一说“有”字乃是“育”字之误，讲作“卖”，即“鬻”的意思。其：己；用为己称。

⑤命之：名之，称谓它。菑（zāi）：“災”字的异体，“災”字今简化为“灾”。

⑥悦：喜好。不肖：不像，这里指不学好。

⑦而：汝，你。

⑧唯：只。诏：告，这里指向卫君进言。

⑨王公：指卫君。乘：趁；“乘人”就是抓住说话人说漏了嘴的机会。一说讲作借助国君的威势。捷：形容言语快捷善辩，不让对方有喘息思考的机会。

⑩荧（yíng）：眩，迷惑。

⑪色：脸色。平：平和。

⑫营：营救，这里指用言语自我解脱。

⑬容：容颜、态度。形：显露，表现。

⑭成之：以之为成，把对方的作为加以认可。

译文

“一个人虽然德行淳厚诚实笃守，可未必能和对方声气相通，一个人虽然不争名声，可未必能得到广泛的理解。而勉强把仁义和规范之类的言辞述说于暴君面前，这就好比用别人的丑行来显示自己的美德，这样的做法可以说是害人。害人的人一定会被别人所害，你这样做恐怕会遭到别人伤害的呀！况且，假如说卫君喜好贤能而讨厌恶人，那么，哪里还用得着等待你去才有所改变？你果真去到卫国也只能是不向卫君进言，否则卫君一定会紧紧抓住你偶然说漏嘴的机会快捷地向你展开争辩。你必将眼花缭乱，而面色将佯作平和，你说话自顾不暇，容颜将被迫俯就，内心也就姑且认同卫君的所作所为了。这样做就像是用火救火，用水救水，可以称之为错上加错。有了依顺他的开始，以后顺从他的旨意便会没完没了，假如你未能取信便深深进言，那么一定会死在这位暴君面前。

原文 “且昔者桀杀关龙逄①，纣杀王子比干②，是皆修其身以下伛拊人之民③，以下拂其上者也④，故其君因其修以挤之⑤。是好名者也。昔者尧攻丛枝、胥敖⑥，禹攻有扈⑦，国为虚厉⑧，身为刑戮；其用兵不止，其求实无已⑨。是皆求名实者也，而独不闻之乎？名实者，圣人之所不能胜也，而况若乎！虽然，若必有以也⑩，尝以语我来⑪！”

注释 ①桀：夏代最后一个国君，素以暴虐称著于史。关龙逄（páng）：夏桀时代的贤臣，因直言劝谏而被夏桀杀害。

②纣：商代最后一个国君，史传又一个暴君。比干：商纣王的庶出叔叔，也因力谏而被纣王杀害。

③下：下位，居于臣下之位。伛（yǔ）拊（fǔ）：怜爱抚育。人：人君的省称。

④拂：违反。上：居于上位的人，这里指国君。

⑤修：美好，这里专指很有道德修养。挤：排斥。

⑥丛枝、胥敖：帝尧时代的两个部落小国的国名。《齐物论》

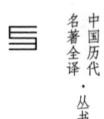

中有宗、脍、胥敖之称，“丛枝”疑即“宗”“脍”，姑备参考。

⑦有扈：古国名。

⑧虚：墟所，这个意义后代写作“墟”。厉：人死而无后代。

⑨实：实利。已：止。

⑩有以：有所依凭。

⑪以语我：把它告诉给我。来：句末语气词，表示感叹。

译文 “从前，夏桀杀害了敢于直谏的关龙逢，商纣王杀害了力谏的叔叔比干，这些贤臣他们都十分注重自身的道德修养而以臣下的地位抚爱人君的百姓，同时也以臣下的地位违逆了他们的国君，所以他们的国君就因为他们道德修养高尚而排斥他们，杀害了他们。这就是喜好名声的结果。当年帝尧征伐丛枝和胥敖，夏禹攻打有扈，三国的土地变成废墟，人民全都死尽，而国君自身也遭受杀戮，原因就是三国不停地使用武力，贪求别国的土地和人口。这些都是求名求利的结果，你偏偏就没有听说吗？名声和实利，就是圣人也不可能超越，何况是你呢？虽然这样，你必定有所依凭，你就试着把它告诉我吧！”

原文 颜回曰：“端而虚①，勉而一②。则可乎？”曰：“恶③，恶可！夫以阳为充孔扬④，来色不定⑤，常人之所不违，因案人之所感⑥，以求容与其心⑦，名之曰日渐之德不成⑧，而况大德乎！将执而不化⑨，外合而内不訾⑩，其庸讵可乎⑪！”

注释

①端：端庄、正派。虚：虚豁、谦逊。“端”指外表，“虚”指内心。

②勉：勤恳努力。一：这里是始终如一、忠贞不贰的意思。

③恶（wū）：叹词，驳斥之声；与下句疑问代词用法的“恶”不同。

④阳：指刚猛之盛气。充：满，充斥于心。孔：甚，很。扬：露于外表。

⑤采色：这里指面部表情。“采色不定”犹言“喜怒无常”。

⑥案：压抑，压制。

⑦容与：放纵。

⑧渐：浸渍，润泽。

⑨执：固守己见。

⑩外合：外表赞同。訾（zǐ）：非议；“不訾”意思是不愿对自己的言行作出反省。

⑪其：那，那样。庸讵：怎么。

译文 颜回说："我外表端庄内心虚豁，勤奋努力终始如一，这样就可以了吗？"孔子说："唉，这怎么可以呢！卫君刚猛暴烈盛气露于言表，而且喜怒无常，人们都不敢有丝毫违背他的地方，他也借此压抑人们的真实感受和不同观点，以此来放纵他的欲望。这真可以说是每日用道德来感化都不会有成效，更何况用大德来劝导呢？他必将固执己见而不会改变，表面赞同而内心里也不会对自己的言行作出反省，你那样的想法怎么能行得通呢？"

原文 "然则我内直而外曲[①]，成而上比[②]。内直者，与天为徒[③]。与天为徒者，知天子之与己皆天之所子[④]。而独以己言蕲乎而人善之[⑤]，蕲乎而人不善之邪？若然者，人谓之童子[⑥]，是之谓与天为徒。外曲者，与人之为徒也。擎跽曲拳[⑦]，人臣之礼也，人皆为之，吾敢不为邪？为人之所为者，人亦无疵焉[⑧]，是之谓与人为徒。成而上比者，与古为徒，其言虽教，讁之实也[⑨]；古之有也，非吾有也。若然者，虽直而不病[⑩]，是之谓与古为徒。若是则可乎？"仲尼曰："恶，恶可！大多政法而不谍[⑪]，虽固亦无罪[⑫]。虽然，止是耳矣[⑬]，夫胡可以及化[⑭]！犹师心者也[⑮]。"

注释 ①直：正直，光明正大。曲：弯曲，含有俯首曲就的意思。

②成：成就，指心中有数，已有成熟的主张和看法。一说引用现成的话。上：上世，指古代。“上比”意思是跟古代的做法相比较。

③天：自然。

④所子：所养育的子女。

⑤蕲：祈求，希望得到。善之：以之为善，把这样的言论看作是正确的。

⑥童子：未成年的人。

⑦擎：举，这里指手里拿着朝笏（hù）。跽：长跪。曲拳：躬身屈体。

⑧疵（cī）：诽谤。

⑨讁（zhé）：“谪”字的异体；谴责、责备。

⑩病：怨恨、祸害。

⑪大：太。政：通作“正”，端正、纠正的意思。谍：当。

⑫固：固陋，执着而不通达。

⑬止是：只此。耳矣：罢了。

⑭胡：何，怎么。

⑮师：讲作以……为师。心：这里指内心的定见。

译文 颜回说：“如此，那我就内心秉正诚直而外表俯首曲就，内心自有主见并处处跟古代贤人作比较。内心秉正诚直，这就是与自然为同类。跟自然为同类，可知国君与自己都是上天养育的子女。又何必把自己的言论宣之于外而希望得到人们的赞同，还是希望人们不予赞同呢？像这样做，人们就会称之为未失童心，这就叫跟自然为同类。外表俯首曲就的人，是跟世人为同类。手拿朝笏躬身下拜，这是做臣子的礼节，别人都这样去做，我敢不这样做吗？做一般人臣都做的事，人们也就不会责难了吧，这就叫跟世人为同类。心有成见而上比古代贤人，是跟古人为同类。他们的言论虽然很有教益，指责世事才是真情实意。这样做自古就有，并不是从我才开始的。像这样做，虽然正直不阿却也不会受到伤害，这就叫跟古人为同类。这样做便可以了吗？”孔子说：“唉，怎么可以呢？太多的事情需要纠正，就是有所效法也会出现不当，虽然固陋而不通达也没有什么罪责。即使这样，也不过如此而已，又怎么能感化他呢！你好像是太执着于自己内心成见的人哩。”

原文 颜回曰：“吾无以进矣，敢问其方[①]。”仲尼曰：“斋[②]，吾将语若！有心而为之[③]，其易邪？易之者，皞天不宜[4]。”颜回曰：“回之家贫，唯不饮酒不茹荤者数月矣[5]。如此，则可以为斋乎？”曰：“是祭祀之斋，非心斋也[6]。”回曰：“敢问心斋。”仲尼曰：“若一志[7]，无听之以耳而听之以心，无听之以心而听之以气[8]！听止于耳[9]，心止于符[10]。气也者，虚而待物者也。唯道集虚[11]。虚者，心斋也。”

注释

①敢：表示谦敬之词，相当于今天“斗胆地”“冒昧地”之意。方：办法。

②斋：斋戒，指祭祀前的清心洁身，这里专指清心。

③有心：指怀有积极用世之心。

④皞（hào）：通作“昊”，广大的意思。“皞天”就是“大天”。宜：当，合适。

⑤茹：吃。荤：旧注指荤辛，即葱蒜之类的菜。

⑥心斋：内心的斋戒。

⑦一：专一。“一志”意思是凝寂虚忘，摒除杂念，心思高度专一。

⑧气：“气”在中国古代哲学中是一极为重要的概念，指构成宇宙万物的本原。但这里是指虚以待物的心境。

⑨“听止于耳”一句，联系下句当是“耳止于听”之误倒。

⑩符：合。

⑪虚：这里指纯净、空明的境界。

译文 颜回说："我没有更好的办法了，冒昧地向老师求教方策。"孔子说："斋戒清心，我将告诉你！如果怀着积极用世之心去做，难道是容易的吗？如果这样做也很容易的话，苍天也会认为是不适宜的。"颜回说："我颜回家境贫穷，不饮酒浆、不吃荤食已经好几个月了，像这样，可以说是斋戒了吧？"孔子说："这是祭祀前的所谓斋戒，并不是'心斋'。"颜回说："我请教什么是'心斋'。"孔子说："你必须摒除杂念，专一心思，不用耳去听而用心去领悟，不用心去领悟而用凝寂虚无的意境去感应！耳的功用仅只在于聆听，心的功用仅只在于跟外界事物交合。凝寂虚无的心境才是虚弱柔顺而能应待宇宙万物的，只有大道才能汇集于凝寂虚无的心境。虚无空明的心境就叫做'心斋'。"

原文 颜回曰："回之未始得使①，实自回也②；得使之也，未始有回也。可谓虚乎？"夫子曰："尽矣③。吾语若！若能入游其樊而无感其名④，入则鸣⑤，不入则止。无门无毒⑥，一宅而寓于不得已⑦，则几矣⑧。绝迹易，无行地难[9]。为人使易以伪[10]，为天使难以伪。闻以有翼飞者矣，未闻以无翼飞者也；闻以有知知者矣，未闻以无知知者也[11]。瞻彼阕者[12]，虚室生白[13]，吉祥止止[14]。夫且不止，是之谓坐驰[15]，夫徇耳目内通而外于心知[16]，鬼神将来舍，而况人乎！是万物之化也，禹舜之所纽也[17]，伏戏几蘧之所行终[18]，而况散焉者乎[19]！”

注释

①得使：意思是禀受了心斋的教诲。

②自：疑是“有”字之误。

③尽：详尽，指颜回的上述言论对于“心斋”的理解，说得十分深透。

④樊：篱笆，喻指卫君统治的范围，并暗含追名逐利之场所的意思。感其名：为名利地位所动。

⑤入：采纳进谏。

⑥毒：通作“垮”（dǎo），累积土石用作保卫门栏的土台，喻指索求门径的标的。

⑦一：心思高度集中。宅，这里用指心灵的位置。“一宅”意思就是心灵安于凝聚专一，全无杂念。

⑧几：近，意思是做到了这一步就接近于大道，符合“心斋”的要求了。

⑨无行地：行走却不践地，喻指做了什么事都不留下痕迹，

⑩使：驱使。伪：假。

⑪有知知者：前者读zhì，智慧、才能之意。后者读zhī，意即认识、了解。

⑫瞻（zhān）：望。阕（què）：空虚。

⑬虚室：空灵的精神世界。白：洁净，指什么也不存在的虚无的心理状态。

⑭止止：意思是止于凝静的心境。

⑮坐驰：形体坐在那里而心里却驰骋于他处。

⑯徇：使。内通，向内通达。外：这里是排除的意思。心知：心智。

⑰纽：枢纽，关键。

⑱伏戏、几蘧（qú）：传说时代的远古帝王。“伏戏”多写为“伏羲”。终：到底，遵循始终。

⑲“散焉者”指疏散的人，即普通、平常的人。

译文

颜回说：“我不曾禀受过‘心斋’的教诲，所以确实存在一个真实的颜回；我禀受了‘心斋’的教诲，我便顿时感到不曾有过真实的颜回。这可以叫做虚无空明的境界吗？”孔子说：“你对‘心斋’的理解实在十分透彻。我再告诉你，假如能够进入到追名逐利的环

境中遨游而又不为名利地位所动，卫君能采纳你就阐明你的观点，不能采纳你就停止不说，不去寻找仕途的门径，也不向世人提示索求的标的，心思凝聚全无杂念，把自己寄托于无可奈何的境域，那么就差不多合于‘心斋’的要求了。一个人不走路容易，走了路不在地上留下痕迹就很难。受世人的驱遣容易伪装，受自然的驱遣便很难作假。听说过凭借翅膀才能飞翔，不曾听说过没有翅膀也能飞翔；听说过有智慧才能了解事物，不曾听说过没有智慧也可以了解事物。看一看那空旷的寰宇，空明的心境顿时独存精白，而什么也都不复存在，一切吉祥之事都消逝于凝静的境界。至此还不能凝止，这就叫形坐神驰。倘若让耳目的感观向内通达而又排除心智于外，那么鬼神将会前来归附，何况是人呢！这就是万物的变化，是禹和舜所把握的要领，也是伏羲、几蘧所遵循始终的道理，何况普通的人呢！”

原文　叶公子高将使于齐[①]，问于仲尼曰：“王使诸梁也甚重[②]，齐之待使者，盖将甚敬而不急，匹夫犹未可动，而况诸侯乎！吾甚慄之[③]。子常语诸梁也曰：‘凡事若小若大[④]，寡不道以懽成[⑤]。事若不成，则必有人道之患⑥；事若成，则必有阴阳之患⑦。若成若不成而后无患者，唯有德者能之。’吾食也执粗而不臧⑧，爨无欲清之人⑨。今吾朝受命而夕饮冰，我其内热与⑩！吾未至乎事之情⑪，而既有阴阳之患矣；事若不成，必有人道之患。是两也，为人臣者不足以任之⑫，子其有以语我来！”

注释

①叶公子高：楚庄王玄孙尹成子，名诸梁，字子高。为楚大夫，封于叶（旧注读为shè），自僭（jiàn）为“公”，故有“叶公子高”之称。使：出使。

②使诸梁：以诸梁为使。

③慄：恐惧。

④若：或者。

⑤寡：少。道：由，通过。懽：“歡”字的异体，今简作“欢”。“欢成”，指圆满的结果。

⑥人道之患：人为的祸害，指国君的惩罚。

⑦阴：事未办成时的忧惧。阳：事已办成时的喜悦。这里是说忽忧忽喜而交集于心，势必失调以致病患。

⑧ 执粗：食用粗茶淡饭。臧：好。“不臧”指不精美的食品。

⑨爨（cuàn）：炊，烹饪食物。这句话颇费解，联系上下文大意是，烹任食物也就无须解凉散热的人。

⑩内热：内心烦躁和焦虑。

⑪情：真实。

⑫任：承担。

译文 叶公子高将要出使齐国，他向孔子请教："楚王派我诸梁出使齐国，责任重大。齐国接待外来使节，总是表面恭敬而内心怠慢。平常老百姓尚且不易说服，何况是诸侯呢！我心里十分害怕。您常对我说：'事情无论大小，很少有不通过言语的交往可以获得圆满结果的。事情如果办不成功，那么必定会受到国君惩罚；事情如果办成功了，那又一定会忧喜交集酿出病害。事情办成功或者办不成功都不会留下祸患，只有道德高尚的人才能做到。'我每天吃的都是粗糙的食物，烹饪食物的人也就无须解凉散热。我今天早上接受国君诏命到了晚上就得饮用冰水，恐怕是因为我内心焦躁担忧吧！我还不曾接触到事的真情，就已经有了忧喜交加所导致的病患；事情假如真办不成，那一定还会受到国君惩罚。成与不成这两种结果，做臣子的我都不足以承担，先生你大概有什么可以教导我吧！"

原文 仲尼曰："天下有大戒二[①]：其一命也，其一义也。子之爱亲，命也，不可解于心；臣之事君，义也，无适而非君也[②]，无所逃于天地之间。是之谓大戒。是以夫事其亲者，不择地而安之，孝之至也；夫事其君者，不择事而安之，忠之盛也[③]；自事其心者[④]，哀乐不易施乎前[⑤]，知其不可奈何而安之若命，德之至也。为人臣子者，固有所不得已。行事之情而忘其身，何暇至于悦生而恶生！夫子其行可矣！"

注释 ①戒：法。"大戒"指人生足以为戒的大法。

②无适而非君也：适，往、到。全句是说，天下虽大，但所到之处，没有不受国君统治的地方。

③盛：极点、顶点。

④自事其心：侍奉自己的心思，意思是注意培养自己的道德修养。

⑤施（yí）：移动，影响。

译文 孔子说："天下有两个足以为戒的大法：一是天命，一是道义。做儿女的敬爱双亲，这是自然的天性，是无法从内心解释的；臣子侍奉国君，这是人为的道义，天地之间无论到什么地方都不会没有国君的统治，这是无法逃避的现实。这就叫做足以为戒的大法。所以侍奉双亲的人，无论什么样的境遇都要使父母安适，这是孝心的最高表现；侍奉国君的人，无论办什么样的事都要让国君放心，这是尽忠的极点。注重自我修养的人，悲哀和欢乐都不容易使他受到影响，知道世事艰难，无可奈何却又能安于处境、顺应自然，这就是道德修养的最高境界。做臣子的原本就会有不得已的事情，遇事要能把握真情并忘掉自身，哪里还顾得上眷恋人生、厌恶死亡呢！你这样去做就可以了！”

原文 “丘请复以所闻：凡交近则必相靡以信[①]，远则必忠之以言[②]，言必或传之。夫传两喜两怒之言[③]，天下之难者也。夫两喜必多溢美之言[④]，两怒必多溢恶之言。凡溢之类妄[⑤]，妄则其信之也莫[⑥]，莫则传言者殃。故法言曰[⑦]：‘传其常情，无传其溢言，则几乎全’[⑧]。且以巧斗力者[⑨]，始乎阳[⑩]，常卒乎阴[⑪]，泰至则多奇巧[⑫]；以礼饮酒者，始乎治[⑬]，常卒乎乱，泰至则多奇乐[⑭]。凡事亦然：始乎谅[⑮]，常卒乎鄙[⑯]；其作始也简，其将毕也必巨。”

注释 ①靡（mō）：通作“摩”，爱抚顺从的意思。一说通作“縻”，维系的意思。“相靡以信”，用诚信相互和顺与亲近。

②忠之以言：用忠实的语言相交。一说“忠”字为“忐”字之误，“忐”为固字之古体。

③两喜两怒之言：两国国君或喜或怒的言辞。

④溢：满，超出。“溢美之言”指过分夸赞的言辞。下句“溢恶之言”对文，指过分憎恶的话。

⑤妄：虚假。

⑥莫：薄。“信之以莫”意思是真实程度值得怀疑。

⑦法言：古代的格言。

⑧全：保全。

⑨斗力：相互较力，犹言相互争斗。

⑩阳：指公开地争斗。

⑪卒：终。阴：指暗地里使计谋。

⑫泰至：大至，达到极点。奇巧：指玩弄阴谋。

⑬治：指合乎常理和规矩。

⑭奇乐：放纵无度。

⑮谅：取信，相互信任。

⑯鄙：恶，欺诈。

译文 “不过我还是把我所听到的道理再告诉你：大凡与邻

近国家交往一定要用诚信使相互之间和顺亲近，而与远方国家交往则必定要用语言来表示相互间的忠诚。国家间交往的语言总得有人相互传递。传递两国国君喜怒的言辞，乃是天下最困难的事。两国国君喜悦的言辞必定添加了许多过分的夸赞，两国国君愤怒的言辞必定添加了许多过分的憎恶。大凡过度的话语都类似于虚构，虚构的言辞其真实程度也就值得怀疑，国君产生怀疑传达信息的使者就要遭殃。所以古代格言说：‘传达平实的言辞，不要传达过分的话语，那么也就差不多可以保全自己了。’况且以智巧相互较量的人，开始时平和开朗，后来就常常暗使计谋，达到极点时则大耍阴谋、倍生诡计。按照礼节饮酒的人，开始时规规矩矩合乎人情，到后来常常就一片混乱大失礼仪，达到极点时则荒诞淫乐、放纵无度。无论什么事情恐怕都是这样：开始时相互信任，到头来互相欺诈；开始时单纯细微，临近结束时便变得纷繁巨大。”

原文 “言者，风波也；行者，实丧也[①]。夫风波易以动，实丧易以危。故忿设无由[②]，巧言偏辞[③]。兽死不择音，气息茀然[④]，于是并生心厉[⑤]。剋核大至[⑥]，则必有不肖之心应之⑦，而不知其然也。苟为不知其然也，孰知其所终！故法言曰：‘无迁令⑧，无劝成⑨，过度益也⑩。’迁令劝成殆事⑪，美成在久⑫，恶成不及改，可不慎与！且夫乘物以游心⑬，托不得已以养中⑭，至矣。何作为报也⑮！莫若为致命⑯，此其难者！”

注释

①实丧：得失。这句话是说，传递语言总会有得有失。

②设：置，含有发作、产生的意思。

③巧：虚浮不实。偏：片面的。

④茀（bó）：通作“勃”；“茀然”，气息急促的样子。

⑤厉：狠虐；“心厉”，指伤害人的恶念。

⑥剋：“克”字的异体。“剋核”，即苛责。

⑦不肖：不善，不正。

⑧迁：改变。

⑨劝：勉力；这里含有力不能及却勉强去做的意思。成：指办成功什么事。“劝成”，意思是勉强让人去做成某一件事。

⑩益：添加。一说“益”就是“溢”的意思，即前面所说的“溢之类妄”的含意。

⑪殆：危险。“殆事”犹言“坏事”。

⑫美成：意思是美好的事情要做成功。下句“恶成”对文，意思是坏事做成了。

⑬乘物：顺应客观事物。

⑭中：中气，这里指神智。

⑮作：作意。大意是何必为齐国作意其间。

⑯为致命：原原本本地传达国君的意见。一说“命”当讲作天命，即自然的意思，则全句大意是不如顺应自然。

译文

“言语犹如风吹的水波，传达言语定会有得有失。风吹波浪容易动荡，有了得失容易出现危难。所以愤怒发作没有别的什么缘由，就是因为言辞虚浮而又片面失当。猛兽临死时什么声音都叫得出来，气息急促喘息不定，于是迸发伤人害命的恶念。大凡过分苛责，必会产生不好的念头来应付，而他自己也不知道这是怎么回事。假如做了些什么而他自己却又不知道那是怎么回事，谁还能知道他会有怎样的结果！所以古代格言说：‘不要随意改变已经下达的命令，不要勉强他人去做力不从心的事，说话过头一定是多余、添加的。’改变成命或者强人所难都很危险，成就一桩好事要经历很长的时间，坏事一旦做出悔改是来不及的。行为处世能不审慎吗！至于顺应自然而使心志自在遨游，一切都寄托于不得不为之的责任以养蓄神智，这就是最好的办法。有什么必要作意回报！不如原原本本地传达国君所给的使命，这样做有什么困难呢！”

原文 颜阖将傅卫灵公大子[1]，而向于蘧伯玉曰[2]：“有人于此，其德天杀[3]。与之为无方[4]，则危吾国；与之为有方，则危吾身。其知适足以知人之过[5]，而不知其所以过[6]。若然者，吾奈之何？”

注释 ①颜阖：鲁国的贤人。傅卫灵公大子：给卫灵公太子作师博。大（tài）子：太子。

②蘧（qú）伯玉：卫国的贤大夫，名瑗，字伯玉。

③天杀：生就的凶残嗜杀。

④与之：朝夕与共的意思。方：法度、规范。

⑤其知（zhì）：他们的智慧。

⑥其：“其”字的指代含意旧注指前句之有过者，认为公子自身无道，致使百姓有过。全句意思是：却不知道人们为什么出现过错。“其”字一说作反身自代讲，全句意思则是：却不知道自己为什么会出现过错。姑备参考。译文从前一说。

译文 颜阖将被请去做卫国太子的师傅，他向卫国贤大夫蘧伯玉求教：“如今有这样一个人，他的德行生就凶残嗜杀。跟他朝夕与共如果不符合法度与规范，势必危害自己的国家；如果合乎法度和规范，那又会危害自身。他的智慧足以了解别人的过失，却不了解别人为什么会出现过错。像这样的情况，我将怎么办呢？”

原文 蘧伯玉曰：“善哉问乎！戒之慎之，正女身也哉！形莫若就①，心莫若和②。虽然，之二者有患③。就不欲入④，和不欲出⑤。形就而入，且为颠为灭⑥，为崩为蹶⑦。心和而出，且为声为名⑧，为妖为孽⑨。彼且为婴儿，亦与之为婴儿；彼且为无町畦⑩，亦与之为无町畦；彼且为无崖⑪，亦与之为无崖。达之⑫，入于无疵⑬。

注释 ①形：外表；与下句“心”相对文。就：靠拢，亲近。

②和：顺，含有顺其本性的意思，近似于疏导的含意。

③之：这。

④入：关系太深。

⑤出：超出，过于显露，与上句“入”字对文。

⑥颠：仆倒，坠落。

⑦崩：毁坏。蹶：失败，挫折。联系前一句，“颠”“灭”“崩”“蹶”均用指“形就而入”可能造成的恶果。

⑧为（wèi）：为了。本句两个“为”字跟上下三句的另六个“为”字含意不同，其他六个“为”字均是造成、招致的意思。

⑨孽（niè）：灾害。

⑩町（tǐng）畦（qí）：田间的界路，喻指分界、界线。

⑪崖：山边或岸边，“无崖”喻指无边，没有约束。

⑫达：通达，指通过疏导与卫太子思想相通，逐步地使他走上正途。

⑬疵：病，这里指行动上的过失。

译文 蘧伯玉说：“问得好啊！要警惕，要谨慎，首先要端正你自己！表面上不如顺从依就以示亲近，内心里不如顺其秉性暗暗疏导。即使这样，这两种态度仍有隐患。亲附他不要关系过密，疏导他不要心意太露。外表亲附到关系过密，会招致颠仆毁灭，招致崩溃失败。内心顺性疏导显得太露，将被认为是为了名声，也会招致祸害。他如果像个天真的孩子一样，你也姑且跟他一样像个无知无识的孩子；他如果同你不分界线，那你也就跟他不分界线。他如果跟你无拘无束，那么你也姑且跟他一样无拘无束。慢慢地将他思想疏通引入正轨，便可进一步达到没有过错的地步。

原文 “汝不知夫螳螂乎？怒其臂以当车辙①，不知其不胜任也，是其才之美者也②。戒之，慎之！积伐而美者以犯之③，几矣④。汝不知夫养虎者乎？不敢以生物与之⑤，为其杀之之怒也⑥；不敢以全物与之，为其决之之怒也⑦。时其饥饱，达其怒心⑧。虎之与人异类而媚养己者⑨，顺也；故其杀者，逆也⑩。

注释 ①怒：奋起。当：阻挡；这个意义后代写作“擋”，简化为“挡”。辙：车轮行过的印记。“车辙”犹言“车轮”。

②是其才之美：即“以其才之美为是”，即自恃才能太高。

③积：长期不断地。伐：夸耀。而：你。

④几：危险。

⑤生物：活物。

⑥为其杀之之怒也：唯恐它扑杀活物时而诱发残杀生物的怒气。

⑦决：裂，撕开。

⑧达：通晓、了解。

⑨异类：不同类。媚：喜爱。

⑩逆：反，触犯。

译文 你不了解那螳螂吗？奋起它的臂膀去阻挡滚动的车

轮，不明白自己的力量全然不能胜任，还自以为才高智盛很有力量。警惕呀，谨慎呀！经常夸耀自己的才智而触犯了他，就危险了！你不了解那养虎的人吗？他从不敢用活物去喂养老虎，因为他担心扑杀活物会激起老虎凶残的怒气；他也从不敢用整个的动物去喂养老虎，因为他担心撕裂动物也会诱发老虎凶残的怒气。知道老虎饥饱的时刻，通晓老虎暴戾凶残的秉性。老虎与人不同类却向饲养人摇尾乞怜，原因就是养老虎的人能顺应老虎的性子，而那些遭到虐杀的人，是因为触犯了老虎的性情。

原文 “夫爱马者，以筐盛矢①，以蜄盛溺②。适有蚉寍仆缘③，而拊之不时④，则缺衔毁首碎胸⑤。意有所至而爱有所亡⑥，可不慎邪！”

注释 ①矢：屎，粪便。

②蜄（shèn）：大蛤，这里指蛤壳。溺：尿。

③蚉寍：“蚊”“虻”两字之异体，即牛虻。仆缘：附着，指叮在马身上。

④拊（fǔ）：拍击 。

⑤衔：马勒口，“缺衔”指咬断了勒口。首：辔头，“毁首”指

挣断了辔头。胸：胸饰，“碎胸”指弄坏了络饰。

⑥亡：失。“意有所至”是说本意在于爱马；“爱有所亡”是说失其所爱，适得其反。

译文 “爱马的人，以精细的竹筐装马粪，用珍贵的蛤壳接马尿。刚巧一只牛虻叮在马身上，爱马之人出于爱惜随手拍击，没想到马儿受惊便咬断勒口、挣断辔头、弄坏胸络。意在爱马却失其所爱，能够不谨慎吗！”

原文 匠石之齐①，至于曲辕，见栎社树②。其大蔽数千牛，絜之百围③，其高临山④，十仞而后有枝⑤，其可以为舟者旁十数⑥。观者如市，匠伯不顾⑦，遂行不辍⑧。弟子厌观之⑨，走及匠石⑩，曰：“自吾执斧斤以随夫子⑪，未尝见材如此其美也。先生不肯视，行不辍，何邪？”曰：“已矣⑫，勿言之矣！散木也⑬，以为舟则沈⑭，以为棺椁则速腐⑮，以为器则速毁，以为门户则液樠⑯，以为柱则蠹⑰。是不材之木也，无所可用，故能若是之寿⑱。”

注释 ①匠石：名叫“石”的匠人。之：往。

②栎（lì）：树名。社：土神。“栎社树”意思是把栎树当作

社神。

③絜（xié）：用绳子计量周围。围：周长一尺。

④临山：接近山巅。

⑤仞：八尺。

⑥旁：通作“方”。且，将的像思。

⑦匠伯：即匠石。“伯”这里用指工匠之长。

⑧辍（chuò）：中止，停。

⑨厌（厭）：满足，这个意义后代写作“饜”，今简化为“餍”。“厌观”意思是看了个够。

⑩走：跑。及：赶上。

⑪斤：斧之一种，后称“锛”，即横口斧。

⑫已：止；“已矣”犹言“算了”。

⑬散木：指不成材的树木。

⑭以为：即“以之为”，把它做成。沈（chén）：同“沉”。

⑮椁（guǒ）：“槨”字的异体，指棺外的套棺。

⑯户：单扇的门。液：浸渍。樠（mán）：松木心；“液樠”意思是像松木心那样溢出树脂。一说为一树名，其心似松。

⑰蠹（dù）：蛀蚀。

⑱若是之寿：像这样的长寿。

译文

匠人石去齐国，来到曲辕这个地方，看见一棵被世人当作神社的栎树。这棵栎树树冠大到可以遮蔽数千头牛，用绳子绕着量一量树干，足有十丈粗，树梢高临山巅，离地面八十尺处方才分枝，用它来造船可造十余艘。观赏的人群像赶集似地涌来涌去，而这位匠人连瞧也不瞧一眼，不停步地往前走。他的徒弟站在树旁看了个够，跑着赶上了匠人石，说："自我拿起刀斧跟随先生，从不曾见过这样壮美的树木。可是先生却不肯看一眼，不住脚地往前走，为什么呢？" 匠人石回答说："算了，不要再说它了！这是一棵什么用处也没有的树，用它做成船定会沉没，用它做成棺椁定会很快朽烂，用它做成器皿定会很快毁坏，用它做成屋门定会流脂而不合缝，用它做成屋柱定会被虫蛀蚀。这是不能取材的树，没有什么用处，所以它才能有如此寿延。"

原文 匠石归，栎社见梦曰①："女将恶乎比予哉②？若将比予于文木邪③？夫柤梨橘柚④，果蓏之属⑤，实熟则剥⑥，剥则辱⑦；大枝折，小枝泄⑧。此以其能苦其生者也⑨，故不终其天年而中道夭，自掊击于世俗者也⑩。物莫不若是。且予求无所可用久矣，几死，乃今得之，为予大用⑪。使予也而有用，且得有此大也邪？且也若与予也皆物也，奈何哉其相物也⑫？而几死之散人⑬，又恶知散木！"

注释

①见（xiàn）：拜见。"见梦"即梦中会见。

②比：比并，相提并论。"比予"即跟我相提并论。

③文：纹理，这个意义后代写作"纹"。"文木"即可用之木。

④柤（zhā）：楂。

⑤蓏（luǒ）：瓜类植物的果实。属：类。

⑥实：果实。剥：通作"攴（pō）"，用器物轻轻打落在地。

⑦辱：屈；意思是果树摘落果实后枝干就随意受人摧残。

⑧泄（yè）：通作"抴"；"抴"亦写作"拽"，用力拉的意思。

⑨以：因。苦其一生：使其一生受苦。

⑩掊（pǒu）：打。

⑪为予大用：这里隐含有"积无用而为大用"的哲理。正因为被人们视为无用之材，所以才保全了自身，这才成就我最大的用处。

⑫相：看待。

⑬散人：不成材的人，相对"散木"说的。

译文

匠人石回到家里，梦见社树对他说："你将用什么东西跟我相提并论呢？你打算拿可用之木来跟我相比吗？那楂、梨、橘、柚都属于果树，果实成熟就会被打落在地，打落果子以后枝干也就会遭受摧残，大的枝干被折断，小的枝丫被拽下来。这就是因为它们能结出鲜美果实才苦了自己的一生，所以常常不能终享天年而半途夭折，自身招来了世俗人们的打击。各种事物莫不如此。而且我寻求没有什么用处的办法已经很久很久了，几乎被砍死，这才保全住性命，无用也就成就了我最大的用处。假如我果真是有用，还能够获得延年益寿这一最大的用处吗？况且你和我都是‘物’，你这样看待事物怎么可以呢？你不过是几近死亡的没有用处的人，又怎么会真正懂得没有用处的树木呢！”

原文

匠石觉而诊其梦[①]。弟子曰：“趣取无用[②]，则为社何邪[③]？”曰：“密[④]！若无言！彼亦直寄焉[⑤]，以为不知己者诟厉也[⑥]。不为社者，且几有翦乎[⑦]！且也彼其所保与众异，而以义喻之[⑧]，不亦远乎！”

注释

①诊：通作“畛”，告诉的意思。

②趣：意趣。“趣取”就是意在求取。

③为社何：意思是为什么做社树而让世人供奉。

④密：默，犹言“闭嘴”。

⑤直：通作“特”，仅只的意思。

⑥诟厉：辱骂、伤害。

⑦翦：斩伐。

⑧义：常理。喻：了解。

译文 匠人石醒来后把梦中的情况告诉他的弟子。弟子说：“旨意在于求取无用，那么又做什么社树让世人瞻仰呢？”匠人石说：“闭嘴，别说了！它只不过是在寄托罢了，反而招致不了解自己的人的辱骂和伤害。如果它不做社树的话，它还不遭到砍伐吗？况且它用来保全自己的办法与众不同，而用常理来了解它，可不就相去太远了吗！”

原文 南伯子綦游乎商之丘①，见大木焉有异，结驷千乘②，隐将芘其所藾③。子綦曰：“此何木也哉？此必有异材夫！”仰而视其细枝，则拳曲而不可以为栋梁④；俯而视其大根，则轴解而不可以为棺椁⑤；咶其叶⑥，则口烂而为伤；嗅之，则使人狂酲⑦，三日而不已⑧。

注释 ①南伯子綦：人名，庄子寓言中人物。商之丘：即商丘，在今河南省，地名。

②驷（sì）：一辆车套上四匹马。

③芘（pí）：通作“庇”，荫庇的意思。藾（lài）：荫蔽。

④拳曲：弯弯曲曲的样子。

⑤轴：指木心。解：裂开。“轴解”意思是从木心向外裂开。一说“解”讲作“散”，指纹理松散不可用。椁：“槨”字的异体，外棺。

⑥咶（shì）：通作“舐”，用舌舔。

⑦酲（chéng）：酒醉。

⑧已：止。

译文 南伯子綦在商丘一带游乐，看见长着一棵出奇的大树，上千辆驾着四马的大车，荫蔽在大树树荫下歇息。子綦说：“这是什么树呢？这树一定有特异的材质啊！”仰头观看大树的树枝，弯弯扭扭的树枝并不可以用来做栋梁；低头观看大树的主干，树心直到表皮旋着裂口并不可以用来做棺椁；用舌舔一舔树叶，口舌溃烂受伤；用鼻闻一闻气味，使人像喝多了酒，三天三夜还醒不过来。

原文 子綦曰：“此果不材之木也，以至于此其大也。嗟乎神人①，以此不材②！”宋有荆氏③，宜楸柏桑。其拱把而上者④，求狙猴之杙者斩之⑤；三围四围⑥，求高明之丽者斩之⑦；七围八围，贵人富商之家求椫傍者斩之⑧。故未终其天年，而中道之夭于斧斤，此材之患也。故解之以牛之白颡者与豚之亢鼻者⑨，与人有痔病者不可以适河⑩。此皆巫祝以知之矣⑪，所以为不祥也⑫。此乃神人之所以为大祥也。

注释

①嗟乎：感叹声。

②以：如，这个意义后代写作“似”。

③荆氏：地名。

④拱：两手相合。把：一手所握。

⑤杙（yì）：小木桩，用来系牲畜的。斩：指砍伐。

⑥围：一说指两臂合抱的长度。一说两手拇指和食指合拢起来的长度。

⑦高名：指地位高贵名声显赫的人家。丽：通作“欐”，栋，即屋之中梁。

⑧椫（shàn）傍：指由独幅做成的棺木左右扇。

⑨解之：指祈祷神灵以消灾。颡（shǎng）：额。亢：高；“亢鼻”指鼻孔上仰。古人以高鼻折额、毛色不纯的牲畜和痔漏的人为不洁净，因而不用于祭祀。

⑩适：沉入河中以祭神。

⑪巫祝：巫师。

⑫以为：认为。

译文 子綦说："这果真是什么用处也没有的树木，以至长到这么高大。唉，精神世界完全超脱物外的'神人'，就像这不成材的树木呢！"宋国有个叫荆氏的地方，很适合楸树、柏树、桑树的生长。树干长到一两把粗，做系猴子的木桩的人便把树木砍去；树干长到三四围粗，地位高贵名声显赫的人家寻求建屋的大梁便把树木砍去；树干长到七八围粗，达官贵人富家商贾寻找整副的棺木又把树木砍去。所以它们始终不能终享天年，而是半道上被刀斧砍伐而短命。这就是材质有用带来的祸患。因此古人祈祷神灵消除灾害，总不把白色额头的牛、高鼻折额的猪以及患有痔漏病的人沉入河中去用作祭奠。这些情况巫师全都了解，认为他们都是很不吉祥的。不过这正是"神人"所认为的世上最大的吉祥。

原文 支离疏者[①]，颐隐于脐[②]，肩高于顶，会撮指天[③]，五管在上[④]，两髀为胁[⑤]。挫鍼治繲[⑥]，足以餬口；鼓筴播精⑦，足以食十人。上征武士⑧，则支离攘臂而游于其间⑨；上有大役，则支离以有常疾不受功⑩；上与病者粟，则受三钟与十束薪⑪。夫支离其形者，犹足以养其身，终其天年，又况支离其德者乎？

注释

①支离疏：假托的人名。“支离”隐含形体不全的意思，“疏”隐含泯灭其智的意思。

②颐：下巴。脐：肚脐。

③会撮：发髻。因为脊背弯曲，所以发髻朝天。

④五管：五官。旧说指五脏的腧穴。

⑤髀（bì）：股骨，这里指大腿。胁（xié）：腋下肋骨所在的部位。

⑥鍼（zhēn）：“针”字的异体。“挫鍼”即缝衣。繲（xiè）：洗衣。

⑦鼓：簸动。筴：小簸箕。播：扬去灰土与糠屑。

⑧上：指国君、统治者。

⑨攘（rǎng）：捋；“攘臂”指捋起衣袖伸长手臂。

⑩以：因。常疾：残疾。功：通作“工”，指劳役之事。

⑪钟：古代粮食计量单位，合六斛四斗。

译文

有个名叫支离疏的人，下巴隐藏在肚脐下，双肩高于头顶，后脑下的发髻指向天空，五官的出口也都向上，两条大腿和两边的胸肋并生在一起。他给人缝衣浆洗，足够糊口度日；又替人筛糠簸米，足可养活十口人。国君征兵时，支离疏捋袖扬臂在征兵人面前走来走去；国君有大的差役，支离疏因身有残疾而免除劳役；国君向残疾人赈济米粟，支离疏还领得三钟粮食十捆柴草。像支离疏那样形体残缺不全的人，还足以养活自己，终享天年，又何况像支离疏那样的德行呢！

原文 孔子适楚①，楚狂接舆游其门曰②："凤兮凤兮③，何如德之衰也④！来世不可待，往世不可追也。天下有道⑤，圣人成焉⑥；天下无道，圣人生焉。方今之时，仅免刑焉。福轻乎羽⑦，莫之知载⑧；祸重乎地，莫之知避。已乎已乎⑨。临人以德！殆乎殆乎，画地而趋⑩！迷阳迷阳⑪，无伤吾行！吾行郤曲⑫，无伤吾足。"

注释 ①适：往。

②楚狂接舆：楚国的隐士，相传姓陆名通，接舆为字。

③凤：凤鸟，这里用来比喻孔子。

④何如：如何，怎么。之：往。全句大意是，怎么怀有圣德却来到这衰乱之国。一说“如”通作“尔”，全句讲作怎么你的德行衰败了。姑备参考。

⑤有道：指顺应规律使社会得到治理。下句的“无道”则与此相反。

⑥成：指成就了事业。

⑦乎：于，比。

⑧莫：不。载：取。

⑨已矣：即“算了”。

⑩画地：在地面上画出道路来。喻指人为的规范让人们去遵循。

⑪迷阳：指荆棘。

⑫郤（xì）曲：屈曲，指道路曲折难行。根据上句结构特点，“吾行郤曲”当与“迷阳迷阳”结构相同，而“吾行”很可能是传抄时误迭，则全句当是“郤曲郤曲”。

译文 孔子去到楚国，楚国隐士接舆有意来到孔子门前，说：“凤鸟啊，凤鸟啊！你怎么怀有大德却来到这衰败的国家！未来的世界不可期待，过去的时日无法追回。天下得到了治理，圣人便成就了事业；国君昏暗天下混乱，圣人也只得顺应潮流苟全生存。当今这个时代，怕就只能免遭刑辱。幸福比羽毛还轻，而不知道怎么取得；祸患比大地还重，而不知道怎么回避。算了吧，算了吧！不要在人前宣扬你的德行！危险啊，危险啊！人为地划出一条道路让人们去遵循！遍地的荆棘啊，不要妨碍我的行走！曲曲弯弯的道路啊，不要伤害我的双脚！”

原文 山木自寇也①，膏火自煎也②。桂可食③，故伐之；漆可用，故割之。人皆知有用之用，而莫知无用之用也。

注释 ①寇：侵犯，掠夺。“自寇”意思是自取砍伐。

②膏：油脂。“自煎”意思是自取熔煎。

③桂：树名，其皮可作香料。

译文 山上的树木皆因材质可用而自身招致砍伐，油脂燃起烛火皆因可以燃烧照明而自取熔煎。桂树皮芳香可以食用，因而遭到砍伐，树漆因为可以派上用场，所以遭受刀斧割裂。人们都知道有用的用处，却不懂得无用的更大用处。

德充符

题解 本篇的中心在于讨论人的精神世界，应该怎样反映宇宙万物的本原观念和一体性观念。庄子在本篇里所说的“德”，并非通常理解的道德或者德行，而是指一种心态。庄子认为宇宙万物均源于“道”，而万事万物尽管千差万别，归根到底又都浑然为一，从这两点出发，体现在人的观念形态上便应是“忘形”与“忘情”。所谓“忘形”就是物我俱化，死生同一；所谓“忘情”就是不存在宠辱、贵贱、好恶、是非。这种“忘形”与“忘情”的精神状态就是庄子笔下的“德”。“充”指充实，“符”则是证验的意思。

为了说明“德”的充实与证验，文章想象出一系列外貌奇丑或形体残缺不全的人，但是他们的“德”又极为充实，这样就组成了自成部分的五个小故事：孔子为王骀所折服，申徒嘉使子产感到羞愧，孔子的内心比叔山无趾更为丑陋，孔子向鲁哀公称颂哀骀它，闉跂支离无脤和瓮瓷大瘿为国君所喜爱。五个小故事之后又用庄子和惠子的对话作为结尾，即第六部分，在庄子的眼里惠子恰是“德”充符的反证，还赶不上那些貌丑形残的人。

原文 鲁有兀者王骀①，从之游者与仲尼相若。常季问于仲尼曰[②]："王骀，兀者也，从之游者与夫子中分鲁[③]。立不教，坐不议；虚而往，实而归。固有不言之教，无形而心成者邪[④]？是何人也？"仲尼曰："夫子，圣人也，丘也直后而未往耳[⑤]。丘将以为师，而况不若丘者乎！奚假鲁国[⑥]！丘将引天下而与从之。"

注释

①兀：通作"跀"（yuè），断足的刑法；"兀者"指受过跀刑只有一只脚的人。王骀（tái）：假托的人名。

②常季：鲁国贤人，传说为孔子弟子。

③中分鲁：在鲁国平分，意思是在鲁国彼此间差不多，不分上下。

④无形：不具有完整的形体。心成：内心世界达到成熟的境界。一说"无形"指不需用形表，"心成"指潜移默化。

⑤直：通作"特"，仅只的意思。后：意思是落在对方的后面。

⑥奚：何。假：已，只。

译文

鲁国有个被砍掉一只脚的人，名叫王骀，可是跟从他学习的人却跟孔子的门徒一样多。孔子的学生常季向孔子问道；"王骀是个被砍去了一只脚的人，跟从他学习的人在鲁国却和先生的弟子相当。他站着不能给人教诲，坐着不能议论大事；弟子们却空怀而来，学满而归。难道确有不用言表的教导，身残体秽内心世界也能达到成熟的境界吗？这又是什么样的人呢？”孔子回答说：“王骀先生是一位圣人，我的学识和品行都落后于他，只是还没有前去请教他罢了。我将把他当作老师，何况学识和品行都不如我孔丘的人呢！何止鲁国，我将引领天下的人跟从他学习。”

原文 常季曰：“彼兀者也，而王先生[①]，其与庸亦远矣[②]。若然者，其用心也独若之何[③]？”仲尼曰：“死生亦大矣，而不得与之变，虽天地覆坠，亦将不与之遗[④]。审乎无假而不与物迁[⑤]，命物之化而守其宗也[⑥]。”常季曰：“何谓也？”仲尼曰：“自其异者视之，肝胆楚越也[⑦]；自其同者视之，万物皆一也[⑧]。夫若然者，且不知耳目之所宜[⑨]，而游心乎德之和[⑩]；物视其所一而不见其所丧[⑪]，视丧其足犹遗土也[⑫]。”

注释 ①王：突出、超过的意思；“王先生”即远远超过了先生。

②庸：平庸，这里指平常的人；“其与庸亦远矣”，是说他跟平常人相比也就相差很远很远了。

③若之何：如何，怎么样。

④遗：失；“不与之遗”是说不会随着天翻地覆的情况而丧失。

⑤审：明悉，通晓。假：凭依；“无假”即是“无待”。旧注“假”通作“瑕”，指审度自己没有一点儿毛病，姑备参考。

⑥命：任；“命物之化”就是所任事物的变化。宗：本，主旨。

⑦肝胆楚越：肝胆两种器官紧紧相连，楚越两国相去甚远，喻指邻近的肝胆同于一体之中也像是楚越那样相去甚远。

⑧一：同一，一样的。

⑨耳目之所宜：指适宜于听觉、视觉的东西。

⑩游心：使心灵自由驰骋遨游。和：混同。

⑪所一：同一的方面。所丧：失去而引起差异的一面。

⑫遗土：失落土块。

译文 常季说：“他是一个被砍去了一只脚的人，而学识和品行竟超过了先生，跟平常人相比相差就更远了。像这样的人，他运用心智是怎样与众不同的呢？”仲尼回答说：“死或生都是人生变化中的大事了，可是死或生都不能使他随之变化；即使天翻过来地坠下去，他也不会因此而丧失、毁灭。他通晓无所依凭的道理而不随物变迁，听任事物变化而信守自己的要旨。”常季说：“这是什么意思呢？”孔子说：“从事物千差万别的一面去看，邻近的肝胆虽同处于一体之中也像是楚国和越国那样相距很远；从事物都有相同的一面去看，万事万物又都是同一的。像这样的人，将不知道耳朵眼睛最适宜何种声音和色彩，而让自己的心思自由自在地遨游在忘形、忘情的浑同境域之中。外物看到了它同一的方面却看不到它因失去而引起差异的一面，因而看到丧失了一只脚就像是失落了土块一样。”

原文 常季曰：“彼为己以其知①，得其心以其心②。得其常心③，物何为最之哉④？”仲尼曰：“人莫鑑于流水而鑑于止水⑤，唯止能止众止⑥。受命于地⑦，唯松柏独也在冬夏青青；受命于天，唯舜独也正，幸能正生⑧，以正众生。夫保始之征⑨，不惧之实；勇士一人，雄入于九军⑩。将求名而能自要者⑪，而犹若是，而况官天地⑫，府万物⑬，直寓六骸⑭，象耳目⑮，一知之所知⑯，而心未尝死者乎！彼且择日而登假⑰，人则从是也。彼且何肯以物为事乎⑱！”

注释 ①以下四句很不好理解，各家断句也不一致，这里取传统的断句方法。为己：即修己。知（zhì）：智慧。“为己以其知”即“以其知为己”，意思是运用自己的才智来修养自己。

②得其心以其心：即以其心得其心，大意是，用自己的心智去求取自己的理念。

③常心：真常之心，即忘知忘觉、无思无虑的心境。

④物：外物，这里指众多的门徒。何为：为何，为什么。最：聚集。

⑤鑑："鉴"字的异体，照看，审察的意思。远古无镜子，人们对着盛有水的器皿照看就像今天照镜子一样，故有"鉴于止水"而"莫鉴于流水"的说法。

⑥唯止能止众止：唯有静止之物方能照人，方能使别的什么东西也静止下来。

⑦以下四句有的版本为六句："受命于地，唯松柏独也正，在冬夏青青；受命于天，唯尧舜独也正，在万物之首"，句式要工整得多，姑备参考。

⑧正生：即正己，指端正自己的品行。下句"正众生"即端正他人的品行。

⑨始：本初之态。征：迹象。

⑩九：非实数，"九军"犹言千军万马。一说天子六军，诸侯三军，故名九军。

⑪要：通作"徼"，求取的意思。

⑫官：主宰。

⑬府：包藏。

⑭寓六骸：把自身的躯体当作寓所。

⑮象：表象。

⑯一知：自然赋予的智慧。

⑰假：通作“格”，陟升的意思。

⑱肎：“肯”字之古体字。

译文 常季说：“他运用自己的智慧来提高自己的道德修养，他运用自己的心智去追求自己的理念。如果达到了忘情、忘形的境界，众多的弟子为什么还聚集在他的身边呢？”孔子回答说：“一个人不能在流动的水面照见自己的身影而是要面向静止的水面，只有静止的事物才能使别的事物也静止下来。各种树木都受命于地，但只有松树、柏树无论冬夏都郁郁青青；每个人都受命于天，但只有虞舜道德品行最为端正。幸而他们都善于端正自己的品行，因而能端正他人的品行。保全本初时的迹象，心怀无所畏惧的胆识；勇士只身一人，也敢称雄于千军万马。一心追逐名利而自我索求的人，尚且能够这样，何况那主宰天地，包藏万物，只不过把躯体当作寓所，把耳目当作外表，掌握了自然赋予的智慧所通解的道理，而精神世界又从不曾有过衰竭的人呢！他定将选择好日子升登最高的境界，人们将紧紧地跟随着他。他还怎么会把聚合众多弟子当成一回事呢！”

原文 申徒嘉，兀者也，而与郑子产同师于伯昏无人①。子产谓申徒嘉曰：“我先出则子止②，子先出则我止。”其明日，又与合堂同席而坐。子产谓申徒嘉曰：“我先出则子止，子先出则我止。今我将出，子可以止乎，其未邪③？且子见执政而不违④，子齐执政乎⑤？”申徒嘉曰：“先生之门，固有执政焉如此哉⑥？子而说子之执政而后人者也⑦？闻之曰：‘鑑明则尘垢不止，止则不明也。久与贤人处则无过。’今子之所取大者⑧，先生也，而犹出言若是，不亦过乎？”

注释 ①郑子产：郑国的大政治家。伯昏无人：假托的人名。

②止：停止，留下。

③其：还是，抑或。

④执政：子产曾是郑国执政大臣，故有此说。违：回避。申徒嘉为一兀者，地位低下而子产位尊，不愿与之同步，故有先出、留止的一段话。

⑤齐：跟……齐一、一样，向……看齐；“齐执政”意思是跟执政大臣齐一，即把自己看得跟执政大臣一样。

⑥固：岂。全句大意是，哪有执掌政务的大臣如此拜师从学的呢？言外之意是，伯昏无人门下没有贵贱之分，要分贵贱就不会到这里来拜师从学。

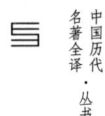

⑦说（yuè）：通作“悦”，喜悦。后人：以别人为后，含有瞧不起别人的意思。

⑧大者：这里指广博精深的见识。

译文 申徒嘉是个被砍掉了一只脚的人，跟郑国的子产同拜伯昏无人为师。子产对申徒嘉说：“我先出去那么你就留下，你先出去那么我就留下。”到了第二天，子产和申徒嘉同在一个屋子里、同在一条席子上坐着。子产又对申徒嘉说：“我先出去那么你就留下，你先出去那么我就留下。现在我将出去，你可以留下，抑或是不留下呢？你见了我这执掌政务的大官却不知道回避，你把自己看得跟我执政的大臣一样吗？”申徒嘉说：“伯昏无人先生的门下，哪有执政大臣拜师从学的呢？你津津乐道执政大臣的地位把别人都不放在眼里吗？我听说这样的话：‘镜子明亮尘垢就没有停留在上面，尘垢落在上面镜子也就不会明亮。长久地跟贤人相处便会没有过错。’你拜师从学追求广博精深的见识，正是先生所倡导的大道。而你竟说出这样的话，不是完全错了吗！”

原文 子产曰：“子即若是矣，犹与尧争善，计子之德不足以自反邪[①]?”申徒嘉曰:“自状其过以不当亡者众[②],不状其过以不当存者寡。知不可奈何而安之若命,唯有德者能之。游于羿之彀中[③],中央者,中地也[④],然而不中者,命也。人以其全足笑吾不全足者多矣,我怫然而怒[⑤];而适先生之所[⑥],则废然而反[⑦]。不知先生之洗我以善邪[⑧]?吾与夫子游十九年矣[⑨],而未尝知吾兀者也。今子与我游于形骸之内[⑩],而子索我于形骸之外[⑪],不亦过乎?”子产蹴然改容更貌曰[⑫]:“子无乃称[⑬]!”

注释

①计:计算,估量。反:反省。这句语意有所隐含,好像是说受过刑断还不足以使自己有所反省吗?

②状:陈述,含有为自己的过失辩解的意思。其过:自己的过失。以:认为。亡:丢失、失去,这里指使身体残缺,与下句“存”字表示保全的含义相对应。

③羿:古代神话传说中的善射者。彀(gòu):张满弓弩。“彀中”指弓箭射程范围之内,喻指人们生活的社会范围。

④中(zhòng)地:最易射中的地方。

⑤怫(bó)然:勃然,发怒时盛气的样子。

⑥先生:指伯昏无人。所:寓所。

⑦废然:怒气消失的样子。反:返,指回复到原有的正常

神态。

⑧洗我以善：即以善洗我，用善道来教诲我。

⑨夫子：指伯昏无人。

⑩形骸之内：指人的精神世界。“游于形骸之内”即以德相交，精神世界相通。

⑪形骸之外：指人的外在形体。索：要求。

⑫蹴（cù）然：恭敬不安的样子。更，更改，

⑬乃：仍。称：说。

译文 子产说：“你已经如此形残体缺，还要跟唐尧争比善心，你估量你的德行，受过断足之刑还不足以使你有所反省吗?”申徒嘉说：“自个儿陈述或辩解自己的过错，认为自己不应当形残体缺的人很多；不陈述或辩解自己的过错，认为自己不应当形整体全的人很少。懂得事物之无可奈何，安于自己的境遇并视如命运安排的那样，只有有德的人才能做到这一点。一个人来到世上就像来到善射的后羿张弓搭箭的射程之内，中央的地方也就是最容易中靶的地方，然而却没有射中，这就是命。用完整的双脚笑话我残缺不全的人很多，我常常脸色陡变怒气填胸，可是只要来到伯昏无人先生的寓所，我便怒气消失回到正常的神态。真不

知道先生用什么善道来洗刷我呢？我跟随先生十九年了，可是先生从不曾感到我是个断了脚的人。如今你跟我心灵相通、以德相交，而你却用外在的形体来要求我，这不又完全错了吗？”子产听了申徒嘉一席话深感惭愧，脸色顿改而恭敬地说：“你不要再说下去了！”

原文 鲁有兀者叔山无趾，踵见仲尼[①]。仲尼曰：“子不谨，前既犯患若是矣。虽今来，何及矣[②]！”无趾曰：“吾唯不知务而轻用吾身[③]，吾是以亡足。今吾来也，犹有尊足者存[④]，吾是以务全之也[⑤]。夫天无不覆[⑥]，地无不载，吾以夫子为天地，安知夫子之犹若是也！”孔子曰：“丘则陋矣[⑦]。夫子胡不入乎，请讲以所闻！”无趾出。孔子曰：“弟子勉之！夫无趾，兀者也，犹务学以复补前行之恶，而况全德之人乎[⑧]！”

注释 ①踵：脚后跟，这里指用脚后跟走路。叔山无趾被刑断脚趾，所以只能用脚后跟来走路。

②何及：怎么赶得上。言外之意怎么能够补救。

③不知务：犹言不通晓事理。

④尊足：即尊于足，“尊足者”意思是比脚更尊贵的东西，这

里指道德修养。

⑤务：务求，努力做到。

⑥无：莫，没有什么。

⑦陋：浅薄固陋。

⑧全德：保全了道德修养。一说“全德”即全体，指形体没有残缺。从上下文意看，后说更合理些。

译文 鲁国有个被砍去脚趾的人，名叫叔山无趾，靠脚后跟走路去拜见孔子。孔子对他说：“你极不谨慎，早先犯了过错才留下如此的后果。虽然今天你来到了我这里，可是怎么能够追回以往呢！”叔山无趾说：“我只因不识事理而轻率作践自身，所以才失掉了两只脚趾。如今我来到你这里，还保有比双脚更为可贵的道德修养，所以我想竭力保全它。苍天没有什么不覆盖，大地没有什么不托载，我把先生看作天地，哪知先生竟是这样的人！”孔子说：“我孔丘实在浅薄。先生怎么不进来呢，请把你所知晓的道理讲一讲。”叔山无趾走了。孔子对他的弟子说：“你们要努力啊。叔山无趾是一个被砍掉脚趾的人，他还努力进学来补救先前做过的错事，何况道德品行乃至身形体态都没有什么欠缺的人呢！”

原文 无趾语老聃曰[①]:“孔丘之于至人,其未邪?彼何宾宾以学子为[②]?彼且蕲以諔诡幻怪之名闻[③],不知至人之以是为己桎梏邪[④]?”老聃曰:“胡不直使彼以死生为一条[⑤],以可不可为一贯者[⑥],解其桎梏,其可乎?”无趾曰:“天刑之[⑦],安可解!”

注释 ①老聃(dān):即老子,姓李,名聃。

②宾宾:频频。学子:即学于子,向老聃请教。

③蕲(qí):求。諔(chù)诡:奇异。“諔诡幻怪”四字词义相近,都含有奇特、怪异、虚妄的意思。

④桎梏:古代的一种刑具,犹如今言脚镣手铐,喻指束缚自己的工具。

⑤一条:一致,一样的。

⑥贯:通;“一贯”即齐一相通。

⑦天:自然。刑:这里讲作“惩罚”的意思。

译文 叔山无趾对老子说:“孔子作为一个道德修养至尚的人,恐怕还未能达到吧?他为什么不停地来向你求教呢?他还在祈求奇异虚妄的名声能传扬于外,难道不懂得道德修养至尚的人总是把这一切看作是束缚自己的枷锁吗?”老子说:“怎么不径直让他把生和死看成一样，把可以与不可以看作是齐一的，从而解脱他的枷锁，这样恐怕也就可以了吧？”叔山无趾说：“这是上天加给他的处罚，哪里可以解脱！”

原文 鲁哀公问于仲尼曰：“卫有恶人焉①，曰哀骀它②。丈夫与之处者③，思而不能去也④。妇人见之，请于父母曰‘与为人妻，宁为夫子妾’者，十数而未止也。未尝有闻其唱者也⑤，常和人而已矣。无君人之位以济乎人之死⑥，无聚禄以望人之腹⑦。又以恶骇天下⑧，和而不唱，知不出乎四域⑨，且而雌雄合乎前⑩，是必有异乎人者也。寡人召而观之⑪，果以恶骇天下。与寡人处，不至以月数，而寡人有意乎其为人也⑫；不至乎期年⑬，而寡人信之。国无宰⑭，寡人传国焉。闷然而后应⑮。氾而若辞⑯，寡人丑乎，卒授之国。无几何也，去寡人而行，寡人卹焉若有亡也⑰，若无与乐是国也。是何人者也？”

注释 ①恶人：丑陋的人。

②哀骀（tái）它（tuō）：虚构的人名。

③丈夫：古代成年男子的通称。

④去：离开。

⑤唱：倡导，前导；跟下句的“和”相对应。

⑥君人之位：即统治别人的地位。济：救助。

⑦禄：俸禄，这里泛指财物。望：月儿满圆；这里引申用其饱满之义，“望人之腹”即使人人都能吃饱。

⑧骇：惊扰。

⑨四域：四周的邻界。

⑩雌雄：这里泛指妇女和男人。合：亲近。

⑪寡人：古代国君的谦称。

⑫意：猜想，意料；“有意乎其为人”意思是对于他的为人有所了解。

⑬期（jī）年：一周年。

⑭宰：主持政务的官员。

⑮闷然：神情淡漠的样子。

⑯氾：这里形容心不在焉，有口无心的样子。辞：推却。

⑰卹（xù）：“恤”字的异体，忧虑。亡：失。

译文 鲁哀公向孔子问道：“卫国有个面貌十分丑陋的人，名叫哀骀它。男人跟他相处，常常想念他而舍不得离去。女人见到他便向父母提出请求，说‘与其做别人的妻子，不如做哀骀它先生的妾’，这样的人已经十多个了而且还在增多。从不曾听说哀骀它倡导什么，只是常常附和别人罢了。他没有居于统治者的地位而拯救他人于临近败亡的境地，他没有聚敛大量的财物而使他人吃饱肚子。他面貌丑陋使天下人吃惊，又总是附和他人而从没首倡什么，他的才智也超不出他所生活的四境，不过接触过他的人无论是男是女都乐于亲近他。这样的人一定有什么不同于常人的地方。我把他招来看了看，果真相貌丑陋足以惊骇天下人。跟我相处不到一个月，我便对他的为人有了了解；不到一年时间，我就十分信任他。国家没有主持政务的官员，我便把国事委托给他。他神情淡漠地回答，漫不经心又好像在加以推辞。我深感羞愧，终于把国事交给了他。没过多久，他就离开我走掉了，我内心忧虑像丢失了什么，好像整个国家没有谁可以跟我一道共欢乐似的。这究竟是什么样的人呢？”

原文 仲尼曰：“丘也尝使于楚矣[①]，适见㹠子食于其死母者[②]，少焉眴若皆弃之而走[③]。不见己焉尔，不得类焉尔。所爱其母者，非爱其形也，爱使其形者也[④]。战而死者，其人之葬也不以翣资[⑤]；刖者之屦[⑥]，无为爱之；皆无其本矣。为天子之诸御[⑦]，不爪翦[⑧]，不穿耳；取妻者止于外[⑨]，不得复使。形全犹足以为尔[10]，而况全德之人乎！今哀骀它未言而信，无功而亲，使人授己国，唯恐其不受也，是必才全而德不形者也[11]。”

注释

①使：出使。一说“出使”即出游。

②豘（tún）：同“豚”，小猪。食：这里指吮吸乳汁。

③少焉：一会儿。眴（shùn）若：惊惶的样子。走：跑。

④使：主使，支配。

⑤翣（shà）：古代出殡时棺木上的饰物，形同羽扇。资：送。

⑥刖（yuè）：断足的刑罚。屦（jù）：用麻、葛等制成的单底鞋，这里泛指鞋子。连续两句都是比喻：战死之人埋葬沙场无须棺木，当然也就用不着棺饰，砍断了脚的人无须穿鞋，当然也就用不着鞋子，意在说明失去了根本外在的东西也就同时失去了可爱的价值。

⑦诸御：宫中御女，即宫女。

⑧翦（jiǎn）：“剪”字的异体。联系下一句，不修指甲，不穿耳眼，意在说明不加修饰以显本质。

⑨取：通作“娶”。旧注男女婚娶之后便不再前往宫中服役。

⑩尔：如此。

⑪形：表露在外的意思。

译文 孔子说："我孔丘也曾出使到楚国，正巧看见一群小猪在吮吸刚死去的母猪的乳汁，不一会又惊惶地丢弃母猪逃跑了。因为不知道自己的同类已经死去，母猪不能像先前活着时那样哺育它们。小猪爱它们的母亲，不是爱它的形体，而是爱支配那个形体的精神。战死沙场的人，他们埋葬时无须用棺木上的饰物来送葬，砍掉了脚的人对于原来穿过的鞋子，没有理由再去爱惜它，这都是因为失去了根本。做天子的御女，不剪指甲不穿耳眼；婚娶之人只在宫外办事，不会再到宫中服役。为保全形体尚且能够做到这一点，何况德行完美而高尚的人呢？如今哀骀它他不说话也能取信于人，没有功绩也能赢得亲近，让人示意授给他国事，还唯恐他不接受，这一定是才智完备而德不外露的人。"

原文 哀公曰："何谓才全？"仲尼曰："死生存亡，穷达贫富[①]，贤与不肖毁誉，饥渴寒暑，是事之变，命之行也[②]；日夜相代乎前[③]，而知不能规乎其始者也[④]。故不足以滑和[⑤]，不可入于灵府[⑥]。使之和豫[⑦]，通而不失于兑[⑧]，使日夜无郤而与物为春[⑨]，是接而生时于心者也[⑩]。是之谓才全。""何谓德不形？"曰："平者，水停之盛也。其可以为法也[11]，内保之而外不荡也[12]。德者，成和之脩也[13]。德不形者，物不能离也。”

注释

①穷：困窘，走投无路。达：通畅、顺利。

②命之行：自然的运行，指非人为造成的情况变化。

③相代：相互更替。

④规：窥。

⑤滑（gǔ）：通作“汩”，乱的意思。和：谐和，均衡。

⑥灵府：心灵。

⑦豫：安适。

⑧兑（yuè）：悦，欢乐。

⑨郤（xì）：通作“隙”，间隙的意思。

⑩接：接触外物。时：顺时，顺应四时而作的意思。

⑪法：仿效，借鉴。

⑫荡：动。

⑬成和之脩：事得以成功、物得以顺和的极高修养；“脩”同“修”。

译文

鲁哀公问：“什么叫做才智完备呢？”孔子说：“死、生、存、亡，穷、达、贫、富，贤能与不肖、诋毁与称誉，饥、渴、寒、暑，这些都是事物的变化，都是自然规律的运行；日夜更替于我们的面前，而人的智慧却不能窥见它们的起始。因此它们都不足以搅乱本性的谐和，也不足以侵扰人们的心灵。要使心灵平和安适，通畅而不失怡悦，要使心境日夜不间断地跟随万物融会在春天般的生气里，这样便会接触外物而萌生顺应四时的感情。这就叫做才智完备。”鲁哀公又问：“什么叫做德不外露呢？”孔子说：“均平是水留止时的最佳状态。它可以作为取而效法的准绳，内心充盈而外表毫无所动。所谓德，就是事得以成功、物得以顺和的最高修养。德不外露，外物自然就不能离开他了。”

原文 哀公异日以告闵子曰[①]：“始也吾以南面而君天下，执民之纪而忧其死[②]，吾自以为至通矣。今吾闻至人之言，恐吾无其实，轻用吾身而亡其国。吾与孔丘，非君臣也，德友而已矣。”

注释 ①闵子：人名，孔子的弟子。

②纪：纲纪。

译文 有一天鲁哀公把孔子这番话告诉闵子，说：“起初我认为坐朝当政统治天下，掌握国家的纲纪而忧心人民的死活，便自以为是最通达的了，如今我听到至人的名言，真忧虑没有实在的政绩，轻率作践自身而使国家危亡。我跟孔子不是君臣关系，而是以德相交的朋友呢。”

原文 闉跂支离无脤说卫灵公①，灵公说之②；而视全人，其脰肩肩③。瓮盎大瘿说齐桓公④，桓公说之；而视全人，其脰肩肩。故德有所长而形有所忘，人不忘其所忘而忘其所不忘⑤，此谓诚忘⑥。故圣人有所游，而知为孽⑥，约为胶⑦，德为接⑧，工为商⑨。圣人不谋，恶用知？不斲⑩，恶用胶？无丧⑪，恶有德？不货⑫，恶用商？四者，天鬻也⑬。天鬻者，天食也⑭。既受食于天，又恶用人！有人之形，无人之情。有人之形，故群于人；无人之情，故是非不得于身。眇乎小哉⑮，所以属于人也！謷乎大哉⑯，独成其天！

注释 ①闉（yín）：屈曲。跂（qǐ）：通作“企”。“闉跂”指腿脚屈曲常踮起脚尖走路。支离：伛偻病残的样子。脤（shèn）：唇。这里用跛脚、伛腰、无唇来形容一个人的形残貌丑，并以此特征作为这个丑陋之人的名字。说（shuì）：游说。

②说（yuè）：通“悦”；喜欢。

③脰（dòu）：颈项。肩肩：细小的样子。

④瓮（wèng）盎（àng）：腹大口小的陶制盛器。“盎”字亦作“盎”。瘿（yǐng）：瘤。颈下的瘤子大如瓮盎，这里也是用畸形特征作为人名。

⑤诚：真实。

⑥孽（niè）：祸根。

⑦约：盟誓。胶：粘固，胶着；“约为胶”意思是把盟约当成胶着似的束缚。

⑧德为接：意思是把施德看作交接外物的手段。

⑨工：工巧。

⑩斲（zhuó）：“斫”字的异体，砍削的意思。

⑪丧：丢失、缺损。

⑫货：意思是买卖东西以谋利。

⑬天：自然。鬻（yù）：通作“育”，养育的意思。

⑭天食：禀受自然的饲养和供给。

⑮眇（miǎo）：通作“秒”，微小的意思。

⑯謷（áo）：高大的样子。

译文 一个跛脚、伛背、缺嘴的人游说卫灵公，卫灵公十分喜欢他；再看看那些体形完整的人，他们的脖颈实在

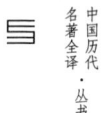

是太细太细了。一个颈瘤大如瓮盎的人游说齐桓公，齐桓公十分喜欢他；再看看那些体形完整的人，他们的脖颈实在是太细太细的了。所以，在德行方面有超出常人的地方而在形体方面的缺陷别人就会有所遗忘，人们不会忘记应当忘记的东西，而忘记不应当忘记的东西，这就叫做真正的遗忘。因而圣人总能自得地出游，把智慧看作是祸根，把盟约看作是禁锢，把推展德行看作是交接外物的手段，把工巧看作是商贾的行为。圣人从不谋虑，哪里用得着智慧？圣人从不砍削，哪里用得着胶着？圣人从不感到缺损，哪里用得着推展德行？圣人从不买卖以谋利，哪里用得着经商？这四种做法叫做天养。所谓天养，就是禀受自然的养育。既然受养于自然，又哪里用得着人为！有了人的形貌，不一定有人内在的真情。有了人的形体，所以与人结成群体；没有人的真情，所以是与非都不会汇聚在他的身上。渺小呀，跟人同类的东西！伟大呀，只有浑同于自然。

原文 惠子谓庄子曰[①]："人故无情乎？"庄子曰："然。"惠子曰："人而无情，何以谓之人？"庄子曰："道与之貌[②]，天与之形，恶得不谓之人？"惠子曰："既谓之人，恶得无情?”庄子曰:“是非吾所谓情也。吾所谓无情者,言人之不以好恶内伤其身,常因自然而不益生也③。”惠子曰:“不益生,何以有其身?”庄子曰:“道与之貌,天与之形,无以好恶内伤其身。今子外乎子之神,劳乎子之精④,倚树而吟,据槁梧而瞑⑤,天选子之形⑥,子以坚白鸣⑧!”

注释

①惠子:即惠施,名家的代表人物。

②道:中国古代哲学中的“道”,含义十分复杂,这里与“天”对应,“天”指事物的自然,“道”可能是指事物的本原,即宇宙万物的本体。

③益:增添。

④劳:耗费。

⑤据:靠,凭依。槁梧:指用梧桐木做成的几案。瞑(mián):通作“眠”,假寐的意思。

⑥天选:自然的授予。

⑦坚白:“坚白”论是古代名家的著名言论,它以石为喻,指石之白色与石之坚质都独立于“石”。庄子对于这一类辩论极不赞赏,斥之为无稽之谈。

译文

惠子对庄子说:“人原本就是没有情的吗?”庄子说:

“是的。”惠子说：“一个人假若没有情，为什么还能称作人呢?”庄子说：“道赋予人容貌，天赋予人形体，怎么能不称作人呢?”惠子说：“既然已经称作了人，又怎么能够没有情?”庄子回答说：“这并不是我所说的情呀。我所说的无情，是说人不因好恶，而致伤害自身的本性，常常顺任自然而不随意增添些什么。”惠子说：“不添加什么，靠什么来保有自己的身体呢?”庄子回答说：“道赋予人容貌，天赋予人形体，可不要因外在的好恶而伤害了自己的本性。如今你外露你的心神，耗费你的精力，靠着树干吟咏，凭依几案闭目假寐。自然授予了你的形体，你却以‘坚’‘白’的诡辩而自鸣得意。”

大宗师

题解 “宗”指敬仰、尊崇，“大宗师”意思是最值得敬仰、尊崇的老师。谁够得上称作这样的老师呢？那就是“道”。庄子认为自然和人是浑一的，人的生死变化是没有什么区别的，因而他主张清心寂神，离形去智，忘却生死，顺应自然。这就叫做“道”。

全文可以分为九个部分。第一部分至“是之谓真人”，虚拟一理想中的“真人”，“真人”能做到“天”“人”不分，因而“真人”能做到“无人”“无我”。“真人”的精神境界就是“道”的形象化。第二部分至“而比于列星”，从描写“真人”逐步转为述说“道”，只有“真人”才能体察“道”，而“道”是“无为无形”而又永存的，因而体察“道”就必须“无人”“无我”。这两段是全文论述的主体。第三部分至“参寥闻之疑始”，讨论体察“道”的方法和进程。第四部分至“蘧然觉”，说明人的死生存亡实为一体，无法逃避，因而应“安时而处顺”。第五部分至“天之小人也”，进一步讨论人的死和生，指出死和生都是“气”的变化，是自然的现象，因而应“相忘以生，无所终穷”，只有这样精神才会超脱物外。第六部分至“乃入于寥天一”，说明人的躯体有了变化而人的精神却不会死，安于自然、忘却死亡，便进入“道”的境界而与自然合成一体。第七部分至“此所游已”，批判儒家的仁义和是非观念，指出儒家的观念是对人的精神摧残。第八部分至“丘也请从而后也”，论述“离形去知，同于大通”是进入“道”的境界的方法。余下为第九部分，说明一切都由“命”所安排，即非人为之力所安排。

原文 知天之所为，知人之所为者，至矣。知天之所为者，天而生也；知人之所为者，以其知之所知以养其知之所不知，终其天年而不中道夭者：是知之盛也。虽然，有患。夫知有所待而后当①，其所待者特未定也②。庸讵知吾所谓天之非人乎？所谓人之非天乎？

注释 ①有所待：有所依凭。庄子认为人们的认识和了解都离不开认识、了解的对象。当：恰当、正确。

②特：但，不过。

译文 知道自然的作为，并且了解人的作为，这就达到了认识的极点。知道自然的作为，是懂得事物出于自然；了解人的作为，是用他智慧所通晓的知识哺育、熏陶他智慧所未能通晓的知识，直至自然死亡而不中途夭折，这恐怕就是认识的最高境界了。虽然这样，还是存在忧患。人们的知识一定要有所依凭方才能认定是否恰当，而认识的对象却是不稳定的。怎么知道我所说的本于自然的东西不是出于人为呢，怎么知道我所说的人为的东西又不是出于自然呢？

原文 且有真人而后有真知。何谓真人？古之真人不逆寡[1]，不雄成[2]，不谟士[3]。若然者，过而弗悔，当而不自得也[4]。若然者，登高不慄，入水不濡[5]，入火不热。是知之能登假于道者也若此[6]。古之真人，其寝不梦，其觉无忧，其食不甘，其息深深。真人之息以踵[7]，众人之息以喉。屈服者，其嗌言若哇[8]。其耆欲深者[9]，其天机浅[10]。古之真人，不知说生，不知恶死；其出不䜣[11]，其入不距[12]；翛然而往[13]，翛然而来而已矣。不忘其所始，不求其所终；受而喜之，忘而复之，是之谓不以心捐道[14]，不以人助天。是之谓真人。若然者，其心志[15]，其容寂，其颡頯[16]；凄然似秋，煖然似春[17]，喜怒通四时，与物有宜而莫知其极[18]。

注释

①逆：针对，对付。

②雄成：雄据自己的成就，即凭借自己取得的成就而傲视他人、凌驾他人。

③谟：图谋、算计。士：通作“事”。一说“士”当就字面讲，“谟士”则讲作采用不正当手段谋取士人的信赖。

④当：恰巧、正好。自得：自以为得意。

⑤濡（rú）：沾湿。

⑥假：通作“格”，至、达到的意思。

⑦踵：脚根。“息以踵”言气息深沉，发自根本。

⑧嗌（ài）：咽喉闭塞；“嗌言”是说言语吞吐像堵在喉头似的。哇（wā）：象声词，形容声音靡曼。

⑨耆：嗜好；这个意思后代写作“嗜”。

⑩天机：天生的神智。

⑪出：这里指出生于世，与下句“入”指死亡相对为文。以下的“往”和“来”也是指人的死和生。䜣：“欣”字的异体，高兴的意思。

⑫距：通作“拒”，拒绝、回避的意思。

⑬翛（xiāo）然：无拘束，自由自在的样子。

⑭捐：当为“损”字之讹，损害的意思。

⑮志：疑为“忘”字之误；“心忘”意思是心里空灵，忘掉自己的周围。

⑯颡（sāng）：额。頯（kuí）：本指颧骨，这里是质朴端严的意思。

⑰煖（xuān）：同“煊”，温暖的意思。

⑱宜：合适、相称。

译文 况且有了“真人”方才有真知。什么叫做“真人”呢？古时候的“真人”，不倚众凌寡，不自恃成功凌驾他人，也不图谋琐事。像这样的人，错过了时机不后悔，赶上了机遇不得意。像这样的人，登上高处不颤慄，下到水里不会沾湿，进入火中不觉灼热，这只有智慧能通达大道境界的人方才能像这样。古时候的“真人”，他睡觉时不做梦，他醒来时不忧愁，他吃东西时不求甘美，他呼吸时气息深沉。“真人”呼吸凭借的是着地的脚根，而一般人呼吸则靠的只是喉咙。被人屈服时，言语在喉前吞吐就像哇哇地曼语。那些嗜好和欲望太深的人，他们天生的智慧也就很浅。古时候的“真人”，不懂得喜悦生存，也不懂得厌恶死亡；出生不欣喜，入死不推辞；无拘无束地就走了，自由自在地又来了罢了。不忘记自己从哪儿来，也不寻求自己往哪儿去，承受什么际遇都欢欢喜喜，忘掉死生像是回到了自己的本然，这就叫做不用心智去损害大道，也不用人为的因素去帮助自然。这就叫“真人”。像这样的人，他的内心忘掉了周围的一切，他的容颜淡漠安闲，他的面额质朴端严；冷肃得像秋天，温暖得像春天，高兴或愤怒跟四时更替一样自然无饰，和外界事物合宜相称而没有谁能探测到他精神世界的真谛。

原文 故圣人之用兵也[①]，亡国而不失人心；利泽施乎万世[②]，不为爱人。故乐通物，非圣人也；有亲[3]，非仁也；天时[4]，非贤也；利害不通，非君子也；行名失己[5]，非士也；亡身不真，非役人也[6]。若狐不偕、务光、伯夷、叔齐、箕子、胥余、纪他、申徒狄[7]，是役人之役，适人之适[8]，而不自适其适者也。

注释

①本自然段（从“故圣人之用兵也”至“而不自适其适者也”）闻一多先生认为文意与上下不能一贯而自成片断，疑系错简。以备参考。

②利泽：利益和恩泽。

③亲：这里指偏爱。庄子主张至人无亲，任理自存，因而有了偏爱就算不上是“仁”。

④天时：选择时机。

⑤行名：做事为取名声。一说“行”读xìng，是品行的意思，“行名失己”即品行和名声不符而失去本真。

⑥役：役使、驱遣。

⑦狐不偕、务光、伯夷、叔齐、箕子、胥余、纪他、申徒狄：皆人名，传说中远古时代（唐尧、夏禹、商汤时代）的贤人，有的为不愿接受天下，有的为忠谏不被采纳，或投水而死，或饿死，或被杀害。

⑧适：安适，舒畅。

译文 所以古代圣人使用武力，灭掉敌国却不失掉敌国的民心；利益和恩泽广施于万世，却不是为了偏爱什么人。乐于交往取悦外物的人，不是圣人；有偏爱就算不上是“仁”；伺机行事，不是贤人；不能看到利害的相通和相辅，算不上是君子；办事求名而失掉自身的本性，不是有识之士；丧失身躯却与自己的真性不符，不是能役使世人的人。像狐不偕、务光、伯夷、叔齐、箕子、胥余、纪他、申徒狄，这样的人都是被役使世人的人所役使，都是被安适世人的人所安适，而不是能使自己得到安适的人。

原文 古之真人，其状義而不朋[①]，若不足而不承；与乎其觚而不坚也[②]，张乎其虚而不华也[③]；邴邴乎其似喜乎[④]，崔乎其不得已乎[⑤]！滀乎进我色也[⑥]，与乎止我德也[⑦]；厉乎其似世乎[⑧]！謷乎其未可制也[⑨]；连乎其似好闭也[⑩]，悗乎忘其言也[⑪]。以刑为体[⑫]，以礼为翼，以知为时[⑬]，以德为循。以刑为体者，绰乎其杀也[⑭]；以礼为翼者，所以行于世也；以知为时者，不得已于事也；以德为循者，言其与有足者至于丘也，而人真以为勤行者也。故其好之也一，其弗好之也一。其一也一，其不一也一。其一与天为徒[⑮]，其不一与人为徒。天与人不相胜也，是之谓真人。

注释

①状：外部的表情和神态。義（é）：通作“峨”（亦写作“峩”），高的意思。朋（bēng）：通作“崩”，崩坏的意思。“義而不朋”意思是嵬峨而不矜持。一说“義”（yì）讲作“宜”，指与人相处随物而宜；“朋”讲作“朋党”，指与人交往却不结成朋党。姑备参考。

②与乎：容与，态度自然安闲的样子。觚（gū）：特立超群。坚：这里是固执的意思。

③张乎：广大的样子，这里指内心宽宏、开阔。华：浮华。

④邴（bǐng）邴：欣喜的样子。有的本子只有一个“邴”字。

⑤崔乎：开始行动的样子。

⑥滀（chù）乎：本指水之停聚貌，这里引申形容人的容颜和悦而有光泽。

⑦与：交往，待人接物。止：归；“止我德”是说德行高雅宽和让人归依。

⑧厉：疑为“广”字之误，言精神博大好像包容了世界。一说“世”乃“泰”字之通假，大的意思。

⑨謷（áo）乎：高放自得的样子。制：限止。

⑩连乎：绵邈深远的样子。

⑪悗（mèn）乎：心不在焉的样子。

⑫“以刑为体”至“而人真以为勤行者也”十三句，所述内容不似庄子的思想和主张，跟上下文内容也不连贯，嵌在这里前后很不好串通，有待进一步校勘、考订。

⑬为时：等待时机。

⑭绰乎：宽大的样子。

⑮徒：徒属，这里是同类的意思。

译文 古时候的“真人”，神情巍峨而不矜持，好像不足却又无所承受；态度安闲自然、特立超群而不执着顽固，襟怀宽阔虚空而不浮华；怡然欣喜像是格外地高兴，一举一动又像是出自不得已！容颜和悦令人喜欢接近，与人交往德行宽和让人乐于归依；气度博大像是宽广的世界！高放自得从不受什么限制，绵邈深远好像喜欢封闭自己，心不在焉的样子又好像忘记了要说的话。把刑律当作主体，把礼仪当作羽翼，用已掌握的知识去等待时机，用道德来遵循规律。把刑律当作主体的人，那么杀了人也是宽厚仁慈的；把礼仪当作羽翼的人，用礼仪的教诲在世上施行；用已掌握的知识去等待时机的人，是因为对各种事情出于不得已；用道德来遵循规律，就像是说大凡有脚的人就能够登上山丘，而人们却真以为是勤于行走的人。所以说人们所喜好的是浑然为一的，人们不喜好的也是浑然为一的。那些同一的东西是浑一的，那些不同一的东西也是浑一的。那些同一的东西跟自然同类，那些不同一的东西跟人同类。自然与人不可能相互对立而相互超越，具有这种认识的人就叫做“真人”。

原文 死生，命也①，其有夜旦之常②，天也。人之有所不得与③，皆物之情也。彼特以天为父，而身犹爱之，而况其卓乎④！人特以有君为愈乎己⑤，而身犹死之⑥，而况其真乎⑦！

注释 ①命：这里指不可避免的、非人为的作用。

②常：常规，恒久不易或变化的规律。

③与：参与，干预。

④卓：特立，高超；这里实指“道”。

⑤愈：胜，超过。

⑥死之：这里讲作“为之而死”，即为国君而献身。

⑦真：这里指的是“道”。一说即上段之“真人”。姑备参考。

译文 死和生均非人为之力所能安排，犹如黑夜和白天交替那样永恒地变化，完全出于自然。有些事情人是不可能参与和干预的，这都是事物自身变化的实情。人们总是把天看作生命之父，而且终身爱戴它，何况那特立高超的“道”呢！人们还总认为国君是一定超越自己的，而且终身愿为国君效死，又何况应该宗为大师的“道”呢？

原文 泉涸[①]，鱼相与处于陆，相呴以湿[②]，相濡以沫[③]，不如相忘于江湖。与其誉尧而非桀也，不如两忘而化其道[④]。夫大块载我以形[⑤]，劳我以生，佚我以老[⑥]，息我以死。故善吾生者，乃所以善死也。

注释 ①涸（hé）：水干。

①呴（xū）：张口出气。

③濡：同“濡”，一本亦作“濡”，沾湿的意思。沫：唾沫，即口水。

④化：这里是融解、混同的意思。

⑤大块：大地；这里可以理解为大自然。

⑥佚（yì）：通作“逸”，闲逸的意思。

译文 泉水干涸了，鱼儿困在陆地上相互依偎，互相大口出气来取得一点湿气，以唾沫相互润湿，不如将过去江湖里的生活彻底忘记。与其赞誉唐尧的圣明而非议夏桀的暴虐，不如把他们都忘掉而融化混同于“道”。大地把我的形体托载，并且用生存来劳苦我，用衰老来闲适我，用死亡来安息我。所以，把我的存在看作好事的，也就因此而可以把我的死亡看作是好事。

原文 夫藏舟于壑①，藏山于泽③，谓之固矣。然而夜半有力者负之而走，昧者不知也③。藏小大有宜④，犹有所遯⑤。若夫藏天下于天下而不得所遯，是恒物之大情⑥。特犯人之形而犹喜之⑦，若人之形者，万化而未始有极也，其为乐可胜计邪⑧？故圣人将游于物之所不得遯而皆存。善妖善老⑨，善始善终，人犹效之，又况万物之所系而一化之所待乎⑩。

注释 ①壑（hè）：深深的山谷。

②山（shàn）：通作“汕”，捕鱼的用具。旧注就字面讲。

③昧：通作“寐”，睡着的意思。一说“昧”当如字面讲，“昧者”即愚昧的人。

④藏小大：即“藏小于大”。宜：合适，适宜。

⑤遯：“遁”字的异体，逃脱、丢失的意思。

⑥恒：常有、固有的意思。

⑦犯：承受。一说通作“范”，模子的意思。

⑧胜（shèng）：禁得起。

⑨妖：或作“夭”，根据上下文意判断，这里应是少小的意思，与“老”字互文。

⑩系：关联、联缀。一：全；“一化”即所有的变化。待：依靠、凭借。“所系”“所待”这里都是指所谓“道”，庄子认为一切事物、一切变化都离不开“道”，因而人们应当效法它，“宗”之为“师”。

译文 将船儿藏在大山沟里，将渔具藏在深水里，可以说是十分牢靠了。然而半夜里有个大力士把它们连同山谷和河泽一块儿背着跑了，睡梦中的人们还一点儿也不知道。将小东西藏在大东西里是适宜的，不过还是会有丢失。假如把天下藏在天下里而不会丢失，这就是事物固有的真实之情。人们只要承受了人的形体便十分欣喜，至于像人的形体的情况，在万千变化中从不曾有过穷尽，那快乐之情难道还能够加以计算吗？所以圣人将生活在各种事物都不会丢失的环境里而与万物共存亡。以少为善以老为善，以始为善以终为善，人们尚且加以效法，又何况那万物所联缀、各种变化所依托的“道”呢！

原文 夫道，有情有信[1]，无为无形；可传而不可受[1]，可得而不可见[3]；自本自根，未有天地，自古以固存；神鬼神帝[4]，生天生地；在太极之先而不为高[5]，在六极之下而不为深[6]，先天地生而不为久，长于上古而不为老。狶韦氏得之[7]，以挈天地[8]；伏戏氏得之[9]，以袭气母[10]；维斗得之[11]，终古不忒[12]；日月得之，终古不息；堪坏得之[13]，以袭昆仑；冯夷得之[14]，以游大川；肩吾得之[15]，以处大山；黄帝得之[16]，以登云天；颛顼得之[17]，以处玄宫；禺强得之[18]，立乎北极；西王母得之[19]，坐乎少广。莫知其始，莫知其终。彭祖得之，上及有虞，下及五伯[20]；傅说得之[21]，以相武丁，奄有天下[22]，乘东维[23]，骑箕尾[24]，而比于列星。

注释 ①情、信：真实、确凿可信。

②传：传递、感染、感受的意思。

③得：这里是体会、领悟的意思。

④神：这里是引出、产生的意思。

⑤太极：派生万物的本原，即宇宙的初始。先：据上下文理和用词对应的情况看，“先”字当作“上”字，这样“太极之上”对应下句“六极之下”，且不与“先天地”一句重复。

⑥六极：即六合。

⑦狶（xī）韦氏：传说中的远古时代的帝王。

⑧挈（qiè）：提挈，含有统领、驾驭的含意。

⑨伏戏氏：即伏羲氏，传说中的古代帝王。

⑩袭：入。一说讲作“合”。气母：元气之母，即古人心目中宇宙万物初始的物质。

⑪维斗：北斗星。

⑫忒（tè）：差错。

⑬堪坏（pēi）：传说中人面兽身的昆仑山神。

⑭冯夷：传说中的河神。

⑮肩吾：传说中的泰山之神。

⑯黄帝：即轩辕氏，传说中的古代帝王，中原各族的始祖。

⑰颛顼（zhuān xū）：传说为黄帝之孙，即帝高阳。玄：黑。颛顼又称玄帝，即北方之帝，“玄”为黑色，为北方之色，所以下句说“处玄宫”。

⑱禺强：传说中人面鸟身的北海之神。

⑲西王母：古代神话中的女神，居于少广山。

⑳五伯：旧指夏伯昆吾、殷伯大彭、豕韦，周伯齐桓、晋文。

㉑傅说（yuè）：殷商时代的贤才，辅佐高宗武丁，成为武丁的相。传说傅说死后成了星精，故下句有“乘东维、骑箕尾”之说。

㉒奄：覆盖、包括。

㉓东维：星名，在箕星、尾星之间。

㉔箕、尾：星名，为二十八宿中的两个星座。

译文

“道”是真实而又确凿可信的，然而它又是无为和无形的，“道”可以感知却不可以口授，可以领悟却不可以面见；“道”自身就是本、就是根，还未出现天地的远古时代“道”就已经存在；它引出鬼帝，产生天地；它在太极之上却并不算高，它在六极之下不算深，它先于天地存在还不算久，它长于上古还不算老。狶韦氏得到它，用来统驭天地；伏羲氏得到它，用来调和元气；北斗星得到它，永远不会改变方位；太阳和月亮得到它，永远不停息地运行；堪坏得到它，用来入主昆仑山；冯夷得到它，用来巡游大江大河；肩吾得到它，用来驻守泰山；黄帝得到它，用来登上云天；颛顼得到它，用来居处玄宫；禺强得到它，用来立足北极；西王母得到它，用来坐镇少广山。没有人能知道它的开始，也没有人能知道它的终结。彭祖得到它，从远古的有虞时代一直活到五伯时代；傅说得到它，用来辅佐武丁，统辖整个天下，乘驾东维星，骑坐箕宿和尾宿，而永远排列在星神的行列里。

原文

南伯子葵问乎女偊曰①："子之年长矣，而色若孺子②，何也？"曰："吾闻道矣。"南伯子葵曰："道可得学邪？"曰："恶③！恶可！子非其人也。夫卜梁倚有圣人之才而无圣人之道④，我有圣人之道而无圣人之才，吾欲以教之，庶几其果为圣人乎⑤！不然，以圣人之道告圣人之才，亦易矣。吾犹守而告之⑥，参日而后能外天下⑦，已外天下矣，吾又守之，七日而后能外物；已外物矣，吾又守之，九日而后能外生；已外生矣，而后能朝彻⑧；朝彻，而后能见独⑨；见独，而后能无古今；无古今，而后能入于不死不生。杀生者不死⑩，生生者不生。其为物，无不将也⑪，无不迎也；无不毁也，无不成也。其名为撄宁⑫。撄宁也者，撄而后成者也。"

注释

①南伯子葵、女偊（yǔ）：均为人名。旧注曾疑"南伯子葵"即"南郭子綦"。

②孺子：幼儿，孩童。

③恶（wū）：这里是批驳、否定对方的言词，义同"不"。

④卜梁倚：人名。圣人之道：指虚淡内凝的心境。圣人之才：指明敏的、外用的才气。

⑤庶几：也许、大概。

⑥守：持守，修守，这里指内心凝寂，善于自持而不容懈怠。

⑦参：三。外：遗忘。“外”是相对于“内”的，思想上、精神上既然能凝寂虚空，身外之物，包括天地、死生都好像虚妄而不存在，故有以天下为外，以物为外，以生为外的说法。

⑧朝彻：“朝”指朝阳，“彻”指明彻，这里用早晨太阳初升时的清新明彻，喻指物我皆忘的凝寂空灵的心境。

⑨独：庄子哲学体系中的又一重要概念，指不受任何事物影响，也不对任何事物有所依待。能够独立而无所依待的就只有所谓的“道”，故这句中的“独”实际指的就是“道”。

⑩杀：灭除，含有摒弃、忘却之意。“杀生者”与下句“生生者”相对为文，分别指忘却生存和眷恋人世的人。

⑪将：送。

⑫撄（yīng）：扰乱，“撄宁”意思是不受外界事物的纷扰，保持心境的宁静。这是庄子所倡导的极高的修养境界，能够做到这一点也就得到了“道”，所以下一句说“撄而后成”。

译文

南伯子葵向女偊问道：“你的岁数已经很大了，可是你的容颜却像孩童，这是什么缘故呢？”女偊回答：“我得‘道’了。”南伯子葵说：“‘道’可以学习吗？”女偊回答说：“不！怎么可以呢！你不是可以学习‘道’的人。卜梁倚有圣人明敏的才气却没有圣人虚淡的心境，我有圣人虚淡的心境却没有圣人明敏的才气，我想用虚淡的心境来教导他，恐怕他果真能成为圣人哩！然而却不是这样，把圣人虚淡的心境传告具有圣人才气的人，应是很容易的。我还是持守着并告诉他，三天之后便能遗忘天下，既已遗忘天下，我又凝寂持守，七天之后能遗忘万物；既已遗忘外物，我又凝寂持守，九天之后便能遗忘自身的存在；既已遗忘存在的生命，而后心境便能如朝阳一般清新明彻，能够心境如朝阳般清新明彻，而后就能够感受那绝无所待的'道'了；既已感受了'道'，而后就能超越古今的时限，既已能够超越古今的时限，而后便进入无所谓生、无所谓死的境界。摒除了生也就没有死，留恋于生也就不存在生。作为事物，'道'无不有所送，也无不有所迎；无不有所毁，也无不有所成，这就叫做'撄宁'。撄宁，意思就是不受外界事物的纷扰，而后保持心境的宁静。"

原文 南伯子葵曰："子独恶乎闻之？"曰："闻诸副墨之子，副墨之子闻诸洛诵之孙，洛诵之孙闻之瞻明，瞻明闻之聂许，聂许闻之需役，需役闻之於讴，於讴闻之玄冥，玄冥闻之参寥，参寥闻之疑始[①]。"

注释 ①“副墨”“洛诵”“瞻明”“聂许”“需役”“於（wū）讴（ōu）”“玄冥”“参寥”“疑始”等，均为假托的寓言人物之名。曾有人就这些人名的用字作过推敲，揣度其间还含有某些特殊的寓意，但均不能确考。大体是，“副墨”指文字，“洛诵”指背诵，“瞻明”指目视明晰，“聂许”指附耳私语，“需役”指勤行不息，“於讴”指吟咏领会，“玄冥”指深远虚寂，“参寥”指高旷寥远，“疑始”指迷茫而无所本。

译文 南伯子葵又问：“你偏偏是怎么得‘道’的呢？”女偊又回答说：“我从副墨（文字）的儿子那里听到的，副墨的儿子从洛诵（背诵）的孙子那里听到的，洛诵的孙子从瞻明（目视明晰）那里听到的，瞻明从聂许（附耳私语）那里听到的，聂许从需役（勤行不息）那里听到的，需役从於讴（吟咏领会）那里听到的，於讴从玄冥（深远虚寂）那里听到的，玄冥从参寥（高旷寥远）那里听到的，参寥从疑始（迷茫而无所本）那里听到的。”

原文 子祀、子舆、子犁、子来四人相与语曰①：“孰能以无为首，以生为脊，以死为尻②，孰知死生存亡之一体者，吾与之友矣。”四人相视而笑，莫逆于心③，遂相与为友。

注释 ①子祀、子舆、子犁、子来：寓言故事中假托虚构的人名。

②尻（kāo）：脊骨最下端，也泛指臀部。

③莫逆于心：内心相契，心照不宣。

译文 子祀、子舆、子犁、子来四个人在一块摆谈说："谁能够把无当作头，把生当作脊柱，把死当作尻尾，谁能够通晓生死存亡浑为一体的道理，我们就可以跟他交朋友。"四个人都会心地相视而笑，心心相契却不说话，于是相互交往成为朋友。

原文 俄而子舆有病，子祀往问之①。曰："伟哉夫造物者，将以予为此拘拘也②！曲偻发背③，上有五管④，颐隐于齐⑤，肩高于顶，句赘指天⑥。"阴阳之气有沴⑦，其心闲而无事，跰𨇤而鑑于井⑧，曰："嗟乎！夫造物者又将以予为此拘拘也！"

注释 ①问：拜访、问候。

②拘拘：曲屈不伸的样子。

③曲偻（lóu）：弯腰。发背：背骨外露。

④五管：五脏的穴口。

⑤颐（yí）：下巴。齐：肚脐，这个意思后代写作“脐”。

⑥句（gōu）赘：颈椎隆起状如赘瘤。

⑦沴（lì）：阳阳之气不和而生出的灾害。

⑧跰𨇤（pián xiān）：蹒跚，行步倾倒不稳的样子。

译文 不久子舆生了病，子祀前去探望他。子舆说：“伟大啊，造物者！把我变成如此曲屈不伸的样子！腰弯背驼，五脏穴口朝上，下巴隐藏在肚脐之下，肩部高过头顶，弯曲的颈椎形如赘瘤朝天隆起。”阴阳二气不和酿成如此灾害，可是子舆的心里却十分闲逸好像没有生病似的，蹒跚地来到井边对着井水照看自己，说：“哎呀，造物者竟把我变成如此曲屈不伸！”

原文 子祀曰：“女恶之乎①？”曰：“亡②，予何恶！浸假而化予之左臂以为鸡③，予因以求时夜④；浸假而化予之右臂以为弹，予因以求鸮炙⑤。浸假而化予之尻以为轮，以神为马，予因以乘之，岂更驾哉⑥！且夫得者⑦，时也⑧，失者，顺也⑨；安时而处顺，哀乐不能入也。此古之所谓县解也⑩，而不能自解者，物有结之。且夫物不胜天久矣，吾又何恶焉？”

注释 ①恶（wù）：厌恶。

②亡：通作“无”,“没有”的意思。

③浸：渐渐。假：假令。

④时夜：司夜，即报晓的公鸡。

⑤鸮（xiāo）：斑鸠。炙（zhì）：烤熟的肉。“鸮炙”即烤熟的斑鸠肉。

⑥更（gēng）：更换。驾：这里指车驾坐骑。

⑦得：指得到生命，与下句的“失”表示死亡相对应，“得”和“失”也即生和死。

⑧时：适时。

⑨顺：指顺应了规律。

⑩县（xuán）：悬挂，“县解”即解脱倒悬。庄子认为人不能超脱物外，就像倒悬人一样其苦不堪，而超脱于物外则像解脱了束缚，七情六欲也就不再成为负担。

译文 子祀说：“你讨厌这曲屈不伸的样子吗？”子舆回答：“没有，我怎么会讨厌这副样子！假令造物者逐渐把我的左臂变成公鸡，我便用它来报晓；假令造物者逐渐把我的右臂变成弹弓，我便用它来打斑鸠烤熟了吃。假令造物者把我的臀部变化成为车轮，把我的精神变化成骏马，我就用来乘坐，难道还要更换别的车马吗？至于生命的获得，是因为适时，生命的丧失，是因为顺应；安于适时而处之顺应，悲哀和欢乐都不会侵入心房。这就是古人所说的解脱了倒悬之苦，然而不能自我解脱的原因，则是受到了外物的束缚。况且事物的变化不能超越自然的力量已经很久很久，我又怎么能厌恶自己现在的变化呢？”

原文 俄而子来有病，喘喘然将死①，其妻子环而泣之②。子犁往问之，曰：“叱③！避！无怛化④！”倚其户与之语曰：“伟哉造化！又将奚以汝为⑤，将奚以汝适？以汝为鼠肝乎？以汝为虫臂乎？”

注释 ①喘喘然：气息急促的样子。

②妻子：妻子儿女。环：绕。

③叱：呵叱之声。

④怛（dá）：惊扰。化：变化，这里指人之将死。

⑤为：这里是改变、造就的意思。

译文 不久子来也生了病，气息急促将要死去，他的妻子儿女围在床前哭泣。子犁前往探望，说：“嘿，走开！不要惊扰他由生而死的变化！”子犁靠着门来说话：

“伟大啊，造物者！又将把你变成什么，把你送到何方？把你变化成老鼠的肝脏吗？把你变化成虫蚁的臂膀吗？”

原文 子来曰：“父母于子，东西南北，唯命之从。阴阳于人①，不翅于父母②；彼近吾死而我不听，我则悍矣，彼何罪焉！夫大块载我以形，劳我以生，佚我以老，息我以死。故善吾生者，乃所以善吾死也。今之大冶铸金③，金踊跃曰‘我且必为镆铘’④，大冶必以为不祥之金⑤。今一犯人之形⑥，而曰‘人耳人耳’，夫造化者必以为不祥之人。今一以天地为大炉，以造化为大冶，恶乎往而不可哉！”成然寐⑦，蘧然觉⑧。

注释 ①阴阳：这里指整个自然变化。

②翅：这里讲作“啻”，“不翅”就是不啻。

③冶：熔炼金属；“大冶”指熔炼金属高超的工匠。金：金属。

④踊跃：跃起。镆铘：亦作“莫邪”，宝剑名。相传春秋时代干将、莫邪夫妇两人为楚王铸剑，三年剑成，雄剑取名为“干将”，雌剑取名为“莫邪”。

⑤祥：善。

⑥犯：遇，承受。

⑦成然：安闲熟睡的样子。寐：睡着，这里实指死亡。

⑧蘧（qú）然：惊喜的样子。觉：睡醒，这里喻指生还。

译文 子来说："父母对于子女，无论东西南北，他们都只能听从吩咐调遣。自然的变化对于人，则不啻于父母；它使我靠拢死亡而我却不听从，那么我就太蛮横了，而它有什么过错呢！大地把我的形体托载，用生存来劳苦我，用衰老来闲适我，用死亡来安息我。所以把我的存在看作是好事，也因此可以把我的死亡看作是好事。现在如果有一个高超的冶炼工匠铸造金属器皿，金属熔解后跃起说'我将必须成为良剑莫邪'，冶炼工匠必定认为这是不吉祥的金属。如今人一旦承受了人的外形，便说'成人了成人了'，造物者一定会认为这是不吉祥的人。如今把整个浑一的天地当作大熔炉，把造物者当作高超的冶炼工匠，用什么方法来驱遣我而不可以呢？"于是安闲熟睡似地离开人世，又好像惊喜地醒过来回到人间。

原文 子桑户、孟子反、子琴张三人相与友①，曰："孰能相与于无相与，相为于无相为？孰能登天游雾，挠挑无极②，相忘以生，无所终穷？"三人相视而笑，莫逆于心，遂相与为友。

注释 ① 子桑户、孟子反、子琴张：庄子假托的人名。本句的“友”字可能是“语”字之误。作“相与语”讲前后语意均能串通。

② 挠挑：循环升登。无极：这里指没有穷尽的太空。

译文 子桑户、孟子反、子琴张三人在一起谈话：“谁能够相互交往于无心交往之中，相互有所帮助却像没有帮助一样？谁能登上高天巡游雾里，循环升登于无穷的太空，忘掉自己的存在，而永远没有终结和穷尽？”三人会心地相视而笑，心心相印于是相互结成好友。

原文 莫然有间而子桑户死[①]，未葬。孔子闻之，使子贡往侍事焉[②]。或编曲，或鼓琴，相和而歌曰：“嗟来桑户乎[③]！嗟来桑户乎！而已反其真[④]，而我犹为人猗[⑤]！”子贡趋而进曰：“敢问临尸而歌，礼乎？”二人相视而笑曰：“是恶知礼意！”

注释 ①莫然有间（jiàn）：顷刻之间。一说“莫然”即“漠然”，指相交淡漠。姑备参考。

②侍事：帮助办理丧事。

③嗟来：犹如“嗟乎”。

④而：你。反：返回。真：本真。“反其真”意思就是返归自然。

⑤猗（yī）：表示感叹语气。

译文 过不多久子桑户死了，还没有下葬。孔子知道了，派弟子子贡前去帮助料理丧事。孟子反和子琴张却一个在编曲，一个在弹琴，相互应和着唱歌：“哎呀，子桑户啊！哎呀，子桑户啊！你已经返归本真，可是我们还成为活着的人而托载形骸呀！”子贡听了快步走到他们跟前，说：“我冒昧地请教，对着死人的尸体唱歌，这合乎礼仪吗？”二人相视笑了笑，不屑地说：“这种人怎么会懂得‘礼’的真实含意！”

原文 子贡反，以告孔子，曰：“彼何人者邪？修行无有[①]，而外其形骸[②]，临尸而歌；颜色不变，无以命之[③]。彼何人者邪？”

注释 ①修行：培养自己的德行。

②外其形骸：以其形骸为外，把自身的形骸置之度外，意思是不把死亡当作一件大事。

③命：名，称述。

译文 子贡回来后把见到的情况告诉给孔子，说："他们都是些什么样的人呢？不看重德行的培养而无礼仪，把自身的形骸置之度外，面对着死尸还要唱歌，容颜和脸色一点也不改变，没有什么办法可以用来称述他们。他们究竟是些什么样的人呢？"

原文 孔子曰："彼，游方之外者也①，而丘，游方之内者也。外内不相及，而丘使女往吊之，丘则陋矣②。彼方且与造物者为人③，而游乎天地之一气。彼以生为附赘县疣④，以死为决疣溃痈⑤，夫若然者，又恶知死生先后之所在！假于异物⑥，托于同体；忘其肝胆，遗其耳目；反覆终始，不知端倪；芒然彷徨乎尘垢之外⑦，逍遥乎无为之业⑧。彼又恶能愦愦然为世俗之礼⑨，以观众人之耳目哉⑩！"

注释 ①方：方域，指人类生活的空间。

②陋：浅薄，见识不广。

③人：偶。"为人"即相互作为伴侣。

④县（xuán）：悬。疣（yóu）：这里义同"瘤"。"附赘县疣"喻指多余的东西。

⑤疣（huán）、痈（yōng）：均为毒疮。"决疣溃痈"指毒疮

化浓而破溃。

⑥假：凭借。

⑦芒然：即茫然。尘垢：这里喻指人世。

⑧无为之业：无所作为的境界。

⑨愦愦（kuì）然：烦乱的样子。

⑩观：显示。

译文 孔子说：“他们都是些摆脱礼仪约束而逍遥于人世之外的人，我却是生活在具体的世俗环境中的人。人世之外和人世之内彼此不相干涉，可是我却让你前去吊唁，我实在是浅薄呀！他们正跟造物者结为伴侣，而逍遥于天地浑一的元气之中。他们把人的生命看作像赘瘤一样多余，他们把人的死亡看作是毒痈化脓后的溃破，像这样的人，又怎么会顾及死生优劣的存在！凭借于各个不同的物类，但最终寄托于同一的整体；忘掉了体内的肝胆，也忘掉了体外的耳目；无尽地反复着终结和开始，但从不知道它们的头绪；茫茫然彷徨于人世之外，逍遥自在地生活在无所作为的环境中。他们又怎么会烦乱地去炮制世俗的礼仪，而故意炫耀于众人的耳目之前呢！”

原文 子贡曰："然则夫子何方之依[①]？"孔子曰："丘，天之戮民也[②]。虽然，吾与汝共之。"子贡曰："敢问其方。"孔子曰："鱼相造乎水[③]，人相造乎道。相造乎水者，穿池而养给[④]；相造乎道者，无事而生定[⑤]。故曰，鱼相忘乎江湖，人相忘乎道术。"子贡曰："敢问畸人[⑥]。"曰："畸人者，畸于人而侔于天[⑦]，故曰，天之小人，人之君子；人之君子，天之小人也。"

注释 ①方：方术，准则。

②戮：刑戮。"天之戮民"意思是受到自然惩罚的人，即摆脱不了方内束缚的人。

③造：往，适。

④给："足"；"养给"即给养充裕。

⑤生：通作"性"；"生定"即性情平静安适。一说"定"字为"足"字之误，"生定"则是心性自足之意。

⑥畸（jī）人：即奇异的人，这里指不合于世俗的人。

⑦侔（móu）：齐同。

译文 子贡说："如此，那么先生将遵循什么准则呢？"孔子说："我孔丘，乃是苍天所惩罚的罪人。即使这样，我仍将跟你们一道去竭力追求至高无上的'道'。"

子贡问："请问追求道的方法。"孔子回答："鱼争相投水，人争相求道。争相投水的鱼，掘地成池便给养充裕；争相求道的人，漠然无所作为便心性平适。所以说，鱼相忘于江湖里，人相忘于道术中。"子贡说："再冒昧地请教'畸人'的问题。"孔子回答："所谓'畸人'，就是不同于世俗而又等同于自然的人。所以说，自然的小人就是人世间的君子；人世间的君子就是自然的小人。"

原文 颜回问仲尼曰："孟孙才[①]，其母死，哭泣无涕[②]，中心不戚[③]，居丧不哀。无是三者[④]，以善处丧盖鲁国[⑤]。固有无其实而得其名者乎[⑥]？回壹怪之[⑦]。"

注释 ①孟孙才：人名，复姓孟孙。

②涕：泪水。

③中心：心中。戚：悲痛。

④三者：指上述"哭泣不涕""中心不戚""居丧不哀"的三种表现。

⑤盖：覆。

⑥固：竟，难道。

⑦壹：实在，确实。

译文 颜回请教孔子说："孟孙才这个人，他的母亲死了，哭泣时没有一滴眼泪，心中不觉悲伤，居丧时也不哀痛。这三个方面没有任何悲哀的表现，可是却因善于处理丧事而名扬鲁国。难道真会有无其实而有其名的情况吗？颜回实在觉得奇怪。"

原文 仲尼曰："夫孟孙氏尽之矣，进于知矣①。唯简之而不得，夫已有所简矣②。孟孙氏不知所以生，不知所以死；不知就先③，不知就后；若化为物④，以待其所不知之化已乎！且方将化，恶知不化哉？方将不化，恶知已化哉？吾特与汝，其梦未始觉者邪！且彼有骇形而无损心⑤，有旦宅而无情死⑥。孟孙氏特觉，人哭亦哭，是自其所以乃⑦。且也相与吾之耳矣，庸讵知吾所谓吾之乎？且汝梦为鸟而厉乎天⑧，梦为鱼而没于渊。不识今之言者，其觉者乎，其梦者乎？造适不及笑⑨，献笑不及排⑩，安排而去化⑪，乃入于寥天一⑫。"

注释 ①进：胜，超过。

②夫：这里代指孟孙才。

③就：趋近，追求。先：这里实指"生"，与下句"后"字实

指“死”相应。

④若：顺；“若化”即顺应自然变化。

⑤骇形：指人死之后形体必有惊人的改变。心：精神；“损心”指情绪悲哀损伤心神。

⑥旦：日新，朝夕改变的意思。宅：这里喻指精神的寓所，即人的躯体。情死：真实的死亡。

⑦乃：通作“尔”，如此的意思。

⑧厉：通作“戾”，至、往的意思，这里实指鸟的飞翔。

⑨造：达到。适：快意。

⑩献：发。一说“献”通作“戏”，“献笑”亦即戏笑。排：排解，消泄。

⑪安排：安于自然的推移。去化：忘却死亡的变化。

⑫寥：寂寥，虚空。

译文 孔子说：“孟孙才处理丧事的做法确实是尽善尽美了，大大超过了懂得丧葬礼仪的人。人们总希望从简治丧却不能办到，而孟孙才已经做到从简办理丧事了。孟孙才不过问人因为什么而生，也不去探寻人因为什么而死；不知道趋赴生，也不知道靠拢死；他顺应自然的变化而成为他应该变成的物类，以期待那些自己所不知晓的变化！况且即将出现变化，怎么知道不变化呢？即将不再发生变化，又怎么知道已经有了变化呢！只有我和你呀，才是做梦似的没有一点儿觉醒的人呢！那些死去了的人惊扰了自身的形骸却无损于他们的精神，犹如精神的寓所朝夕改变却并不是精神的真正死亡。唯独孟孙才觉醒，人们哭他也跟着哭，这就是他如此居丧的原因。况且人们交往总借助形骸而称述自我，又怎么知道我所称述的躯体一定就是我呢？而且你梦中变成鸟便振翅直飞蓝天，你梦中变成鱼便摇尾潜入深渊。不知道今天我们说话的人，算是醒悟的人呢，还是做梦的人呢？心境快适却来不及笑出声音，表露快意发出笑声却来不及排解和消泄，安于自然的推移而且忘却死亡的变化，于是就进入到寂寥虚空的自然而浑然成为一体。

原文

意而子见许由①。许由曰："尧何以资汝②？"意而子曰："尧谓我：'汝必躬服仁义而明言是非③'。"许由曰："而奚来为轵④？夫尧既已黥汝以仁义⑤，而劓汝以是非矣⑥，汝将何以游夫遥荡恣睢转徙之途乎⑦？"意而子曰："虽然，吾愿游于其藩⑧。"

注释

①意而子：虚拟的人名。

②资：给予。

③躬服：亲身实践，身体力行。

④而：你。轵（zhǐ），同“只”，句末语气词用法。

⑤黥（qíng）：古代的一种刑法，用刀在受刑人的额上刺刻，而后以墨涂之。

⑥劓（yì）：古代的一种刑法，割去受刑人的鼻子。

⑦遥荡：逍遥放荡。恣睢：放任不拘。转徙：辗转变化。塗：通作“途”，道路的意思。

⑧藩：篱笆，这里喻指受到一定约束的境域。

译文 意而子拜访许由。许由说：“尧把什么东西给予了你？”意而子说：“尧对我说：‘你一定得亲身实践仁义并明白无误地阐明是非’。”许由说：“你怎么还要来我这里呢？尧已经用‘仁义’在你的额上刻下了印记，又用‘是非’割下了你的鼻子，你将凭借什么游处于逍遥放荡、纵任不拘、辗转变化的道途呢？”意而子说：“虽然这样，我还是希望能游处于如此的境域。”

原文 许由曰：“不然。夫盲者无以与乎眉目颜色之好①，瞽者无以与乎青黄黼黻之观②。”意而子曰：“夫无庄之失其美③，据梁之失其力④，黄帝之亡其知⑤，皆在炉捶之间耳[⑥]。庸讵知夫造物者之不息我黥而补我劓[⑦]，使我乘成以随先生邪[⑧]？”

注释

①与：赞许、赏鉴。下句同此解。

②瞽（gǔ）：瞎眼。一般地说，“盲者”“瞽者”都指瞎子，细分之，“盲”指有眼无珠，“瞽”指眼瞎而无视力。黼（fǔ）黻（fú）：古代礼服上绣制的花纹。

③无庄：虚构的古代美人之名，寓含不装饰的意思。传说她闻道之后不再装饰而自忘其美。

④据梁：虚构的古代勇夫之名，寓含强梁之意。

⑤亡：丢失，忘却。

⑥炉捶：冶炼锻打，这里喻指得到“道”的熏陶而回归本真。

⑦息：养息。

⑧乘：载。成：备。“乘成”的意思是托载精神的身躯不再残缺。

译文

许由说：“不对。有眼无珠的盲人没法跟他观赏姣好的眉目和容颜，瞎子没法跟他赏鉴礼服上各种不同颜色的花纹。”意而子说：“无庄不再打扮忘掉自己的美丽，据梁不再逞强忘掉自己的勇力，黄帝闻‘道’之后忘掉自己的智慧，他们都因为经过了‘道’的冶炼和锻打。怎么知道那造物者不会养息我受黥刑的伤痕和补全我受劓刑所残缺的鼻子，使我得以保全托载精神的身躯而跟随先生呢？”

原文 许由曰：“噫！未可知也。我为汝言其大略。吾师乎①！吾师乎！𩐋万物而不为义②，泽及万世而不为仁③，长于上古而不为老，覆载天地刻雕众形而不为巧，此所游已。”

注释 ①师：这里实指“道”。

②𩐋（jī）：同“𩐋”，碎的意思。今写作“齑”。

③泽：恩泽。

译文 许由说：“唉！这可是不可能知道的。我还是给你说个大概吧。‘道’是我伟大的宗师啊！我伟大的宗师啊！把万物碎成粉末不是为了某种道义，把恩泽施于万世不是出于仁义，长于上古不算老，回天载地、雕创众物之形也不算技巧。这就进入‘道’的境界了。”

原文 颜回曰：“回益矣①。”仲尼曰：“何谓也！”曰：“回忘仁义矣②。”曰：“可矣，犹未也。”他日复见，曰：“回益矣。”曰：“何谓也？”曰：“回忘礼乐矣。”曰：“可矣，犹未也。”他日复见，曰：“回益矣。”曰：“何谓也？”曰：“回坐忘矣③。”仲尼蹴然曰④：“何谓坐忘？”颜回曰：“堕肢体⑤，黜聪明⑥，离形去知⑦，同于大通，此谓坐忘。”仲尼曰：“同则无好也，化则无常也⑧，而果其贤乎！丘也请从而后也。”

注释

①益：多，增加，进步。

②从整段文意推测，“仁义”当与后面的“礼乐”互换，忘掉“礼乐”进一步才可能是忘掉“仁义”，但译文仍从旧述。

③坐忘：端坐静心而物我两忘。

④蹴（cù）然：惊奇不安的样子。

⑤堕：毁废。

⑥黜：退除。

⑦去：抛弃。

⑧无常：不执滞于常瑰，

译文

颜回说：“我进步了。”孔子问道：“你的进步指的是什么？”颜回说：“我已经忘却仁义了。”孔子说，“好哇，不过还不够。”过了几天颜回再次拜见孔子，说：“我又进步了。”孔子问：“你的进步指的是什么？”颜回说："我忘却礼乐了。"孔子说："好哇，不过还不够。"过了几天颜回又再次拜见孔子，说："我又进步了。"孔子问："你的进步指的是什么？"颜回说："我'坐忘'了。"孔子惊奇不安地问："什么叫'坐忘'？"颜回答道："毁废了强健的肢体，退除了灵敏的听觉和清晰的视力，脱离了身躯并抛弃了智慧，从而与大道浑同相通为一体，这就叫静坐心空物我两忘的'坐忘'。"孔子说："与万物同一就没有偏好，顺应变化就不执滞常理。你果真成了贤人啊！我作为老师也希望能跟随学习而步你的后尘。"

原文 子舆与子桑友，而霖雨十日①。子舆曰："子桑殆病矣②！"裹饭而往食之③。至子桑之门，则若歌若哭，鼓琴曰④："父邪？母邪？天乎？人乎⑤？"有不任其声而趋举其诗焉⑥。

注释 ①霖：阴雨三日以上。"霖雨"即连绵不断地下雨。

②殆：恐怕，大概。病：困乏潦倒。

③裹饭：用东西包着饭食。食之：给他吃；"食"字旧读去声。

④鼓琴：弹琴。

⑤以上四句，均为子桑探问自己的困乏是由谁造成的。

⑥任：堪。“不任其声”是说声音衰微，禁不住内心感情的表达。趋：急促；“趋举其诗”是说急促地吐露出歌词。

译文 子舆和子桑是好朋友，连绵的阴雨下了十日，子舆说：“子桑恐怕已经困乏而饿倒。”便包着饭食前去给他吃。来到子桑门前，就听见子桑好像在唱歌，又好像在哭泣，而且还弹着琴：“是父亲呢？还是母亲呢？是天呢？还是人呢？”声音微弱好像禁不住感情的表达，急促地吐露着歌词。

原文 子舆入，曰：“子之歌诗，何故若是？”曰：“吾思夫使我至此极者而弗得也。父母岂欲吾贫哉？天无私覆，地无私载，天地岂私贫我哉？求其为之者而不得也。然而至此极者，命也夫！”

译文 子舆走进屋子说：“你歌唱的诗词，为什么像这样？”子桑回答说：“我在探寻使我达到如此极度困乏和窘迫的人，然而没有找到。父母难道会希望我贫困吗？苍天没有偏私地覆盖着整个大地，大地没有偏私地托载着所有生灵，天地难道会单单让我贫困吗？寻找使我贫困的东西可是我没能找到。然而已经达到如此极度的困乏，还是命啊。”

应帝王

题解 《应帝王》是《庄子》内篇中的最后一篇，它表达了庄子的为政思想。庄子对宇宙万物的认识基于“道”，他认为整个宇宙万物是浑一的，因此也就无所谓分别和不同，世间的一切变化也都出于自然，人为的因素都是外在的、附加的。基于此，庄子的政治主张就是以不治为治，无为而治便是本篇的中心。什么样的人“应”成为“帝王”呢？那就是能够听任自然、顺乎民情、行不言之教的人。

全篇大体分为七个部分。第一部分至“而未始入于非人”，借蒲衣子之口说出理想的为政者，听任人之所为，从不堕入物我两分的困境。第二部分至“而曾二虫之无知”，指出制定各种行为规范乃是一种欺骗，为政者无须多事，倘要强人所难就像“涉海凿河”“使蚊负山”一样。第三部分“而天下治矣”，进一步倡导无为而治，即“顺物自容而无容私焉”的主张。第四部分至“而游于无有者也”，提出所谓“明王”之治，即“使物自喜”“化贷万物”的无为之治。第五部分至

“一以是终”，叙述神巫给得道的壶子看相的故事，说明只有“虚”而“藏”才能不为人所测，含蓄地指出为政也得虚己而顺应。第六部分至“故能胜物而不伤”，强调为政清明，应像镜子那样，来者就照，去者不留，“胜物”而又“不伤”。余下为第七部分，叙述浑沌受人为伤害失去本真而死去的故事，寓指有为之政祸害无穷。全篇以这七个故事，寓托了他无为而治的政治主张。

原文 啮缺问于王倪①，四问而四不知。啮缺因跃而大喜，行以告蒲衣子②。

注释 ①啮（niè）缺、王倪：人名。

②蒲衣子：人名，传说中的古代贤人。

译文 啮缺向王倪求教，四次提问王倪四次都不能作答。啮缺于是跳了起来高兴极了，去到蒲衣子处把上述情况告诉给他。

原文 蒲衣子曰：“而乃今知之乎？有虞氏不及泰氏①。有虞氏，其犹藏仁以要人②，亦得人矣，而未始出于非人③。泰氏，其卧徐徐④，其觉于于⑤，一以己为马⑥，一以己为牛；其知情信[⑦]，其德甚真，而未始入于非人。”

注释

①有虞氏：即虞舜。泰氏：旧注指太昊（hào），即伏羲氏。

②要（yāo）：交结。这里含有笼络的意思。

③非人：颇费解，旧注也多迂阔。这里似指物我之分两忘，“入于非人”大意是进入到外物与自我相分的境地。庄子认为，从根本上讲外物与自我统一为一体而无所分别，伏羲氏能无为而治，“知情信”，“德甚真”，因而从不曾进入物我两分的困境，“以己为马”“以己为牛”也听之任之。

④徐徐：宽缓安闲的样子。

⑤于于：悠游自得的样子。

⑥一：或。一说讲作“竟”，亦可通。

⑦情：真实，实在。

译文

蒲衣子说：“你如今知道了这种情况吗？虞舜比不上伏羲氏。虞舜他心怀仁义以笼络人心，获得了百姓的拥戴，不过他还是不曾超脱出人为的物我两分的困境。伏羲氏他睡卧时宽缓安适，他觉醒时悠游自得；他听任有的人把自己看作马，听任有的人把自己看作牛；他的才思实在真实无伪，他的德行确实纯真可信，而且从不曾涉入物我两分的困境。”

原文 肩吾[①]见狂接舆。狂接舆曰：“日中始何以语女[②]？”肩吾曰：“告我君人者以己出经式义度[③]，人孰敢不听而化诸[④]？”

注释 ①肩吾：人名。接舆：楚国隐士陆通的字。

②日中始：庄子假托的又一寓言人物，为肩吾的老师。一说其人当为“中始”，“日”是一时间词，往昔的意思。

③以己出：用自己的意志来推行。义：仪，法，“经式”“仪度”这里都指法度。

④化诸：随之变化呢。

译文 肩吾拜会隐士接舆。接舆说：“往日你的老师日中始用什么来教导你？”肩吾说：“他告诉我，做国君的一定要凭借自己的意志来推行法度，人们谁敢不听从而随之变化呢？”

原文 狂接舆曰：“是欺德也[①]。其于治天下也，犹涉海凿河而使蚉负山也[②]。夫圣人之治也，治外乎[③]？正而后行[④]，确乎能其事者而已矣。且鸟高飞以避矰弋之害[⑤]，鼷鼠深穴乎神丘之下以避熏凿之患⑥，而曾二虫之无知⑦！”

注释

①欺德：欺诳的做法。

②蚉：“蚊”字的异体。

③治外：治理外表。庄子认为推行法度，只能治理社会的外在表象。

④正：指顺应本性。行：指推行教化。

⑤矰（zēng）：系有丝绳用来弋射的短箭。弋（yì）：用丝绳系在箭上射飞鸟。

⑥鼷（xī）鼠：小鼠。神丘：社坛。熏凿：指用烟熏洞，用铲掘地。

⑦曾：竟。

译文

接舆说：“这是欺诳的做法，那样治理天下，就好像徒步下海开凿河道，让蚊虫背负大山一样。圣人治理天下，难道去治理社会外在的表象吗？他们顺应本性而后感化他人，听任人们之所能罢了。鸟儿尚且懂得高飞躲避弓箭的伤害，老鼠尚且知道深藏于神坛之下的洞穴逃避熏烟凿地的祸患，而你竟然连这两种小动物本能地顺应环境也不了解！”

原文　天根游于殷阳[1]，至蓼水之上[2]，适遭无名人而问焉[3]，曰："请问为天下[4]。"无名人曰："去[5]！汝鄙人也，何问之不豫也[6]！予方将与造物者为人[7]，厌，则又乘夫莽眇之鸟[8]，以出六极之外，而游无何有之乡[9]，以处圹埌之野[10]。汝又何帠以治天下感予之心为[11]？"又复问。无名人曰："汝游心于淡[12]，合气于漠[13]，顺物自然而无容私焉，而天下治矣。"

注释　①天根：虚构的人名。殷：山名。"殷阳"即殷山的南面。

②蓼（liǎo）水：水名。

③遭：逢，遇上。无名人：杜撰的人名。

④为：这里是治理的意思。

⑤去：离开、走开，这里有呵斥、不屑多言之意。

⑥豫：悦，愉快。一说讲作"厌"。

⑦人：偶。"为人"即结为伴侣。

⑧莽眇（miǎo）之鸟：状如飞鸟的清虚之气。

⑨无何有之乡：什么都不存在的地方。

⑩圹（kuàng）埌（làng）：无边无际的样子。

⑪帠：字书未录此字，旧注读yì，疑为"臬"字之误。"臬"当是"寱"的借字，说梦话的意思，无名人认为天根的问话像是梦呓。

⑫淡：这里指听任自然，保持本性而无所饰的心境。

⑬漠：这里指清静无为，居处漠然。

译文 天根闲游殷山的南面，来到蓼水河边，正巧遇上无名人而向他求教，说："请问治理天下之事。"无名人说："走开，你这个见识浅薄的人，怎么一张口就让人不愉快！我正打算跟造物者结成伴侣，厌烦时便又乘坐那状如飞鸟的清虚之气，超脱于'六极'之外，而生活在什么也不存在的地方，居处于旷达无垠的环境。你又怎么能用梦呓般的所谓治理天下的话语来撼动我的心思呢？"天根又再次提问。无名人说："你应处于保持本性、无所修饰的心境，交合形气于清静无为的方域，顺应事物的自然而没有半点儿个人的偏私，天下也就得到治理。"

原文 阳子居见老聃①，曰："有人于此，向疾强梁②，物彻疏明③，学道不勌④。如是者，可比明王乎？"老聃曰："是于圣人也，胥易技系⑤，劳形怵心者也⑥。且也虎豹之文来田⑦，猨狙之便执斄之狗来藉⑧。如是者，可比明王乎？"阳子居蹴然曰⑨："敢问明王之治。"老聃曰："明王之治，功盖天下而似不自己⑩，化贷万物而民弗恃⑪；有莫举名⑫，使物自喜；立乎不测，而游于无有者也。”

注释

①阳子居：旧注指阳朱，战国时代倡导为我主义的哲学家。

②向（嚮）：通作“（响）（饗）”，回声。“向疾”就是像回声那样迅疾敏捷。强梁：强干果决。这一句是说遇事果决，行动极快。

③彻：洞彻。疏明：通达明敏。

④勌（juàn）：“倦”字的异体。

⑤胥：通作“谞”（xǔ），智慧的意思，这里指具有一定才智的小官吏。易，改，这里指供职办事。系：系累。

⑥劳形：使身体劳苦。怵（chù）心：心里感到恐惧、害怕。

⑦文：纹，这里指具有纹饰的皮毛。来：使……来，这个意义后代又写作“徕”。田：打猎，这个意义后代写作“畋”。“来田”就是招徕打猎人的围捕。

⑧猨（yuán）狙（jū）：猕猴。便：便捷。斄（lǐ）：狐狸；“执斄”就是迅猛地捕捉狐狸。藉：用绳索拘系；“来藉”就是招致绳索的拘缚。

⑨蹴（cù）然：惊惶不安而面容改变的样子。

⑩自己：出自自己。

⑪化：教化。贷：推卸，施及。恃：依赖。

⑫举：称述。

译文 阳子居拜见老聃，说："倘若现在有这样一个人，他办事迅疾敏捷、强干果决，对待事物洞察准确、了解透彻，学'道'专心勤奋从不厌怠。像这样的人，可以跟圣哲之王相比而并列吗？"老聃说："这样的人在圣人看来，只不过就像是聪明的小吏供职办事时为技能所拘系、劳苦身躯担惊受怕的情况。况且虎豹因为毛色美丽而招来众多猎人的围捕，猕猴因为跳跃敏捷、狗因为捕物迅猛而招致绳索的拘缚。像这样的动物，也可以拿来跟圣哲之王相比而并列吗？"阳子居听了这番话脸色顿改，不安地说："冒昧地请教圣哲之王怎么治理天下。"老聃说："圣哲之王治理天下，功绩普盖天下却又像什么也不曾出自自己的努力，教化施及万物而百姓却不觉得有所依赖；功德无量没有什么办法称述赞美，使万事万物各居其所而欣然自得；立足于高深莫测的神妙之境，而生活在什么也不存在的世界里。"

原文 郑有神巫曰季咸①，知人之死生存亡、祸福寿夭，期以岁月旬日②，若神。郑人见之，皆弃而走。列子见之而心醉③，归，以告壶子，曰："始吾以夫子之道为至矣，则又有至焉者矣。"壶子曰："吾与汝既其文④，未既其实⑤，而固得道与？众雌而无雄，而又奚卵焉⑥！而以道与世亢⑦，必信，夫故使人得而相汝。尝试与来，以予示之。"

注释

①巫：占卜识相的人，"神"指其预卜十分灵验。

②期：预卜的时期。

③列子：即列御寇，郑国人。下句之壶子，传说是列子的老师。心醉：这里指内心折服。

④既：尽，全。文：纹饰，外在的东西。

⑤实：本质，与上句之"文"相对。

⑥卵：用如动词，产卵的意思。

⑦道：这里是指前面所述"既其文"的道，而非真正的道。亢：通作"抗"，匹敌、对付的意思。

译文

郑国有个占卜识相十分灵验的巫师，名叫季咸，他知道人的生死存亡和祸福寿夭，所预卜的年、月、旬、日都准确应验，仿佛是神人。郑国人见到他，都担心预卜死亡和凶祸而急忙跑开。列子见到他却内心折服如醉如痴，回来后把见到的情况告诉老师壶子，并且说："起先我总以为先生的道行最为高深，如今又有更为高深的巫术了。"壶子说："我教给你的还全是道的外在的东西，还未能教给你道的实质，你难道就已经得道了吗？只有众多雌性可是却无雄性，又怎么能生出受精的卵呢！你用所学到的道的皮毛就跟世人相匹敌，而且一心求取别人的信任，因而让人洞察底细而替你看相。你试着跟他一块儿来，把我介绍给他看看相吧。"

原文 明日，列子与之见壶子。出而谓列子曰："嘻！子之先生死矣！弗活矣！不以旬数矣①！吾见怪焉，见湿灰焉②。"列子入，泣涕沾襟以告壶子。壶子曰："乡吾示之以地文③，萌乎不震不正④。是殆见吾杜德机也⑤。尝又与来。"

注释 ①旬：十日。"不以旬数"即不能用十天来计数，言外之意是说活不了十天了。

②湿灰：用于描写神情，与上句之怪异描写形色相对应。死灰犹可复燃，而水湿之灰已无复燃之可能，喻指必死无疑。

③乡（鄉）：通作"向"，过去、先前的意思。地文：大地上的纹理，即大地上山川湖海等表征。大地是寂然不动的，这

里喻指寂然不动的心境。示：显露，给……看。

④萌：疑通作“茫”，“萌乎”即茫茫然。震：动。正：疑为“止”字之误。“不震”指体征和神情寂然，“不止”指生命的运行并未停息。

⑤杜：闭塞。德机：至德的生机。

译文 第二天，列子跟神巫季咸一道拜见壶子。季咸走出门来就对列子说：“呀！你的先生快要死了！活不了了，用不了十来天了！我观察到他临死前的怪异形色，神情像遇水的灰烬一样。”列子进到屋里，泪水弄湿了衣襟，伤心地把季咸的话告诉给壶子。壶子说：“刚才我将如同地表那样寂然不动的心境显露给他看，茫茫然既没有震动也没有止息。这样恐怕只能看到我闭塞的生机。试试再跟他来看看。”

原文 明日，又与之见壶子。出而谓列子曰：“幸矣，子之先生遇我也！有瘳矣①，全然有生矣②！吾见其杜权矣③。”列子入，以告壶子。壶子曰：“乡吾示之以天壤④，名实不入⑤，而机发于踵⑥。是殆见吾善者机也⑦。尝又与来。”

注释 ①瘳（chōu）：病愈，这里指病兆大大减轻。

②生：生气，这里指有了成活希望。

③权：机。“杜权”即闭塞的生机，含有闭塞的生机出现活动的意思。

④天壤：天地，这里指像天与地之间那样的相对与感应。

⑤名实：名声和实利。不入：指不为所动，不能进入到内心。

⑥踵：脚后跟，这里指人的根基。

⑦者：用同“之”。“善者机”亦即一线生机。

译文 第二天，列子又跟神巫季咸一道拜见壶子。季咸走出门来就对列子说：“幸运啊，你的先生遇上了我！症兆减轻了，完全有救了，我已经观察到闭塞的生机中神气微动的情况。”列子进到屋里，把季咸的话告诉给壶子。壶子说：“刚才我将天与地那样相对而又相应的心态显露给他看，名声和实利等一切杂念都排除在外，而生机从脚跟发至全身。这样恐怕已看到了我的一线生机。试着再跟他一块儿来看看。”

原文 明日，又与之见壶子。出而谓列子曰：“子之先生不齐[①]，吾无得而相焉。试齐，且复相之。”列子入，以告壶子。壶子曰：“乡吾示之以太冲莫胜[②]。是殆见吾衡气机也[3]。鲵桓之审为渊[4]，止水之审为渊，流水之审为渊。渊有九名，此处三焉[5]。尝又与来。”

注释

①齐：心迹稳定。一说通作“斋”；“不齐”即没有斋戒。

②太冲：太虚。“太冲莫胜”是说虚心凝寂、动静无别，阴阳之气均衡而又和谐。

③衡：平。“衡气机”是说内气持平，应称生机，浑然凝一。

④鲵（ní）：鲸鱼，这里泛指大鱼。桓：盘桓。审：水四流而聚积的地方。一说“审”即“瀋”字，通作“沈”，水深的意思。

⑤此处三焉：意思是这里说了渊的三种情况。所谓三“渊”，喻指前面提到的“杜德机”“善者机”“衡气机”三种神态。“三”对于“九”来说是小数，从而暗示“道”深不可测，神巫所能看到的还只是皮毛。

译文

第二天，列子又跟神巫季咸一道拜见壶子。季咸走出门来就对列子说：“你的先生心迹不定，神情恍惚，我不可能给他看相。等到心迹稳定，再来给他看相。”列子进到屋里，把季咸的话告诉给壶子。壶子说：“刚才我把阴阳二气均衡而又和谐的心态显露给他看。这样恐怕看到了我内气持平、相应相称的生机。大鱼盘桓逗留的地方叫做深渊，静止的河水聚积的地方叫做深渊，流动的河水滞留的地方叫做深渊。渊有九种称呼，这里只提到了上面三种。试着再跟他一块儿来看看。”

原文 明日，又与之见壶子。立未定，自失而走①。壶子曰：“追之！”列子追之不及，反，以报壶子曰：“已灭矣②，已失矣，吾弗及已。”壶子曰：“乡吾示之以未始出吾宗③。吾与之虚而委蛇④，不知其谁何⑤，因以为弟靡⑥，因以为波流⑦，故逃也。”

注释 ①自失：不能自持。

②灭：消逝了踪影。

③宗：源，根本。

④虚：活脱，一点也不执着。委蛇（yí）：随顺应付。成语“虚与委蛇”出于此。

⑤谁何：什么；“知其谁何”是说能够了解我的究竟。

⑥以为：以之为，把自己变成。弟靡：颓废顺从。

⑦波流：像水波一样逐流。

译文 第二天，列子又跟神巫咸季一道拜见壶子。季咸还未站定，就不能自持地跑了。壶子说："追上他！"列子没能追上，回来告诉壶子，说："已经没有踪影了，让他跑掉了，我没能赶上他。"壶子说："起先我显露给他看的始终未脱离我的本源。我跟他随意应付，他弄不清我的究竟，于是我使自己变得那么颓废顺从，变得像水波逐流一样，所以他逃跑了。"

原文 然后列子自以为未始学而归①，三年不出。为其妻爨②，食豕如食人③。于事无与亲④，雕琢复朴⑤，块然独以其形立⑥。纷而封哉⑦，一以是终⑧。

注释 ①未始学：从不曾学过道。神巫季咸逃跑后，列子方悟到老师壶子的道术深不可测，而神巫的巫术实是浅薄，因此觉得自己从不曾求师学道似的。

②爨（cuàn）：烧火行炊。

③食（sì）：饲养，给……吃的意思。

④无与亲：无亲疏之别，没有偏私。

⑤"雕琢"指原来的华饰，"复朴"指现在业已恢复朴实的"道"。

⑥块然：像大地一样木然。

⑦纷：这里指世间的纷扰。封：守，这里指能够持守本真。

⑧一：如一，贯一。

译文 这之后，列子深深感到像从不曾拜师学道似的回到了自己的家里，三年不出门。他帮助妻子烧火做饭，喂猪就像侍候人一样。对于各种世事不分亲疏没有偏私，过去的雕琢和华饰已恢复到原本的质朴和纯真，像大地一样木然忘情地将形骸留在世上。虽然涉入世间的纷扰却能固守本真，并像这样终生不渝。

原文 无为名尸①，无为谋府②；无为事任③，无为知主。体尽无穷④，而游无朕⑤；尽其所受乎天，而无见得⑥，亦虚而已⑦。至人之用心若镜，不将不迎⑧，应而不藏，故能胜物而不伤⑨。

注释 ①名：名誉。尸：主，引申指寄托的场所。

②谋府：出谋划策的地方。

③任：负担。

④体：体验、体会，这里指潜心学道。

⑤朕（zhèn）：迹；“无朕”即不留下踪迹。

⑥见（xiàn）：表露，这个意义后代写作“现”。

⑦虚：指心境清虚淡泊，忘却自我。

⑧将：送。“不将不迎”指照物之影听之任之，来的即照，去的不留。

⑨胜物：指足以反映事物。

译文 不要成为名誉的寄托，不要成为谋略的场所；不要成为世事的负担，不要成为智慧的主宰。潜心地体验真源而且永不休止，自由自在地游乐而不留下踪迹；任其所能禀承自然，从不表露也从不自得，也就是心境清虚淡泊而无所求罢了。修养高尚的“至人”心思就像一面镜子，对于外物是来者即照去者不留，应合事物本身从不有所隐藏，所以能够反映外物而又不因此损心劳神。

原文 南海之帝为儵，北海之帝为忽，中央之帝为浑沌①。儵与忽时相与遇于浑沌之地，浑沌待之甚善。儵与忽谋报浑沌之德，曰：“人皆有七窍以视听食息②，此独无有，尝试凿之。”日凿一窍，七日而浑沌死。

注释 ①儵（shū）、忽、浑沌：都是虚拟的名字，但用字也有寓意，“儵”和“忽”指急匆匆的样子，“浑沌”指聚合不分的样子，一指人为的，一指自然的，因此“儵”“忽”寓指有为，而“浑沌”寓指无为。

②七窍：人头部的七个孔穴，即两眼、两耳、两鼻孔和嘴。

译文 南海的大帝名叫儵，北海的大帝名叫忽，中央的大帝叫浑沌。儵与忽常常相会于浑沌之处，浑沌款待他们十分丰盛，儵和忽在一起商量报答浑沌的深厚情谊，说：“人人都有眼耳口鼻七个窍孔用来视、听、吃和呼吸，唯独浑沌没有，我们试着为他凿开七窍。”他们每天凿出一个孔窍，凿了七天浑沌也就死去了。

外篇

骈拇

题解

“骈拇”指并合的脚趾，跟旁出的歧指和附着的赘瘤一样，都是人体上多余的东西。什么才是事物所固有的呢？那就是合乎自然，顺应人情的东西。倡导听任自然，顺应人情的思想，就是本篇的中心。

全篇大体分为四个部分。第一部分至“非天下之至正也”，说明智慧、仁义和辩言犹如人体上的“骈拇”、“枝指”和“附赘县疣”，都是不符合本然的多余的东西。第二部分至“使天下惑也”，着力批评仁义和礼乐，指出天下的至理正道，莫如“不失其性命之情”，即保持本然之真情，而“仁义”和“礼乐”却使“天下惑”。第三部分至“又恶取君子小人于其间哉”，进一步指出标榜仁义是乱天下的祸根，从为外物而殉身这一角度看，君子和小人都“残生损性”，因而是没有区别的。余下为第四部分，指出一切有为都不如不为，从而阐明了不为仁义也不为淫僻的社会观。

本篇和下篇《马蹄》可说是姊妹篇，也可把本篇看作《马蹄》的前奏，反映了庄子无为而治，返归自然的社会观和政治观，对儒家的仁义和礼乐作了直接的批判，但对某些社会的进步也作了否定。文辞直陈，观点跃于言表。

原文 骈拇枝指[①]，出乎性哉[②]！而侈于德[③]。附赘县疣[④]，出乎形哉！而侈于性。多方乎仁义而用之者，列于五藏哉[⑤]！而非道德之正也[⑥]。是故骈于足者，连无用之肉也；枝于手者，树无用之指也；多方骈枝于五藏之情者[⑦]，淫僻于仁义之行[⑧]，而多方于聪明之用也[⑨]。

注释 ①骈（pián）：并列，这里是指合在一起。拇：脚的大趾拇。骈拇是说脚的大趾拇跟二趾拇连在一起，成了畸形的大趾拇。枝指：旁生的歧指，即手大拇指旁多长出一指。“骈拇”和“枝指”对于人体来说都是多余的东西，因此在全文述说中多次成为多余的、人为附加的代称。

②性：这里指天生而成，生而有之。

③侈：多余。德：得。

④附：附着。赘：赘瘤。县（xuán）：悬。疣（yóu）：这里用同“瘤”。

⑤藏（zàng）：脏（臓），这个意义后代写作“臓”而简化为“脏”。

⑥正：中正，这里指千变万化的事态中无所偏执。

⑦有人认为“骈枝”二字为衍文，也有人认为“多方”二字为衍文，联系上下文意，“衍文”之说可信，鉴于下句“多方”

二字再次出现，删去本句的“多方”二字，前后句式互相对应。五藏：即五脏，“五藏之情”指人的内在之情，即天生的品行和欲念。

⑧淫：耽滞，迷乱。僻：邪恶，不正。

⑨聪：听觉灵敏。明：视觉清晰。

译文 脚趾并生和歧指旁出，这是天生而成的吗？不过都多于常人之所得。附悬于人体的赘瘤，是出自人的形体吗？不过却超出了人天生而成的本体。采用多种方法推行仁义，比列于身体不可或缺的五脏呢！却不是无所偏执的中正之道。所以，脚上双趾并生的，是连缀起无用的肉；手上六指旁出的，是竖起了无用的手指；各种并生、旁出的多余的东西对于人天生的品性和欲念来说，好比迷乱而又错误地推行仁义，又像是脱出常态地使用人的听力和视力。

原文 是故骈与明者，乱五色①，淫文章②，青黄黼黻之煌煌非乎③？而离朱是已④。多于聪者，乱五声⑤，淫六律⑥，金石丝竹黄钟大吕之声非乎⑦？而师旷是已⑧。枝于仁者，擢德塞性以收名声⑨，使天下簧鼓以奉不及之法非乎⑩？而曾史是已⑪。骈于辩者，累瓦结绳窜句⑫，游心于坚白同异之间⑬，而敝跬誉无用之言非乎⑭？而杨墨是已⑮。故此皆多骈旁枝之道，非天下之至正也⑯。

注释

①五色：青、黄、赤、白、黑五种基本颜色。

②淫：惑乱。文章：文采，错综而又华美的花纹和色彩。

③黼（fǔ）黻（fú）：古代礼服上绣制的花纹。煌煌：光彩炫目的样子。

④离朱：人名，亦作离娄，视力过人。

⑤五声：即五音，五个基本音阶，古代音乐中以宫、商、角、徵、羽称之。

⑥六律：古代用长短不同的竹管制作不同声调的定音器，其作用相当于今天的定调。乐律分阴阳两大类，每类各六种，阳类六种叫六律，阴类六种叫六吕。六律的名称是黄钟、太簇、姑洗、蕤宾、夷则、无射。

⑦金、石、丝、竹：各种乐器无不用金、石、丝、竹为原料，这里借原料之名作器乐之声的代称。黄钟、大吕：古代音调的名称。

⑧师旷：晋平公时的著名乐师。

⑨擢（zhuó）：拔，提举。塞：闭。“塞性”即闭塞正性。一说“塞”当为“搴”（qiān），也是拔取的意思。

⑩簧鼓：管乐和打击乐，这里用来泛指各种乐器发出的喧嚷。奉：信守，奉行。不及：赶不上，这里用指不可能做到。

⑪曾史：曾参和史䲡（qiū）。春秋时的贤人。曾参字子舆，为孔子的学生；史䲡字子鱼，卫灵公的大臣。

⑫累瓦结绳：比喻堆砌无用的词语。窜句：穿凿文句。

⑬游心：驰骋心思。

⑭敝：分外用力而疲惫不堪。跬（kuǐ）：半步；举足一次叫跬，左右两脚运行一次叫步。“跬誉”指短暂的声誉。

⑮杨墨：杨朱和墨翟，战国时代的著名哲学家。

⑯至正：至道正理。一说指至高无上的道。

译文 超出本体的“多余”对于一个视觉明晰的人来说，难道不是搅乱五色、迷滥文彩、绣制出青黄相间的华丽服饰而炫人眼目吗？而离朱就是这样。超出本体的“多余”对于听觉灵敏的人来说，难道不是搅乱五音、混淆六律，岂不是搅混了金、石、丝、竹、黄钟、大吕的各种音调吗？而师旷就是这样。超出本体的“多余”对于倡导仁义的人来说，难道不是矫擢道德、闭塞真性来捞取名声、而使天下的人们争相鼓噪信守不可能做到的礼法吗？而曾参和史䲡就是这样，超出本体的“多余”对于善于言辞的人来说，难道不是堆砌词藻，穿凿文句，将心思驰骋于“坚白”诡辩的是非之中，而艰难疲惫地罗列无数废话去追求短暂的声誉吗？而杨朱和墨翟就是这样，所以说这些都是多余的、矫造而成的不正之法，绝不是天下的至理和正道。

原文 彼正正者[①]，不失其性命之情[②]。故合者不为骈，而枝者不为跂[③]；长者不为有余，短者不为不足。是故凫胫虽短[④]，续之则忧；鹤胫虽长，断之则悲。故性长非所断，性短非所续，无所去忧也[⑤]。意仁义其非人情乎[⑥]？彼仁人何其多忧也？

注释 ①正正：当是“至正”之误，上段末句即言“至正”,“至理正道”的意思。

②性命之情：性，指本性，命，指天命，性命之情，就是物各自得顺其自然的真情。

③跂：为“歧”字之误。

④凫（fú）：野鸭。胫（jìng）：小腿。

⑤去：摒弃，排除。

⑥意（yì）：感叹声，又写作“噫”。一说“意”当从字面讲，自认为的意思。

译文 那所谓的至理正道，就是不违反事物各得其所而又顺应自然的真情。所以说合在一块的不算是并生，而旁出枝生的不算是多余，长的不算是有余，短的不算是不足。因此，野鸭的小腿虽然很短，续长一截就有忧患；鹤的小腿虽然很长，截去一段就会痛苦。事物原本就很长是不可以随意截短的，事物原本就很短也是不可以随意续长的，这样各种事物也就没有必要去排除忧患了。噫！仁义恐怕不是人所固有的真情吧？那些倡导仁义的人怎么会有那么多担忧呢？

原文 且夫骈于拇者，决之则泣①；枝于手者，龁之则啼②。二者，或有余于数，或不足于数，其于忧一也。今世之仁人，蒿目而忧世之患③；不仁之人，决性命之情而饕贵富④。故意仁义其非人情乎⑤？自三代以下者⑥，天下何其嚣嚣也⑦？

注释 ①决：裂析，分开。

②龁（hé）：咬断。

③蒿目：颇费解。一说“蒿”通作“睢（hé）”，放眼远望的意思。一说“蒿”通作“眊（mào）”，眼睛失神的意思。译文从前一说。

④决：断，抛弃。饕（tāo）：贪。贵富：财产多叫“富”，地位高叫“贵”。

⑤故：衍文。一说从字面意义讲。

⑥三代：即夏、商、周三个朝代。

⑦嚣嚣：喧嚣的样子。

译文 况且对于脚趾并生的人来说，分裂两脚趾他就会哭泣；对于手指旁出的人来说，咬断歧指他也会哀啼。以上两种情况，有的是多于正常的手指数，有的是少于正常的脚趾数，而它们对于所导致的忧患却是同一样的。如今世上的仁人，放目远视而忧虑人间的祸患，那些不仁的人，摒弃人的本真和自然而贪求富贵。噫！仁义恐怕不是人所固有的真情吧？而从夏、商、周三代以来，天下又怎么会那么喧嚣竞逐呢？

原文 且夫待钩绳规矩而正者[①]，是削其性者也，待绳约胶漆而固者[②]，是侵其德者也[③]；屈折礼乐[④]，呴俞仁义[⑤]，以慰天下之心者，此失其常然也[⑥]，天下有常然。常然者，曲者不以钩，直者不以绳，圆者不以规，方者不以矩，附离不以胶漆[⑦]，约束不以纆索[⑧]。故天下诱然皆生而不知其所以生[⑨]，同焉皆得而不知其所以得。故古今不二，不可亏也，则仁义又奚连连如胶漆纆索而游乎道德之间为哉⑩？使天下惑也！

注释

①待：依靠。钩（gōu）："钩"字的古体；木工划弧线的曲尺。

②绳约：即绳索。下文皆称"纆索"，故有人主张此处应依下文而改；旧注"绳约"释为"绳索约束"，更为失当。

③侵其德：即伤害了事物的天性和自然。

④屈折礼乐：就是用礼乐来生硬地改变和矫正人的言行。

⑤呴（xū）俞：抚爱。"呴俞仁义"就是用仁义的手段来抚爱和教化别人。

⑥常然：常态，指人和事物的本然和真性。

⑦附离：使离析的事物相互附着。

⑧纆（mò）：绳索。

⑨诱然：不知不觉的样子。

⑩连连：不断的、无休止的样子。

译文

况且依靠曲尺、墨线、圆规、角尺而端正事物形态的，这是损伤事物本性的做法；依靠绳索胶漆而使事物相互紧紧粘固的，这是伤害事物天然禀赋的做法；运用礼乐对人民生硬地加以改变和矫正，运用仁义对人民加以抚爱和教化，从而抚慰天下民心的，这样做也就失去了人的常态。天下的事物都各有它们固有的常态。所谓常态，就是弯曲的不依靠曲尺，笔直的不依靠墨线，正圆的不依靠圆规，端方的不依靠角尺，使离析的东西附在一起不依靠胶和漆，将单个的事物捆束在一起不依靠绳索。于是，天下万物都不知不觉地生长而不知道自己为什么生长，同样都不知不觉地有所得而不知道自己为什么有所得。所以古今道理并没有两样，不可能出现亏缺呀。那么仁义又为什么无休无止地像胶漆绳索那样人为地夹在天道和本性之间呢？这就使天下人大惑不解了！

原文 夫小惑易方[①]，大惑易性。何以知其然邪？自虞氏招仁义以挠天下也[②]，天下莫不奔命于仁义，是非以仁义易其性与？故尝试论之，自三代以下者，天下莫不以物易其性矣。小人则以身殉利[③]，士则以身殉名，大夫则以身殉家[④]，圣人则以身殉天下。故此数子者[⑤]，事业不同[⑥]，名声异号，其于伤性以身为殉，一也。臧与谷[⑦]，二人相与牧羊而俱亡其羊[⑧]。问臧奚事[⑨]，则挟筴读书[⑩]；问谷奚事，则博塞以游[⑪]。二人者，事业不同，其于亡羊均也。伯夷死名于首阳之下[⑫]，盗跖死利于东陵之上[⑬]。二人者，所死不同，其于残生伤性均也，奚必伯夷之是而盗跖之非乎[14]！天下尽殉也：彼其所殉仁义也，则俗谓之君子；其所殉货财也，则俗谓之小人。其殉一也，则有君子焉，有小人焉；若其残生损性，则盗跖亦伯夷已，又恶取君子小人于其间哉！

注释

①易：改变。方：方向。

②庄子认为唐尧以前，即原始氏族时代社会民情还是比较朴质淳厚的，虞舜以后，即进入夏、商、周三代，朴质淳厚的风气和民情才受到人为的干扰和蹂躏。虞氏即虞舜。招仁义：以仁义作号召。挠：搅乱。

③殉：为某一目的而献身。

④家：这里指家族。

⑤数子：指上述四种人。

⑥事业：即从事的工作。

⑦臧、谷：家奴和童仆。

⑧亡：逃跑，丢失。

⑨奚事：事奚，即做什么。

⑩筴（cè）："策"字的异体，这里指书简。

⑪博塞：亦作"簙簺"，一种类似掷骰子的游戏。

⑫伯夷：殷商末年的贤士，反对武王伐商，不食周粟而饿死

于首阳山。死名：为名而死。

⑬盗跖（zhí）：名跖，春秋末年著名的平民起义领袖，先秦不少著作中提到过他。“盗”是诬蔑之词。死利：为利而死。东陵山名，一说即泰山。

⑭是、非：这里引申为赞许和指责。

译文 小的迷惑会使人弄错方向，大的迷惑会使人改变本性。凭什么知道是这样的呢？自从虞舜拿仁义为号召而搅乱天下，天下的人们没有谁不是在为仁义争相奔走，这岂不是用仁义来改变人原本的真性吗？现在我们试着来谈论一下这一问题。从夏、商、周三代以来，天下没有谁不借助于外物来改变自身的本性。平民百姓为了私利而牺牲，士人为了名声而牺牲，大夫为了家族而牺牲，圣人则为了天下而牺牲。所以这四种人，所从事的事业不同，名声也有各自的称谓，而他们用生命作出牺牲以损害人的本性，却是同一样的。臧与谷两个家奴一块儿放羊却都让羊跑了。问臧在做什么，说是在拿着书简读书；问谷在做什么，说是在玩投骰子的游戏。这两个人所做的事不一样，不过他们丢失了羊却是同样的。伯夷为了贤名死在首阳山下，盗跖为了私利死在东陵山上，这两个人，致死的原因不同，而他们在残害生命、损伤本性方面却是同样的。为什么一定要赞誉伯夷而指责盗跖呢！天下的人们都在为某种目的而献身：那些为仁义而牺牲的，世俗称他为君子；那些为财货而牺牲的，世俗称他为小人。他们为了某一目的而牺牲是同样的，而有的叫做君子，有的叫做小人。倘若就残害生命、损伤本性而言，那么盗跖也就是伯夷了，又怎么能在他们中间区分君子和小人呢！

原文 且夫属其性乎仁义者[①]，虽通如曾史，非吾所谓臧也[②]；属其性于五味，虽通如俞儿[③]，非吾所谓臧也；属其性乎五声，虽通如师旷，非吾所谓聪也[④]；属其性乎五色，虽通如离朱，非吾所谓明也[⑤]。吾所谓臧者，非仁义之谓也，臧于其德而已矣；吾所谓臧者，非所谓仁义之谓也，任其性命之情而已矣；吾所谓聪者，非谓其闻彼也，自闻而已矣；吾所谓明者，非谓其见彼也，自见而已矣。夫不自见而见彼，不自得而得彼者，是得人之得而不自得其得者也，适人之适而不自适其适者也。夫适人之适而不自适其适，虽盗跖与伯夷，是同为淫僻也。余愧乎道德[⑥]，是以上不敢为仁义之操[⑦]，而下不敢为淫僻之行也。

注释 ① 属：从属，归向。一说“属”读zhǔ，接连、缀系的意思。二说皆可通。

② 臧：善，好的意思。

③ 俞儿：相传为齐人，味觉灵敏，善于辨别味道。

④ 聪：听觉灵敏。

⑤ 明：视觉明晰、敏锐。

⑥道德：这里指对宇宙万物本体和事物变化运动规律的认识。

⑦操：节操，操守。

译文 况且，把自己的本性缀连于仁义，即使如同曾参和史鰌那样精通，也不是我所认为的完美；把自己的本性缀连于甜、酸、苦、辣、咸五味，即使如同俞儿那样精通，也不是我所认为的完善；把自己的本性缀连于五声，即使如同师旷那样通晓音律，也不是我所认为的聪敏，把自己的本性缀连于五色，即使如同离朱那样通晓色彩，也不是我所认为的视觉敏锐。我所说的完美，绝不是仁义之类的东西，而是比各有所得更美好罢了；我所说的完善，绝不是所谓的仁义，而是放任天性、保持真情罢了。我所说的聪敏，不是说能听到别人什么，而是指能够内审自己罢了。我所说的视觉敏锐，不是说能看见别人什么，而是指能够看清自己罢了。不能看清自己而只能看清别人，不能安于自得而向别人索求的人，这就是索求别人之所得而不能安于自己所应得的人，也就是贪图达到别人所达到而不能安于自己所应达到的境界的人。贪图达到别人所达到而不安于自己所应达到的境界，无论盗跖与伯夷，都同样是滞乱邪恶的。我有愧于宇宙万物本体的认识和事物变化规律的理解，所以就上一层说我不能奉行仁义的节操，就下一层说我不愿从事滞乱邪恶的行径。

马蹄

题解 本篇表现了庄子反对束缚和羁绊，提倡一切返归自然的政治主张。

全文可分成三个部分。第一部分至“此亦治天下者之过也”，以“伯乐善治马”和“陶、匠善治埴、木”为例，寄喻一切从政者治理天下的规矩和办法，都直接残害了事物的自然和本性。第二部分至“圣人之过也”，对比上古时代一切都具有共同的本性，一切都生成于自然，谴责后代推行所谓仁、义、礼、乐，摧残了人的本性和事物的真情，并直接指出这就是“圣人之过”。余下为第三部分，继续以马为喻，进一步说明一切羁绊都是对自然本性的摧残，圣人推行的所谓仁义，只能是鼓励人们“争归于利”。

在庄子的眼里，当世社会的纷争动乱都源于所谓圣人的“治”，因而他主张摒弃仁义和礼乐，取消一切束缚和羁绊，让社会和事物都回到它的自然和本性上去。文章对于仁义、礼乐的虚伪性、蒙蔽性揭露是深刻的，但追慕上古社会的原始状态则极不可取，“无为自化”的政治主张也是消极的，回避现实的。

原文

马，蹄可以践霜雪，毛可以御风寒，龁草饮水①，翘足而陆②，此马之真性也。虽有義台路寝③，无所用之。及至伯乐④，曰：“我善治马。”烧之⑤，剔之⑥，刻之⑦，雒之⑧，连之以羁馽⑨，编之以皁栈⑩，马之死者十二三矣⑪。饥之，渴之，驰之⑫，骤之，整之⑬，齐之，前有橛饰之患⑭，而后有鞭筴之威⑮，而马之死者已过半矣。陶者曰：“我善治埴⑯，圆者中规，方者中矩。”匠人曰：“我善治木，曲者中钩，直者应绳。”夫埴木之性，岂欲中规矩钩绳哉？然且世世称之曰“伯乐善治马”而“陶、匠善治埴、木⑰”，此亦治天下者之过也。

注释

①龁（hé）：咬嚼。

②翘（qiáo），扬起。陆：通作踛（lù），跳跃。

③義（é）：通“峨”，“義台”即高台。路：大，正。寝：居室。

④伯乐：姓孙名阳，伯乐为字，秦穆公时人，相传善于识马、驯马。

⑤烧之：指烧红铁器灼炙马毛。

⑥剔之：指剪剔马毛。

⑦刻之：指凿削马蹄甲。

⑧雒（luò）之：“雒”通作“烙”，指用烙铁留下标记。

⑨连：系缀，连结。羁（jī）：马络头。馽（zhí）：绊马脚的绳索。

⑩阜（zào）：饲马的槽枥。栈：安放在马脚下的编木，用以防潮，俗称马床。

⑪十二三：十分之二三。

⑫驰：马快速奔跑；下句“骤”字同此义。“驰之”、“骤之”，意指打马狂奔，要求马儿速疾奔跑。

⑬整：整齐划一，下句“齐”字同此义。“整之”、“齐之”，意指使马儿步伐、速度保持一致。

⑭橛（jué）：马口所衔之木，今用铁制，谓马口铁。饰：指马络头上的装饰。

⑮筴：“策”字的异体。马鞭用皮制成叫鞭，用竹制成就叫

"策"。埴（zhí）：黏土。

⑯称：称举，赞扬。

译文 马，蹄可以用来践踏霜雪，毛可以用来抵御风寒，饿了吃草，渴了喝水，性起时扬起蹄脚奋力跳跃，这就是马的天性。即使有高台正殿，对马来说没有什么用处。等到世上出了伯乐，说："我善于管理马。"于是用烧红的铁器灼炙马毛，用剪刀修剔马鬃，凿削马蹄甲，烙制马印记，用络头和绊绳来拴连它们，用马槽和马床来编排它们，这样一来马便死掉十分之二三了。饿了不给吃，渴了不给喝，让它们快速驱驰，让它们急骤奔跑，让它们步伐整齐，让它们行动划一，前有马口横木和马络装饰的限制，后有皮鞭和竹条的威逼，这样一来马就死过半数了。制陶工匠说："我最善于整治黏土，我用黏土制成的器皿，圆的合乎圆规，方的应手角尺。"木匠说："我最善于整治木材，我用木材制成的器皿，能使弯曲的合于钩弧的要求，笔直的跟墨线吻合。"黏土和木材的本性难道就是希望去迎合圆规、角尺、钩弧、墨线吗？然而还世世代代地称赞他们说，"伯乐善于管理马"而"陶匠、木匠善于整治黏土和木材"，这也就是治理天下的人的过错啊！

原文 吾意善治天下者不然[①]。彼民有常性[②]，织而衣，耕而食，是谓同德[③]；一而不党[④]，命曰天放[⑤]，故至德之世[⑥]，其行填填[⑦]，其视颠颠[⑧]。当是时也，山无蹊隧[⑨]，泽无舟梁[⑩]，万物群生，连属其乡[⑪]，禽兽成群，草木遂长[⑫]。是故禽兽可系羁而游[⑬]，鸟鹊之巢可攀援而闚[⑭]，夫至德之世，同与禽兽居，族与万物并[⑮]，恶乎知君子小人哉[⑯]，同乎无知[⑰]，其德不离[⑱]；同乎无欲，是谓素朴[⑲]。素朴而民性得矣。

注释 ①意：意谓，认为。

②常性：不会改变的、固有的本能和天性。

③同德：指人类的共性。

④党：偏私。

⑤命：名，称作。天放：任其自然。

⑥至德之世：人类天性保留最好的年代，即人们常说的原始社会。

⑦填填：稳重的样子。

⑧颠颠：专一的样子。

⑨蹊（xī）：小路。隧：隧道。

⑩梁：桥。

⑪连属：混同的意思。

⑫遂：遂心地。

⑬系羁：用绳子牵引。

⑭攀援：攀登爬越。闚（kuī）：同“窥”，观察、探视。

⑮族：聚合。并：比并。

⑯君子、小人：传统观点认为分别指履道方正的人和殉物邪僻的人，我认为当指统治者和被统治者。

⑰同：通作“惷（chǔn）”，愚蠢；这个意义后代写作“蠢”。

⑱离：背离、丧失。

⑲素：未染色的生绢。朴：未加工的木料。“素朴”在这里喻指本色。

译文 我认为善于治理天下的人就不是这样。黎民百姓有他们固有不变的本能和天性，织布而后穿衣，耕种而后吃饭，这就是人类共有的德行和本能。人们的思想和行为浑然一体没有一点儿偏私，这就叫做任其自然。所以上古人类天性保留最完善的时代，人们的行动总是那么持重自然，人们的目光又是那么专一而无所顾盼。正是在这个年代里，山野里没有路径和隧道，水面上没有船只和桥梁，各种物类共同生活，人类的居所相通相连而没有什么乡、县差别，禽兽成群结队，草木遂心地生长。因此禽兽可以用绳子牵引着游玩，鸟鹊的巢窠可以攀登上去探望。在那人类天性保留最完善的年代，人类跟禽兽同样居住，跟各种物类相互聚合并存，哪里知道什么君子、小人呢！人人都蠢笨而无智慧，人类的本能和天性也就不会丧失；人人都愚昧而无私欲，这就叫做“素”和“朴”。能够像生绢和原木那样保持其自然的本色，人类的本能和天性就会完整地留传下来。

原文

及至圣人，蹩躠为仁①，踶跂为义②，而天下始疑矣，澶漫为乐③，摘僻为礼④，而天下始分矣。故纯朴不残⑤，孰为牺尊⑥！白玉不毁，孰为珪璋⑦！道德不废⑧，安取仁义⑨！性情不离，安用礼乐！五色不乱，孰为文采⑩！五声不乱，孰应六律！夫残朴以为器，工匠之罪也；毁道德以为仁义，圣人之过也！

注释

①蹩躠（bié xiè）：步履艰难、勉力行走的样子。

②踶跂（zhì qǐ）：足跟上提、竭力向上的样子。

③澶（dàn）漫：放纵地逸乐。

④摘僻：繁琐。

⑤纯朴：完整的、未曾加过工的木材。

⑥牺（suō）尊：雕刻精致的酒器。“尊”亦作“樽”。

⑦珪璋：玉器；上尖下方的为珪，半珪形为璋。

⑧道德：这里指人类原始的自然本性。

⑨仁义：这里指人为的各种道德规范，与上句的“道德”形成对立。

⑩文采：文彩；错杂华丽的色彩。

译文 等到世上出了圣人，勉为其难地去倡导所谓仁，竭心尽力地去追求所谓义，于是天下开始出现迷惑与猜疑。放纵无度地追求逸乐的曲章，繁杂琐碎地制定礼仪和法度，于是天下开始分离了。所以说，原本没被分割，谁还能用它雕刻为酒器！一块白玉没被破裂，谁还能用它雕刻出玉器！人类原始的自然本性不被废弃，哪里用得着仁义！人类固有的天性和真情不被背离，哪里用得着礼乐！五色不被错乱，谁能够调出文彩！五声不被搭配，谁能够应和六律！分解原木做成各种器皿，这是木工的罪过，毁弃人的自然本性以推行所谓仁义，这就是圣人的罪过！

原文 夫马，陆居则食草饮水，喜则交颈相靡①，怒则分背相踶[2]。马知已此矣。夫加之以衡扼[3]，齐之以月题[4]，而马知介倪[5]、闉扼[6]、鸷曼[7]、诡衔[8]、窃辔[9]。故马之知而态至盗者[10]，伯乐之罪也。夫赫胥氏之时[11]，民居不知所为，行不知所之，含哺而熙[12]，鼓腹而游[13]，民能以此矣。及至圣人，屈折礼乐以匡天下之形[14]，县跂仁义以慰天下之心[15]，而民乃始踶跂好知，争归于利，不可止也。此亦圣人之过也。

注释

①靡（mó）：通作“摩”，触摩。

②分背：背对着背。踶（dì）：踢。

③衡：车辕前面的横木。扼：亦作“轭”，叉马颈的条木。

④题：额；“月题”即马额上状如月形的佩饰。

⑤介：独。倪：睨，侧目怒视之意。一说“介”字为“兀”字之讹；“倪”通作“輗”；“兀輗”就是折輗，挣脱车輗的意思。

⑥闉（yīn）：屈曲。扼：轭。闉扼指曲颈不伸，抗拒木轭。

⑦鸷（zhì）：凶猛。曼：狂突。鸷曼指马儿暴戾不驯。

⑧诡衔：意思是诡谲地想吐出口里的橛衔。

⑨窃辔：意思是偷偷地想脱出马络头。

⑩态（態）：能。盗：与人抗敌的意思。

⑪赫胥氏：传说中的古代帝王。

⑫哺：口里所含的食物。熙：通作“嬉”，嬉戏。

⑬鼓腹：鼓着肚子，意指吃得饱饱的。

⑭屈折：矫造的意思。匡：端正，改变。

⑮县（xuán）：同“悬”。跂：通作“企”，企望。“县跂”意思是空悬而不可企及。

译文

再说马，生活在陆地上，吃草饮水，高兴时交颈相互摩擦，生气时背对背相互踢撞，马的智巧就只是这样了。等到后来把车衡和颈轭加在它身上，把配着月牙形佩饰的辔头戴在它头上，那么马就会侧目怒视，僵着脖子抗拒轭木，暴戾不驯，或诡谲地吐出嘴里的勒口，或偷偷地脱掉头上的马辔。所以，马的智巧竟能做出与人对抗的态度，这完全是伯乐的罪过。上古赫胥氏的时代，黎民百姓居处不知道做些什么，走动也知道去哪里，口里含着食物嬉戏，鼓着吃饱的肚子游玩，人们所能做的就只是这样了。等到圣人出现，矫造礼乐来匡正天下百姓的形象，标榜不可企及的仁义来慰藉天下百姓的心，于是人们便开始千方百计地去寻求智巧，争先恐后地去竞逐私利，而不能终止。这也是圣人的罪过啊。

胠箧

题解 “胠箧”的意思是打开箱子。本篇的主旨跟《马蹄》篇相同，但比《马蹄》更深刻，言辞也直接，一方面竭力抨击所谓圣人的“仁义”，一方面倡导抛弃一切文化和智慧，使社会回到原始状态中去。宣扬“绝圣弃知”的思想和返归原始的政治主张，就是本篇的中心。

全篇大体分成三个部分。第一部分至“而天下始治矣”，从讨论各种防盗的手段最终都会被盗贼所利用入手，指出当时治天下的主张和办法，都是统治者、阴谋家的工具，着力批判了“仁义”和“礼法”。第二部分至“法之所无用也”，进一步提出摒弃一切社会文化的观点，使“绝圣”的主张和“弃知”的思想联系在一起。余下为第三部分，通过对比“至德之世”与“三代以下”的治乱，表达缅怀原始社会的政治主张。本篇深刻揭露了仁义的虚伪和社会的黑暗，一针见血地指出“窃钩者诛，窃国者为诸侯”。但看不到社会的出路，于是提出“绝圣弃知”的主张，要摒弃社会文明与进步，倒退到人类的原始状态。这是庄子社会观和政治观的消极面。

原文 将为胠箧、探囊、发匮之盗而为守备[①]，则必摄缄縢、固扃鐍[②]；此世俗之所谓知也。然而巨盗至，则负匮、揭箧、担囊而趋[3]；唯恐缄縢、扃鐍之不固也。然则乡之所谓知者[4]，不乃为大盗积者也？故尝试论之，世俗之所谓知者，有不为大盗积者乎？所谓圣者，有不为大盗守者乎？

注释

①胠（qū）：从旁打开。箧（qiè），箱子一类盛物器具。探：掏。囊：口袋。发：打开。匮（guì）：柜子，后代写作“櫃”，今简化为“柜”。句中两个“为”字前一读去声，讲作“为了”；后一读平声，是“做”的意思。

②摄：打结，收紧。缄（jiān）、縢（téng）：均为绳索。扃（jiōng）：插闩。鐍（jué）：锁钥。

③揭：举，扛着。

④乡（鄉）：通作“向”，先前的意思。

译文

为了对付撬箱子、掏口袋、开柜子的小偷而做防范准备，必定要收紧绳结、加固插闩和锁钥，这就是一般人所说的聪明做法。可是一旦大强盗来了，就背着柜子、扛着箱子、挑着口袋快步跑了，唯恐绳结、插闩与锁钥不够牢固哩。既然是这样，那么先前所谓的聪明做法，不就是给大盗做好了积聚和储备吗？所以我曾试图讨论这种情况，世俗所谓的聪明人，有不替大盗积聚财物的吗？所谓的圣人，有不替大盗守卫财物的吗？

原文 何以知其然邪？昔者齐国，邻邑相望，鸡狗之音相闻，罔罟之所布[①]，耒耨之所刺[②]，方二千余里。阖四竟之内[③]，所以立宗庙社稷[④]，治邑屋州闾乡曲者[⑤]，曷尝不法圣人哉？然而田成子一旦杀齐君而盗其国[⑥]，所盗者岂独其国邪？并与其圣知之法而盗之。故田成子有乎盗贼之名，而身处尧舜之安，小国不敢非[⑦]，大国不敢诛[⑧]，十二世有齐国[⑨]。则是不乃窃齐国并与其圣知之法，以守其盗贼之身乎？尝试论之，世俗之所谓至知者，有不为大盗积者乎？

注释 ①罔：网。后代繁化写作“網”，今又简化为“网”。罟（gǔ）：各种网的总称。

②耒（lěi）：犁。耨（nòu）：锄。刺：插入。

③阖（hé）：全。竟：境，这个意义后代写作“境”。

④宗庙：国君祭祀祖先的地方。社稷：本指土神和谷神，这里指祭祀土神和谷神的地方。

⑤邑、屋、州、闾、乡曲：古代不同行政区划的名称。旧注：“六尺为步，步百为亩，亩百为夫，夫三为屋，屋三为井，井

四为邑”;“五家为比，五比为闾，五闾为族，五族为党，五党为州，五州为乡”。“曲”则指“乡”之一隅。

⑥田成子，即田常，本为陈国人，故又称陈恒，其先祖田完从陈国来到齐国，成了齐国的大夫，改为田氏。田常于鲁哀公十四年杀了齐简公，齐国大权落入田氏之手，后来田常的曾孙又废齐自立，仍称“齐”。

⑦非：非议。

⑧诛，讨伐。

⑨“十二世有齐国”疑是“世世有齐国”之误，指田成子之后世世统治齐国。田成子杀简公至齐宣王共六世，如果上推田完入齐到田常时方才为十二世，而田成子以前说田氏“有齐国”则不可通。

译文

怎么知道是这样的呢？当年的齐国，邻近的村邑遥遥相望，鸡狗之声相互听闻，渔网所撒布的水面，犁锄所耕作的土地，方圆两千多里。整个国境之内，所有用来设立宗庙、社稷的地方，所有用来建置邑、屋、州、闾、乡、里各级行政机构的地方，何尝不是在效法古代圣人的做法！然而田成子一下子杀了齐国的国君也就窃据了整个齐国。他所盗窃夺取的难道又仅仅只是那样一个齐国吗？连同那里各种圣明的法规与制度也一块儿劫夺去了。而田成子虽然有盗贼的名声，却仍处于尧舜这样安稳的地位，小的国家不敢非议他，大的国家不敢讨伐他，世世代代窃据齐国。那么，这不就是盗窃了齐国并连同那里圣明的法规和制度，从而用来守卫他盗贼之身吗？所以我曾试图讨论这种情况，世俗的所谓聪明人，有不替大盗积聚财物的吗？所谓的圣人，有不替大盗防守财物的吗？

原文 何以知其然邪？昔者龙逄斩[1]，比干剖[2]，苌弘胣[3]，子胥靡[4]。故四子之贤而身不免乎戮。故跖之徒问于跖曰："盗亦有道乎[5]？"跖曰："何适而无有道邪？夫妄意室中之藏[6]，圣也；入先，勇也；出后，义也；知可否，知也；分均，仁也。五者不备而能成大盗者，天下未之有也。"由是观之，善人不得圣人之道不立，跖不得圣人之道不行；天下之善人少，而不善人多，则圣人之利天下也少，而害天下也多。故曰：唇竭而齿寒[7]，鲁酒薄而邯郸围[8]，圣人生而大道起。掊击圣人[9]，纵舍盗贼[10]，而天下始治矣！

注释 ①龙逄：夏桀时的贤人，为夏桀杀害。

②比干：殷纣王的庶出叔叔，力谏纣王，被纣王剖心。

③苌弘：周灵王时的贤臣。胣（chǐ）：剖开肚腹掏出肠子。

④子胥：即伍员，吴王夫差时被杀害。靡：同“糜”，腐烂。子胥死后被抛尸江中而腐烂。

⑤道：这里指规矩、准绳。

⑥妄意：凭空推测。

⑦竭：揭，举；“唇竭”指嘴唇向外翻开。

⑧这一句历来有两种说法，一是指楚宣王大会诸侯，而鲁恭王到得晚，所献之酒味道淡薄，楚王怒。鲁王自恃是周公的后代，不告而别。楚王于是带兵攻打鲁国。魏国一直想攻打赵国，担心楚国发兵救赵，楚国和鲁国交兵，魏国于是趁机兵围赵国都城邯郸。一是指楚王大会诸侯，赵与鲁均献酒，鲁酒味薄而赵酒味浓。楚王之酒吏向赵国索酒而赵不给，酒吏怀恨易换赵、鲁之酒，于是楚王以酒薄的缘故兵围邯郸。这句是借历史故事来说明，事有关联，常常出于预料。

⑨掊（pǒu）：抨击。

⑩纵：放宽。舍（shě）：放弃，这个意义后代写作“捨”，现又简化为“舍”。

译文 怎么知道是这样的呢？从前龙逄被斩首，比干被剖胸，苌弘被掏肚，子胥被抛尸江中任其腐烂。即使像上面四个人那样的贤能之士，仍不能免于遭到杀戮。

因而盗跖的门徒向盗跖问道:“做强盗也有规矩和准绳吗?”盗跖回答说:“到什么地方会没有规矩和准绳呢?凭空推测屋里储藏着什么财物,这就是圣明;率先进到屋里,这就是勇敢;最后退出屋子,这就是义气;能知道可否采取行动,这就是智慧;事后分配公平,这就是仁爱。以上五样不能具备,却能成为大盗的人,天下是没有的。”从这一点来看,善人不能通晓圣人之道便不能立业,盗跖不能通晓圣人之道便不能行窃;天下的善人少,而不善的人多,那么圣人给天下带来好处也就少,而给天下带来祸患也就多。所以说:嘴唇向外翻开牙齿就会外露受寒,鲁侯奉献的酒味道淡薄致使赵国都城邯郸遭到围困,圣人出现了因而大盗也就兴起了。抨击圣人,释放盗贼,天下方才能太平无事。

原文 夫川竭而谷虚[①],丘夷而渊实[②]。圣人已死,则大盗不起,天下平而无故矣[③]。圣人不死,大盗不止。虽重圣人而治天下[④],则是重利盗跖也[⑤]。为之斗斛以量之[⑥],则并与斗斛而窃之;为之权衡以称之[⑦],则并与权衡而窃之,为之符玺以信之[⑧],则并与符玺而窃之;为之仁义以矫之[⑨],则并与仁义而窃之。何以知其然邪？彼窃钩者诛[⑩]，窃国者为诸侯，诸侯之门而仁义存焉。则是非窃仁义圣知邪？故逐于大盗、揭诸侯、窃仁义并斗斛权衡符玺之利者[⑪]，虽有轩冕之赏弗能劝[⑫]，斧钺之威弗能禁[⑬]。此重利盗跖而使不可禁者，是乃圣人之过也。故曰：鱼不可脱于渊，国之利器不可以示人[⑭]。彼圣人者，天下之利器也，非所以明天下也[⑮]。

注释

①竭：干涸。虚：空旷。

②夷：平。渊：深潭。实：满。

③故：事故，变故。

④重（zhòng）圣人：使圣人之法得到重视。

⑤重利盗跖：使盗跖获得厚利。

⑥斗斛（hú）：古代的两种量器，十斗为一斛。本句两个“之”字含义不一，前指天下之人，后指斗斛所量之物。

⑦权：秤锤。衡：秤杆。

⑧符玺（xǐ）：古代用作凭证的信物。“符”由两半组成，合在一起以验明真伪；“玺”就是印。信：取信。

⑨矫：纠正。

⑩钩：即“钩”字，本指腰带钩，这里泛指各种细小的不值钱的东西。诛：刑戮，杀害。

⑪逐：竞逐，追随。揭：举；“揭诸侯”即高居于诸侯之位。

⑫轩：古代大夫以上的人所乘坐的车子。冕：古代大夫或诸侯所戴的礼帽。“轩冕”连用，这里代指高官厚禄。劝：劝勉，鼓励。

⑬钺（yuè）：大斧。“斧”和“钺”都常用作刑具，这里代指行刑。

⑭示：显露。

⑮明：显示，使人明白的意思。

译文

溪水干涸山谷显得格外空旷，山丘夷平深潭显得格外充实。圣人死了，那么大盗也就不会再兴起，天下就太平而没有变故了。圣人不死，大盗也就不会中止。即使让整个社会都重用圣人治理天下，那么这也是让盗跖获得最大的好处。给天下人制定斗、斛来计量物品的多少，那么就连同斗斛一道盗窃走了；给天下人制定秤锤、秤杆来计量物品的轻重，那么就连同秤锤、秤杆一道盗窃走了；给天下人制定符、玺来取信于人，那么就连同符、玺一道盗窃走了；给天下人制定仁义来规范人们的道德和行为，那么就连同仁义一道盗窃走了。怎么知道是这样的呢？那些偷窃腰带环钩之类小东西的人受到刑戮和杀害，而窃夺了整个国家的人却成为诸侯；诸侯之门方才存在仁义。这不就是盗窃了仁义和圣智吗？所以，那些追随大盗、高居诸侯之位、窃夺了仁义以及斗斛、秤具、符玺之利的人，即使有高官厚禄的赏赐不可能劝勉，即使有行刑杀戮的威严不可能禁止，这些大大有利于盗跖而不能使他们禁止的情况，都是圣人的过错。因此说，鱼儿不能脱离深潭，治国的利器不能随便拿给人看。那些所谓的圣人，就是治理天下的利器，是不可以用来明示天下的。

原文 故绝圣弃知，大盗乃止；擿玉毁珠[①]，小盗不起；焚符破玺，而民朴鄙[②]；掊斗折衡[③]，而民不争；殚残天下之圣法[④]，而民始可与论议。擢乱六律[⑤]，铄绝竽瑟[⑥]，塞瞽旷之耳[⑦]，而天下始人含其聪矣[⑧]；灭文章[⑨]，散五采[⑩]，胶离朱之目，而天下始人含其明矣。毁绝钩绳而弃规矩，攦工倕之指[⑪]，而天下始人有其巧矣[⑫]。故曰：大巧若拙。削曾史之行，钳杨墨之口，攘弃仁义[⑬]，而天下之德始玄同矣[⑭]。彼人含其明，则天下不铄矣；人含其聪，则天下不累矣[⑮]；人含其知，则天下不惑矣；人含其德，则天下不僻矣。彼曾、史、杨、墨、师旷、工倕、离朱，皆外立其德[⑯]，而以爚乱天下者也[17]，法之所无用也[18]。

注释

①擿（zhì）：掷。

②朴：敦厚朴实。鄙：固陋无知。

③掊（pǒu）：破，打碎。

④殚（dān）：耗尽。残：毁坏。

⑤擢（zhuó）：拔掉。

⑥铄（shuò）：销毁。绝：折断。竽瑟：两种古乐器之名，这里泛指乐器。

⑦瞽旷：即师旷。因其眼瞎，所以又叫他“瞽旷”。

⑧含：保全。

⑨文章：文彩，花纹。

⑩五采：即五色。

⑪攦（lì）：折断。工倕（chuí）：传说中的能工巧匠。

⑫有：保有。此处“有”字很可能是“含”字之误。

⑬攘：推开，排除。

⑭玄：黑，幽暗；“玄同”即混同。

⑮累：忧患。

⑯外立：在外表上树立，即对人炫耀之意。

⑰爚（yuè）：炫耀；“爚乱”就是迷乱的意思。

⑱法：这里指圣智之法，一说“法”即“大道”。

译文 所以，断绝圣人摒弃智慧，大盗就能中止；弃掷玉器毁坏珠宝，小的盗贼就会消失；焚烧符记破毁玺印，百姓就会朴实浑厚；打破斗斛折断秤杆，百姓就会没有争斗；尽毁天下的圣人之法，百姓方才可以谈论是非和曲直。搅乱六律，毁折各种乐器，并且堵住师旷的耳朵，天下人方能保全他们原本的听觉；消除纹饰，离散五彩，粘住离朱的眼睛，天下人方才能保全他们原本的视觉；毁坏钩弧和墨线，抛弃圆规和角尺，弄断工倕的手指，天下人方才能保有他们原本的智巧。因此说："最大的智巧就好像是笨拙一样。"削除曾参、史鳝的忠孝，钳住杨朱、墨翟善辩的嘴巴，摒弃仁义，天下人的德行方才能混同而齐一。人人都保有原本的视觉，那么天下就不会出现毁坏，人人都保有原本的听觉，那么天下就不会出现忧患；人人都保有原本的智巧，那么天下就不会出现迷惑；人人都保有原本的秉性，那么天下就不会出现邪恶。那曾参、史鳝、杨朱、墨翟、师旷、工倕和离朱，都外露并炫耀自己的德行，而且用来迷乱天下之人，这就是圣治之法没有用处的原因。

原文 子独不知至德之世乎？昔者容成氏、大庭氏、伯皇氏、中央氏、栗陆氏、骊畜氏、轩辕氏、赫胥氏、尊卢氏、祝融氏、伏牺氏、神农氏[1]，当是时也，民结绳而用之[2]。甘其食，美其服，乐其俗，安其居，邻国相望，鸡狗之音相闻，民至老死而不相往来。若此之时，则至治已。今遂至使民延颈举踵[3]，曰："某所有贤者，"赢粮而趣之[4]，则内弃其亲，而外弃其主之事；足迹接乎诸侯之境，车轨结乎千里之外[5]，则是上好知之过也[6]。上诚好知而无道，则天下大乱矣！

注释

①容成氏、大庭氏、伯皇氏、中央氏、栗陆氏、骊畜氏、轩辕氏、赫胥氏、尊卢氏、祝融氏、伏牺氏、神农氏：传说中的古代帝王或部落首领，但多数不见于经传。

②结绳而用之：指文字产生之前的结绳记事。

③遂：竟。延颈：伸长脖颈。举踵：踮起脚跟。

④赢：裹，包着。趣：通作"趋"，快步走的意思，

⑤结：往来交错。

⑥上：这里指国君，也可泛指统治者。

译文

你唯独不知道那盛德的时代吗？从前容成氏、大庭氏、伯皇氏、中央氏、栗陆氏、骊畜氏、轩辕氏、赫胥氏、尊卢氏、祝融氏、伏牺氏、神农氏，在那个时

代，人民靠结绳的办法记事，把粗疏的饭菜认作美味，把朴素的衣衫认作美服，把淳厚的风俗认作欢乐，把简陋的居所认作安适，邻近的国家相互观望，鸡狗之声相互听闻，百姓直至老死也互不往来。像这样的时代，就可说是真正的太平治世了。可是当今竟然使百姓伸长脖颈踮起脚跟说，“某个地方出了圣人”，于是带着干粮急趋而去，家里抛弃了双亲，外边离开了主上的事业，足迹交接于诸侯的国境，车轮印迹往来交错于千里之外，而这就是统治者追求圣智的过错。统治者一心追求圣智而不遵从大道，那么天下必定会大乱啊！

原文 何以知其然邪？夫弓、弩、毕、弋、机变之知多[①]，则鸟乱于上矣；钩饵、罔罟、罾笱之知多[②]，则鱼乱于水矣；削格、罗落、罝罘之知多[③]，则兽乱于泽矣；知诈渐渐毒、颉滑坚白、解垢同异之变多[④]，则俗惑于辩矣。故天下每每大乱[⑤]，罪在于好知。故天下皆知求其所不知，而莫知求其所已知者；皆知非其所不善，而莫知非其所已善者，是以大乱。故上悖日月之明[⑥]，下烁山川之精[⑦]，中堕四时之施[⑧]，惴耎之虫[⑨]，肖翘之物[⑩]，莫不失其性。甚矣，夫好知之乱天下也！自三代以下者是已，舍夫种种之民⑪，而悦夫役役之佞⑫，释夫恬淡无为⑬，而悦夫哼哼之意⑭，哼哼已乱天下矣！

注释

①弩（nǔ）：带有机关的连珠箭。毕：一种带柄的网。弋：系有丝绳可以回收的箭。机变：疑为“机辟”之误，即捕鸟兽的机关。

②罾（zēng）：用竿子支撑形如伞状的渔网。笱（gǒu）：用作捕鱼的竹笼。

③削：竹桩。格：木桩。“削”“格”都是用来支撑兽网的桩子。罗落：用来关守野兽的网状篱笆。罝（jū）罘（fú）：捕兽的网。

④渐毒：欺诈。“知诈渐毒”指工于心计，欺骗伪诈。颉滑：奸黠狡猾。解诟：言词诡曲。同异：战国名家的又一诡辩论题，认为事物的同与异是相对的，因而也就没有同异之别。变：权变，变诈，

⑤每每：即昧昧，昏昏的意思

⑥悖（bèi）：遮掩。

⑦烁：通作“铄”，销解的意思。

⑧堕（huī）：通作“隳”，毁坏的意思。施：推移。

⑨惴耎（ruǎn）：蠕动的样子，这里指附地而生的小虫。

⑩肖翘：飞在空中的小虫。

⑪种种：淳朴的样子。

⑫役役：钻营狡黠的样子。佞：巧言谄媚的小人，

⑬释：放置，废弃。

⑭啍啍（tūn）：喋喋不休，不停地说教的样子。

译文 怎么知道是这样的呢？弓弩、鸟网、弋箭、机关之类的智巧多了，那么鸟儿就只会在空中扰飞；钩饵、渔网、鱼笼之类的智巧多了，那么鱼儿就只会在水里乱游；木栅、兽栏、兽网之类的智巧多了，那么野兽就只会在草泽里乱窜；伪骗欺诈、奸黠狡猾、言词诡曲、坚白之辩、同异之谈等等权变多了，那么世俗的人就只会被诡辩所迷惑。所以天下昏昏大乱，罪过就在于喜好智巧。所以天下人都只知道追求他所不知道的，却不知道探索他所已经知道的；都知道非难他所认为不好的，却不知道否定他所已经赞同的，因此天下大乱。所以对上而言遮掩了日月的光辉，对下而言销解了山川的精华，居中而言损毁了四时的交替，就连附生地上蠕动的小虫，飞在空中的蛾蝶，没有不丧失原有真性的。追求智巧扰乱天下，竟然达到如此地步！自夏、商、周三代以来的情况就是这样啊，抛弃那众多淳朴的百姓，而喜好那钻营狡诈的谄佞小人；

废置那恬淡无为的自然风尚，喜好那喋喋不休的说教。喋喋不休的说教已经搞乱了天下啊。

在宥

题解 “在”是自在的意思，“宥”是宽容的意思。反对人为，提倡自然，阐述无为而治的主张就是本篇的主旨。

全篇大体分为六个部分。第一部分至“吾又何暇治天下哉”，指出一切有为之治都会使天下之人“淫其性”而“迁其德”，因此“君子不得已而临莅天下”就应当“莫若无为”；一开始就推出了“无为”而治的主张，而开篇的两句话便是提挈全文的总纲。第二部分至“故曰‘绝圣弃知而天下大治’”，借老聃对崔瞿的谈话说明推行仁义扰乱人心是天下越治越坏的原因，极力主张“绝圣去知”。第三部分至“而我独存乎”，通过广成子对黄帝的谈话，阐明治天下者必须先治身的道理，并详细说明了治身、体道的方法和途径。第四部分至“起辞而行”，用鸿蒙与云将的对话，进一步阐明无为与养心的关系，指出无为的要害就在于“心养”。第五部分至“天地之友”，着力说明拥有土地的统治者一心贪求私利必定留下祸患，从而进一步阐明了“养心”和“忘物”的关系，做到了“无己”也就能忘形、忘物。余下为第六部分，概括了治理天下时遇到的十种情况，指出对待这些情况都只能听之任之，随顺应合，并就此提出了君主无为，臣下有为的主张。不过，本篇所反映的庄子思想与庄子在前几篇中抨击仁义，绝圣弃智的思想似有偏离之嫌。

原文 闻在宥天下①，不闻治天下也。在之也者，恐天下之淫其性也②；宥之也者，恐天下之迁其德也③。天下不淫其性，不迁其德，有治天下者哉！昔尧之治天下也，使天下欣欣焉人乐其性④，是不恬也⑤；桀之治天下也，使天下瘁瘁焉人苦其性⑥，是不愉也。夫不恬不愉，非德也。非德也而可长久者，天下无之。

注释 ①在：自在。一说是存，存而不论的意思。宥：宽容。“在宥天下”意思是任天下自在地发展，人和事物均各得其所而相安无事，也就是无为而治。

②淫：过，超出。

③迁：改变。德：常态，指遵循于“道”的生活规律和处世的基本态度。

④欣欣：高高兴兴的样子。乐其性：为其性而乐，意思是为

保有真性而欣喜。一说“其”字指代“尧”，跟下句的“其”字指代“桀”一样，亦可通。姑备参考。

⑤恬：静。

⑥瘁瘁：忧愁的样子。苦其性：为其性而苦，为保有真性而苦恼。

译文 只听说听任天下安然自在地发展，没有听说要对天下进行治理。听任天下自在地发展，是因为担忧人们超越了原本的真性；宽容不迫各得其所，是因为担忧人们改变了自然的常态。天下人不超越原本的真性，不改变自然的常态，哪里用得着治理天下呢！从前唐尧治理天下，使天下人欣喜若狂人人都为有其真性而欢乐，这就不安宁了；当年夏桀治理天下，使天下人忧心不已人人都为有其真性而痛苦，这就不欢快了。不安宁与不欢快，都不是人们生活和处世的常态。不合于自然的常态而可以长久存在，天下是没有的。

原文 人大喜邪，毗于阳①；大怒邪，毗于阴。阴阳并毗，四时不至，寒暑之和不成，其反伤人之形乎！使人喜怒失位，居处无常，思虑不自得，中道不成章②，于是乎天下始乔诘卓鸷③，而后有盗跖、曾史之行。故举天下以赏其善者不足，举天下以罚其恶者不给，故天下之大不足以赏罚。自三代以下者，匈匈焉终以赏罚为事④，彼何暇安其性命之情哉！

注释

①毗（pí）：损伤。阳：与下句的“阴”本指日光的向背，引申指气候上的冷暖，中国古代哲学著作中又借此解释事物对立对应的正反两个侧面。

②章：章法，法度。

③乔诘：意不平。卓鸷：行不平。“乔诘”和“卓鸷”泛指世上出现的种种不平之事。一说“乔诘”是狡黠诈伪之意，“卓鸷”是卓尔不群之意，可备参考。

④匈匈：即“汹汹”，喧嚣吵嚷的样子。

译文

人们过度欢欣，定会损伤阳气；人们过度愤怒，定会损伤阴气。阴与阳相互侵害，四时就不会顺应而至，寒暑也就不会调和形成，这恐怕反倒会伤害自身吧！使人喜怒失却常态，居处没有定规，考虑问题不得要领，办什么事都半途失去章法，于是天下就开始出现种种不平，而后便产生盗跖、曾参、史鳝等各各不同的行为和做法。所以，动员天下所有力量来奖励人们行善也嫌不够，动员天下所有力量来惩戒劣迹也嫌不足，因此天下虽很大仍不足以用来赏善罚恶。自夏、商、周三代以来，始终是喋喋不休地把赏善罚恶当作当政之急务，他们又哪里有心思去安定人的自然本性和真情呢！

原文 而且说明邪[①]，是淫于色也[②]；说聪邪，是淫于声也；说仁邪，是乱于德也；说义邪，是悖于理也[③]；说礼邪，是相于技也[④]；说乐邪，是相于淫也；说圣邪，是相与艺也[⑤]；说知邪，是相于疵也[⑥]。天下将安其性命之情，之八者，存可也，亡可也；天下将不安其性命之情，之八者，乃始脔卷狁囊而乱天下也[⑦]。而天下乃始尊之惜之，甚矣，天下之惑也！岂直过也而去之邪[⑧]，乃齐戒以言之[⑨]，跪坐以进之，鼓歌以儛之[⑩]，吾若是何哉！故君子不得已而临莅天下[⑪]，莫若无为。无为也而后安其性命之情。故贵以身于为天下，则可以托天下；爱以身于为天下，则可以寄天下[⑫]。故君子苟能无解其五藏[⑬]，无擢其聪明[⑭]；尸居而龙见[⑮]，渊默而雷声[⑯]，神动而天随，从容无为而万物炊累焉[⑰]。吾又何暇治天下哉！

注释 ①说（yuè）：喜悦，这个意思后代写作“悦”。

②淫：沉溺，为之所迷乱。

③悖：违背。

④相：助。技：技巧，这里指熟悉礼仪。

⑤艺：才能。

⑥疵：毛病，这里指辨别细小的是非。

⑦脔（luán）卷：拳曲而不舒展的样子。獊（cāng）囊：扰攘纷争的样子。

⑧直：止，仅仅。过：经过。“过也而去之”意思是一代一代地流传下去。

⑨齐（zhāi）：通作“斋”。

⑩儛（wǔ）：舞。

⑪莅（lì）：到，临。“临莅天下”意思是来到从政的地位而治理天下。

⑫“故贵以身于为天下，…… 爱以身于为天下，……”此两句亦见于《老子》。老庄认为轻身以赴利，弃我而殉物，那么，身且不能安，怎么能治理天下。因此，只有贵身贱利的人才可以托付天下。

⑬五藏：五脏。“无解五藏”意思是不敞开心中的灵气。

⑭擢：拔，提升，引申为有意显露。

⑮尸：表示一动不动的样子。“尸居”的意思就是，像受祭的活人那样一动不动地坐着。龙：表示精神腾飞的样子。见

(xiàn)：显现。“龙见”，意思就是精神里却是腾龙显现。

⑯渊默：意思是像深渊那么默默深沉。雷声：意思是撼人之力就像雷声隆隆。

⑰炊：炊烟。累：游动的尘埃。

译文 而且，喜好目明么，这是沉溺于五彩；喜好耳聪么，这是沉溺于声乐；喜好仁爱么，这是扰乱人的自然常态；喜好道义么，这是违反事物的常理；喜好礼仪么，这就助长了繁琐的技巧；喜好音乐么，这就助长了淫乐；喜好圣智么，这就助长了技艺；喜好智巧么，这就助长了琐细之差的争辩。天下人想要安定自然赋予的真情和本性，这八种做法，存留可以，丢弃也可以；天下人不想安定自然赋予的真情和本性，这八种做法，就会成为拳曲不伸、扰攘纷争的因素而迷乱天下了。可是，天下人竟然会尊崇它，珍惜它，天下人为其所迷惑竟达到如此地步！这种种现象岂止是一代一代地流传下来呀！人们还虔诚地谈论它，恭敬地传颂它，欢欣地供奉它，对此我将能够怎么样呢！所以，君子不得已而居于统治天下的地位，那就不如一切顺其自然。顺其自然方能使天下人保有人类自然的本性与真情。正因为这样，看重自身甚于看重统驭天下的人，便可以把天下交给他；爱护自身甚于爱护统驭天下之事的人，便可以把天下托付给他。也正因为这样，君子倘能不敞露心中的灵气，不表明自己的才华和智巧，那就会安然不动而精神腾飞，默默深沉而撼人至深，精神活动合乎天理，从容自如顺应自然而万事万物都像炊烟游尘那样自由自在。我又何须分出心思去治理天下啊！

原文 崔瞿问于老聃曰[①]："不治天下，安藏人心[②]？"老聃曰："女慎无撄人心[③]。人心排下而进上[④]，上下囚杀[⑤]，绰约柔乎刚彊[⑥]。廉刿雕琢[⑦]，其热焦火[⑧]，其寒凝冰。其疾俛仰之间而再抚四海之外[⑨]，其居也渊而静[⑩]，其动也县而天。偾骄而不可系者[⑪]，其唯人心乎！昔者黄帝始以仁义撄人之心，尧舜于是乎股无胈[⑫]，胫无毛[⑬]，以养天下之形，愁其五藏以为仁义[⑭]，矜其血气以规法度[⑮]。然犹有不胜也，尧于是放讙兜于崇山[⑯]，投三苗于三峗[⑰]，流共工于幽都[⑱]，此不胜天下也。夫施及三王而天下大骇矣[⑲]，下有桀跖，上有曾史，而儒墨毕起。于是乎喜怒相疑，愚知相欺，善否相非，诞信相讥，而天下衰矣。大德不同，而性命烂漫矣[⑳]；天下好知，而百姓求竭矣[㉑]，于是乎釿锯制焉[22]，绳墨杀焉[23]，椎凿决焉[24]。天下脊脊大乱[25]，罪在撄人心。故贤者伏处大山嵁岩之下[26]，而万乘之君忧慄乎庙堂之上[27]。今世殊死者相枕也[28]，桁杨者相推也[29]，刑戮者相望也，而儒墨乃始离跂攘臂乎桎梏之间[30]。意，甚矣哉！其无愧而不知耻也甚矣！吾未知圣知之不为桁杨接槢也[31]，仁义之不为桎梏凿枘也[32]，焉知曾史之不为桀跖嚆矢也[33]！故曰‘绝圣弃知而天下大治’。”

注释

①崔瞿：虚拟的人名。

②藏：乃，“臧”字之讹。“臧”是善的意思。

③撄（yīng）：纠缠，扰乱。

④排：排斥，压抑。进：推进，提升。“排”和“进”分别喻指不得志之时和得志之时；“下”和“上”则分别指两种心态，即颓丧、消沉和欢欣、气盛。

⑤囚：拘禁。

⑥绰约：柔弱美好的样子。彊（qiáng）：“强”字之古体。

⑦廉：方正，有棱角，比喻品行端正，不随合世事。刿（guì）：割伤。雕琢：犹言刻削。

⑧“热”与下句的“寒”分别形容两种截然的心态：情感激动和情绪低落。

⑨疾：快速；这里指心境变化迅速。俛："俯"字的异体。"俛仰之间"比喻时间短暂。抚：临。

⑩渊：这里是深沉的意思。

⑪僨（fèn）骄：骄矜而不可禁。系：缀连，这里含有拘绊的意思。

⑫股：大腿。胈（bá）：白肉。

⑬胫：小腿。联系上一句，"股无胈"与"胫无毛"都是用来形容劳累奔波的。

⑭五藏：即五脏，这里泛指心胸和思想。

⑮矜：苦。"矜其血气"就是说耗费了无数心血。

⑯讙："歡"字的异体，今简化为"欢"。讙兜：人名，传说跟尧作对、被尧放逐。崇山：地名，传说在当时中原之地的南陲。

⑰三苗：帝尧时代的古国名，地处南方。三危：又作"三危"，山名，地处西北。

⑱共工：帝尧的水官。幽都：即幽州，地处北方。

⑲施（yì）：延续。三王：即夏、商、周三代。骇：惊骇。

⑳大德：指人的基本观念和生活态度。

㉑竭：尽。"求竭"指永远不能满足。一说"求竭"即"纠葛"，与上句之"烂漫"对文。姑备参考。

㉒钎（jīn）："斤"字之异体，即横口之斧。

㉓杀：疑为“设”字之误，处置的意思。“杀”，繁体写作“殺”。

㉔椎凿：穿孔的工具。决：打穿，引申指刑戮、处决。以上“斩锯”“绳墨”“椎凿”都是木匠的工具，借指伤害人和约束人的刑法和礼义。

㉕脊脊：相互践踏的样子。一说是淆乱的意思。

㉖伏处：隐居。嵁（kān）岩：深谷。

㉗乘（shèng）：古代一车四马为一乘。“万乘之君”指能统驭上万辆战车的国君，即大国的国君。这里泛指居于统治地位的诸侯。

㉘殊：断。“殊死”也就是斩首。

㉙桁（háng）杨：加在被囚禁者颈上和脚上的刑具。相推：一个挨着一个。

㉚离跂（qí）：奋力的样子。攘臂：举臂。桎（zhì）梏（gù）：脚镣手铐，用于拘系罪犯刑具，这里喻指用来束缚人的真情本性的工具。

㉛椄（jié）槢（xí）：“椄”通作“楔”；椄槢就是连接脚镣或手铐左右两部分的插木。

㉜凿：孔。枘（ruì）：榫头，即插入孔中的木栓。

㉝嚆（hāo）：吼。“嚆矢”即响箭，这里含有导向、先导的意思。

译文

崔瞿子向老聃请教："不治理天下，怎么能使人心向善？"老聃回答说："你应谨慎而不要随意扰乱人心。人们的心情总是压抑便消沉颓丧而得志便趾高气扬，不过消沉颓丧或者趾高气扬都像是受到拘禁和伤害一样自累自苦，唯有柔弱顺应能软化刚强。端方而棱角外露容易受到挫折和伤害，情绪激烈时像熊熊大火，情绪低落时像凛凛寒冰。内心变化格外迅速转眼间再次巡游四海之外，静处时深幽宁寂，活动时腾跃高天。骄矜不禁而无所拘系的，恐怕就只是人的内心活动吧！当年黄帝开始用仁义来扰乱人心，尧和舜于是疲于奔波而腿上无肉、胫上秃毛，用以养育天下众多的形体，满心焦虑地推行仁义，并耗费心血来制定法度。然而他还是未能治理好天下。此后尧将驩兜放逐到南方的崇山，将三苗放逐到西北的三峗，将共工放逐到北方的幽都，这些就是没能治理好天下的明证。延续到夏、商、周三代更是多方面地惊扰了天下的人民，下有夏桀、盗跖之流，上有曾参、史鰌之流，而儒家和墨家的争辩又全面展开。这样一来或喜或怒相互猜疑，或愚或智相互欺诈，或善或恶相互责难，或妄或信相互讥刺，因而天下也就逐渐衰败了；基本观念和生活态度如此不同，人类的自然本性散乱了，天下都追求智巧，百姓中便纷争迭起。于是用斧锯之类的刑具来制裁他们，用绳墨之类的法度来规范他们，用椎凿之类的肉刑来惩处他们。天下相互践踏而大乱，罪在扰乱了人心。因此贤能的人隐居于高山深谷之下，而帝王诸侯忧心如焚战栗在朝堂之上。当今之世，遭受杀害的人尸体一个压着一个，戴着脚镣手铐而坐大牢的人一个挨着一个，受到刑具伤害的人更是举目皆然，而儒家墨家竟然在枷锁和羁绊中挥手舞臂地奋力争辩。唉，真是太过分了！他们不知心愧、不识羞耻竟然达到这等地步！我不知道那所谓的圣智不是脚镣手铐上用作连接左右两部分的插木，我也不明白那所谓的仁义不是枷锁上用作加固的孔穴和木栓，又怎么知道曾参和史䲡之流不是夏桀和盗跖的先导！所以说，'杜绝圣人，抛弃智慧，天下就会得到治理而太平无事'。"

原文 黄帝立为天子十九年[1]，令行天下，闻广成子在于空同之山[2]，故往见之。曰："我闻吾子达于至道，敢问至道之精。吾欲取天地之精，以佐五谷[3]，以养民人。吾又欲官阴阳[4]，以遂群生[5]，为之奈何？"广成子曰："而所欲问者，物之质也[6]；而所欲官者，物之残也⑦。自而治天下，云气不待族而雨⑧，草木不待黄而落，日月之光益以荒矣⑨。而佞人之心翦翦者⑩，又奚足以语至道！”黄帝退，捐天下⑪，筑特室⑫，席白茅⑬，间居三月⑭，复往邀之⑮。

注释

①黄帝：轩辕氏，相传为中原部族的祖先。

②广成子：传说即老子，实为虚构的人物。空同：亦作崆峒，神话中的山名。

③佐：辅助。“佐五谷”即帮助五谷生长。

④官：用如动词，管、主宰的意思。

⑤遂：顺应，顺着。

⑥质：正，本质。

⑦残：余剩，残损。

⑧族：聚集。雨：用如动词，指下雨。

⑨益：渐渐。荒：迷乱，晦暗。

⑩佞人：谗谄的小人。翦翦：心地狭劣。

⑪捐：弃置。

⑫筑特室：指为了避喧嚣而另辟静室。

⑬席：铺。白茅：古代祭祀时用于缩酒，这里取其洁白的特点，用以表示洁身自好。

⑭间居：犹言独处；清心养性，因而杜绝与他人来往。

⑮邀：请，求教。

译文 黄帝做了十九年天子，诏令通行天下，听说广成子居住在空同山上，特意前往拜见他，说：“我听说先生已经通晓至道，冒昧地请教至道的精华。我一心想获取天地的灵气，用来帮助五谷生长，用来养育百姓。我又希望能主宰阴阳，从而使众多生灵遂心地成长，对此我将怎么办？”广成子回答说：“你所想问的，是万事万物的根本；你所想主宰的，是万事万物的残留。自从你治理天下，天上的云气不等到聚集就下起雨来，地上的草木不等到枯黄就飘落凋零，太阳和月亮的光亮也渐渐地晦暗下来。然而谗谄的小人心地是那么偏狭和恶劣，又怎么能够谈论大道！”黄帝听了这一席话便退了回来，弃置朝政，筑起清心寂智的静室，铺着洁白的茅草，谢绝交往独居三月，再次前往求教。

原文 广成子南首而卧[①]，黄帝顺下风[②]，膝行而进[③]，再拜稽首而问曰[④]：“闻吾子达于至道，敢问，治身奈何而可以长久？”广成子蹶然而起[⑤]，曰：“善哉问乎！来！吾语女至道。至道之精，窈窈冥冥[⑥]；至道之极，昏昏默默[7]，无视无听，抱神以静[8]，行将至正。必静必清，无劳女形，无摇女精，乃可以长生。目无所见，耳无所闻，心无所知，女神将守形，形乃长生。慎女内[9]，闭女外[10]，多知为败。我为女遂于大明之上矣[11]，至彼至阳之原也[12]。为女入于窈冥之门矣，至彼至阴之原也。天地有官，阴阳有藏[13]；慎守女身，物将自壮。我守其一以处其和[14]，故我修身千二百岁矣，吾形未常衰[15]。”黄帝再拜稽首，曰：“广成子之谓天矣！”

注释

①南首：头朝南。

②下风：下方。

③膝行：意思是用膝盖着地而行。

④稽首：叩头至地。

⑤蹶（guì）然：急遽的样子。

⑥窈窈（yǎo）冥冥：深远昏暗的样子。

⑦昏昏默默：晦暗沉寂的样子。

⑧抱神：持守精神。

⑨内：内心，精神世界。“慎女内”即持守心思，摒弃思虑的意思。

⑩外：人体外在的感受器官，如眼和耳。“闭女外”就是封闭

住你的感受器官，即“无视无听”的意思。

⑪遂：顺，引申为达到。

⑫前一“至”字是动词，去到的意思；后一“至”字是形容词，极的意思。

⑬藏：府，居所。

⑭一：浑一，这里实指“道”。和：指阴、阳调谐。

⑮未常：疑是“未尝”之误。

译文

广成子头朝南地躺着，黄帝则顺着下方，双膝着地匍匐向前，叩头着地行了大礼后问道：“听说先生已经通晓至道，冒昧地请教，修养自身怎么样才能活得长久？”广成子急速地挺身而起，说：“问得好啊！来，我告诉给你至道。至道的精髓，幽深渺远；至道的至极，晦暗沉寂。什么也不看什么也不听，持守精神保持宁静，形体自然顺应正道。一定要保持宁寂和清静，不要使身形疲累劳苦，不要使精神动摇恍惚，这样就可以长生。眼睛什么也没看见，耳朵什么也没听到，内心什么也不知晓，这样你的精神定能持守你的形体，形体也就长生。小心、谨慎地摒除一切思虑，封闭起对外的一切感官，智巧太多定然招致败亡。我帮助你达到最光明的境地，直达那阳气的本原。我帮助你进入到幽深渺远的大门，直达那阴气的本原。天和地都各有主宰，阴和阳都各有府藏，谨慎地守护你的身形，万物将会自然地成长。我持守着浑一的大道而又处于阴阳二气调谐的境界，所以我修身至今已经一千二百年，而我的身形还从不曾有过衰老。”黄帝再次行了大礼叩头至地说：“先生真可说是跟自然混而为一了！”

原文 广成子曰：“来，余语女。彼其物无穷，而人皆以为有终；彼其物无测，而人皆以为有极。得无道者，上为皇而下为王；失吾道者，上见光而下为土。今夫百昌皆生于土而反于土①，故余将去女，入无穷之门，以游无极之野。吾与日月参光②，吾与天地为常。当我③，缗乎④！远我⑤，昏乎⑥！人其尽死，而我独存乎！”

注释 ①百：言其多；“百昌”就是说万物昌盛。

②参：同。

③当我：向着我而来。

④缗（mín）：泯合。一说不在意，不放在心上的意思。

⑤远我：背着我而去。与上句之“当我”对文。

⑥昏（mín）：昏暗。一说同“缗”，也是不在意的意思。

译文 广成子又说：“来，我告诉你。宇宙间的事物是没有穷尽的，然而人们却认为有个尽头；宇宙间的事物是不可能探测的，然而人们却认为有个极限。掌握了我所说的道的人，在上可以成为皇帝，在下可以成为王侯；不能掌握我所说的道的人，在上只能见到日月的光亮，在下只能化为土块。如今万物昌盛可都生于土地又返归土地，所以我将离你而去，进入那没有穷尽的大门，从而遨游于没有极限的原野。我将与日月同光，我将与天地共存。向着我而来，我无所觉察！背着我而去，我无所在意！人们恐怕都要死去，而我还独自留下来吗？”

原文 云将东游①，过扶摇之枝而适遭鸿蒙②。鸿蒙方将拊脾雀跃而游③。云将见之，倘然止④，贽然立⑤，曰：“叟何人邪？叟何为此？”鸿蒙拊脾雀跃不辍⑥，对云将曰：“游！”云将曰：“朕愿有问也⑦。”鸿蒙仰而视云将曰：“吁！”云将曰：“天气不和，地气郁结，六气不调，四时不节⑧。今我愿合六气之精以育群生，为之奈何？”鸿蒙拊脾掉头曰：“吾弗知！吾弗知！”云将不得问。

注释

①云将：云的主帅。

②扶摇：神木；一说为飓风。鸿蒙：自然的元气。“鸿蒙”跟“云将”一样，均已拟人化，成为寓言中的人物。

③拊（fǔ）：拍击。脾：当作“髀”，大腿。雀跃：像小雀一样跳跃。

④倘然：惊疑的样子。

⑤贽（zhì）然：站立不动的样子。

⑥辍（zhuò）：停止。

⑦朕（zhèn）：我，一人称代词。

⑧节：节令；“不节”即不合节令。

译文

云将到东方巡游，经过神木扶摇的枝旁恰巧遇上了鸿蒙。鸿蒙正拍着大腿像雀儿一样跳跃游乐。云将见鸿蒙那般模样，惊疑地停下来，纹丝不动地站着，说：“老先生是什么人呀！你老先生为什么这般动作？”鸿蒙拍着大腿不停地跳跃，对云将说：“自在地游乐！”云将说：“我想向你请教。”鸿蒙抬起头来看了看云将道：“哎！”云将说：“天上之气不和谐，地上之气郁结了，阴、阳、风、雨、晦、明六气不调和，四时变化不合节令。如今我希望调谐六气之精华来养育众生灵，对此将怎么办?”鸿蒙拍着大腿掉过头去，说：“我不知道！我不知道!”云将得不到回答。

原文 又三年，东游，过有宋之野而适遭鸿蒙①。云将大喜，行趋而进曰：“天忘朕邪②？天忘朕邪?”再拜稽首，愿闻于鸿蒙。鸿蒙曰：“浮游，不知所求；猖狂③，不知所往。游者鞅掌④，以观无妄⑤。朕又何知!”云将曰：“朕也自以为猖狂，而民随予所往；朕也不得已于民，今则民之放也⑥。愿闻一言。”

注释 ①有：语助之辞，“有宋”也就是“宋”。

②天：这里实指鸿蒙，敬如上天的意思。

③猖狂：漫不经心地随意活动。

④鞅掌：众多、纷纷攘攘的样子。

⑤妄：虚，不实。“无妄”即真实，现实的存在。

⑥放：依，仿效。

译文 过了三年，云将再次到东方巡游，经过宋国的原野恰巧又遇到了鸿蒙。云将大喜，快步来到近前说：“你老先生忘记了我吗？你老先生忘记了我吗?”叩头至地行了大礼，希望得到鸿蒙的指教。鸿蒙说："自由自在地遨游，不知道追求什么；漫不经心地随意活动，不知道往哪里去。游乐人纷纷攘攘，观赏那绝无虚假的情景；我又能知道什么！"云将说："我自以为能够随心地活动，人民也都跟着我走；我不得已而对人民有所亲近，如今却为人民所效仿。我希望能聆听您的一言教诲。"

原文 鸿蒙曰："乱天之经①，逆物之情，玄天弗成②；解兽之群，而鸟皆夜鸣；灾及草木，祸及止虫③，意，治人之过也！"云将曰："然则吾奈何？"鸿蒙曰："意，毒哉④！僊僊归矣⑤。"云将曰："吾遇天难，愿闻一言。"

注释 ①经：本指织物上的纵线，引申为常规，正常序列的意思。

②玄天：即指天。

③止：亦作"昆"，"止虫"即昆虫。一说"止"是"豸"的意思，"止虫"即豸虫。

④毒：这里是受毒害太深的意思。

⑤僊僊（xiān）："僊"是"仙"字的异体。"僊僊"指轻扬的样子。

译文 鸿蒙说："扰乱自然的常规，违背事物的真情，整个自然的变化不能顺应形成。离散群居的野兽，飞翔的鸟儿都夜鸣，灾害波及草木，祸患波及昆虫。唉，这都是治理天下的过错！"云将问："这样，那么我将怎么办？"鸿蒙说："唉，你受到的毒害实在太深啊！你还是就这么回去吧。"云将说："我遇见你实在不容易，恳切希望能听到你的指教。"

原文 鸿蒙曰："心养①。汝徒处无为②，而物自化。堕尔形体③，吐尔聪明④，伦与物忘⑤，大同乎涬溟⑥，解心释神，莫然无魂⑦。万物云云⑧，各复其根⑨，各复其根而不知⑩；浑浑沌沌⑪，终身不离；若彼知之，乃是离之。无问其名，无阙其情，物固自生。"云将曰："天降朕以德⑫，示朕以默⑬；躬身求之，乃今也得。"再拜稽首，起辞而行。

注释 ①心养：养心，即摒弃思虑，清心寂神。

②徒：只。

③堕（huī）：通作"隳"，毁弃的意思。

④吐：当是"咄"字之讹，"咄"与"黜"同，废弃的意思。"黜"与"隳"相对，"吐"字则不可通。一说"吐"当是"杜"字

之误，杜塞的意思；亦可通。姑备参考。

⑤伦：伦理。一说“伦”通作“沦”，沦没，意思是跟外物泯合而一块忘却。

⑥涬（xìng）溟：混混茫茫的自然之气。

⑦莫然：即漠然，像死灰一样没有感知的样子。

⑨云云：众多的样子。

⑨根：这里指固有的真性。

⑩知：感知。

⑪浑浑沌沌：各任自然，浑然无知，保持自然真性的状态。

⑫降：这里是传授、教诲的意思。“降朕以德”即以德降朕，把对待外物和自我所应取的态度传授给我。

⑬默：义同“养心”，即清心寂神的意思。“示朕以默”即以默示朕，把清心寂神的方法晓谕给我。

译文 鸿蒙说：“唉！修身养性。你只须处心于无为之境，万物会自然地有所变化。忘却你的形体，废弃你的智慧，让伦理和万物一块儿遗忘。混同于茫茫的自然之气，解除思虑释放精神，像死灰一样木然地没有魂灵。万物纷杂繁多，全都各自回归本性，各自回归本性却是出自无心，浑然无知保持本真，终身不得背违；假如有所感知，就是背离本真。不要询问它们的名称，不要窥测它们的实情，万物本是自然地生长。”云将说：“你把对待外物和对待自我的要领传授给我，你把清心寂神的方法晓谕给我；我亲身探求大道，如今方才有所领悟。”叩头至地再次行了大礼，起身告别而去。

原文 世俗之人，皆喜人之同乎己而恶人之异于己也。同于己而欲之，异于己而不欲者，以出乎众为心也。夫以出乎众为心者，曷常出乎众哉①！因众以宁②，所闻不如众技众矣③。而欲为人之国者，此揽乎三王之利而不见其患者也④。此以人之国侥倖也，几何侥倖而不丧人之国乎！其存人之国也，无万分之一；而丧人之国也，一不成而万有余丧矣。悲夫，有土者之不知也⑤。

注释 ①曷常：即何尝。

②因：随顺，顺乎。宁：安。

③传统断句把“所闻”列在上句之末，而“因众以宁所闻，不如众技众矣”语不可通，故未从之。

④揽：把持，撮起。

⑤有土者：拥有国土的人，指国君。

译文 世俗人都喜欢别人跟自己相同而讨厌别人跟自己不一样。希望别人跟自己相同，不希望别人跟自己不一样的人，总是把出人头地当作自己主要的内心追求。那些一心只想出人头地的人，何尝又能够真正超出众人呢！随顺众人之意当然能够得到安宁，可是个人的所闻总不如众人的技艺多才智高。希图治理邦国的人，必定是贪取夏、商、周三代帝王之利而又看不到这样做的后患的人。这样做是凭借统治国家的权力贪求个人的侥幸，而贪求个人的侥幸而不至于丧失国家统治权力的又有多少呢！他们中能够保存国家的，不到万分之一，而丧失国家的，自身一无所成而且还会留下许多祸患。可悲呀，拥有土地的统治者是何等的不聪明！

原文 夫有土者，有大物也①。有大物者，不可以物②；物而不物③，故能物物④。明乎物物者之非物也，岂独治天下百姓而已哉！出入六合，游乎九州⑤，独往独来，是谓独有⑥。独有之人，是谓至贵。

注释 ①大物：旧注指至高无上的人物，疑非是，联系下一句，当从字面讲，"有大物"即拥有万物。

②这句之“物”字用表被动，即“为物所用”之意。

③这句里有两个“物”字，前一个表主动，后一个表被动，“物而不物”是说用物而又不为外物所用。

④物物：物使天下之物；前一“物”字用如动词。

⑤九州：九州所指历来含义不定，这里可以理解为当时中原一带人们熟悉的地域。

⑥独有：指不为外物所拘滞。

译文 拥有土地的国君，必然拥有众多的物品。拥有众多的物品却不可以受外物所役使，使用外物而不为外物所役使，所以能够主宰天下万物。明白了拥有外物又能主宰外物的人本身就不是物，岂止是治理天下百姓而已啊！这样的人已经能往来于天地四方，游乐于整个世界，独自无拘无束地去，又自由自在地来，这样的人就叫做拥有万物而又超脱于万物。拥有万物而又超脱于万物的人，这就称得上是至高无上的贵人。

原文 大人之教①，若形之于影，声之于响②。有问而应之，尽其所怀，为天下配③，处乎无响，行乎无方。挈汝适复之挠挠④，以游无端；出入无旁⑤，与日无始；颂论形躯⑥，合乎大同，大同而无己。无己，恶乎得

有有⑦！覩有者⑧，昔之君子；覩无者，天地之友。

注释 ①大人：即上句的“至贵”的人。

②响：回声。

③配：匹对，这里指应答；问话者为主，应答者则为匹对。

④挈：提。适复：往返。挠挠：纷纷。

⑤旁（bàng）：依。

⑥颂：容。论：语。“颂论”犹言容颜、谈吐。

⑦这句里有两个“有”字，其中前一“有”字是动词，据有、持有的意思；后一“有”字用如名词，指存在着的各种物象，包括自身的形躯。下一句之“有”字则同于本句后一“有”字的用法。

⑧覩：“睹”字之异体。

译文 至贵之人的教诲，就好像形躯对于身影，传声对于回响。有提问就有应答，竭尽自己所能，为天下人的提问作出应答。处心于没有声响的境界，活动在变化不定的地方，引领着人们往返于纷扰的世界，从而遨游在无始无终的浩渺之境，或出或进都无须依傍，像跟随太阳那样周而复始地没有尽头；容颜、谈吐和身形躯体均和众人一样，大家都是一样也就无所谓自身。

无所谓自身，哪里用得着据有各种物象！看到了自身和各种物象的存在，这是过去的君子；看不到自身和各种物象的存在，这就跟永恒的天地结成了朋友。

原文 贱而不可不任者①，物也；卑而不可不因者②，民也；匿而不可不为者，事也；麤而不可不陈者③，法也④；远而不可不居者，义也；亲而不可不广者⑤，仁也；节而不可不积者⑥，礼也；中而不可不高者⑦，德也；一而不可不易者，道也；神而不可不为者，天也。故圣人观于天而不助，成于德而不累，出于道而不谋，会于仁而不恃⑧，薄于义而不积⑨，应于礼而不讳⑩，接于事而不辞，齐于法而不乱，恃于民而不轻，因于物而不去⑪，物者莫足为也，而不可不为。不明于天者，不纯于德；不通于道者，无启而可。不明于道者，悲夫！

注释 ①任：任凭，听任。

②因：顺应，依随。

③麤（cū）：“粗”字的异体。陈：陈述。

④法：效法，这里指可以效法的言论。

⑤广：扩大、推展的意思。亲近容易形成偏爱，扩大了亲近

的范围也就成为“仁”。

⑥节，礼仪。积：增多。

⑦中：顺。一说获得的意思。

⑧会：合符。恃：依靠。

⑨薄：通作“迫”，接近、靠拢的意思。

⑩讳：回避。

⑪因：循，遵从。

译文 低贱然而不可不听任的，是万物；卑微然而不可不随顺的，是百姓；不显眼然而不可不去做的，是事情；不周全然而不可不陈述的，是可供效法的言论；距离遥远但又不可不恪守的，是道义；亲近然而不可不扩展的，是仁爱，细末的小节不可不累积的，是礼仪；顺依其性然而不可不尊崇的，是德；本于一气然而不可不变化的，是道；神妙莫测然而不可不顺应的，是自然。所以圣人观察自然的神妙却不去帮助，成就了无瑕的修养却不受拘束，行动出于道却不是事先有所考虑，符合仁的要求却并不有所依赖，接近了道义却不积不留，应合礼仪却不回避，接触琐事却不推辞，同于法度而不肆行妄为，依靠百姓而不随意役使，遵循事物变化的规律而不轻率离弃。万事万物均不可强为，但又不可不为。不明白自然的演变和规律，也就不会具备纯正的修养；不通晓道的人，没有什么事情可以办成。不通晓道的人，可悲啊！

原文 何谓道？有天道，有人道。无为而尊者，天道也；有为而累者，人道也。主者，天道也；臣者，人道也。天道之与人道也，相去远矣，不可不察也。

译文 什么叫做道？有天道，有人道。无所事事无所作为却处于崇高地位的，这就是天道，事必躬亲有所作为而积劳累苦的，这就是人道。君王就是天道，臣下就是人道。天道跟人道比较，相差实在太远，不能不细加体察。

天地

题解 “天”和“地”在庄子哲学体系中乃是元气之所生，万物之所祖，一高远在上，一浊重在下，故而以“天地”开篇。本篇的主旨仍在于阐述无为而治的主张，跟《在宥》的主旨大体相同，表述的是庄子的政治思想。

全文可以大体分成十四个部分。第一部分至“无心得而鬼神服”，阐述无为而治的思想基于“道”。事物是同一的，事物的发展变化是自然的，因此治理天下就应当是无为的。这一部分是全篇的中心所在。第二部分至“大小，长短，脩远”，通过“夫子”之口，阐明大道深奥玄妙的含义，并借此指出居于统治地位的人要得无为而治就得通晓大道。第三部分至“象罔乃可以得之乎”，写一寓言小故事，说明无为才能求得大道。第四部分至“南面之贼也”，通过隐士许由之口，说明聪慧和才智以及一切人为的做法都不足以治天下，并直接指出“治”的危害就是乱的先导。第五部分至“退已”，说明统治者也要随遇而安，不要留下什么踪迹。第六部分至“俋俋乎耕而不顾”，对比无为和有为，说明有为而治必然留下祸患。第七部分至“同乎大顺”，论述宇宙万物的产生，寓指无为而治就是返归本真。第八部分至“是之谓入于天”，指出治世者必当“忘己”。第九部分至“欲同乎德而心居矣”，指出从政的要领是纵任民心，促进自我教化，而有为之治不过是螳臂当车，自处高危。第十部分至“予与汝何足以识之哉”，借种菜老人之口反对机巧之事和机巧之心，拒绝社会的进步，提倡素朴和返归本真。第十一部分至“此之谓混冥”，分别描述了“圣治”、“德人”和“神人”。第十二部分至“事而无传”，进一步称誉所谓盛德时代的无为而治。第十三部分至“汲汲然唯恐其似己也”，借“忠臣”“孝子”作譬，哀叹世人的愚昧和迷惑。余下为第十四部分，指出追逐功名利禄和声色，貌似有所得，其实是为自己设下了绳索，无论“得”和“失”都丧失了人的真性。

原文 天地虽大，其化均也①；万物虽多，其治一也②；人卒虽众③，其主君也。君原于德而成于天④，故曰，玄古之君天下⑤，无为也，天德而已矣⑥。

注释 ①化：变化，运动。均：均衡，这里指出于自然。

②治：这里指万物各居其位，各有所得。

③人卒：百姓。

④原：本原。德：自得，即从道的观念出发对待自我和对待外物的顺任态度。

⑤玄古：遥远的古代。“君”用如动词，“君天下”即君临天下，统驭天下。

⑥天德：听任自然，顺应自得。

译文 天和地虽然很大，不过它们的运动和变化却是均衡的；万物虽然纷杂，不过它们各得其所归根结蒂却是同一的；百姓虽然众多，不过他们的主宰却都是国君。国君管理天下要以顺应事物为根本而成事于自然，所以说，遥远的古代君主统驭天下，一切都出自无为，即听任自然、顺其自得罢了。

原文 以道观言而天下之君正①，以道观分而君臣之义明②，以道观能而天下之官治，以道汎观而万物者应备③。故通于天下者，德也④；行于万物者，道也；上治人者，事也⑤；能有所艺者，技也。技兼于事⑥，事兼于义，义兼于德，德兼于道，道兼于天。故曰，古之畜天下者⑦，无欲而天下足，无为而万物化，渊静而百姓定⑧。《记》曰⑨："通于一而万事毕⑩，无心得而鬼神服。"

注释 ①道：庄子笔下的"道"常常包含两个重要方面：一是大千世界万事万物，归根结蒂是没有区别的。齐一的；一是事物的发展和变化有其自身的规律，非人为所能改变。这里侧重后一含意。言：名，称谓；古人认为能言者必须名分正，名分正方才有谈论的可能。

②分：职分。

③汎："泛"字之异体。"汎观"即遍观。备：全；自得而又自

足的意思。

④本句连同下一句，有的藏本为三个分句：“故通于天者，道也；顺于地者，德也；行于万物者，义也”，就句间关系和所述内容的前后因果看，分述于“道”“德”“义”三句更为合理些。然这里的注和译仍从旧本。

⑤事：指万事万物因其本性，各施其能。

⑥兼：并同，合于；这里含有归向的意思。

⑦畜：养育。

⑧渊：水深的样子。“渊静”指深沉清静，不扰乱人心。

⑨记：旧注指一书名，为老子所作，但已不可考。

⑩一：这里实指道。

译文 用道的观点来看待称谓，那么天下所有的国君都是名正言顺的统治者；用道的观点来看待职分，那么君和臣各自承担的道义就分明了；用道的观念来看待才干，那么天下的官吏都尽职尽力，从道的观念广泛地观察，万事万物全都自得而又自足。所以，贯穿于天地的是顺应自得的“德”、通行于万物的是听任自然的“道”；善于治理天下的是各尽其能各任其事；能够让能力和才干充分发挥的就是各种技巧。技巧归结于事务，事务归结于义理，义理归结于顺应自得的“德”，“德”归结于听任自然的“道”，听任自然的“道”归结于事物的自然本性。所以说，古时候养育天下百姓的统治者，无所追求而天下富足，无所作为而万物自行变化发展，深沉宁寂而人心安定。《记》这本书上说：“通晓大道因而万事自然完满成功，无心获取因而鬼神敬佩帖服。”

原文

夫子曰[①]：“夫道，覆载万物者也，洋洋乎大哉[②]！君子不可以不刳心焉[③]。无为为之之谓天[④]，无为言之之谓德[⑤]，爱人利物之谓仁[⑥]，不同同之之谓大[⑦]，行不崖异之谓宽[⑧]，有万不同之谓富[⑨]，故执德之谓纪[⑩]，德成之谓立[⑪]，循于道之谓备[⑫]，不以物挫志之谓完。君子明于此十者，则韬乎其事心之大也[⑬]，沛乎其为万物逝也[⑭]。若然者，藏金于山，藏珠于渊[⑮]，不利货财[⑯]，不近贵富[⑰]；不乐寿[⑱]，不哀夭；不荣通[⑲]，不丑穷[⑳]；不拘一世之利以为己私分[㉑]，不以王天下为己处显[㉒]。显则明，万物一府[㉓]，死生同状。”

注释

①夫子：即庄子，庄子后学者对他的敬称。一说“夫子”指“老子”。

②洋洋：盛大的样子。

③刳（kū）：剖开并挖空。“刳心”指掏空整个心胸，排除一切有为的杂念。

④无为为之：用无为的态度去做，即不为而为的意思。

⑤无为言之：用无为的态度去谈论，即不言而言的意思。

⑥爱人：给人们带来慈爱。利物：给万物带来利益。

⑦不同同之：使各个不同的万物回归到同一的本性。

⑧崖：伟岸，兀傲。异：奇异。“崖异”连在一起，含有与众不同的意思。宽：宽容。

⑨有万不同：指心里包容着万种差异。

⑩执：保持，持守。德：这里指人的自然禀赋。纪：纲纪。

⑪立：指立身社会建功济物。

⑫循：顺。

⑬韬：包容，蕴含。事心：建树之心。

⑭沛：水流湍急的样子。逝：往，归向。

⑮藏：亦作“沉”。

⑯不利货财：不以货财为利。

⑰近：接近、靠拢，引申为追求。

⑱不乐寿：不把寿延看作快乐。

⑲不荣通：不以通达为荣耀。

⑳丑：羞耻，“不丑穷”就是不把贫穷看作是羞耻。

㉑拘（gōu）：通作“钩”，取的意思。一：全。私分（fèn）：

个人分内的事。

㉒王（wàng）：称王的意思，“王天下”即称王于天下，也就是统治天下。处显：居处显赫。

㉓一府：归结到一处。

译文 先生说：“道，是覆盖和托载万物的，多么广阔而盛大啊！君子不可以不敞开心胸排除一切有为的杂念。用无为的态度去做就叫做自然，用无为的态度去说就叫做顺应，给人以爱或给物以利就叫做仁爱，让各个不同的事物回归同一的本性就叫做伟大，行为不与众不同就叫做宽容，心里包容着万种差异就叫做富有。因此持守自然赋予的禀性就叫纲纪，德行形成就叫做建功济物，遵循于道就叫做修养完备，不因外物挫折节守就叫做完美无缺。君子明白了这十个方面，也就容藏了立功济物的伟大心志，而且像滔滔的流水汇聚一处似的成为万物的归往。像这样，就能藏黄金于大山，沉珍珠于深渊，不贪图财物，也不追求富贵；不把长寿看作快乐，不把夭折看作悲哀，不把通达看作荣耀，不把穷困看作羞耻；不把谋求举世之利作为自己的职分，不把统治天下看作是自己居处于显赫的地位。显赫就会彰明，然而万物最终却归结于同一，死与生也并不存在区别。”

原文 夫子曰：“夫道，渊乎其居也，漻乎其清也①。金石不得②，无以鸣。故金石有声，不考不鸣③。万物孰能定之！夫王德之人④，素逝而耻通于事⑤，立之本原而知通于神⑥。故其德广，其心之出⑦，有物采之⑧，故形非道不生，生非德不明。存形穷生，立德明道，非王德者邪！荡荡乎⑨！忽然出⑩，勃然动⑪，而万物从之乎⑫！此谓王德之人。视乎冥冥⑬，听乎无声。冥冥之中，独见晓焉⑭；无声之中，独闻和焉⑮。故深之又深而能物焉⑯，神之又神而能精焉⑰。故其与万物接也，至无而供其求，时骋而要其宿⑱；大小、长短、修远⑲。”

注释 ①漻（liáo）：清澈的样子。

②金石：这里是借指用“金”和“石”所制成的钟、磬之类的器皿。

③考：敲击。

④王德之人：盛德之人。本文讨论治世之事，故所谓盛德之人，也即真正能够成为治理天下的人。

⑤素：朴质。逝：往。耻通于事：就是以通晓于琐细之事为耻。

⑥本原：这里指万物的根本和原始的真性。神：神秘莫测的境界。

⑦出：显现，感应。

⑧采：求；这里指外物的探取。

⑨荡荡：浩渺伟大的样子。

⑩忽然：无心的样子。

⑪勃然：义同于“忽然”。“动”与上句的“出”都是指有所感而后有所反应的意思。

⑫从：跟随。

⑬冥冥：幽暗、深渺的样子。

⑭晓：明晓。

⑮和：唱和，应合。

⑯能物焉：意思是能够从中产生万物。

⑰能精焉：即能够从中产生出精神。

⑱骋：驰骋，纵放。要：总，求。宿：会聚，归宿。

⑲脩：同修，高、长的意思。

译文 先生还说：“道，它居处沉寂犹如幽深宁寂的渊海，它运动恒洁犹如明澈清澄的清流。金石制成钟、磬的器物不能获取外力，没有办法鸣响，所以钟磬之类的器物即使存在鸣响的本能，却也不敲不响。万物这种有感才能有应的情况谁能准确地加以认识！具有盛德而居于统治地位的人，应该是持守素朴的真情往来行事而以通晓琐细事务为羞耻，立足于固有的真性而智慧通达于神秘莫测的境界。因此他的德行圣明而又虚广，他的心志即使有所显露，也是因为外物的探求而作出自然的反应。所以说，形体如不凭借道不能产生，生命产生了不能顺德就不会明达。保全形体维系生命，建树盛德彰明大道，这岂不就是具有盛德而又居于统治地位的人吗？浩渺伟大啊！他们无心地有所感，他们又无心地有所动，然而万物都紧紧地跟随着他们呢！这就是具有盛德而又居于统治地位的人。道，看上去是那么幽暗深渺，听起来又是那么寂然无声。然而幽暗深渺之中却能见到光明的真迹，寂然无声之中却能听到万窍唱和的共鸣。幽深而又幽深能够从中产生万物，玄妙而又玄妙能够从中产生精神。所以道与万物相接，虚寂却能满足万物的需求，时时驰骋纵放却能总合万物成其归宿，无论是大还是小，是长还是短，是高还是远。”

原文 黄帝游乎赤水之北[①]，登乎昆仑之丘而南望，还归[②]，遗其玄珠[③]。使知索之而不得[④]，使离朱索之而不得[⑤]，使喫诟索之而不得也[6]。乃使象罔[7]，象罔得之。黄帝曰："异哉！象罔乃可以得之乎？"

注释 ①赤水：虚拟的水名，

②还（xuán）：通作"旋"，随即、不久的意思。

③玄珠：喻指道。

④知（zhì）：杜撰的人名，寓含才智、智慧的意思。索：求，找。

⑤离朱：人名，寓含善于明察的意思。

⑥喫（chī）诟：杜撰的人名，寓含善于闻声辩言的意思。

⑦象罔：杜撰的人名。"象"指形，"罔"则指"无"或"忘"，因而"象罔"之名寓含无智、无视、无闻的意思。

译文 黄帝在赤水的北岸游玩，登上昆仑山巅向南观望，不久返回而失落玄珠。派才智超群的智去寻找未能找到，派善于明察的离朱去寻找未能找到，派善于闻声辩言的喫诟去寻找也未能找到。于是让无智、无视、无闻的象罔去寻找，而象罔找回了玄珠。黄帝说："奇怪啊！象罔才能够找到吗？"

原文 尧之师曰许由[1]，许由之师曰啮缺，啮缺之师曰王倪，王倪之师曰被衣。

注释 ①许由连同以下数句中的啮缺、王倪和被衣均为人名，除许由曾见于其他典籍外，其余三人都是作者杜撰的隐士，他们清廉洁己，不同于世俗。

译文 尧的老师叫许由，许由的老师叫啮缺，啮缺的老师叫王倪，王倪的老师叫被衣。

原文 尧问于许由曰："啮缺可以配天乎①？吾藉王倪以要之②。"许由曰："殆哉圾乎天下③！啮缺之为人也，聪明叡知④，给数以敏⑤，其性过人，而又乃以人受天⑥。彼审乎禁过⑦，而不知过之所由生。与之配天乎？彼且乘人而无天⑧。方且本身而异形⑨，方且尊知而火驰⑩，方且为绪使⑪，方且为物絯⑫，方且四顾而物应⑬，方且应众宜⑭，方且与物化而未始有恒⑮。夫何足以配天乎？虽然，有族，有祖⑯，可以为众父⑰，而不可以为众父父⑱。治，乱之率也⑲，北面之祸也⑳，南面之贼也㉑。"

注释 ①配天：做天子。

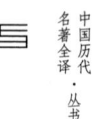

②藉：借助。要：通作“邀”，请的意思。

③圾：通作“岌”，危险的意思。

④叡（ruì）：“睿”字之异体，聪慧的意思。

⑤给：捷。数（shuò）：频繁，引申为快捷的意思。

⑥乃：竟。人：指人为。受：相应，调和；“受天”是说对应或调和自然的禀赋。

⑦审：明了。

⑧乘：趁，引申为借助。“乘人”即借助于人为。无天：抛弃自然的秉性。

⑨本身：以自身为本，把自我当作万物归向的中心。异形：改变万物固有的形迹。

⑩尊知：尊崇才智。火驰：像大火蔓延似的快速急骤，指急急忙忙地为求知和驭物而奔逐。

⑪绪：端，这里喻指细末的小事。使：役使。

⑫絯（gāi）：拘束。

⑬物应：为外物而应接.即应接外物的意思。

⑭应众宜：应接众多的外物而奢求处处适宜。

⑮与（yù）：参与；“与物外”指参与外物的变化。恒：固定不变，“未始有恒”指从不曾有过定准。

⑯祖：初始之人。

⑰父：这里指同族人中的首领，也可理解为统领一方的官长。

⑱前一“父”字同于前一注，后一“父”字指统领众多首领或地方长官的国君，即前面所说的“天子”。

⑲率：先导。

⑳古代帝王坐位向南，臣子面见国君时则面朝北方，因此“北面”乃是臣下和百姓的代称，而下句的“南面”则是国君的代称。

㉑贼：这里指像《胠箧》中田成子那样杀死国君而自立为诸侯的窃国大盗。

译文

尧问许由说：“啮缺可以做天子吗？我想借助于他的老师来请他做天子。”许由说：“恐怕天下也就危险了！啮缺这个人的为人，耳聪目明智慧超群，行动办事快捷机敏，他天赋过人，而且竟然用人为的心智去对应并调和自然的禀赋。他明了该怎样禁止过失，不过他并不知晓过失产生的原因。让他做天子吗？他将借助于人为而抛弃天然，将会把自身看作万物归向的中心而着意改变万物固有的形迹，将会尊崇才智而急急忙忙地为求知和驭物奔走驰逐，将会被细末的琐事所役使，将会被外物所拘束，将会环顾四方，目不暇接地跟外物应接，将会应接万物而又奢求处处合宜，将会参与万物的变化而从不曾有什么定准。那样的人怎么能够做天子呢？虽然这样，有了同族人的聚集，就会有一个全族的先祖；可以成为一方百姓的统领，却不能成为诸方统领的君主。治理天下，必将是天下大乱的先导，这就是臣子的灾害，国君的祸根。”

原文 尧观乎华[①]。华封人曰[②]：“嘻，圣人！请祝圣人。”“使圣人寿。”尧曰：“辞[③]。”“使圣人富。”尧曰：“辞。”“使圣人多男子[④]。”尧曰：“辞。”封人曰：“寿、富、多男子，人之所欲也。女独不欲，何邪？”尧曰：“多男子则多惧，富则多事，寿则多辱。是三者，非所以养德也[⑤]，故辞。”

注释 ①乎：于。华：地名，

②封：守护疆界的人。

③辞：谢绝，推辞。

④男子：男孩子。

⑤所以养德：调养无为之德的办法。

译文 尧在华巡视。华地守护封疆的人说：“啊，圣人！请让我为圣人祝愿吧。”“祝愿圣人长寿。”尧说：“用不着。”“祝愿圣人富有。”尧说：“用不着。”“祝愿圣人多男儿。”尧说：“用不着。”守护封疆的人说：“寿延、富有和多男儿，这是人们都想得到的。你偏偏不希望得到，是为什么呢？”尧说：“多个男孩子就多了一层忧惧，多财物就多出了麻烦，寿命长就会多受些困辱。这三个方面都无助于培养无为的观念和德行，所以我谢绝你对我的祝愿。”

原文 封人曰：“始也我以女为圣人邪，今然君子也①。天生万民，必授之职。多男子而授之职，则何惧之有！富而使人分之，则何事之有！夫圣人，鹑居而彀食②，鸟行而无彰③；天下有道，则与物皆昌；天下无道，则修德就闲；千岁厌世，去而上僊④；乘彼白云，至于帝乡⑤；三患莫至⑥，身常无殃；则何辱之有！”封人去之。尧随之，曰：“请问。”封人曰：“退已！”

注释 ①然：通作“乃”，竟然的意思。

②鹑（chún）：鹌鹑，一种无固定居巢的小鸟，“鹑居”意思就是像鹌鹑那样没有固定的居所。彀（kòu）：初生待哺的小鸟，“彀食”意思是像初生待哺的小鸟那样无心觅求食物，这里喻指圣人随物而安。

③无彰：不留下踪迹。

④僊（xiān）："仙"字之异体。

⑤帝乡：旧注指天和地交接的地方。

⑥三患：即前面谈到的寿、富、多男子所导致的多辱、多事和多惧。

译文 守护封疆的人说："起初我把你看作圣人呢，如今竟然是个君子。苍天让万民降生人间，必定会授给他一定的差事。男孩子多而授给他们的差事也就一定很多，有什么可忧惧的！富有了就把财物分给众人，有什么麻烦的！圣人总是像鹌鹑一样随遇而安、居无常处，像待哺雏鸟一样觅食无心，就像鸟儿在空中飞行不留下一点踪迹；天下太平，就跟万物一同昌盛；天下纷乱，就修身养性趋就闲暇；寿延千年而厌恶活在世上，便离开人世而升天成仙；驾驭那朵朵白云，去到天与地交接的地方；寿延、富有、多男孩子所导致的多辱、多事、多惧都不会降临于我，身体也不会遭殃；那么还会有什么屈辱呢！"守护封疆的人离开了尧，尧却跟在他的后面，说："希望能得到你的指教。"守护封疆的人说："你还是回去吧！"

原文 尧治天下，伯成子高立为诸侯①。尧授舜，舜授禹，伯成子高辞为诸侯而耕。禹往见之，则耕在野。禹趋就下风[②]，立而问焉[③]，曰："昔尧治天下，吾子立为诸侯。尧授舜，舜授予，而吾子辞为诸侯而耕。敢问，其故何也?"子高曰："昔尧治天下，不赏而民劝[④]，不罚而民畏。今子赏罚而民且不仁，德自此衰，刑自此立，后世之乱自此始矣。夫子阖行邪[⑤]？无落吾事[⑥]!"俋俋乎耕而不顾[⑦]。

注释 ①伯成子高：杜撰的人名。

②下风：下方。

③焉：用同于"之"。

④劝：劝勉。

⑤阖（hé）：通作"盍"，怎么不的意思。

⑥无：毋，不要的意思。落：荒废。

⑦俋俋（yì）：用力耕地的样子。

译文 唐尧统治天下，伯成子高立作诸侯。尧把帝位让给了舜，舜又把帝位让给了禹，伯成子高便辞去诸侯的职位而去从事耕作。夏禹前去拜见他，伯成子高正在地里耕作。夏禹快步上前居于下方，恭敬地站着问伯成子高道："当年尧统治天下，先生立为诸侯。尧把帝位让给了舜，舜又把帝位让给了我，可是先生却辞去了诸侯的职位而来从事耕作。我冒昧地请问，这是为什么呢？”伯成子高说：“当年帝尧统治天下，不须奖励而百姓自然勤勉，不须惩罚而人民自然敬畏。如今你施行赏罚的办法而百姓还是不仁不爱，德行从此衰败，刑罚从此建立，后世之乱也就从此开始了。先生你怎么不走开呢？不要耽误我的事情！”于是低下头去用力耕地而不再理睬。

原文 泰初有无①，无有无名；一之所起②，有一而未形③。物得以生④，谓之德；未形者有分⑤，且然无閒⑥，谓之命；留动而生物⑦，物成生理⑧，谓之形；形体保神，各有仪则⑨，谓之性。性脩反德⑩，德至同于初。同乃虚，虚乃大。合喙鸣；喙鸣合⑪，与天地为合。其合缗缗⑫，若愚若昏，是谓玄德，同乎大顺⑬。

注释 ①泰，同“太”。初：始。在庄子的哲学观念中，宇宙产生于元气，元气萌动之初就叫做太初，因而“泰初”也就是宇宙的初始。

②一：混一的状态，指出现存在的初始形态。

③未形：没有形成形体。

④得：自得。“物得以生”是说万物从浑一的状态中产生，即所谓自得而生，外不借助于他物，内不借助于自我，不知所以产生而产生。

⑤未形者：没有形成形体时。分：区别，指所禀受的阴阳之气不尽相同。

⑥閒：“間”字之古体，今又简化为“间”，指两物之间的缝隙。

⑦留：滞静，与“动”相对应。阴气静，阳气动，阴阳二气之滞留和运动便产生物。一说“留”讲作“流”，“留动”亦即运动。

⑧生理：生命和机理。

⑨仪则：轨迹和准则。

⑩脩：同“修”，修养。

⑪喙（huì）：鸟口。

⑫缗缗（mín）：泯合无迹的样子。

⑬大顺：指天下回返本真之后的自然情态。

译文　元气萌动宇宙源起的太初一切只存在于“无”，而没有存在也就没有称谓；混一的状态就是宇宙的初始，不过混一之时，还远未形成各别的形体。万物从混一的状态中产生，这就叫做自得；未形成形体时禀受的阴阳之气已经有了区别，不过阴阳的交合却是如此吻合而无缝隙，这就叫做天命；阴气滞留阳气运动而后生成万物，万物生成生命和机理，这就叫做形体；形体守护精神，各有轨迹与法则，这就叫做本性。善于修身养性就会返归自得，自得的程度达到完美的境界就同于太初之时。同于太初之时心胸就会无比虚豁，心胸无比虚豁就能包容广大。混同合一之时说起话来就跟鸟鸣一样无心于是非和爱憎，说话跟鸟一样无别，则与天地融合而共存。混同合一是那么不露踪迹，好像蒙昧又好像是昏暗，这就叫深奥玄妙的大道，也就如同返回本真而一切归于自然。

原文 夫子问于老聃曰[①]："有人治道若相放[②]，可不可[③]，然不然[④]。辩者有言曰：'离坚白若县寓'[⑤]。若是则可谓圣人乎？"老聃曰："是胥易技系、劳形怵心者也[⑥]。执留之狗成思[⑦]，猿狙之便自山林来[⑧]。丘，予告若，而所不能闻与而所不能言。凡有首有趾无心无耳者众[⑨]，有形者与无形无状而皆存者尽无[⑩]。其动、止也，其死、生也，其废、起也，此又非其所以也[⑪]。有治在人，忘乎物，忘乎天，其名为忘己。忘己之人，是之谓入于天[⑫]。"

注释

①夫子：这里指孔丘。

②放：悖逆。

③前一“可”字是意谓性用法，全句是说，把不能认可的看作可以认可。

④前一“然”字具有意谓含义，全句意思是，把不是这样而认为是这样。

⑤离：分。寓：“宇”字之异体。“县寓”是说高悬于天宇，清楚醒目。

⑥胥：通作“谞”，指具有一定智巧的小吏。易：改，指供职。系：系累。怵（chù）：恐惧，害怕。

⑦执留：亦作“执狸”，一说“留”当作“猫”，即竹鼠；“执留之狗”指善于捕捉狐狸（或竹鼠）的狗。成思：指狗受到拘系而愁思。

⑧猿狙：猿猴。便：轻便快捷。

⑨有首有趾：头脚俱全，指业已成形；无心无耳，则指无知无闻。

⑩有形者：指人体。人体是人之外形，容易有所变化，因此不能和“无形无状”的道并存。

⑪非其所以：意思是不可能知所以然，即不可能知其原委和始末。

⑫入：会；“入于天”即融合于自然。

译文 孔子向老聃请教："有人研修和体验大道却好像跟大道相悖逆，把不能认可的看作是可以认可的，把不正确的认为是正确的。善于辩论的人说：'离析石的质坚和色白就好像高悬于天宇那样清楚醒目。'像这样的人可以称作圣人吗？"老聃说："这只不过是聪明的小吏供职时为技艺所拘系、劳苦身躯担惊受怕的情况。善于捕猎的狗因为受到拘系而愁思，猿猴因为行动便捷而被人从山林里捕捉来。孔丘，我告诉你，告诉给你听不见而又说不出的道理。大凡人有了头和脚等具体的形体而无知无闻的很多，有形体的人跟没有形体、没有形状的道并存的却完全没有。或是运动或是静止，或是死亡或是生存，或是衰废或是兴盛，这六种情况全都出于自然而不可能探知其所以然。倘若果真存在着什么治理那也是人们遵循本性和真情的各自活动，忘掉外物，忘掉自然，它的名字就叫做忘掉自己。忘掉自己的人，这就可以说是与自然融为一体。

原文 将闾葂见季彻曰[①]："鲁君谓葂也曰：'请受教。'辞不获命[②]，既已告矣，未知中否[③]，请尝荐之[④]。吾谓鲁君曰：'必服恭俭[⑤]，拔出公忠之属而无阿私[⑥]，民孰敢不辑[7]!'" 季彻局局然笑曰[8]:"若夫子之言，于帝王之德犹螳螂之怒臂以当车轶[9]，则必不胜任矣。且若是，则其自为处危[10]，其观台[11]，多物将往，投迹者众。"

注释

①将闾葂（miǎn）、季彻：均为人名。

②获命：获得允诺。

③中（zhòng）否：行还是不行，说对了还是没说对。今天方言中还有这种表达法。

④荐：进献。这是对对方表示尊敬，意思同于陈述、说给你听。

⑤服：亲身实践。

⑥拔：举荐。提拔。公忠之属：公正、忠诚之类的人。阿：偏私。

⑦辑：和睦。

⑧局局然：俯身而笑的样子。

⑨轶（zhé）：通作"辙"，车轮印。"车轶"这里代指车轮。

⑩自为处危：让自己处于高危的境地。

⑪观（guàn）台：宫廷前面的观楼和高台。本句断句历来颇多分歧，这里未从旧注。

译文 将闾葂拜见季彻说：“鲁国国君对我说：‘请让我接受你的指教。’我一再推辞可是鲁君却不答应，我已经对他说了，不知道对还是不对，请让我试着说给你听。我对鲁国国君说：‘你必须躬身实行恭敬和节俭，选拔出公正、忠诚的臣子管理政务而没有偏护与私心，这样百姓谁敢不和睦！’”季彻听了后俯身大笑说：“像你说的这些话，对于帝王的准则，恐怕就像是螳螂奋起臂膀企图阻挡车轮一样，必定不能胜任。况且像这样，那一定会把自己置于危险的境地，就像那高高的观楼和亭台，众多事物必将归往，投向那里的人也必然很多。”

原文 将闾葂覤覤然惊曰①：“葂也汒若于夫子之所言矣②。虽然，愿先生之言其风也③。”季彻曰：“大圣之治天下也，摇荡民心④，使之成教易俗⑤，举灭其贼心而皆进其独志⑥，若性之自为，而民不知其所由然⑦。若然者，岂兄尧舜之教民⑧，溟涬然弟之哉⑨？欲同乎德而心居矣⑩。”

注释 ①覤覤（xì）然：吃惊的样子。

②汒（máng）：同于“茫”；“汒若”亦即茫然。

③风（fán）：凡；“言其风”意思就是说个大概。

④摇荡：即遥荡，放纵自由的意思。

⑤成教易俗：即成于教易于俗，在教化方面有所成，在陋俗方面有所改。

⑥贼心：伤害他人之心。独志：自我教化的心志。

⑦所由然：为什么这样。

⑧兄：这里用如动词并具有意谓性含意，相当于尊崇、重视、看重的意思。

⑨溟涬（xìng）然：元气未分时浑浑沌沌的样子。弟：用法跟上句之“兄”字相同，意义与“兄”相反。

⑩居：心思安定，不竟逐于外。

译文 将闾葂吃惊地说：“我对于先生的谈话实在感到茫然。虽然这样，还是希望先生谈谈大概。”季彻说：“伟大的圣人治理天下，让民心纵放自由不受拘束，使他们在教化方面各有所成，在陋习方面各有所改，完全消除伤害他人的用心而增进自我教化的思想，就像本性在驱使他们活动，而人们并不知道为什么会是这样。像这样，难道还用得着尊崇尧舜对人民的教化，而看轻浑沌不分的状态吗？希望能同于天然自得而心境安定哩！”

原文

子贡南游于楚，反于晋，过汉阴①，见一丈人方将为圃畦②，凿隧而入井，抱瓮而出灌③；搰搰然用力甚多而见功寡④。子贡曰："有械于此，一日浸百畦，用力甚寡而见功多，夫子不欲乎？"为圃者卬而视之曰⑤："奈何？"曰："凿木为机，后重前轻，挈水若抽⑥。数如泆汤⑦，其名为槔⑧。"为圃者忿然作色而笑曰："吾闻之吾师，有机械者必有机事⑨，有机事者必有机心⑩。机心存于胸中，则纯白不备⑪；纯白不备，则神生不定⑫；神生不定者，道之所不载也⑬。吾非不知，羞而不为也。"子贡瞒然惭⑭，俯而不对。

注释

①汉阴：汉水的南沿。山南水北叫阳，山北水南叫阴。

②丈人：古代对老年男子的通称。圃：种菜的园子。畦（qí）：菜圃内划分出的长行的栽种区。

③甕："瓮"字之异体。

④搰搰（gú）然：用力的样子。一说"搰搰"当是"滑滑"，咕嘟咕嘟的灌水之声。见功寡：收到的功效很少。以下之"见功多"则意思相对。

⑤卬（yǎng）：亦作"仰"，抬起头。

⑥挈（qiè）：提。

⑦数（shuò）：频繁，引申为快速的意思。泆（yì）：亦作

“溢”，这里指沸腾而外溢。

⑧槔（gāo）：即桔（jié）槔，一种原始的提水工具，又名吊杆。

⑨机事：机巧一类的事。

⑩机心：机巧、机变的心思。

⑪纯白：这里指未受世俗沾染的纯静空明的心境。备：全，完整。

⑫生：通作“性”；“神生”即思想、精神。

⑬载：充满。

⑭瞒然：羞惭的样子。慙：“惭”的异体字。

译文 子贡到南边的楚国游历，返回晋国，经过汉水的南沿，见一老丈正在菜园里整地开畦，打了一条地道直通到井边，抱着水瓮浇水灌地，吃力地来来往往用力甚多而功效甚少。子贡见了说：“如今有一种机械，每天可以浇灌上百个菜畦，用力很少而功效颇多，老先生你不想试试吗？”种菜的老人抬起头来看着子贡说：“应该怎么做呢？”子贡说：“用木料加工成机械，后面重而前面轻，提水就像从井中抽水似的，快速犹如沸腾的水向外溢出一样，它的名字就叫做桔槔。”种菜的老人变了脸色讥笑着说：“我从我的老师那里听到这样的话，有了机械之类的东西必定会出现机巧之类的事，有了机巧之类的事必定会出现机变之类的心思。机变的心思存留在胸中，那么不曾受到世俗沾染的纯洁空明的心境就不完整齐备；纯洁空明的心境不完备，那么精神就不会专一安定；精神不能专一安定的人，大道也就不会充实他的心田。我不是不知道你所说的办法，只不过感到羞辱而不愿那样做呀。”子贡满面羞愧，低下头去不能作答。

原文 有閒[①]，为圃者曰：“子奚为者邪？”曰：“孔丘之徒也。”为圃者曰：“子非夫博学以拟圣[②]，於于以盖众[③]，独弦哀歌以卖名声于天下者乎[④]？汝方将忘汝神气，堕汝形骸[⑤]，而庶几乎！而身之不能治，而何暇治天下乎！子往矣，无乏吾事[⑥]！”

注释 ①閒：间；“有閒”犹如俄顷，不一会儿。

②拟：比拟，仿效。

③於于：亦作“唹吁”，夸诞的样子。

④独弦：自唱自和。哀歌：哀叹世事之歌。

⑤堕（huī）：通作“隳”，毁坏的意思。

⑥乏：荒废，耽误。

译文 隔了一会儿，种菜的老人说："你是干什么的呀？"子贡说："我是孔丘的学生。"种菜的老人说："你不就是那具有广博学识并处处仿效圣人，夸诞矜持盖过众人，自唱自和哀叹世事之歌以周游天下卖弄名声的人吗？你要抛弃你的精神和志气，废置你的身形体骸，恐怕就可以逐步接近于道了吧！你自身都不善于修养和调理，哪里还有闲暇去治理天下呢！你走吧，不要在这里耽误我的事情！"

原文 子贡卑陬失色[①]，顼顼然不自得[②]，行三十里而后愈[③]。其弟子曰："向之人何为者邪[④]？夫子何故见之变容失色，终日不自反邪[⑤]！"曰："始吾以为天下一人耳[⑥]，不知复有夫人也[⑦]。吾闻之夫子，事求可，功求成。用力少，见功多者，圣人之道。今徒不然[⑧]。执道者德全，德全者形全，形全者神全。神全者，圣人之道也。托生与民并行而不知其所之[⑨]，汒乎淳备哉[⑩]！功利机巧必忘夫人之心。若夫人者，非其志不之[⑪]，非其心不为。虽以天下誉之，得其所谓，謷然不顾[⑫]；以天下非之，失其所谓，傥然不受[⑬]。天下之非誉，无益损焉，是谓全德之人哉！我之谓风波之民[⑭]。"

注释

①卑陬（zōu）：惭愧的样子。

②顼顼（xù）然：怅然如失而不能自持的样子。

③愈：病愈，这里指心情恢复常态。

④向：先前。

⑤反：复，这里指恢复平时的心境。

⑥天下一人：指孔丘。子贡是孔子的学生，心目中只有老师是唯一的圣人。

⑦夫人：那个人，指种菜的老人。

⑧徒：乃。

⑨托生：寄托形骸于世。所之：去到哪里。

⑩汒（máng）：同“茫”。“汒乎”指深远而不可测的样子。淳备：淳和完备。这里指操行和德行朴实而又保持本真。

⑪不之：不去追求。

⑫謷（áo）：通作“傲”，孤高的意思。

⑬傥（tǎng）然：无动于衷的样子。

⑭风波：随风而起，随波而逐，喻指心神不定，为世俗尘垢所牵动。

译文

子贡大感惭愧神色顿改，怅然若失而不能自持，走出三十里外方才逐步恢复常态。子贡的弟子问道：“先前碰到的那个人是干什么的呀？先生为什么见到他面容大变顿然失色，一天都不能恢复常态呢?”子贡说：“起初我总以为天下圣人就只有我的老师孔丘一人罢了，不知道还会有刚才碰上的那样的人。我从我的老师那里听说到，办事要寻求可行，功业要寻求成就。用的力气要少，获得的功效要多，这就是圣人之道。如今却竟然不是这样。持守大道的人德行才完备，德行完备的人身形才完整，身形完整的人精神才健全。精神健全方才是圣人之道。这样的人他们寄托形骸于世间跟万民生活在一起却不知道自己应该去到哪里，内心世界深不可测德行淳厚而又完备啊！功利机巧必定不会放在他们那种人的心上。像那样的人，不同于自己的心志不会去追求，不符合自己的思想不会去做。即使让天下人都称誉他，称誉的言词合乎他的德行，他也孤高而不顾；即使让天下人都非议他，非议使其名声丧失，他也无动于衷不予理睬。天下人的非议和赞誉，对于他们既无增益又无损害，这就叫做德行完备的人啊！我只能称作心神不定为世俗尘垢所沾染的人。”

原文 反于鲁，以告孔子。孔子曰：“彼假脩浑沌氏之术者也[①]；识其一[②]，不知其二[③]；治其内，而不治其外[④]。

夫明白入素⑤，无为复朴，体性抱神⑥，以游世俗之间者，汝将固惊邪？且浑沌氏之术，予与汝何足以识之哉！”

注释

①假修：借助和修养。浑沌氏：虚拟的人氏，指主张浑沌无别而不可分的人。

②识其一：意思是懂得自古不移纯真合一的道理。

③不知其二：意思是不了解顺合时势适应变化。

④外：指外在世界，与上句的“内”字指内心修养相对应。

⑤入：疑为“大”字之误，“太”的意思。

⑥体性：体悟真性。抱神：持守专一的神情。

译文

子贡回到鲁国，把路上遇到的情况告诉给孔子。孔子说：“那是研讨和实践浑沌氏主张的人，他们了解自古不移浑沌无别的道理，不懂得需要顺乎时势以适应社会的变化，他们善于自我修养调理精神，却不善于治理外部世界。那明澈白静到如此素洁，清虚无为回返原始的朴质，体悟真性持守精神，优游自得地生活在世俗之中的人，你怎么会不感到惊异呢？况且浑沌氏的主张和修养方法，我和你又怎么能够了解呢？”

原文 谆芒将东之大壑[①]，适遇苑风于东海之滨[②]。苑风，曰："子将奚之?"曰："将之大壑。"曰："奚为焉?"曰："夫大壑之为物也，注焉而不满[③]，酌焉而不竭[④]；吾将游焉。"

注释 ①谆芒：虚拟的寓言人物，并寓含谆和、迷茫的意思。东之：向东去到。大壑：深深的沟谷，这里指大海。

②苑风：小风，这里拟人化而成为一人名。

③注：注入，流入。

④酌：舀取。

译文 谆芒向东到大海去，正巧在东海之滨遇到苑风。苑风问道："你打算去哪儿呢?"谆芒说："打算去大海。"苑风又问："去做什么呢?"谆芒说："大海作为一种物象，江河注入它不会满溢，不停地舀取它不会枯竭；因而我将到大海游乐。"

原文 苑风曰："夫子无意于横目之民乎[①]？愿闻圣治。"谆芒曰："圣治乎？官施而不失其宜[②]，拔举而不失其能，毕见其情事而行其所为[③]，行言自为而天下化[④]，手挠顾指[⑤]，四方之民莫不俱至，此之谓圣治。""愿闻德人[6]。”曰：“德人者，居无思，行无虑，不藏是非美恶。四海之内共利之之谓悦[7]，共给之之谓安[8]；怊乎若婴儿之失其母也[9]，傥乎若行而失其道也[10]。财用有余而不知其所自来，饮食取足而不知其所从，此谓德人之容[11]。”“愿闻神人。”曰：“上神乘光[12]，与形灭亡，此谓照旷[13]。致命尽情，天地乐而万事销亡[14]，万物复情，此之谓混冥[15]。”

注释

①横目之民：亦即人民。人的双目横生于面部，故“横目”成为“人”的代称。

②官：用如动词，指设置官吏。施：施布政令。

③行其所为：做自己应做之事。

④自为：自动地去做，自己管束自己。

⑤挠：动；“手挠”即用手指挥。顾指：用眼示意。

⑥德人：德行充实的人，这里指体察于道，顺应外物而居安自得的人。

⑦共利之：共同以之为利，是说恩泽施及广众，人人都共有好处。谓：通作“为”；“之谓”即“之为”。

⑧共给之：共同资给财货。

⑨怊（chāo）乎：悲伤的样子。

⑩傥（tǎng）乎：怅然有所失的样子。

⑪容：容迹、举止。

⑫上：至高无上。乘光：驾驭光亮。

⑬旷：广远；“照旷”犹如普照万物。

⑭天地乐：与天地同乐。

⑮混冥：混同玄合没有差别。

译文 苑风说：“那么，先生无意关心庶民百姓吗？希望能听到圣人之治。”谆芒说：“圣人之治吗？设置官吏施布政令但处处合宜得体；举贤任才而不遗忘一个能人，让每个人都能看清事情的真情实况去做自己应该做的事，行为和谈吐人人都能自觉自动而自然顺化，挥手示意，四方的百姓没有谁不汇聚而来，这就叫圣人之治。”苑风说：“希望再能听到关于顺应外物凝神自得的人。”谆芒说：“顺应外物凝神自得的人，居处时没有思索，行动时没有谋虑，心里不留存是非美丑。四海之内人人共得其利就是喜悦，人人共享财货便是安定；那悲伤的样子像婴儿失去了母亲，那怅然若失的样子又像行路时迷失了方向。财货使用有余却不知道自哪里来，饮食取用充足却不知道从哪儿出。这就是顺应外物凝神自得的人的仪态举止。”苑风说：“希望再能听到什么是神人。”谆芒说：“精神超脱物外的神人驾驭着光亮，跟所有事物的形迹一道消失，这就叫普照万物。穷尽天命和变化的真情，与天地同乐因而万事都自然消亡，万物也就自然回复真情，这就叫混同玄合没有差异。”

原文 门无鬼与赤张满稽观于武王之师①。赤张满稽曰：“不及有虞氏乎②！故离此患也③。”门无鬼曰：“天下均治而有虞氏治之邪④？其乱而后治之与⑤？”

注释 ①门无鬼：人名，姓门名无鬼，亦作无畏。赤张满稽：人名，姓赤张名满稽。二人均是虚拟的人物。武王之师：武王伐纣会师孟津的队伍。

②不及：比不上。“有虞氏”即虞舜，禅让帝位给夏禹，而武王大动干戈，故有“不及”的说法。

③离：罹，遭受的意思。

④均：平；“均治”即太平无事。

⑤其：选择连词，相当于现代汉语的“还是”。

译文 门无鬼与赤张满稽观看武王伐纣的部队。赤张满稽说：“周武王还是比不上有虞氏啊！所以天下遭遇这种祸患。”门无鬼说：“天下太平无事而后有虞氏才去治理呢，还是天下动乱才去治理呢？”

原文 赤张满稽曰：“天下均治之为愿，而何计以有虞氏为[①]！有虞氏之药疡也[②]，秃而施髢[③]，病而求医。孝子操药以脩慈父[④]，其色燋然[⑤]，圣人羞之。至德之世，不尚贤[⑥]，不使能[⑦]；上如标枝[⑧]，民如野鹿；端正而不知以为义，相爱而不知以为仁，实而不知以为忠，当而不知以为信，蠢动而相使[⑨]，不以为赐。是故行而无迹，事而无传。”

注释 ①计：考虑。

②药：用如动词，意思是用药去治疗。疡（yáng）：溃疮，这里指头疮。

③施：铺陈。髢（dí）：装衬的假发。

④脩：同修，调治的意思。

⑤燋（qiáo）然：憔悴的样子。

⑥尚贤：崇尚贤人。

⑦使能：任使能人。巧拙无别，因而无所谓任贤使能。

⑧上：指国君。标：树梢。

⑨蠢动：无心地活动，指行为没有目的。相使：相互支使。

译文 赤张满稽说:“天下太平无事是人们的心愿，又为什么还要考虑有虞氏的盛德而推举他为国君呢！有虞氏替人治疗头疮，毛发脱落而成秃子方才敷设假发，正如有了疾病方才会去求医。孝子操办药物用来调治慈父的疾病，他的面容多么憔悴，而圣人却以这种情况为羞。盛德的时代，不崇尚贤才，不任使能人；国君居于上位如同树巅高枝无心在上而自然居于高位，百姓却像无知无识的野鹿无所拘束；行为端正却不知道把它看作道义，相互友爱却不知道把它看作仁爱，敦厚老实却不知道把它看作忠诚，办事得当却不知道把它看作信义；无心地活动而又相互支使却不把它看作恩赐。所以行动之后不会留下痕迹，事成之后不会留传后代。”

原文 孝子不谀其亲[①]，忠臣不谄其君，臣子之盛也[②]。亲之所言而然，所行而善，则世俗谓之不肖子[③]；君之所言而然，所行而善，则世俗谓之不肖臣。而未知此其必然邪？世俗之所谓然而然之，所谓善而善之，则不谓道谀之人也[④]。然则俗故严于亲而尊于君邪[⑤]？谓己道人，则勃然作色；谓己谀人，则怫然作色[⑥]。而终身道人也，终身谀人也，合譬饰辞聚众也，是终始本末不相坐[7]。垂衣裳，设采色；动容貌，以媚一世，而不自谓道谀，与夫人之为徒，通是非[8]，而不自谓众人，愚之至也。知其愚者，非大愚也；知其惑者，非大惑也。大惑者，终身不解；大愚者，终身不灵[9]。三人行而一人惑，所适者犹可致也[10]，惑者少也；二人惑则劳而不至，惑者胜也。而今也以天下惑，予虽有祈向[11]，不可得也。不亦悲乎！

注释

①谀（yú）：奉承。

②臣子：指前面两句中所说的忠臣和孝子。

③不肖：不良，不好。

④道：谄，“道谀之人”即谄谀之人。一说“道”乃是“导”的意思。

⑤故：通作“固”，岂，难道的意思。严：敬。于：比；“严于亲”即比父母更可尊敬。“尊于君”仿此解。

⑥怫然：即勃然，“怫”与“勃”通。

⑦相坐：相合。有的本子“坐”字前有一“罪”字，那么“罪坐”则是过错的意思。

⑧通是非：通于是非，跟世人的是非观念相通。

⑨灵：知晓。

⑩致：这里用同“至”字，达到的意思。

⑪祈：告；“祈向”即寻求指向的意思。

译文 孝子不奉承他的父母，忠臣不谄媚他的国君，这是忠臣、孝子尽忠尽孝的极点。凡是父母所说的便都加以肯定，父母所做的便都加以称赞，那就是世俗人所说的不肖之子；凡是君王所说的就都加以应承，君王所做的就都加以奉迎，那就是世俗人所说的不良之臣。可是人们却不了解，世俗的看法就必定是正确的吗？而世俗人所谓正确的便把它当作是正确的，世俗人所谓好的便把它当作是好的，却不称他们是谄谀之人。这样，世俗的观念和看法岂不比父母更可崇敬、比君王更可尊崇了吗？说自己是个谗谄的人，定会勃然大怒颜容顿改；说自己是个阿谀的人，也定会忿恨填胸面色剧变。可是一辈子谗谄的人，一辈子阿谀的人，又只不过看作是用巧妙的譬喻和华丽的辞藻以博取众人的欢心，这样，终结和初始、根本和末节全都不能吻合。穿上华美的衣裳，绣制斑斓的纹彩，打扮艳丽的容貌，讨好献媚于举世之人，却不自认为那就是谗谄与阿谀，跟世俗人为伍，是非观念相通，却又不把自己看作是普通的人，这真是愚昧到了极点。知道自己愚昧的人，并不是最大的愚昧；知道自己迷惑的人，并不是最大的迷惑。最迷惑的人，一辈子也不会醒悟；最愚昧的人，一辈子也不会明白。三个人在一起行走其中一个人迷惑，所要去到的地方还是可以到达的，因为迷惑的人毕竟要少些；三个人中两人迷惑就徒劳而不能到达，因为迷惑的人占优势。如今天下人全都迷惑不解，我即使祈求导向，也不可能有所帮助。这不令人可悲吗！

原文 大声不入于里耳①，折杨皇荂②，则嗑然而笑③。是故高言不止于众人之心，至言不出，俗言胜也。以二缶钟惑④，而所适不得矣。而今也以天下惑，予虽有祈向，其庸可得邪⑤！知其不可得也而强之，又一惑也，故莫若释之而不推⑥。不推，谁其比忧⑦！厉之人夜半生其子⑧，遽取火而视之⑨，汲汲然唯恐其似己也⑩。

注释 ①大声：美声，旧注指“咸池”“大韵”之类高雅的音乐。里：这里指乡里之人。一说“里”通作“俚”，俚俗的意思。

②折杨、皇荂（huā）：两种古代民间小曲。“荂”字亦写作“華（华）”。

③嗑（xiā）然：笑声。

④缶、钟：两种容积不一的量器，四斛为一缶，八斛为一钟。本句字迹和注释各本差异均很大，“缶钟”亦作“垂踵”，“踵”指脚后跟，“垂踵”则是迷失方向，指北为南的意思。与前面所述“二人惑”相联系，故译文从此解。

⑤其庸：难道、怎么。

⑥推：推求，探究。

⑦比：与；“谁其比忧”即与谁忧愁。

⑧厉：丑恶。

⑨遽：立即。

⑩汲汲然：心情急切的样子。

译文 高雅的音乐世俗人不可能欣赏，折杨、皇华之类的民间小曲，世俗人听了都会欣然而笑。所以高雅的谈吐不可能留在世俗人的心里，而至理名言也不能从世俗人的口中说出，因为流俗的言谈占了优势。让其中两个人迷惑而弄错方向，因而所要去的地方便不可能到达。如今天下人都大惑不解，我即使寻求导向，怎么可能到达呢！明知不可能到达却要勉强去做，这又是一大迷惑，所以不如弃置一旁不予推究。不去寻根究底，还会跟谁一道忧愁！丑陋的人半夜里生下孩子，立即拿过火来照看，心情急切地唯恐生下的孩子像自己一样丑陋。

原文 百年之木，破为牺尊[①]，青黄而文之[②]，其断在沟中[③]。比牺尊于沟中之断[④]，则美恶有间矣[⑤]，其于失性一也[⑥]。跖与曾史，行义有间矣，然其失性均也。且夫失性有五：一曰五色乱目，使目不明；二曰五声乱耳，使耳不聪；三曰五臭薰鼻[⑦]，困惾中颡[⑧]；四曰五味浊口[⑨]，使口厉爽[⑩]；五曰趣舍滑心[⑪]，使性飞扬[⑫]。此五者，皆生之害也。而杨墨乃始离跂自以为得[⑬]，非吾所谓得也。夫得者困，可以为得乎？则鸠鸮之在于笼也[⑭]，亦可以为得矣。且夫趣舍声色以柴其内[⑮]，皮弁鹬冠搢笏绅修以约其外[⑯]，内支盈于柴栅[⑰]，外重缨缴[⑱]，睆睆然在缨缴之中而自以为得[⑲]，则是罪人交臂历指而虎豹在于囊槛[⑳]，亦可以为得矣。

注释 ①牺（suō）尊：古代一种雕刻精致的酒器。“尊”字亦作“樽”。

②文：纹，这里用如动词，指彩绘出花纹。

③其断：指破木为牺尊后余下的一截。

④于：用同“与”。

⑤间：差距，区别。

⑥性：固有的本性。

⑦五臭：羶、薰、香、腥、腐五种气味。

⑧惾（zōng）：壅塞。颡（sǎng）：额。

⑨五味：酸、甜、苦、辣、咸五种滋味。浊口：秽浊口腔。

⑩厉爽：伤害，败坏。

⑪趣舍：取舍。滑：扰乱，迷乱。

⑫飞扬：这里形容心性轻浮躁动，驰竞不息。

⑬离跂：奋力的样子，形容有所追求。

⑭鸠鸮：鸟名。

⑮柴其内：像柴草一样地充塞于心中。

⑯皮弁（biàn）：用皮制成的帽子。鹬（yù）冠：装饰着鹬鸟羽毛的帽子。搢（jìn）：插。笏（hù）：古代大臣上朝时手中所持的朝板。绅：宽大的带子。修：长裙。“搢笏绅修”乃是古代大臣上朝时的装扮。

⑰支：塞。盈：满。

⑱缴（zhuó）：丝绳。

⑲睆睆（huǎn）然：圆瞪着眼睛的样子。

⑳交臂：两手反绑于后。历指：古代的一种酷刑，用绳索串起小木棍夹住五个手指用力挤压。囊槛：圈栅、木笼。

译文　百年的大树，伐倒剖开后雕刻成精美的酒器，再用青、黄二色彩绘出美丽的花纹，而余下的断木则弃置在山沟里。雕刻成精美酒器的一段木料比起弃置在山沟里的其余木料，美好的命运和悲惨的遭遇之间就有了差别，不过对于失去了原有的本性来说却是一样的。盗跖与曾参、史鳅，行为和道义上存在着差别，然而他们失却人所固有的真性却也是一样的。大凡丧失真性有五种情况：一是五种颜色扰乱视觉，使得眼睛看不明晰；二是五种乐音扰乱听力，使得耳朵听不真切；三是五种气味熏扰嗅觉，困扰壅塞鼻腔并且直达额顶；四是五种滋味秽浊味觉，使得口舌受到严重伤害；五是取舍的欲念迷乱心神，使得心性驰竞不息、轻浮躁动。这五种情况，都是生命的祸害。可是，杨朱、墨翟竟不停地奋力追求而自以为有所得，不过这却不是我所说的优游自得。得到什么反而为其所困，也可以说是有所得吗？那么，斑鸠鸮鸟关于笼中，也可以算是优游自得了。况且取舍于声色的欲念像柴草一样堆满内心，皮帽羽冠、朝板、宽带和长裙捆束于外，内心里充满柴草栅栏，外表上被绳索捆了一层又一层，却瞪着大眼在绳索束缚中自以为有所得，那么罪犯反绑着双手或者受到挤压五指的酷刑，以及虎豹被关在圈栅、牢笼中，也可以算是优游自得了。

天道

题解 跟《天地》篇一样，中心还是倡导“无为”；所谓“天道”，也就是自然的规律，不可抗拒，也不可改变。

全文大体分成八个部分。第一部分至“谓之天乐”，指出自然规律不停地运行，万事万物全都自我运动，因而圣明之道只能是宁寂而又无为。第二部分至“以畜天下也”，紧承上段讨论“天乐”，指出要顺应自然而运动，混同万物而变化。第三部分至“非上之所以畜天下也”，提出帝王无为、臣下有为的主张，阐明一切政治活动都应遵从固有的规律，强调事事皆有顺序，而尊卑、男女也都是自然的顺序，这不仅违背了庄子“齐物”的思想，而且还给统治者统治臣民披上了合乎哲理的外衣。第四部分至“天地而已矣”，借尧与舜的对话，说明治理天下应当效法天地的自然。第五部分至“夫子乱人之性也”，写孔子与老聃的对话，指出事事皆应遵循自然规律，指出“仁义”正是“乱人之性”。第六部分至“其名为窃”，写老子顺应外物的态度，同时抨击智巧骄恣之人。第七部分至“至人之心有所定矣”，指出要“退仁义”“宾礼乐”，从而做到“守其本”而又“遗万物”，即提倡无为的态度。余下为第八部分，说明事物的真情本不可以言传，所谓圣人之言，乃是古人留下的糟粕。

本篇内容历来非议者颇多，特别是第三部分，背离庄子的思想太远，因而被认为是庄派后学者受儒家思想影响而作。

原文 天道运而无所积[①]，故万物成；帝道运而无所积[②]，故天下归；圣道运而无所积[③]，故海内服。明于天，通于圣，六通四辟于帝王之德者[④]，其自为也[⑤]，昧然无不静者矣[⑥]。圣人之静也，非曰静也善，故静也；万物无足以铙心者[⑦]，故静也。水静则明烛须眉[⑧]，平中准[⑨]，大匠取法焉[⑩]。水静犹明，而况精神！圣人之心静乎！天地之鉴也[⑪]；万物之镜也。夫虚静恬淡寂寞无为者[⑫]，天地之平而道德之至[⑬]，故帝王圣人休焉。休则虚，虚则实，实则伦矣[⑭]。虚则静，静则动[⑮]，动则得矣。静则无为，无为也则任事者责矣[⑯]。无为则俞俞[⑰]，俞俞者忧患不能处，年寿长矣。夫虚静恬淡寂漠无为者，万物之本也。明此以南乡[⑱]，尧之为君也；明此以北面，舜之为臣也。以此处上，帝王天子之德也；以此处下，玄圣素王之道也[⑲]。以此退居而闲游江海，山林之士服；以此进为而抚世[⑳]，则功大名显而天下一也[㉑]。静而圣，动而王，无为也而尊，朴素而天下莫能与之争美。夫明白于天地之德者[㉒]，此之谓大本大宗[㉓]，与天和者也；所以均调天下，与人和者也。与人和者，谓之人乐；与天和者，谓之天乐。

注释

①天道：自然规律。运：运行，运动。积：蓄留，停滞。

②帝道：帝王治国的规律。庄子主张“逍遥”“齐物”，主张“无为而治”，而这里所说的“帝道运而无所积”，已经离开了“无为而治”的思想，把帝王的统治看成天经地义之事，看成不可改变的规律，这显然是庄子后学者面对统治现实而产生出的无可奈何的心态，早已揉进了儒学的观点。全篇中这种情况还很多，不一一注出。

③圣道：思想修养臻于圣明的人对宇宙万物的看法和主张，这里所指的“圣”即下文所说的“玄圣”“素王”之“圣”。

④六：“六合”。一说指“六气”。四：四时，即春夏秋冬四季；一说“四”指四方。辟：发，通达的意思，这个意义后代写作“闢”，今复简化为“辟”。

⑤自为：任随万物自己运动。

⑥昧然：犹如黯然，不露痕迹的意思。

⑦铙（náo）：通作“挠”，扰乱的意思。

⑧明烛须眉：清晰地照见胡须和眉毛。

⑨平：水平。中（zhòng）：合于。准：水准，测定水平的器械。

⑩法：仿效。

⑪鉴：镜。

⑫“虚静”“恬淡”“寂漠”“无为”均指虚空宁寂的精神境界，意思相同。

⑬平：基准；一说“平”字乃“本”字之讹，乃是本根、本原的意思。至：最高的境界。一说“至”是“实”的意思，“道德之至”即道德的本质。

⑭伦：理，这里指自然之理。“伦”字有的注本亦作“備（备）”，完备的意思，可备参考。

⑮动：这里指事物的自身运动。

⑯任事者：旧注指“臣子”。

⑰俞俞：从容自得的样子。

⑱乡（鄉）：向。“南乡”即南面，面朝南向，指居于帝王之位。下句之“北面”则指“臣下”之位。

⑲玄圣、素王：指通晓大道，具有帝王之德却不居于帝王之位的人，如老聃之流。

⑳进为：进身于仕林而参与国家政务。

㉑天下一：天下大同。

㉒德：常态。“天地之德”即天地以无为为本的规律。

㉓大本、大宗：根本、宗原。

译文

自然规律的运行从不曾有过停留和积滞，所以万物得以生成；帝王统治的规律也从不曾有过停留和积滞，所以天下百姓归顺；思想修养臻于圣明的人对宇宙万物的看法和主张也不曾中断和停留，所以四海之内人人倾心折服。明白于自然，通晓于圣哲，对于了解帝王之德的人来说，上下四方相通和四季的畅达，全都是自身的运动，晦迹韬光不露形迹从不损伤静寂的心境。圣明的人内心宁寂，不是说宁寂美好，所以才去追求宁寂；各种事物都不能动摇和扰乱他的内心，因而心神才虚空宁寂犹如死灰。水在静止时便能清晰地照见人的须眉，水的平面合乎水平测定的标准，高明的工匠也会取之作为水准。水平静下来尚且清澄明澈，又何况是人的精神！圣明的人心境是多么虚空宁静啊！可以作为天地的明镜，可以作为万物的明镜。虚静、恬淡、寂寞、无为，是天地的基准，是道德修养的最高境界，所以古代帝王和圣明的人都停留在这一境界上。停留在这一境界上便心境空明虚淡，空灵虚淡也就会显得充实，心境充实就能合于自然之理了。心境虚空才会平静宁寂，平静宁寂才能自我运动，没有干扰地自我运动也就能够无不有所得。虚静便能无为，无为使任事的人各尽其责。无为也就从容自得，从容自得的人便不会身藏忧愁与祸患，年寿也就长久了。虚静、恬淡、寂寞、无为，是万物的根本。明白这个道理而居于帝王之位，就像唐尧作为国君；明白这个道理而居于臣下之位，就像虞舜作为臣属。凭借这个道理而处于尊上的地位，就算是帝王治世的盛德；凭借这个道理而处于庶民百姓的地位，就算是通晓了玄圣素王的看法和主张。凭借这个道理退居闲游于江海，山林的隐士就推心折服；凭借这个道理进身仕林而安抚世间百姓，就能功业卓著名扬四海而使天下大同。清静而成为玄圣，行动而成为帝王，无为方才能取得尊尚的地位，保持淳厚素朴的天性天下就没有什么东西可以跟他媲美。明白天地以无为为本的规律，这就叫做把握了根本和宗原，而成为跟自然谐和的人；用此来均平万物、顺应民情，便是跟众人谐和的人。跟人谐和的，称作人乐；跟自然谐和的，就称作天乐。

原文 庄子曰："吾师乎！吾师乎。𩐋万物而不为戾[①]，泽及万世而不为仁，长于上古而不为寿，覆载天地刻彫众形而不为巧[②]，此之谓天乐。故曰：'知天乐者，其生也天行[③]，其死也物化[④]。静而与阴同德[⑤]，动而与阳同波[⑥]。'故知天乐者，无天怨，无人非，无物累，无鬼责。故曰：‘其动也天，其静也地，一心定而王天下⑦；其鬼不祟，其魂不疲，一心定而万物服。’言以虚静推于天地，通于万物，此之谓天乐。天乐者，圣人之心，以畜天下也⑧。”

注释 ①𩐋（jī）：同“齑”，碎的意思。戾：暴。连续四句已见于《大宗师》，但第一句里的“戾”字，《大宗师》写作“义”，故有人认为“义”字乃“戾”字之讹，当从此篇。

②彫：“雕”字的异体。

③天行：顺应自然而运行。

④物化：混同万物而变化。

⑤阴：阴气。同德：具有共同的性质和常态。

⑥阳：阳气。波：波动，运动；“同波”即一同运动。

⑦ 一：全；“一心定”是说整个心思安定专一。

⑧ 畜：畜养、教化。

译文 庄子说：“我的宗师啊！我的宗师啊！碎毁万物不算是暴戾，恩泽施及万世不算是仁爱，生长于远古不算是寿延，覆天载地、雕刻众物之形不算是智巧，这就叫做天乐。所以说：‘通晓天乐的人，他活在世上顺应自然地运动，他离开人世混同万物而变化。平静时跟阴气同宁寂，运动时跟阳气同波动。’因此体察到天乐的人，不会受到天的抱怨，不会受到人的非难，不会受到外物的牵累，不会受到鬼神的责备。所以说：‘运动时合乎自然的运行，静止时犹如大地一样宁寂，内心安定专一统驭天下；鬼魔不会作祟，神魂不会疲惫，内心专一安定万物无不折服归附。’这些话就是说把虚空宁静推及到天地，通达于万物，这就叫做天乐。所谓天乐，就是圣人的爱心，用以养育天下人。”

原文 夫帝王之德，以天地为宗①，以道德为主②，以无为为常。无为也，则用天下而有余；有为也，则为天下用而不足③。故古之人贵夫无为也。上无为也④，下亦无为也，是下与上同德，下与上同德则不臣⑤；下有为也，上亦有为也，是上与下同道，上与下同道则不主⑥。上必无为而用天下，下必有为为天下用，此不易之道也。故古之王天下者，知虽落天地⑦，不自虑也；辩虽彫万物⑧，不自说也；能虽穷海内，不自为也。天不产而万物化⑨，地不长而万物育，帝王无为而天下功⑩。故曰莫神于天⑪，莫富于地，莫大于帝王。故曰帝王之德配天地⑫。此乘天地驰万物⑬，而用人群之道也。

注释

①宗：本。

②道：这里指事物运动变化所遵从的普遍规律。德：遵从于道的对待具体事物的态度和方法。

③旧注认为“无为”指帝王，顺应自然而无所为用，故闲暇有余；“有为”则指臣子，做臣子的各司其职竭心尽力，故处处唯恐不足。

④上：居于上位的人，这里实指帝王，与下句之“下”实指臣子相对应。

⑤不臣：不像是做臣下的，即不能尽臣下之职。

⑥不主：不像是做帝王的，即不能尽臣主之职。

⑦落：通作“络”，笼络、统带的意思。

⑧彫：“雕”字的异体，雕饰。一说通作“周”，周遍的意思。译文从后说。

⑨化：这里是变化而生的意思。

⑩功：成；“天下功”即天下得以治理。

⑪神：神妙不测。于：比。

⑫配：合；“配天地”即与天地相合。

⑬乘：驾驭。驰：驱遣。

译文 帝王的德行，以天地为根本，以道德为中心，以顺应无为而治为常规。帝王无为，役使天下人而且闲暇有余；臣子有为，为天下事竭心尽力而且唯恐不足。因此，古时候的人都看重帝王无为的态度。处于上位的帝王无为，处于下位的臣子也无为，这样臣子跟帝王的态度相同，臣子跟帝王相同那就不像臣子了；处于下位的臣子有为，处于上位的帝王也有为，这样帝王跟臣子的做法就相同了，帝王跟臣子相同那就不像帝王了。帝王必须无为方能役用天下，臣子必须有为而为天下所用，这是天经地义不能随意改变的规律。所以，古代统治天下的人，智慧即使能笼络天地，也从不亲自去思虑；口才即使能周遍万物，也从不亲自去言谈；才能即使能雄踞海内，也从不亲自去做。上天并不着意要产生什么而万物却自然变化产生，大地并不着意要长出什么而万物却自然繁衍生长，帝王能够无为天下就会自然得到治理。所以说没有什么比上天更为神妙，没有什么比大地更为富饶，没有什么比帝王更为伟大。因此说帝王的德行能跟天地相合。这就是驾驭天地、驱遣万物而任用天下人的办法。

原文 本在于上①，末在于下②，要在于主③，详在于臣④。三军五兵之运[5]，德之末也[6]；赏罚利害，五刑之辟[7]，教之末也；礼法度数[8]，形名比详[9]，治之末也；钟鼓之音，羽旄之容[10]，乐之末也；哭泣衰绖[11]，隆杀之服[12]，哀之末也。此五末者，须精神之运，心术之动，然后从之者也。

注释

①本：这里指“道德”。指远古时代。

②末：这里指仁义。下：指后代。

③要：要领，纲要。主：指帝王。

④详：事务繁多。

⑤三军：旧指上、中、下三军，这里应为军队的通称。五兵：五种兵器，即弓、殳（shū）、矛、戈、戟，这里泛指各种武器。

⑥末：末节，这里指衰败的表现。

⑦五刑：旧指劓（yì）、墨、刖（yuè）、宫、大辟。辟：法。

⑧度：丈量长短。数：计算多少。

⑨形：外部体征，这里指事物的实体。名：名称，称谓，跟“形”相对应。详：审定。

⑩旄（máo）：用于装饰的兽毛。

⑪衰（cuī）绖（dié）：丧服。“衰”本指古代丧服上当心处的麻布，“绖”本指古代丧服中的麻带，缠于头部和腰间，“衰”

和“绖”都是丧服的重要部分，故通常都连用以代指丧服。

⑫隆杀：隆重和简省，这里指丧服的等级差异。

译文 道德存在于上古，仁义则推行于当今，治世的纲要掌握在帝王手里，繁杂的事务留在臣子的操劳中。军队和各种兵器的运用，这是德化衰败的表现；奖赏处罚利导惩戒，并且施行各种刑法，这是诲谕衰败的表现；礼仪法规度量计数，对事物实体和称谓的比较和审定，这是治理衰败的表现；钟鼓的声音，用鸟羽兽毛装饰的仪容，这是声乐衰败的表现；痛哭流涕披麻戴孝，不同规格的隆重或省简的丧服，这是哀伤情感不能自然流露的表现。这五种微末之举，等待精神的自然运行和心智的正常活动，方才能排除骄矜、率性而生。

原文 末学者，古人有之，而非所以先也①。君先而臣从，父先而子从，兄先而弟从，长先而少从，男先而女从，夫先而妇从。夫尊卑先后，天地之行也②，故圣人取象焉③。天尊地卑，神明之位也；春夏先，秋冬后，四时之序也。万物化作④，萌区有状⑤，盛衰之杀⑥，变化之流也。夫天地至神，而有尊卑先后之

序，而况人道乎！宗庙尚亲[7]，朝廷尚尊，乡党尚齿[8]，行事尚贤，大道之序也。语道而非其序者，非其道也；语道而非其道者，安取道！

注释

①先：根本；“所以先”的意思就是用它来作为根本。

②把君臣、父子乃至夫妇间的所谓“尊”“卑”关系和以下所说的各种秩序，视为天地运行规律那样不可改变，早已背离了庄子“齐物”“逍遥”“无为”的思想，故而本段历来非议颇多。

③取象：取而效法这些现象。

④作：兴起、产生。

⑤萌区：萌生之初就出现差异。

⑦杀：降等；这里指次第出现。

⑧尚：尊尚，看重。

⑨乡党：这里泛指乡里。齿：指年岁。

译文

追求末节的情况，古人中已经存在，但并不是用它来作为根本。国君为主而臣下从属，父亲为主而子女从属，兄长为主而弟弟从属，年长为主而年少从属，男子为主而妇女从属，丈夫为主而妻子从属。尊卑、先后，这都是天地运行的规律，所以古代圣人取而效法之。上天尊贵，大地卑下，这是神明的位次；春夏在先，秋冬在后，这是四季的序列。万物变化而生，萌生之初便存在差异而各有各的形状；盛与衰的次第，这是事物变化的流别。天与地是最为神圣而又玄妙的，尚且存在尊卑、先后的序列，何况是社会的治理呢！宗庙崇尚血缘，朝廷崇尚高贵，乡里崇尚年长，办事崇尚贤能，这是永恒的大道所安排下的秩序。谈论大道却非议大道安排下的秩序，这就不是真正在尊崇大道；谈论大道却非议体悟大道的人，怎么能真正获得大道！

原文 是故古之明大道者，先明天而道德次之，道德已明而仁义次之，仁义已明而分守次之①，分守已明而形名次之，形名已明而因任次之②，因任已明而原省次之③，原省已明而是非次之，是非已明而赏罚次之。赏罚已明而愚知处宜，贵贱履位④，仁贤不肖袭情⑤。必分其能，必由其名。以此事上，以此畜下，以此治物，以此修身；知谋不用，必归其天，此之谓太平，治之至也。

注释 ①分（fèn）：职分；“分守”是说各自守住自己的职分，次第有序，不相争夺。

②因任：指据其才智授予一定的职务。

③原：恕免。省：废除。

④履（lǔ）：踩踏、履行。

⑤袭情：各用自己的真情。

译文 因此古代通晓大道的人，首先阐明自然的规律而后才是道德，道德已经阐明而后才是仁义，仁义已经阐明而后才是职守，职守已经明确而后才是事物的外形和称谓，外形和称谓已经明确了而后才是依其才而任其职，依才任职已经明确而后才是恕免或废除，恕免或废除已经明确而后才是是非，是非明确而后才是赏罚。赏罚明确因而愚钝与聪颖的人都能相处合宜，尊贵和卑贱的人也都能各安其位；仁慈贤能和不良的人也才能都袭用真情。必须区分各自不同的才能，必须遵从各自不同的名分。用这样的办法来侍奉帝王，用这样的办法来养育百姓，用这样的办法来管理万物，用这样的办法来修养自身；智谋不宜用，必定归依自然，这就叫做天下太平，也就是治理天下的最高境界。

原文 故书曰："有形有名。"形名者，古人有之，而非所以先也。古之语大道者，五变而形名可举①，九变而赏罚可言也②。骤而语形名③，不知其本也；骤而语赏罚，不知其始也。倒道而言④，迕道而说者⑤，人之所治也，安能治人！骤而语形名赏罚，此有知治之具，非知治之道；可用于天下，不足以用天下，此之谓辩士，一曲之人也⑥。礼法数度，形名比详，古人有之，此下之所以事上，非上之所以畜下也。

注释 ①五变：指上一自然段中的"先明天"至"形名已明"五句所表述的先后序列。举：举称。

②九变：指上一自然段中"先明天"至"赏罚已明"九句所表述的先后序列。

③骤：突然，唐突地。

④倒道：把上述变化的序列倒过来，引申指倒置了事物的本末。

⑤迕（wù）：逆，违反；"迕道"意思同于"倒道"。

⑥曲：局部；"一曲之人"即只能看见事物一隅的人。

译文 因此古书上说："有形体，有名称。"明了并区分事物的形体和称谓，古代就有人这样做，不过并不是把形、名的观念摆在首位。古时候谈论大道的人，从说明事物自然规律开始经过五个阶段方才可以称述事物的形体和名称，经过九个阶段方才可以谈论关于赏罚的问题。唐突地谈论事物的形体和称谓，不可能了解“形名”问题演绎的根本；唐突地讨论赏罚问题，不可能知晓赏罚问题的开始。把上述演绎顺序倒过来讨论，或者违背上述演绎顺序而辩说的人，只能是为别人所统治，怎么能去统治别人！离开上述顺序而唐突地谈论形名和赏罚，这样的人即使知晓治世的工具，也不会懂得治世的规律；可以用于天下，而不足以用来治理天下；这种人就称做辩士，即只能认识事物一隅的浅薄之人。礼仪法规计数度量，对事物的形体和名称比较和审定，古时候就有人这样做，这都是臣下侍奉帝王的做法，而不是帝王养育臣民的态度。

原文 昔者舜问于尧曰：“天王之用心何如①？”尧曰：“吾不敖无告②，不废穷民，苦死者③，嘉孺子而哀妇人④。此吾所以用心已⑤。”舜曰：“美则美矣，而未大也。”尧曰：“然则何如？”舜曰：“天德而出宁⑥，日月照而四时行，若昼夜之有经⑦，云行而雨施矣。”尧曰：“胶胶扰扰乎⑧！子，天之合也；我，人之合也。”夫天地者，古之所大也，而黄帝尧舜之所共美也。故古之王天下者，奚为哉？天地而已矣。

注释

①天王：天子，这里实际指称唐尧。

②敖：通作“傲”，侮慢的意思。无告：原意是有苦而无处可告，多用指处境十分不幸的人，这里借作庶民百姓的代称。

③苦：急，焦虑。

④嘉：很好地对待。哀：悲悯。

⑤所以用心：用心的方式。

⑥德：成；“天德”即自然而成。一说“天德”乃是与天合德的意思。出宁：指形迹虽然显著，心神始终保持宁静。一说，“出”字乃“土”字之误，“天宁”与“天德”在文意和结构上方才相称。

⑦经：常。

⑧胶胶：与“扰扰”同义，受到扰乱的样子。

译文

过去舜曾向尧问道：“你作为天子用心怎么样？”尧说：“我从不侮慢庶民百姓，也不抛弃生活无计走投无路的穷苦人民，为死者苦苦焦虑，很好地对待留下的幼子并悲悯那些妇人。这些就是我用心的方式。”舜说：“这样做好当然是很好了，不过还说不上伟大。”

尧说："如此那么将怎么办呢？"舜说："自然而成形迹安宁，像日月照耀，四季运行，像昼夜交替，形成常规，像云彩随风飘动，雨点布施万物。"尧说："整日里纷纷扰扰啊！你，跟自然相合；我，跟人事相合。"天和地，自古以来是最为伟大的，黄帝、尧、舜都共同赞美它。所以，古时候统治天下的人，做些什么呢？仿效天地罢了。

原文 孔子西藏书于周室[①]。子路谋曰[②]："由闻周之徵藏史有老聃者[③]，免而归居[④]，夫子欲藏书，则试往因焉[⑤]。"孔子曰："善。"

注释 ①周室：周王室。

②子路：孔子的学生，姓仲，名由，下句的"由"字就是子路的自称。谋：出主意。

③徵：典；"徵藏"即收藏典籍文要的地方。史：官名；"徵藏史"即管理文典的史官。

④免：退隐。

⑤因：依，随顺。

译文 孔子想把书保藏到西边的周王室去。子路出主意说：

“我听说周王室管理文典的史官老聃，已经引退回到家乡隐居，先生想要藏书，不妨暂且经过他家问问意见。”孔子说：“好。”

原文

往见老聃，而老聃不许，于是缙十二经以说①，老聃中其说②，曰：“大谩③，愿闻其要。”孔子曰：“要在仁义。”老聃曰：“请问，仁义，人之性邪？”孔子曰：“然。君子不仁则不成④，不义则不生⑤。仁义，真人之性也，又将奚为矣？”老聃曰：“请问，何谓仁义？”孔子曰：“中心物恺，兼爱无私⑥，此仁义之情也。”老聃曰：“意⑦，几乎后言！夫兼爱，不亦迂乎！无私焉，乃私也。夫子若欲使天下无失其牧乎⑧？则天地固有常矣，日月固有明矣，星辰固有列矣，禽兽固有群矣，树木固有立矣。夫子亦放德而行⑨，循道而趋⑩，已至矣；又何偈偈乎揭仁义⑪，若击鼓而求亡子焉⑫？意，夫子乱人之性也！”

注释

①缙（fán）：反复。十二经：旧注指诗、书、礼、乐、易、春秋六经加上六纬，但孔子时代还没有考证经文名物的纬书。“十二”不应理解为确数，而是虚指。古人常常使用三、九、十二、三十六、七十二、一〇八等数字，均非确指，而带有夸

饰性，言其多，这里也应是这样的用法。

②中其说：中途打断了对方的谈话。

③大谩：太冗繁。

④成：指成就名声。

⑤生：指立身社会。

⑥中心：中正而没有偏私。物恺（kǎi）：和乐，允合人情。

⑦意：噫。

⑧牧：养，这里用作名词，“失其牧”即失掉养育自身的东西。

⑨放：仿，依照。

⑩循：顺着。

⑪偈偈（jié）：奋力的样子。揭：举，含有标榜的意思。

⑫亡子：逃跑的人。

译文 孔子前往拜见老聃，老聃对孔子的要求不予承诺，孔子于是翻检众多经书反复加以解释。老聃中途打断了孔子的解释，说：“你说得太冗繁，希望能够听到有关这些书的内容大要。”孔子说：“要旨就在于仁义。”老聃说：“请问，仁义是人的本性吗？”孔子说：“是的。君子如果不仁就不能成其名声，如果不义就不能立身社会。仁义的确是人的本性，离开了仁义又能干些什么呢？”老聃说：“再请问，什么叫做仁义？”孔子说："中正而且和乐外物，兼爱而且没有偏私，这就是仁义的实情。"老聃说："噫！你后面所说的这许多话几乎都是浮华虚伪的言辞！兼爱天下，这不是太迂腐了吗？对人无私，其实正是希望获得更多的人对自己的爱。先生你是想让天下的人都不失去养育自身的条件吗？那么，天地原本就有自己的运动规律，日月原本就存在光亮，星辰原本就有各自的序列，禽兽原本就有各自的群体，树木原本就直立于地面。先生你还是依照自然的状态行事，顺着规律去进取，这就是极好的了。又何必如此急切地标榜仁义，这岂不就像是打着鼓去寻找逃亡的人，鼓声越大跑得越远吗？噫！先生扰乱了人的本性啊！"

原文 士成绮见老子而问曰[①]："吾闻夫子圣人也，吾固不辞远道而来愿见[②]，百舍重趼而不敢息[③]。今吾观子，非圣人也。鼠壤而余蔬[④]，而弃妹之者[⑤]，不仁也，生熟不尽于前[⑥]，而积敛无崖[⑦]。"老子漠然不应。

注释 ①士成绮：虚拟的人名。

②固：一定。

③百舍：在路途上住宿上百次，即路途上走了上百日。趼

（jiǎn）：手掌和脚掌上因磨擦而生出的硬皮。通常称作老趼、茧子。

④鼠壤：老鼠洞里掏出来的泥土。蔬：泛指剩余的食物。一说“蔬”通作“糈”，粮食颗粒的意思。

⑤“弃妹”的含意不甚明晰，旧说“妹”通作“昧”或“末”，“弃妹”就是对昏昧的人或学无根柢的人弃而不教，但紧跟其后的“之”字无有着落。一说“妹”通作“蔑”，看轻的意思，那么“妹”与“弃”义近，共带“之”字作宾语。译文姑从后说。

⑥生：指粟粮布帛。熟：饮食。“生熟”连用，这里统指各种资财物品。

⑦敛：收。无崖：没有限度。

译文

士成绮见到老子而问道：“听说先生是个圣人，我便不辞路途遥远而来，一心希望能见到你，走了上百天，脚掌上结了厚厚的老茧也不敢停下来休息。如今我观察先生，竟不像个圣人。老鼠洞里掏出的泥土中有许多余剩的食物，看轻并随意抛弃这些物品，不能算合乎仁的要求；粟帛饮食享用不尽，而聚敛财物却没有限度。”老子好像没有听见似的不作回答。

原文 士成绮明日复见，曰：“昔者吾有刺于子，今吾心正郤矣①，何故也？”老子曰：“夫巧知神圣之人，吾自以为脱焉②。昔者子呼我牛也而谓之牛，呼我马也而谓之马。苟有其实，人与之名而弗受，再受其殃。吾服也恒服③，吾非以服有服。”士成绮雁行避影④，履行遂进而问⑤：“修身若何？”老子曰：“而容崖然，而目衝然⑥，而颡頯然⑦，而口阚然⑧，而状義然，似系马而止也。动而持⑨，发也机⑩，察而审⑪，知巧而覩于泰⑫，凡以为不信。边竟有人焉⑬，其名为窃。”

注释 ①郤：“却”字之异体，退，引申为躬身自省的意思，“正郤”即方才省悟到自己的过错。一说“郤”当是“郤”字之误，“郤”通作“隙”，嫌隙的意思，“正郤”即改变了先前的恶感。两说皆可通。

②脱：摆脱，离开。

③服：指容颜体态的表征。一说“服”乃是顺从的意思。译文从后说。

④雁行避影：像雁一样侧身而行不敢正视自己羞愧的身影。

⑤履行遂进：一步跟随一步地慢慢走到近前。

⑥衝然：左顾右盼的样子。一说突视的样子。

⑦颡（sǎng）：额。頯（qiú）：高亢矜傲的样子。

⑧阚（hǎn）然：口大张着的样子。

⑨持：强制，拘持。

⑩发：这里指行动。机：弩机。

⑪审：详查。

⑫覩："睹"字的异体，外露。泰：骄恣。

⑬竟（jìng）：边境，边陲之地；这个意义后代写作"境"。

译文 第二天士成绮再次见到老子，说："昨日我用言语刺伤了你，今天我已有所省悟而且改变了先前的嫌隙，这是什么原因呢？"老子说："巧智神圣的人，我自以为早已脱离了这种人的行列。过去你叫我牛我就称作牛，叫我马我就称作马。假如存在那样的外形，人们给他相应的称呼却不愿接受，将会第二次受到祸殃。我顺应外物总是自然而然，我并不是因为要顺应而有所顺应。"士成绮像雁一样侧身而行不敢正视自己羞愧的身影，蹑手蹑脚地走向前来问道："修身之道是怎样的呢？"老子说："你容颜伟岸高傲，你目光突视，你头额矜傲，你口张舌利，你身形巍峨，好像奔马被拴住身虽休止而心犹奔腾。你行为暂时有所强制，一旦行动就像箭发弩机，你明察而又精审，自持智巧而外露骄恣之态，凡此种种都不能看作是人的真实本性。边远闭塞的地方有过这样的人，他们的名字就叫做窃贼。”

原文 夫子曰[①]：“夫道，于大不终[②]，于小不遗，故万物备。广广乎其无不容也，渊乎其不可测也[③]。形德仁义[④]，神之末也，非至人孰能定之！夫至人有世[⑤]，不亦大乎！而不足以为之累。天下奋棅而不与之偕[⑥]，审乎无假而不与利迁[⑦]，极物之真[⑧]，能守其本，故外天地[⑨]，遗万物[⑩]，而神未尝有所困也。通乎道，合乎德，退仁义，宾礼乐[⑪]，至人之心有所定矣。”

注释 ①夫子：老庄学说之后学弟子对前辈师长的尊称。

②终：穷尽。

③渊：亦作“渊渊”。

④形：通作“刑”。德：德化。

⑤有世：拥有天下，即统治天下的意思。

⑥棅：意思与“柄”相同；“奋棅”即争夺权柄。偕：一道。

⑦无假：无所凭借，跟“无待”的意思相同。一说“假”通作“瑕”，“无假”则是没有瑕疵，姑备参考。

⑧极：深究，洞察的意思。

⑨外天地：忘忽天地。

⑩遗万物：弃置万物。

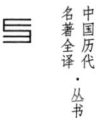

⑪宾：摈弃，这个意义后代写作“擯”，并简化为“摈”。

译文 先生说：“道，从大的方面说它没有穷尽，从小的方面说它没有遗缺，所以说具备于万物之中。广大啊，道没有什么不包容，深邃啊，道不可以探测。推行刑罚德化与仁义，这是精神衰败的表现，不是道德修养高尚的‘至人’谁能判定它！道德修养高尚的‘至人’一旦居于统治天下的位置，不是很伟大吗？可是却不足以成为他的拖累。天下人争相夺取权威但他却不会随之趋赴，审慎地不凭借外物而又不为私利所动，深究事物的本原，持守事物的根本，所以忘忽天地，弃置万物，而精神世界不曾有过困扰。通晓于道，合乎常规，辞却仁义，摈弃礼乐，至人的内心也就恬淡而不乖违。”

原文 世之所贵道者书也[①]，书不过语，语有贵也。语之所贵者意也，意有所随[②]。意之所随者，不可言传也，而世因贵言传书。世虽贵之，我犹不足贵也，为其贵非其贵也。故视而可见者，形与色也；听而可闻者，名与声也。悲夫，世人以形色名声为足以得彼之情！

夫形色名声果不足以得彼之情，则知者不言，言者不知，而世岂识之哉？

注释 ①所贵道者：所值得看重和称道的。书：旧注指文字，通观上下文，“书”字当理解为书简、书籍的“书”。

②随：从。“所随”即“所从”，所产生的地方。

译文 世上人们所看重和称道的就是书。书并没有超越言语，而言语确有可贵之处。言语所看重的就在于它的意义，而意义又有它的出处。意义的出处，是不可以用言语来传告的，然而世人却因为看重言语而传之于书。世人虽然看重它，我还是认为它不值得看重，因为它所看重的并不是真正可以看重的。所以，用眼睛看而可以看见的，是形和色；用耳朵听而可以听到的，是名和声。可悲啊，世上的人们满以为形、色、名、声就足以获得事物的实情！形、色、名、声实在是不足以获得事物的实情，而知道的不说，说的不知道，世上的人们难道能懂得这个道理吗？

原文 桓公读书于堂上。轮扁斲轮于堂下①，释椎凿而上，问桓公曰：“敢问，公之所读者何言邪？”公曰：“圣人之言也。”曰：“圣人在乎？”公曰：“已死矣。”曰：“然则君之所读者，古人之糟魄已夫②！”桓公曰：“寡人读书，轮人安得议乎！有说则可，无说则死。”轮扁曰：“臣也以臣之事观之。斲轮，徐则甘而不固③，疾则苦而不入④。不徐不疾，得之于手而应于心，口不能言，有数存焉于其间⑤。臣不能以喻臣之子⑥，臣之子亦不能受之于臣，是以行年七十而老斲轮。古之人与其不可传也死矣，然则君之所读者，古人之糟魄已夫！”

注释

①轮扁：名字叫“扁”的制作车轮的工匠。斲（zhuō）：砍削。

②糟魄：即糟粕，“魄”乃“粕”之借字。

③徐：指动作慢。甘：松缓。

④疾：指动作快。苦：涩滞。

⑤数：技巧。

⑥喻：通晓，明了。

译文

齐桓公在堂上读书，轮扁在堂下砍削车轮，他放下椎子和凿子走上朝堂，问齐桓公说：“冒昧地请问，您所读的书说的是些什么呢？”齐桓公说：“是圣人的话语。”轮扁说：“圣人还在世吗？”齐桓公说：“已经死了。”轮扁说：“这样，那么国君所读的书，全是古人的糟粕啊！”齐桓公说：“寡人读书，制作车轮的人怎么敢妄加评议呢！有什么道理说出来那还可以原谅，没有道理可说那就得处死。”轮扁说：“我用我所从事的工作观察到这个道理。砍削车轮，动作慢了松缓而不坚固，动作快了涩滞而不入木。不慢不快，手上顺利而且应合于心，口里虽然不能言说，却有技巧存在其间。我不能用来使我的儿子明白其中的奥妙，我的儿子也不能从我这儿接受这一技巧，所以我活了七十岁如今老了还在砍削车轮。古时候的人跟他们不可言传的道理一块儿死亡了，那么国君所读的书，正是古人的糟粕啊。”

天运

题解

“天运”的内容跟《天地》《天道》差不多，仍主要讨论无为而治。所谓“天运”，即各种自然现象无心运行而自动。

全文大体可以分为七个部分，第一部分至“此谓上皇”，就日、月、云、雨等自然现象提出疑问，这一切都是自身运动的结果，因而“顺之则治”，“逆之则凶”。第二部分至“是以道不渝”，写太宰荡向庄子请教，说明“至仁无亲”的道理。第三部分至“道可载而与之俱也”，写黄帝对音乐的谈论，“至乐”“听之不闻其声”，但却能“充满天地，苞裹六极”，因而给人以迷惑之感，但正是这种无知无识的浑厚心态接近于大道，保持了本真。第四部分至“而夫子其穷哉”，写师金对孔子周游列国推行礼制的评价，指出古今变异因而古法不可效法，必须“应时而变”。第五部分至“天门弗开矣”，借老聃对孔子的谈话来谈论道，指出名声和仁义都是身外的器物与馆舍，可以止宿而不可以久处，真正需要的则是“无为”。第六部分至“子贡蹴蹴然立不安”，写老聃对仁义和三皇五帝之治的批判，指出仁义对人的本性和真情的扰乱毒害至深，以至使人昏愦糊涂，而三皇五帝之治天下，实则是“乱莫甚焉”，其毒害甚于蛇蝎之尾。余下为第七部分，写孔子得道，进一步批判先王之治，指出唯有顺应自然变化方才能够教化他人。

原文 “天其运乎？地其处乎？①日月其争于所乎？孰主张是②？孰维纲是③？孰居无事推而行是？意者其有机缄而不得已邪？④意者其运转而不能自止邪？云者为雨乎？雨者为云乎？孰隆施是⑤？孰居无事淫乐而劝

是[6]？风起北方，一西一东，有上彷徨[7]，孰嘘吸是[8]？孰居无事而披拂是[9]？敢问何故？"巫咸袑曰[10]："来！吾语女。天有六极五常[11]，帝王顺之则治，逆之则凶。九洛之事[12]，治成德备，监照下土，天下戴之，此谓上皇。"

注释

①处（chǔ）：静处，即无心宁静而自止。

②主：主宰。张：张罗、布施。是：此，指代上述天、地、日、月等自然运行的现象。

③维：维系。纲：纲纪，这里用如动词，含有统领的意思。

④意：以意揣测；下句同此解。机：关。缄：闭。

⑤隆：兴，这里指形成乌云。施：这里指布雨。

⑥淫乐：贪求欢乐。劝是：促成这样的现象。

⑦有：疑为"在"字之讹，"有上彷徨"即在空中来回走动。

⑧嘘吸：吐气和吸气。

⑨披拂：煽动。

⑩巫咸袑（zhāo）：旧注为商代神巫，名袑。

⑪五常：五行，即金、木、水、火、土。

⑫九洛：九州聚落。一说"九洛"即夏禹所受之九畴。

译文

天在自然运行吧？地在无心静处吧？日月交替出没是

在争夺居所吧？谁在主宰张罗这些现象呢？谁在维系统带这些现象呢？是谁闲暇无事推动运行而形成这些现象呢？揣测它们有什么主宰的机关而出于不得已呢？还是揣测它们运转而不能自己停下来呢？“云是雨水蒸腾而成呢？还是雨水是乌云降落而成呢？是谁在行云布雨？是谁闲居无事贪求欢乐而促成了这种现象？风起于北方，一会儿西一会儿东，在天空中来回游动，是谁吐气或吸气造成了云彩的飘动？还是谁闲居无事煽动而造成这样的现象？我斗胆地请教是些什么缘故？”巫咸袑说：“来！我告诉你。大自然本身就存在六合和五行，帝王顺应它便能治理好国家，违背它就会招来灾祸。顺应九州聚居之人的各种事务，致使天下治理而道德完备，光辉照临人间，天下人拥戴，这就叫做‘上皇’。”

原文 商大宰荡问仁于庄子[①]。庄子曰：“虎狼，仁也。”曰：“何谓也？”庄子曰：“父子相亲，何为不仁？”曰：“请问至仁[②]。”庄子曰：“至仁无亲。”大宰曰：“荡闻之，无亲则不爱，不爱则不孝。谓至仁不孝，可乎？”

注释 ①商：这里实指宋国。宋乃殷商之后裔，所以这里将宋国称作“商”。大（tài）宰：官号。荡：大宰的名字。于：向。

②至仁：最高境界的仁。

译文 宋国的太宰荡向庄子请教仁爱的问题。庄子说；“虎和狼也具有仁爱。”太宰荡说：“这是说什么呢？”庄子说：“虎狼也能父子相互亲爱，为什么不能叫做仁呢？”太宰荡又问：“请教最高境界的仁。”庄子说：“最高境界的仁就是没有亲。”太宰荡说：“我听说，没有亲就不会有爱，没有爱就不会有孝，说最高境界的仁就是不孝，可以吗？”

原文 庄子曰：“不然。夫至仁尚矣，孝固不足以言之。此非过孝之言也，不及孝之言也。夫南行者至于郢①，北面而不见冥山②，是何也？则去之远也。故曰：以敬孝易，以爱孝难③；以爱孝易，以忘亲难④；忘亲易，使亲忘我难；使亲忘我易，兼忘天下难；兼忘天下易，使天下兼忘我难。夫德遗尧舜而不为也，利泽施于万世，天下莫知也，岂直大息而言仁孝乎哉⑤？夫孝悌仁义⑥，忠信贞廉，此皆自勉以役其德者也⑦，不足多也⑧。故曰，至贵⑨，国爵并焉⑩；至富⑪，国财并焉；至愿⑫，名誉并焉。是以道不渝⑬。”

注释

①郢：楚国的都城。楚国地处南方，故有“南行”之说。

②冥山：地处北极的山。这里是借越是南行越发看不见北地的冥山来喻指越是彰明仁孝，也就离至仁之道越远之意。

③爱：爱心，这里指人的本心、天性。

④忘：虚静淡泊的心境和不把外物滞留胸中的态度。

⑤直：特，只。大（tài）息：深深的叹息。

⑥悌（tì）：敬重兄长，顺从长上。

⑦役其德：劳役他的真性，即是使真性拘执和系累。

⑧多：推重，赞美。

⑨至贵：最为珍贵的，这里是指忘却自身。

⑩爵：爵位。并：弃除；以下同此解。

⑪至富：最为富有的，这里是指知足者。

⑫至愿：最大的心愿，这里是指通适本性。

⑬渝：改变。

译文

庄子说：“不是这样。最高境界的仁实在值得推崇，孝本来就不足以说明它。这并不是要责备行孝的言论，而是不涉及行孝的言论。向南方走的人到了楚国都城郢，面朝北方也看不见冥山，这是为什么呢？距离冥山越发地远了。所以说，用恭敬的态度来行孝容易，以爱的本心来行孝困难；用爱的本心来行孝容易，用虚静淡泊的态度对待双亲困难；虚静淡泊地对待双亲容易，使双亲也能虚静淡泊地对待自己困难；使双亲虚静淡泊地对待自己容易，能一并虚静淡泊地对待天下人困难；一并虚静淡泊地对待天下之人容易，使天下之人能一并忘却自我困难。盛德遗忘了尧舜因而尧舜方才能任物自得，利益和恩泽施给万世，天下人却没有谁知道，难道偏偏需要深深慨叹而大谈仁孝吗！孝、悌、仁、义、忠、信、贞、廉，这些都是用来劝勉自身而拘执真性的，不值得推崇。所以说，最为珍贵的，一国的爵位都可以随同忘却自我而弃除；最为富有的，一国的资财都可以随同知足的心态而弃置，最大的心愿，名声和荣誉都可以随同通适本性而泯灭。所以，大道是永恒不变的。”

原文 北门成问于黄帝曰①：“帝张咸池之乐于洞庭之野②，吾始闻之惧，复闻之怠③，卒闻之而惑④；荡荡默默⑤，乃不自得⑥。”

注释 ①北门成：人名，复姓北门，传说为黄帝的臣子。

②张：布施，这里是演奏的意思。咸池：古代著名的乐曲。洞庭之野：广漠的原野；“洞庭”在这里不是专指地名，更不

要理解为今人所称呼的“洞庭湖”。

③怠：松懈、平和，这里指先前恐惧的心理逐步平息下来。

④卒：终。惑：迷惑不解。

⑤荡荡：心神不定的样子。默默：无知无识的样子。

⑥不自得：疑惑不定，不知所措。

译文 北门成向黄帝问道：“你在广漠的原野上演奏咸池乐曲，我起初听起来感到惊惧，再听下去就逐步松缓下来，听到最后却又感到迷惑不解，神情恍惚无知无识，进而不知所措。

原文 帝曰：“汝殆其然哉[①]！吾奏之以人[②]，徵之以天[③]，行之以礼义，建之以大清[④]。夫至乐者[⑤]，先应之以人事，顺之以天理，行之以五德[⑤]，应之以自然，然后调理四时，太和万物[⑦]。四时迭起，万物循生；一盛一衰[⑧]，文武伦经[⑨]；一清一浊[⑩]，阴阳调和，流光其声；蛰虫始作[⑪]，吾惊之以雷霆。其卒无尾，其始无首；一死一生，一偾一起[⑫]；所常无穷[⑬]，而一不可待[⑭]。汝故惧也。

注释 ①殆：大概、恐怕。

②人：这里指人情。

③徵：取法；“徵”字亦作“徽”，则是顺的意思。

④大（tài）清：即太清，这里指天道。

⑤自本句以下至“太和万物”，共七句三十五个字，本为注文，后误以为正文，应当删去。

⑥五德：礼义等五种道德要求。

⑦太和：指音乐与天地同和。

⑧盛衰：这里指夏季的繁茂和冬季的衰败。

⑨文武：这里是指春季的生长和秋季的肃杀。伦：理；“伦经”指更迭的次序。

⑩清：指天。浊：指地。

⑪蛰虫：藏在泥土中过冬的虫豸。作：起，这里指解除冬眠开始活动。

⑫偾（fèn）：仆倒。

⑬所常：变化的方式。变化是事物的常态，这里以“常”代指变化。

⑭一：全，皆。

译文 黄帝说：“你恐怕会有那样的感觉吧！我因循人情来演奏乐曲，取法自然的规律，用礼义加以推进，用天道来确立。最美妙最高贵的乐曲，总是用人情来顺应，用天理来因循，用五德来推演，用自然来应合，然后方才调理于四季的序列，跟天地万物同和。乐声犹如四季更迭而起，万物都遵循这一变化而栖息生长；忽而繁茂忽而衰败，春季的生机和秋季的肃杀都在有条不紊地更迭；忽而清新忽而浊重，阴阳相互调配交和，流布光辉和与之相应的声响；犹如解除冬眠的虫豸开始活动，我用雷霆使它们惊起。乐声的终结寻不到结尾，乐声的开始寻不到起头；一会儿消逝一会儿兴起，一会儿偃息一会儿亢进，变化的方式无穷无尽，全不可以有所期待。因此你会感到惊恐不安。

原文 “吾又奏之以阴阳之和，烛之以日月之明[①]。其声能短能长，能柔能刚；变化齐一[②]，不主故常；在谷满谷，在阬满阬[③]；涂郤守神[④]，以物为量。其声挥绰[⑤]，其名高明。是故鬼神守其幽，日月星辰行其纪[⑥]。吾止之于有穷[⑦]，流之于无止[⑧]。予欲虑之而不能知也，望之而不能见也，逐之而不能及也；傥然立于四虚之道[⑨]，倚于槁梧而吟[⑩]。目知穷乎所欲见[⑪]，力屈乎所欲逐[⑫]，吾既不及已夫！形充空虚，乃至委蛇[⑬]。汝委蛇，故怠。

注释

①烛：照。

②变化齐一：是说乐声的变化遵循着条理。

③阬（kēng）：“坑”字的异体。

④涂：堵塞。郤（xī）：通作“隙”，孔隙的意思。旧本“郤”作“卻”，误不可通。守神：持守宁寂的精神。

⑤挥绰：形容乐声传播广远。

⑥纪：理，规律。联系上一句，是说事物都各得其所、各依其理，因而各不相挠。

⑦止：停住乐声。穷：极，指一定的限度。

⑧流：布施乐曲。

⑨傥（tǎng）然：无心的样子。四虚之道：通达四方而无阻通和涯际的大道。

⑩槁梧：这里指几案。

⑪本句和下一句是用来对应“予欲虑之而不能知也，望之而不能见也，逐之而不能及也”三句的，“虑之而不能知”与“知穷”相呼应，而“望之而不能见”则应与“目”“穷”相呼应，这里显然有脱误，意思也不易贯通。译文仍从旧本。

⑫屈：竭尽。

⑬委蛇（yí）：随应变化 。

译文

“我又用阴阳的交和来演奏，用日月的光辉来照临整个乐曲。于是乐声能短能长，能柔能刚，变化虽然遵循着一定的条理，却并不拘泥于故态和常规；流播于山谷山谷满盈，流播于坑凹坑凹充实；堵塞心灵的孔隙而使精神宁寂持守，一切用外物来度量。乐声悠扬广远，可以称作高如上天、明如日月。因此连鬼神也能持守幽暗，日月星辰也能运行在各自的轨道上。我时而把乐声停留在一定的境界里，而乐声的寓意却流播在无穷无尽的天地中。我想思考它却不能知晓，我观望它却不能看见，我追赶它却总不能赶上；只得无心地伫立在通达四方而无涯际的衢道上，依着几案吟咏。目光和智慧困窘于一心想要见到的事物，力气竭尽于一心想要追求的东西。我早已经赶不上了啊！形体充盈却又好像不复存在，方才能够随应变化。你随应变化，因此惊恐不安的情绪慢慢平息下来。

原文 “吾又奏之以无怠之声①，调之以自然之命②。故若混逐丛生③，林乐而无形；布挥而不曳④，幽昏而无声。动于无方⑤，居于窈冥⑥；或谓之死，或谓之生，或谓之实，或谓之荣⑦；行流散徙，不主常声⑧。世疑之，稽于圣人⑨。圣也者，达于情而遂于命也⑩。天机不张而五官皆备⑪，此之谓天乐，无言而心说⑫。

故有焱氏为之颂曰[13]：'听之不闻其声，视之不见其形，充满天地，苞裹六极。'[14]汝欲听之而无接焉[15]，而故惑也。

注释

①无怠：不再存在情感上的恐惧而平息，即忘情忘我的境界。

②命：通作"令"，指音乐的节奏。

③混逐：混同而又相逐。丛生：并生。

④布挥：布散和振动。曳：牵引。

⑤方：方所。

⑥窈冥：深远幽暗。

⑦荣：花。

⑧不主常声：不固守一调。

⑨稽：考察，探究。

⑩遂：顺。

⑪天机：自然的枢机。

⑫说（yuè）：喜悦。

⑬有焱（yàn）氏：旧注指神农氏。

⑭苞裹：即包裹，包容、囊括的意思。

⑮无接：不能连贯。

译文

"我又演奏起忘情忘我的乐声，并且用自然的节奏来加以调协。因而乐声像是混同驰逐相辅相生，犹如风吹丛林自然成乐却又无有形迹；传播和振动均无外力引曳，幽幽暗暗又好像没有了一点儿声响。乐声启奏于不可探测的地方，滞留于深远幽暗的境界；有时候可以说它消逝，有时候又可以说它兴起；有时候可以说它实在，有时候又可说它虚华；演进流播飘散游徙，绝不固守一调。世人往往迷惑不解，向圣人问询查考。所谓圣，就是通达事理而顺应于自然。自然的枢机没有启张而五官俱全，这就可以称之为出自本然的乐声，犹如没有说话却心里喜悦。所以有焱氏为它颂扬说：'用耳听听不到声音，用眼看看不见形迹，充满于大地，包容了六极。'你想听却无法衔接连贯，所以你到最后终于迷惑不解。

原文 "乐也者，始于惧，惧故祟①；吾又次之以怠，怠故遁②；卒之于惑，惑故愚；愚故道，道可载而与之俱也③。"

注释 ①祟：祸患。

②遁：这里指心情放松，消除了恐惧。

③与之俱：跟大道相通而无隔阻。

译文 “这样的乐章，初听时从惶惶不安的境态开始，因为恐惧而认为是祸患；我接着又演奏了使人心境松缓的乐曲，因为松缓而渐渐消除恐惧；乐声最后在迷惑不解中终结，因为迷惑不解而无知无识似的；无知无识的浑厚心态就接近大道，接近大道就可以借此而与大道融合相通了。”

原文 孔子西游于卫。颜渊问师金曰①：“以夫子之行为奚如？”师金曰：“惜乎，而夫子其穷哉②！”颜渊曰：“何也？”

注释 ①师金：鲁国的太师，名金；“师”是官名，即太师，古人习惯将职司之名冠于名字之首。

②穷：困窘，指孔子之道在卫国行不通，必然遭遇困厄。

译文 孔子向西边游历到卫国。颜渊问师金道：“你认为夫子此次卫国之行怎么样？”师金说：“可惜呀，你的先生一定会遭遇困厄啊！”颜渊说：“为什么呢？”

原文 师金曰：“夫刍狗之未陈也①，盛以箧衍②，巾以文绣③，尸祝齐戒以将之④。及其已陈也，行者践其首脊，苏者取而爨之而已⑤；将复取而盛以箧衍，中以文绣，游居寝卧其下，彼不得梦，必且数眯焉⑥。今而夫子，亦取先王已陈刍狗，聚弟子游居寝卧其下。故伐树于宋，削迹于卫，穷于商周，是非其梦邪？围于陈蔡之间，七日不火食⑦，死生相与邻，是非其眯邪？

注释 ①刍（chú）：草。“刍狗”即草扎成的狗，古代用于祭祀。陈：陈列；“未陈”指还未用于祭祀。

②箧（qiè）：箱子，一般用竹制作。衍：笥（sì），盛物的竹筐。

③巾：用如动词，围饰的意思。文：花纹，这个意义后代写作“纹”。

④尸祝：祭祀时的主持人，即巫师之类的人。齐（zhāi）：通作“斋”；“齐戒”即斋戒。将：送。

⑤苏：取草；“苏者”即拾草的人。爨（cuàn）：烧火做饭。

⑥眯（mì）：梦魇，这里指受到压抑。

⑦不火食：不能生火做饭。

译文 师金说：“用草扎成的狗还没有用于祭祀，一定会用竹制的箱笼来装着，用绣有图纹的饰物来披着，祭祀主持人斋戒后迎送着。等到它已用于祭祀，行路人踩踏它的头颅和脊背，拾草的人捡回去用于烧火煮饭罢了；想要再次取来用于祭祀而拿竹筐装着它，拿绣有图纹的饰物披着它，游乐居处于主人的身旁，即使它不做噩梦，也会一次又一次地感受到梦魇似的压抑。如今你的先生，也是在取法先王已经用于祭祀的草扎之狗，并聚集众多弟子游乐居处于他的身边。所以在宋国大树下讲习礼法而大树被砍伐，在卫国游说而被削除车迹，在殷地和东周游历遭到困厄，这不就是那样的噩梦吗？在陈国和蔡国之间遭到围困，整整七天没能生火就食，让死和生成了近邻，这又不就是那压得喘不过气来的梦魇吗？

原文 “夫水行莫如用舟，而陆行莫如用车。以舟之可行于水也而求推之于陆，则没世不行寻常①。古今非水陆与？周鲁非舟车与？今蕲行周于鲁②，是犹推舟于陆也，劳而无功，身必有殃。彼未知夫无方之传③，应物而不穷者也。

注释 ①没世：终身，一辈子。寻常：古代八尺为一“寻”，两“寻”为一“常”，“寻常”连用指距离极短。

②蕲（qí）：求。

③方：常；“无方”即没有限定。传：转，即运动变化。

译文 “在水上划行没有什么比得上用船，在陆地上行走没有什么比得上用车，因为船可以在水中划行而奢求在陆地上推着船走，那么终身也不能行走多远。古今的不同不就像是水面和陆地的差异吗？周和鲁的差异不就像是船和车的不同吗？如今一心想在鲁国推行周王室的治理办法，这就像是在陆地上推船而行，徒劳而无功，自身也难免遭受祸殃。他们全不懂得运动变化并无限定，只能顺应事物于无穷的道理。

原文 “且子独不见夫桔槔者乎？引之则俯，舍之则仰[①]。彼，人之所引，非引人也，故俯仰而不得罪于人。故夫三皇五帝之礼义法度[②]，不矜于同而矜于治[③]。故譬三皇五帝之礼义法度，其犹柤梨橘柚邪[④]！其味相反而皆可于口。

注释 ①舍（shě）：舍弃、放下，这个意义后代写作“捨”，今又简化为“舍”。“引”与“舍”相对，分别指吊杆的拉起和放下。

②三皇五帝：传说中远古时代的帝王。“三皇”和“五帝”所指有多种说法，这里不必深究。

③矜：顾惜，看重。

④柤梨橘柚：四种甜酸不同的果子。

译文 “况且，你没有看见那吊杆汲水的情景吗？拉起它的一端而另一端便俯身临近水面，放下它的一端而另一端就高高仰起。那吊杆，是因为人的牵引，并非它牵引了人，所以或俯或仰均不得罪人。因此说，远古三皇五帝时代的礼义法度，不在于相同而为人顾惜，在于治理而为人看重。拿三皇五帝时代的礼义法度来打比方，恐怕就像柤、梨、橘、柚四种酸甜不一的果子吧，它们的味道彼此不同然而却都很可口。

原文 “故礼义法度者，应时而变者也。今取猨狙而衣以周公之服①，彼必龁齧挽裂②，尽去而后慊③。观古今之异，犹猨狙之异乎周公也。故西施病心而矉其里④，其里之丑人见之而美之，归亦捧心而矉其里。其里之富人见之，坚闭门而不出，贫人见之，挈妻子而去走⑤。彼知矉美而不知矉之所以美。惜乎，而夫子其穷哉！”

注释 ①猨狙：猿猴。

②龁（hé）：咬。齧（niè）："啮"字的异体，咬的意思。挽：拉。"龁齧挽裂"用来描写猿猴穿上周公衣服很不自在，咬碎或撕裂所穿上的衣服。

③去：弃；这里指剥光身上的衣服。慊（qiè）：心意满足。

④病心：心口疼痛。矉（pín），同"颦"，皱眉头；以下同此解。里：邻里。成语"东施效颦"出于此。

⑤妻子：妻子儿女。去：这里是逃离、躲开的意思。走：跑开。

译文 "所以，礼义法度，都是顺应时代而有所变化的东西。如今捕捉到猿猴给它穿上周公的衣服，它必定会咬碎或撕裂，直到全部剥光身上的衣服方才心满意足。观察古今的差异，就像猿猴不同于周公。从前西施心口疼痛而皱着眉头在邻里间行走，邻里的一个丑女人看见了认为皱着眉头很美，回去后也在邻里间捂着胸口皱着眉头。邻里的有钱人看见了，紧闭家门而不出；贫穷的人看见了，带着妻儿子女远远地跑开了。那个丑女人只知道皱着眉头好看却不知道皱着眉头好看的原因。可惜呀，你的先生一定会遭遇厄运啊！"

原文 孔子行年五十有一而不闻道，乃南之沛见老聃[①]。老聃曰："子来乎？吾闻子，北方之贤者也，子亦得道乎?”孔子曰:“未得也。”老子曰:“子恶乎求之哉?”曰:“吾求之于度数②,五年而未得也。”老子曰:“子又恶乎求之哉?”曰:“吾求之于阴阳,十有二年而未得。”

注释

①南之沛:往南到沛地去。相传老聃为楚国人,楚国在南方而鲁国在北方,故有“南之沛”的说法。

②度:计量长短。数:计数多少。“度数”连用,在这里泛指规范、规矩。

译文

孔子活了五十一岁还没有领悟大道,于是往南去到沛地拜见老聃。老聃说:“你来了吗?我听说你是北方的贤者,你恐怕已经领悟了大道吧?”孔子说:“还未能得到。”老子说:“你是怎样寻求大道的呢?”孔子说:“我在规范、法度方面寻求大道,用了五年的功夫还未得到。”老子说:“你又怎样寻求大道呢?”孔子说:“我又从阴阳的变化来寻求,十二年了还是未能得到。”

原文

老子曰:“然。使道而可献,则人莫不献之于其君;使道而可进,则人莫不进之于其亲;使道而可以告人，则人莫不告其兄弟；使道而可以与人，则人莫不与其子孙。然而不可者，无佗也[①]，中无主而不止[②]，外无正而不行[③]。由中出者，不受于外，圣人不出；由外入者，无主于中，圣人不隐。名，公器也，不可多取。仁义，先王之蘧庐也[④]，止可以一宿而不可久处，觏而多责[⑤]。

注释

①佗（tuō）：同于“他”，别的，“无佗”即没有别的。

②中无主：是说心里无所领悟而不能自持。止：指道的停留。

③正：乃“匹”字之讹，匹对的意思。

④蘧（qú）庐：馆舍。

⑤觏（gòu）：遇见。

译文

老子说：“会是这样的。假使道可以用来进献，那么人们没有谁不会向国君进献大道；假使道可以用来奉送，那么人们没有谁不会向自己的双亲奉送大道；假使道可以传告他人，那么人们没有谁不会告诉给他的兄弟；假便道可以给予人，那么人们没有谁不会用来给予他的子孙。然而不可以这样做的原因，没有别的，内心不能自持因而大道不能停留，对外没有什么相对应因而大道不能推行。从内心发出的东西，倘若不能为外者所接受，圣人也就不会有所传教；从外部进入内心的东西，倘若心中无所领悟而不能自持，圣人也就不会有所怜惜。名声，乃是人人都可使用的器物，不可过多猎取。仁义，乃是前代帝王的馆舍，可以住上一宿而不可以久居，多次交往必然会生出许多责难。

原文 “古之至人，假道于仁，托宿于义，以游逍遥之虚①，食于苟简之田②，立于不贷之圃③。逍遥，无为也；苟简，易养也；不贷，无出也④。古者谓是采真之游⑤。

注释 ①虚：墟所，境地，这个意义后代写作“墟”。

②苟简：马虎简单。

③贷：施予。圃：本指种菜的园地，这里却是抽象的用法，跟“虚”“田”一样，指某一种境界、境地。

④无出：不使自己受损也无裨益于他人。

⑤采真：神采真实无伪。一说“采真”乃是探寻本真的意思，可备参考。

译文 “古代道德修养高的至人，对于仁来说只是借路，对于义来说只是暂住，而游乐于自由自在、无拘无束的境域，生活于马虎简单、无奢无华的境地，立身于从不施予的园圃。自由自在、无拘无束，便是无为；马虎简单、无奢无华，就易于生存；从不施予，就不会使自己受损也无裨益于他人。古代称这种情况叫做神采真实的遨游。

原文 “以富为是者，不能让禄；以显为是者，不能让名；亲权者[6]，不能与人柄。操之则慄[7]，舍之则悲，而一无所鉴，以闚其所不休者[8]，是天之戮民也[9]。怨恩取与谏教生杀，八者，正之器也，唯循大变无所湮者为能用之[10]。故曰：正者，正也。其心以为不然者，天门弗开矣[11]。”

注释 ①亲权：亲近权柄。

②操：操持，掌握。

③闚：“窥”字的异体。

④天之戮民：大自然所刑戮的人。在作者眼里，贪利逐名，全无鉴识，这样的人即使未受刑戮，但本性早已迷困，犹如刑戮之。

⑤湮：塞滞。

⑥天门：内心的灵府。

译文 “把贪图财贿看作正确的人，不会让人利禄，把追求显赫看作正确的人，不会让人名声；迷恋权势的人，不会授人权柄。掌握了利禄、名声和权势便唯恐丧失而整日战栗不安，而放弃上述东西又会悲苦不堪，而且心中全无一点鉴识，眼睛只盯住自己所无休止追逐的东西，这样的人只能算是被大自然所刑戮的人。怨恨、恩惠、获取、施与、谏诤、教化、生存、杀戮，这八种做法全是用来端正他人的工具，只有遵循自然的变化而无所阻塞滞留的人才能够运用它。所以说，所谓正，就是使人端正。内心里认为不是这样，那么心灵的门户就永远不可能打开！”

原文 孔子见老聃而语仁义。老聃曰：“夫播穅眯目[①]则天地四方易位矣；蚊虻噆肤[②]，则通昔不寐矣[③]。夫仁义憯然乃愤吾心[④]，乱莫大焉。吾子使天下无失其朴，吾子亦放风而动[⑤]，总德而立矣[⑥]，又奚杰然若负建鼓而求亡子者邪[⑦]？夫鹄不日浴而白[⑧]，乌不日黔而黑[⑨]。黑白之朴，不足以为辩[⑩]，名誉之观[⑪]，不足以为广[⑫]。泉涸[⑬]，鱼相与处于陆，相呴以湿[⑭]，相濡以沫[⑮]，不若相忘于江湖。”

注释

①穅:"糠"字的异体。眯(mǐ):灰沙入眼。

②噆(zǎn):叮咬。

③昔:通作"夕";"通昔"犹言通宵,整夜的意思。"播穅眯目"和"蚊虻噆肤"都是意在说明,外物虽小,加之于身也会使人的本性受到伤害。

④憯(cǎn):同"惨",含有毒害至深的意思。愤:乃"愦"字之讹,心里糊涂迷乱的意思。

⑤放:依;"放风而动"即纵任风起风落自然而动;一说"放"通作"仿",亦可通。

⑥总:归执。德:顺应自然变化的常态。

⑦杰然:亦作杰杰然,即《天道》中的"偈偈乎仁义"里的"偈偈乎",用力的样子。负:背负;一说"负"通作"掊",击打的意思。建:敲击。亡子:逃跑了的人。

⑧鹄:鹤,亦称天鹅。

⑨黔:黑;这里用如动词,染黑的意思。

⑩辩:通作"辨",分辨的意思。

⑪观:外观,外在的东西。

⑫广:播散张扬。

⑬以下五句已见于《大宗师》。

⑭呴(xū):张口出气。

⑮濡:沾湿。

译文 孔子拜见老聃讨论仁义。老聃说："播扬的糠屑进入眼睛，也会颠倒天地四方，蚊虻之类的小虫叮咬皮肤，也会通宵不能入睡。仁义给人的毒害就更为惨痛乃至令人昏愦糊涂，对人的祸乱没有什么比仁义更为厉害。你要想让天下不至于丧失淳厚质朴，你就该纵任风起风落似地自然而然地行动，一切顺于自然规律行事，又何必那么卖力地去宣扬仁义，好像是敲着鼓去追赶逃亡的人似的呢？白色的天鹅不需要天天沐浴而毛色自然洁白，黑色的乌鸦不需要每天用黑色渍染而毛色自然乌黑，乌鸦的黑和天鹅的白都是出于本然，不足以分辨谁优谁劣；名声和荣誉那样的外在东西，更不足以播散张扬。泉水干涸了，鱼儿相互依偎在陆地上，大口出气来相互取得一点儿湿气，靠唾沫来相互得到一点儿润湿，倒不如各自在江湖里忘掉彼此。"

原文 孔子见老聃归，三日不谈。弟子问曰："夫子见老聃，亦将何规哉[①]？"孔子曰："吾乃今于是乎见龙！龙，合而成体，散而成章[②]，乘云气而养乎阴阳。予口张而不能嗋[③]。予又何规老聃哉！"子贡曰："然则人固有尸居而龙见[④]，雷声而渊默[⑤]，发动如天地者乎？

赐亦可得而观乎⑤?”遂以孔子声见老聃⑥。

注释 ①规：诲劝。

②章：华美的文采。

③噌（xié）：口合拢。

④固：岂，难道。尸居：像死尸那样安居不动。龙见：像龙那样变化显现；“见（xiàn）”字在这里是表露、显现的意思。

⑤雷声：像疾雷那样震响。渊默：像深渊那样沉寂。

⑥赐：子贡的字。

⑦声：名义。

译文 孔子拜见老聃回来，整整三天不讲话。弟子问道：“先生见到老聃，对他作了什么诲劝吗?”孔子说：“我直到如今才竟然在老聃那儿见到了真正的龙！龙，合在一起便成为一个整体，分散开来又成了华美的文采，乘驾云气而养息于阴阳之间。我大张着口久久不能合拢，我又哪能对老聃作出诲劝呢！”子贡说：“这样说，那么人难道有像尸体一样安稳不动而又像龙一样神情飞扬地显现，像疾雷一样震响而又像深渊那样沉寂，发生和运动犹如天地运动变化的情况吗？我也能见到他并亲自加以体察吗?”于是借助孔子的名义前去拜见老聃。

原文 老聃方将倨堂而应[①]，微曰："予年运而往矣[②]；子将何以戒我乎[③]？"子贡曰："夫三王五帝之治天下不同，其系声名一也。而先生独以为非圣人，如何哉？"

注释 ①倨：通作"踞"，坐的意思。

②年运而往：年岁老迈。

③戒：告诫，这个意义后代写作"诫"。

译文 老聃正伸腿坐在堂上，轻声地应答说："我年岁老迈，你将用什么来告诫我呢？"子贡说："远古时代三皇五帝治理天下各不相同，然而却都有好的名声，唯独先生您不认为他们是圣人，这是为什么呢？"

原文 老聃曰："小子少进[①]！子何以谓不同？"对曰："尧授舜，舜授禹，禹用力而汤用兵，文王顺纣而不敢逆，武王逆纣而不肯顺，故曰不同。"

注释 ①小子：年轻人。少（shāo）：稍微。"少进"即稍稍靠前的意思。

译文 老聃说："年轻人，你稍稍近前些！你凭什么说他们各自有所不同？"子贡回答："尧让位给舜，舜让位给禹，禹用力治水而汤用力征伐，文王顺从商纣不敢有所悖逆，武王悖逆商纣而不顺服，所以说各不相同。"

原文 老聃曰："小子少进！余语汝三皇五帝之治天下。黄帝之治天下，使民心一①，民有其亲死不哭而民不非也②。尧之治天下，使民心亲，民有为其亲杀其杀而民不非也③。舜之治天下，使民心竞④，民孕妇十月生子，子生五月而能言，不至乎孩而始谁⑤，则人始有夭矣⑥。禹之治天下，使民心变，人有心而兵有顺⑦，杀盗非杀，人自为种而天下耳⑧，是以天下大骇，儒墨皆起。其作始有伦⑨，而今乎妇⑩，何言哉！余语汝，三皇五帝之治天下，名曰治之，而乱莫甚焉。三皇之知，上悖日月之明⑪，下睽山川之精⑫，中堕四时之施⑬。其知憯于蛎虿之尾⑭，鲜规之兽⑮，莫得安其性命之情者，而犹自以为圣人，不可耻乎，其无耻也？"子贡蹴蹴然立不安⑯。

注释 ①一：淳一；"心一"就是人心淳朴而保持本真。

②非：非议，责备。

③杀：降等，指对待亲人亲疏有别，父母兄弟依次减等。一说“杀”通作“差”，意思亦相近。

④心竞：心存竞争。

⑤孩：这里指两三岁的儿童。谁：这里用作动词，识别人、问人为谁的意思。

⑥夭：夭折，不能终其天年。

⑦有心：存有变诈之心。顺：理；“兵有顺”是说动用武力理所当然。一说“顺”通作“巡”，巡视；亦可通。

⑧本句句首之“人”字，亦可断为上句之末字，则上句为“杀盗非杀人”。种：类，引申为朋党、团伙的意思。本句含意颇费解，联系上下文，大体意思是，人们各自结成团伙而肆意于天下。

⑨作：起。伦：理。

⑩妇：用如动词并含有意谓性，“妇女”即以女为妇，是说当世道德沦丧，礼仪乖悖，淫风大行，已经没有什么治理可言了。

⑪悖：遮掩。以下三句已见于《胠箧》篇，但第二句中的“睽”字在《胠箧》篇中写作“烁”字。

⑫睽（kuí）：违背，不合。

⑬堕（huī）：通作“隳”，毁坏的意思。施：推移。

⑭蛎（lì）虿（chài）：蝎子之类的毒虫，尾端剧毒。

⑮鲜规之兽：旧注指小兽，但何以注“小”，不详，所指何物也不甚了然。这里仅从旧说。

⑯蹴蹴（cù）然：惶惧不安的样子。

译文 老聃说：“年轻人，你再稍微靠前些！我对你说说三皇五帝治理天下的事。黄帝治理天下，使人民心地淳厚保持本真，百姓有谁死了双亲并不哭泣，人们也不会加以非议。唐尧治理天下，使百姓敬重双亲，百姓有谁为了敬重双亲依照等差而做到亲疏有别，人们同样也不会非议。虞舜治理天下，使百姓心存竞争，怀孕的妇女十个月生下孩子，孩子生下五个月就张口学话，不等长到两三岁就开始识人问事，于是开始出现夭折短命的现象。夏禹治理天下，使百姓心怀变诈，人人存有机变之心因而动刀动枪成了理所当然之事，杀死盗贼不算杀人，人们各自结成团伙而肆意于天下，所以天下大受惊扰，儒家、墨家都纷纷而起。他们初始时也还有伦有理，可是时至今日以女为妇，还有什么可言呢！我告诉你，三皇五帝治理天下，名义上叫做治理，而扰乱人性和真情没有什么比他们更严重的了。三皇的心智，对上而言遮掩了日月的光明，对下而言违背了山川的精粹，就中而言毁坏了四时的推移。他们的心智比蛇蝎之尾还惨毒，就连小小的兽类，也不可能使本性和真情获得安宁，可是还自以为是圣人。是不认为可耻吗，还是不知道可耻呢？”子贡听了惊惶不定，心神不安地站着。

原文 孔子谓老聃曰：“丘治《诗》《书》《礼》《乐》《易》《春秋》六经，自以为久矣，孰知其故矣①；以奸者七十二君②，论先王之道而明周、召之迹③，一君无所钩用④。甚矣夫！人之难说也，道之难明邪？”

注释 ①孰：熟悉，这个意义后代写作“熟”。故：掌故，成例，这里指旧有的典章制度。一说“故”通作“诂”，义旨的意思。

②奸：干，犯的意思。“七十二君”所指不详，“七十二”可能是一约数，并带有一定夸饰性。

③周、召：周武王的两个弟弟周公、召公。

④钩：即“钩”字，取的意思。

译文 孔子对老聃说：“我研修《诗》《书》《礼》《乐》《易》《春秋》六部经书，自认为很久很久了，熟悉了旧时的各种典章制度；用违反先王之制的七十二个国君为例，论述先王（治世）的方略和彰明周公、召公的政绩，可是一个国君也没有取用我的主张。实在难啊！是人难以规劝，还是大道难以彰明呢？”

原文 老子曰：“幸矣，子之不遇治世之君也！夫六经，先王之陈迹也，岂其所以迹哉①！今子之所言，犹迹也。夫迹，履之所出②，而迹岂履哉？夫白鶂之相视③，眸子不运而风化④；虫，雄鸣于上风，雌应于下风而风化；类自为雌雄⑤，故风化。性不可易，命不可变，时不可止，道不可壅。苟得于道，无自而不可；失焉者⑥，无自而可。”

注释 ①所以迹：留下这些足迹的缘由。

②履：鞋，这里用作足的代称。

③鶂（yì）：水鸟，又名“鹢”。

④眸子：眼珠子。不运：不转动。风化：指雌雄相诱不待交合而生子，白鹅以眸子相诱，虫以鸣叫相诱。

⑤自为雌雄：自身具备雌雄两性。

⑥焉：用同“之”，这里指代大道。

译文 老子说：“幸运啊，你不曾遇到过治世的国君！六经，乃是先王留下的陈旧遗迹，哪里是先王遗迹的本原！

如今你所谈论的东西，就好像是足迹；足迹是脚踩出来的，然而足迹难道就是脚吗！白鹢相互而视，眼珠子一动也不动便相诱而孕；虫，雄的在上方鸣叫，雌的在下方相应而诱发生子，同一种类而自身具备雌雄两性，不待交合而生子。本性不可改变，天命不可变更，时光不会停留，大道不会壅塞。假如真正得道，无论去到哪里都不会受到阻遏；失道的人，无论去到哪里都是此路不通。”

原文 孔子不出三月，复见曰：“丘得之矣。乌鹊孺[①]，鱼傅沫[②]，细要者化[③]，有弟而兄啼。久矣夫丘不与化为人[④]！不与化为人，安能化人！”老子曰：“可。丘得之矣！”

注释 ①孺：相亲，这里指交尾而孵化。

②傅：通作“附”，附着、借助的意思。

③要：腰，这个意义后代写作“腰”。“细要”指蜜蜂。旧注说，蜜蜂取桑虫以求为己子，可备参考。

④人：偶；“为人”即相互交友。

译文 孔子三月闭门不出，再次见到老聃说：“我终于得道了。乌鸦喜鹊在巢里交尾孵化，鱼儿借助水里的泡沫生育，蜜蜂自化而生，生下弟弟哥哥就常常啼哭。很长时间了，我没有能跟万物的自然变化相识为友！不能跟自然的变化相识为友，又怎么能教化他人！”老子听了后说：“好。孔丘得道了！”

刻意

题解　以篇首两字作为篇名，“刻意”的意思就是磨砺自己的心志。本篇内容是讨论修养的，不同的人有不同的修养要求，只有“虚无恬淡”才合于“天德”，因而也才是修养的最高境域。

全文较短，大体分成三个部分，第一部分至“圣人之德也”，分析了六种不同的修养态度，唯有第六种才值得称道，“澹然无极”才是“天地之道”“圣人之德”。第二部分至“此养神之道也”，讨论修养的方法，中心就是“无为”。余下为第三部分，提出“贵精”的主张，所谓“贵精”即不丧“纯”“素”，这样的人就可叫做“真人”。

原文 刻意尚行[1]，离世异俗[2]，高论怨诽[3]，为亢而已矣[4]；此山谷之士[5]，非世之人[6]，枯槁赴渊者之所好也[7]。语仁义忠信，恭俭推让，为修而已矣[8]；此平世之士[9]，教诲之人，游居学者之所好也。语大功，立大名，礼君臣[10]，正上下，为治而已矣；此朝廷之士，尊主强国之人，致功并兼者之所好也[11]。就薮泽[12]，处闲旷，钓鱼闲处，无为而已矣；此江湖之士，避世之人，闲暇者之所好也。吹呴呼吸，吐故纳新[13]，熊经鸟申[14]，为寿而已矣；此道引之士[15]，养形之人，彭祖寿考者之所好也[16]。

注释 ①刻意：磨砺心志。尚行：崇尚品行。

②异俗：不同于世俗。

③高论：谈吐不凡。怨：抱怨怀才不遇。诽：讥评世事无道。

④亢：孤高卓群。

⑤山谷之士：避居山谷的隐士。

⑥非：责备、抨击。“非世之人”即愤世嫉俗的人。

⑦枯槁赴渊者：心志如灰、洁身自好的人。旧注“枯槁”指介之推之流，“赴渊”指申屠狄之流。介之推为春秋时晋国人，随公子重耳逃亡在外十九年，后重耳返国成为晋文公，遍赏跟随他出亡的人，而介之推却隐居山林，文公为逼他走出山

林放火烧山，介之推则拒不出山而被烧死。申屠狄战国时人，因谏君不纳，负石投河而死。

⑧修：修身。

⑧平世之士：意欲平定治理天下的人。

⑩礼君臣：按照一定的礼仪来确定和维护君臣的不同地位。

⑪致功：建立功业。并兼：兼并敌国。

⑫薮（sǒu）：湖泽的通称。

⑬吐故纳新：古代一种延年益寿的养生之法，就字面讲，“吐故”指吐出浊气，“纳新”指吸进新鲜空气。成语“吐故纳新”出于此。

⑭熊经鸟申：也是古代延年益寿的一种养生方法，“熊经”指像熊一样攀援而引气，“鸟申”指像鸟儿飞临空中时伸腿舒展。前一句的“吐故纳新”说的是提气养神，这一句说的则是活动筋骨。

⑮道：疏通，这里指舒筋活络；这个意义后代写作“導”，今又简化为“导”。引：这里指引体柔和。

⑯考：老。“寿考”指年寿高。

译文 磨砺心志崇尚修养，超脱尘世不同流俗，谈吐不凡，抱怨怀才不遇而讥评世事无道，算是孤高卓群罢了；这样做乃是避居山谷的隐士，是愤世嫉俗的人，正是那些洁身自好、宁可以身殉志的人所一心追求的。宣扬仁爱、道义、忠贞、信实和恭敬、节俭、辞让、谦逊，算是注重修身罢了；这样做乃是意欲平定治理天下的人，是对人施以教化的人，正是那些游说各国而后退居讲学的人所一心追求的。宣扬大功，树立大名，用礼仪来划分君臣的秩序，并以此端正和维护上下各别的地位，算是投身治理天下罢了；这样做乃是身居朝廷的人，尊崇国君强大国家的人，正是那些醉心于建立功业开拓疆土的人所一心追求的。走向山林湖泽，处身闲暇旷达，垂钩钓鱼来消遣时光，算是无为自在罢了；这样做乃是闲游江湖的人，是逃避世事的人，正是那些闲暇无事的人所一心追求的。嘘唏呼吸，吐却胸中浊气吸纳清新空气，像黑熊攀缘引体、像鸟儿展翅飞翔，算是善于延年益寿罢了；这样做乃是舒活经络气血的人，善于养身的人，正是像彭祖那样寿延长久的人所一心追求的。

原文 若夫不刻意而高，无仁义而修，无功名而治，无江海而闲，不道引而寿，无不忘也，无不有也，澹然无极[①]，而众美从之。此天地之道，圣人之德也。

注释 ①澹然：淡然。无极：无穷，这里指思想不滞留于一方。

译文 若不需磨砺心志而自然高洁，不需倡导仁义而自然修身，不需追求功名而天下自然得到治理，不需避居江湖而心境自然闲暇，不需舒活经络气血而自然寿延长久，没有什么不忘于身外，而又没有什么不据于自身。宁寂淡然而且心智从不滞留一方，而世上一切美好的东西都汇聚在他的周围。这才是像天地一样的永恒之道，这才是圣人无为的无上之德。

原文 故曰，夫恬惔寂漠[1]，虚无无为，此天地之平[2]，而道德之质也[3]。

注释 ①惔：通作“淡”，“恬惔”即“恬淡”，心境宁寂的意思。

②平：均衡。一说“平”字乃“本”字之讹。

③质：本。一说“质”通作“至”，极的意思。《天道》篇亦作“天地之平而道德之至”。

译文 所以说，恬淡、寂寞、虚空、无为，这是天地赖以均衡的基准，而且是道德修养的最高境界。

原文 故曰，圣人休休焉则平易矣[①]，平易则恬惔矣。平易恬惔，则忧患不能入，邪气不能袭，故其德全而神不亏。

注释 ①“休休焉”乃“休焉休”之误倒，全句应分开为两句，即“圣人休焉，休则平易矣”。《天道》篇亦作“帝王圣人休焉。休则……”，可作佐证。

译文 所以说，圣人总是停留在这一境域里，停留在这一境域也就平坦而无难了。安稳恬淡，那么忧患不能进入内心，邪气不能侵袭机体，因而他们的德行完整而内心世界不受亏损。

原文 故曰，圣人之生也天行[①]，其死也物化[②]；静而与阴同德[③]，动而与阳同波。不为福先，不为祸始，感而后应，迫而后动，不得已而后起。去知与故[④]，循天之理。故无天灾，无物累，无人非，无鬼责。其生若浮，其死若休。不思虑，不豫谋[⑤]。光矣而不耀[⑥]，信矣而不期[⑦]。其寝不梦，其觉无忧，其神纯粹，其魂不罢[⑧]。虚无恬淡，乃合天德。

注释

①天行：顺应自然而运动。

②物化：像万物一样变化。

③同德：具有共同的性质和常态。本句和下句已见于《天道》篇第二部分。

④故：事故，外在事物。一说“故”当讲作“诈”“巧”，则“知”与“故”意思相近。可备参考。

⑤豫：用同“预”。

⑥燿：同“耀”，指过分光亮。

⑦期：期许，相约。

⑧罢（pí）：通作“疲”。

译文

所以说，圣人生于世间顺应自然而运行，他们死离人世又像万物一样变化而去；平静时跟阴气一样宁寂，运动时又跟阳气一道波动。不做幸福的先导，也不为祸患的起始，外有所感而后内有所应，有所逼迫而后有所行动，不得已而后兴起。抛却智巧与事故，遵循自然的常规。因而没有自然的灾害，没有外物的牵累，没有旁人的非议，没有鬼神的责难。他们生于世间犹如在水面飘浮，他们死离人世就像疲劳后的休息。他们不思考，也不谋划。光亮但不刺眼，信实却不期许。他们睡觉不做梦，他们醒来无忧患，他们心神纯净精粹，他们魂灵从不疲惫。虚空而且恬淡，方才合乎自然的真性。

原文 故曰，悲乐者德之邪，喜怒者道之过，好恶者德之失。故心不忧乐，德之至也；一而不变，静之至也；无所于忤[①]，虚之至也；不与物交，惔之至也。无所于逆，粹之至也。

注释 ①忤：抵触，违背。

译文 所以说，悲哀和欢乐乃是背离德行的邪妄，喜悦和愤怒乃是违反大道的罪过，喜好和憎恶乃是忘却真性的过失。因此内心不忧不乐，是德行的最高境界；持守专一而没有变化，是寂静的最高境界；不与任何外物相抵触，是虚豁的最高境界；不跟外物交往，是恬淡的最高境界；不与任何事物相违逆，是精粹的最高境界。

原文 故曰，形劳而不休则弊，精用而不已则劳[①]，劳则竭。水之性，不杂则清，莫动则平，郁闭而不流[②]，亦不能清，天德之象也。

注释 ①已：止息。劳：劳损，这里指元气大伤。

②郁闭：闭塞。

译文 所以说，形体劳累而不休息那么就会疲乏不堪，精力使用过度而不止歇那么就会元气劳损，元气劳损就会精力枯竭。水的本性，不混杂就会清澈，不搅动就会平静，闭塞不流动也就不会纯清，这是自然本质的现象。

原文 故曰，纯粹而不杂，静一而不变，惔而无为，动而以天行，此养神之道也。

译文 所以说，纯净精粹而不混杂，静寂持守而不改变，恬淡而又无为，运动则顺应自然而行，这就是养神的道理。

原文 夫有干越之剑者①，柙而藏之②，不敢用也③，宝之至也。精神四达并流④，无所不极⑤，上际于天⑥，下蟠于地⑦，化育万物，不可为象，其名为同帝⑧。纯素之道，惟神是守；守而勿失，与神为一；一之精通，合于天伦⑨。野语有之曰⑩：“众人重利，廉士重名，贤人尚志，圣人贵精[11]。”故素也者，谓其无所与杂也；纯也者，谓其不亏其神也。能体纯素，谓之真人。

注释

①干越：旧注“干”指干溪，地处吴国；“越”指越山，地处越国。“干越”亦即吴、越，春秋战国时冶炼发达，以铸剑闻名。

②柙（xiá）：装匣。

③本句亦作“不敢轻用也”，“用”字之前多一“轻”字。

④流：通。

⑤极：至，达到，这里用如动词。

⑥际：接近。

⑦蟠：遍及。

⑧同帝：大意是同于天帝之无为。

⑨天伦：自然之理。

⑩野语：带有一定哲理性的俗语。

⑪贵精：以素朴的精神为重，即看重素朴的精神。

译文

今有吴越地方出产的宝剑，用匣子秘藏起来，不敢轻易使用，因为是最为珍贵的。精神可以通达四方，没有什么地方不可到达，上接近苍天，下遍及大地，化育万物，却又不可能捕捉到它的踪迹，它的名字就叫做同于天帝。纯粹素朴的道，就是持守精神，持守精神而不失却本真，跟精神融合为一，浑一就使精智畅通无碍，也就合于自然之理。俗语有这样的说法："普通人看重私利，廉洁的人看重名声，贤能的人崇尚志向，圣哲的人重视素朴的精神。"所以，素就是说没有什么与它混杂，纯就是说自然赋予的东西没有亏损。能够体察纯和素，就可叫他"真人"。

缮性

题解 本篇的中心仍是讨论如何养性。所谓"缮性"就是修治生性。全篇大体分为三个部分。第一部分至"冒则物必失其性也"，提出"以恬养知"的主张，认为遵从世俗必定不能"复其初"，只有自养而又敛藏，方才不"失其性"。第二部分至"其德隐矣"，缅怀远古混沌鸿蒙、淳风未散的时代，并指出随着时代的推移德行逐渐衰退，以致不能返归本真，这都因为"文灭质""博溺心"。余下为第三部分，指出修治生性的要领是"正己"和"得志"，既能正己，又能自适，外物就不会使自己丧身失性，因而也就不会倒置本末。

原文 缮性于俗[①]，俗学以求复其初[②]，滑欲于俗[③]，思以求致其明[④]；谓之蔽蒙之民。

注释 ①缮：修治。

②本句的“俗”字是衍文，应当删去。初：这里指原始的真性。

③滑（gú）：乱。欲：情欲，欲念。

④致：达到，获得。

译文 在世俗的流习范围内修治性情，靠仁义礼智的儒俗学说来期求复归原始的真性；内心欲念早已被习俗所扰乱，还一心希望能达到明澈与通达；这就叫做蔽塞愚昧的人。

原文 古之治道者，以恬养知[①]；知生而无以知为也，谓之以知养恬。知与恬交相养，而和理出其性。夫德[②]，和也；道，理也。德无不容，仁也；道无不理，义也；义明而物亲，忠也；中纯实而反乎情，乐也；信行容体而顺乎文[③]，礼也。礼乐偏行[④]，则天下乱矣。彼正而蒙已德[⑤]，德则不冒[⑥]，冒则物必失其性也。

注释

①恬：心境安静。

②以下数句不似老、庄观点，也与通篇主旨不能吻合。

③信行：诚信著显。容体：容仪得体。文：这里指合于礼仪的节度和表征。

④偏："遍"字之异体。"徧"字亦作"偏"，偏于一方则多方有失的意思；这样讲更为合理。

⑤蒙：晦暗。"蒙己德"意思是敛藏自己的德行。一说"蒙"讲作"覆"，承受的意思。

⑥冒：乱，冲犯。

译文

古时候研究道术的人，总是以恬静来调养心智；心智生成却不用智巧行事，可称它为以心智调养恬静。心智和恬静交相调治，因而谐和顺应之情从本性中表露而出。德，就是谐和；道，就是顺应。德无所不容，就叫做仁；道无所不顺，就叫做义。义理彰明因而物类相亲，就叫做忠；心中纯厚朴实而且返归本真，就叫做乐；诚信著显、容仪得体而且合于一定礼仪的节度和表征，就叫做礼。礼乐偏执一方而又多方有失，那么天下定然大乱了。各人自我端正而且敛藏自己的德行，德行也就不会冒犯他人，德行冒犯他人那么万物必将失却自己的本性。

原文 古之人，在混芒之中[①]，与一世而得澹漠焉[②]。当是时也，阴阳和静，鬼神不扰，四时得节[③]，万物不伤，群生不夭，人虽有知，无所用之，此之谓至一[④]。当是时也，莫之为而常自然。

注释 ①混芒：混沌鸿蒙、淳风未散的境况。

②一：全。澹漠：即淡漠，这里指恬淡无为、互不交往。

③得：亦作“应”，顺应时节的意思。

④至一：物我不二，是非无别的最为完满的浑一状态，即庄子理想中的境界。

译文 古时候的人，生活在混沌鸿蒙、淳风未散的境况中，跟整个外部世界混为一体而且人们彼此都恬淡无为、互不交往。正是这个时候，阴与阳谐和而又宁静，鬼神也不会干扰，四季的变化顺应时节，万物全不会受伤害，各种有生命的东西都能尽享天年，人们即使内存心智，也没处可用，这就叫做最为完满的浑一状态。正是这个时候，人们不知道需要去做什么而保持着天然。

原文 逮德下衰[①]，及燧人、伏羲始为天下[②]，是故顺而不一。德又下衰，及神农、黄帝始为天下，是故安而不顺。德又下衰，及唐、虞始为天下，兴治化之流③，澆淳散朴④，离道以善⑤，险德以行⑥，然后去性而从于心。心与心识知⑦，而不足以定天下，然后附之以文⑧，益之以博⑨。文灭质，博溺心，然后民始惑乱，无以反其性情而复其初。

注释 ①逮：及，等到。

②为：这里是统治、治理的意思；以下仿此。

③治化：治理和教化。

④澆（jiāo）：亦写作“浇”，薄的意思，“澆淳”即看轻淳厚之风。

⑤善：乃是“为”字之讹，“离道而为”即所为背离了大道；“善”字则上下文意不可通。

⑥险：通作“俭”，贫乏、缺少的意思。

⑦“识”和“知”同义。

⑧附：附着、贴附。文：文饰；与下句之“博”字一样都是指上段的“俗”和“学”，即世俗与儒学等非人之本真的东西。

⑨益：增加。

译文 等到后来道德衰退，到了燧人氏、伏羲氏统治天下，世事随顺却已不能浑然为一。道德再度衰退，到了神农氏和黄帝统治天下，世道安定却已不能随顺民心与物情。道德再度衰退，到了唐尧、虞舜统治天下，开启了治理和教化的风气，淳厚质朴之风受到干扰与破坏，背离大道而为，寡有德行而行，这之后也就舍弃了本性而顺从于各自的私心。人们彼此间都相互知道和了解，也就不足以使天下得到安定，然后又贴附上浮华的文饰，增加了众多的俗学。文饰浮华毁坏了质朴之风，广博的俗学淹没了纯真的心灵，然后人民才开始迷惑和纷乱，没有什么办法返归本真而回复原始的情状。

原文 由是观之，世丧道矣，道丧世矣。世与道交相丧也，道之人何由兴乎世[①]，世亦何由兴乎道哉！道无以兴乎世，世无以兴乎道，虽圣人不在山林之中，其德隐矣。

注释 ①道之人：有道之人。

译文 由此观之，世间丧失了自然之道，自然之道丧失了人世。社会和道交相丧失，有道之人怎么能立脚于人世间，人世间又怎么能从自然之道得到振兴呢？道没有办法在人世间兴起，人世间没有办法让道得以振兴，即使圣人不生活在少有人烟的山林之中，他的德行也必将隐没而不为人知。

原文 隐，故不自隐①。古之所谓隐士者，非伏其身而弗见也②，非闭其言而不出也，非藏其知而不发也，时命大谬也③。当时命而不行乎天下，则反一无迹；不当时命而大穷乎天下④，则深根宁极而待⑤；此存身之道也。

注释 ①“不自隐”有两种理解：一是说时逢昏暗圣道不行，不必韬光便已自隐；一是说圣道虽隐，圣人却不自隐。译文从前一说。

②见（xiàn）：显现。

③谬（miù）：伪妄、乖背。

④穷：困窘。“大穷”是相对上句“大行”而言的，指不能自然淡漠的时代。

⑤深根：这里指固守自然之本。宁极：这里指保有宁寂至极之性。

译文 谈到隐没于世，时逢昏暗不必韬光便已自隐。古时候的所谓隐士，并不是为了隐伏身形而不愿显现于世，并不是为了缄默不言而不愿吐露真情，也不是为了深藏才智而不愿有所发挥，是因为时遇和命运乖妄、悖谬啊。当时遇和命运顺应自然而通行于天下，就会返归浑沌纯一之境而不显露踪迹。当时遇不顺、命运乖违而穷困于天下，就固守根本、保有宁寂至极之性而静心等待；这就是保存自身的方法。

原文 古之行身者①，不以辩饰知，不以知穷天下，不以知穷德，危然处其所而反其性已②，又何为哉！道固不小行③，德固不小识④。小识伤德，小行伤道。故曰：正己而已矣。乐全之谓得志⑤。

注释 ①行：亦写作“存”。据上下文义，这里的“行”字应是“存”字之误。

②危然：独立自持的样子。

③小行：小有所成。

④小识：小知，肤浅的知识。

⑤乐全：快乐之至；这里实指忘哀忘乐，保全本真之情。得志：快意自适。

译文　古时候善于保存自身的人，不用辩说来巧饰智慧，不用智巧使天下人困窘，不用心智使德行受到困扰，巍然自持地生活在自己所处的环境而返归本性与真情，又何须一定得去做些什么呢！大道广荡本不是小有所成的人能够遵循，大德周遍万物本不是小有所知的人能够鉴识。小有所知会伤害德行，小有所成会伤害大道。所以说，端正自己也就可以了。快意地保持本真就可称作是心意自得而自适。

原文　古之所谓得志者，非轩冕之谓也①，谓其无以益其乐而已矣。今之所谓得志者，轩冕之谓也。轩冕在身，非性命也，物之傥来②，寄者也。寄之，其来不可圉③，其去不可止。故不为轩冕肆志④，不为穷约趋俗，其乐彼与此同⑤，故无忧而已矣。今寄去则不乐，由是观之，虽乐，未尝不荒也⑥。故曰，丧己于物，失性于俗者，谓之倒置之民⑦。

注释　①轩，古代较为高贵的人所乘坐的车子。冕：古代地位在卿大夫以上的人所戴的礼帽。“轩冕”连用在这里借指地位高贵的人。

②傥（tǎng）：偶然。

③圉（yǔ）：阻止。

④肆志：恣意放纵。

⑤“彼”与“此”分别指“轩冕肆志”与“穷约趋俗”。

⑥荒：迷乱。

⑦倒置之民：颠倒了本末的人。

译文

古时候所说的自得自适的人，不是指高官厚禄地位尊显，说的是出自本然的快意而没有必要再添加什么罢了。现在人们所说的快意自适，是指高官厚禄地位显赫。荣华富贵在身，并不出自本然，犹如外物偶然到来，是临时寄托的东西。外物寄托，它们到来不必加以阻拦，它们离去也不必加以劝止。所以不可为了富贵荣华而恣意放纵，不可因为穷困贫乏而趋附流俗，身处富贵荣华与穷困贫乏，其间的快意相同，因而没有忧愁罢了。如今寄托之物离去便觉不能快意，由此观之，即使真正有过快意也未尝不是迷乱了真性。所以说，由于外物而丧失自身，由于流俗而失却本性，就叫做颠倒了本末的人。

秋水

题解

《秋水》是《庄子》中的又一长篇，用篇首的两个字作为篇名，中心是讨论人应怎样去认识外物。

全篇由两大部分组成。前一部分写北海海神跟河神的谈话，一问一答一气呵成，构成本篇的主体。这个长长的对话根据所问所答的内容，又可分成七个片断，至“不似尔向之自多于水乎”是第一个片断，写河神的小却自以为大，对比海神的大却自以为小，说明了认识事物的相对性观点。至“又何以知天地之足以穷至大之域”是第二个片断，以确知事物和判定其大小极其不易，说明认知常受事物自身的不定性和事物总体的无穷性所影响。至“约分之至也”是第三个片断，紧承前一对话，进一步说明认知事物之不易，常常是“言”不能“论”,“意”不能“察”。至“小大之家”是第四个片断，从事物的相对性出发，更深一步地指出大小贵贱都不是绝对的，因而最终是不应加以辨知的。至“夫固将自化”是第五个片断，从“万物一齐”“道无终始”的观点出发，指出人们认知外物必将无所作为，只能等待它们的“自化”。至“反要而语极”是第六个片断，透过为什么要看重“道”的谈话，指出懂得了“道”就能通晓事理，就能认识事物的变化规律。至“是谓反其真”是第七个片断，即河神与海神谈话的最后一部分，提出了返归本真的主张，即不以人为毁灭天然，把“自化”的观点又推进了一步。

后一部分分别写了六个寓言故事，每个寓言故事自成一体，各不关联，跟前一部分海神与河神的对话也没有任何结构关系上的联系，对全篇主题的表达帮助也不甚大，似有游离之嫌。

篇文强调了认识事物的复杂性，即事物本身的相对性和认知过程的变异性，指出了认知之不易和准确判断的困难。但篇文过分强调了事物变化的不定因素，未能揭示出认知过程中相对与绝对间的辩证关系，很容易导向不可知论，因而最终仍只能顺物自化，返归无为，这当然又是消极的了。

原文 秋水时至[①]，百川灌河[②]，泾流之大[③]，两涘渚崖之间不辩牛马[④]。于是焉河伯欣然自喜[⑤]，以天下之美为尽在己[⑥]。顺流而东行，至于北海，东面而视，不见水端。于是焉河伯始旋其面目[⑦]，望洋向若而叹曰[⑧]：“野语有之曰[⑨]，‘闻道百[⑩]，以为莫己若’者[⑪]，我之谓也。且夫我尝闻少仲尼之闻而轻伯夷之义者[⑫]，始吾弗信；今我睹子之难穷也，吾非至于子之门则殆矣，吾长见笑于大方之家[⑬]。”

注释

①时：按照时令。

②河：黄河。

③径（jìng）流：水流直通的主脉。

④涘（sì）：河岸。渚（zhǔ）：水中的沙洲。崖：涯。辩：通作“辨”，分辨的意思。

⑤河伯：河神，旧注说河神姓冯（píng），名夷；“伯”字是对长者的尊称。

⑥以：认为。

⑦旋：改变。

⑧望洋：亦写作“望羊”或“盳洋”，仰视的样子。若：海神；以下称作“北海若”。

⑨野语：俗语。

⑩“闻道百”即“闻百道”，“百”字并非确数，泛言很多。

⑪莫己若：没有谁比得上自己。

⑫仲尼：即孔丘，向来以学识渊博著称。伯夷：相传是殷代诸侯孤竹君的长子，不愿继承父位与弟弟叔齐一道逃到了周，周武王伐纣时极力反对，隐于首阳山不食周粟而饿死，向来被推崇为高义之士。

⑬见笑：遭到讥笑。方：道。“大方之家”指通晓大道、修养极高的人家。成语“贻笑大方”源出于此。

译文 秋天里山洪按照时令汹涌而至，众多大川的水流汇入黄河，河面宽阔波涛汹涌，两岸和水中沙洲之间连牛马都不能分辨。于是河神欣然自喜，认为天下一切美好的东西全都聚集在自己这里。河神顺着水流向东而去，来到北海边，面朝东边一望，看不见大海的尽头。于是河神方才改变先前洋洋自得的面孔，面对着海神仰首慨叹道："俗语有这样的说法，'听到了上百条道理，便认为天下再没有谁能比得上自己'的，说的就是我这样的人了。而且我还曾听说过孔丘懂得的东西太少、伯夷的高义不值得看重的话语，开始我不敢相信；如今我亲眼看到了你是这样的浩淼博大、无边无际，我要不是因为来到你的门前，真可就危险了，我必定会永远受到修养极高的人的耻笑。"

原文 北海若曰："井鼃不可以语于海者①，拘于虚也②；夏虫不可以语于冰者，笃于时也③；曲士不可以语于道者④，束于教也。今尔出于崖涘，观于大海，乃知尔丑⑤，尔将可与语大理矣。天下之水，莫大于海，万川归之，不知何时止而不盈⑥；尾闾泄之⑦，不知何时已而不虚；春秋不变，水旱不知。此其过江河之流，不可为量数⑧。而吾未尝以此自多者⑨，自以比形于天地而受气于阴阳⑩，吾在于天地之间，犹小石小木之在大山也。方存乎见少，又奚以自多！计四海之在天地之间也，不似礨空之在大泽乎⑪？计中国之在海内⑫，不似稊米之在大仓乎⑬？号物之数谓之万⑭，人处一焉；人卒九州⑮，谷食之所生，舟车之所通，人处一焉⑯；此其比万物也，不似豪末之在于马体乎⑰？五帝之所连⑱，三王之所争，仁人之所忧，任士之所劳⑲，尽此矣！伯夷辞之以为名⑳，仲尼语之以为博，此其自多也；不似尔向之自多于水乎㉑？”

注释

①鼃："蛙"字的异体。语：谈论。

②拘：限制。虚：墟所，这个意义后代写作"墟"。

③笃：固，跟上句的"拘"字意义相近。前一句指生活空间上受到限制，这一句指生活时间上受到限制。

④曲士：乡曲之士，这里指见识短浅的人。

⑤丑：鄙俗、固陋。

⑥"止"针对万川归注大海而言，"盈"则指大海自身而言。

⑦尾闾：传说中海底泄漏海水的地方。

⑧不可为量数：不能够用计量来计算。这里是说大海的蓄量远远超过江河而无法估算。

⑨以此：因此。自多：自以为多，含有自满、自傲的意思；

下同此解。

⑩比（bì）：通作“庇”，寄托的意思，“比形于天地”就是寄托身形于天地。“受气于阴阳”是说从阴和阳那里禀受了元气。

⑪礨（lěi）：通作“磊”，累积石块的意思。空：孔。“礨空”即石块间的小孔。

⑫中国：即以下所说的“九州”，指古代中原一带区域。

⑬稊（tí）：细小的米粒。大（tài）仓：大粮仓。

⑭号：号称。

⑮卒：通作“萃”，聚集的意思。

⑯这里的“人”字指个体的“人”，与上句的“人”字指人类含义不同。

⑰豪：通作“毫”；“豪末”即毫毛之末。

⑱连：续连，旧注指古代传说中禅让之事。“连”亦写作“运”，则应讲作运筹之义。

⑲任士：以治理天下为己任的人。

⑳辞：辞让，推却。

㉑向：先前。

译文 海神说：“井里的青蛙，不可能跟它们谈论大海，是因为受到生活空间的限制；夏天的虫子，不可能跟它们谈论冰冻，是因为受到生活时间的限制；乡曲之士，不可能跟他们谈论大道，是因为教养的束缚。如今你从河岸边出来，看到了大海，方才知道自己的鄙陋，你将可以参与谈论大道了。天下的水面，没有什么比海更大的，千万条河川流归大海，不知道什么时候才会停歇而大海却从不会满溢；海底的尾闾泄漏海水，不知道什么时候才会停止而海水却从不曾减少；无论春天还是秋天不见有变化，无论水涝还是干旱不会有知觉。这说明大海远远超过了江河的水流，不能够用数量来计算。可是我从不曾因此而自满，自认为从天地那里承受到形体并且从阴和阳那里禀承到元气，我存在于天地之间，就好像一小块石子、一小块木屑存在于大山之中。我正以为自身的存在实在渺小，又哪里会自以为满足而自负呢？想一想，四海存在于天地之间，不就像小小的石间孔隙存在于大泽之中吗？再想一想，中原大地存在于四海之内，不就像细碎的米粒存在于大粮仓里吗？号称事物的数字叫做万，人类只是万物中的一种；人们聚集于九州，粮食在这里生长，舟车在这里通行，而每个人只是众多人群中的一员；一个人他比起万物，不就像是毫毛之末存在于整个马体吗？五帝所续连的，三王所争夺的，仁人所忧患的，贤才所操劳的，全在于这毫末般的天下呢！伯夷辞让它而博取名声，孔丘谈论它而显示渊博，这大概就是他们的自满与自傲；不就像你先前在河水暴涨时的洋洋自得吗？”

原文 河伯曰：“然则吾大天地而小豪末，可乎？”

译文 河神说：“这样，那么我把天地看作最大把毫毛之末看作最小，可以吗？”

原文 北海若曰：“否。夫物，量无穷[①]，时无止[②]，分无常[③]！终始无故[④]。是故大知观于远近[⑤]，故小而不寡，大而不多，知量无穷，证曏今故[⑥]，故遥而不闷[⑦]，掇而不跂[⑧]，知时无止；察乎盈虚，故得而不喜，失而不忧，知分之无常也；明乎坦塗[⑨]，故生而不说[⑩]，死而不祸，知终始之不可故也。计人之所知，不若其所不知；其生之时，不若未生之时；以其至小求穷其至大之域[⑪]，是故迷乱而不能自得也。由此观之，又何以知豪末之足以定至细之倪[⑫]？又何以知天地之足以穷至大之域？”

注释 ①量：指物的体积大小。

②时：指时间的推移。止：止境。

③分（fèn）：指得与失的禀分。常：常态，规律。

④故：一定。

⑤观于远近：指观察到事物的各个方面而不局限于一点。

⑥曏（xiàng）：明。故：古；“今故”犹言今古。

⑦遥：长远；旧注指寿延很长。闷：厌倦。

⑧掇（duó）：拾取，这里指就近的意思；引申表示时间短暂。跂（qǐ）：通作“企”，企求的意思。

⑨塗：通作“途”。平坦的道路，喻指人从生到死没有阻隔，死与生都是必然的。

⑩说（yuè）：喜悦。

⑪至小：极小，极有限；这里指人的才智。

⑫倪：端倪，界限；“至细之倪”就是说事物最细小的限度。

译文 海神回答：“不可以。万物的量是不可穷尽的，时间的推移是没有止境的，得与失的禀分没有不变的常规，事物的终结和起始也没有定因。所以具有大智的人观察事物从不局限于一隅，因而体积小却不看作就是少，体积大却不看作就是多，这是因为知道事物的量是不可穷尽的；证验并明察古往今来的各种情况，因而寿命久远却不感到厌倦，生命只在近前却不会企求寿延，这是因为知道时间的推移是没有止境的；洞悉事物有盈有虚的规律，因而有所得却不欢欣喜悦，有所失也不悔恨忧愁，这是因为知道得与失的禀分是没有定规的；明了生与死之间犹如一条没有阻隔的平坦大道，因而生于世间不会倍加欢喜，死离人世不觉祸患加身，这是因为知道终了和起始是不会一成不变的。算算人所懂得的知识，远远不如他所不知道的东西多，他生存的时间，也远远不如他不在人世的时间长；用极为有限的智慧去探究没有穷尽的境域，所以内心迷乱而必然不能有所得！由此看来，又怎么知道毫毛的末端就可以判定是最为细小的限度呢？又怎么知道天与地就可以看作是最大的境域呢？”

原文 河伯曰：“世之议者皆曰：‘至精无形[1]，至大不可围[2]。’是信情乎[3]？”

注释 ①精：细；“至精”指最细小的东西。

②围：围绕，范围。

③信：真实。

译文 河神说：“世间议论的人们总是说，‘最细小的东西没有形体可寻，最巨大的东西不可限定范围’。这样的话是真实可信的吗？”

原文 北海若曰：“夫自细视大者不尽，自大视细者不明。夫精，小之微也；垺，大之殷也[①]；故异便[②]。此势之有也[③]。夫精粗者，期于有形者也[④]；无形者，数之所不能分也[⑤]；不可围者，数之所不能穷也。可以言论者[⑥]，物之粗也[⑦]；可以致意者[⑧]，物之精也。言之所不能论，意之所不能察致者[⑨]，不期精粗焉。是故大人之行[⑩]，不出乎害人，不多仁恩[⑪]；动不为利，不贱门隶[⑫]；货财弗争，不多辞让；事焉不借人，不多食乎力[⑬]，不贱贪污[⑯]；行殊乎俗，不多辟异[⑭]；为在从众[⑮]，不贱佞谄，世之爵禄不足以为劝[⑰]，戮耻不足以为辱；知是非之不可为分，细大之不可为倪。闻曰：‘道人不闻[⑱]，至德不得[⑲]，大人无已’。约分之至也[⑳]。”

注释 ①垺（fú）：这里代指极为庞大的东西。殷：盛。

②异：指物体大小不同。便：宜。

③势：态势。

④期：限。

⑤数：数字，数量。分：分解，剖析。

⑥可以言论：可以用言语来谈论。

⑦粗：粗浅，这里指事物外在的东西。

⑧意：心思，意念。致：达到，含有体察、传告的意思。

⑨从上下句式看，这句里的“察”字疑是衍赘之文，“言之所不能论”照应“可以言论者”一句，本句则理应照应“可以致意者”一句。

⑩大人：这里指道德修养高尚的人，即前面几个篇章中所说的“至人”“圣人”。

⑪多：推重，赞美。以下同此解。

⑫贱门隶：即“以门隶为贱”。门隶：从事守门差役的人。

⑬多：这里是推崇、夸赞的意思。

⑭辟异：邪僻和乖异。

⑮为：行为。从众：追随一般的人。

⑯佞谄：奉承、谄媚之人。

⑰劝：勉励。

⑱道人：能体察大道的人。不闻：指不求闻道于世。

⑲不得：指不求有所得。

⑳约：约束。一说“约”通作“的”，明的意思。译文从前一说。

译文 海神回答："从细小的角度看庞大的东西不可能全面，从巨大的角度看细小的东西不可能真切。精细，是小中之小；庞大，是大中之大；不过大小虽有不同却各有各的合宜之处。这就是事物固有的态势。所谓精细与粗大，仅限于有形的东西，至于没有形体的事物，是不能用计算数量的办法来加以剖解的；而不可限定范围的东西，更不是用数量能够精确计算的。可以用言语来谈论的东西，是事物粗浅的外在表象；可以用心意来传告的东西，则是事物精细的内在实质。言语所不能谈论的，心意所不能传告的，也就不限于精细和粗浅的范围了。所以修养高尚者的行动，不会出于对人的伤害，也不会赞赏给人以仁慈和恩惠；无论干什么都不是为了私利，也不会轻视从事守门差役之类的人。无论什么财物都不去争夺，也不推重谦和与辞让；凡事从不借助他人的力气，但也不提倡自食其力，同时也不鄙夷贪婪与污秽；行动与世俗不同，但不主张邪僻乖异；行为追随一般的人，也不以奉承和谄媚为卑贱；人世间的所谓高官厚禄不足以作为劝勉，刑戮和侮辱不足以看作羞耻；知道是与非的界线不能清楚地划分，也懂得细小和巨大不可能确定清晰的界限。听人说：'能体察大道的人不求闻达于世，修养高尚的人不会计较得失，清虚宁寂的人能够忘却自己。’这就是约束自己而达到适得其分的境界。”

原文 河伯曰：“若物之外[①]，若物之内，恶至而倪贵贱[②]？恶至而倪大小？”

注释 ①若：如此。

②倪：端倪，区分，这里用如动词，下句同此解。

译文 河神说：“如此事物的外表，如此事物的内在，从何处来区分它们的贵贱？又怎么来区别它们的大小？”

原文 北海若曰：“以道观之，物无贵贱。以物观之[①]，自贵而相贱。以俗观之，贵贱不在己。以差观之，因其所大而大之[②]，则万物莫不大；因其所小而小之，则万物莫不小；知天地之为稊米也，知豪末之为丘山也，则差数覩矣。以功观之，因其所有而有之[③]，则万物莫不有；因其所无而无之，则万物莫不无；知东西之相反而不可以相无[④]，则功分定矣[⑤]。以趣观之[⑥]，因其所然而然之[⑦]，则万物莫不然；因其所非而非之，则万物莫不非；知尧、桀之自然而相非[⑧]，则趣操覩矣[9]。昔者尧、舜让而帝[10]，之、哙让而绝[11]，汤、武争而王，白公争而灭[12]。由此观之，争让之礼，尧、桀之行，贵贱有时，未可以为常也。梁丽可以冲城[13]，而不可以窒穴[14]，言殊器也[15]。骐骥、骅骝一日而驰千里[16]，捕鼠不如狸狌[17]，言殊技也[18]。鸱鸺夜撮蚤[19]，察豪末，昼出瞋目而不见丘山[20]，言殊性也[21]。故曰，盖师是而无非、师治而无乱乎[22]？是未明天地之理、万物之情者也。是犹师天而无地，师阴而无阳，其不可行明矣。然且语而不舍，非愚则诬也[23]！帝王殊禅，三代殊继。差其时逆其俗者[24]，谓之篡夫[25]；当其时顺其俗者[26]，谓之义之徒。默默乎河伯！女恶知贵贱之门、小大之家[27]！”

注释

①物：这里指物体自身。

②大之：以之为大。下句“小之”仿此解。

③有之：以之为有，认为具有了这样的功用。下句“无之”仿此解。

④东、西：这里喻指事物相互对立而又相互依存的不同方面。

⑤功分：功用与本分。

⑥趣：通作“趋”，趋向、走向的意思。

⑦然之：以之为然。

⑧自然：自以为然，自认为是对的。

⑨操：操守。

⑩让：禅让。帝：称帝，做了帝王。

⑪之：子之，燕国的宰相。哙：燕王。燕王哙听从苏代的意见，仿效古代禅让的做法而将王位让给子之，燕人不服引起国乱，齐国乘机出兵伐燕，杀死哙与子之，燕国也几乎灭亡。

⑫白公：名胜，楚平王之孙，起兵争夺王位而被杀。

⑬丽：屋栋，这个意义后代写作“欐”，又简化为“栭”。“梁丽”亦即屋梁、屋栋。

⑭窒：堵塞。

⑮器：器用；“殊器”是说器物大小的用处不一样。

⑯骐骥、骅骝：都是骏马。

⑰狸：野猫。狌（shēng）：黄鼠狼。

⑱殊技：本领和技能不一样。

⑲鸱（chī）鸺（xiū）：即“鸱鸮”，猫头鹰。撮，抓取。

⑳瞋（chēn）目：瞪大眼睛。

㉑殊性：禀赋、本性不一样。

㉒盖：通作“盍”，何、怎么的意思。师是：以是为师。“师治”仿此解。无：否；“无非”即以非为否。“无乱”仿此解。

㉓诬：欺骗。

㉔差：错，不合于。

㉕篡夫：篡逆之徒。

㉖当：适，恰。

㉗门、家：用法较抽象，指具有不同看法、不同认识的学派或门庭。

译文

海神回答："用自然的常理来看，万物本没有贵贱的区别。从万物自身来看，各自为贵而又以他物为贱。拿世俗的观点来看，贵贱不在于事物自身。按照物与物之间的差别来看，顺着各种物体大的一面去观察便会认为物体是大的，那么万物就没有什么不是大的；顺着各种物体小的一面去观察便会认为物体是小的，那么万物没有什么不是小的；知晓天地虽大比起更大的东西来也如小小的米粒，知晓毫毛之末虽小比起更小的东西来也如高大的山丘，而万物的差别和数量也就看得很清楚了。依照事物的功用来看，顺着物体所具有的一面去观察便会认为具有了这样的功能，那么万物就没有什么不具有这样的功能；顺着物体所不具有的一面去观察便会认为不具有这样的功能，那么万物就没有什么具有了这样的功能；可知东与西的方向对立相反却又不可以相互缺少，而事物的功用与本分便得以确定。从人们对事物的趋向来看，顺着各种事物肯定的一面去观察便会认为是对的，那么万物没有什么不是对的；顺着各种事物否定的一面去观察便会认为是不对的，那么万物没有什么是错的，知晓唐尧和夏桀都自以为正确又相互否定对方，而人们的趋向与持守也就看得很清楚了。当年唐尧、虞舜禅让而称帝，宰相子之与燕王哙禅让而燕国几乎灭亡；商汤、周武王都争夺天下而成为帝王，白公胜争夺王位却遭致杀身。由此看来，争斗与禅让的礼制，唐尧与夏桀的做法，认可还是鄙夷都会因时而异，不可以把它们看作是不变的规律。栋梁之材可以用来冲击敌城，却不可以用来堵塞洞穴，说的是器物的用处不一样。骏马良驹一天奔驰上千里，捕捉老鼠却不如野猫与黄鼠狼，说的是技能不一样。猫头鹰夜里能抓取小小的跳蚤，细察毫毛之末，可是大白天睁大眼睛也看不见高大的山丘，说的是禀性不一样。所以说：怎么只看重对的一面而忽略不对的一面、看重治而忽略乱呢？这是因为不明了自然存在的道理和万物自身的实情。这就像是重视天而轻视地、重视阴而轻视阳，那不可行是十分明白的了。然而还是要谈论不休，不是愚昧便是欺骗！远古帝王的禅让各不相同，夏、商、周三代的继承也各不一样。不合时代、悖逆世俗的人，称他叫篡逆之徒；合于时代、顺应世俗的人，称他叫高义之士。沉默下来吧，河神！你怎么会懂得万物间贵贱的门庭和大小的流别！”

原文 河伯曰："然则我何为乎？何不为乎？吾辞受趣舍[①]，吾终奈何？"

注释 ①趣：趋；"辞受趣舍"分别指两组对立的态度，即谢绝与接受，趋就与舍弃。

译文 河神说："既然这样，那么我应该做些什么呢？又应该不做什么呢？我将怎样推辞或接纳、趋就或舍弃，我终究将怎么办？"

原文 北海若曰："以道观之，何贵何贱，是谓反衍[①]；无拘而志[②]，与道大蹇[③]。何少何多，是谓谢施[④]；无一而行[⑤]，与道参差[⑥]。严乎若国之有君[⑦]，其无私德[⑧]，繇繇乎若祭之有社[⑨]，其无私福；泛泛乎其若四方之无穷[⑩]，其无所畛域[⑪]。兼怀万物，其孰承翼[⑫]？是谓无方[⑬]。万物一齐，孰短孰长？道无终始，物有死生，不恃其成；一虚一满，不位乎其形[⑭]。年不可举[⑮]，时不可止；消息盈虚[16]，终则有始。是所以语大义之方[17]，论万物之理也。物之生也，若骤若驰[18]，无动而不变[19]，无时而不移。何为乎？何不为乎？夫固将自化[20]。”

注释

①反衍：反复。

②而：你。

③蹇（jiǎn）：困厄，妨碍。

④谢：代谢，交替。施（yì）：延续。

⑤一：指事物的某一侧面。

⑥参差：不吻合、不整齐的样子。

⑦严乎：亦作“严严乎”，端庄、威严的样子。

⑧私：偏私。德：恩惠。

⑨繇繇（yóu）乎：即“悠悠乎”，悠然自得的样子。社：土神。

⑩泛泛乎：周遍的样子。

⑪畛（zhěn）域：界限。

⑫承：承接、蒙受。翼：翼蔽，这里引申为庇护之意。

⑬无方：跟“无一”的意思相近，指不偏执于一个方面。

⑭位：居处、定位的意思。

⑮举：止，停留。一说“举”乃是“攀”字之讹，亦讲作留止之意。

⑯消：消退。息：生长。盈：充实。

⑰大义之方：大道的准则。

⑱骤：马儿急速奔跑。驰：车马疾行。

⑲无：莫，没有什么。下句同。

⑳自化：自身自然地变化。

译文 海神回答："用道的观点来观察，什么是贵什么是贱，这可称之为循环往复；不必束缚你的心志，而跟大道相违碍。什么是少什么是多，这可称之为更替续延；不要偏执于事物的某一方面行事，而跟大道不相一致。端庄、威严的样子像是一国的国君，确实没有一点儿偏私的恩惠；优游自得的样子像是祭祀中的土地神，确实没有任何偏私的赐福；浩瀚周遍的样子像是通达四方而又旷远无穷，确实没有什么区分界限；兼蓄并且包藏万物，难道谁专门有所承受或者有所庇护？这就称作不偏执于事物的任何一个方面。宇宙万物本是浑同齐一的，谁优谁劣呢？大道没有终结和起始，万物却都有死有生，因而不可能依仗一时的成功。时而空虚时而充实，万物从不固守于某一不变的形态。岁月不可以挽留，时间从不会停息，消退、生长、充实、空虚，宇宙万物终结便又有了开始。这样也就可以谈论大道的准则，评说万物的道理了。万物的生长，像是马儿飞奔像是马车疾行，没有什么举动不在变化，没有什么时刻不在迁移。应该做些什么呢？又应该不做什么呢？ 一切必定都将自然地变化！”

原文 河伯曰："然则何贵于道邪？"

译文 河神说："既然如此，那么为什么还要那么看重大道呢？"

原文 北海若曰："知道者必达于理①，达于理者必明于权②，明于权者不以物害己。至德者，火弗能热，水弗能溺，寒暑弗能害，禽兽弗能贼③。非谓其薄之也④，言察乎安危，宁于祸福⑤，谨于去就⑥，莫之能害也。故曰：天在内⑦，人在外⑧，德在乎天⑨。知天人之行⑩，本乎天，位乎得；蹢躅而屈伸⑪，反要而语极⑫。"

注释 ①知道：知晓大道。

②权：应变。

③贼：伤害，为动词用法。

④薄：通作“迫”，逼近的意思。“薄之”即逼近水火、寒暑的侵扰与禽兽的伤害。

⑤宁：安。祸：灾害，这里指困厄的境遇。福：相对“祸”字而言，指顺利畅达的境况。

⑥谨：审慎。去：离弃。就：趋就，追求。

⑦天：天然，自然的东西。

⑧人：人为。

⑨德：高尚的修养。

⑩知天人之行："天”字一本亦作“乎”，据文义当从此说。

⑪蹢（zhí）躅（zhú）：即“踯躅”，徘徊不定的样子。

⑫要：要领，这里指大道的中枢。语极：谈论最高明的道理。

译文

海神回答：“懂得大道的人必定通达事理，通达事理的人必定明白应变，明白应变的人定然不会因为外物而损伤自己。道德修养高尚的人烈焰不能烧灼他们，洪水不能沉溺他们，严寒酷暑不能侵扰他们，飞禽走兽不能伤害他们，不是说他们逼近水火、寒暑的侵扰和禽兽的伤害而能幸免，而是说他们明察安危，安于祸福，慎处离弃与追求，因而没有什么东西能够伤害他们。所以说：天然蕴含于内里，人为显露于外在，高尚的修养则顺应自然。懂得人的行止，立足于自然的规律，居处于自得的环境，徘徊不定，屈伸无常，也就返归大道的要冲而可谈论至极的道理。”

原文 曰：“何谓天①？何谓人②？”

注释 ①天：天然，自然的。以下同此解。

②人：人为；跟“天”字相对。以下同此解。

译文 河神说：“什么是天然？什么又是人为？”

原文 北海若曰：“牛马四足，是谓天；落马首①，穿牛鼻，是谓人。故曰：无以人灭天，无以故灭命②，无以得殉名③。谨守而勿失④，是谓反其真。”

注释 ①落：通作“络”，这里用作动词，“落马首”就是用马笼头笼住马头。

②故：故意，有心而为。命：天命，非人为的自然禀赋。

③得：指有所得。殉名：为了名声而奉献本真。

④守：指持守自然的禀性。

译文 海神回答：“牛马生就四只脚，这就叫天然；用马络套住马头，用牛鼻绾穿过牛鼻，这就叫人为。所以说，不要用人为去毁灭天然，不要用有意的作为去毁灭自然的禀性，不要为获取虚名而不遗余力。谨慎地持守自然的禀性而不丧失，这就叫返归本真。”

原文 夔怜蚿[①]，蚿怜蛇，蛇怜风，风怜目，目怜心。

注释 ①夔（kuí）：古代传说中的怪兽，只有一只脚。怜：怜爱，爱慕。以下同此解。蚿（xián）：多足虫。

译文 独脚的夔羡慕多脚的蚿，多脚的蚿羡慕无脚的蛇，无脚的蛇羡慕无形的风，无形的风羡慕明察外物的眼睛，明察外物的眼睛羡慕内在的心灵。

原文 夔谓蚿曰：“吾以一趻踔而行[①]，予无如矣！今子之使万足，独奈何？”蚿曰：“不然。子不见乎唾者乎？喷则大者如珠，小者如雾，杂而下者不可胜数也。今予动吾天机[②]，而不知其所以然。”

注释 ①趻（chěn）踔（chuō）：跳着走。

②天机：自然，这里指天生的机能。

译文 夔对蚿说：“我依靠一只脚跳跃而行，没有谁再比我简便的了。现在你使用上万只脚行走，竟是怎么样的呢？”蚿说：“不对哩。你没有看见那吐唾沫的情形吗？喷出唾沫大的像珠子，小的像雾滴，混杂着吐落而下的不可以数计。如今我启动我天生的机能而行走，不过我也并不知道自己为什么能够这样。”

原文 蚿谓蛇曰：“吾以众足行而不及子之无足，何也？”蛇曰：“夫天机之所动，何可易邪？吾安用足哉！”

译文 蚿对蛇说：“我用众多的脚行走反倒不如你没有脚，这是为什么呢？”蛇说：“仰赖天生的机能而行动，怎么可以改变呢？我哪里用得着脚呢！”

原文 蛇谓风曰：“予动吾脊胁而行，则有似也①。今子蓬蓬然起于北海②，蓬蓬然入于南海，而似无有③，何也？”风曰：“然。予蓬蓬然起于北海而入于南海也，然而指我则胜我④，鳍我亦胜我⑤。虽然，夫折大木、蜚大屋者⑥，唯我能也，故以众小不胜为大胜也。为大胜者，唯圣人能之⑦”。

注释 ①本句语意有所隐含，大意是,〔虽然无足〕还是像有足而行的样子。

②蓬蓬然：风动之声。下同此解。

③似无有：亦即“无有似”，不存在有足而行的形迹。

④指：用如动词,“指我”即用手指来阻挡我。胜我：战胜我，这里指不能折断手指。

⑤䲡（qiū）：通作“蹭”，踢或踩踏的意思。

⑥蜚：通作“飞”。

⑦“风怜目”与“目怜心”未作交代，似有脱文之嫌。

译文 蛇对风说：“我启动我的脊柱和腰胁而行走，还是像有足而行的样子。如今你呼呼地从北海掀起，又呼呼地驾临南海，却没有留下有足而行的形迹，这是为什么呢?”风说：“是的，我呼呼地从北海来到南海。可是人们用手来阻挡我而我并不能吹断手指，人们用腿脚来踢踏我而我也不能吹断腿脚。即使这样，折断大树、掀翻高大的房屋，却又只有我能够做到，而这就是细小的方面不求胜利而求获得大的胜利。获取大的胜利，只有圣人才能做到。”

原文 孔子游于匡[①]，宋人围之数帀[②]，而弦歌不惙[③]。子路入见，曰："何夫子之娱也?"孔子曰："来，吾语女！我讳穷久矣[4]，而不免，命也；求通久矣，而不得，时也。当尧、舜而天下无穷人[5]，非知得也[6]；当桀、纣而天下无通人[7]，非知失也。时势适然[8]。夫水行不避蛟龙者，渔人之勇也。陆行不避兕虎者[9]，猎夫之勇也。白刃交于前，视死若生者，烈士之勇也。知穷之有命，知通之有时，临大难而不惧者，圣人之勇也。由，处矣[10]！吾命有所制矣[11]！"

注释

①匡：地名，在卫国境内。

②宋人围之：据史传记载，孔子从鲁国去到卫国，在匡地被人围困起来。孔子貌似阳虎，而阳虎曾侵暴匡人，匡人误以孔子为阳虎。由于这里并非叙述历史真实，故"卫"字误写成"宋"。帀（zā）：同匝，周；"数帀"即环绕数周。

③弦歌：弹琴配合歌唱或诵读。惙（chuò）：通作"辍"，停止的意思。

④讳：避忌。穷：困顿蔽塞，这里指大道不能畅通，与下句的"通"字适成相反。

⑤穷人：困顿蔽塞的人。

⑥知：智。

⑦通人：通达之人，跟"穷人"相对。

⑧适：往，这里是造成、形成的意思；“适然”即造成这样。

⑨兕（sì）：犀牛一类的野兽。

⑩由：即子路，名仲由。处：安息，安然处之。

⑪制：制约，限制。

译文 孔子周游到匡地，卫国人一层又一层地包围了他，可是孔子仍在不停地弹琴诵读。子路入内见孔子说：“先生如此欢心是为什么呢？”孔子说：“来，我告诉你！我讳忌困窘蔽塞已经很久很久了，可是始终不能免除，这是命运啊。我寻求通达也已经很久很久了，可是始终未能达到，这是时运啊。当尧、舜的时代，天下没有一个困顿潦倒的人，并非因为他们都才智超人；当桀、纣的时代，天下没有一个通达的人，并非因为他们都才智低下。这都是时运所造成的。在水里活动而不躲避蛟龙的，乃是渔夫的勇敢；在陆上活动而不躲避犀牛老虎的，乃是猎人的勇敢；刀剑交错地横于眼前，看待死亡犹如生还的，乃是壮烈之士的勇敢。懂得困厄潦倒乃是命中注定，知道顺利通达乃是时运造成，面临大难而不畏惧的，这就是圣人的勇敢。仲由啊，你还是安然处之吧！我命中注定要受制啊！”

原文 无几何，将甲者进[①]，辞曰[②]："以为阳虎也[③]，故围之；今非也，请辞而退。"

注释 ①将（jiāng）：持，统带。甲：指带甲的军士。

②辞：谢罪，道歉。

③阳虎：见前注。

译文 没有过多久，统带士卒的将官走了进来，深表歉意地说："大家把你看作是阳虎，所以包围了你，现在知道了你不是阳虎，请让我向你表示歉意并且撤离部队。"

原文 公孙龙问于魏牟曰[①]："龙少学先王之道，长而明仁义之行；合同异[②]，离坚白[③]；然不然[④]，可不可；困百家之知，穷众口之辩；吾自以为至达已。今吾闻庄子之言，汒焉异之[⑤]。不知论之不及与？知之弗若与？今吾无所开吾喙[⑥]，敢问其方[⑦]"。

注释 ①公孙龙：战国名家学派的代表，赵国人，已见于《齐物论》等篇的注释，"白马非马"便是他著名的论辩。魏牟：魏国的公子，相传他体道清高，欣赏庄子的言论。公孙龙并非庄子同时代人，公孙龙是否跟魏牟有过这一段对话，不应探究，寓言故事罢了。

②合同异：合异为同，离同为异，即把事物的相同与不同合而为一，看作是齐一的。

③离坚白：分离同一事物坚硬的质地和白的颜色，譬如石块。这是名家又一著名诡辩。

④然不然：以不然为然，即把不对的看作是对的。下句“可不可”仿此解。

⑥汒（máng）：亦作“茫”；“汒焉”即茫然。

⑥喙（huì）：嘴。

⑦方：道。

译文 公孙龙向魏牟问道：“我年少的时候学习古代圣王的主张，长大以后懂得了仁义的行为，能够把事物的不同与相同合而为一，把一个物体的质地坚硬与颜色洁白分离开来；能够把不对的说成是对的，把不应认可的看作是合宜的；能够使百家智士困惑不解，能够使众多善辩之口理屈辞穷；我自以为是最为通达的了。如今我听了庄子的言谈，感到十分茫然。不知是我的论辩比不上他呢，还是我的知识不如他呢？现在我已经没有办法再开口了，冒昧地向你请教其中的道理。”

原文 公子牟隐机大息[①]，仰天而笑曰：“子独不闻夫埳井之鼃乎[②]？谓东海之鳖曰：‘吾乐与！出跳梁乎井榦之上[③]，入休乎缺甃之崖[④]；赴水则接腋持颐[⑤]，蹶泥则没足灭跗[⑥]；还虷、蟹与科斗[⑦]，莫吾能若也[⑧]！且夫擅一壑之水[⑨]，而跨跱埳井之乐[⑩]，此亦至矣。夫子奚不时来入观乎？’东海之鳖左足未入，而右膝已絷矣[⑪]，于是逡巡而却[⑫]，告之海曰：‘夫千里之远，不足以举其大[⑬]；千仞之高，不足以极其深[⑭]。禹之时十年九潦[⑮]，而水弗为加益；汤之时八年七旱，而崖不为加损[⑯]。夫不为顷久推移[⑰]，不以多少进退者[⑱]，此亦东海之大乐也。’于是埳井之鼃闻之，适适然惊[⑲]，规规然自失也[⑳]。且夫知不知是非之竟[㉑]，而犹欲观于庄子之言，是犹使蚊负山，商蚷驰河也[㉒]，必不胜任矣！且夫知不知论极妙之言，而自适一时之利者[㉓]，是非埳井之鼃与？且彼方跐黄泉而登大皇[㉔]，无南无北，奭然四解[㉕]，沦于不测[㉖]；无东无西，始于玄冥[㉗]，反于大通[㉘]。子乃规规然而求之以察[㉙]，索之以辩，是直用管窥天，用锥指地也，不亦小乎？子往矣！且子独不闻夫寿陵余子之学行于邯郸与[㉚]？未得国能[㉛]，又失其故行矣[㉜]，直匍匐而归耳[㉝]。今子不去，将忘子之故，失子之业。”

注释

①隐机：靠着几案。大（tài）息：深深地叹息。

②埳（kǎn）井：浅井。成语“埳井之蛙”源出于此。

③跳梁：亦作跳踉，跳跃的意思。井幹（hán）：井口周围的栏杆。

④甃（zhòu）：井壁；“缺甃之崖”指井壁砖块破损的地方。

⑤腋：腋下。持：托着。颐：腮帮。

⑥蹶（jué）：踏。跗（fū）：脚背；“灭跗”即盖住了脚背。

⑦还：回头看。虷（hán）：井水中的赤虫。科斗，即蝌蚪，蛙类之幼虫。

⑧吾能若：能够像我这样地快乐。

⑨擅（shàn）：专，独据。壑（huò）：坑。

⑩跨：占据。跱（zhì）：安；“跨跱”即盘据的意思。

⑪絷（zhí）：拘绊。

⑫逡（qūn）巡：欲进不进、迟疑不决的样子。

⑬举：举称，表述。

⑭极：用如动词，探究的意思。

⑮潦（lǎo）：指雨水过多地面积水。

⑯崖：这里指海岸。损：减少，消退。

⑰顷：时间短暂，与“久”字意思相对。

⑱进退：这里是“增减”的意思。

⑲适适然：惊恐的样子。

⑳规规然：茫然若失的样子。

㉑前一“知”字读如“智”，才智、智慧的意思。竟（jìng）：境。

㉒商蚷（jù）：虫名，即马蚿。

㉓适：适应，凑合。

㉔跐（cǐ）：踏；“跐黄泉”即俯极黄泉。大（tài）皇：上天；“登大皇”即登临上天。

㉕奭（shì）然：意同“释然”，消解、散开的样子。

㉖沦：沉没，深沉。

㉗玄冥：幽深玄妙。

㉘大通：广阔通达。

㉙规规然：即瞡瞡然，这里是指浅陋拘泥的样子。

㉚寿陵：地名，燕国境内。余子：未成年的人。邯郸：赵国的都城。成语“邯郸学步”源出于此。

㉛国能：这里指赵国的才能和本事。

㉜故行：原有的走法，这里指原有的本事。

㉝直：只。匍匐：爬行的样子。

译文

魏牟靠着几案深深地叹了口气，然后又仰头朝天笑着说：“你不曾听说过那浅井里的青蛙吗？井蛙对东海里的鳖说：‘我实在快乐啊！我跳跃玩耍于井口栏杆之上，进到井里便在井壁砖块破损之处休息。跳入水中井水漫入腋下并且托起我的下巴，踏入泥里泥水就盖住了我的脚背，回过头来看看水中的那些赤虫、小蟹和蝌蚪，没有谁能像我这样的快乐！再说我独占一坑之水、盘踞一口浅井的快乐，这也是极其称心如意的了。你怎么不随时来井里看看呢？’东海之鳖左脚还未能跨入浅井，右膝就已经被绊住。于是迟疑了一阵子之后又把脚退了出来，把大海的情况告诉给浅井的青蛙，说：‘千里的遥远，不足以称述它的大；千仞的高旷，不足以探究它的深。夏禹时代十年里有九年水涝，而海水不会因此增多；商汤的时代八年里有七年大旱，而岸边的水位不会因此下降。不因为时间的短暂与长久而有所改变，不因为雨量的多少而有所增减，这就是东海最大的快乐。’浅井之蛙听了这一席话，惊惶不安，茫然不知所措。再说你公孙龙的才智还不足以知晓是与非的境界，却还想去察悉庄子的言谈，这就像驱使蚊虫去背负大山，驱使马蚿虫到河水里去奔跑，必定是不能胜任的。而你的才智不足以通晓极其玄妙的言论，竟自去迎合那些一时的胜利，这不就像是浅井里的青蛙吗？况且庄子的思想主张正俯极黄泉登临苍天，不论南北，释然四散通达无阻，深幽沉寂不可探测；不论东西，起于幽深玄妙之境，返归广阔通达之域。你竟拘泥浅陋地用察视的办法去探寻它的奥妙，用论辩的言辞去索求它的真谛，这只不过是用竹管去窥视高远的苍天，用锥子去测量浑厚的大地，不是太渺小了吗！你还是走吧！而且你就不曾听说过那燕国寿陵的小子到赵国的邯郸去学习走步之事吗？未能学会赵国的本事，又丢掉了他原来的本领，最后只得爬着回去了。现在你还不尽快离开我这里，必将忘掉你原有的本领，而且也必将失去你原有的学业。”

原文 公孙龙口呿而不合①，舌举而不下，乃逸而走②。

注释 ①呿（qū）：开。

②逸：奔。走：跑，

译文 公孙龙听了这一番话张大着口而不能合拢，舌头高高抬起而不能放下，于是快速地逃走了。

原文 庄子钓于濮水①，楚王使大夫二人往先焉②，曰：“愿以境内累矣③！”

注释 ①濮水：水名，在今河南省境内。

②楚王：旧注指楚威王。使：派遣。先：先述其意。

③累：劳累。庄子心处无为，楚王知其贤，愿将国内之事委托给他，而政务繁多，必受忧苦之累，所以这里用“累”字来表述委以国事的意思。

译文 庄子在濮水边垂钓，楚王派遣两位大臣先行前往致意，说“楚王愿将国内政事委托给你而劳累你了。”

原文 庄子持竿不顾，曰：“吾闻楚有神龟，死已三千岁矣，王巾笥而藏之庙堂之上①。此龟者，宁其死为留骨而贵乎？宁其生而曳尾于涂中乎②？”二大夫曰：“宁生而曳尾涂中。”庄子曰：“往矣，吾将曳尾于涂中。”

注释 ①笥（sì）：盛物的竹器。“巾”“笥”均用如动词，意思是用竹箱装着，用巾饰覆盖着。庙堂：宗庙。“藏之庙堂”，这里是指用于占卜国事。宗庙是古代帝王议事或祭祀的地方，每遇大事均要卜问吉凶，而龟板就是占卜的主要器具之一。

②曳尾：拖着尾巴。涂：泥。

译文 庄子手把钓竿头也不回地说：“我听说楚国有一神龟，

已经死了三千年了，楚王用竹箱装着它，用巾饰覆盖着它，珍藏在宗庙里。这只神龟，是宁愿死去为了留下骨骸而显示尊贵呢，还是宁愿活着在泥水里拖着尾巴呢？”两位大臣说：“宁愿拖着尾巴活在泥水里。”庄子说：“你们走吧！我仍将拖着尾巴生活在泥水里。”

原文 惠子相梁①，庄子往见之。或谓惠子曰②：“庄子来，欲代子相。”于是惠子恐，搜于国中③，三日三夜。

注释 ①惠子：即惠施，已多次见于前面的篇章。相（xiàng）：辅助君王的主要官吏，即后代的宰相，这里用如动词，指担任宰相。

②或：有的人。

③国：都城。

译文 惠子在梁国做宰相，庄子前往看望他。有人对惠子说：“庄子来梁国，是想取代你做宰相。”于是惠子恐慌起来，在都城内搜寻庄子，整整三天三夜。

原文 庄子往见之，曰：“南方有鸟，其名为鹓鸰①，子知之乎？夫鹓鹐，发于南海而飞于北海；非梧桐不止，非练实不食②，非醴泉不饮③。于是鸱得腐鼠④，鹓鹐过之，仰而视之曰：'吓⑤！'今子欲以子之梁国而吓我邪？"

注释

①鹓（yuān）鹐（chú）：凤类之鸟。

②练实：旧注指竹子的果实。

③醴：甜酒。"醴泉"即甜如醴酒的泉水。

④鸱（chī）：鹞鹰。

⑤吓（hè）：怒叱之声。

译文

庄子前往看望惠子，说："南方有一种鸟，它的名字叫鹓鹐，你知道吗？鹓鹐从南海出发飞到北海，不是梧桐树它不会停息，不是竹子的果实它不会进食，不是甘美的泉水它不会饮用。正在这时一只鹞鹰寻觅到一只腐烂了的老鼠，鹓鹐刚巧从空中飞过，鹞鹰抬头看着鹓鹐，发出一声怒气：'吓！'如今你也想用你的梁国来怒叱我吗？"

原文

庄子与惠子游于濠梁之上①。庄子曰："鲦鱼出游从容②，是鱼之乐也？"惠子曰："子非鱼，安知鱼之乐?”庄子曰:“子非我,安知我不知鱼之乐?”惠子曰:“我非子,固不知子矣;子固非鱼也,子之不知鱼之乐,全矣。”庄子曰:“请循其本③。子曰‘汝安知鱼乐’云者,既已知吾知之而问我。我知之濠上也。”

注释

①濠:水名,在今安徽省境内。梁:桥。

②儵(tiáo):通作“鯈”,鱼名,又称白鱼。

③循其本:这里是指顺着先前的话来说的意思。

译文

庄子和惠子一道在濠水的桥上游玩。庄子说:“白鯈鱼游得多么悠闲自在,这就是鱼儿的快乐。”惠子说:“你不是鱼,怎么知道鱼的快乐?”庄子说:“你不是我,怎么知道我不知道鱼儿的快乐?”惠子说:“我不是你,固然不知道你;你也不是鱼,你不知道鱼的快乐,也是完全可以肯定的。”庄子说:“还是让我们顺着先前的话来说。你刚才所说的‘你怎么知道鱼的快乐’的话,就是已经知道了我知道鱼儿的快乐而问我,而我则是在濠水的桥上知道鱼儿快乐的。”

至乐

题解 “至乐”是首句中的两个字，意思是最大的快乐。人生在世什么是最大的快乐呢？人应怎样对待生和死呢？篇文的内容就在于讨论、回答这样的问题。

全文自然分成七个部分。第一部分至“人也孰能得无为哉”，连续五句提问后，列举并逐一批评了世人对苦和乐的看法，指出从来就没有什么真正的快乐，所谓“至乐”也就是“无乐”。第二部分至“故止也”，写庄子妻子死时鼓盆而歌的故事，借庄子的口指出人的死生乃是气的聚合与流散，犹如四季的更替。第三部分至“我又何恶焉”，指出“死生如昼夜”，人只能顺应这一自然变化。第四部分至“复为人间之劳乎”，借髑髅之口写出人生在世的拘累和劳苦。第五部分至“是之谓条达而福持”，借孔子之口讲述一个寓言故事，指出人为的强求只能造下灾祸，一切都得任其自然。第六部分至“予果欢乎”，指出人的死生都不足以忧愁与欢乐。余下为第七部分，写物种的演变，这一演变的过程当然是不科学的，没有根据的，其目的在于说明万物从“机”产生，又回到“机”，人也不例外，从而照应了首段，人生在世无所谓“至乐”，人的死与生也只是一种自然的变化。

原文 天下有至乐无有哉？有可以活身者无有哉？今奚为奚据？奚避奚处？奚就奚去？奚乐奚恶？

译文 天下有最大的快乐还是没有呢？有可以存活身形的东西还是没有呢？现在，应该做些什么又依据什么？回避什么又安心什么？靠近什么又舍弃什么？喜欢什么又讨厌什么？

原文 夫天下之所尊者，富贵寿善也①；所乐者，身安厚味美服好色音声也；所下者②，贫贱夭恶也；所苦者，身不得安逸，口不得厚味，形不得美服，目不得好色，耳不得音声；若不得者，则大忧以惧。其为形也亦愚哉。

注释 ①善：这里指好的名声，

②下：认为低下的意思。

译文 世上的人们所尊崇看重的，是富有、高贵、长寿和善名；所爱好喜欢的，是身体的安适、丰盛的食品、漂亮的服饰、绚丽的色彩和动听的乐声；所认为低下的，是贫穷、卑微、短命和恶名；所痛苦烦恼的，是身体不能获得舒适安逸、口里不能获得美味佳肴、外形不能获得漂亮的服饰、眼睛不能看到绚丽的色彩、耳朵不能听到悦耳的乐声；假如得不到这些东西，就大为忧愁和担心，以上种种对待身形的做法实在是太愚蠢啊！

原文 夫富者，苦身疾作，多积财而不得尽用，其为形也亦外矣[①]。夫贵者，夜以继日，思虑善否，其为形也亦疏矣。人之生也，与忧俱生，寿者惛惛[②]，久忧不死，何苦也！其为形也亦远矣。烈士为天下见善矣[③]，未足以活身。吾未知善之诚善邪，诚不善邪？若以为善矣，不足活身；以为不善矣，足以活人。故曰："忠谏不听，蹲循勿争[④]。"故夫子胥争之以残其形[⑤]，不争，名亦不成。诚有善无有哉？

注释 ①外：远；这里指对身形不予看重。

②惛惛（hūn）：即惛惛，糊涂不清。

③见（xiàn）：现，表露。

④蹲循：即逡巡，却让的意思。

⑤子胥：即伍员，忠谏吴王夫差，后遭残害。残其形：使其身形受到残戮。

译文 富有的人，劳累身形勤勉操作，积攒了许许多多财富却不能全部享用，那样对待身体也就太不看重了。高贵的人，夜以继日地苦苦思索怎样才会保全权位和厚禄与否，那样对待身体也就太忽略了。人们生活于世间，忧愁也就跟着一道产生，长寿的人整日里糊糊涂涂，长久地处于忧患之中而不死去，多么痛苦啊！那样对待身体也就太疏远了。刚烈之士为了天下而表现出忘身殉国的行为，可是却不足以存活自身。我不知道这样的行为是真正的好呢，还是实在不能算是好呢？如果认为是好行为，却不足以存活自身；如果认为不是好行为，却又足以使别人存活下来。所以说："忠诚的劝谏不被接纳，那就退让一旁不再去争谏。"伍子胥忠心劝谏以致身受残戮，如果他不努力去争谏，忠臣的美名也就不会成就。那么果真又有所谓好还是没有呢？

原文 今俗之所为与其所乐，吾又未知乐之果乐邪，果不乐邪？吾观夫俗之所乐，举群趣者①，诬诬然如将不得已②，而皆曰乐者，吾未之乐也③，亦未之不乐也。果有乐无有哉？吾以无为诚乐矣，又俗之所大苦也。故曰："至乐无乐，至誉无誉。"

注释 ①举：今。趣：通作“趋”，引申为趋赴、追逐的意思。

②誙誙（kēng）然：竞逐的样子。已：止。

③联系上句和下一句，意思是说，世人皆以身安、美服、色声为快乐，而我体道忘淡，并不看作是快乐，当然也不看作不是快乐。有的本子在“未”字之后有一“知”字，下句的“未”字之后也有一“知”字，写作“未知之乐”和“未知之不乐”，理解起来就更容易些。

译文 如今世俗所从事与所欢欣的，我又不知道那快乐果真是快乐呢，果真不是快乐呢？我观察那世俗所欢欣的东西，大家都全力去追逐，拼死竞逐的样子真像是不达目的决不罢休。人人都说这就是最为快乐的事，而我并不看作就是快乐，当然也不认为不是快乐。那么，世上果真有快乐还是没有呢？我认为无为就是真正的快乐，但这又是世俗的人所感到最痛苦和烦恼的。所以说：“最大的快乐就是没有快乐，最大的荣誉就是没有荣誉。”

原文 天下是非果未可定也。虽然，无为可以定是非。至乐活身，唯无为几存①。请尝试言之。天无为以之清②，地无为以之宁，故两无为相合，万物皆化③。芒乎芴乎[4]，而无从出乎[5]！芴乎芒乎，而无有象乎[6]！万物职职[7]，皆从无为殖[8]。故曰天地无为也而无不为也，人也孰能得无为哉！

注释

①几：近；“几存”指最有可能存身。

②以之：因此。

③化：指变化而产生。

④芒（máng）芴（hú）：即恍惚，不可捉摸的样子。下句“芴”与“芒”位置前后倒过来，意思也相同。

⑤无从出：即无所从出。

⑥象：迹象，痕迹。

⑦职职：繁多的样子。

⑧殖：生殖。

译文

天下的是非果真是未可确定的。虽然如此，无为的观点和态度可以确定是非。最大的快乐是使自身存活，而唯有无为算是最接近于使自身存活的了。请让我说说这一点。苍天无为因而清虚明澈，大地无为因而浊重宁寂，天与地两个无为相互结合，万物就全都能变化生长。恍恍惚惚，不知道从什么地方产生出来！惚惚恍恍，没有一点儿痕迹！万物繁多，全从无为中繁衍生殖。所以说，天和地自清自宁无心去做什么却又无所不生无所不做，而人谁又能够做到无为呢！

原文 庄子妻死，惠子吊之，庄子则方箕踞鼓盆而歌①。惠子曰："与人居②，长子老身③，死不哭亦足矣，又鼓盆而歌，不亦甚乎！"

注释 ①则：却。方：正。箕踞：分开两脚像簸箕一样坐着。鼓盆：敲打盆状的瓦缶。

②人：指庄子死去的妻子。

③长子：长养子孙。老身：使自身衰老而死。

译文 庄子的妻子死了，惠子前往表示吊唁，庄子却正在分开双腿像簸箕一样坐着，一边敲打着瓦缶一边唱歌。惠子说："你跟妻子生活了一辈子，生儿育女直至衰老而死，人死了不伤心哭泣也就算了，又敲着瓦缶唱起歌来，不也太过分了吧！"

原文 庄子曰："不然。是其始死也，我独何能无概然①！察其始而本无生，非徒无生也而本无形，非徒无形也而本无气②。杂乎芒芴之间，变而有气，气变而有形，形变而有生，今又变而之死，是相与为春秋冬夏四时行也。人且偃然寝于巨室[3]，而我嗷嗷然随而哭之[4]，自以为不通乎命[5]，故止也。”

注释

①概：慨，伤感的意思。

②气：老庄哲学认为宇宙万物之始起源于“气”，“气”分阴阳，是极其细微的构成万物的物质本原。

③偃然：安稳休息的样子。巨室：巨大的居室，这里指天地之间。

④嗷嗷（áo）然：哀鸣的样子。

⑤通乎命：通晓于天命，即明白生命自然往复、运行的道理。

译文

庄子说：“不对哩。这个人她初死之时，我怎么能不感慨伤心呢！然而仔细考察她开始原本就不曾出生，不只是不曾出生而且本来就不曾具有形体，不只是不曾具有形体而且原本就不曾形成元气。夹杂在恍恍惚惚的境域之中，变化而有了元气，元气变化而有了形体，形体变化而有了生命，如今变化又回到死亡，这就跟春夏秋冬四季运行一样。死去的那个人将安安稳稳地寝卧在天地之间，而我却呜呜地围着她啼哭，自认为这是不能通晓于天命，所以也就停止了哭泣。”

原文 支离叔与滑介叔观于冥伯之丘[①]、昆仑之虚[②]，黄帝之所休。俄而柳生其左肘[③]，其意蹶蹶然恶之[④]。支离叔曰："子恶之乎？"滑介叔曰："亡[⑤]，予何恶！生者，假借也；假之而生生者，尘垢也。死生为昼夜。且吾与子观化而化及我[⑥]，我又何恶焉！"

注释 ①支离叔、滑（gǔ）介叔：杜撰寓托的人名，并寓含忘形、忘智的意思。冥伯：杜撰的山丘名。

②虚：丘墟，"昆仑之虚"亦即昆仑的旷野。

③柳：通作"瘤"，即瘤子。

④蹶蹶然：吃惊的样子。

⑤亡（wú）：通作"无"，没有的意思。

⑥观化：观察万物的变化，这里实指观察人的死与生的变化。化及我：变化来到我自身。

译文 支离叔和滑介叔在冥伯的山丘上和昆仑的旷野里游乐观赏，那里曾是黄帝休息的地方。不一会儿，滑介叔的左肘上长出了一个瘤子，他感到十分吃惊并且厌恶这东西。支离叔说："你讨厌这东西吗？"滑介叔说："没有，我怎么会讨厌它！具有生命的形体，不过是借助外物凑合而成；一切假借他物而生成的东西，就像是灰土微粒一时间的聚合和积累。人的死与生也就犹如白天与黑夜交替运行一样。况且我跟你一道观察事物的变化，如今这变化来到了我身上，我又怎么会讨厌它呢！”

原文 庄子之楚，见空髑髅①，髐然有形②，撽以马捶③，因而问之，曰：“夫子贪生失理，而为此乎④？将子有亡国之事⑤，斧钺之诛⑥，而为此乎？将子有不善之行，愧遗父母妻子之丑，而为此乎？将子有冻馁之患⑦，而为此乎？将子之春秋故及此乎⑧？”于是语卒⑨，援髑髅⑩，枕而卧。

注释 ①髑髅（dú lóu）：即骷髅，死人的头骨。

②髐（xiāo）然：枯骨暴露的样子。

③撽（qiào）：敲击。捶（chuí）：通作“箠”，鞭子。

④为（wéi）此：造成这样。

⑤将：抑或，还是。

⑥钺（yuè）：斧的一种，长柄，用作兵器。

⑦馁（něi）：饥饿。

⑧春秋：指代年岁、寿延。

⑨卒：终了。

⑩援：引，拿过来。

译文 庄子到楚国去，途中见到一个骷髅，枯骨突露呈现出原形。庄子用马鞭从侧旁敲了敲，于是问道："先生是贪求生命、失却真理，因而成了这样呢？抑或你遇上了亡国的大事，遭受到刀斧的砍杀，因而成了这样呢？抑或有了不好的行为，担心给父母、妻子儿女留下耻辱，羞愧而死成了这样呢？抑或你遭受寒冷与饥饿的灾祸而成了这样呢？抑或你享尽天年而死去成了这样呢？"庄子说罢，拿过骷髅，用作枕头而睡去。

原文 夜半，髑髅见梦曰①："子之谈者似辩士。视子所言，皆生人之累也，死则无此矣。子欲闻死之说乎？"庄子曰："然。"髑髅曰："死，无君于上，无臣于下；亦无四时之事，从然以天地为春秋②，虽南面王乐③，不能过也。"庄子不信，曰："吾使司命复生子形④，为子骨肉肌肤⑤，反子父母妻子闾里知识⑥，子欲之乎？"髑髅深矉蹙頞曰："吾安能弃南面王乐而复为人间之劳乎！"

注释 ①见（xiàn）：显现。

②从（zhòng）：纵，“从然”即纵然，意思是纵逸的样子。

③王：称王、为王的意思。

④司：主管；“司命”这里指主管生命之神。

⑤骨肉肌肤：即重新长出骨、肉、肌、肤。

⑥闾里：乡里。知识：这里是指知遇与故交。

⑦矉（pín）：同“颦”，皱眉头。蹙（cù）：收缩，皱。頞（è）：鼻梁。“深矉蹙頞”描写忧愁至深的样子。

译文

到了半夜，骷髅给庄子显梦说：“你先前谈话的情况真像一个善于辩论的人。看你所说的那些话，全属于活人的拘累，人死了就没有上述的忧患了。你愿意听听人死后的有关情况和道理吗？”庄子说：“好。”骷髅说：“人一旦死了，在上没有国君的统治，在下没有官吏的管辖；也没有四季的操劳，从容安逸地把天地的长久看作是时令的流逝，即使南面为王的快乐，也不可能超过。”庄子不相信，说：“我让主管生命的神来恢复你的形体，为你重新长出骨肉肌肤，返回到你的父母、妻子儿女、左右邻里和朋友故交中去，你希望这样做吗？”骷髅皱眉蹙頞，深感忧虑地说：“我怎么能抛弃南面称王的快乐而再次经历人世的劳苦呢？”

原文 颜渊东之齐[①]，孔子有忧色。子贡下席而问曰："小子敢问，回东之齐，夫子有忧色，何邪？"

注释 ①颜渊：跟下句的子贡都是孔子的弟子。

译文 颜渊向东到齐国去，孔子十分忧虑。子贡离开座席上前问道："学生冒昧地请问，颜渊往东去齐国，先生面呈忧色，这是为什么呢？"

原文 孔子曰："善哉汝问！昔者管子有言[①]，丘甚善之，曰：'褚小者不可以怀大[②]，绠短者不可以汲深[③]。'夫若是者，以为命有所成而形有所适也[④]，夫不可损益。吾恐回与齐侯言尧舜黄帝之道，而重以燧人神农之言[⑤]。彼将内求于己而不得，不得则惑，人惑则死。

注释 ①管子：即管仲，春秋前期的大政治家，辅佐齐桓公成为春秋首霸。

②褚：布袋。

③绠（gěng）：汲水桶上的绳索。

④命：天命，非人为的。适，合适，适宜。

⑤重（zhòng）：推重。

译文 孔子说：“你的提问实在是好啊！当年管仲有句话，我认为说得很好：‘布袋小的不可能包容大东西，水桶上的绳索短了不可能汲取深井里的水。’如此说来，就应当看作是禀受天命而形成形体，形体虽异却各有适宜的用处，全都是不可以随意添减改变的。我担忧颜渊跟齐侯谈论尧、舜、黄帝治理国家的主张，而且还进一步地推重燧人氏、神农氏的言论。齐侯必将要求自己而苦苦思索，却仍不能理解，不理解必定就会产生疑惑，一旦产生疑惑便会迁怒对方而杀害他。

原文 “且女独不闻邪？昔者海鸟止于鲁郊，鲁侯御而觞之于庙[①]，奏九韶以为乐[②]，具太牢以为膳[③]。鸟乃眩视忧悲[④]，不敢食一脔[⑤]，不敢饮一杯，三日而死。此以己养养鸟也，非以鸟养养鸟也。夫以鸟养养鸟者，宜栖之深林，游之坛陆[⑥]，浮之江湖，食之鳅鲦[⑦]，随行列而止，委蛇而处[⑧]。彼唯人言之恶闻，奚以夫譊譊为乎[⑨]！咸池九韶之乐[⑩]，张之洞庭之野[⑪]，鸟闻之而飞，兽闻之而走，鱼闻之而下入，人卒闻之[⑫]，相与还而观之[⑬]。鱼处水而生，人处水而死，彼必相与异，其好恶故异也。故先圣不一其能⑭，不同其事。名止于实⑮，义设于适⑯，是之谓条达而福持⑰。”

注释

①御：迎。觞（shāng）：向人敬酒。庙：宗庙，诸侯祭祀祖先的地方。

②九韶：古代著名的乐曲之名。

③具：备。太牢：古代诸侯祭祀社稷时牛、羊、猪三牲全备为“太牢”。膳：膳食。

④眩视：眼花缭乱。

⑤脔（luán）：切成块状的肉。

⑥坛（chán）：通作“澶”；“澶陆”即水中的沙洲。

⑦鳝：“鳅”字的异体。鲦（yóu）：白鱼子。

⑧委蛇（yí）：从容自得的样子。

⑨诧诧（náo）：喧闹嘈杂。

⑩咸池：跟“九韶”一样，同为古代著名乐曲名。

⑪张：布施，这里指音乐的演奏与传播。洞庭之野：广漠的原野。已见《天运》篇。

⑫人卒：人众。

⑬还：通作“环”，围着的意思。

⑭一：在这里作“使……同一”讲。

⑮止：留，存。

⑯义：宜。设：设置，措施。

⑰条达：条理通达。福持：福德长久地保持。

译文

“况且你不曾听说过吗？从前，一只海鸟飞到鲁国都城郊外停息下来，鲁国国君让人把海鸟接到太庙里供养献酒，奏九韶之乐使它高兴，用‘太牢’作为膳食。海鸟竟眼花缭乱忧心伤悲，不敢吃一块肉，不敢饮一杯酒，三天就死了。这是按自己的生活习性来养鸟，不是按鸟的习性来养鸟。按鸟的习性来养鸟，就应当让鸟栖息于深山老林，游戏于水中沙洲，浮游于江河湖泽，啄食泥鳅和小鱼，随着鸟群的队列而止息，从容自得、自由自在地生活。它们最讨厌听到人的声音，又为什么还要那么喧闹嘈杂呢？咸池、九韶之类的著名乐曲，演奏于广漠的原野，鸟儿听见了腾身高飞，野兽听见了惊惶逃遁，鱼儿听见了潜下水底，一般的人听见了，相互围着观看不休。鱼儿在水里才能生存，人处在水里就会死去，人和鱼彼此间必定有不同之处，他们的好恶因而也一定不一样。所以前代的圣王不强求他们具有划一的能力，也不等同他们所做的事情。名义的留存在于符合实际，合宜的措置在于适应自然，这就叫条理通达而福德长久地得到保持。”

原文 列子行，食于道从[①]，见百岁髑髅，攓蓬而指之曰[②]：“唯予与汝知而未尝死[③]、未尝生也。若果养乎[④]？予果欢乎？”

注释 ①道从：道旁。

②攓（qiān）：同“搴”，拔取的意思。蓬：草。

③而：你。

④若：你。养：通作“恙”，忧心的意思。

译文 列子外出游玩，在道旁吃东西，看见一个上百年的死人的头骨，拔掉周围的蓬草指着骷髅说：“只有我和你知道你是不曾死，也不曾生的。你果真忧愁吗？我又果真快乐吗？”

原文 种有几[①]，得水则为㡭[②]，得水土之际则为鼃蠙之衣[③]，生于陵屯则为陵舄[④]，陵舄得郁栖则为乌足[⑤]。乌足之根为蛴螬[⑥]，其叶为胡蝶。胡蝶胥也化而为虫[⑦]，生于灶下，其状若脱[⑧]，其名为鸲掇[⑨]。鸲掇千日为鸟，其名为干余骨[⑩]，干余骨之沫为斯弥[⑪]，斯弥为食醯[⑫]。颐辂生乎食醯[⑬]，黄軦生乎九猷[⑭]，瞀芮生乎腐蠸[⑮]。羊奚比乎不箰[⑯]，久竹生青宁[⑰]；青宁生程[⑱]，程生马，马生人，人又反入于机[19]。万物皆出于机，皆入于机。

注释

①种：物种，物类。几：指物种变化多少，不可胜计。一说“几”当讲作“微”，指物类源起时的微小形态。根据以下演述物种进化的情况，译文从后一说。

②䲜（jì）：同于“繼（继）”。一说当指状如丝缕的初生的苔类植物。

③鼃蠙之衣：青苔，又叫蛤蟆衣。

④陵屯：山陵高地。陵舄（xì）：车前草，一种低矮的草本植物。

⑤郁栖：粪土。乌足：草。

⑥蛴（qí）螬（zāo）：金龟子的幼虫，俗名土蚕。

⑦胥：少，时间短暂。

⑧脱（tuì）：通作“蜕”。

⑨鸲（qú）掇（duō）：灶马，一种很像蛐蛐的小虫。

⑩干余骨：鸟名。

⑪沫：唾沫。斯弥：虫名。

⑫食醯（xī）：酒瓮里的小虫，又叫蠛蠓。

⑬颐辂（lù）：虫名。

⑭黄軦（kuàng）、九猷：均为虫名。

⑮瞀（mào）芮（ruì）：虫名，即蠓子。腐蠸（quán）：萤火虫。

⑯羊奚：草名。比：比并相合。不箰：亦作“不筍”，指长久不长笋的竹子。

⑰久竹：与上句之“不笋”大体同义，指长久不长笋的老竹。青宁：虫名；一说即青熊。

⑱程：虫名；一说豹。

⑲机：天机，即所谓造化。老庄哲学认为，万物均从无而产生有，最后又必定返归到无，“机”就是指万物的自然发动。以下同此解。一说“机”即本段首句的“几”，首尾相互照应。译文从前一说。

译文

物类千变万化源起于微细状态的“几”，有了水的滋养便会逐步相继而生，处于陆地和水面的交接处就形成青苔，生长在山陵高地就成了车前草，车前草获得粪土的滋养长成乌足，乌足的根变化成土蚕，乌足的叶子变化成蝴蝶。蝴蝶很快又变化成为虫，生活在灶下，那样子就像是蜕皮，它的名字叫做灶马。灶马一千天以后变化成为鸟，它的名字叫做干余骨。干余骨的唾沫长出虫子斯弥，斯弥又生出蠛蠓。颐辂从蠛蠓中形成，黄軦从九猷中长出；蠓子则产生于萤火虫。羊奚草跟不长笋的老竹相结合，老竹又生出青宁虫；青宁虫生出豹子，豹子生出马，马生出人，而人又返归造化之初的浑沌中。万物都产生于自然的造化，又全都回返自然的造化。

达生

题解

“达”指通晓、通达，“生”指生存、生命，“达生”，就是通达生命的意思。怎样才能“达生”呢？篇文明确提出要摒除各种外欲，要心神宁寂事事释然，可知本篇的宗旨在于讨论如何养神。

全篇自然分为十三个部分。第一部分至“反以相天”，是全篇主旨所在，“弃世”就能“无累”，“无累”就能“形全精复”“与天为一”，这就是养神的要领。以下分别写了十二个小故事，寓意都是围绕这一中心来展开的。

第二部分至“民几乎以其真”，写关尹对列子的谈话，说明持守纯和元气是至关重要的，进一步才是使精神凝聚。第三部分至“其痀偻丈人之谓乎”，借“痀偻”“承蜩”的故事，说明养神的基本方法，这就是使神思高度凝聚专一。第四部分至“凡外重者内拙”，借善游者“忘水”来说明，忘却外物才能真正凝神。第五部分至“过也”，写田开之与周成公的对话和孔子的谈话，指出养神还得“养其内”与“养其外”并重，即处处顺应适宜而不过，取其折中。第六部分至“所异彘者何也”借祭祀人对猪说的话，讽喻争名逐利的行为。第七部分至“不终日而不知病之去也”，以桓公生病为例，说明心神宁静释然才是养神的基础。第八部分至“反走矣”，借养斗鸡的故事比喻说明凝神养气的方法。第九部分至“命也”，写孔子观人游水，体察安于环境、习以性成的道理。第十部分至“其是与”，写能工巧匠梓庆削木为鐻的故事，借以说明集思凝神的重要，把自我与外界高度融为一体，也就会有鬼使神工之妙。第十一部分至“故曰败”，说明自恃轻用、耗神竭劳，终究要失败的，而这与养神的要求也正好相反。第十二部分至“忘适之适也”，直接指出养神须得“不内变”，“不外从”，忘却自我，也忘却外物，从而达到无所不适的境界。

余下为第十三部分，写孙休与扁子对话，篇幅较长，内容也有繁复之处，不像前面各段那么紧凑，但目的仍在于说明“忘”，忘身便能无为而自适，而无为自适才是养神的真谛。

原文 达生之情者[①]，不务生之所无以为[②]；达命之情者，不务知之所无奈何[③]。养形必先之以物，物有余而形不养者有之矣；有生必先无离形，形不离而生亡者有之矣。生之来不能却[4]，其去不能止[5]。悲夫！世之人以为养形足以存生；而养形果不足以存生，则世奚足为哉！虽不足为而不可不为者，其为不免矣[6]。

注释

①情：实情，真实的情况。以下仿此解。

②务：务求，努力地去做。生之所无以为：指对生命没有作用、没有益处的东西。

③知：亦作“命”，联系上下文，当从“命”字讲。

④却：推辞，拒绝。

⑤去：离开，消失。

⑥联系下文，文句之“不免”实为“不免于累”的隐含。

译文

通晓生命实情的人，不会去努力追求对于生命没有什么好处的东西；通晓命运实情的人，不会去努力追求命运无可奈何的事情。养育身形必定先得备足各种物品，可是物资充裕有余而身体却不能很好保养的情况是有的；保全生命必定先得使生命不脱离形体，可是形体没有死去而生命却已死亡的情况也是有的。生命的到来不能推却，生命的离去不能留止。可悲啊！世俗的人认为养育身形便足以保存生命；然而养育身形果真不足以保存生命，那么，世间还有什么事情值得去做呢！虽然不值得去做却不得不去做，内中的操劳或勤苦也就不可避免。

原文 夫欲免为形者，莫如弃世。弃世则无累，无累则正平①，正平则与彼更生②，更生则几矣。事奚足弃则生奚足遗③？弃世则形不劳，遗生则精不亏④。夫形全精复⑤，与天为一。天地者，万物之父母也，合则成体⑥，散则成始⑦。形精不亏，是谓能移⑧；精而又精，反以相天⑨。

注释 ①正平：正直平坦，喻指走上了正途。一说“正平”是心正气平的意思，姑备参考。

②彼：这里指整个大自然。“与彼更生”意思就是，跟随整个大自然一道生存变化。

③生：这里指生涯，生命途程中的琐细之事；下句“遗生”之“生”亦同此解。

④精不亏：精神没有受到亏损。

⑤精复：即“精不亏”，精神凝聚未受亏损，说明业已复本还原。

⑤合：这里指阴阳二气相合。

⑦老、庄哲学认为，事物的解体与离散，固然说明旧有事物的消亡，但同时也意味新的事物在新的组合形式下开始产生。“散则成始”就是这个意思。

⑧能移：能够随着自然的变化而变化。

⑨相：辅佐，帮助。

译文 想要免除操劳形体的情况，不如忘却世事。忘却世事就没有劳苦和拘累，没有劳苦和拘累就算走上了正确的道路，走上了正确的道路就能跟随自然一道生存与变化，跟自然一道生存与变化也就接近于大道了。世俗之事为什么须得舍弃而生命途中的痕迹为什么须得遗忘？舍弃了世俗之事身形就不会劳累，遗忘了生命的涯迹精神就不会亏损。身形得以保全而精神得以复本还原，就跟自然融合为一体。天和地，乃是万物（生长、繁育）的父体和母体，（阴阳二气）一旦结合便形成物体，物体一旦离散又成为新的物体产生的开始。形体保全精神不亏损，这就叫做能够随自然的变化而变化；精神汇集达到高度凝聚的程度，返回过来又将跟自然相辅相成。

原文 子列子问关尹曰①：“至人潜行不窒②，蹈火不热，行乎万物之上而不慄③。请问何以至于此？”

注释 ①子列子：即列子，古人称师叫“子”，“子列子”是对列子表示格外敬重的称谓。关尹：姓尹名喜，因做过函谷关令，故以关尹称呼。

②窒：阻塞；“潜行不窒”喻指潜伏行世，混迹同尘却不为外物和环境所滞碍。一说当就字面讲，与下句“蹈火不热”相应。译文从后说。

③慄：恐惧。

译文 列子问关尹说：“道德修养臻于完善的至人潜行水中却不会感到阻碍，跳入火中却不会感到灼热，行走于万物之上也不会感到恐惧。请问为什么会达到这样的境界？”

原文 关尹曰：“是纯气之守也①，非知巧果敢之列②。居③，予语女。凡有貌象声色者，皆物也，物与物何以相远④？夫奚足以至乎先⑤？是色而已⑥。则物之造乎不形而止乎无所化⑦，夫得是而穷之者⑧，物焉得而止焉！彼将处乎不淫之度⑨，而藏乎无端之纪⑩，游乎万物之所终始⑪，一其性⑫，养其气，合其德，以通乎物之所造⑬。夫若是者，其天守全⑭，其神无郤⑮，物奚自入焉！”

注释

①纯气：纯和之气。

②知：智。

③居：居处，犹如今天讲“坐下”一样。

④相远：相差很远，这里指差异很大，区别甚多。

⑤夫奚足以至乎先：什么东西最有能耐足以处在他物之先。篇文认为，凡物不过都是有形有色而已，从这一角度说怎么能区别优劣。

⑥联系上下文意，本句中“色”字之前脱一“形”字，全句应当是“是形色而已”。

⑦造乎不形：不造就于形色，即不显露形色。止，留止，停留。“止乎无所化”即停留于无所变化的境域。

⑧穷之：深入地了解其中的奥秘和道理。

⑨淫：过。“不淫之度”即不超过一定的限度。

⑩无端之纪：没有端绪的变化环境。篇文认为大道无端无绪，不始不终，以混沌为纲纪，而“至人”正藏身于这恍惚的环境中。

⑪万物之所终始：万物消亡与产生的境域。由于万物在无始无终地不停运动着，所谓“万物之所终始”，也即无终无始的

变化境域中。

⑫一其性：使其本性专一无二。

⑬物之所造：这里是指自然。

⑭天：这里指固有的天性。

⑮郤（xī）：通作“隙”；“神无隙”即“神无亏”，指精神凝聚。

译文 关尹回答说：“这是因为持守住纯和之气，并不是智巧、果敢所能做到的。坐下，我告诉你。大凡具有面貌、形象、声音、颜色的东西，都是物体，那么物与物之间又为什么差异很大，区别甚多？又是什么东西最有能耐足以居于他物之先的地位？这都只不过是有形状和颜色罢了。大凡一个有形之物却不显露形色而留足于无所变化之中，懂得这个道理而且深明内中的奥秘，他物又怎么能控制或阻遏住他呢！那样的人处在本能所为的限度内，藏身于无端无绪的混沌中，乐于万物或灭或生的变化环境里，本性专一不二，元气保全涵养，德行相融相合，从而使自身与自然相通。像这样，他的禀性持守保全，他的精神没有亏损，外物又从什么地方能够侵入呢！”

原文 夫醉者之坠车，虽疾不死。骨节与人同而犯害与人异，其神全也，乘亦不知也，坠亦不知也，死生惊惧不入乎其胸中，是故遻物而不慴①。彼得全于酒而犹若是②，而况得全于天乎？圣人藏于天，故莫之能伤也。复仇者不折镆干③，虽有忮心者不怨飘瓦④，是以天下平均。故无攻战之乱，无杀戮之刑者，由此道也。

注释

①遻（è）：同“遌”，遭受、遇到的意思。慴（shè）：“慑（慑）”字的异体，惧怕。

②全：指忘却外物而保持完整的心态。“得全于酒”同下句“得全于天”的“全”均作此解。

③镆干：两把著名古剑的名称，即莫邪与干将。

④忮（zhì）：忌恨。飘瓦：飘落之瓦，喻指无心的伤害。

译文

醉酒的人坠落车下，虽然满身是伤却没有死去。骨骼关节跟旁人一样而受到的伤害却跟别人不同，因为他的神思高度集中，乘坐在车子上也没有感觉，即使坠落地上也不知道，死、生、惊、惧全都不能进入到他的思想中，所以遭遇外物的伤害却全然没有惧怕之感。那个人从醉酒中获得保全完整的心态尚且能够如此忘却外物，何况从自然之道中忘却外物而保全完整的心态呢？圣人藏身于自然，所以没有什么能够伤害他。复仇的人并不会去折断曾经伤害过他的宝剑，即使常存忌恨之心的人也不会怨恨那偶然飘来，无心地伤害到他的瓦片，这样一来天下也就太平安宁。没有攻城野战的祸乱，没有残杀戮割的刑罚，全因为遵循了这个道理。

原文 “不开人之天①，而开天之天，开天者德生，开人者贼生②。不厌其天，不忽于人③，民几乎以其真！”

注释 ①本句中的“天”字一本亦作“人”字。“开人之天”是说开启人为的思想与智巧，与“开天之天”指开启自然的真性恰成对应。

②贼：残害。

③忽：忽略，忽视。

译文 “不要开启人为的思想与智巧，而要开发自然的真性。开发了自然的真性则随遇而安，获得生存；开启人为的思想与智巧，就会处处使生命受到残害。不要厌恶自然的禀赋，也不忽视人为的才智，人们也就几近纯真无伪了！”

原文 仲尼适楚，出于林中，见痀偻者承蜩[①]，犹掇之也[②]。

注释 ①痀（gōu）偻（lóu）：老年人弯腰驼背的样子。承，用竿子粘取。蜩：蝉。成语“痀偻承蜩”源出于此。

②掇（duō）：拾取。

译文 孔子到楚国去，走出树林，看见一个驼背老人正用竿子粘蝉，就好像在地上拾取一样。

原文 仲尼曰：“子巧乎！有道邪？”曰：“我有道也。五六月累丸二而不坠，则失者锱铢[①]；累三而不坠，则失者十一；累五而不坠，犹掇之也。吾处身也，若厥株拘[②]；吾执臂也，若槁木之枝；虽天地之大，万物之多，而唯蜩翼之知[③]。吾不反不侧[④]，不以万物易蜩之翼，何为而不得！”

注释 ①锱（zī）铢（zhū）：古代极细微的重量单位，这里比喻很少。

②厥：亦写作“橛”，指断木；一说“厥”是竖的意思。株拘：亦作“株枸”，露出地面的根部。

③“唯蜩翼之知”即唯知蜩翼。

④反、侧：这里指变动。“不反不侧”犹如今语不思前想后、

左顾右盼，用来形容心神高度专一。

译文 孔子说："先生真是巧啊！有门道吗？"驼背老人说："我有我的办法。经过五六个月的练习，在竿头累迭起两个丸子而不会坠落，那么失手的情况已经很少了；迭起三个丸子而不坠落，那么失手的情况十次不会超过一次了；迭起五个丸子而不坠落，也就会像在地面上拾取一样容易。我立定身子，犹如临近地面的断木，我举竿的手臂，就像枯的树枝；虽然天地很大，万物品类很多，我一心只注意蝉的翅膀，从不思前想后左顾右盼，绝不因纷繁的万物而改变对蝉翼的注意，为什么不能成功呢！"

原文 孔子顾谓弟子曰："用志不分，乃凝于神，其痀偻丈人之谓乎！"

译文 孔子转身对弟子们说："运用心志不分散，就是高度凝聚精神，恐怕说的就是这位驼背的老人吧！"

原文 颜渊问仲尼曰："吾尝济乎觞深之渊①，津人操舟若神②。吾问焉，曰：'操舟可学邪？'曰：'可。善游者数能[3]。若乃夫没人[4]，则未尝见舟而便操之也[5]。'吾问焉而不吾告[6]，敢问何谓也?"

注释 ①济：渡。觞深：宋国境内的一条深渊，其状似杯，因以得名。

②津人：摆渡人。操舟：驾驶渡船。

③数（shuò）能：多次练习而后能。一说"数"通作"速"，意思是善于游泳的人很快就可学会。译文从后一说。

④没（mò）：深入水中；"没人"即善于潜水的人。

⑤便：即；亦可讲作熟练。

⑥焉：用同"之"。

译文 颜渊问孔子说："我曾经在觞深过渡，摆渡人驾船的技巧实在神妙。我问他：'驾船可以学习吗?'摆渡人说：'可以的。善于游泳的人很快就能驾船。假如是善于潜水的人，那他不曾见到船也会熟练地驾驶船。'我进而问他怎样学习驾船而他却不再回答我。请问他的话说的是什么意思呢?"

原文 仲尼曰："善游者数能，忘水也[1]。若乃夫没人之未尝见舟而便操之也，彼视渊若陵，视舟之覆犹其车却也。覆却万方陈乎前而不得入其舍②，恶往而不暇③！以瓦注者巧，以钩注者惮④，以黄金注者殙⑤。其巧一也，而有所矜⑥，则重外也⑦。凡外重者内拙。”

注释

①忘水：处于水中却忘掉自己生活在水里。

②万方：万端，各种各样的情况。陈乎前：在眼前展现。舍，喻指心中；身形是精神的寓所，所以这里称内心为“舍”。

③暇：闲暇，从容自得。

④鉤：“钩”字的古体；带钩，用金属制成。

⑤殙（hūn）：同“惛”，内心迷乱。

⑥矜：顾惜。

⑦外：这里指外物，身外之物。

译文

孔子回答说：“善于游泳的人很快就能学会驾船，这是因为他们习以成性适应于水而处之自然。至于那善于潜水的人不曾见到过船就能熟练地驾驶船，是因为他们眼里的深渊就像是陆地上的小丘，看待船翻犹如车子倒退一样。船的覆没和车的倒退以及各种景象展现在他们眼前却都不能扰乱他们的内心，他们到哪里不从容自得！用瓦器作为赌注的人心地坦然而格外技高，用金属带钩作为赌注的人而心存疑惧，用黄金作为赌注的人则头脑发昏内心迷乱。各种赌注的赌博技巧本是一样的，而有所顾惜，那就是以身外之物为重了。大凡对外物看得过重的人其内心世界一定笨拙。”

原文 田开之见周威公①。威公曰：“吾闻祝肾学生②，吾子与祝肾游，亦何闻焉？”田开之曰：“开之操拔篲以侍门庭③，亦何闻于夫子！”威公曰：“田子无让，寡人愿闻之。”开之曰：“闻之夫子曰：‘善养生者，若牧羊然，视其后者而鞭之。’”威公曰：“何谓也？”

注释 ①田开之：人名。周威公：东周的一位国君。

②祝肾：人名。学生：学习养生之道。

③拔篲（huì）：扫帚。

译文 田开之拜见周威公。周威公说：“我听说祝肾在学习养生，你跟祝肾交游，从他那儿听到过什么呢？”田开之说：“我只不过拿起扫帚来打扫门庭，又能从先生那里听到什么！”周威公说：“先生不必谦虚，我希望能听到这方面的道理。”田开之说：“听先生说：‘善于养生的人，就像是牧放羊群似的，瞅到落后的便用鞭子赶一赶。’”周威公问：“这话说的是什么意思呢?”

原文 田开之曰:“鲁有单豹者①,岩居而水饮②,不与民共利,行年七十而犹有婴儿之色;不幸遇饿虎,饿虎杀而食之。有张毅者,高门县薄③,无不走也④,行年四十而有内热之病以死。豹养其内而虎食其外⑤,毅养其外而病攻其内,此二子者,皆不鞭其后者也⑥。”

注释 ①单(shàn)豹,跟下文的“张毅”一样均为人名。

②岩居:在岩穴里居住。水饮:在山泉边饮水。

③高门:指富贵人家。县(xuán):悬挂。薄,帘。对于张毅的生平事迹,旧注讨论甚多,这里仅为寓托,不必深究其人。

④走:趋赴。

⑤养其内:注重内心世界的调养,跟下句的“养其外”指注重外部身形的培养相对应。

⑥鞭其后:联系“若牧羊然,视其后者而鞭之”一句,是说明养生之道在于折中。

译文 田开之说:“鲁国有个叫单豹的,在岩穴里居住在山泉边饮水,不跟任何人争利,活了七十岁还有婴儿一样的面容；不幸遇上了饿虎，饿虎扑杀并吃掉了他。另有一个叫张毅的，高门甲第、朱户垂帘的富贵人家，无不趋赴参谒，活到四十岁便患内热病而死去。单豹注重内心世界的修养可是老虎却吞食了他的身体，张毅注重身体的调养可是疾病侵扰了他的内心世界，这两个人，都不是能够鞭策落后而取其适宜的人。”

原文 仲尼曰：“无入而藏，无出而阳①，柴立其中央②。三者若得，其名必极。夫畏塗者③，十杀一人，则父子兄弟相戒也，必盛卒徒而后敢出焉④，不亦知乎！人之所取畏者⑤，衽席之上⑥，饮食之间⑦；而不知为之戒者，过也。”

注释 ①阳：显。

②柴：槁木。

③塗：通作“途”，路途、道路的意思。

④盛卒徒：使随行的徒众多起来。

⑤取：亦写作“最”。

⑥衽（rèn）：“衽”字的异体；“衽席之上”实指卧席上的恣意淫荡。

⑦饮食之间：这里指饮食上的奢侈失节。

译文 孔子说："不要进入荒山野岭把自己深藏起来，也不要投进世俗而使自己处处显露，要像槁木一样站立在两者中间。倘若以上三种情况都能具备，他的名声必定最高。使人可畏的道路，十个行人有一人被杀害，于是父子兄弟相互提醒和戒备，必定要使随行的徒众多起来方才敢于外出，这不是很聪明吗！人所最可怕的，还是枕席上的恣意和饮食间的失度；却不知道为此提醒和戒备，这实在是过错。"

原文 祝宗人玄端以临牢筴①，说彘曰②："汝奚恶死？吾将三月豢汝③，十日戒，三日齐④，藉白茅⑤，加汝肩尻乎彫俎之上⑥，则汝为之乎？"为彘谋⑦，曰不如食以糠糟而错之牢筴之中⑧，自为谋，则苟生有轩冕之尊⑨，死得于腞楯之上，聚偻之中则为之⑩。为彘谋则去之，自为谋则取之，所异彘者何也。

注释 ①祝宗人：主持宗庙祭祀的官吏。玄端：一作"元端"；衣服与帽子，这里指穿上祭祀的衣服并戴上礼帽。一说"玄端"是指黑色的朝服。牢：关牲口的圈。筴（zhà）：通作"栅"，指关牲口的木栅栏。

②彘（zhì）：猪。

③豢（huàn）：同“豢”，喂养。

④齐：这里通作“斋（齋）”，斋戒的意思。

⑤藉：以东西衬垫。

⑥尻（kāo）：臀部。彫（diāo）：通作“雕”。俎（zǔ）：古代祭祀时用来装牲口的祭器。

⑦谋：谋划，打算。

⑧错：通作“措”，置放的意思。

⑨轩冕：古代大夫以上乘坐的车子和所戴的帽子，这里代指地位高贵。

⑩腞（zhuàn）楯（shǔn）：画有纹饰的柩车。聚偻：棺椁。

译文 主持宗庙祭祀的官吏穿好礼服戴上礼帽来到猪圈边，对着栅栏里的猪说：“你为什么要讨厌死呢？我将喂养你三个月，用十天为你上戒，用三天为你作斋，铺垫上白茅，然后把你的肩胛和臀部放在雕有花纹的祭器上，你愿意这样吗？”为猪打算，说是仍不如吃糠咽糟而关在猪圈里，为自己打算，就希望活在世上有高贵荣华的地位，死后则能盛装在绘有文采的柩车上和棺椁中。为猪打算就会舍弃白茅、雕俎之类的东西，为自己打算却想求取这些东西，所不同于猪的原因究竟是什么呢？”

原文 桓公田于泽[①]。管仲御，见鬼焉。公抚管仲之手曰：“仲父何见”对曰[②]：“臣无所见。”公反，诶诒为病[③]，数日不出。

注释 ①田：打猎，这个意义后代写作“畋”。

②仲父：齐桓公对管仲的尊称。

③诶（xī）诒（yī）：疲惫困怠。

译文 齐桓公在草泽中打猎，管仲替他驾车，突然桓公见到了鬼。桓公拉住管仲的手说：“仲父，你见到了什么？”管仲回答：“我没有见到什么。”桓公打猎回来，疲惫困怠而生了病，好几天不出门。

原文 齐士有皇子告敖者曰[①]：“公则自伤，鬼恶能伤公！夫忿滀之气[②]，散而不反[③]，则为不足[④]；上而不下，则使人善怒；下而不上，则使人善忘；不上不下，中身当心[⑤]，则为病。”桓公曰：“然则有鬼乎？”曰：“有。沈有履[⑥]，灶有髻[⑦]。户内之烦壤[⑧]，雷霆处之[⑨]，东北方之下者，倍阿鲑蠪跃之[10]；西北方之下者，则泆阳处之[11]。水有罔象[12]，丘有峷[13]，山有夔[14]，野有彷徨[15]，泽有委蛇[16]。”公曰：“请问委蛇之状何如？”皇子曰：“委蛇，其大如毂[17]，其长如辕，紫衣而朱冠。其为物也，恶闻雷车之声，则捧其首而立。见之者殆乎霸[18]。”

注释

①士：这里指贵族阶层中地位并不高的人。皇子告敖：相传为齐国的贤人，复姓皇子，字告敖。

②忿：懑。滀（chù）：积聚。

③散：指精魂离散。

④不足：旧注多指体察大道不够，但也可理解为对付外界的骚扰缺乏足够的精神力量。

⑤中身当心：指郁结在心中。

⑥沈（chén）：同“沉”，水中污泥。履：亦作“漏”，编造的神名。

⑦髻：传说中的灶神，状如美女。

⑧烦壤：即烦攘，“壤”为“攘”字之误。

⑨雷霆：鬼名。

⑩倍阿鲑（guì）蠪（lóng）：鬼名。

⑪泆（yì）阳：鬼名。

⑫罔象：水神名。

⑬峷（xīn）：山鬼名，

⑭夔（kuí）：山神名。

⑮彷徨：郊野中的鬼名。

⑯委蛇：草泽中的鬼名。古代神鬼不分，文内编造了许多鬼神名，旧注颇多描述，因为是寓言，不必去讨论它们的模样了。

⑰毂（gǔ）：车轮的中心部分，这里代指车轮。

⑱殆：近。霸：霸主。

译文

齐国有个士人叫皇子告敖的对齐桓公说："你是自己伤害了自己，鬼怎么能伤害你呢？身体内部郁结着气，精魂就会离散而不返归于身，对于来自外界的骚扰也就缺乏足够的精神力量。郁结着的气上通而不能下达，就会使人易怒；下达而不能上通，就会使人健忘；不上通又不下达，郁结内心而不离散，那就会生病。"桓公说："这样，那么还有鬼吗？"告敷回答："有。水中污泥里有叫履的鬼，灶里有叫髻的鬼。门户内的各种烦攘，名叫雷霆的鬼在处置；东北的墙下，名叫倍阿鲑蛮的鬼在跳跃；西北方的墙下，名叫泆阳的鬼住在那里。水里有水鬼罔象，丘陵里有山鬼崒，大山里有山鬼夔，郊野里有野鬼彷徨，草泽里还有一种名叫委蛇的鬼。”桓公接着问：“请问，委蛇的形状怎么样？”告敖回答：“委蛇，身躯大如车轮，长如车辕，穿着紫衣戴着红帽。他作为鬼神，最讨厌听到雷车的声音，一听见就两手捧着头站着。见到了他的人恐怕也就成了霸主了。”

原文 桓公辴然而笑曰①：“此寡人之所见者也。”于是正衣冠与之坐，不终日而不知病之去也。

注释 ①辴（zhěn）然：畅怀大笑的样子。

译文 桓公听了后开怀大笑，说：“这就是我所见到的鬼。”于是整理好衣帽跟皇子告敖坐着谈话，不到一天时间病也就不知不觉地消失了。

原文 纪渻子为王养斗鸡①。十日而问：“鸡已乎②？”曰：“未也，方虚憍而恃气③。”十日又问，曰：“未也，犹应向景④。”十日又问，曰：“未也，犹疾视而盛气⑤。”十日又问，曰：“几矣。鸡虽有鸣者，已无变矣，望之似木鸡矣，其德全矣，异鸡无敢应者⑥，反走矣⑦。”

注释 ①纪渻（shěng）子：人名，姓纪，名渻子。王：这里指周宣王。

②鸡已乎：鸡驯好了吗？这里隐含有“鸡已经可以用来打斗了吗”的意思。

③憍：“驕”字的异体，今简化为“骄”。

④应：回应。向（嚮）：通作“响（嚮）”，指回声。景（yǐng）：影子，这个意义后代写作“影”。

⑤疾视：即快视，看视外物反应敏捷。

⑥异鸡：别的鸡。

⑦反走：掉头逃跑。

译文 纪渻子为周宣王驯养斗鸡。过了十天周宣王问：“鸡驯好了吗？”纪渻子回答说：“不行，正虚浮骄矜自恃意气哩。”十天后周宣王又问，回答说：“不行，还是听见响声就叫，看见影子就跳。”十天后周宣王又问，回答说：“还是那么顾看迅疾，意气强盛。”又过了十天周宣王问，回答说：“差不多了。别的鸡即使打鸣，它已不会有什么变化，看上去像木鸡一样，它的德行真可说是完备了，别的鸡没有敢于应战的，掉头就逃跑了。”

原文 孔子观于吕梁[①]，县水三十仞[②]，流沫四十里，鼋鼍鱼鳖之所不能游也[③]。见一丈夫游之[④]，以为有苦而欲死也，使弟子并流而拯之[⑤]。数百步而出，被发行歌而游于塘下[⑥]。孔子从而问焉，曰："吾以子为鬼，察子则人也。请问，蹈水有道乎[⑦]？"曰："亡[⑧]，吾无道。吾始乎故[⑨]，长乎性[⑩]，成乎命[⑪]。与齐俱入[⑫]，与汩偕出[⑬]，从水之道而不为私焉[⑭]。此吾所以蹈之也。"孔子曰："何谓始乎故，长乎性，成乎命？"曰："吾生于陵而安于陵，故也；长于水而安于水，性也；不知吾所以然而然，命也。"

注释 ①吕梁：地名，位置不详。

②县（xuán）：悬。"县水"即悬空之水，指瀑布。仞：约合八尺。

③鼋（yuán）：类似鳖的一种水生动物。鼍（tuǒ）：类似鳄鱼的一种水生动物。

④丈夫：古时候对成年男子的称呼。

⑤并流：顺着水流。拯：拯救。

⑥被（pī）：通作"披"。塘：堤岸。

⑦蹈水：游泳。道：方法，规律。

⑧亡：通作"无"，没有的意思。

⑨故：故常。生于陆上，故与陆地为故旧。

⑩性：习性。指长大后常水中游泳，因而习以成性。

⑪命：自然。习水成性因而无心惧惮，能够恣情任性而同于自然。

⑫齐：通作“脐”，这里用作比喻，喻指漩涡的中心。

⑬汩（gǔ）：涌流。

⑭不为私焉：这里是说委身从流，不做任何违拗。

译文

孔子在吕梁观赏，瀑布高悬二三十丈，冲刷而起的激流和水花远达四十里，鼋、鼍、鱼、鳖都不敢在这一带游水。只见一个壮年男子游在水中，还以为是有痛苦而想寻死的，派弟子顺着水流去拯救他。忽见那壮年男子游出数百步远而后露出水面，还披着头发边唱边游在堤岸下。孔子紧跟在他身后而问他，说：“我还以为你是鬼，仔细观察你却是个人。请问，游水也有什么特别的门道吗？”那人回答：“没有，我并没有什么特别的方法。我起初是故常，长大是习性，有所成就在于自然。我跟水里的漩涡一块儿下到水底，又跟向上的涌流一道游出水面，顺着水势而不作任何违拗。这就是我游水的方法。”孔子说：“什么叫做‘起初是故常，长大是习性，有所成就在于自然’呢？”

那人又回答："我出生于山地就安于山地的生活，这就叫做故常；长大了又生活在水边就安于水边的生活，这就叫做习性，不知道为什么会这样而这样生活着，这就叫做自然。"

原文 梓庆削木为鐻①，鐻成，见者惊犹鬼神②。鲁侯见而问焉，曰："子何术以为焉？"对曰："臣工人，何术之有？虽然，有一焉。臣将为鐻，未尝敢以耗气也，必齐以静心③。齐三日，而不敢怀庆赏爵禄；齐五日，不敢怀非誉巧拙；齐七日，辄然忘吾有四枝形体也④。当是时也，无公朝⑤，其巧专而外骨消⑥。然后入山林，观天性⑦，形躯至矣⑧，然后成见鐻⑨，然后加手焉⑩；不然则已⑪，则以天合天⑫，器之所以疑神者⑬，其是与⑭！"

注释 ①梓庆：人名，名叫庆，"梓"本指制作木制器具的工匠，这里以匠名冠于名字之首。鐻（jù）：古代金属铸成的乐器，类似夹钟。

②犹鬼神：好像是鬼神做成的。

③齐（zhāi），通作"斋"。以下同。

④辄然：不动的样子；形容斋戒已久，洁身空虚已不为外物

所动。枝：通作“肢”,“四枝”即四肢。

⑤无公朝：忘记了公室和朝廷。

⑥骨：亦作“滑”，乱的意思。“外骨消”是说来自外界的多种干扰或迷乱全都消散。

⑦观天性：这里指考察木的质地。

⑧形躯至：指木的外形与体态最接近用来制作镰。

⑨见（xiàn）：呈现。

⑩加手：加工制作。

⑪已：止。这里指停止不做。

⑫前一“天”字指匠人持守自然的真性，后一“天”字指树木的自然本性。

⑬所以疑神者：疑为神灵所制作的原因。

⑭全句一作“其由是与”。

译文 梓庆能削刻木头做鐻，鐻做成以后，看见的人无不惊叹好像是鬼神的工夫。鲁侯见到便问他，说：“你用什么办法做成的呢?”梓庆回答道：“我是个做工的人，会有什么特别高明的技术！虽说如此，我还是有一种本事。我准备做鐻时，从不敢随便耗费精神，必定斋戒来静养心思。斋戒三天，不再怀有庆贺、赏赐、获取爵位和俸禄的思想；斋戒五天，不再心存非议、夸誉、技巧或笨拙的杂念；斋戒七天，已不为外物所动仿佛忘掉了自己的四肢和形体。正当这个时候，我的眼里已不存在公室和朝廷，智巧专一而外界的扰乱全都消失。然后我便进入山林，观察各种木料的质地；选择好外形与体态最与镰相合的，这时业已形成的镰的形象便呈现于我的眼前，然后动手加工制作；不是这样我就停止不做。这就是用我木工的纯真本性融合木料的自然天性，制成的器物疑为神鬼工夫的原因，恐怕也就出于这一点吧！”

原文 东野稷以御见庄公①，进退中绳②，左右旋中规③。庄子以为文弗过也④，使之鉤百而反⑤。颜阖遇之⑥，入见曰：“稷之马将败。”公密而不应⑦。少焉⑧，果败而反。公曰：“子何以知之？”曰：“其马力竭矣，而犹求焉，故曰败。”

注释 ①东野稷（jì）：人名，复姓东野，名稷。御，驾车，这里指善于驾车。庄公：指鲁庄公。

②中（zhòng）：合于；下句同。“中绳”指马车的进退能够在一条直线上。

③规：作圆的工具。“中规”指马车左右转弯能够形成规整的

弧形。

④文：纹，这里指编织花纹图案。过：超过。

⑤鉤：同“钩”，转的意思；“钩百”即转百个圈。

⑥颜阖：鲁国的贤人。

⑦密：静，这里指默不作声。

⑧少焉：一会儿，不多久。

译文 东野稷因为善于驾车而得见鲁庄公，他驾车时进退能够在一条直线上，左右转弯形成规整的弧形。庄公认为就是编织花纹图案也未必赶得上，于是要他转上一百圈后再回来。颜阖遇上了这件事，入内会见庄公，说：“东野稷的马一定会失败的。”庄公默不作声。不多久，东野稷果然失败而回。庄公问：“你为什么事先就知道定会失败呢？”颜阖回答说：“东野稷的马力气已经用尽，可是还要它转圈奔走，所以说必定会失败的。”

原文 工倕旋而盖规矩[①]，指与物化而不以心稽[②]，故其灵台一而不桎[③]。忘足，屦之适也[④]；忘要[⑤]，带之适也；知忘是非，心之适也；不内变，不外从，事会之适也[⑥]。始乎适而未尝不适者[⑦]，忘适之适也。

注释 ①工倕：唐尧时代的著名工匠。旋：运旋，这里指随手画物。盖：超过。

②指与物化：手指跟随事物一道变化。稽：留。“以心稽”即用心留。

③灵台：内心。一：专一，凝聚。桎：拘束。

④屦（jù）：麻鞋，这里泛指鞋类。

⑤要（yāo）：腰。

⑥事会：遇事。

⑦始乎适：指本性安适。

译文 工倕随手画来就胜过用圆规与矩尺画出的，手指跟随事物一道变化而不须用心留意，所以他心灵深处专一凝聚而不曾受过拘束。忘掉了脚，便是鞋子的舒适；忘掉了腰，便是带子的舒适；知道忘掉是非，便是内心的安适；不改变内心的持守，不顺从外物的影响，便是遇事的安适。本性常适而从未有过不适，也就是忘掉了安适的安适。

原文 有孙休者[①]，踵门而诧子扁庆子曰[②]：“休居乡不见谓不修[③]，临难不见谓不勇；然而田原不遇岁[④]，事君不遇世[⑤]，宾于乡里[⑥]，逐于州部，则胡罪乎天哉[⑦]？

休恶遇此命也?”

注释

①孙休：鲁国人，姓孙名休。

②踵门：走到门前。诧：惊叹。扁庆子：人名，姓扁，鲁国人，是孙休的老师，称呼前用一“子”字是对他格外敬重。

③见：受；“不见谓”即不受人说。下句同。脩：同“修”，指修养。

④不遇岁：没有遇上好年成。

⑤不遇世：没有遇上圣明的国君。

⑥宾：摈弃、排斥。

⑦胡：何。与下句的“恶”字用法相同。

译文

有个名叫孙休的人，走到门前就惊叹不已地询问他的老师扁庆子，说：“我安居乡里不曾受人说过道德修养差，面临危难也没有人说过不勇敢；然而我的田地里却从未遇上过好年成，为国家出力也未遇上圣明的国君，被乡里所摈弃，受地方官放逐，而我对于上天有什么罪过呢？我怎么会遇上如此的命运?”

原文

扁子曰：“子独不闻夫至人之自行邪？忘其肝胆，遗其耳目，芒然彷徨乎尘垢之外[①]，逍遥乎无事之业，是谓为而不恃[2]，长而不宰[3]。今汝饰知以惊愚[4]，脩身以明污[5]，昭昭乎若揭日月而行也[6]，汝得全而形躯[7]，具而九窍，无中道夭于聋盲跛蹇而比于人数[8]。亦幸矣，又何暇乎天之怨哉！子往矣！”

注释

①芒然：即茫然，无知无识、不知所为的样子。彷徨：纵放。

②为而不恃：有所作为而不自恃。

③长而不宰：有所建树却不自得。

④饰知：装扮得很有才干。

⑤脩：同“修”。明污：显露他人的污秽。

⑥昭昭：明亮的样子。揭：举。

⑦而：你。

⑧蹇（jiǎn）：瘸腿。比：并列。

译文

扁子说：“你不曾听说过那道德修养极高的人的身体力行吗？忘却自己的肝胆，也遗弃了自己的耳目，无心地纵放于世俗尘垢之外，自由自在地生活在不求建树的环境中，这就叫做有所作为而不自恃，有所建树而不自得。如今你把自己打扮得很有才干用以惊吓众人，用修养自己的办法来突出他人的污秽，毫不掩饰地炫耀自己就像在举着太阳和月亮走路。你得以保全形体和身躯，具备了九窍，没有中道上夭折于聋、瞎、跛、瘸而处于寻常人的行列，也真是万幸了，又有什么闲暇抱怨上天呢！你还是走吧！”

原文 孙子出，扁子入，坐有间①，仰天而叹。弟子问曰：“先生何为叹乎？”扁子曰：“向者休来②，吾告之以至人之德，吾恐其惊而遂至于惑也。”弟子曰：“不然。孙子之所言是邪？先生之所言非邪？非固不能惑是。孙子所言非邪？先生所言是邪？彼固惑而来矣，又奚罪焉！”

注释 ①有间：一会儿，很短暂的时间。

②向者：先前，刚才。

译文 孙休走出屋子，扁子回到房里。不多一会儿，扁子仰天长叹，弟子问道：“先生为什么长叹呢？”扁子说：“刚才孙休进来，我把道德修养极高的人的德行告诉给他，我真担心他会吃惊以至迷惑更深。”弟子说：“不对哩。孙休所说的话是正确的吗？先生所说的话是错误的吗？错误的本来就不可能迷惑正确的。孙休所说的话是不对的吗？先生所说的话是正确的吗？他本来就因迷惑而来请教，又有什么过错呀!”

原文 扁子曰:“不然。昔者有鸟止于鲁郊[①]，鲁君说之[②]，为具太牢以飨之[③]，奏九韶以乐之，鸟乃始忧悲眩视，不敢饮食。此之谓以己养养鸟也。若夫以鸟养养鸟者，宜栖之深林，浮之江湖，食之以委蛇[④]，则平陆而已矣[⑤]。今休，款启寡闻之民也[⑥]，吾告以至人之德，譬之若载鼷以车马[⑦]，乐鴳以钟鼓也[⑧]。彼又恶能无惊乎哉!”

注释 ①“海鸟止于鲁郊”的故事已完整地见于前面《至乐》篇，本篇注释从略。

②说（yuè）：喜悦。

③飨（xiǎng）：宴请。

④本句文意不通，疑有错漏。《至乐》篇这句是“食之鳝鳅，随行列而止，委蛇而处”。译文将从《至乐》篇。

⑤平陆：十分普通的道理。

⑥款：通作“窾”，孔窍。启：开。“款启”形容一孔之见，见识很少，与“寡闻”同义。

⑦鼷（xī）：最小的鼠，常用来比喻卑小的东西。

⑧鴳（yàn）：同“鷃”，小鸟名。

译文 扁子说:“不是这样的。从前有只海鸟飞到了鲁国都城郊外，鲁国国君很喜欢它，用‘太牢’来宴请它，奏‘九韶’乐来让它快乐，海鸟竟忧愁悲伤，眼花缭乱，不敢吃喝。这叫做按自己的生活习性来养鸟。假若是按鸟的习性来养鸟，就应当让它栖息于幽深的树林，浮游于大江大湖，让它吃泥鳅和小鱼，这本是极为普通的道理而已。如今的孙休，乃是管窥之见、孤陋寡闻的人，我告诉给他道德修养极高的人的德行，就好像用马车来托载小老鼠，用钟鼓的乐声来取悦小鸮雀一样。他又怎么会不感到吃惊啊!”

山木

题解 本篇仍主要是讨论处世之道。篇内写了许多处世不易和世事多患的故事，希望找到一条最佳途径，而其主要精神仍是虚己、无为。

全文分为九个部分。第一部分至“其为道德之乡乎”，写山木无用却能保全和雁不能鸣因而被杀，说明很难找到一条万全的路，最好的办法也只能是役使外物而不被外物所役使，浮游于“万物之祖”和“道德之乡”。这一部分对于揭示篇文题旨最为重要。第二部分至“其孰能害之”，指出贪图权位必然引起争端，必然带来祸患，唯有“虚己”才能除患避祸。第三部分至“而况有大塗者乎”，通过赋敛以造钟的故事讽喻不应拘滞于物，真正需要的是顺任自然。第四部分至“而况人乎”，写孔子在陈、蔡之间被围，说明世途多艰，“削迹捐势”“不为功名”才是处世之道。第五部分至“固不待物”，通过孔子和桑雽的对话，进一步提出缘形、率情的主张，即顺应自然去行动，遵从本性去纵情。第六部分至“此比干之见剖心征也夫”，写庄子的贫困，原因却在于“今处昏上乱相之间”。第七部分至“圣人晏然体逝而终矣，”通过孔子被围时的态度，说明圣人身处逆境也能安然顺应。第八部分至“吾所以不庭也”，借庄子一系列所见喻指人世间总是在不停地争斗中。余下为第九部分，通过一个有趣的小故事，说明忘形的重要。

原文 庄子行于山中，见大木枝叶盛茂，伐木者止其旁而不取也。问其故，曰：“无所可用。”庄子曰：“此木以不材得终其天年。”夫子出于山①，舍于故人之家②。故人喜，命竖子杀雁而烹之③。竖子请曰：“其一能鸣，其一不能鸣，请奚杀？”主人曰：“杀不能鸣者。”明日，弟子问于庄子曰："昨日山中之木，以不材得终其天年，今主人之雁，以不材死；先生将何处[4]？"庄子笑曰："周将处乎材与不材之间。材与不材之间，似之而非也[5]，故未免乎累。若夫乘道德而浮游则不然[6]，无誉无訾[7]，一龙一蛇，与时俱化，而无肯专为[8]；一上一下[9]，以和为量[10]，浮游乎万物之祖，物物而不物于物[11]，则胡可得而累邪！此神农、黄帝之法则也。若夫万物之情，人伦之传[12]，则不然。合则离，成则毁；廉则挫[13]，尊则議[14]，有为则亏，贤则谋，不肖则欺，胡可得而必乎哉[15]！悲夫！弟子志之[16]，其唯道德之乡乎[17]！"

注释

①夫子：即庄周。有的本子此句无"子"字，从下文仍用"庄子"之名看，这里应为"夫子"。

②舍：留宿。

③竖子：指童仆。雁：即鹅。烹：疑为"享"字之讹，"享之"即款待庄子的意思。

④处（chǔ）：对待。

⑤似之：旧注指近似于大道。一说"似之"亦即"似是"，亦可通。译文从旧说。

⑥乘道德：驾驭大道与正德，即顺应自然之意。

⑦訾（zǐ）：诋毁。

⑧专为：偏滞某一方面。

⑨上、下：喻指伸缩、进退。

⑩和：顺。量：度量，准则。

⑪物物：以外物为物，役使外物。不物于物：不被外物所役使。

⑫人伦：人类。传：传习。

⑬廉：方正。

⑭議（é）：通作“俄”，倾覆的意思。

⑮“必”字之后语意有所隐含，意思是必定偏滞于某一方面呢。

⑯志：记住；这个意义后又写作“誌”。

⑰乡（鄉）：通作“向”，归向的意思；“唯道德之乡”即“唯向道德”，意思是只有归向大道与正德。

译文 庄子行走于山中，看见一棵大树枝叶十分茂盛，伐木的人停留在树旁却不去动手砍伐。问他们是什么原因，说：“没有什么用处。”庄子说：“这棵树就是因为不成材而能够终享天年啊！”庄子走出山来，留宿在朋友家中。朋友高兴，叫童仆杀鹅款待他。童仆问主人：“一只能叫，一只不能叫，请问杀哪一只呢？”主人说："杀那只不能叫的。"第二天，弟子问庄子："昨日遇见山中的大树，因为不成材而能终享天年，如今主人的鹅，因为不成材而被杀掉；先生你将怎样对待呢？"庄子笑道："我将处于成材与不成材之间。处于成材与不成材之间，好像合于大道却并非真正与大道相合，所以这样仍不能免于拘束与劳累。假如能顺应自然而自由自在地游乐也就不是这样。没有赞誉没有诋毁，时而像龙一样腾飞时而像蛇一样蛰伏，跟随时间的推移而变化，而不愿偏滞于某一方面；时而进取时而退缩，一切以顺和作为度量，优游自得地生活在万物的初始状态，役使外物，却不被外物所役使，那么，怎么会受到外物的拘束和劳累呢？这就是神农、黄帝的处世原则。至于说到万物的真情，人类的传习，就不是这样的。有聚合也就有离析，有成功也就有毁败；棱角锐利就会受到挫折，尊显就会受到倾覆，有为就会受到亏损，贤能就会受到谋算，而无能也会受到欺侮，怎么可以一定要偏滞于某一方面呢！可悲啊！弟子们记住了，恐怕还只有归向于自然吧！"

原文 市南宜僚见鲁侯[1]，鲁侯有忧色。市南子曰："君有忧色，何也？"鲁侯曰："吾学先王之道，脩先君之业[2]；

吾敬鬼尊贤，亲而行之，无须臾离居[③]；然不免于患，吾是以忧。”

注释 ①市南宜僚：人名，姓熊，名宜僚，隐居市南因而称“市南宜僚”。

②脩：同“修”，修习，这里是承继的意思。

③离：散。居：安居。有的注本全句无“离”字，“无须臾居”，那么“居”字则讲作“止”，意思是没有短暂的休息。

译文 市南宜僚拜见鲁侯，鲁侯正面带忧色。市南宜僚说：“国君面呈忧色，为什么呢？”鲁侯说：“我学习先王治国的办法，承继先君的事业；我敬仰鬼神尊重贤能，身体力行，没有短暂的止息，可是仍不能免除祸患，我因为这个缘故而忧虑。”

原文 市南子曰：“君之除患之术浅矣！夫丰狐文豹[①]，栖于山林，伏于岩穴，静也；夜行昼居，戒也；虽饥渴隐约[②]，犹且胥疏于江湖之上而求食焉[③]，定也；然且不免于罔罗机辟之患[④]。是何罪之有哉？其皮为之灾也[⑤]。今鲁国独非君之皮邪？吾愿君刳形去皮[⑥]，洒心去欲[⑦]，而游于无人之野。南越有邑焉[⑧]，名为建德之国。其民愚而朴，少私而寡欲；知作而不知藏⑨，与而不求其报⑩；不知义之所适，不知礼之所将⑪；猖狂妄行⑫，乃蹈乎大方⑬；其生可乐，其死可葬。吾愿君去国捐俗⑭，与道相辅而行。”

注释

①丰狐：即封狐，大狐。文，花纹，这个意义后代多写作“纹”。

②隐约：潜藏。

③旦：为“且”字之讹。胥疏：疏远；“胥疏于江湖之上”是说远离各种足迹而去到江湖上。

④罔：网（網）；“罔罗”这里泛指各种捕兽的网。机辟：用于捕兽的机关。

⑤为之灾：给它带来灾祸。

⑥刳（kū）：剖开后又挖空；“刳形”是说忘掉自己的身形。去皮：喻指忘掉自己的国家。

⑦洒（xǐ）：通作“洗”；“洒心”喻指忘掉才智。去：舍弃。

⑧南越：不是实有的地名，指遥远的南方；下句中的“建德之国”也属杜撰。

⑨作：这里指耕作。

⑩与：给予，帮助别人。

⑪将：行；“所将”即推行的去向和地方。

⑫猖狂：纵放，随心所欲。

⑬大方：大道。

⑭捐：丢弃。

译文 市南宜僚说："你消除忧患的办法太浅薄了！皮毛丰厚的大狐和斑斑花纹的豹子，栖息于深山老林，潜伏于岩穴山洞，这是静心；夜里行动，白天居息，这是警惕；即使饥渴也隐形潜踪，还要远离各种足迹到江湖上觅求食物，这又是稳定；然而还是不能免于罗网和机关的灾祸。这两种动物有什么罪过呢？是它们自身的皮毛给它们带来灾祸。如今的鲁国不就是为你鲁君带来灾祸的皮毛吗？我希望你能剖空身形舍弃皮毛，荡涤心智摈除欲念，进而逍遥于没有人迹的原野。遥远的南方有个城邑，名字叫做建德之国。那里的人民纯厚而又质朴，很少有私欲；知道耕作而不知道储备，给予别人什么从不希图酬报；不明白义的归宿，不懂得礼的去向；随心所欲任意而为，竟能各自行于大道；他们生时自得而乐，他们死时安然而葬。我希望国君你也能舍去国政捐弃世俗，从而跟大道相辅而行。"

原文 君曰："彼其道远而险，又有江山，我无舟车，奈何?”市南子曰:“君无形倨[1],无留居[2],以为君车。”君曰:“彼其道幽远而无人,吾谁与为邻?吾无粮,我无食,安得而至焉?”

注释 ①形倨:体态面色依恃高位而傲慢。

②留:滞留。居:止。“无留居”意思是说不要墨守旧习滞留而止。

译文 鲁侯说:“那里道路遥远而又艰险,又有江河山岭阻隔,我没有可用的船和车,怎么办呢?”市南宜僚说:“国君不要面色高傲,不要墨守滞留,便可以此作为你的车子。”鲁侯说:“那里道路幽暗遥远而又无人居住,我跟谁是邻居?我没有粮,我没有食物,怎么能够到达那里呢?”

原文 市南子曰:“少君之费,寡君之欲[1],虽无粮而乃足。君其涉于江而浮于海,望之而不见其崖[2],愈往而不知其所穷。送君者皆自崖而反,君自此远矣!故有人者累[3],见有于人者忧[4]。故尧非有人,非见有于人也。吾愿去君之累,除君之忧,而独与道游于大莫之国[5]。方舟而济于河[6],有虚船来触舟[7],虽有惼心之人不怒[8]，有一人在其上，则呼张歙之[9]，一呼而不闻，再呼而不闻，于是三呼邪，则必以恶声随之。向也不怒而今也怒，向也虚而今也实。人能虚己以游世[10]，其孰能害之！”

注释

①寡：减少的意思。

②崖：岸。

③有人者：拥有国土和人民的人，即统治他人的人。

④见：受到；“见有于人者”指为人所役用的人。

⑤大莫：广漠、太虚。

⑥方舟：把两条船并合在一起。济：渡河。

⑦虚船：空船。

⑧惼（biǎn）：心地偏狭而性急。

⑨歙（xī）：收敛。

⑩虚己：指处世无心，听任外物变化。

译文

市南宜僚说：“减少你的耗费，节制你的欲念，虽然没有粮食也是充足的。你渡过江河浮游大海，一眼望去看不到涯岸，越向前行便越发不知道它的穷尽。送行的人都从河岸边回去，你也就从此离得越来越远了！所以说统治他人的人必定受劳累，受制于别人的人必定会忧心。而唐尧从不役使他人，也从不受制于人。我希望能减除你的劳累，除去你的忧患，而独自跟大道一块儿遨游于太虚的王国。并合两条船来渡河，突然有条空船碰撞过来，即使心地最偏狭、性子最火急的人也不会发怒；倘若有一个人在那条船上，那就会人人大声呼喊呵斥来船后退；呼喊一次没有回应，呼喊第二次也没有回应，于是喊第三次，那就必定会骂声不绝。刚才不发脾气而现在发起怒来，那是因为刚才船是空的而今却有人在船上。一个人倘能听任外物、处世无心而自由自在地遨游于世，谁能够伤害他！”

原文 北宫奢为卫灵公赋敛以为钟①，为坛乎郭门之外②，三月而成上下之县③。王子庆忌见而问焉④，曰：“子何术之设⑤？”

注释 ①北宫奢：卫国大夫，复姓北宫。一说居住于北宫故称“北宫奢”。赋敛：这里指类似摊派的一种募集活动。钟：古乐器名，多设于祭坛，故下句有“为坛”之类的词语。

②坛：祭坛。郭：外城。

③县（xuán）：吊挂钟器的架子。“上下之县”是说上下两层

的钟都已调好上架。

④王子庆忌：周大夫，为周之王族，故冠以“王子”之称。

⑤设：筹划、设计。

译文

北宫奢替卫灵公征集捐款铸造钟器，在外城门设下祭坛，三个月就造好了钟并编组在上下两层钟架上。王子庆忌见到这种情况便向他问道：“你用的是什么样的办法呀？”

原文

奢曰：“一之间[①]，无敢设也。奢闻之，‘既彫既琢[②]，复归于朴[③]’，侗乎其无识[④]，傥乎其怠疑[⑤]；萃乎芒乎[⑥]，其送往而迎来；来者勿禁，往者勿止；从其强梁[⑦]，随其曲傅[⑧]，因其自穷[⑨]，故朝夕赋敛而毫毛不挫，而况有大塗者乎[⑩]！”

注释

①一：专一；“一之间”是说处在精诚专一、遵循自然的境界里。

②彫：通作“雕”。

③朴：本真、真性。

④侗乎：纯朴无知的样子。

⑤傥（tǎng）乎：忘却心智的样子。怠疑：摈退各种思虑，

从容不疑。

⑥萃：聚。芒：同“茫”。“萃乎芒乎”形容赋敛之物聚集在一起，而自己一心铸钟，财物送往迎来全都茫然无心。

⑦强梁：强横不讲理。

⑧曲傅：隐委顺和。

⑨因：遵循、依照。

⑩塗：通作“途”，“大塗”亦即大道。

译文 北宫奢说：“精诚专一而又顺其自然，不敢假设有其他什么好办法。我曾听说，‘既然已细细雕刻细细琢磨，而又要返归事物的本真。’纯朴无心是那样无知无识，忘却心智是那样从容不疑；财物汇聚而自己却茫然无知，或者分发而去或者收聚而来；送来的不去禁绝，分发的不去阻留；强横不讲理的就从其自便，隐委顺和的加以随应，依照各自的情况而竭尽力量，所以早晚征集捐款而丝毫不损伤他人，何况是遵循大道的人呢！”

原文 孔子围于陈蔡之间，七日不火食[①]。大公任往吊之曰[②]：“子几死乎？”曰：“然。”“子恶死乎？”曰：“然。”

注释 ①孔子周游列国时，逃出宋国后来到陈国和蔡国之间，被围困了七天，粮尽病饿，困苦不堪，“不火食”即指不能生火做饭，没有吃的。

②大（tài）公：古代对老年人的称呼。

译文 孔子被围困在陈国、蔡国之间，七天七夜不能生火煮饭。太公任前去看望他，说：“你快要饿死了吧？”孔子说：“是的。”太公任又问：“你讨厌死吗？”孔子回答：“是的。”

原文 任曰：“予尝言不死之道。东海有鸟焉，其名曰意怠。其为鸟也，翂翂翐翐①，而似无能；引援而飞②，迫胁而栖③，进不敢为前，退不敢为后；食不敢先尝，必取其绪④。是故其行列不斥⑤，而外人卒不得害，是以免于患。直木先伐，甘井先竭。子其意者饰知以惊愚⑥，修身以明污⑦，昭昭乎若揭日月而行⑧，故不免也。昔吾闻之大成之人曰⑨：‘自伐者无功⑩；功成者堕⑪，名成者亏。’孰能去功与名而还与众人！道流而不明居⑫，得行而不名处⑬；纯纯常常⑭，乃比于狂⑮；削迹捐势⑯，不为功名。是故无责于人⑰，人亦无责焉。至人不闻⑱，子何喜哉？”

注释

①翂翂（fēn）翐翐（zhì）：飞行舒缓的样子；一说飞不高的样子。

②引援：引领、带着。

③迫胁：身子挨着身子。

④绪：余剩。

⑤不斥：不受排斥，是说它们的行列为众鸟所容。

⑥饰知：装扮成很有才智。惊愚：使愚人惊，即惊吓众人。

⑦明污：使别人的污秽彰明显露。

⑧以上三句已见于《达生》篇最后一部分。

⑨大成之人：旧注指圣德宏博的老子。

⑩伐：夸耀。

⑪堕（huī）：通作“隳”，毁败的意思。

⑫道流：大道彰明流传。不明居：指韬光隐迹而居。本句断句旧本在“居”字之前，为“道流而不明”，但句义难明，句式亦不能形成前后对偶，故未从。

⑬得：德，即行为之有所得。不名处：不以其名而居，即藏誉匿耀而不处其名。

⑭纯纯常常：纯朴而又平常。

⑮比：比同，近似。

⑯捐：弃。削除形迹，舍弃权势，这是本段内容的中心。

⑰责：谴责、责备。下句同。一说“责”字讲作“求”的意思，

亦可通，但与前句“不为功名”一句不好衔接，故不从。

⑱不闻：不求闻达，这里语意有所隐含。

译文 太公任说：“我来谈谈不死的方法。东海里生活着一种鸟，它的名字叫意怠。意怠作为一种鸟啊，飞得很慢，好像不能飞行似的；它们总是要有其他鸟引领而飞，栖息时又都跟别的鸟挤在一起；前进时不敢飞在最前面，后退时不敢落在最后面，吃食时不敢先动嘴，总是吃别的鸟所剩下的，所以它们在鸟群中从不受排斥，人们也终究不会去伤害它，因此能够免除祸患。长得很直的树木总是先被砍伐，甘甜的井水总是先遭枯竭。你的用心是装扮得很有才干以便惊吓普通的人，注重修养以便彰明别人的浊秽，毫不掩饰地炫耀自己就像是举着太阳和月亮走路，所以总不能免除灾祸。从前我听圣德宏博的老子说过：‘自吹自擂的人不会成就功业；功业成就了而不知退隐的人必定会毁败，名声彰显而不知韬光养晦的必定会遭到损伤。’谁能够摈弃功名而还原跟普通人一样！大道广为流传而个人则韬光隐居，道德盛行于世而个人则藏誉匿耀不处其名；纯朴而又平常，竟跟愚狂的人一样；削除形迹捐弃权势，不求取功名。因此不会去谴责他人，别人也不会责备自己。道德修养极高的人不求闻名于世，你为什么偏偏喜好名声呢？”

原文 孔子曰：“善哉！”辞其交游，去其弟子，逃于大泽；衣裘褐①，食杼栗②；入兽不乱群，入鸟不乱行。鸟兽不恶，而况人乎！

注释 ①衣：用如动词，“穿……衣”的意思。裘：皮衣。褐：粗麻布衣。

②杼（shù）：柞树。“食杼栗”即吃柞树和栗树的果实。

译文 孔子说：“说得实在好啊！”于是辞别朋友故交，离开众多弟子，逃到山泽旷野；穿兽皮麻布做成的衣服，吃柞树和栗树的果实；进入兽群兽不乱群，进入鸟群鸟不乱行。鸟兽都不讨厌他，何况是人呢！

原文 孔子问子桑雽曰①：“吾再逐于鲁②，伐树于宋③，削迹于卫④，穷于商周⑤，围于陈蔡之间。吾犯此数患⑥，亲交益疏⑦，徒友益散，何与？”

注释 ①子桑雽（hù）：人名，姓桑名雽，前用一“子”字是对其尊敬。

②再：第二次，两次。鲁定公十四年孔子因齐国的离间而第二次愤然离开鲁国，开始了十四年的游历生活。所谓“再逐于鲁”即两次被逐出鲁国。

③孔子周游列国时，与弟子在宋国的一棵大树下演习礼仪，被宋国大夫桓魋（tuí）所追赶，并砍倒了大树，孔子被迫离开宋国。

④孔子到卫国，卫国人很不欢迎他，孔子离开时卫人有意铲掉了孔子一行的足迹；在匡地又被误认为是阳虎而被围困了五天。

⑤穷：不得志。商、周：这里所指乃是殷商和周王朝后裔所生活的国度，即宋国和卫国。

⑥犯：遭逢，承受。

⑦益：更加。下句同。

译文

孔子问桑雽道：“我两次在鲁国被驱逐，在宋国受到伐树的惊辱，在卫国被人铲除足迹，在商、周之地穷愁潦倒，在陈国和蔡国间受到围困。我遭逢这么多的灾祸，亲朋故交越发疏远了，弟子友人更加离散了，这是为什么呢？”

原文 子桑雽曰："子独不闻假人之亡与[1]？林回弃千金之璧，负赤子而趋[2]。或曰：'为其布与[3]？赤子之布寡矣；为其累与？赤子之累多矣。弃千金之璧，负赤子而趋，何也？'林回曰：'彼以利合[4]，此以天属也[5]。'夫以利合者，迫穷祸患害相弃也[6]。以天属者，迫穷祸患害相收也。夫相收之与相弃亦远矣。且君子之交淡若水，小人之交甘若醴[7]；君子淡以亲，小人甘以绝。彼无故以合者，则无故以离。"孔子曰："敬闻命矣！"徐行翔佯而归[8]，绝学捐书，弟子无挹于前[9]，其爱益加进。

注释 ①假：古国名；一说"假"乃"殷"字之讹。下句的"林回"则是假国的逃民。

②赤子：初生的婴儿。

③布：古代以布为钱币，故"布"常用作财物的代称，这里引申为"价值"的意思。

④彼：指千金之璧。

⑤属：连接，相关。"天属"即自然的相关，天性的连接。

⑥迫：逼近。下句同。

⑦醴：甜酒。

⑧翔佯：亦即"徜徉"或"倘佯"，逍遥自得的样子。

⑨挹（yì）：通作“揖”，指拱手之礼。

译文 桑雽回答说：“你没有听说过那假国人的逃亡吗？林回舍弃了价值千金的璧玉，背着婴儿就跑。有人议论：‘他是为了钱财吗？初生婴儿的价值太少太少了；他是为了怕拖累吗？初生婴儿的拖累太多太多了。舍弃价值千金的璧玉，背着婴儿就跑，为了什么呢？’林回说：‘价值千金的璧玉跟我是以利益相合，这个孩子跟我则是以天性相连。’以利益相合的，遇上困厄、灾祸、忧患与伤害就会相互抛弃；以天性相连的，遇上困厄、灾祸、忧患与伤害就会相互包容。相互收容与相互抛弃差别也就太远了。而且君子的交谊淡得像清水一样，小人的交情甜得像甜酒一样；君子淡泊却心地亲近，小人甘甜却利断义绝。大凡无缘无故而接近相合的，那么也会无缘无故地离散。”孔子说：“我会由衷地听取你的指教！”于是慢慢地离去，闲放自得地走了回来，终止了学业丢弃了书简，弟子没有一个侍学于前，可是他们对老师的敬爱反而更加深厚了。

原文 异日，桑雽又曰：“舜之将死，真泠禹曰[①]：‘汝戒之哉！形莫若缘[②]？情莫若率[③]。缘则不离，率则不劳；不离不劳，则不求文以待形[④]，不求文以待形，固不待物[⑤]。'"

注释 ①真泠：就字面讲十分牵强，大体是以真道晓谕之义。疑为"乃（迺）命"或"其命"之误，意思是于是就赐教大禹。

②缘：顺。

③率：率直，即表示真情。

④文：纹，装饰。

⑤不待物：无须仰赖外物。

译文 有一天，桑雩又说："舜将死的时候，用真道晓谕夏禹说：'你要警惕啊！身形不如顺应，情感不如率真。顺应就不会背离，率真就不会劳苦；不背离不劳神，那么也就不需要用纹饰来装扮身形；无须纹饰来矫造身形，当然也就不必有求于外物。"

原文 庄子衣大布而补之[①]，正緳系履而过魏王[②]。魏王曰："何先生之惫邪？"

注释 ①大布：粗布。"衣大布"即穿粗布衣。

②縻。一说“縻”通作“絜”，麻束。译文从后说。

译文 庄子身穿粗布衣并打上补丁，工整地用麻丝系好鞋子走过魏王身边。魏王见了说：“先生为什么如此疲惫呢？”

原文 庄子曰：“贫也，非惫也。士有道德不能行，惫也；衣弊履穿，贫也，非惫也；此所谓非遭时也。王独不见夫腾猿乎？其得枏梓豫章也①，揽蔓其枝而王长其间②，虽羿、逢蒙不能眄睨也③。及其得柘棘枳枸之间也④，危行侧视⑤，振动悼慄⑥；此筋骨非有加急而不柔也⑦，处势不便，未足以逞其能也。今处昏上乱相之间⑧，而欲无惫，奚可得邪？此比干之见剖心征也夫⑨！”

注释 ①枏：“楠”字的异体。“枏、梓、豫、章”都是树干高、直的乔木。

②揽蔓其枝：抓住藤蔓似的小树枝。王、长（zhǎng）：均用如动词，是说在树林深处自由腾跃而自为君长。一说“王长”即“往张”，指猿猴在树林中施展自如，亦可通。

③羿（yì）、逢蒙：古代著名的善射者，逢蒙是羿的弟子。眄

(miǎn)、睨(nì):斜着眼睛看,这里是轻视、看不起的意思。

④柘(zhè)、棘、枳(zhǐ)、枸(jǔ):四种带刺的小灌木。

⑤危行:小心翼翼地行走。

⑥悼慄:恐惧而战栗。

⑦加急:收缩而有了变异。柔:灵活。

⑧昏上乱相:昏君乱臣。

⑨见:受到、遭受。征:验证,证明。

译文 庄子说:"是贫穷,不是疲惫。士人身怀道德而不能够推行,这是疲惫;衣服坏了鞋子破了,这是贫穷,而不是疲惫。这种情况就是所谓生不逢时。大王没有看见过那跳跃的猿猴吗?它们生活在楠、梓、豫、章等高大乔木的树林里,抓住藤蔓似的小树枝自由自在地跳跃而称王称霸,即使是神箭手羿和逢蒙也不敢小看它们。等到生活在柘、棘、枳、枸等刺蓬灌木丛中,小心翼翼地行走而且不时地左顾右盼,内心震颤恐惧发抖;这并不是筋骨紧缩有了变化而不再灵活,而是所处的生活环境很不方便,不能充分施展才能。如今处于昏君乱臣的时代,要想不疲惫,怎么可能呢?这种情况比干遭剖心的刑戮就是最好的证明啊!"

原文 孔子穷于陈蔡之间①，七日不火食，左据槁木②，右击槁枝，而歌猋氏之风③，有其具而无其数④，有其声而无宫角⑤，木声与人声，犁然有当于人之心⑥。

注释 ①穷：困窘。

②据：依，靠着。

③猋（biāo）氏：神农氏。风：民歌、歌谣。

④数：情势。

⑤无宫角：宫、商、角、徵、羽称作五音，即音律的五个基本音阶，“无宫角”也就是不合于音律的意思。

⑥犁然：释然，分解清楚的样子。

译文 孔子受困于陈国、蔡国之间，整整七天不能生火就食，左手靠着枯树，右手敲击枯枝，而且还唱起了神农时代的歌谣，不过敲击的东西并不能合符音乐的节奏，有了敲击的声响却没有符合五音的音阶，敲木声和咏歌声分得清清楚楚，而且恰如其分地表达了唱歌人的心意。

原文 颜回端拱还目而窥之①。仲尼恐其广己而造大也②，爱己而造哀也③，曰：“回，无受天损易，无受人益难④。无始而非卒也④，人与天一也。夫今之歌者其谁乎？”

注释 ①端拱：端正地拱着手，是说十分虔恭地站着。还（xuán）通作“旋”，转过来的意思，“还目”即回过头来看。

②广己：以己为广，把自己的道德看得过于高远广大。造：适，至；“造大”即达到最了不起的境界。

④造哀：达到最大的哀伤。

⑤益：利益、好处。

⑥卒：终了。

译文 颜回恭敬地在一旁侍立，掉过脸去偷偷地看了看。孔子真担心他把自己的道德看得过于高远而达到最了不起的境界，爱惜自己因而至于哀伤，便说：“颜回，不受自然的损害容易，不接受他人的利禄则较困难。世上的事没有什么开始不同时又是终了的，人与自然原本也是同一的。至于现在唱歌的人又将是谁呢？”

原文 回曰：“敢问无受天损易。”仲尼曰：“饥渴寒暑，穷桎不行①，天地之行也，运物之泄也②，言与之偕逝之谓也③。为人臣者，不敢去之④。执臣之道犹若是，而况乎所以待天乎!”

注释 ①桎（zhì）：桎梏，比喻对人的束缚。“穷桎不行”是说穷困使人事事受到束缚而不能通达。

②运：通作“员”，“运物”即品物，各种物类的意思。泄：迁移。

③偕逝：一块儿发展变化。

④去：离弃，这里指背离国君的旨意。

译文 颜回说：“我冒昧地请教什么叫做不受自然的损害容易。”孔子说：“饥饿、干渴、严寒、酷暑，穷困的束缚使人事事不能通达，这是天地的运行，万物的变迁，说的是要随着天地、万物一块儿变化流逝。做臣子的，不敢违拗国君的旨意。做臣子的道理尚且如此，何况是用这样的办法来对待自然呢!”

原文 “何谓无受人益难?”仲尼曰：“始用四达[①]，爵禄并至而不穷，物之所利，乃非己也，吾命其在外者也[②]。君子不为盗，贤人不为窃。吾若取之，何哉！故曰，鸟莫知于意鹚鸸[③]，目之所不宜处[④]，不给视[⑤]，虽落其实[⑥]，弃之而走。其畏人也，而袭诸人间[⑦]，社稷存焉尔⑧。”

注释 ①用：任用。

②其：用同“之”。“其”字亦作“有”，亦可通。

③知：智。鷾（yì）鸸（ér）：即燕子。

④处：居止。“不宜处”即不适宜停歇的地方。

⑤不给视：不再投去第二次目光，即不再看第二次。

⑥实：食物。

⑦袭：入。

⑧社稷：本指人所居处养育的环境，这里借表燕子生活的巢窠。

译文 颜回又问：“什么叫做不接收他人的利禄则较困难呢？”孔子说：“初被任用办什么事都觉得顺利，爵位和俸禄一齐到来没有穷尽，外物带来的好处，本不属于自己，只不过是我的机遇一时存在于外物。君子不会做劫盗，贤人也不会去偷窃。我若要获取外物的利益，为了什么呢？所以说，鸟没有比燕子更聪明的，看见不适宜停歇的地方，绝不投出第二次目光，即使掉落了食物，也舍弃不顾而飞走。燕子很害怕人，却进入到人的生活圈子，不过只是将它们的巢窠暂寄于人的房舍罢了。”

原文 “何谓无始而非卒？”仲尼曰：“化其万物而不知其禅之者[1]，焉知其所终？焉知其所始？正而待之而已耳[2]。”

注释 ①禅：替代。

②正：指谨守正道，即随遇而安听凭自然的变化。

译文 颜回又问：“什么叫做没有什么开始不同时又是终了的？”孔子说：“变化无穷的万物不可能知道是谁替代了谁而谁又为谁所替代，这怎么能知道它们的终了？又怎么能知道它们的开始？只不过谨守正道随应变化而已。”

原文 “何谓人与天一邪？”仲尼曰：“有人，天也；有天，亦天也。人之不能有天，性也，圣人晏然体逝而终矣[1]！”

注释 ①晏然：安然。

译文 颜回又问:“什么叫做人与自然原本也是同一的?”孔子说:“人类的出现,是由于自然;自然的出现,也是由于自然。人不可能具有自然的本性,也是人固有的天性所决定的,圣人安然体解,随着自然变化而告终!”

原文 庄周游于雕陵之樊①,覩一异鹊自南方来者,翼广七尺,目大运寸②,感周之颡而集于栗林②。庄周曰:“此何鸟哉,翼殷不逝④,目大不覩?”蹇裳躩步⑤,执弹而留之⑥。覩一蝉,方得美荫而忘其身,螳蜋执翳而搏之⑦,见得而忘其形;异鹊从而利之⑧,见利而忘其真⑨。庄周怵然曰⑩:“噫!物固相累⑪,二类相召也!”捐弹而反走,虞人逐而谇之⑫。

注释 ①雕陵:果园名。樊:藩,篱笆。

②运寸:直径一寸。

③感:触,碰着。颡(sǎng):额头。集:停歇。

④殷:大。逝:往;“不逝”即不能远飞。

⑤蹇(qiān):通作“褰”,提起的意思。躩(jué)步:快步行走。

⑥留:停守,等待机会。

⑦翳：隐蔽；“执翳”即用树叶隐蔽。

⑧从：紧随。利之：以之为利，认为那是捕捉的好时机。

⑨忘其真：丧失了自身的本性。篇文认为，大鸟翼大而不能远飞，眼大而不能看真，皆是见利之故。

⑩怵（chù）然：惊恐警惕的样子。

⑪相累：相互牵连，这里是相互加害、相互争斗的意思。

⑫虞人：守园人。逐：追赶。谇（suì）：责问。

译文 庄子在雕陵栗树林里游玩，看见一只奇异的怪鹊从南方飞来，翅膀宽达七尺，眼睛大若一寸，碰着庄子的额头而停歇在果树林里。庄子说：“这是什么鸟呀，翅膀大却不能远飞，眼睛大视力却不敏锐？”于是提起衣裳快步上前，拿着弹弓静静地等待着时机。这时突然看见一只蝉，正在浓密的树荫里美美地休息而忘记了自身的安危；一只螳螂用树叶作隐蔽打算见机扑上去捕捉蝉，螳螂眼看即将得手而忘掉了自己形体的存在，那只怪鹊紧随其后认为那是极好的时机，眼看即将捕到螳螂而又丧失了自身的真性。庄子惊恐而警惕地说：“啊，世上的物类原本就是这样相互牵累、相互争夺的，两种物类之间也总是以利相招引！”庄子于是扔掉弹弓转身快步而去，看守栗园的人大惑不解地在后面追着责问。

原文 庄周反入，三月不庭[①]，蔺且从而问之[②]："夫子何为顷间甚不庭乎[③]？"庄周曰："吾守形而忘身，观于浊水而迷于清渊。且吾闻诸夫子曰：'入其俗，从其令[④]。'今吾游于雕陵而忘吾身，异鹊感吾颡，游于栗林而忘真，栗林虞人以吾为戮[⑤]，吾所以不庭也。"

注释 ①三月：又作"三日"。庭（chěng）：通作"逞"，快意，称愿的意思。

②蔺且：庄子的弟子。

③顷间：近期以来。

④令：亦写作"俗"。"令"是禁的意思。

⑤戮：辱。

译文 庄子返回家中，整整三天心情很不好。弟子蔺且跟随一旁问道："先生为什么这几天来一直很不高兴呢？"庄子说："我留意外物的形体却忘记了自身的安危，观赏于混浊的流水却迷惑于清澈的水潭。而且我从老聃老师那里听说：'每到一个地方，就要遵从那里的习惯与禁忌。’如今我来到雕陵栗园便忘却了自身的安危，奇异的怪鹊碰上了我的额头，游玩于果林时又丧失了自身的真性，管园的人不理解我又进而侮辱我，因此我感到很不愉快。”

原文 阳子之宋①，宿于逆旅②。逆旅人有妾二人，其一人美，其一人恶，恶者贵而美者贱③。阳子问其故，逆旅小子对曰：“其美者自美，吾不知其美也；其恶者自恶，吾不知其恶也。”阳子曰：“弟子记之！行贤而去自贤之行，安往而不爱哉！”

注释 ①阳子：即阳朱，已多次见于以前的篇章。

②逆旅：旅店。

③贵：尊贵、宠爱。贱：低贱，被轻视。

译文 阳朱到宋国去，住在旅店里。旅店主人有两个妾，其中一个漂亮，一个丑陋，可是长得丑陋的受到宠爱而长得漂亮的却受到冷淡。阳朱问他的缘故，年轻的店主回答：“那个长得漂亮的自以为漂亮，但是我却不觉得她漂亮；那个长得丑陋的自以为丑陋，但是我却不觉得她丑陋。”阳子转对弟子说：“弟子们记住！品行贤良但却不自以为具有了贤良的品行，去到哪里不会受到敬重和爱戴啊！”

田子方

题解 田子方是篇首的人名。全篇内容比较杂，具有随笔、杂记的特点，不过从一些重要章节看，主要还是表现虚怀无为、随应自然、不受外物束缚的思想。

全文自然分成长短不一、各不相连的十一个部分，第一部分至“夫魏真为我累耳”，通过田子方与魏文侯的对话，称赞东郭顺子处处循“真”的处世态度。第二部分至“亦不可以容声矣”，批评“明乎礼而陋乎知人心”的做法，提倡体道无言的无为态度。第三部分至“吾有不忘者存”，写孔子对颜渊的谈话，指出“哀莫大于心死，而人死亦次之”，要得不至于“心死”，就得像“日出于东方而入于西极”那样地“日徂”；所谓“日徂”即每日都随着变化而推移。第四部分至“吾不知天地之大全也”，借老聃的口表达“至美至乐”的主张，能够“至美至乐”的人就是“至人”；怎样才能“至美至乐”呢？那就得“喜怒哀乐不入胸次”而“游心于物之初”。第五部分至“可谓多乎”，写了一个小寓言，说明有其形不一定有其真，有其真也就不一定拘其形。第六部分至“故足以动人”，指出应当爵禄和死生都“不入于心”。第七部分至“是真画者也”，写画画并非一定要有画画的架势。第八部分至“彼直以循斯须也”，写臧丈人无为而治的主张。第九部分至“尔于中也殆矣夫”，以伯昏无人凝神而射作比喻，说明寂志凝神的重要。第十部分至“已愈有”，写孙叔敖对官爵的得失无动于衷。余下为第十一部分，写凡国国君对国之存亡无动于衷。两个故事都说明，不能为任何外物所动，善于自持便能虚怀无已。

原文

田子方侍坐于魏文侯①，数称谿工②。文侯曰："谿工，子之师耶?”子方曰:“非也，无择之里人也；称道数当③，故无择称之。”文侯曰:“然则子无师邪?”子方曰:“有。”曰:“子之师谁邪?”子方曰:“东郭顺子④。”文侯曰:“然则夫子何故未尝称之?”子方曰:“其为人也真，人貌而天虚⑤，缘而葆真⑥，清而容物。物无道，正容以悟之⑦，便人之意也消⑧，无择何足以称之?”

注释

①田子方：魏国人，姓田名无择，字子方，以下田子方所说

的话中常有“无择”一语，便是其自称。

②数（shuò）：多次。称：称赞。谿工：人名，姓谿名工。

③称道：言语、谈论。

④东郭顺子：人名，名叫顺子，居住在东郭，因而称作东郭顺子。

⑤人貌：相貌跟普通人一样。虚：孔窍，亦即指心；“天虚”是说内心跟自然相合。旧本断句在“缘”字，全句为“人貌而天虚缘”，把“虚”“缘”二字连在一起，义不可通，且破坏了“人貌”与“天虚”相对成文的句式，故未从。

⑥缘：顺着，这里指顺应外物。葆：同“保”；“葆真”即保有真性。

⑦悟之：使之醒悟。

⑧意：这里指惑迷之意，即邪恶的念头。

译文 田子方陪坐在魏文侯身旁，多次称赞谿工。文侯说：“谿工，是你的老师吗？”田子方说：“不是老师，是我的邻里；他的言论谈吐总是十分中肯恰当，所以我称赞他。”文侯说：“那你没有老师吗？”子方说：“有。”文侯说：“你的老师是谁呢？”田子方说：“东郭顺子。”文侯说：“那么先生为什么不曾称赞过他呢？”田子方回答：“他的为人十分真朴，相貌跟普通人一样而内心却合于自然，顺应外在事物而且能保持固有的真性，心境清虚宁寂而且能包容外物。外界事物不能合符‘道’，便严肃指出使之醒悟，从而使人的邪恶之念自然消除。我做学生的能够用什么言辞去称赞老师呢？”

原文 子方出，文侯傥然终日不言，召前立臣而语之曰：“远矣，全德之君子！始吾以圣知之言仁义之行为至矣，吾闻子方之师，吾形解而不欲动①，口钳而不欲言。吾所学者直土梗耳②，夫魏真为我累耳③！”

注释 ①解（xiè）：懈怠，这个意义后代写作“懈”。“形解”即形体懈怠自失的意思。

②土梗：泥土塑成的偶像，喻指不是真实的东西。

③真：亦写作“直”。

译文 田子方走了出来，魏文侯若有所失地整天不说话，召来在跟前侍立的近臣对他们说：“实在是深不可测呀，德行完备的君子！起初我总认为圣智的言论和仁义的品行算是最为高尚的了，如今我听说了田子方老师的情况，我真是身形怠惰而不知道该做什么，嘴巴像被钳住一样而不能说些什么。我过去所学到的不过都是些泥塑偶像似的毫无真实价值的东西，至于魏国也只是我的拖累罢了！”

原文 温伯雪子适齐[①]，舍于鲁。鲁人有请见之者，温伯雪子曰：“不可。吾闻中国之君子[②]，明乎礼义而陋于知人心[③]，吾不欲见也。”

注释 ①温伯雪子：楚国人，姓温名伯，雪子为字。

②中国：中原一带的国家，这里指鲁国。

③陋：粗陋，笨拙。

译文 温伯雪子到齐国去，途中在鲁国歇宿。鲁国有人请求拜会他，温伯雪子说：“不行。我听说中原国家的读书人，明了礼义却不善解人心，我不想见他们。”

原文 至于齐，反舍于鲁，是人也又请见。温伯雪子曰：“往也蕲见我[①]，今也又蕲见我，是必有以振我也[②]。”出而见客，入而叹。明日见客，又入而叹。其仆曰：“每见之客也[③]，必入而叹，何耶？”曰：“吾固告子矣：‘中国之民，明乎礼义而陋乎知人心。’昔之见我者，进退一成规、一成矩④，从容一若龙、一若虎⑤，其谏我也似子，其道我也似父⑥，是以叹也。”

注释

①蘄（qí）：求。

②振：振动；“振我”即使我为之振动。

③之：此，这些。

④一：全。规、矩：喻指礼义，这句是说进退全都合于礼仪要求。

⑤从容：举止行动；一说是动容的意思。龙、虎：分别喻指行动举止上的腾跃与雄踞。

⑥道：疏导，开导，这个意义后代写作“導”，今又简化为“导”。

译文

去到齐国，返回途中又在鲁国歇足，这些人又请求会见。温伯雪子说：“先前要求会见我，如今又要求会见我，这些人一定是有什么可以打动我的。”温伯雪子于是出来接见了这些客人，可是回到屋里就叹息不已。第二天再次会见这些客人，回到屋里又再次叹息不已。他的仆从问道：“每次会见这些客人，必定回到屋里就叹息不已，这是为什么呢？”温伯雪子说：“我原先就告诉过你：中原国家的人，明了礼义却不善解人心。前几天会见我的那些人，进退全都那么循规蹈矩，举止却又全都如龙似虎，他们劝告我时那样子就像是个儿子，他们开导我时那样子又像是个父亲，因此我总是叹息不已。”

原文 仲尼见之而不言。子路曰：“吾子欲见温伯雪子久矣，见之而不言，何邪？”仲尼曰：“若夫人者，目击而道存矣①，亦不可以容声矣②。”

注释 ①击：动；“目击”是说目光方才投向。

②容：通作“庸”，用的意思；“容声”即用语言。

译文 孔子见到温伯雪子时却一言不发。子路问：“先生一心想会见温伯雪子已经很久了，可是见到了他却一句话也不说，为什么呢？”孔子说：“像他那样的人，目光方才投出大道就已经在那里存留，也就无需再用言语了。”

原文 颜渊问于仲尼曰：“夫子步亦步，夫子趋亦趋，夫子驰亦驰；夫子奔逸绝尘①，而回瞠若乎后矣②！”夫子曰：“回，何谓邪？”曰：“夫子步，亦步也；夫子言，亦言也；夫子趋，亦趋也；夫子辩，亦辩也；夫子驰，亦驰也；夫子言道，回亦言道也；及奔逸绝尘而回瞠若乎后者，夫子不言而信②，不比而周④，无器而民滔乎前⑤，而不知所以然而已矣。"

注释

①奔逸：快速奔跑。绝尘：不沾泥土，形容跑得极快。

②瞠（chēng）若：即"瞠然"，直瞪着眼睛的样子。

③信：取信。

④比：靠紧，亲近。

⑤器：象征权力地位的贵重器物，这里喻指爵位。滔：涌聚。

译文

颜渊向孔子问道："先生行走我也行走，先生快步我也快步，先生奔跑我也奔跑，先生脚不沾地迅疾飞奔，学生只能干瞪着眼落在后面了！"孔子说："颜回，你这些话是什么意思呢？"颜回说："先生行走，我也跟着行走；先生说话，我也跟着说话，先生快步，我也跟着快步；先生辩论，我也跟着辩论，先生奔跑，我也跟着奔跑；先生谈论大道，我也跟着谈论大道；等到先生快步如飞、脚不沾地地迅速奔跑而学生干瞪着眼落在后面，是说先生不说什么却能够取信于大家，不表示亲近却能使情意传遍周围所有的人，不居高位、不获权势却能让人民像滔滔流水那样涌聚于身前，而我却不懂得先生为什么能够这样。”

原文 仲尼曰：“恶[①]，可不察与！夫哀莫大于心死，而人死亦次之。日出东方而入于西极，万物莫不比方[②]，有目有趾者[③]，待是而后成功[④]，是出则存，是入则亡。万物亦然，有待也而死，有待也而生[⑤]。吾一受其成形[⑥]，而不化以待尽[⑦]，效物而动[⑧]，日夜无隙，而不知其所终，薰然其成形[⑨]。知命不能规乎其前[⑩]，丘以是日徂[⑪]。吾终身与汝交一臂而失之[⑫]，可不哀与！女殆著乎吾所以著也。彼已尽矣[⑬]，而女求之以为有，是求马于唐肆也[⑭]。吾服女也甚忘，女服吾也亦甚忘[⑮]。虽然，女奚患焉！虽忘乎故吾，吾有不忘者存。”

注释 ①恶（wù）：呵斥之声。

②比：比照、按照；“比方”是说按照太阳运行的方向运行。

③有目有趾者：指人。《天地篇》写成“有首有趾”。

④是：指代“日”，以下两句中的“是”字用法同于此；“待是”就是依靠太阳。

⑤有待：有所待，有所期待或依赖，这里是指太阳的隐没和

升起。

⑥受：禀受。

⑦不化以待尽：不再变化成别的形体而等待着最终的衰亡。

⑧效：应。

⑨薰然：温和自然的样子。

⑩规（kuī）：通作“窥”，窥测，预先知道。

⑪徂：往，“日徂”是说每天都随着变化而推移。

⑫交一臂：彼此相交而亲近。失之：指未能真正地了解我，亦即了解遵循命运的安排，每天随着外物的变化而推移的道理。成语“失之交臂”源出于此。

⑬彼：指代上句中所说的那些显明的东西。尽：消失，逝去。

⑭唐肆：空市。一说“唐肆”指非停马处。

⑮服：思存。甚忘：迅速遗忘。

译文 孔子说：“唉，这怎么能够不加审察呢！悲哀没有比心灵的僵死更大，而人的躯体死亡还是次一等的。太阳从东方升起而隐没于最西端，万物没有什么不遵循这一方向，有眼有脚的人，期待着太阳的运行而获取成功，太阳升起便获得生存，太阳隐没便走向死亡。万物全都是这样，等候太阳的隐没而逐步消亡，仰赖太阳的升起而逐步生长。我一旦禀受大自然赋予我的形体，就不会变化成其他形体而等待最终的衰亡，随应外物的变化而相应有所行动，日夜不停从不会有过间歇，而且竟不知道变化发展的终结所在，是那么温和而又自然地铸就了现在的形体。我知道命运的安排不可能预先窥测，所以我只是每天随着变化而推移。我终身跟你相交亲密无间而你却不能真正了解我，能不悲哀吗！你大概只是明显地看到了我那些显著的方面，它们全都已经逝去，可是你还在寻求它们而肯定它们的存在，这就像是在空市上寻求马匹一样。我对你形象的思存很快就会遗忘，你对我的形象的思存也会很快成为过去。虽然如此，你还忧患什么呢！即使忘掉了旧有的我，而我仍会有不被遗忘的东西存在。”

原文 孔子见老聃，老聃新沐①，方将被发而干②，慹然似非人③。孔子便而待之④，少焉见，曰：“丘也眩与，其信然与？向者先生形体掘若槁木⑤，似遗物离人而立于独也。”老聃曰：“吾游心于物之初⑥。”

注释 ①沐：洗头发，“新沐”即刚洗了头发。

②被（pī）：通作“披”。

③慹（zhè）：通作“蛰”；“蛰然”就是不动的样子。非人：

不像是个活着的人，这里指凝神寂志如槁木，一动也不动。

④便：通作“屏”，屏蔽的意思。老聃新沐披发待干，孔子不便直入相见，故隐于屏后等待；“便而待之”的意思就是在门下等候。

⑤掘（wù）：通作“柮”，指没有枝叶的树干，这里是形容直立不动像木头似的。

⑥物之初：即宇宙之初。

译文 孔子拜见老聃，老聃刚洗了头，正披散着头发等待吹干，那凝神寂志、一动不动的样子好像木头人一样。孔子在门下屏蔽之处等候，不一会儿见到老聃，说：“是孔丘眼花了吗，抑或真是这样的呢？刚才先生的身形体态一动不动地真像是枯槁的树桩，好像遗忘了外物、脱离于人世而独立自存一样。”老聃说：“我是处心遨游于浑沌鸿蒙宇宙初始的境域。”

原文 孔子曰：“何谓邪？”曰：“心困焉而不能知，口辟焉而不能言[①]，尝为汝议乎其将[②]。至阴肃肃[③]，至阳赫赫[④]；肃肃出乎天，赫赫出乎地[⑤]；两者交通成和而物生焉，或为之纪而莫见其形[⑥]。消息满虚，一晦一明，日改月化，日有所为，而莫见其功。生有所乎萌[7]，死有所乎归[8]，始终相反乎无端而莫知乎其所穷[9]。非是也，且孰为之宗！”

注释

①辟：合。

②将：大略；“议乎其将”意思是谈谈它的大概。

③肃肃：阴冷的样子。

④赫赫：炎热的样子。

⑤这里说阴气出于天，阳气出于地，似与老庄哲学中惯常的说法——阴气与地有关联，阳气与天有关联——不合。

⑥纪：纲纪。

⑦所乎萌：所萌发的地方。

⑧所乎归：归向的地方。

⑨反：返；“相里反”即相互循环的意思。

译文

孔子问：“这说的是什么意思呢？”老聃说：“你心中困惑而不能理解，嘴巴封闭而不能谈论，还是让我为你说个大概。最为阴冷的阴气是那么肃肃寒冷，最为灼热的阳气是那么赫赫炎热，肃肃的阴气出自苍天，赫赫的阳气发自大地，阴阳二气相互交通融合因而产生万物，有时候还会成为万物的纲纪却不会显现出具体的形体。消逝、生长、满盈、虚空，时而晦暗时而显明，一天天地改变一月月地演化，每天都有所作为，却不能看到它造就万物、推演变化的功绩。生长有它萌发的初始阶段，死亡也有它消退败亡的归向，但是开始和终了相互循环没有开端也没有谁能够知道它们变化的穷尽。倘若不是这样，那么谁又能是万物的本源！”

原文 孔子曰：“请问游是①”。老聃曰：“夫得是，至美至乐也②，得至美而游乎至乐，谓之至人。”孔子曰：“愿闻其方。”曰：“草食之兽不疾易薮，水生之虫不疾易水③，行小变而不失其大常也，喜怒哀乐不入于胸次。夫天下也者，万物之所一也④。得其所一而同焉，则四支百体将为尘垢⑤，而死生终始将为昼夜而莫之能滑⑥，而况得丧祸福之所介乎⑦！弃隶者若弃泥涂⑧，知身贵于隶也，贵在于我而不失于变。且万化而未始有极也，夫孰足以患心！已为道者解乎此。”

注释 ①是：此，这里指代前面所说的“物之初”的境界。

②至美至乐：在老庄的观点看来，所谓“美”也就是无美，所谓“至乐”也就是无乐。世上一切事物都美、都乐，或者都不美、都不乐，也就是不存在美与不美、乐与不乐，而这

种境界才是真正的最美、最乐。

③疾：害怕，担忧。易：改变、变更。

④所一：所同一，这里指共同生活的地方。

⑤四支：即四肢。将为尘垢：终将化为尘垢。

⑥滑（gǔ）：乱。

⑦介：留存、搁置。“得丧祸福之所介”就是说介意得失祸福。

⑧隶：附属、从属；“隶者”即附属于自己的东西，这里实指“得丧祸福”。涂：泥土。

译文 孔子说：“请问游心于宇宙之初、万物之始的情况。”老聃回答：“达到这样的境界，就是‘至美’‘至乐’了，体察到‘至美’也就是遨游于‘至乐’，这就叫做‘至人’。”孔子说：“我希望能听到那样做的方法。”老聃说：“食草的兽类不担忧更换生活的草泽，水生的虫豸不害怕改变生活的水域，这是因为只进行了小小的变化而没有失去惯常的生活环境，这样喜怒哀乐的各种情绪就不会进入到内心。普天之下，莫不是万物共同生息的环境。获得这共同生活的环境而又混同其间，那么人的四肢以及众多的躯体都将最终变成尘垢，而死亡、生存终结、开始也将像昼夜更替一样没有什么力量能够扰乱它，更何况去介意那些得失祸福呢！舍弃得失祸福之类附属于己的东西就像丢弃泥土一样，懂得自身远比这些附属于自己的东西更为珍贵，珍贵在于我自身而不因外在变化而丧失。况且宇宙间的千变万化从来就没有过终极，怎么值得使内心忧患！已经体察大道的人便能通晓这个道理。”

原文 孔子曰：“夫子德配天地[①]，而犹假至言以修心，古之君子，孰能脱焉[②]？”老聃曰：“不然。夫水之于汋也[③]，无为而才自然矣。至人之于德也，不修而物不能离焉，若天之自高，地之自厚，日月之自明，夫何脩焉！”

注释 ①配：合。

②脱：脱出、免于。

③汋（yuè）：水涌出。

译文 孔子说：“先生的德行合于天地，仍然借助于至理真言来修养心性，古时候的君子，又有谁能够免于这样呢？”老聃说：“不是这样的。水激涌而出，不借助于人力方才自然。道德修养高尚的人对于德行，无须加以培养万物也不会脱离他的影响，就像天自然地高，地自然地厚，太阳与月亮自然光明，又哪里用得着修养呢！”

原文 孔子出，以告颜回曰：“丘之于道也，其犹醯鸡与[①]！微夫子之发吾覆也[②]，吾不知天地之大全也。”

注释 ①醯（xī）鸡：酒瓮内的小飞虫，即蠛蠓。蠛蠓在瓮内的空间密密地遮掩瓮中的物品，这里是用生活在小小的瓮中比喻不知广阔的天地。

②微：通作“无”，没有、不是的意思。发：启发，这里指教诲。覆：覆盖，引申为蒙昧的意思。

译文 孔子从老聃那儿走出，把见到老聃的情况告诉给了颜回，说：“我对于大道，就好像瓮中的小飞虫对于瓮外的广阔天地啊！不是老聃的启迪揭开了我的蒙昧，我不知道天地之大那是完完全全的了。”

原文 庄子见鲁哀公[①]。哀公曰：“鲁多儒士，少为先生方者[②]。”庄子曰：“鲁少儒。”哀公曰：“举鲁国而儒服[③]，何谓少乎？”

注释

①庄周（约前369 — 前286年）与鲁哀公（约前494 — 前476年在位）并非同时代人，庄子也并未见过鲁哀公，这里乃是寓言。

②方：道、学说。

③举：全。儒服：指穿着儒士的服装。

译文

庄子拜见鲁哀公。鲁哀公说："鲁国多儒士，很少有信仰先生道学的人。"庄子说："鲁国很少儒士。"鲁哀公说："全鲁国的人都穿着儒士的服装，怎么说儒士很少呢？"

原文

庄子曰："周闻之，儒者冠圜冠者①，知天时；履句屦者②，知地形；缓佩玦者③，事至而断。君子有其道者，未必为其服也；为其服者，未必知其道也。公固以为不然④，何不号于国中曰⑤：'无此道而为此服者，其罪死！'"

注释

①圜（yuán）：同"圆"。冠圜冠：是说戴着圆帽。

②句：方。屦（jù）：麻鞋，这里泛指鞋子。

③缓：五色丝绳，用来穿系玉玦。玦（jué）：一种环形玉器。

④固：必定、坚持。

⑤号：号令。

译文 庄子说："我听说，儒士戴圆帽的知晓天时；穿着方鞋的，熟悉地形；佩带用五色丝绳系着玉玦的，遇事能决断。君子身怀那种学问和本事的，不一定要穿儒士的服装；穿上儒士服装的人，不一定会具有那种学问和本事。你如果认为一定不是这样，何不在国中号令：'没有儒士的学问和本事而又穿着儒士服装的人，定处以死罪！'"

原文 于是哀公号之五日，而鲁国无敢儒服者，独有一丈夫儒服而立乎公门[①]。公即召而问以国事，千转万变而不穷。庄子曰："以鲁国而儒者一人耳[②]，可谓多乎？"

注释 ①丈夫：古代对成年男子的称呼。

②这句语意有所隐含，"以鲁国"乃是说"以鲁国之大"。

译文 于是哀公号令五天，鲁国国中差不多没有敢再穿儒士服装的人，只有一个男子穿着儒士服装站立于朝门之外。鲁哀公立即召他进来以国事征询他的意见，无论多么复杂的问题都能做出回答。庄子说："鲁国这么大而儒者只有一人呀，怎么能说是很多呢？”

原文 百里奚爵禄不入于心①，故饭牛而牛肥②，使秦穆公忘其贱，与之政也。有虞氏死生不入于心③，故足以动人。

注释 ①百里奚：春秋著名政治家，辅助秦穆公成就了霸业。百里奚的身世传说颇多，为虞国人，后为秦国大夫。

②饭牛：饲养牛。

③有虞氏：即舜。

译文 百里奚从不把爵位和俸禄放在心上，所以饲养牛时牛喂得很肥，使秦穆公忘记了他地位的卑贱，而把国事交给他。有虞氏从不把死生放在心上，所以能够打动人心。

原文 宋元君将画图①，众史皆至②，受揖而立③；舐笔和墨④，在外者半。有一史后至者，儃儃然不趋⑤，受揖不立，因之舍⑥。公使人视之，则解衣般礴羸⑦。君曰：“可矣，是真画者也。”

注释 ①宋元君：即宋元公。图：旧注指“国中山川地土图样”，视前后文，当不应讲作地图，即为一般的图画。

②史：这里专指画匠。

③受：受命，接受旨意。揖：古时拱手行礼叫“作揖”。

④舐（shì）：以舌头舔。

⑤儃儃（tǎn）然：安闲的样子。

⑥之：往。

⑦般：亦做“槃”；“槃礴”是指分开双腿而坐。臝（luǒ）：“裸”字的异体。

译文 宋元公打算画几幅画，众多的画师都赶来了，接受了旨意便在一旁恭敬地拱手站着，舔着笔，调着墨，站在门外的还有半数人。有一位画师最后来到，神态自然一点也不慌急，接受了旨意也不恭候站立，随即回到馆舍里去。宋元公派人去观察，这个画师已经解开了衣襟、裸露身子、叉腿而坐。宋元公说：“好呀，这才是真正的画师。”

原文 文王观于臧[①]，见一丈夫钓[②]，而其钓莫钓[③]；非持其钓有钓者也[④]，常钓也[⑤]。

注释

①文王：周文王。臧：地名。

②丈夫：乃是“丈人”之误，文中均称“丈人”而不称“丈夫”。“丈人”是古代对老人的尊称。

③莫钓：不像是钓鱼，即无心钓鱼的样子。

④有钓：有心在钓。一说“有”通作“为”,“有钓”即是“为钓”。

⑤常：通作“尚”,“尚”是上的意思，所谓“常钓”即垂于水面之上而钓。一说“常钓”是指钓钩常在手上。译文从前说。

译文

文王在臧地游览，看见一位老人在水边垂钓，可是他身在垂钓却不像是在钓鱼，不是手拿钓竿而有心钓鱼，钓钩总是悬在水面上。

原文

文王欲举而授之政①，而恐大臣父兄之弗安也；欲终而释之②，而不忍百姓之无天也③。于是旦而属之大夫曰④：“昔者寡人梦见良人⑤，黑色而頿⑥，乘驳马而偏朱蹄⑦，号曰⑧：‘寓而政于臧丈人⑨，庶几乎民有瘳乎⑩！’”诸大夫蹴然曰⑪：“先君王也⑫。”文王曰：“然则卜之⑬。”诸大夫曰：“先君之命，王其无它⑭，又何卜焉！”

注释

①举：举拔，推荐提拔。

②终而释之：就此作罢放弃这个念头。“之”字指代举拔并委以朝政的想法。

③无天：这里喻指失去了庇护，即得不到天子的恩泽。

④旦：大清早。属（zhǔ）：嘱咐，这个意义后代写作“嘱（囑）”。

⑤昔：通作“夕”，指夜里。

⑥頔（ràn）：同“髯”，胡须很多。

⑦驳马：毛色斑驳的马，即杂色马。偏朱蹄：马蹄半侧为红色。

⑧号：大声呼喊。

⑨寓：托付、委托。而：你，人称代词。

⑩庶几：差不多。瘳（chōu）：病愈；“有瘳”这里是指解除了痛苦。

⑪蹴（cù）然：惊惧的样子。

⑫先君王：文王之父。文王之父季历，生前好乘杂色马，马蹄半侧为红色；脸色黑而多胡须。

⑬卜：占卜，古人多迷信，遇到重大未决的事情，总要进行卜问，意思是请示、征询神灵或祖先的意见，然后再来做出决断。

⑭无它：不应有别的考虑，即不必犹豫。

译文 文王一心要起用他并把朝政委托给他，可是又担心大臣和宗族放心不下；打算就此作罢放弃这个念头，却又不忍心天下的百姓得不到天子的恩泽。于是大清早便招来诸大夫嘱咐说：“昨晚我梦见了一位非常贤良的人，他黑黑的面孔长长的胡须，骑着一匹斑驳的杂色马，而且四只马蹄半侧是红的，他对我大声呼喊说：‘把你的朝政托付给那位臧地的老人，恐怕你的百姓也就差不多解除了痛苦啦！’”诸位大夫惊恐不安地说：“这个显梦的人就是君王的父亲！”文王说：“既然如此，那么我们还是卜问这件事吧。”诸位大夫说：“这是先君的命令，君王还是不必多虑，又哪里用得着再行卜问呢！”

原文 遂迎臧丈人而授之政。典法无更[①]，偏令无出[②]。三年，文王观于国，则列士坏植散群[③]，长官者不成德[④]，鏉斛不敢入于四竟[⑤]。列士坏植散群，则尚同也[⑥]；长官者不成德，则同务也[⑦]；鏉斛不敢入于四竟，则诸侯无二心也。文王于是焉以为大师[⑧]，北面而问曰[⑨]：“政可以及天下乎？”臧丈人昧然而不应[⑩]，泛然以辞[⑪]，朝令而夜遁[⑫]，终身无闻。

注释

①更（gēng）：更换，改变。

②偏令：偏私之令。

③列士：贵族阶层中地位较低的人。植：将主；“坏植”就是失却了领头的人。

④成德：成就自己的功德，即显露和夸耀自己的功德。

⑤斔（yǔ）斛（hú）：均为量器名，用来计量谷物。“斔”同于“斞”。竟：边境，这个意义后代写作“境”，

⑥尚同：尊尚同一，指政令受到普遍尊重，全国上下意愿相同。

⑦同务：具有相同的政务。

⑧大（tài）师：这里是指君王的师傅。

⑨北面：面朝着北面，即居处于臣下的礼仪，这里是表示最大的恭敬与尊重。

⑩昧然：即默然，默不说话的样子。

⑪泛然：浮泛的，漫无目的的样子。

⑫令：这里指文王向臧丈人征询意见。

译文

于是迎来了这位臧地老人并且把朝政委托给他。典章法规不更改，偏曲的政令不发布。三年时间，文王在国内遍访考察，见到各地的地方势力集团全都纷纷离散，各级长官不再树立夸耀自己的功德，不同的斞和

斛不再能进入国境使用。地方势力集团全都纷纷离散，也就政令通达上下同心；各级长官不再树立夸耀个人的功德，也就政务相当劳绩统一；不同的斞斛不再能进入国境使用，诸侯也就不会生出异心。文王于是把臧地老人拜作太师，以臣下的礼节恭敬地向他问道："这样的政事可以推行于天下吗？"臧地老人默默地不作回应，抑或漫不经心地予以推辞，早晨文王向他征询意见而夜晚他就逃跑了，从那以后就再也听不到他的消息。

原文 颜渊问于仲尼曰："文王其犹未邪①？又何以梦为乎②？"仲尼曰："默，汝无言！夫文王尽之也，而又何论刺焉③！彼直以循斯须也④。"

注释 ①本句语意有所隐含，"犹未"是说还没有达到圣人的境界。

②梦为：即为梦，假托为梦。

③论刺：评论、指责。

④直：只、仅仅。循：顺。斯须：短暂的，临时的，意思跟"须臾"相近。

译文 颜渊向孔子问道："文王难道还未能达到圣人的境界

吗？为什么还要假托于梦呢？”孔子说：“闭嘴，你不要再说！文王算得上最完美的圣人了，你怎么能随意评论和指责呢？他也只不过是短时间内顺应众人的心态罢了。”

原文 列御寇为伯昏无人射①，引之盈贯②，措杯水其肘上③，发之，適矢复沓④，方矢复寓⑤。当是时，犹象人也⑥。伯昏无人曰：“是射之射⑦，非不射之射也⑧。尝与汝登高山，履危石⑨，临百仞之渊⑩，若能射乎？”

注释 ①列御寇、伯昏无人：均为人名；伯昏无人已见于《德充符》。“为伯昏无人射”是说为伯昏无人表演射箭的本领。

②引：引弦，即拉开弓。盈贯：满矢。

③措：置放。

④適：往，指箭射出去。一说“適”通作“镝”（dí），指箭，跟矢字是同义并列。沓（tà）：重合，指一支紧接着一支地射出。

⑤寓：寄，搭放。

⑥象人：木偶人，形容一动也不动。

⑦射之射：有心射箭的射法。

⑧不射之射：无心射箭的射法。

⑨履危石：站立在高危的山石上。

⑩“百仞”言其极深，为一略数。

译文 列御寇为伯昏无人表演射箭的本领，他拉满弓弦，又放置一杯水在手肘上，发出第一支箭，箭还未至靶的紧接着又搭上了一支箭，刚射出第二支箭而另一支又搭上了弓弦。在这个时候，列御寇的神情真像是一动也不动的木偶人似的。伯昏无人看后说：“这只是有心射箭的箭法，还不是无心射箭的射法。我想跟你登上高山，脚踏危石，面对百丈的深渊，那时你还能射箭吗？”

原文 于是无人遂登高山，履危石，临百仞之渊，背逡巡①，足二分垂在外②，揖御寇而进之。御寇伏地，汗流至踵③。伯昏无人曰：“夫至人者，上窥青天，下潜黄泉，挥斥八极④，神气不变⑤。今汝怵然有恂目之志⑥，尔于中也殆矣夫！”

注释 ①逡（qūn）巡：却退。

②二分：十分之二。一说三分之二。均可通。

③踵（zhǒng）：脚后跟。

④挥斥：纵放，形容精神自由奔放。八极：八方。

⑤神气：神情。

⑥怵（chù）然：恐惧的样子。恂（xuán）：通作“眩”；眩目即指眼花。

译文 于是伯昏无人便登上高山，脚踏危石，身临百丈深渊，然后再背转身来慢慢往悬崖退步，直到部分脚掌悬空这才拱手恭请列御寇跟上来射箭。列御寇伏在地上，吓得汗水直流到脚后跟。伯昏无人说：“一个修养高尚的‘至人’，上能窥测青天，下能潜入黄泉，精神自由奔放达于宇宙八方，神情始终不会改变。如今你胆战心惊有了眼花恐惧的念头，你要射中靶的不就很困难了吗？”

原文 肩吾问于孙叔敖曰①：“子三为令尹而不荣华②，三去之而无忧色③。吾始也疑子，今视子之鼻间栩栩然④，子之用心独奈何？”

注释 ①肩吾：隐者，已见于《逍遥游》。孙叔敖：楚国著名政治家。

②令尹：楚国的官名，相当于宰相，为最高行政官吏。

③去：去职，这里指被免职。

④栩栩然：欢畅自适的样子。

译文 肩吾向孙叔敖问道："你三次出任令尹却不显出荣耀，你三次被罢官也没有露出忧愁的神色，起初我对你确实不敢相信，如今看见你容颜是那么欢畅自适，你的心里竟是怎样的呢？"

原文 孙叔敖曰："吾何以过人哉！吾以其来不可却也，其去不可止也，吾以为得失之非我也，而无忧色而已矣。我何以过人哉！且不知其在彼乎，其在我乎？其在彼邪[①]？亡乎我[②]；在我邪？亡乎彼。方将踌躇[③]，方将四顾[④]，何暇至乎人贵人贱哉[⑤]！"

注释 ①其：指代前面提到的充任令尹之事。

②亡：失。

③踌躇：怡然自得的样子。

④四顾：本指环顾四方，用来描写踌躇满志的样子。

⑤至：顾及。

译文 孙叔敖说："我哪里有什么过人之处啊！我认为官职爵禄的到来不必去推却，它们的离去也不可以去阻止。我认为得与失都不是出自我自身，因而没有忧愁的神色罢了。我哪里有什么过人之处啊！况且我不知道这官爵是落在他人身上呢，还是落在我身上呢？落在他人身上吗？那就与我无关；落在我的身上吗？那就与他人无关。我正心安理得怡然自在，我正踌躇满志四处张望，哪里有闲暇去顾及人的尊贵与卑贱啊！”

原文 仲尼闻之曰：“古之真人，知者不得说①，美人不得滥②，盗人不得劫，伏戏、黄帝不得友③。死生亦大矣，而无变乎己，况爵禄乎！若然者，其神经乎大山而无介④，入乎渊泉而不濡⑤，处卑细而不惫，充满天地，既以与人⑥，己愈有。”

注释 ①知者：智者。说：游说，说服。

②滥：觊觎，即产生淫乱的念头。

③伏戏：即伏羲。

④介：阻碍。

⑤濡：沾湿。

⑥既：全；“既以与人”即全都用来给他人。

译文 孔子听到这件事，说：“古时候的真人，最有智慧的人不能说服他，最美的女人不能使他淫乱，强盗不能够抢劫他，就是伏羲和黄帝也无法跟他结为朋友。死与生也算得上是大事情了，却不能使他有什么改变，更何况是爵位与俸禄呢？像这样的人，他精神穿越大山不会有阻碍，潜入深渊不会沾湿，处身卑微不会感到困乏，他的精神充满于天地，将全部奉献给他人，自己却越发感觉到充实富有。”

原文 楚王与凡君坐①，少焉，楚王左右曰凡亡者三②。凡君曰：“凡之亡也，不足以丧吾存。夫‘凡之亡不足以丧吾存’，则楚之存，不足以存存③。由是观之，则凡未始亡而楚未始存也。”

注释 ①楚王：楚文王。凡君：凡国国君。楚国大，凡国小，楚早有并吞凡国之意。

②左右：近臣。三：概数，言其多；“曰凡亡者三”是说一次又一次地报告凡国已经被灭亡。

③存存：以楚国的存在为存在。前一“存”字为动词，后一“存”为名词。

译文 楚文王与凡国国君坐在一起，不一会儿，楚王的近臣一次又一次报告凡国已经灭亡。凡国国君说："凡国的灭亡，不足以丧失我的存在。既然'凡国的灭亡不足以丧失我的存在'，那么楚国的存在也不足以保存它的存在。由此看来，那么，凡国也就未尝灭亡而楚国也就未尝存在了。"

知北游

题解 本篇是"外篇"的最后一篇，以篇首的三个字作为篇名。"知"是一寓托的人名，"北游"指向北方游历。在传统的哲学体系中，北方被叫做"玄"，"玄"指昏暗、幽远，因此北方就是所谓不可知的地方。篇文认为"道"是不可知的，因此开篇便预示了主题。本篇内容主要是在讨论"道"，一方面指出了宇宙的本原和本性，另一方面也论述了人对于宇宙和外在事物应取的认识与态度。

全文自然分成十一个部分，第一部分至"以黄帝为知言"，主要说明大道本不可知，"知者不言，言者不知"，因为宇宙万物原来都是"气"，"气"聚则生，"气"散则死，万物归根结蒂乃是混一的整体。第二部分至"可以观于天矣"，基于第一部分的认识，进一步提出“至人无为，大圣不作”，一切“观于天地”的主张，即一切顺其自然。第三部分至“彼何人哉”，写啮缺问道，借被衣之口描述寂志守神的体道之法。第四部分至“又胡可得而有邪”，写舜与丞的对话，指出生命与子孙均不属于自身，一切都是自然之气的变化。第五部分至“此之谓大得”，通过老聃跟孔子的谈话，描述大道存在的独特方式，借以说明大道的特点。这一部分在全篇中处于重要地位。第六部分至“彼为积散非积散也”，说明大道虽不可知却“无所不在”，对道的性质作了进一步的论述。第七部分至“不游乎太虚”，借寓言人物的话，进一步指出道“不可闻”“不可见”“不可言”的特点，既然大道不具有形象性，当然也就“不当名”，不可言传。第八部分至“何从至此哉”，写“有”与“无”的关系，“有”与“无”的相对性仍是基于“有”，只有“无无”才是真正基于“无”。第九部分至“物孰不资焉”，写捶制带钩的老人用心专一。第十部分至“亦乃取于是者也”，通过道化了的孔子之口，讨论宇宙的开始，提出“无古无今，无始无终”的观点。余下为第十一部分，写孔子对颜渊的谈话，讨论变化与安于变化，指出要“无知”“无能”“去言”“去为”。

《知北游》在“外篇”中具有重要地位，对于了解《庄子》的哲学思想体系也较为重要。篇文所说的“道”，是指对于宇宙万物的本原和本性的基本认识。篇文认为宇宙万物源于“气”，包括人的生死也是出于气的聚散。篇文还认为“道”具有整体性，无处不在但又不存在具体形象，贯穿于万物变化的始终。篇文看到了生与死、长寿与短命、光明与幽暗……都具有相对性，既是对立的，又是相生、相互转化的，这无疑具有朴素的唯物辩证观。但基于宇宙万物的整体性和同一性认识，篇文又认为“道”是不可知的，“知”反而不成其为“道”，于是又滑向了不可知论，主张无为，顺其自然，一切都有其自身的规律，不可改变，也不必去加以改变，这显然又是唯心的了。

原文 知北游于玄水之上[①]，登隐弅之丘，而适遭无为谓焉。知谓无为谓曰：“予欲有问乎若[②]：何思何虑则知道[③]？何处何服则安道[④]？何从何道则得道[⑤]？”三问而无为谓不答也，非不答，不知答也。知不得问，反于白水之南，登狐阕之上，而睹狂屈焉。知以之言也问乎狂屈[⑥]。狂屈曰：“唉！予知之，将语若，中欲言而忘其所欲言[⑦]。”知不得问，反于帝宫，见黄帝而问焉。黄帝曰：“无思无虑始知道，无处无服始安道，无从无道始得道。”

注释 ①知：旧注音同“智”，寓托的人名；本段中所提到的“无为谓”、“狂屈”均是假设的人物，就是“黄帝”也非实写其事。玄水：寓言中的水名，本段中所提到的“白水”和“隐弅（fēn）”“狐阕”等，均为假设的水名和地名；而且名称本身也含有一定的寓意，如“玄”与“白”之相对，寓含幽暗与显明之意。

②若：你。本段中“若”字多次用作第二人称代词。

③知道：懂得道。以下仿此解。

④服：事，指行事、行动。安道：安于道，即符合大道。

⑤道（前一字）：方式、办法。一说“道”应是说的意思。

⑥之：此。

⑦中欲言：内心里刚想说。

译文 知向北游历来到玄水岸边，登上名叫隐弅的山丘，正巧在那里遇上了无为谓。知对无为谓说：“我想向你请教一些问题：怎样思索、怎样考虑才能懂得道？怎样居处、怎样行事才符合于道？依从什么、采用什么方法才能获得道？”问了好几次无为谓都不回答，不是不回答，而是不知道回答。知从无为谓那里得不到解答，便返回到白水的南岸，登上名叫狐阕的山丘，在那里见到了狂屈。知把先前的问话向狂屈提出请教，狂屈说："唉，我知道怎样回答这些问题，我将告诉给你，可是心中正想说话却又忘记了那些想说的话。"知从狂屈那里也没有得到解答，便转回到黄帝的住所，见到黄帝向他再问。黄帝说："没有思索、没有考虑方才能够懂得道，没有安处、没有行动方才能够符合于道，没有依从、没有方法方才能够获得道。"

原文 知问黄帝曰："我与若知之，彼与彼不知也①，其孰是邪?"黄帝曰："彼无为谓真是也，狂屈似之②；我与汝终不近也③。夫知者不言，言者不知，故圣人行不言之教。道不可致④，德不可至。仁可为也⑤，义可亏也⑥，礼相伪也。故曰，'失道而后德，失德而后仁，失仁而后义，失义而后礼。礼者，道之华而乱之首也⑦'。故曰，'为道者日损⑧，损之又损之以至于无为，无为而无不为也'。今已为物也⑨，欲复归根⑩，不亦难乎！其易也，其唯大人乎⑪！生也死之徒⑫，死也生之始，孰知其纪⑬！人之生，气之聚也⑭；聚则为生，散则为死。若死生之徒，吾又何患！故万物一也⑮，是其所美者为神奇，其所恶者为臭腐；臭腐复化为神奇，神奇复化为臭腐。故曰，'通天下一气耳[16]’。圣人故贵一[17]。”

注释 ①彼与彼：这里是指无为谓与狂屈。

②似：近似。

③不近：不能接近于道，即不是正确的。

④致：罗致，获得。

⑤至仁无亲，不存偏爱，所以说仁是可以作为的。

⑥亏：残损。

⑦华：“花”字的本字，这里是掩盖、伪饰的意思。

⑧为道者：体察大道的人。损：指减少伪饰；“日损”是说每天都清除伪饰。

⑨已为物：已经对外物有所作为。

⑩根：本；这里实指道。

⑪大人：大圣人，指得道之人。

⑫徒：属，同类。

⑬纪：头绪，引申指规律。

⑭气：老庄哲学中讨论万物源起的特定概念，指构成宇宙万物的本原，合成万物的最细微的一种物质基础。

⑮一：指万物同出于“气”，因而具有同一性，共通性。

⑯通：全，整个。

⑰贵一：以事物的同一为贵，即看重事物的同一性。

译文

知于是问黄帝:“我和你知道这些道理,无为谓和狂屈不知道这些道理,那么,谁是正确的呢?”黄帝说:“那无为谓是真正正确的,狂屈接近于正确;我和你则始终未能接近于道。知道的人不说,说的人不知道,所以圣人施行的是不用言传的教育。道不可能靠言传来获得,德不可能靠谈话来达到。没有偏爱是可以有所作为的,讲求道义是可以亏损残缺的,而礼仪的推行只是相互虚伪欺诈。所以说,‘失去了道而后能获得德,失去了德而后能获得仁,失去了仁而后能获得义,失去了义而后能获得礼。礼,乃是道的伪饰、乱的祸首’。所以说,体察道的人每天都得清除伪饰,清除而又再清除以至达到无为的境界,达到无所作为的境界也就没有什么可以作为的了。’如今你已对外物有所作为,想要再返回根本,不是很困难吗!似如容易改变而回归根本,恐怕只有是得道的人啊!生是死的同类,死是生的开始,谁能知道它们的端绪!人的诞生,是气的聚合,气的聚合形成生命,气的离散便是死亡。如果死与生是同类相属的,那么对于死亡我又忧患什么呢?所以,万物说到底是同一的。这样,把那些所谓美好的东西看作是神奇,把那些所谓讨厌的东西看作是臭腐,而臭腐的东西可以再转化为神奇，神奇的东西可以再转化为臭腐。所以说，‘整个天下只不过同是气罢了’。圣人也因此看重万物同一的特点。”

原文 知谓黄帝曰：“吾问无为谓，无为谓不我应。非不我应，不知应我也。吾问狂屈，狂屈中欲告我而不我告，非不我告，中欲告而忘之也。今予问乎若，若知之，奚故不近？”黄帝曰：“彼其真是也①，以其不知也；此其似之也②，以其忘之也；予与若终不近也，以其知之也。”

注释 ①彼：指代无为谓。

②此：指代狂屈。

译文 知又对黄帝说：“我问无为谓，无为谓不回答我，不是不回答我，是不知道回答我。我问狂屈，狂屈内心里正想告诉我却没有告诉我，不是不告诉我，是心里正想告诉我又忘掉了怎样告诉我。现在我想再次请教你，你懂得我所提出的问题，为什么又说回答了我便不是接近于道呢？”黄帝说“无为谓他是真正了解大道的，因为他什么也不知道；狂屈他是接近于道的，因为他忘记了；我和你终究不能接近于道，因为我们什么都知道。”

原文 狂屈闻之，以黄帝为知言[①]。

注释 ①知言：最通晓大道的谈论。

译文 狂屈听说了这件事，认为黄帝的话是最了解道的谈论。

原文 天地有大美而不言，四时有明法而不议[①]，万物有成理而不说[②]。圣人者，原天地之美而达万物之理[③]，是故至人无为，大圣不作，观于天地之谓也。

注释 ①明法：显明的规律，这里指四季周而复始的运行。

②成理：定规。

③原：探寻、推究的意思。达：通晓、了解。

译文 天地具有伟大的美却无法用言语表达，四时运行具有显明的规律却无法加以评议，万物的变化具有现成的定规却用不着加以谈论。圣哲的人，探究天地伟大的美而通晓万物生长的道理，所以“至人”顺应自然无所作为，“大圣”也不会妄加行动，这是说对于天地作了深入细致的观察。

原文 今彼神明至精①，与彼百化②；物已死生方圆③，莫知其根也，扁然而万物自古以固存④。六合为巨，未离其内；秋豪为小⑤，待之成体⑥。天下莫不沈浮⑦，终身不故⑧；阴阳四时运行，各得其序。惛然若亡而存⑨，油然不形而神⑩，万物畜而不知⑪。此之谓本根，可以观于天矣。

注释 ①今：亦作“合”。彼：指代“道”；一说指代首句的“天地”。联系以下各句，译文从前一说。

②与（yù）：参与。彼：指代万物。百化：言其多，指各种各样的变化。

③方圆：喻指变化的两种对立的形态。

④扁然：普遍地、自然而然地，这里用来形容万物的生长。

⑤豪：通作“毫”；“秋豪”即秋毫。

⑥之：指代“道”。

⑦沈（chén）浮：喻指消逝与存在的变化。

⑧故：故常之态；“不故”是说不会固守常态，即始终保持变

化的新姿。

⑨惛（hūn）然：昧暗的样子。

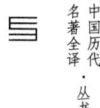

⑩油然：蕴含着生机的样子。不形：不具有具体的形象。

⑪畜：畜养，养育；这里用表被动，是被养育、受到养育的意思。

译文 大道神明精妙，参与宇宙万物的各种变化；万物业已或死、或生、或方、或圆，却没有谁知晓变化的根本，一切都是那么自然而然地自古以来就自行存在。“六合”算是十分巨大的，却始终不能超出道的范围；秋天的毫毛算是最小的，也得仰赖于道方才能成就其细小的形体。宇宙万物无时不在发生变化，始终保持着变化的新姿，阴阳与四季不停地运行，各有自身的序列。大道是那么浑沌昧暗仿佛并不存在却又无处不在，生机盎然、神妙莫测却又不留下具体的形象，万物被它养育却一点也未觉察。这就称作本根，可以用它来观察自然之道了。

原文 啮缺问道乎被衣①，被衣曰：“若正汝形，一汝视②，天和将至③，摄汝知④，一汝度⑤，神将来舍⑥。德将为汝美，道将为汝居，汝瞳焉如新生之犊而无求其故⑦！”

注释 ①齧（niè）缺、被衣：寓托的人名，已分别见于以前的篇文。

②一：凝聚专一的意思。

③天和：自然的和气。

④摄：收敛。

⑤度（duó）：计谋，思忖。一说“一汝度”同于“正汝形”，“度”当讲作态度，姑备参考。

⑥舍：寄留、停止，这里指精神的凝聚。

⑦瞳焉：瞪着眼睛、幼稚无知的样子。故：事。“求其故”即探求外在的事物。

译文 齧缺向被衣请教道，被衣说：“你得端正你的形体，集中你的视力，自然的和气便会到来，收敛你的心智，集中你的思忖，精神就会来你这里停留。玄德将为你而显得美好，大道将居处于你的心中，你那瞪着圆眼稚气无邪的样子就像初生的小牛犊而不会去探求外在的事物！”

原文 言未卒①，齧缺睡寐。被衣大说②，行歌而去之，曰：“形若槁骸，心若死灰，真其实知③，不以故自持④，媒媒晦晦⑤，无心而不可与谋。彼何人哉！”

注释 ①卒：终。

②说（yuè）：通“悦”；喜悦、高兴。

③真：纯真，返归本真的意思。

④持：矜持。

⑤媒媒：与“晦晦”同义，指昏暗不明的样子。

译文 被衣话还没说完，啮缺便已睡着。被衣见了十分高兴，唱着歌儿离去，说：“身形犹如枯骸，内心犹如死灰，朴实的心思返归本真，而且并不因为这个缘故而有所矜持，浑浑噩噩，昏昏暗暗，没有心计而不能与之共谋。那将是什么样的人啊！”

原文 舜问乎丞曰①：“道可得而有乎？”曰：“汝身非汝有也，汝何得有夫道？”舜曰：“吾身非吾有也，孰有之哉？”曰：“是天地之委形也②；生非汝有，是天地之委蜕也③；性命非汝有，是天地之委顺也④；孙子非汝有⑤，是天地之委蜕也⑥。故行不知所往，处不知所持，食不知所味；天地之强阳气也⑦，又胡可得而有邪？”

注释 ①丞：传说中舜的老师。

②委：委托、给予。“委形”即“委以形”，把形体托给了你。以下“委和”“委顺”“委蜕”均仿此解。

③和：和顺之气。

④顺：同前，指和顺之气。

⑤孙子：亦作“子孙”，指子女和孙辈。

⑥蜕：蜕变，指像蝉依时蜕变一样地延续变化。

⑦强阳：指运动。

译文 舜向丞请教说：“道可以获得而据有吗？”丞说：“你的身体都不是你所据有，你怎么能获得并占有大道呢？”舜说：“我的身体不是由我所有，那谁会拥有我的身体呢？”丞说：“这是天地把形体托给了你；降生人世并非你所据有，这是天地给予的和顺之气凝积而成，性命也不是你所据有，这也是天地把和顺之气凝聚于你；即使是你的子孙也不是你所据有，这是天地所给予你的蜕变之形。所以，行走不知去哪里，居处不知持守什么，饮食不知什么滋味；行走、居处和饮食都不过是天地之间气的运动，又怎么可以获得并据有呢？”

原文 孔子问于老聃曰：“今日晏闲①，敢问至道。”

注释 ①晏闲：安居闲暇。

译文 孔子对老聃说：“今天安居闲暇，我冒昧地向你请教至道。”

原文 老聃曰：“汝齐戒①，疏瀹而心②，澡雪而精神③，掊击而知④！夫道，窅然难言哉⑤！将为汝言其崖略⑥。

注释 ①齐：通作“斋”，斋戒。

②瀹（yuè）：疏导。而，你。以下两句同此解。

③澡雪：洗涤、清洁。

④掊（pǒu）击：打破。知：智。

⑤窅（yǎo）然：深远的样子。

⑥崖略：大概。

译文 老聃说：“你先得斋戒静心，再疏通你的心灵，清扫你的精神，破除你的才智！大道，真是深奥神妙难以言表啊！不过我将为你说个大概。

原文

“夫昭昭生于冥冥①，有伦生于无形②，精神生于道，形本生于精③，而万物以形相生，故九窍者胎生④，八窍者卵生⑤。其来无迹，其往无崖，无门无房⑥，四达之皇皇也⑦。邀于此者⑧，四肢彊⑨，思虑恂达⑩，耳目聪明⑪，其用心不劳，其应物无方。天不得不高⑫，地不得不广，日月不得不行，万物不得不昌，此其道与！

注释

①昭昭：明亮，这里指明亮的东西。冥冥：昏暗，这里指昏暗的东西。

②伦：理；“有伦”指各种具有伦理的事物。一说“伦”通作“形”，“有伦”即有形；译文从后一说。

③精：这里指精微之气。

④九窍：指人与各种兽类。

⑤八窍：指禽、鱼之类。

⑥门、房：喻指门径与居止，是说大道十分神妙，不知从哪儿进出，不知在哪儿停留。

⑦皇皇：广大的样子。

⑧邀：同“徼”，遵循的意思。

⑨彊：“强”字的古本字。

⑩恂（xún）达：通达。

⑪聪：听觉灵敏。明：视力敏锐。

⑫这句话意有所隐含，“不得”是说不能得于道，不能从道那里获得什么。以下数句均仿此而解。

译文 “明亮的东西产生于昏暗，具有形体的东西产生于无形，精神产生于道，形质产生于精微之气。万物全都凭借形体而诞生，所以，具有九个孔窍的动物是胎生的，具有八个孔窍的动物是卵生的。它的来临没有踪迹，它的离去没有边界，不知从哪儿进出、在哪儿停留，通向广阔无垠的四面八方。遵循这种情况的人，四肢强健，思虑通达，耳目灵敏，运用心思不会劳顿，顺应外物不拘定规。天不从它那儿获得什么便不会高远，地不从那儿获得什么便不会广大，太阳和月亮不能从那儿获得什么便不会运行，万物不能从那儿获得什么便不会昌盛，这恐怕就是道啊！

原文 “且夫博之不必知①，辩之不必慧，圣人以断之矣。若夫益之而不加益②，损之而不加损者，圣人之所保也。渊渊乎其若海③，魏魏乎其终则复始也④，运量万物而不匮⑤。则君子之道，彼其外与！万物皆往资焉而不匮⑥，此其道与！

注释

①博：指博读经典。知：指了解真知。

②益：增加。“不加益”是说不像是更加增多；下句“不加损”仿此而解。

③渊渊：深邃的样子。

④对应上句，这里似乎脱落“其若山”数字。魏魏，亦作“巍巍”，高大的样子。“渊渊”与“魏魏”都是用来形容道神妙莫测，包容无量，囊括无穷。

⑤运：周而复始的运动。量：度量，权衡。“运量万物”是说万物的运动均在其范围和权衡之中。匮：匮乏，这里是缺少什么的意思。

⑥资：资助，用如动词，指寻求资助。

译文

“再说博读经典的人不一定懂得真正的道理，善于辩论的人不一定就格外聪明，圣人因而断然割弃上述种种做法。至于增多了却不像是有所增加，减少了却不像是有所减少，那便是圣人所要持守的东西。深邃莫测呀它像大海一样，高大神奇呀它没有终结也没有开始，万物的运动全在它的范围之内，而且从不曾缺少什么。那么，世俗君子所谈论的大道，恐怕都是些皮毛啊！万物全都从它那里获取生命的资助，而且从不匮乏，这恐怕就是道啊！

原文 “中国有人焉①，非阴非阳②，处于天地之间，直且为人③，将反于宗④。自本观之⑤，生者，喑醷物也⑥。虽有寿夭，相去几何？须臾之说也。奚足以为尧桀之是非！果蓏有理⑦，人伦虽难，所以相齿⑧。圣人遭之而不违，过之而不守。调而应之，德也；偶而应之⑨，道也；帝之所兴，王之所起也。

注释 ①中国：中原一带的各国。

②“非阴非阳”是说不偏于阴或阳。

③直且：只不过姑且。

④宗：本原。

⑤本：指道。

⑥喑（yīn）醷（yì）：气聚合的样子。

⑦蓏（luò）：瓜。有理：有规律。

⑧齿：年龄；“相齿”即以年龄大小相互为序。

⑨偶：随意地，无心地。

译文 “中原一带有人居住着，不偏于阴也不偏于阳，处在大地的中间，只不过姑且具备了人的形体罢了，而人终将返归他的本原。从道的观点来看，人的诞生，乃是气的聚合，虽然有长寿与短命，相差又有多少呢？

说起来只不过是俄顷之间，又哪里用得着区分唐尧和夏桀的是非呢！树果和瓜类各不相同却有共同的生长规律，人们的次第关系即使难以划分，也还可以用年龄大小相互为序。圣人遇上这些事从不违拗，即使亲身过往也不会滞留。调和而顺应，这就是德；无心却适应，这就是道；而德与道便是帝业兴盛的凭藉，王侯兴起的规律。

原文 “人生天地之间，若白驹之过郤[①]，忽然而已。注然勃然[②]，莫不出焉；油然漻然[③]，莫之入焉。已化而生，又化而死，生物哀之，人类悲之。解其天弢[④]，堕其天袠[⑤]，纷乎宛乎[⑥]，魂魄将往，乃身从之，乃大归乎！不形之形[⑦]，形之不形[⑧]，是人之所同知也，非将至之所务也[⑨]，此众人之所同论也。彼至则不论，论则不至。明见无值[⑩]，辩不若默。道不可闻，闻不若塞，此之谓大得[⑪]。”

注释 ①白驹：骏马；一说“白驹”指阳光。郤（xī）：通作“隙”，空隙。

②注然、勃然：顺应、蓬勃而生的样子。

③油然、漻（liáo）然：顺应变化而死去的样子。

④弢（tāo）：弓袋。天：自然。

⑤堕（huī）：通作隳，毁坏的意思。袠（zhì）：箭囊。

⑥纷乎宛乎：纷纷绕绕。

⑦“不形之形”是说人本不具有形体逐步发展到具有形体。

⑧“形之不形”是说具有形体又逐步发展变化而消失了形体。

⑨本句语意有所隐含，“将至”指即将得道的人。务：求。

⑩值：会遇，指体悟到真知。

⑪大得：真正懂得了玄妙的大道。

译文

“人生于天地之间，就像骏马穿过一个狭窄的通道，瞬间而过罢了。自然而然地，全都蓬勃而生，自然而然地，全都顺应变化而死。业已变化而生长于世间，又会变化而死离人世，活着的东西为之哀叹，人们为之悲悯。可是人的死亡，也只是解脱了自然的捆束，毁坏了自然的拘括，纷纷绕绕地，魂魄必将消逝，于是身形也将随之而去，这就是最终归向宗本啊！不具有形体变化而为有了形体，具有形体再变化而为消失形体，这是人们所共同了解的，绝不是体察大道的人所追求的道理，也是人们所共同谈论的话题。体悟大道的人就不会去议论，议论的人就没有真正体悟大道。显明昭露地寻找不会真正有所体察，宏辞巧辩不如闭口不言。道不可能通过传言而听到，希望传闻不如塞耳不听，这就称作是真正懂得了玄妙之道。”

原文 东郭子问于庄子曰[①]：“所谓道，恶乎在[②]？”庄子曰：“无所不在。”东郭子曰：“期而后可[③]。”庄子曰：“在蝼蚁。”曰：“何其下邪？”曰：“在稊稗[④]。”曰：“何其愈下邪？”曰：“在瓦甓[⑤]。”曰：“何其愈甚邪？”曰：“在屎溺[⑥]。”东郭子不应。

注释 ①东郭子：人名，居住东郭而名为东郭子。

②恶乎在：是说存在于什么地方。

③期：必。

④稊（tí）稗：稻田里类似禾苗的杂草。

⑤甓（pì）：砖。

⑥溺：小便。

译文 东郭子向庄子请教说：“人们所说的道，究竟存在于什么地方呢？”庄子说：“大道无所不在。”东郭子曰：“必定得指出具体存在的地方才行。”庄子说：“在蝼蚁之中。”东郭子说：“怎么处在这样低下卑微的地方？”庄子说：“在稻田的稗草里。”东郭子说，“怎么越发低下了呢?”庄子说:“在瓦块砖头中。”东郭子说:“怎么越来越低下呢?”庄子说:“在大小便里。”东郭子听了后不再吭声。

原文 庄子曰:“夫子之问也,固不及质①。正获之问于监市履狶也②,每下愈况③。汝唯莫必④,无乎逃物⑤。至道若是,大言亦然。周徧咸三者⑥,异名同实,其指一也⑦。尝相与游乎无何有之宫⑧,同合而论⑨,无所终穷乎!尝相与无为乎!澹而静乎⑩!漠而清乎!调而闲乎!寥已吾志⑪,无往焉而不知其所至,去而来而不知其所止,吾已往来焉而不知其所终;彷徨乎冯闳⑫,大知入焉而不知其所穷⑬。物物者与物无际⑭,而物有际者,所谓物际者也;不际之际,际之不际者也。谓盈虚衰杀⑮,彼为盈虚非盈虚,彼为衰杀非衰杀,彼为本末非本末,彼为积散非积散也。”

注释 ①质:实。

②正获:管理市场的官吏,“正”是官号,“获”是名字。监市:屠夫。狶(xī):大猪。“履狶”是说踩猪的腿脚之处,这里是最不长膘的地方,用脚踩就是为了了解猪的膘肥程度。

③每下愈况:即每况愈下;今成语“每况愈下”源出于此。

④必：固执、限定。“莫必”是说不应限定在某一事物里寻找道。

⑤本句颇费解。“无”宜讲作“莫”，“逃物”即“逃于物”，则全句是说，对于各种事物来说没有什么能够离开大道。

⑥偏：“遍”字的异体。咸：全。三者：指本自然段所讨论过的万物、大言与至道。

⑦指：通作“旨”，意旨。一：归于同一。

⑧无何有之宫：什么也没有的处所。

⑨同合而论：用混同、合一的观点来谈论。

⑩澹：同“淡”。

⑪寥：虚空宁寂的样子。

⑫彷徨：纵放。冯（píng）闳（hóng）：虚旷的样子。

⑬知：智。“大知”指大智的人。入焉：指与大道交融相契。

⑭物物者：使物成其为物的，前一“物”字用如动词，并带有致使性含意。际：界线，区别；以下同此解。

⑮衰杀（shài）：衰退与减损。

译文 庄子说：“先生的提问，本来就没有触及道的本质，一个名叫获的管理市场的官吏向屠夫询问猪的肥瘦，踩踏猪腿的部位越是往下就越能探知肥瘦的真实情况。你不要只是在某一事物里寻找道，万物没有什么东西可以逃离开它。‘至道’是这样，最伟大的言论也是这样。万物、言论和大道遍及各个角落，它们名称各异而实质却相同，它们的意旨是归于同一的。让我们一道游历于什么也没有的地方，用混同合一的观点来加以讨论，宇宙万物的变化是没有穷尽的啊！我们再顺应变化无为而处吧！恬淡而又寂静啊！广漠而又清虚啊！调谐而又安闲啊，我的心思早已虚空宁寂，不会前往何处也不知道应该去到哪里，离去以后随即归来也从不知道停留的所在，我已在人世来来往往却并不了解哪里是最后的归宿；放纵我的思想遨游在虚旷的境域，大智的人跟大道交融相契而从不了解它的终极。造就万物的道跟万物本身并无界域之分，而事物之间的界线，就是所谓具体事物的差异；没有差异的区别，也就是表面存在差异而实质并非有什么区别。人们所说的盈满、空虚、衰退、减损，认为是盈满或空虚而并非真正是盈满或空虚，认为是衰退或减损而并非真正是衰退或减损，认为是宗本或末节而并非真正是宗本或末节，认为是积聚或离散而并非真正是积聚或离散。”

原文 婀荷甘与神农同学于老龙吉[①]。神农隐几阖户昼瞑[②]，妸荷甘日中奓户而入曰[3]："老龙死矣！"神农隐几拥杖而起[4]，嚗然放杖而笑[5]，曰："天知予僻陋慢訑[6]，故弃予而死。已矣夫子！无所发予之狂言而死矣夫[7]！"

注释

①妸（ē）荷甘、神农、老龙吉以及后段中所提到的弇（yǎn）堈（gāng）吊、泰清、无穷、无为、无始等，均为寓托的人名，至于名字所包含的其他寓意，可以不必去深究。同学：一同学习。

②阖户：关着门。瞑：通作"眠"，小睡、假寐。

③奓（zhà）：开。"奓户"即打开门。

④从"拥杖"和"起"的连续动作看，"隐几"似不可能，疑为衍文。

⑤嚗（bō）然：放下拐杖的声响。

⑥天：这里用来称述老龙吉。僻陋：见识短浅。慢訑（tàn）：旧注指心思不能专一。

⑦发：启发。狂言：旧注指非世俗人所能理解的至言。

译文

妸荷甘和神农一同在老龙吉处学习。神农大白天靠着几案、关着门睡觉，中午时分，蚵荷甘推门而入说："老龙吉死了！"神农抱着拐杖站起身来，"啪"的一声丢下拐杖而笑起来，说："老龙吉知道我见识短浅心志不专，所以丢下了我而死去。完了，我的先生！没有用至道的言论来启发教导我就死去了啊！"

原文 弇堈吊闻之，曰："夫体道者，天下之君子所系焉①。今于道，秋豪之端万分未得处一焉②，而犹知藏其狂言而死，又况夫体道者乎！视之无形，听之无声，于人之论者，谓之冥冥③，所以论道，而非道也。"

注释 ①系：依附，归结。

②万分未得处一：万分里未能得到一分。

③冥冥：昏昧晦暗的样子。

译文 弇堈吊知道了这件事，说："体悟大道的人，天下一切有道德修养的人都将归附于他。如今老龙吉对于道，连秋毫之末的万分之一也未能得到，尚且懂得深藏他的谈吐而死去，又何况真正体悟大道的人呢！大道看上去没有形体，听起来没有声音，对于人们所谈论的道，称它是昏昧而又晦暗，而可以用来加以谈论的道，实际上并不是真正的道。"

原文 于是泰清问乎无穷曰："子知道乎？"无穷曰："吾不知。"又问乎无为。无为曰："吾知道。"曰："子之知道，亦有数乎①？"曰："有。"曰："其数若何？"无为曰："吾知道之可以贵，可以贱，可以约②，可以散，此吾所以知道之数也。"

注释 ①数：名目。

②约：缠束，聚合。

译文 于是，泰清向无穷请教："你知晓道吗？"无穷回答："我不知晓。"又问无为。无为回答说："我知晓道。"泰清又问："你知晓道，道也有名目吗？"无为说："有。"泰清说，"道的名目怎么样呢？"无为说："我知道道可以处于尊贵，也可以处于卑贱，可以聚合，也可以离散，这就是我所了解的道的名数。"

原文 泰清以之言也问乎无始曰①："若是，则无穷之弗知与无为之知，孰是而孰非乎？"无始曰："不知深矣，知之浅矣；弗知内矣②，知之外矣。"于是泰清中而叹曰③："弗知乃知乎！知乃不知乎！孰知不知之知？"

注释 ①之：此，指代上述对答的言论。

②内：处于大道之内，即合于大道的意思。下句的“外”字则是“内”字的相反。

③中：半中，指说话的间隙。

译文 泰清用上述谈话去请教无始，说：“像这样，那么无穷的不知晓和无为的知晓，谁对谁错呢？”无始说：“不知晓是深奥玄妙，知晓是浮泛浅薄；不知晓处于深奥玄妙之道的范围内，知晓却刚好与道相乖悖。”于是泰清半中有所醒悟而叹息，说：“不知晓就是真正的知晓啊！知晓就是真正的不知晓啊！有谁懂得不知晓的知晓呢？”

原文 无始曰：“道不可闻，闻而非也；道不可见，见而非也；道不可言，言而非也。知形形之不形乎[①]！道不当名。”

注释 ①形形：使有形的事物能够具有形体；前一“形”字用如动词，且具有致使性含意。不形：不具有形体。

译文 无始说：“道不可能听到，听到的就不是道；道不可能看见，看见了就不是道；道不可以言传，言传的就不是道。要懂得有形之物之所以具有形体正是因为产生于无形的道啊！因此大道不可以称述。”

原文 无始曰：“有问道而应之者，不知道也。虽问道者，亦未闻道。道无问，问无应。无问问之，是问穷也①；无应应之，是无内也②。以无内待问穷，若是者，外不观乎宇宙，内不知乎大初③，是以不过乎昆仑④，不游乎太虚⑤。”

注释 ①穷：空；“问穷”是说询问空的东西，即询问没有具体形象的东西。

②无内：对于大道内心并无所得。

③大（tài）初：宇宙万物之初，这里指包括自身在内的万物的源起。

④昆仑：乃是高远之山，象征高大深远的圣洁之境。

⑤太虚：清虚宁寂之境，这里用指深邃玄妙之道。

译文 无始又说：“有人询问大道便随口回答的，乃是不知晓道。就是询问大道的人，也不曾了解过道。道无可询问，问了也无从回答。无可询问却一定要问，这是在询问空洞无形的东西；无从回答却勉强回答，这是说对大道并无了解。内心无所得却期望回答空洞无形的提问，像这样的人，对外不能观察广阔的宇宙，对内不能了解自身的本原，所以不能越过那高远的昆仑，也不能遨游于清虚宁寂的太虚之境。”

原文 光曜问乎无有曰①：“夫子有乎？其无有乎？”光曜不得问②，而孰视其状貌③，窅然空然④，终日视之而不见，听之而不闻，搏之而不得也⑤。

注释 ①光曜（yào）、无有：均为寓言的人名。

②本句语意有所隐含，光曜问无有，无有不吭声，光曜才得不到回答。

③孰：熟，“孰视”即仔细地观察。这个意思后代写作“熟”。

④窅（yǎo）然：深远的样子。空然：空空的样子。

⑤搏：捕捉。

译文 光曜问无有：“先生你是存在呢？还是不存在呢？”无有不吭声，光曜得不到回答，便仔细地观察它的形状和容貌，是那么深远那么空虚，整天看它看不见，整天听它听不到，整天捕捉它却摸不着。

原文 光曜曰："至矣，其孰能至此乎！予能有无矣，而未能无无也；及为无有矣，何从至此哉！"

译文 光曜说："最高的境界啊，谁能够达到这种境界呢，我能够做到'无'，却未能达到'无无'，等到做到'无'却仍然是在基于'有'，从哪儿能够达到这种境界啊！"

原文 大马之捶鉤者①，年八十矣，而不失豪芒②。大马曰："子巧与，有道与？"曰："臣有守也③。臣之年二十而好捶鉤，于物无视也，非鉤无察也。是用之者，假不用者也以长得其用④，而况乎无不用者乎！物孰不资焉！"

注释 ①大马：大司马。捶：锻打。鉤："钩"字的古体，衣服腰部的带钩。一说"鉤"指剑，未从。

②豪：通作"毫"。芒：禾芒。毫、芒均为极细小之物，"不失豪、芒"，是说极微细的差错也没有。

③有守：有所持守，即遵循着道。

④这两句语意较为晦涩，历家注释也多含糊。"用"字既有用心之义，又有得其所用之义，"假"是凭借的意思。

译文 大司马家锻制带钩的人，年纪虽然已经八十，却一点也不会出现差误。大司马说："你是特别灵巧呢，还是有什么门道呀？"锻制带钩的老人说："我遵循着道。我二十岁时就喜好锻制带钩，对于其他外在的事物我什么也看不见，不是带钩就不会引起我的专注。锻制带钩这是得用心专一的事，借助这一工作便不再分散自己的用心，而且锻制出的带钩得以长期使用，更何况对于那些无可用心之事啊！能够这样，外物有什么不会予以资助呢？"

原文 冉求问于仲尼曰[①]："未有天地可知邪？"仲尼曰："可。古犹今也。"冉求失问而退[②]，明日复见，曰："昔者吾问'未有天地可知乎？'夫子曰：'可。古犹今也。'昔日吾昭然[③]，今日吾昧然[④]，敢问何谓也？"仲尼曰："昔之昭然也，神者先受之[⑤]；今之昧然也，且又为不神者求邪[⑥]！无古无今，无始无终。未有子孙而有子孙，可乎？"冉求未对。

注释 ①冉求：即冉有，孔子的学生。

②失问：没有得到满意的答复。

③昭然：明亮的样子，这里指心里明白。

④昧然：昏暗的样子，这里指心里糊涂。

⑤神者：内心世界。受：领会、接受。

⑥不神者：指具有具体形象的东西。“神”指内心世界，指心神，心神是无形可具的，“不神”则是它的反面。

译文 冉求向孔子请教：“天地产生以前的情况可以知道吗？”孔子说：“可以，古时候就像今天一样。”冉求没有得到满意的回答便退出屋来，第二天再次见到孔子，说：“昨天我问‘天地产生以前的情况可以知道吗？’先生回答说：‘可以，古时候就像今天一样。’昨天我心里还很明白，今天就糊涂了，请问先生说的是什么意思呢？”孔子说：“昨天你心里明白，是因为心神先有所领悟；今天你糊涂了，是因为又拘滞于具体形象而有所疑问吧？没有古就没有今，没有开始就没有终结。不曾有子孙而存在子孙，可以吗？”冉求不能回答。

原文 仲尼曰：“已矣，未应矣①！不以生生死②，不以死死生③。死生有待邪④？皆有所一体。有先天地生者物邪⑤？物物者非物⑥。物出不得先物也，犹其有物也⑦。犹其有物也，无已⑧。圣人之爱人也终无已者，亦乃取于是者也[9]”。

注释 ①未：无；“未应”意思是不用再回答了。

②生死：使死者复生，“生”字为使动用法，具有致使性含意。

③死生：使生者死。

④有待：相互有所依赖。

⑤者：用与“之”字同。

⑥物物者非物：使物成其为物的不是具有形体之物。

⑦犹：通作“由”，从的意思；下句同此解。其：这里指代不具有具体形象的气。

⑧已：止，“无已”是说连续不断地繁衍变化。

⑨取：取法，仿效。

译文 孔子说：“算了，不必再回答了！不会为了生而使死者复生，不会为了死而使生者死去。人的死和生相互有所依赖吗？其实全存在于一个整体。有先于天地而产生的物类吗？使万物成为具有个别形体事物的并不是具有形体的事物。万物的产生不可能先行出现具象性的物体，而是气的聚合而产生万物。由气的聚合形成万物之后，这才连续不断繁衍生息。圣人对于人的怜爱始终没有终结，也就是取法于万物的生生相续。"

原文 颜渊问乎仲尼曰:"回尝闻诸夫子曰:'无有所将[①],无有所迎。'回敢问其游[②]。"

注释 ①将:送。

②游:游处。一说通作"由",缘由的意思。

译文 颜渊问孔子说:"我曾听先生说过:'不要有所送,也不要有所迎。'请问先生,一个人应该怎样居处与闲游。"

原文 仲尼曰:"古之人,外化而内不化[①],今之人,内化而外不化。与物化者,一不化者也[②]。安化安不化[③],安与之相靡[④],必与之莫多[⑤]。狶韦氏之囿[⑥],黄帝之圃[⑦],有虞氏之宫[⑧],汤武之室[⑨]。君子之人,若儒墨者师[⑩],故以是非相鳌也[⑪],而况今之人乎!圣人处物不伤物。不伤物者,物亦不能伤也。唯无所伤者,为能与人相将迎。山林与,皋壤与[⑫]?使我欣欣然而乐与!乐未毕也,哀又继之。哀乐之来,吾不能御,其去弗能止。悲夫,世人直为物逆旅耳!夫知遇而不知所不遇，知能能而不能所不能[13]。无知无能者，固人之所不免也。夫务免乎人之所不免者，岂不亦悲哉！至言去言，至为去为。齐知之所知[14]，则浅矣。”

注释

①“外化”指适应外部环境与物一道变化，“外不化”则恰好相反。“内不化”指内心持守凝聚，“内化”则恰好相反。

②一：这里指内心虚寂保持纯一。

③安：安然听任。下句同此解。

④靡：顺。

⑤多：用如动词，“莫多”就是不要有所增益。一说“多”通作“迻（yí）”，“迻”是“移”字的异体。译文从后说。

⑥狶韦氏：传说时代的圣君。囿（yòu）：古代帝王畜养禽兽的园林。

⑦圃：果园。

⑧有虞氏：即虞舜。

⑨汤武：商汤、周武王。这里句意有所隐含。以上提到的四位圣君，篇文认为他们都是内心凝聚、外处听任随顺的理想人物。他们所生活的苑囿、果林、宫室、舍房，便是养心任物的好处所；唯独生活在这样的环境里，才使他们能够做到“外化”而“内不化”。

⑩者：用同于“之”。

⑪鳖（jì）：同“齑”，碎的意思，这里引申指毁败、破坏。

⑫皋壤：山岗、平地。

⑬知：衍文，宜删去。能能：这里句意有所隐含，意思是能够做自身能力所能做到的。“不能所不能”意思与“能能”相对。

⑭齐：齐一，等同；“齐知之所知”是说等同每个人所知道的各种认识。

译文

孔子说：“古时候的人，外表适应环境变化但内心世界却持守凝寂，现在的人，内心世界不能凝寂持守而外表又不能适应环境的变化。随应外物变化的人，必定内心纯一凝寂而不离散游移。对于变化与不变化都能安然听任，安闲自得地跟外在环境相顺应，必定会与外物一道变化而不有所偏移。狶韦氏的苑囿，黄帝的果林，虞舜的宫室，商汤、周武王的房舍，都是他们养心任物的好处所。那些称作君子的人，如像儒家、墨家之流，以是非好坏来相互诋毁，何况现时的人呢！圣人与外物相处却不损伤外物。不伤害外物的人，外物也不会伤害他。正因为无所伤害，因而能够与他人自然相送或相迎。山林呢，还是旷野呢？这都使我感到无限欢乐啊！可是欢乐还未消逝，悲哀又接着到来。悲哀与欢乐的到来，我无法阻挡，悲哀与欢乐的离去，我也不可能制止。可悲啊，世上的人们只不过是外物临时栖息的旅舍罢了。人们知道遇上了什么却不知道遇不上什么，能够做自身能力所及却不能做自身能力所不及的事。不知道与不能够，本来就是人们所不可回避的，一定要避开自己所不能避开的事，难道不可悲吗！最好的言论是什么也没说，最好的行动是什么也没做。要想把每个人所知道的各种认识全都等同起来，那就实在是浅陋了。”

中国历代名著全译·丛书

庄子全译

下

[战国]庄周 著

张耿光 译注

贵州出版集团
贵州人民出版社

杂篇

庚桑楚

题解

“庚桑楚”是首句里的一个人名，这里以人名为篇名。全篇涉及许多方面的内容，有讨论顺应自然倡导无为的，有讨论认知的困难和是非难以认定的，但多数段落还是在讨论养生。

全文大体可以分为五个部分。第一部分至“其必有人与人相食者也”，写庚桑楚与弟子的谈话，指出一切都有其自然的规律，为政者只能顺“天道”而行，至于尧舜的做法，只能使民“相轧”，社会的动乱也就因此而起。第二部分至“恶有人灾也”，通过老聃的谈话说明养生之道，这就是“与物委蛇，而同其波”，“身若槁木而心若死灰”，即随物而应、处之无为的生活态度。第三部分至“心则使之也”，写保持心境安泰，指出不能让外物扰乱自己的“灵台”。第四部分至“是蜩与学鸠同于同也”，转而讨论万物的生成与变化，讨论人的认识的局限，说明是与非不是永远不变的，可以转移和变化。余下为第五部分，又转回来讨论修身养性，指出扰乱人心的诸多情况，把养生之道归纳到“平气”“顺心”的基本要求上来。

原文

老聃之役有庚桑楚者①，偏得老聃之道②，以此居畏垒之山③，其臣之画然知者去之④，其妾之挈然仁者远之⑤；拥肿之与居⑥，鞅掌之为使⑦。居三年，畏垒大壤⑧。畏垒之民相与言曰："庚桑子之始来，吾洒然异之⑨。今吾日计之而不足⑩，岁计之而有余。庶几其圣人乎！子胡不相与尸而祝之⑪，社而稷之乎⑫？"

注释

①役：役使，这里指学徒、弟子。庚桑楚：人名，姓庚桑，名楚，相传为老聃的弟子。

②偏得：独得。

③以：用同"而"。畏垒：山名。

④臣：仆役。画然：注重外表修饰的样子。知：智。"画然知者"指着力炫耀自己才智的人。去之：使之去，让他们离去。

⑤妾：侍妾，女仆。挈然：着力显示的样子。"挈然仁者"，是指着力标榜仁义的人。远之：使之远，使他们远离自己。

⑥拥肿：敦厚朴实。

⑦鞅掌：任性自得。

⑦壤：通作"穰"，丰收的意思。

⑨洒（xiǎn）然：微微吃惊的样子。

⑩日计之：一天天地计算收入。下句"岁计之"则指一年总的计算收益。

⑪尸：主。祝：祭祀时主祭人的赞词。“尸而祝之”意思是把他敬奉为神明。

⑫社：土神。稷：谷神。“社”“稷”常用作国家政权的代称，这里用如动词，“社而稷之”意思就是把他敬奉为国君。

译文 老聃的弟子中有个叫庚桑楚的，独得老聃真传，居住在北边的畏垒山，奴仆中着力炫耀才智的他就让他们纷纷离去，侍婢中着力标榜仁义的他就让他们远离自己；只有敦厚朴实的人跟他住在一起，只有任性自得的人作为他的役使。居住三年，畏垒山一带大丰收。畏垒山一带的人民相互传言：“庚桑楚刚来畏垒山，我们都微微吃惊感到诧异。如今我们一天天地计算收入虽然还嫌不足，但一年总的计算收益也还富足有余。庚桑楚恐怕就是圣人吧！大家何不共同像供奉神灵一样供奉他，像对待国君一样地敬重他？”

原文 庚桑子闻之，南面而不释然①。弟子异之，庚桑子曰：“弟子何异于予②？夫春气发而百草生，正得秋而万宝成③。夫春与秋，岂无得而然哉？天道已行矣。吾闻至人，尸居环堵之室④，而百姓猖狂不知所如往⑤。今以畏垒之细民而窃窃焉欲俎豆予于贤人之间⑥，我其杓之人邪[7]！吾是以不释于老聃之言。”

注释 ①释然：快意、高兴。

②何异于予：对于我有什么诧异的。

③正得秋：正当秋天到来之际。

④尸居：像死尸一样地宁寂居处。堵：一方丈，“环堵之室”即四周一方丈的小屋。

⑤猖狂：纵放不羁。如：往。“如”与“往”乃同义并列。

⑥细民：庶民百姓。窃窃焉：私下交谈的样子。俎豆：古代祭祀时使用的祭器，这里用如动词，表示供奉、尊崇的意思。

⑦杓（dí）：标杓，“杓之人”指成为众人注目的人。

译文 庚桑楚听到了大家的谈论，坐朝南方心里很不愉快。弟子们感到奇怪。庚桑楚说：“你们对我有什么感到奇怪呢？春天阳气蒸腾勃发百草生长，正当秋天时节庄稼成熟果实累累。春天与秋天，难道无所遵循就能够这样吗？这是自然规律的运行与变化。我听说道德修养极高的人，像没有生命的人一样虚淡宁静地生活在斗室小屋内，而百姓纵任不羁全不知道应该做些什么。如今畏垒山一带的庶民百姓私下里谈论想把我列入贤人的行列而加以供奉，我难道乐意成为众人所注目的人吗？我正因为遵从老聃的教诲而对此大不愉快。”

原文 弟子曰：“不然。夫寻常之沟[1]，巨鱼无所还其体[2]，而鲵鳝为之制[3]；步仞之丘陵[4]，巨兽无所隐其躯，而蘖狐为之祥[5]。且夫尊贤授能，先善与利[6]，自古尧舜以然[7]，而况畏垒之民乎！夫子亦听矣[8]！”庚桑子曰：“小子来！夫函车之兽[9]，介而离山[10]，则不免于网罟之患；吞舟之鱼，砀而失水[11]，则蚁能苦之。故鸟兽不厌高，鱼鳖不厌深。夫全其形生之人[12]，藏其身也，不厌深眇而已矣[13]，且夫二子者[14]，又何足以称扬哉！是其于辩也[15]，将妄凿垣墙而殖蓬蒿也[16]。简发而栉[17]，数米而炊，窃窃乎又何足以济世哉[18]！举贤则民相轧[19]，任知则民相盗[20]。之数物者[21]，不足以厚民。民之于利甚勤，子有杀父，臣有杀君，正昼为盗，日中穴阫[22]。吾语女，大乱之本，必生于尧舜之间，其末存乎千世之后[23]。千世之后，其必有人与人相食者也！”

注释 ①寻常：古代八尺为一寻，一丈六尺为一常。“寻常之沟”指面积很小的水沟。

②还（xuán）：通作“旋”，回转的意思。

③鲵鰌：小鱼、泥鳅。“鰌”是“鳅”字的异体。制：折，这里指转身自如。

④步仞：周代步、仞均作八尺讲。这里非求其确数，“步仞之丘陵”指很矮小的山丘。

⑤孽（niè）狐：妖狐。祥：善。

⑥先善：以善为先。与利：给予利禄。

⑦尧舜以然：尧舜就是这样。

⑧听：听从，依顺。

⑨函，通作“含”，包含、容受的意思。“函车之兽”是说兽之巨大，口能含车。

⑩介：独，孤单。

⑪砀（dàng）：同于“荡”，“砀而失水”是说被水波荡出水流。

⑫生：通作“性”，“全其形生”是说保全身形和本性。

⑬眇：通作“渺”，高远的意思。

⑭二子：指尧和舜。

⑮辩：通作“辨”，分辨的意思，这里指分辨善与恶、贤良与不肖。

⑯妄：妄行，胡乱地。殖：栽种。

⑰简：通作“柬”，选择的意思。栉（jié）：梳头发。

⑱窃窃乎：细小而又计较的样子。

⑲轧：倾轧，伤害。

⑳盗：伪诈。

㉑之：此，用作指示代词。

㉒日中：正午时分。穴，用如动词，指打穿洞穴。阫（pēi）：墙。“穴阫”是说在墙上打洞。大白天抢人，光天化日之下在别人墙上打洞，说明社会动乱，歹人肆无忌惮。

㉓末：这里指流毒与遗害。

译文 弟子说：“不是这样的。小水沟里，大鱼没有办法回转它的身体，可是小小的泥鳅却能转身自如；矮小的山丘，大的野兽没有办法隐匿它的躯体，可是妖狐却正好得以栖身。况且尊重贤才授权能人，以善为先给人利禄，从尧舜时代起就是这样，何况畏垒山一带的百姓呢！先生你还是顺从大家的心意吧！”庚桑楚说：“小子你过来！口能含车的巨兽，孤零零地离开山野，那就不能免于罗网的灾祸；口能吞舟的大鱼，一旦被水波荡出水流，小小的蚂蚁也会使它困苦不堪。所以鸟兽不厌山高，鱼鳖不厌水深。保全身形本性的人，隐匿自己的身形，不厌深幽高远罢了。至于尧与舜两个人，又哪里值得加以称赞和褒扬呢！尧与舜那样分辨世上的善恶与贤愚，就像是在胡乱地毁坏好端端的垣墙而去种上没有什么用处的蓬蒿。选择头发来梳理，点数米粒来烹煮，计较于区区小事又怎么能够有益于世啊！举荐贤才人民就会相互出现伤害，任用智能百姓就会相互出现伪诈。这数种做法，不足以给人民带来好处，人们对于追求私利向来十分迫切，为了私利有的儿子杀了父亲，有的臣子杀了国君，大白天抢人，光天化日之下在别人墙上打洞。我告诉你，天下大乱的根源，必定是产生于尧舜的时代，而它的流毒和遗害又一定会流存于千年之后。千年之后，还将会出现人与人相食的情况哩！”

原文 南荣趎蹴然正坐曰[①]：“若趎之年者已长矣，将恶乎托业以及此言邪[②]？”庚桑子曰：“全汝形，抱汝生[③]，无使汝思虑营营[④]。若此三年，则可以及此言矣。”南荣趎曰：“目之与形[⑤]，吾不知其异也，而盲者不能自见；耳之与形，吾不知其异也，而聋者不能自闻；心之与形，吾不知其异也，而狂者不能自得。形之与形亦辟矣[⑥]，而物或间之邪？欲相求而不能相得[⑦]？今谓趎曰：‘全汝形，抱汝生，勿使汝思虑营营。’趎勉闻道达耳矣[⑧]！”庚桑子曰：“辞尽矣。曰奔蜂不能化藿蠋[⑨]，越鸡不能伏鹄卵[⑩]，鲁鸡固能矣。鸡之与鸡，其德非不同也，有能与不能者，其才固有巨小也。今吾才小，不足以化子，子胡不南见老子[11]？”

注释

①南荣趎（chú）：庚桑楚的弟子，姓南荣，名趎。蹴（cù）然：恭敬的样子。

②托业：把自己寄托给某一学业，即从事学习的意思。

②抱：保。“抱汝生”即护养你的生命。“生”一说通作“性”，“性”与上句的“形”字相对为文，亦可通。

④营营：为谋求私利而四处奔忙的样子。

⑤本句语意有所隐含，“目之与形”是说盲人的眼睛与常人的眼睛的外形。以下“耳之与形”“心之与形”二句亦仿此而解。

⑥辟：譬喻，这个意义后代写作“譬”。

⑦间：别。

⑧勉：勉强。达耳：只听到耳里，意思说还未能通晓于心。

⑨“曰”字在这里疑是一多余的字，上下也不能通达。有的本子“曰”字处作缺字处理。奔蜂：小土蜂。藿（huò）蠋（zhú）：豆叶虫。

⑩越鸡：一种体型较小的鸡，下句的鲁鸡则体型较大。鹄卵：天鹅蛋。

⑪南见：到南方去拜见。

译文 南荣趎虔敬地端正而坐，说："像我这样的人已经年纪大了，将怎样学习才能达到你所说的那种境界呢？"庚桑楚说："保全你的身形，护养你的生命，不要使你的思虑为求取私利而奔波劳苦。像这样三年时间，那就可以达到我所说的那种境界了。"南荣趎说："盲人的眼睛和普通人的眼睛，彼此的外形我看不出有什么不同，而盲人的眼睛却看不见东西；聋子的耳朵和普通人的耳朵，彼此的外形我看不出有什么不同，而聋子的耳朵却听不见声音；疯狂人的样子与普遍人的样子，彼此之间我看不出有什么不同，而疯狂人却不能把持自己。形体与形体之间本是相通的，但出现不同的感知是外物有什么使之区别吗？还是希望获得却始终未能获得呢？如今先生对我说：'保全你的身形，护养你的生命，不要使你的思虑为求取私利而奔波劳苦。'我只不过勉强听到耳里罢了！"庚桑楚说："我的话说尽了。小土蜂不能孵化出豆叶虫，越鸡不能孵化天鹅蛋，而鲁鸡却能够做到。鸡与鸡，它们的禀赋并没有什么不同，有的能做到有的不能做到，是因为它们的本领原本就有大有小。拿现在说我的才干就很小，不足以使你受到感化，你何不到南方去拜见老子？"

原文 南荣趎赢粮[①]，七日七夜至老子之所。老子曰："子自楚之所来乎[②]？"南荣趎曰："唯。"老子曰："子何与人偕来之众也？"南荣趎惧然顾其后[③]。老子曰："子不知吾所谓乎？"南荣趎俯而惭，仰而叹曰："今者吾忘吾答，因失吾问。"老子曰："何谓也？"南荣趎曰："不知乎[④]？人谓我朱愚[⑤]。知乎？反愁我躯[⑥]。不仁则害人，仁则反愁我身；不义则伤彼，义则反愁我己。我安逃此而可？此三言者，趎之所患也，愿因楚而问之[⑦]。"老子曰："向吾见若眉睫之间，吾因以得汝矣，今汝又言而信之。若规规然若丧父母[⑧]，揭竿而求诸海也[⑨]。女亡人哉[⑩]，惘惘乎[⑪]！汝欲反汝情性而无由入，可怜哉！"

注释 ①赢粮：带足干粮。

②楚：这里指庚桑楚。

③顾其后：回过头来看自己的身后。

④不知：不聪明，这里指混沌于尘俗，与下句的"知"字表示运用心智的意思相对。

⑤朱愚：愚昧无知。

⑥愁我躯：给身体带来愁苦和危难。以下数句中的"愁我身""愁我己"意思亦大体相当。

⑦这句语意有所隐含,“因楚”即凭借庚桑楚的引介。

⑧规规然:失神的样子。

⑨揭:举。求:探测。

⑩亡人:丧失真性的人。

⑪惘惘:迷惘昏昧的样子。

译文 南荣趎带足干粮,走了七天七夜来到老子的住所。老子说:“你是从庚桑楚那儿来的吧?”南荣趎说:“是的。”老子说:“怎么跟你一块儿来的人如此多呢?”南荣趎恐惧地回过头来看看自己的身后。老子说:“你不知道我所说的意思吗?”南荣趎低下头来羞惭满面,而后仰面叹息:“现在我已忘记了我应该怎样回答,因为我忘掉了我的提问。”老子说:“什么意思呢?”南荣趎说:“不聪明吗?人们说我愚昧无知。聪明吗?反而给身体带来愁苦和危难。不具仁爱之心便会伤害他人,推广仁爱之心反而给自身带来愁苦和危难。不讲信义便会伤害他人,推广信义反而给自己带来愁苦和危难。这三句话所说的情况,正是我忧患的事,希望因为庚桑楚的引介而获得赐教。”老子说:“刚来时我察看你眉宇之间,也就借此了解了你的心思。如今你的谈话更证明了我的观察。你失神的样子真像是失去了父母，又好像在举着竹竿探测深深的大海。你确实是一个丧失了真性的人啊，是那么迷惘而又昏昧！你一心想返归你的真情与本性却不知道从哪里做起，实在是值得同情啊！”

原文 南荣趎清入就舍，召其所好，去其所恶，十日自愁，复见老子。老子曰：“汝自洒濯①，熟哉郁郁乎②！然而其中津津乎犹有恶也③。夫外韄者不可繁而捉④，将内揵⑤；内韄者不可缪而捉⑥，将外楗。外内韄者，道德不能持，而况放道而行者乎⑦！”

注释 ①洒（xǐ）：通作“洗”。濯（zhuó）：洗涤。“洒濯”这里用作比喻，表示自我反省。

②熟：甚。“熟”字亦作“孰”，而“孰”与“熟”是一对古今字，这里仍可作“甚”的意思讲。一说“孰”当讲作“何”。

③津津乎：满溢的样子。犹：还；“犹有恶”是说还存在恶念。

④外：指感官，与下句的“内”指心神相对。韄（hù）：束缚。以下同此解。“外韄”是说受到外物的束缚。繁：杂。捉：通作“促”，急促。“不可繁而捉”是说难于避免繁杂与急促。

⑤揵（jiàn）：闭塞。以下同此解。“心揵”是说内心世界受到堵塞。

⑥缪：缠绕。这里喻指内心繁杂无绪。

⑦放（fǎng）：通作“仿”；“放道”指学道。

译文 南荣趎回到寓所，求取自己所喜好的东西，舍弃自己所讨厌的东西，整整十天愁思苦想，再去拜见老子。老子说：“你作了自我反省，郁郁不安的心情实在是沉重啊！然而你心中那充满外溢的情况说明还是存有邪念。受到外物的束缚便不可避免繁杂与急促，于是内心世界必将堵塞不通；内心世界受到束缚便不可避除杂乱无绪和急促，于是外部感官必定会闭塞不通。外部感官和内心世界都被束缚缠绕，即使道德高尚也不能持守，何况是初学道仿行的人呢！”

原文 南荣趎曰：“里人有病，里人问之，病者能言其病，然其病病者[①]，犹未病也。若趎之闻大道，譬犹饮药以加病也，趎愿闻卫生之经而已矣[②]。”老子曰：“卫生之经，能抱一乎[③]？能勿失乎[④]？能无卜筮而知吉凶乎[⑤]？能止乎？能已乎？能舍诸人而求诸己乎？能翛然乎[⑥]？能侗然乎[⑦]？能儿子乎[⑧]？儿子终日嗥而嗌不嗄[⑨]，和之至也[⑩]；终日握而手不掜[⑪]，共其德也[⑫]；终日视而目不瞚[⑬]，偏不在外也[⑭]。行不知所之，居不知所为，与物委蛇[15]，而同其波[16]：是卫生之经已。”

注释

①病病者：前一“病”字用如动词，而且是意动用法，意思是以病为病的人，即把自己的疾病看作是一种病状的人。

②卫生：养护生命。经：常，这里指常规、通常的办法。下同此解。

③一：浑一，这里指身形与精神世界的谐和。

④失：这里指失却真性。

⑤卜筮（shì）：占卦。

⑥翛（xiāo）然：自由的、无拘无束的样子。以下同此解。

⑦侗然：心无执著的样子。以下同此解。

⑧儿子：幼儿，这里用如动词；“能儿子”是说能够像婴儿那样朴质、纯真。

⑨嗥（háo）：号哭。嗌（yì）：咽喉。嗄（shà）：嘶哑。

⑩和之至：这里指声音谐和、自然。

⑪掜（niē）：同“捏”，拳曲的意思。

⑫共（gǒng）：拱。“共其德”是说听任手自然地握着乃是幼儿的天性和常态。

⑬瞚（shùn）：同“瞬”，眨眼。

⑭偏不在外：心里不偏滞于外物。

⑮委蛇（yí）：随顺应接。

⑯同其波：这里指随波逐流，听其自然。

译文

南荣趎说："邻里的人生了病，周围的乡邻询问他，生病的人能够说明自己的病情，而能够把自己的病情说个清楚的人，那就算不上是生了重病。像我这样的听闻大道，好比服用了药物反而加重了病情，因而我只希望能听到养护生命的常规罢了。"老子说："养护生命的常规，能够使身形与精神浑一谐和吗？能够不失却真性吗？能够不求助于卜筮而知道吉凶吗？能够满足于自己的本分吗？能够对消逝了的东西不作追求吗？能够舍弃仿效他人的心思而寻求自身的完善吗？能够无拘无束、自由自在吗？能够心神宁寂无所执著吗？能够像初生的婴儿那样纯真、朴质吗？婴儿整天啼哭咽喉却不会嘶哑，这是因为声音谐和自然达到了顶点；婴儿整天握着小手而不松开，这是因为听任小手自然地握着乃是婴儿的天性与常态；婴儿整天瞪着小眼睛一点也不眨眼，这是因为内心世界不会滞留于外界事物。行走起来不知道去哪里，平日居处不知道做什么，接触外物随顺应合，如同随波逐流、听其自然：这就是养护生命的常规了。"

原文 南荣趎曰：“然则是至人之德已乎？”曰：“非也。是乃所谓冰解冻释者能乎？夫至人者，相与交食乎地而交乐乎天①，不以人物利害相撄②，不相与为怪，不相与为谋，不相与为事，翛然而往，侗然而来。是谓卫生之经已。”曰：“然则是至乎？”曰：“未也。吾固告汝曰：‘能儿子乎？’儿子动不知所为，行不知所之，身若槁木之枝而心若死灰。若是者，祸亦不至，福亦不来。祸福无有，恶有人灾也！”

注释 ①交食：与人共同而食。交乐：与人一块儿欢乐。

②撄（yīng）：扰乱。

译文 南荣趎：“那么这就是至人的最高思想境界吗？”老子回答：“是的。这仅只是所谓冰冻消解那样自然消除心中积滞的本能吧？道德修养最高尚的人，跟人们一块儿向大地寻食而又跟人们一块儿向天寻乐，不因外在的人物或利害而扰乱自己，不参与怪异，不参与图谋，不参与尘俗的事务，无拘无束、自由自在地走了，又心神宁寂无所执著地到来。这就是所说的养护生命的常规。”南荣趎说：“那么这就达到了最高的境界吗？”老子说：“没有。我原本就告诉过你：‘能够像初生的婴儿那样纯真、朴质吗?’婴儿活动不知道干什么，行走不知道去哪里，身形像枯槁的树枝而心境像熄尽了的死灰。像这样的人，灾祸不会到来，幸福也不会降临。祸福都不存在，哪里还会有人间的灾害呢!”

原文 宇泰定者[①]，发乎天光[②]。发乎天光者，人见其人[③]，物见其物。人有脩者[④]，乃今有恒[⑤]；有恒者，人舍之[⑥]，天助之。人之所舍，谓之天民；天之所助，谓之天子。

注释 ①宇：器宇，惯常指胸襟、气度，而这里主要指心境。泰：安泰。

②天光：自然之光。

③见（xiàn）：呈现；下句同此解。

④脩：同于“修”，修养。

⑤恒：常，这里指保持较高的道德修养境界。

⑥舍：滞留，舍止；引申指归于一处。下句同此解。

译文 心境安泰镇定的人，就会发出自然的光芒。发出自然光芒的，人各自显其为人，物各自显其为物。注重修养的人，才能保持较高的道德修养境界；保持较高的道德修养境界，人们就会自然地向往他，上天也会帮助他。人们所向往的，称他叫做天民；上天辅佐的，称他叫做天子。

原文 学者，学其所不能学也；行者，行其所不能行也；辩者①，辩其所不能辩也。知止乎其所不能知，至矣；若有不即是者，天钧败之②。

注释 ①辩：通作“辨”，分辨的意思。下句同此解。一说就字面讲，指辩论；亦可通。

②天钧：自然的本性。

译文 学习，是想要学习那些不能学到的东西；行走，是想要去到那些不能去到的地方；分辨，是想要分辨那些不易辨清的事物。知道停留于所不知道的境域，便达到了知道的极点。假如有人不是这样，那么自然的禀性一定会使他败亡。

原文 备物以将形①，藏不虞以生心②，敬中以达彼③，若是而万恶至者，皆天也④，而非人也，不足以滑成⑤，不可内于灵台⑥。灵台者，有持而不知其所持⑦，而不可持者也。不见其诚己而发⑧，每发而不当⑨，业入而不舍⑩，每更为失。为不善乎显明之中者，人得而诛之；为不善乎幽闲之中者⑪，鬼得而诛之。明乎人，明乎鬼者，然后能独行。

注释

①将：顺。一说"将"是"养"的意思。译文从前一说。

②藏：匿藏，这里指收敛外情。虞：虑；"不虞"即不作预谋。生心：使心生，使心境快活而有生气。

③中：内心的灵智；"敬中"指谨慎地持守心中的一点灵气。达彼：通达于外物。

④"皆天也"是说都是自然的结果，与下句"非人也"意思相当，所谓"非人也"即不是因为人为所造成。

⑤滑（gǔ）：乱；"滑成"指扰乱成性。

⑥内（nà）：纳入；这个意义后代写作"纳"。灵台：即灵府，指内心。

⑦持：持守，操持。

⑧不见其诚己：不能表现自身的真诚。发：发作，表露，指情感的外驰。

⑨每：虽。一说"每"字就字面讲。当：中，合适。

⑩业：事。

⑪幽闲（閒）：亦作“幽冥”。一说“幽闲（閒）”乃是“幽闇”之误，指暗处。为对应前一句，译文从后说。

译文 备足造化的事物而顺应成形，深敛外在情感不作任何思虑而使心境快活并富有生气，谨慎地持守心中的一点灵气用以通达外在事物，像这样做而各种灾祸仍然纷至沓来，那就是自然安排的结果，而不是人为所造成，因而不足以扰乱成性，也不可以纳入灵府。灵府，就是有所持守却不知道持守什么，并且不可以着意去持守的地方。不能表现真诚的自我而任随情感外驰，虽然有所表露却总是不合时宜，外事一旦侵扰心中就不会轻易离去，即使有所改变也会留下创伤。在光天化日下做了坏事，人人都会谴责他、处罚他；在昏暗处隐蔽地做下坏事，鬼神也会谴责他、处罚他。对于人群清白光明，对于鬼神也清白光明，这之后便能独行于世。

原文 券内者[①]，行乎无名；券外者，志乎期费[②]。行乎无名者，唯庸有光[③]；志乎期费者，唯贾人也[④]，人见其跂[⑤]，犹之魁然[⑥]。与物穷者[⑦]，物入焉[⑧]；与物且者[⑨]，其身之不能容，焉能容人！不能容人者无亲，无亲者尽人[10]。兵莫憯于志[11]，镆鎁为下[12]，寇莫大于阴阳[13]，无所逃于天地之间。非阴阳贼之[14]，心则使之也。

注释

①券（quàn）：契据，用作凭证，这里喻指名分。“券内”是说名分合乎自身；下句的“券外”意思则相对，是说名分跟自身不符。

②期：通作“綦”，穷尽的意思。费：财用；“期费”，即穷尽财物。

③庸：平常。

④贾（gǔ）人：商人。

⑤跂（jǐ）：通作“企”，踮起脚尖，这里喻指奋力追求分外的东西。

⑥魁然：安稳的样子。

⑦穷：终，引申为通达；“与物穷”即与物顺应相通。

⑧入：归依；“入焉”即归依于他。

⑨且：通作“阻”，与上句的“穷”字之义相反。一说“且”是苟且的意思，亦可通。

⑩尽：绝；“尽人”即尽于人，为人们所弃绝的意思。

⑪憯（cǎn）：通作“惨”。

⑫镆鎁：即莫邪，古代著名宝剑之名。

⑬寇：敌。阴阳：这里指阴阳的变异。下句“阴阳”二字的含义亦同此。

⑭贼：伤害。

译文 名分合乎自身，行事就不显于名声；名分超出自身，就是心思也总在于穷尽财用。行事不显名声的人，即使平庸也有光辉；心思在于穷尽财用的人，只不过是商人而已，人人都能看清他们在奋力追求分外的东西，还自以为泰然无危。跟外物顺应相通的人，外物必将归依于他；跟外物相互阻遏的人，他们自身都不能相容，又怎么能容纳他人！不能容人的人没有亲近，没有亲近的人也就为人们所弃绝。兵器没有什么能对人的心神作出伤害，从这一意义说良剑莫邪也只能算是下等；寇敌没有什么比阴阳的变异更为巨大，因为任何人也没有办法逃脱出天地之间。其实并非阴阳的变异伤害他人，而是人们心神自扰不能顺应阴阳的变化而使自身受到伤害。

原文 道通[①]。其分也[②]，其成也毁也。所恶乎分者[③]，其分也以备；所以恶乎备者，其有以备。故出而不反[④]，见其鬼；出而得，是谓得死。灭而有实[⑤]，鬼之一也[6]。以有形者象无形者而定矣。

注释 ①通：指通达于万物。

②本句有脱讹。联系前后文，本句应为“其分也成也”。

③恶（wù）：厌恶，不喜欢。

④出：这里指精神离散外逐欲情。下句同。

⑤灭：迷灭本性。有实：徒有外形。

⑥一：同样的。“鬼之一”是说跟鬼一样。

译文 大道通达于万物。一种事物分离了新的事物就形成了，新的事物形成了原有的事物便毁灭了。对于分离厌恶的原因，就在于对分离求取完备；对于完备厌恶的原因，又在于对完备进一步求取完备。所以心神离散外逐欲情而不能返归，就会徒具形骸而显于鬼形；心神离散外逐欲情而能有所得，这就叫做接近于死亡。迷灭本性而徒有外形，也就跟鬼一个样。把有形的东西看作是无形，那么内心就会得到安宁。

原文 出无本，入无窍[1]。有实而无乎处，有长而无乎本剽[2]，有所出而无窍者有实。有实而无乎处者，宇也[3]。有长而无本剽者，宙也[4]。有乎生，有乎死，有乎出，有乎入，入出而无见其形，是谓天门⑤。天门者，无有也，万物出乎无有，有不能以有为有⑥，必出乎无有，而无有一无有⑦。圣人藏乎是。

注释

①窍：孔穴，敛藏之所。

②剽（biǎo）：末梢；“本剽”亦即本末。下同此解。

③宇：四方上下、没有边际的空间。

④宙：古往今来没有极限的时间。

⑤天门：自然之门。

⑥以有为有：用有来产生有。

⑦一：全；“无有一无有”是说“无有”就是全然没有。

译文

产生没有根本，消逝没有踪迹。具有实在的形体却看不见确切的处所，有成长却见不到成长的始末，有所产生却没有产生的孔窍的情况又实际存在着。具有实在的形体而看不见确切的处所的，是因为处在四方上下没有边际的空间中。有成长却见不到成长的始末，是因为处在古往今来没有极限的时间里。存在着生，存在着死，存在着出，存在着入，入与出都没有具体的形迹，这就叫做自然之门。所谓自然之门，就是不存在一个人为的门，万事万物都出自这一自然之门。

“有”不可能用“有”来产生“有”，必定要出自“无有”，而“无有”就是一切全都没有。圣人就藏身于这样的境域。

原文 古之人，其知有所至矣①。恶乎至？有以为未始有物者，至矣，尽矣，弗可以加矣。其次以为有物矣，将以生为丧也，以死为反也，是以分已。其次曰始无有，既而有生，生俄而死；以无有为首，以生为体，以死为尻②；孰知有无死生之一守者③，吾与之为友。是三者虽异，公族也④；昭景也⑤，著戴也⑥，甲氏也⑦，著封也⑧，非一也⑨。

注释 ①以下数句已见于《齐物论》。

②尻（kāo）：臀部，脊骨的末端。

③一守：或作“一宗”，归结于一体的意思。

④公族：同一宗源。这是一比喻说法，指上述三种看法各异，但从一体的观点看并无差别。

⑤昭、景：楚国王族中的两个姓氏。楚王族为三姓，即昭、景、屈。

⑥著戴：世代因做官而尊显。

⑦甲：通作“屈”，一说疑为“屈”字之误，指楚王族三姓

之一。

⑧著封：世代因封赏而尊显。

⑨非一：姓氏不相同。这里语意有所隐含，昭，屈、景三家姓氏不一，但都是楚国的同宗，同为楚国的公族。

译文 古时候的人，他们的才智达到很高的境界。什么样的境界呢？有认为宇宙初始是不曾有物的，这种观点是最高明的，最完美的了，不可以再添加什么了。次一等认为宇宙初始已经存在事物，他们把产生看作是另一种事物的失落，他们把消逝看作是返归自然，而这样的观点已经对事物有了区分。再次一等认为宇宙初始确实不曾有过什么，不久就产出了生物，有生命的东西又很快地死去；他们把虚空看作是头，把生命看作躯体，把死亡看作是尾脊。谁能懂得有、无、死、生归结为一体，我就跟他交上朋友。以上三种认识虽然各有不同，但从万物一体的观点看却并没有什么差异，犹如楚国王族中昭、景二姓，以世代为官而著显，屈姓，又以世代封赏而著显，只不过是姓氏不同罢了。

原文 有生，黬也[①]，披然曰移是[②]。尝言移是，非所言也③。虽然，不可知者也④。腊者之有膍胲⑤，可散而不可散也⑥。观室者周于寝庙⑦，又适其偃焉⑧，为是举移是⑨。

注释

①黡（àn）：疵，脸上的黑斑。一说“黡”是暗的意思。译文从后说。

②披然：分散移徙的样子。移是：“移”含有不确定的意思，“是”则以“此”对应“彼”，借“此”与“彼”喻指“是”与“非”，“移是”便含有移徙是与非的意思。以下同此解。

③非所言：不足以谈论。

④本句意思有所隐含，大意是，即使谈论也是不可以知道的。

⑤腊：古代年终时的大祭。膍（pí）：牛的胃，俗称千层、百叶；这里泛指内脏。胲（gāi）：牛蹄，泛指四肢。

⑥可散：可以分别陈列。不可散：指必须保持牛牲的整体。这里借以说明是非、彼此之不定。本句旧注指祭品之可以撤离和不可以撤离，分别指祭后与祭前。译文未从。

⑦周：周旋。寝庙：宗庙，古代宗庙的前殿为祭祀之用，称作庙；后殿用于藏先人的衣冠，称作寝。

⑧适：往。偃：厕所。一本“偃”字之下有一“溲”字。联系上一句，这里仍是以“周于寝庙”和“适偃”喻指是非之不定，即“此”与“彼”的移徙。

⑨为是：像上述这些。

译文 世上存在生命，乃是从昏暗中产生出来，生命一旦产生彼与此、是与非就在不停地转移而不易分辨。让我来谈谈转移和分辨，其实这本不足以谈论。虽然如此，即使谈论了也是不可以明了的。譬如说，年终时大祭备有牛牲的内脏和四肢，可以分别陈列却又不可以离散整体牛牲；又譬如说，游观王室的人周旋于整个宗庙，但同时又必须上厕所。像这些例子全都说明彼与此、是与非在不停地转移。

原文 请常言移是[①]。是以生为本，以知为师。因以乘是非[②]，果有名实[③]；因以己为质[④]，使人以为己节[⑤]，因以死偿节。若然者，以用为知，以不用为愚，以彻为名[⑥]，以穷为辱，移是，今之人也，是蜩与学鸠同于同也[⑦]。

注释 ①常言：尝言，试着说一说。

②以：乃“以之”之省，“以乘是非”意思是用“以生为本，以知为师”的观点来驾驭是与非。

③名实：喻指次要和主要的不同名分。

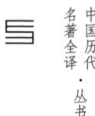

④质：主。“以己为质”即把自身看作是主体。

⑤节：节操。“以为己节”是说把这一点当作自己的节操。

⑥彻：通达。

⑦蜩与学鸠：喻指见识短浅者，见于《逍遥游》。同于同：指“蜩”与“学鸠”的相同与“今之人”的相同乃是同一样的。

译文 请让我再进一步谈谈是非的转移和不定。这全是因为把生存看作根本，把才智看作老师。于是以这样的观点来驾驭是与非，便果真分辨出次要、主要的区别；于是把自我看作是主体，并且让人把这一点当作神圣的节操，于是又用死来殉偿这一节操。像这样的人，以举用为才智，以晦迹为愚昧，以通达为荣耀，以困厄为羞耻。是非、彼此的不定，是现今人们的认识，这就跟蜩与学鸠共同讥笑大鹏那样，乃是同样的无知。

原文 蹍市人之足①，则辞以放骜②，兄则以妪③，大亲则已矣④。故曰，至礼有不人⑤，至义不物⑥，至知不谋⑦，至仁无亲⑧，至信辟金⑨。

注释 ①蹍（zhǎn）：踩踏。

②辞：辞谢，道歉。骜（ào）：通作“傲”，放肆，不小心的意思。

③妪（yǔ）：抚爱。本句语意有所隐含，“兄”是兄踩了弟弟的脚的意思。

④本句语意亦有所隐含，意思是父母踩了子女的脚也就算了。

⑤不人：不分彼此，视人若己。

⑥不物：不分物我，各得其宜。

⑦知：智。

⑧无亲：没有偏私，不必格外表示亲近。

⑨辟：摒除。“辟金”是说不须使用金钱。

译文 踩了路上行人的脚，就要道歉说不小心，兄长踩了弟弟的脚就要怜惜抚慰，父母踩了子女的脚也就算了。因此说，最好的礼仪就是不分彼此视人如己，最好的道义就是不分物我各得其宜，最高的智慧就是无须谋虑，最大的仁爱就是对任何人也不表示亲近，最大的诚信就是无须用贵重的东西作为凭证。

原文 彻志之勃①，解心之谬②，去德之累，达道之塞。贵富显严名利六者，勃志也。容动色理气意六者，谬心也。恶欲喜怒哀乐六者，累德也。去就取与知能六者，塞道也。此四六者[③]，不荡胸中则正，正则静，静则明，明则虚，虚则无为而无不为也。道者，德之钦也[④]；生者，德之光也；性者，生之质也。性之动，谓之为；为之伪，谓之失。知者，接也[⑤]；知者，谟也[⑥]；知者之所不知，犹睨也[⑦]。动以不得已之谓德[⑧]，动无非我之谓治[⑨]，名相反而实相顺也[⑩]。

注释

①彻：毁除。勃：亦作“悖”，扰乱的意思。下同此解。

②谬：通作“缪”，缠束的意思。下同此解。

③四六：指上述四个方面各六种情况。

④钦：敬仰。

⑤接：应接。

⑥谟：谋。

⑦睨：斜视，这里是用斜视一方所见有限比喻智者也有不了解的方面。

⑧动以不得已：有所举动但出自不得已。

⑨动而非我：有所举动但不是为了自我。

⑩名、实：均用如动词，分别指追求名声和讲求实际。

译文

排除意志的干扰，解脱心灵的束缚，捐弃道德的牵累，打通大道的阻碍。高贵、富有、尊显、威严、声名、利禄六种情况，全是扰乱意志的因素。容貌、举止、美色、辞理、气调、情意六种情况，全是束缚心灵的因素。憎恶、欲念、欣喜、愤怒、悲哀、欢乐六种情况，全是牵累道德的因素。离去、靠拢、贪取、施予、智虑、技能六种情况，全是堵塞大道的因素。这四个方面各六种情况不至于激荡胸中，内心就会平正，内心平正就会宁静，宁静就会明澈，明澈就会虚空，虚空就能恬适顺应无所作为而又无所不为。大道，是自然的敬仰；生命，是盛德的光华；禀性，是生命的本根。合乎本性的行动，称之为率真的作为；受伪情驱使而行动，称之为失却本性。知识，出自与外物的应接；智慧，出自内心的谋划；具有智慧的人也会有不了解的知识，就像斜着眼睛看，所见必定有限。有所举动却出于不得已叫做德，有所举动却不是为了自我叫做治，追求名声必定适得其反，而讲求实际就会事事顺应。

原文 羿工乎中微而拙乎使人无己誉[①]。圣人工乎天而拙乎人。夫工乎天而俍乎人者[②]，唯全人能之[③]。唯虫能虫[④]，唯虫能天[⑤]。全人恶天，恶人之天，而况吾天乎人乎！

注释 ①羿：人名，古代的善射者。工：巧；“工乎”即精于。以下同此解。中微：射中细微之物。无己誉：不称誉自己。

②俍（liáng）：善；“俍乎人”是说善于周旋于人为。

③全人：旧注指全德之人，即能顺应自然而又能周旋于人世的人。下同此解。

④能虫：能像虫豸一样地生活。

⑤能天：能够禀赋于自然。

译文 羿精于射中微细之物而拙于让人们不称誉自己。圣人精于顺应自然而拙于人为。精于顺应自然而又善于周旋人世，只有“全人”能够这样。唯独只有虫豸能够像虫豸一样地生活，唯独只有虫豸能够禀赋于自然。“全人”厌恶自然，是厌恶人为的自然，更何况用自我的尺度来看待自然和人为呢！

原文 一雀适羿，羿必得之，威也；以天下为之笼，则雀无所逃。是故汤以胞人笼伊尹[①]，秦穆公以五羊之皮笼百里奚[②]。是故非以其所好笼之而可得者，无有也。

注释 ①胞：通作“庖”；“胞人”即庖厨。伊尹：商汤时代的名相。相传伊尹本是有莘氏的媵臣，善于烹调，后被举荐为相。

②百里奚：秦穆公时的贤大夫，相传秦穆公曾用五张羊皮把他买回秦国，并委以政事，故又称“五羖大夫”。

译文

一只小雀迎着羿飞来，羿一定会射中它，这是羿的威力；把整个天下当作雀笼，那么鸟雀没有一只能够逃脱。因此商汤用庖厨来笼络伊尹，秦穆公用五张羊皮来笼络百里奚。所以说，不用其所好来笼络人心而可以成功的，从不曾有过。

原文

介者拸画[1]，外非誉也[2]；胥靡登高而不惧[3]，遗死生也。夫复謵不馈而忘人[4]；忘人，因以为天人矣[5]。故敬之而不喜，侮之而不怒者，唯同乎天和者为然[6]。出怒不怒[7]，则怒出于不怒矣；出为无为[8]，则为出于无为矣。欲静则平气，欲神则顺心[9]。有为也欲当[10]，则缘于不得已[11]。不得已之类，圣人之道。

注释

①介者：只有一只脚的人。拸（chǐ）画：去除装饰；一说“拸画”是不拘法度的意思，亦可通。

②外非誉：以非誉为外，把毁誉置之度外。

③胥靡：服劳役的囚徒。

④謵（xí）：言语谦和。馈（kuì）：赠送，这里指回报。“复

謵不馈”是说对于别人谦和的言语不作相应的回报。

⑤天人：旧注指合于自然之理而忘于人道之情的人。

⑥天和：自然的顺和。

⑦“出怒不怒”是说发出怒气但不是有心而怒。

⑧“出为无为”是说有所作为但不是有心而为。

⑨神：用如动词，指保持心神的宁寂。

⑩欲当：须得适当。

⑪缘：顺。

译文 砍断了脚的人不图修饰，因为已把毁誉置之度外；服役的囚徒登上高处不存恐惧，因为已经忘掉了死生。对于谦卑的言语不愿作出回报而忘掉了他人，能够忘掉他人的人，就可称作合于自然之理又忘却人道之情的“天人”。所以，敬重他却不感到欣喜，侮辱他却不会愤怒的人，只有混同于自然顺和之气的人才能够这样。发出了怒气但不是有心发怒，那么怒气也就出于不怒；有所作为但不是有心作为，那么作为也就出于无心作为。想要宁静就得平和气息，想要寂神就得顺应心志，即使有所作为也需处置适宜，事事顺应于不得已。事事不得已的做法，也就是圣人之道。

徐无鬼

题解

“徐无鬼”是开篇的人名，以人名作为篇名。本篇是《庄子》中的又一长篇，由十余个各不相关的故事组成，并夹带少量的议论。全篇内容很杂，中心不明朗，故事之间也缺乏关联，但多数是倡导无为思想的。

全篇大体可分为十四个部分。第一部分至“莫以真人之言謦欬吾君之侧乎”，写徐无鬼拜见魏武侯，用相马之术引发魏武侯的喜悦，借此讥讽诗、书、礼、乐的无用。第二部分至“君将恶乎用夫偃兵哉”，继续写徐无鬼跟魏武侯的对话，指出当世国君的做法实质上是在害民，只有“应天地之情”，才真正是“社稷之福”。第三部分至“称天师而退”，写黄帝出游于襄城之野，特向牧马小童问路，喻指为政者的迷乱。第四部分至“终身不反悲夫”，批评事事“皆囿于物”的人。第五部分至“未始离于岑而足以造于怨也”，写庄子和惠子的对话，指出天下并没有共同认可的是非标准，从而批评了各家“各是其所是”的态度。第六部分至“吾无与言之矣”，写庄子对惠子的怀念。第七部分至“则隰朋可”，写管仲和桓公的对话，借推荐隰朋阐述无为而治的主张。第八部分至“三年而国人称之”，借吴王射杀猴子的故事，告诫人们不应有所自恃。第九部分至“其后而日远矣”，写南伯子綦对世人迷误的哀叹。第十部分至“大人之诚”，提出“无求，无失，无弃”和“不以物易己”的观点，强调不用言语、返归无为的功效。第十一部分至“然身食肉而终”，表述子綦游于天地不跟外物相违逆的生活旨趣。第十二部分至“夫唯外乎贤者知之矣”，批判唐尧，指斥仁义是贪婪者的工具。第十三部分至“于羊弃意”，批判三种不同的心态，提倡“无所甚亲”“无所甚疏”的态度。余下为第十四部分，为杂论，主要是阐明顺任自适的思想。

原文

徐无鬼因女商见魏武侯①，武侯劳之曰②：“先生病矣③！苦于山林之劳，故乃肯见于寡人。”徐无鬼曰：“我则劳于君，君有何劳于我！君将盈耆欲④，长好恶，则性命之情病矣⑤；君将黜耆欲⑥，掔好恶⑦，则耳目病矣。我将劳君，君有何劳于我！”武侯超然不对⑧。

注释

①徐无鬼：人名，相传为魏国隐士，姓徐，名无鬼。因：借，靠。女商：魏武侯的近臣，姓女名商。魏武侯：魏国国君。

②劳：慰劳。以下除“山林之劳”一句外均同此解。

③病：极度困惫。以下同此解。

④盈：满足。耆（shì）：爱好，这个意义后代写作“嗜”。

⑤情：真；“性命之情”指性命攸关的精神与心灵。

⑥黜（chù）：废除。

⑦掔（qiān）：引却。

⑧超然：怅然。

译文 徐无鬼靠女商的引荐得见魏武侯，武侯慰问他说：“先生一定是极度困惫了！为隐居山林的劳累所困苦，所以方才肯前来会见我。”徐无鬼说：“我是来慰问你的，你对于我有什么慰问！你想要满足嗜好和欲望，增多喜好和憎恶，那么性命攸关的心灵就会弄得疲惫不堪；你想要废弃嗜好和欲望，退却喜好和憎恶，那么耳目的享用就会困顿乏厄。我正打算来慰问你，你对于我有什么可慰问的！”武侯听了怅然若失，不能应答。

原文 少焉，徐无鬼曰：“尝语君，吾相狗也①。下之质执饱而止②，是狸德也③；中之质若视日④，上之质若亡其一⑤。吾相狗，又不若吾相马也。吾相马，直者中绳⑥，曲者中鉤，方者中矩，圆者中规，是国马也，而未若天下马也⑦。天下马有成材⑧，若恤若失⑨，若丧其一⑩，若是者，超轶绝尘⑪，不知其所⑫。”武侯大悦而笑。

注释 ①相狗：善于观察狗的体态以定其优劣；以下“相马”仿此而解。

②质：材质；以下数句同此解。执饱而止：只求填饱肚子就算了。

③狸德：像野猫一样的禀性。

④视日：凝视上方，说明意气高远。

⑤一：指整个身躯；“忘其一”即忘掉了自身的存在。

⑥联系以下三句，绳、钩、矩、规都是用来制取直、弧、方、圆的工具，已多次见于前文的注释。

⑦天下马：整个天下最好的马。

⑧成材：天生的材质。

⑨恤：忧虑；这里指马举蹄舒缓。失：通作“佚”，快逸的意思。

⑩丧其一：与“亡其一”同义。

⑪轶（yì）：过。

⑫本句语意有所隐含，“不知其所”即不知其所由。

译文 不一会儿，徐无鬼说：“请让我告诉你，我善于观察狗的体态以确定它们的优劣。下等品类的狗只求填饱肚子也就算了，这是跟野猫一样的禀性；中等品类的狗好像总是凝视上方，上等品类的狗便总像是忘掉了自身的存在。我观察狗，又不如我观察马。我观察马的体态，直的部分要合于墨线，弯的部分要合于钩弧，方的部分要合于角尺，圆的部分要合于圆规，这样的马就是国马，不过还比不上天下最好的马。天下最好的马具有天生的材质，或缓步似有忧虑或奔逸神采奕奕，总像是忘记了自身的存在，超越马群疾如狂风把尘土远远留在身后，却不知道这样高超的本领从哪里得来。”魏武侯听了高兴得笑了起来。

原文 徐无鬼出，女商曰：“先生独何以说吾君乎①？吾所以说吾君者，横说之则以诗书礼乐②，从说之则以金板六弢③，奉事而大有功者不可为数，而吾君未尝启齿④。今先生何以说吾君，使吾君说若此乎？”徐无鬼曰：“吾直告之吾相狗马耳。”女商曰：“若是乎？”曰：“子不闻夫越之流人乎⑤？去国数日⑥，见其所知而喜⑦；去国旬月，见所尝见于国中者喜；及期年也⑧，见似人者而喜矣⑨。不亦去人滋久⑩，思人滋深乎？夫逃虚空者⑪，藜藋柱乎鼪鼬之迳⑫，踉位其空⑬，闻人足音跫然而喜矣⑭，又况乎昆弟亲戚之謦欬其侧者乎⑮！

久矣夫，莫以真人之言謦欬吾君之侧乎！”

注释

①说（yuè）：喜悦。下句亦同此解。

②横：旧注指“远”；“横说”即从远处说起。

③从（zòng）：旧注指“近”；“从说”即从近处说。金板六弢（tāo）：太公兵法。

④启齿：开口，这里指露出笑容。

⑤越之流人：越地流放的人。

⑥去国：离开都城。

⑦知：知遇；“所知”即熟人、朋友。

⑧期年：周年，即一整年。

⑨似人者：好像是同乡的人。

⑩去人：离开故人。滋：越。下句同。

⑪虚空：空旷之野，指少有人迹的地方。“逃虚空者”即逃于虚空者，逃向空旷之野的人。

⑫藜（lí）藋（diào）：杂草。柱：用如动词，堵塞的意思。鼪（shēng）鼬（yòu）：黄鼠狼。迳：山野中的小路。

⑬踉（liàng）：即“踉跄”，走不稳，跌跌撞撞的样子。位：用如动词，居于其间的意思。空：这里指杂草丛生的空隙处。

⑭跫（qióng）然：脚步声。

⑮謦（qǐng）欬（kài）：咳嗽，这里指谈笑，下句同此解；“謦

欬其侧”是说在身旁谈笑。

译文 徐无鬼走出宫廷，女商说：“先生究竟是用什么办法使国君高兴的呢？我用来使国君高兴的办法是，从远处说向他介绍诗、书、礼、乐，从近处说向他谈论太公兵法。侍奉国君而大有功绩的人不可计数，而国君从不曾有过笑脸。如今你究竟用什么办法来取悦国君，竟使国君如此高兴呢？”徐无鬼说：“我只不过告诉他我怎么相狗、相马罢了。”女商说：“就是这样吗？”徐无鬼说：“你没有听说过越地流亡人的故事吗？离开都城几天，见到故交旧友便十分高兴；离开都城十天整月，见到在国都中所曾经见到过的人便大喜过望；等到过了一年，见到好像是同乡的人便欣喜若狂。不就是离开故人越久，思念故人的情意越深吗？逃向空旷原野的人，从生的野草堵塞了黄鼠狼出入的路径，却能在杂草丛中的空隙里趺趺撞撞地生活，听到人的脚步声就高兴起来，更何况是兄弟亲戚在身边说笑呢？很久很久了，没有谁用真人纯朴的话语在国君身边说笑了啊！”

原文 徐无鬼见武侯，武侯曰：“先生居山林，食芧栗[①]，厌葱韭②，以宾寡人③，久矣夫！今老邪？其欲干酒肉之味邪④？其寡人亦有社稷之福邪⑤？”徐无鬼曰：“无鬼生于贫贱，未尝敢饮食君之酒肉，将来劳君也⑥。”君曰：“何哉，奚劳寡人？”曰：“劳君之神与形。”武侯曰：“何谓邪？”徐无鬼曰：“天地之养也一⑦，登高不可以为长⑧，居下不可以为短。君独为万乘之主⑨，以苦一国之民，以养耳目鼻口，夫神者不自许也。夫神者⑩，好和而恶奸；夫奸⑪，病也，故劳之。唯君所病之，何也？”

注释

①芧（xù）栗：橡子。

②厌（厭）：满足，这个意义后代写作“餍（饜）”。“厌葱韭”是说以葱韭之类的菜蔬为满足。

③宾：摈弃，这个意义后代写作“摈”。“宾寡人”是说谢绝与我交往。

④干：求。

⑤徐无鬼是著名的隐士，会见魏武侯，武侯认为可为魏国提出治国强兵的好主意，故本句有“社稷之福”的说法。

⑥劳：慰问。以下同此解。

⑦一：同一，一样的。

⑧高：这里指高贵的地位，下句的“下”字则与“高”字相对，

指低下的地位。

⑨万乘（shèng）：万辆战车，这里指大国。

⑩神者：圣明之人。许：与；“自许”是说为自己求取更多的东西。一说“神者”指心神，“自许”是“自得”的意思。译文从前一说。

⑪好和：喜好物我相知。奸：指偏私，即前句所说的“自许”。

译文 徐无鬼拜见魏武侯，武侯说：“先生居住在山林，吃的是橡子，满足于葱韭之类的菜蔬，而谢绝与我交往，已经很久很久了！如今是上了年岁吗？还是为了寻求酒肉之类的美味呢？抑或有什么治国的良策而造福于我的国家吗？”徐无鬼说：“我出身贫贱，不敢奢望能够享用国君的酒肉美食，只是打算来慰问你。”武侯说：“什么，怎么是慰问我呢？”徐无鬼说：“前来慰问你的精神和形体。”武侯说：“你说的是什么呀？”徐无鬼说：“天与地对于人们的养育是同样的，登上了高位不可以自以为高人一等，身处低下的地位不可以认为是矮人三分。你作为大国的国君，使全国的百姓劳累困苦，以人民的劳苦来满足眼耳口鼻的享用，而圣明的人却从不为自己求取分外的东西。圣明的人，喜欢跟外物和顺而厌恶为自己求取私利；为个人求取私利，这是一种严重的病态，所以我特地前来慰问。只有国君你患有这种病症，为什么呀？”

原文 武侯曰：“欲见先生久矣。吾欲爱民而为义偃兵①，其可乎？”徐无鬼曰：“不可。爱良，害民之始也；为义偃兵，造兵之本也②；君自此为之，则殆不成。凡成美，恶器也；君虽为仁义，几且伪哉！形固造形③，成固有伐④，变固外战⑤。君亦必无盛鹤列于丽谯之间⑥，无徒骥于锱坛之宫⑦，无藏逆于得⑧，无以巧胜人，无以谋胜人，无以战胜人。夫杀人之士民，兼人之土地，以养吾私与吾神者，其战不知孰善？胜之恶乎在？君若勿已矣⑨，脩胸中之诚⑩，以应天地之情而勿撄⑪。夫民死已脱矣，君将恶乎用夫偃兵哉！”

注释 ①偃兵：停止打仗。

②造兵之本：挑起战争的根由。

③形：指仁义的形迹。固：必定。以下两句同此解。造形：仿造仁义的形迹。

④伐：自矜，夸耀。

⑤变：变故。

⑥鹤列：像鹤群飞翔一样地排列，这里指列兵布阵。丽谯

（qiáo）：观楼之名。

⑦骥（jì）：千里马。“徒”“骥”在这里分别指陈列步兵和骑兵。锱（zī）坛：宫名。

⑧藏逆于得：包藏贪求之心于各种苟有所得的环境。

⑨已：止；指止息征战。

⑩脩：同于“修”。

⑪撄（yīng）：扰乱。

译文 武侯说：“我希望见到先生已经很久了。我想爱护我的人民并为了道义而停止战争，这恐怕就可以了吧？”徐无鬼说：“不行。所谓爱护人民，实乃祸害人民的开始；为了道义而停止争战，也只是制造新的争端的祸根；你如果从这些方面来着手治理，恐怕什么也不会成功。大凡成就了美好的名声，也就有了作恶的工具；你虽然是在推行仁义，却更接近于虚伪和做假啊！有了仁义的形迹必定会出现仿造仁义的形迹，有了成功必定会自夸，有了变故也必定会再次挑起争战。你一定不要浩浩荡荡地像鹤群飞行那样布阵于丽谯楼前，不要陈列步卒骑士于锱坛的宫殿，不要包藏贪求之心于多种苟有所得的环境，不要用智巧去战胜别人，不要用谋划去打败别人，不要用战争去征服别人，杀死他人的士卒和百姓，兼并他人的土地，用来满足自己的私欲和精神的，他们之间的争战不知道究竟谁是正确的？胜利又存在于哪里？你不如停止争战，修养心中的诚意，从而顺应自然的真情而不去扰乱其规律。百姓死亡的威胁得以摆脱，你将哪里用得着再止息争战呢！”

原文 黄帝将见大隗乎具茨之山①，方明为御②，昌寓骖乘③，张若、謵朋前马④，昆阍、滑稽后车⑤。至于襄城之野，七圣皆迷，无所问涂⑥。

注释 ①大隗（wěi）：假托的人名，寓指大道。具茨：山名。

②“方明”连同以下多句中的“昌寓（yǔ）”“张若”“謵（xí）朋”“昆阍（hūn）”和“滑（gǔ）稽”，均为寓言人物名。御：驾车。

③寓：“宇”字的古体。骖（cān）乘：车右。古代乘车，一般都是御者居中，尊者居左，右边则有一陪乘，故名车右。

④前马：在马前导引。

⑤后车：在车后随从。

⑥涂：通作“途”。

译文 黄帝到具茨山去拜见大隗，方明赶车，昌寓做陪乘，张若、謵朋在马前导引，昆阍、滑稽在车后跟随。来到襄城的旷野，七位圣人都迷失了方向，而且没有什么地方可以问路。

原文 适遇牧马童子，问途焉，曰："若知具茨之山乎①？"曰："然。""若知大隗之所存乎②？"曰："然。"黄帝曰："异哉小童！非徒知具茨之山③，又知大隗之所存。请问为天下④。"小童曰："夫为天下者，亦若此而已矣，又奚事焉！予少而自游于六合之内⑤，予适有瞀病⑥，有长者教予曰：'若乘日之车而游于襄城之野。'今予病少痊，予又且复游于六合之外。夫为天下亦若此而已。予又奚事焉！"黄帝曰："夫为天下者，则诚非吾子之事。虽然，请问为天下。"小童辞。

注释 ①若：你。以下同。

②所存：所在，所居住的地方。

③徒：只。

④为天下：治理天下。

⑤六合：六方，这里指环宇之内。下同。

⑥瞀（mào）病：头眼晕眩之病。

译文 正巧遇上一位牧马的少年，便向牧马少年问路，说：“你知道具茨山吗?”少年回答：“是的。”又问：“你知道大隗居住在什么地方吗?”少年回答：“是的。”黄帝说：“真是奇怪啊，这位少年！不只是知道具茨山，而且知道大隗居住的地方。请问怎样治理天下。”少年说：“治理天下，也就像牧马一样罢了，又何须多事呢！我幼小时独自在宇宙范围内游玩，碰巧生了头眼眩晕的病，有位长者教导我说：‘你还是乘坐太阳车去襄城的旷野里游玩。’如今我的病已经有了好转，我又将到宇宙之外去游玩，至于治理天下恐怕也就像牧马一样罢了，我又何须去多事啊！”黄帝说：“治理天下，固然不是你操心的事。虽然如此，我还是要向你请教怎样治理天下。”少年听了拒绝回答。

原文 黄帝又问。小童曰：“夫为天下者，亦奚以异乎牧马者哉！亦去其害马者而已矣①！”黄帝再拜稽首②，称天师而退③。

注释 ①害马者：旧注说，马以过分奔逸为害，这里喻指分外的事。姑备参考。

②稽首：叩头至地，古代的一种大礼。

③天师：合乎天道的老师。

译文 黄帝又问。少年说："治理天下，跟牧马哪里有什么不同呢！也就是去除过分、任其自然罢了！"黄帝听了叩头至地行了大礼，口称"天师"而退去。

原文 知士无思虑之变则不乐[①]，辩士无谈说之序则不乐[②]，察士无凌谇之事则不乐[③]，皆囿于物者也[④]。

注释 ①知士：即智士，足智多谋的人。

②序：端绪。"谈说之序"即谈说的话题与机会。

③察士：善于明察的人。凌（líng）谇（xìng）：冒犯与责问。

④囿（yòu）：苑囿，这里用如动词，划定一个范围.以求拘限的意思。"囿于物"是说受到外物的拘限与束缚。

译文 才智聪颖的人没有思虑上的变易与转换便不会感到快乐，善于辩论的人没有谈说的话题与机会就不会感到快乐，喜于明察的人没有对别人的冒犯与责问就不会感到快乐，这都是因为受到了外物的拘限与束缚。

原文 招世之士兴朝[①]，中民之士荣官[②]，筋力之士矜难[③]，勇敢之士奋患，兵革之士乐战[4]，枯槁之士宿名[5]，法律之士广治[6]，礼教之士敬容[7]，仁义之士贵际[8]。农夫无草莱之事则不比[9]，商贾无市井之事则不比[10]。庶人有旦暮之业则劝[11]，百工有器械之巧则壮[12]。钱财不积则贪者忧，权势不尤则夸者悲[13]。势物之徒乐变[14]，遭时有所用[15]，不能无为也。此皆顺比于岁[16]，不物于易者也[17]。驰其形性[18]，潜之万物[19]，终身不反，悲夫！

注释

①招世之士：招揽人才的人。兴朝：兴起于朝廷。

②中民：旧注指善于治民，“中”含有“折中”“中庸”之义。一说“中民”即中等人家。荣官：以做官为荣。

③筋力之士：身强体壮的人。矜难：在危难中自矜，即不把危难放在眼里。

④兵革之士：手持武器身披甲胄的人。

⑤枯槁之士：隐居的人。宿（suō）：通作“缩”，取的意思。

⑥广治：推广法治。

⑦敬容：注重仪态。

⑧贵际：看重人际交往。

⑨莱：草名。“草”“莱”在这里均用如动词，指除草耕耘。比：和乐。下句同。

⑩商贾：商人。市井之事：指集市贸易。

⑪旦暮：指时间短暂；“旦暮之业”即短暂的工作。劝：勤勉。

⑫壮：盛，指工效快、成效高。

⑬尤：突出。夸者：权势欲望很盛的人。

⑭势物之徒：依仗权势掠取外物的人。变：变故，祸患。

⑮遭时：遇上时机。

⑯顺比：顺着次第。岁：时令。全句语意有所隐含。

⑰不物于易：疑为“不易于物”之误倒。“不易于物”即不能摆脱外物的拘累。

⑱驰其形性：使其身形与精神过分地奔波。

⑲潜之万物：潜身于万物，即沉溺于外物的包围之中。

译文

招引贤才的人从朝堂上开始建功立业，善于治理百姓的人以做官为荣，身强体壮的人不把危难放在眼里，英勇无畏的人遇上祸患总是奋不顾身，手持武器身披甲胄的人乐于征战，隐居山林的人追求的是清白的名声，研修法制律令的人一心推行法治，崇尚礼教的人注重仪容，讲求仁义的人看重人际交往。农夫没有除草耕耘的事便觉内心不定无所事事，商人没有贸易买卖也会心神不安无所事事。百姓只要有短暂的工作就会勤勉，工匠只要有器械的技巧就会工效快、成效高。钱财积攒得不多贪婪的人总是忧愁不乐，权势不高不大而私欲很盛的人便会悲伤哀叹。依仗权势掠取财物的人热衷于变故，一遇时机就会有所动作，不能够做到清静无为。这样的人就像是顺应时令次第一样地取舍俯仰，不能够摆脱外物的拘累，使其身形与精神过分奔波驰骛，沉溺于外物的包围之中，一辈子也不会醒悟，实在是可悲啊！

原文 庄子曰："射者非前期而中①，谓之善射，天下皆羿也②，可乎？"惠子曰："可。"庄子曰："天下非有公是也③，而各是其所是，天下皆尧也，可乎？"惠子曰："可。"

注释 ①前期：射前瞄准目标。"非前期而中"是说没有瞄准而误中靶的。

②羿：古时善射者。

③公是：是说共同都认为是正确的。

译文 庄子说："射箭的人不是预先瞄准而误中靶的，称他是善于射箭，那么普天下都是羿那样善射的人，可以这样说吗？"惠子说："可以。"庄子说："天下本没有共同认可的正确标准，却各以自己认可的标准为正确，那么普天下都是唐尧那样圣明的人，可以这样说吗？”惠子说：“可以。”

原文 庄子曰：“然则儒、墨、杨、秉四①，与夫子为五，果孰是邪？或者若鲁遽者邪②？其弟子曰：‘我得夫子之道矣，吾能冬爨鼎而夏造冰矣③。’鲁遽曰：‘是直以阳召阳④，以阴召阴⑤，非吾所谓道也。吾示子乎吾道。’于是为之调瑟⑥，废一于堂⑦，废一于室，鼓宫宫动⑧，鼓角角动，音律同矣。夫或改调一弦⑨，于五音无当也⑩，鼓之，二十五弦皆动，未始异于声，而音之君已⑪。且若是者邪⑫？”惠子曰：“今夫儒、墨、杨、秉，且方与我以辩，相拂以辞⑬，相镇以声⑭，而未始吾非也⑮，则奚若矣⑯？”

注释 ① 儒：旧注指郑缓。秉：公孙龙的字。

②鲁遽：周初时人。

③爨（cuàn）：烧火做饭。

④旧注“冬爨鼎”，是说取千年燥灰以拥火，“燥灰”与“火”都属于阳，故有“以阳召阳”的说法。

⑤旧注“夏造冰”，是说“以瓦瓶盛水，汤中煮之，悬瓶井

中”,“水”与“井中”都属于阴，故有“以阴召阴”的说法。

⑥瑟：古代的一种弦乐器，类似琴，通常有二十五根弦，按五音定音。

⑦废：置放。下句同。

⑧联系下一句，古代以宫、商、角、徵、羽为五音,“宫”与“角”都是五音之一。

⑨改调一弦：使其中任何一根弦改了调。

⑩无当：不能谐合。

⑪以上数句十分费解。联系前面“以阳召阳”“以阴召阴”二句，大意是用比喻来说明，以同来应合同并不足为奇，如果能够用不同来对应同，那才是真正的音律的君主。

⑫是：指代鲁遽。

⑬拂：亦作“排”,“相拂”即相互违拗、相互排斥。

⑭镇：压住。

⑮未始吾非：从不曾认为自己是错的。

⑯奚若：何如，怎么样。

译文 庄子说：“那么郑缓、墨翟、杨朱、公孙龙四家，跟先生你一道便是五家，到底谁是正确的呢？或者都像是周初的鲁遽那样吗？鲁遽的弟子说：‘我学得了先生的学问，我能够在冬天生火烧饭在夏天制出冰块。’

鲁遽说：‘这只不过是用具有阳气的东西来招引出具有阳气的东西，用具有阴气的东西来招引出具有阴气的东西，不是我所倡导的学问。我告诉给你我所主张的道理。’于是当着大家调整好瑟弦，放一张瑟在堂上，放一张瑟在内室，弹奏起这张瑟的宫音而那张瑟的宫音也随之应合，弹奏那张瑟的角音而这张瑟的角音也随之应合，调类相同的缘故啊。如果其中任何一根弦改了调，五个音不能和谐，弹奏起来，二十五根弦都发出震颤，然而却始终不会发出不同的声音，方才是乐音之王了。而你恐怕就是像鲁遽那样的人吧？”惠子说：“如今郑缓、墨翟、杨朱、公孙龙，他们正跟我一道辩论，相互间用言辞进行指责，相互间用声望压制对方，却从不曾认为自己是不正确的，那么将会怎么样呢？”

原文 庄子曰：“齐人蹢子于宋者①，其命阍也不以完②，其求钘钟也以束缚③，其求唐子也而未始出域④，有遗类矣⑤！夫楚人寄而蹢阍者⑥，夜半于无人之时而与舟人斗⑦，未始离于岑而足以造于怨也⑧。”

注释 ①蹢（zhì）：用同“擿”，投弃，使其滞留在外的意思。

②阍（hūn）：守门人。

③钘（xíng）钟：长颈的小钟。束缚：以东西包裹捆缚，担心破损。

④唐：亡。“唐子”指远离家门在外的儿子。

⑤遗类：忘掉了跟自己大体相似的情况。一说“遗”当讲作余，“遗类”是略略相同的意思；姑备参考。

⑥蹢（zhé）：通作“谪”，怒责。一说“蹢”是停足的意思，则与“寄”字大体同义。译文从前一说。

⑦舟人：船家，划船的人。

⑧岑（cén）：岸。

译文 庄子说：“齐国有个人使自己的儿子滞留于宋国，命令守门人守住他而不让他有完整的身形返回来，他获得一只长颈的小钟唯恐破损而包了又包，捆了又捆，他寻找远离家门的儿子却不曾出过郊野，这就像辩论的各家忘掉了跟自己相类似的情况！楚国有个人寄居别人家而怒责守门人，半夜无人时走出门来又跟船家打了起来，还不曾离开岸边就又结下了怨恨。”

原文 庄子送葬，过惠子之墓，顾谓从者曰：“郢人垩慢其鼻端[①]，若蝇翼，使匠石斲之[②]。匠石运斤成风[③]，听而斲之[4]，尽垩而鼻不伤，郢人立不失容[5]。宋元君闻之，召匠石曰：'尝试为寡人为之。'匠石曰：'臣则尝能斲之。虽然，臣之质死久矣[6]。'自夫子之死也[7]，吾无以为质矣！吾无与言之矣。"

注释

①郢：楚国的都城。垩（è）：白垩泥。慢：亦写作"漫"，涂抹的意思。"垩慢其鼻端"是说白泥涂抹了他的鼻尖。

②匠石：人名，一个姓石的匠人。斲（zhuó）：用斧子砍削；"斲之"是说用斧子砍削掉这蝇翼大小的小白点。

③斤：斧。成语"运斤成风"源出于此句。

④听：听任，随意。尽垩：完全砍削掉鼻尖上的小白点。

⑤失容：没有失去常态。

⑥质：对，这里指相互匹对的对象。下同此解。

⑦夫子：指惠子。

译文

庄子送葬，经过惠子的墓地，回过头来对跟随的人说："郢地有个人让白垩泥涂抹了他自己的鼻尖，像蚊蝇的翅膀那样大小，让匠石用斧子砍削掉这一小白点。匠石挥动斧子呼呼作响，漫不经心地砍削白点，鼻尖上的白泥完全除去而鼻子却一点也没有受伤，郢地的人站在那里也若无其事不失常态。宋元君知道了这件事，召见匠石说：'你为我也这么试试。'匠石说：'我确实曾经能够砍削掉鼻尖上的小白点。虽然如此，我可以搭配的伙伴已经死去很久了。'自从惠子离开了人世，我没有可以匹敌的对手了！我没有可以与之论辩的人了！"

原文 管仲有病①，桓公问之，曰："仲父之病病矣②，可不讳云③，至于大病，则寡人恶乎属国而可④？"管仲曰："公谁欲与⑤？"公曰："鲍叔牙⑥。"曰："不可。其为人絜廉善士也⑦，其于不己若者不比之⑧，又一闻人之过，终身不忘。使之治国，上且鉤乎君⑨，下且逆乎民。其得罪于君也，将弗久矣！"

注释 ①管仲：春秋时的大政治家，辅佐齐桓公成为"春秋"五霸之首。

②父：古代对长者的尊称。病病：古人小病多称作"疾"，大病则多称作"病"，"病病"则形容病已很重。

③讳：避讳，不用言辞直接说出。

④属（zhǔ）：嘱托；这个意义后代写作"囑"，今简化为"嘱"。"属国"即托付国事。

⑤谁欲与：即"欲与谁"，意思是想交给谁。

⑥鲍叔牙：管仲的好友，齐国的又一贤大夫。

⑦絜："潔（洁）"字的古体。

⑧比：亲近。

⑨鉤："钩"字的古体，钩连、管束的意思。

译文 管仲生了病，齐桓公问他："你老的病已经很重了，不避讳地说，一旦病危不起，我将把国事托付给谁才合适呢？"管仲说："你想要交给谁呢？"齐桓公说："鲍叔牙。"管仲说："不可以。鲍叔牙为人，算得上是清白廉正的好人，他对于不如自己的人从不去亲近，而且一听到别人的过错，一辈子也忘不掉，让他治理国家，对上势必约束国君，对下势必忤逆百姓。一旦得罪于国君，也就不会长久执政了！"

原文 公曰："然则孰可？"对曰："勿已，则隰朋可[①]。其为人也，上忘而下畔[②]，愧不若黄帝而哀不己若者[③]。以德分人谓之圣[④]，以财分人谓之贤。以贤临人[⑤]，未有得人者也；以贤下人，未有不得人者也。其于国有不闻也[⑥]，其于家有不见也。勿已，则隰朋可。"

注释 ①隰（xí）朋：齐国又一著名政治家。

②本句脱一“不”字,“上忘而下畔”应是“上忘而下不畔”。“上忘”指居高位但不以高位为荣,故能使人忘掉他居于高位。“畔”是界的意思,“下不畔”指对于地位卑微者也不划分贵贱。一说“畔”通“叛”,“下不畔”则是居于下位的人不会叛离。亦可通。

③愧不若黄帝:以比不上黄帝为惭愧。

④以德分人:大意是,用道德去感化众人。

⑤临:居高往下看。“以贤临人”意思是以贤者自居而下视他人。

⑥有不闻:有所不闻。下句“有不见”则当讲作有所不见。篇文认为,从政之道须得注重无为,事事皆有所闻、所见,势必运智明察,委事于己,而使属下和百姓处处无所措手足。

译文 齐桓公说:“那么谁可以呢?”管仲回答说:“要不,隰朋还可以。隰朋为人,对上不显示位尊而对下不分别卑微,自愧不如黄帝又能怜悯不如自己的人。能用道德去感化他人的称作圣人,能用财物去周济他人的称作贤人。以贤人自居而驾临于他人之上,不会获得人们的拥戴;以贤人之名而能谦恭待人,不会得不到人们的拥戴。他对于国事一定不会事事听闻,他对于家庭也一定不事事看顾。不得已,那么还是隰朋可以。”

原文 吴王浮于江，登乎狙之山①。众狙见之，恂然弃而走②，逃于深蓁③。有一狙焉，委蛇攫搔④，见巧乎王⑤。王射之，敏给搏捷矢⑥。王命相者趋射之⑦，狙执死⑧。

注释 ①狙（jū）之山：猕猴聚居的山。

②恂（xún）然：惊惶的样子。

③蓁（zhēn）：通作“榛”，荆棘。

④委蛇（yí）：从容。攫（jué）搔（zào）：亦作“攫抓”，在空中迅疾抓住的意思。

⑤见（xiàn）：显露。

⑥敏给：快速。搏：接。捷：通作“接”。搏、捷二字同义并列。

⑦相者：指吴王左右辅佐打猎的人。

⑧执死：抱树而死。

译文 吴王渡过长江，登上猕猴聚居的山岭。猴群看见吴王打猎的队伍，惊惶地四散奔逃，躲进了荆棘丛林的深处。有一个猴子留下了，它从容不迫地腾身而起抓住树枝跳来跳去，在吴王面前显示它的灵巧。吴王用箭射它，它敏捷地接过飞速射来的利箭。吴王下命令叫来左右随从打猎的人一起上前射箭，猴子躲避不及抱树而死。

原文 王顾谓其友颜不疑曰："之狙也，伐其巧恃其便以敖予[①]，以至此殛也[②]，戒之哉！嗟乎，无以汝色骄人哉[③]！"颜不疑归而师董梧以助其色[④]，去乐辞显，三年而国人称之。

注释 ①伐：夸耀。恃：仗恃。便：便捷。敖：通作"傲"；"敖予"即傲视于我。

②殛（jí）：处罚而死。

③色：这里指傲气，即骄横的脸色。

④董梧：相传是吴国贤人。"师董梧"即以董梧为师。助：通"锄"，除去。

译文 吴王回身对他的朋友颜不疑说："这只猴子夸耀它的灵巧，仗恃它的便捷而蔑视于我，以至受到这样的惩罚而死去！要以此为戒啊！唉，不要用傲气对待他人啊！"颜不疑回来后便拜贤士董梧为师用以除去自己的傲气，弃绝淫乐辞别尊显，三年时间全国的人个个称赞他。

原文 南伯子綦隐几而坐①，仰天而嘘。颜成子入见曰②：“夫子，物之尤也③。形固可使若槁骸④，心固可使若死灰乎⑤？”曰：“吾尝居山穴之中矣。当是时也，田禾一覩我⑥，而齐国之众三贺之⑦。我必先之⑧，彼故知之；我必卖之，彼故鬻之⑨。若我而不有之，彼恶得而知之？若我而不卖之，彼恶得而鬻之？嗟乎！我悲人之自丧者⑩，吾又悲夫悲人者，吾又悲夫悲人之悲者，其后而日远矣⑪。”

注释 ①南伯子綦：寓托的人名；《齐物论》写作“南郭子綦”。隐几：靠着几案。

②颜成子：南伯子綦的门人。

③尤：突出。“物之尤”是说物类中出类拔萃的。

④固：固然。槁骸：使身形成为枯骸。

⑤固：难道。

⑥田禾：齐国太公之名。

⑦三贺之：再三向他表示祝贺。

⑧先之：名声在先。

⑨鬻（yù）：贩卖。下同此解。

⑩自丧者：自我迷乱而失却真性的人。

⑪日远：一天天远离人世的浮沉而达到心如死灰的境界。

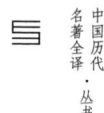

译文 南伯子綦靠着几案静静地坐着，然后又仰着头缓缓地吐气。颜成子进屋来看见后说："先生，你真是了不起的人物！人的形体固然可以使它像枯槁的骸骨，心灵难道也可以像死灰一样吗？"南伯子綦说："我曾在山林洞穴里居住。正当这个时候，齐太公田禾曾来看望我，因而齐国的民众再三向他表示祝贺。我必定是名声在先，他所以能够知道我；我必定是名声张扬，他所以能利用我的名声。假如我不具有名声，他怎么能够知道我呢？假如我不是名声张扬于外，他又怎么能够利用我的名声呢？唉，我悲悯自我迷乱失却真性的人，我又悲悯那些悲悯别人的人，我还悲悯那些悲悯人们的悲悯者，从那以后我便一天天远离人世的沉浮而达到心如死灰的境界。"

原文 仲尼之楚，楚王觞之①，孙叔敖执爵而立②，市南宜僚受酒而祭曰③："古之人乎！于此言已④。"曰："丘也闻不言之言矣⑤，未之尝言⑥，于此乎言之。市南宜僚弄丸而两家之难解⑦，孙叔敖甘寝秉羽而郢人投兵⑧，丘愿有喙三尺⑨。"

注释 ①觞（shāng）之：宴请孔子。

②孙叔敖：楚国的丞相。孙叔敖与孔子并非同时代人，这里只是寓言，所述故事也与史实不相合。爵：盛酒器。

③市南宜僚：人名，姓熊字宜僚，居住市南而称市南宜僚。受酒而祭：将酒洒在地上以祭祷。

④此：指代上句"受酒而祭"的情况。"于此言"是说在这种情况下总要说一说话，其意在于希望孔子说话。

⑤不言之言：没有言谈的言论。

⑥未之尝言：即"未尝言之"。

⑦弄丸：玩弄弹丸。两家：指楚国白公胜和令尹子西两家。相传白公胜欲杀子西，派人求助于市南宜僚，市南宜僚乃楚国的勇士，拒不参与，面对宝剑从容弄丸，致使其事不成，故本句说"两家之难解"。

⑧甘寝：安寝。秉羽：手拿羽扇。郢人：楚国人。投兵：弃置武器。

⑨喙（huì）：嘴。"喙三尺"意在说明嘴长，反之不具备这样长的嘴，说明内心里实在是不愿多嘴。

译文

孔子去到楚国，楚王宴请孔子，孙叔敖拿着酒器站立一旁，市南宜僚把酒洒在地上祭祷，说："古时候的人啊！在这种情况下总要说一说话。"孔子说："我听说有不用言谈的言论，但从不曾说过，在这里说上一说。市南宜僚从容不迫地玩弄弹丸而使两家的危难得以解脱，孙叔敖运筹帷幄使敌国不敢对楚国用兵而楚国得以停止征战。我孔丘多么希望有只长长的嘴巴来说上几句呀！”

原文 彼之谓不道之道[①]，此之谓不言之辩[②]，故德总乎道之所一[③]。而言休乎知之所不知，至矣。道之所一者，德不能同也；知之所不能知者，辩不能举也，名若儒墨而凶矣[④]。故海不辞东流，大之至也；圣人并包天地，泽及天下，而不知其谁氏。是故生无爵，死无谥[⑤]，实不聚[⑥]，名不立，此之谓大人。狗不以善吠为良，人不以善言为贤，而况为大乎[⑦]！夫为大不足以为大，而况为德乎[⑧]！夫大备矣，莫若天地；然奚求焉，而大备矣。知大备者，无求，无失，无弃，不以物易己也。反己而不穷，循古而不摩[⑨]，大人之诚。

注释 ①彼：指市南宜僚和孙叔敖二人。不道之道：不像是道的道，即不像是办法的办法。

②此：指孔子。

③总：归结。

④篇文认为儒、墨的名声是招致凶祸的根由，强不同以为同，强不知以为知，都是由名声而起。

⑤谥（shì）：封建时代人死之后所加给的封号。

⑥实：财物。

⑦为大：成就伟大。

⑧为德：这里指修养心性以达到随顺自然。

⑨摩：矫饰。

译文 市南宜僚和孙叔敖可以称作不是办法的办法，孔子可以称作不用言辞的说辩，所以循道所得归结到一点就是道的原始浑一的状态。言语停留在才智所不知晓的境域，这就是最了不起的了。大道是混沌同一的，而体悟大道却各不相同；才智所不能通晓的知识，辩言也不能一一列举，名声像儒家、墨家那样的人也常因强不知以为知而招致凶祸，所以，大海不辞向东的流水，成就了博大之最，圣人包容天地，恩泽施及天下百姓，而百姓却不知道他们的姓名。因此生前没有爵禄，死后没有谥号，财物不曾汇聚，名声不曾树立，这才可以称作是伟大的人。狗不因为善于狂吠便是好狗，人不因为善于说话便是贤能，何况是成就于伟大的啊！成就伟大却不足以算是伟大，又何况是修养心性随顺自然啊！伟大而又完备，莫过于天地；然而天地哪里会求取什么，却是伟大而又完备的哩。伟大而又完备的人，没有追求，没有丧失，没有舍弃，不因外物而改变自己的本性。返归自己的本性就会没有穷尽，遵循亘古不变的规律就会没有矫饰，这就是伟大的人的真情。

原文 子綦有八子[①]，陈诸前[②]，召九方歅曰[③]：“为我相吾子，孰为祥[④]？”九方歅曰：“梱也为祥[⑤]。”子綦瞿然喜曰[⑥]：“奚若？”曰：“梱也将与国君同食以终其身。”子綦索然而出涕曰[⑦]：“吾子何为以至于是极也！”九方歅曰：“夫与国君同食，泽及三族[⑧]，而况父母乎！今夫子闻之而泣，是御福也[⑨]。子则祥矣，父则不祥。”

注释 ①子綦：人名，旧注称楚人司马子綦。

②陈：排列。

③九方歅（yīn）：人名。

④祥：好。

⑤梱（kǔn）：子綦八子中一子之名。

⑥瞿然：惊喜的样子。

⑦索然：伤心落泪的样子。

⑧三族：指父族、母族、妻族。

⑨御福：拒绝降临的福禄。

译文 子綦有八个儿子，排列在子綦身前，叫来九方歅说：“给我八个儿子看看相，谁最有福气。”九方歅说：“梱最有福气。”子綦惊喜地说：“怎么最有福气呢？”九方歅回答：“梱将会跟国君一道饮食而终了一生。”子綦泪流满面地说：“我的儿子为什么会达到这样的境遇！”九方歅说：“跟国君一道饮食，恩泽将施及三族，何况只是父母啊！如今先生听了这件事就泣不成声，这是拒绝要降临的福禄。你的儿子倒是有福气，你做父亲的却是没有福分了。”

原文 子綦曰：“歅，汝何足以识之，而梱祥邪？尽于酒肉，入于鼻口矣，而何足以知其所自来？吾未尝为牧而牂生于奥①，未尝好田而鹑生于宎②，若勿怪，何邪？吾所与吾子游者，游于天地。吾与之邀乐于天③，吾与之邀食于地；吾不与之为事，不与之为谋，不与之为怪；吾与之乘天地之诚而不以物与之相撄④，吾与之一委蛇而不与之为事所宜⑤。今也然有世俗之偿焉！凡有怪征者，必有怪行，殆乎，非我与吾子之罪，几天与之也！吾是以泣也。”

注释 ①为牧：从事放牧。牂（zāng）：母羊。奥：屋子的西南角。

②田：打猎。宎（yāo）：屋子的东南角。

③邀：相约，一道；下句同。

④乘天地之诚：随应天地的实情。撄（yīng）：扰乱，纠缠。

⑤委蛇（yí）：纵任，顺任自然。为事所宜：为外事所左右。

译文 子綦说：“歎，你怎么能够知道，梱确实是有福呢？享尽酒肉，只不过从口鼻进到肚腹里，又哪里知道这些东西从什么地方来？我不曾牧养而羊子却出现在我屋子的西南角，不曾喜好打猎而鹌鹑却出现在我屋子的东南角，假如不把这看作是怪事，又是为了什么呢？我和我的儿子所游乐的地方，只在于天地之间。我跟他一道在苍天里寻乐，我跟他一道在大地上求食；我不跟他建功立业，不跟他出谋划策，不跟他标新立异，我只和他一道随顺天地的实情而不因外物便相互悖违，我只和他一应顺任自然而不为任何外事所左右。如今我却得到了世俗的回报啊！大凡有了怪异的征兆，必定会有怪异的行为，实在是危险啊，并不是我和我儿子的罪过，大概是上天降下的罪过！我因此泣不成声。”

原文 无几何而使梱之于燕[①]，盗得之于道，全而鬻之则难[②]，不若刖之则易[③]，于是乎刖而鬻之于齐，适当渠公之街[④]，然身食肉而终。

注释 ①无几何：没过多久时间。

②鬻（yù）：卖。“全而鬻之”意思是保全其身形而卖掉他。

③刖（yuè）：断足。本句的“易”字是相对上句的“难”字说的，“易”指不容易跑掉，也就是容易卖掉，“难”指容易跑掉，也就是很难卖掉。所以本句说，不如截断了脚容易卖掉。

④渠公：齐国一富人，为街正。“当渠公之街”是说渠公买下了梱为自己守街。一说渠公买下了梱代替自己作街正。亦可通。

译文 没过多久派遣梱到燕国去，强盗在半道上劫持了他，想要保全其身形而卖掉实在担心他跑掉，不如截断他的脚容易卖掉些，于是截断他的脚卖到齐国，正好齐国的富人渠公买了去给自己看守街门，仍能够一辈子吃肉而终了一生。

原文 啮缺遇许由①，曰："子将奚之？"曰："将逃尧。"曰："奚谓邪？"曰："夫尧，畜畜然仁②，吾恐其为天下笑。后世其人与人相食与！夫民，不难聚也；爱之则亲，利之则至，誉之则劝，致其所恶则散③。爱利出乎仁义，捐仁义者寡，利仁义者众。夫仁义之行，唯且无诚，且假乎禽贪者器④，是以一人之断制利天下⑤，譬之犹一覕⑥。夫尧知贤人之利天下也，而不知其贼天下也，夫唯外乎贤者知之矣⑦。"

注释 ①啮缺、许由：人名，已多次见于以前的篇目。

②畜畜然：体贴、勤苦的样子。仁：用如动词，指推行和实践仁的主张。

③致：招引，送达。

④禽贪者：像禽兽一样贪婪的人。

⑤断制：裁断和决定。

⑥覕（piē）：同"瞥"。

⑦外乎贤者：处于贤者之外的人。

译文 啮缺遇见许由，说："你准备去哪里呢？"许由回答："打算逃避尧。"啮缺说："你说些什么呢？"许由说："尧，孜孜不倦地推行仁的主张，我担心他会受到天下人的耻笑。后代一定会人与人相食啊！百姓，并不难以聚合，给他们爱护就会亲近，给他们好处就会靠拢，给他们奖励就会勤勉，送给他们所厌恶的东西就会离散。爱护和利益出自仁义，而弃置仁义的少，利用仁义的多。仁义的推行，只会没有诚信，而且还会被禽兽一般贪婪的人借用为工具。所以一个人的裁断与决定给天下人带来了好处，打个比方说就好像是短暂的一瞥。唐尧知道贤人能给天下人带来好处，却不知道他们对天下人的残害，而只有身处贤者之外的人才能知道这个道理。”

原文 有暖姝者①，有濡需者②，有卷娄者③。

注释 ①暖姝（shū）：沾沾自喜的样子。

②濡（rú）需：偷安矜持的样子。

③卷娄：弯腰驼背、勤苦不堪的样子。

译文 有沾沾自喜的人，有偷安矜持的人，有弯腰驼背、勤苦不堪的人。

原文 所谓暖姝者，学一先生之言，则暖暖姝姝而私自说也①，自以为足矣，而未知未始有物也②，是以谓暖姝者也。濡需者，豕虱是也③，择疏鬣自以为广宫大囿④，奎蹄曲隈⑤，乳间股脚，自以为安室利处，不知屠者之一旦鼓臂布草操烟火⑥，而己与豕俱焦也。此以域进⑦，此以域退，此其所谓濡需者也。卷娄者，舜也。羊肉不慕蚁，蚁慕羊肉，羊肉羶也。舜有羶行⑧，百姓悦之，故三徙成都⑨，至邓之虚而十有万家⑩，尧闻舜之贤，举之童土之地⑪，曰冀得其来之泽。舜举乎童土之地，年齿长矣，聪明衰矣⑫，而不得休归，所谓卷娄者也。

注释

①暖暖姝姝：义同“暖姝”。说（yuè）：通“悦”，高兴。

②未始有物：未曾有一物可以称述，言外之意是不曾有丝毫所得。

③豕虱：寄生在猪身上的虱子。是：这里讲作这样。

④鬣（liè）：前颈上的鬃毛。囿（yòu）：园林。

⑤奎：猪的后腿。曲隈（wēi）：弯曲的地方。

⑥鼓臂：掀动手臂。

⑦域：境域，环境，这里指猪身，下句同。进：喻指安身，与下句“退”字喻指毁身相对应。

⑧羶行：羶腥的行为。这里是讽喻舜推行仁义，用来吸引众

多的百姓。

⑨成都：自成都邑。旧注说，舜三次搬迁，百姓仰慕舜德而从之，所居之处自成都邑。

⑩邓：邑名。虚：故城、遗址，这个意义后代写作“墟”。

⑪童土：不长草木之地。

⑫聪明：敏锐的听力和视力。

译文

所谓沾沾自喜的人，懂得了一家之言，就沾沾自喜地私下里暗自得意，自以为满足了，却不知道从未曾有过丝毫所得，所以称他为沾沾自喜的人。所谓偷安矜持的人，就像猪身上的虱子一样，选择稀疏的鬃毛当中自以为就是广阔的宫廷与园林，后腿和蹄子间弯曲的部位，乳房和腿脚间的夹缝，就认为是安宁的居室和美好的处所，殊不知屠夫一旦挥动双臂布下柴草生起烟火，便跟随猪身一块儿烧焦。这就是依靠环境而安身，这又是因为环境而灭，而这也就是所说的偷安自得的人。所谓弯腰驼背、勤苦不堪的人，就是舜那样的人。羊肉不会爱慕蚂蚁，蚂蚁则喜爱羊肉，因为羊肉有膻腥味。舜有膻腥的行为，百姓都十分喜欢他，所以他多次搬迁居处都自成都邑，去到邓的废址就聚合了十万家人。尧了解到舜的贤能，从荒芜的土地上举荐了他，说是希望他能把恩泽布施百姓。舜从荒芜的土地上被举荐出来，年岁逐渐老了，敏捷的听力和视力衰退了，还不能退回来休息，是所说的弯腰驼背、勤苦不堪的人。

原文 是以神人恶众至，众至则不比①，不比则不利也。故无所甚亲，无所甚疏，抱德炀和以顺天下②，此谓真人。于蚁弃知③，于鱼得计，于羊弃意。

注释 ①比：亲密、和睦。下句同。

②炀（yàng）和：温和。

③联系以下两句，三个句子都是用寓指的办法来描述神人，就像是，对于蚂蚁来说抛弃了追慕羶腥的才智，对于鱼儿来说得水一样的自由自在，对于羊肉来说清除了羶腥的气味。

译文 所以超凡脱俗的神人讨厌众人跟随，众人跟随就不会亲密和睦，不亲密和睦也就不会带来好处。因此没有什么特别的亲密，没有什么格外的疏远，持守德行、温暖和气以顺应天下，这就叫做真人。就像是，蚂蚁不再追慕羶腥，鱼儿得水似的悠闲自在，羊肉也清除了羶腥的气味。

原文 以目视目，以耳听耳，以心复心①。若然者，其平也绳②，其变也循③。古之真人，以天待人④，不以人入天⑤。古之真人，得之也生，失之也死；得之也死，失之也生⑥。药也，其实堇也⑦，桔梗也⑧，鸡廱也⑨，豕零也⑩，是时为帝者也⑪，何可胜言！

注释 ①用眼睛来看视自己的眼睛，用耳朵来听听自己的耳朵，用心思来收回自己的心思。篇文倡导清心宁智，主张不要追逐分外之物，懂得官能应当止息于自身的分内，这就是以上三句的主旨。

②绳：像墨线一样地正而直。

③循：顺。

④以天待人：用顺应自然的态度去对待人事。

⑤入：纳入，引申为干扰的意思。“入天”即扰乱自然。

⑥以上四句意在说明生与死能等同视之，站在生的角度说生是有所得而死便是有所失，站在死的角度说死是有所得而生便是有所失，故而生死自然听便。

⑦堇（jìn）：药名，俗称乌头。

⑧桔梗：药名。

⑨鸡廱（yōng）：药名，又名芡草。

⑩豕零：药名，又称猪苓。

⑪时（shì）：通作“莳”，移换、更替的意思。帝者：主宰，这里指用作主药。

译文

用眼睛来看视自己眼睛所应看视的东西，用耳朵来听取自己耳朵所应听取的声音，用心思来收回分外逐物的心思。像这样的人，他们内心的平静就像墨线一样正直，他们的变化总是处处顺应。古时候的真人，用顺任自然的态度来对待人事，不会用人事来干扰自然。古时候的真人，获得生存就听任生存，失掉生存就听任死亡；获得死亡就听任死亡，失掉死亡就听任生存。药物，乌头也好，桔梗也好，芡草也好，猪苓也好，这几种药更换着作为主药，怎么可以说得完呢！

原文

勾践也以甲楯三千栖于会稽[①]。唯种也能知亡之所以存[②]，唯种也不知其身之所以愁[③]。故曰鸱目有所适[④]，鹤胫有所节[⑤]，解之也悲[⑥]。故曰风之过河也有损焉，日之过河也有损焉。请只风与日相与守河[⑦]，而河以为未始其撄也[⑧]，恃源而往者也[⑨]。故水之守土也审[⑩]，影之守人也审，物之守物也审。

注释 ①勾践：越王名，曾被吴王所败，困于会稽。楯（dùn）：通作“盾”，盾牌，古代的一种防御性武器，本句“甲”“楯（盾）”连用，代指武装的士兵。栖：这里是被围困意思。会稽：地名，今浙江绍兴东南。

②种：文种，越王勾践的谋臣，后帮助勾践打败吴国。所以存：用什么办法生存下来，这里指越国后来的复国。

③所以愁：因为什么原因而愁苦。越国复国后，谋臣范蠡离开了越国，而文种留下来后又为勾践所杀，“所以愁”的意思就是说，文种自身并不了解将要遭受杀戮的祸患。

④鸱（chī）：猫头鹰。有所适：有适宜看视的时间；猫头鹰只能在夜晚才能看见东西。

⑤节：适，恰好。一说“节”当讲作修长的意思。

⑥解：截断。

⑦请只：颇费解，联系上下文意疑为一关联性词语，近似倘若、假使的用法。

⑧未始其撄：不曾受到扰乱，即不见有所减少的意思。

⑨恃源而往：依仗河水的源头和小溪不断地汇聚。

⑩审：安定。以下同此解。

译文 勾践率领三千士兵困守于会稽，只有文种能够知道越国复国的办法，也只有文种不知道复国后将要遭受杀戮的祸害。所以说猫头鹰的眼睛只有在夜晚才适宜看视，仙鹤具有修长的双腿，截断就会感到悲哀。所以说，风儿吹过了河面河水就会有所减损，太阳照过河去河水也会有所减损。假如风与太阳总是盘桓在河的上空，而河水却认为不曾受到过干扰，那就是靠河水源头小溪的不断汇聚。所以，水保持住了泥土也就安定下来，影子留住了是因为人体安定下来，事物固守着事物因而相互安定下来。

原文 故目之于明也殆①，耳之于聪也殆，心之于殉也殆②。凡能其于府也殆③，殆之成也不给改④。祸之长也兹萃⑤，其反也缘功⑥，其果也待久⑦。而人以为己宝，不亦悲乎？故有亡国戮民无已⑧，不知问是也。

注释 ①殆：危险。下同此解。“目之于明”意思是眼睛一味追求超人的视力。

②殉：追逐。

③府：脏腑，这个意义后代写作“腑”。“能其于府”意思是才能从内心表露出来。

④不给改：已经来不及悔改。

⑤兹：增多；这个意义后代写作“滋”。萃：聚集。

⑥缘：绕；“缘功”是说为功名而萦绕。

⑦待久：持续很久。

⑧已：止；“无已”即没有中断过。

译文 所以，眼睛一味地追求超人的视力也就危险了，耳朵一味地追求超人的听力也就危险了，心思一味地追求外物也就危险了。才能从内心深处显露出来就会危险，危险一旦形成已经来不及悔改。灾祸滋生并逐渐地增多与聚集，返归本性却为功名所萦绕，要想获得成功便须持续很久很久。可是人们却把上述情况看作是自己最可宝贵的，不可悲吗？因此国家败亡、人民受戮从没有中断，却又不知道问一问造成这种情况的原因。

原文 故足之于地也践①，虽践，恃其所不蹍而后善博也②；人之于知也少，虽少，恃其所不知而后知天之所谓也③，知大一④，知大阴⑤，知大目⑥，知大均⑦，知大方⑧，知大信⑨，知大定，至矣。大一通之，大阴解之，大目视之，大均缘之⑩，大方体之⑪，大信稽之⑫，大定持之。

注释 ①践：踩踏。这里指踩踏地面很小之处。

②蹍（zhǎn）：与“践”字同义。博：广远。

③天之所谓：自然所述的道理。

④大一：指天。一说“大一”是指宇宙初始的浑沌状态。译文从前一说。

⑤大阴：指地。一说“大阴”是指虚静。译文从前一说。

⑥大目：指万物的自见，即听任自然而各视其所见。

⑦大均：物与物的所得均平自然。

⑧大方：方术，指万物各自的轨迹。一说“大方”是指没有边际。译文从前一说。

⑨大信：绝对的真实。

⑩缘：顺。

⑪体：各自得体，即各守其分。

⑫稽：至。

译文 所以，脚对于地的践踏很小很小，虽然很小，仰赖所不曾践踏的地方而后才可以去到更为博大、旷远的地方；人对于各种事物的了解也很少很少，虽然很少，仰赖所不知道的知识而后才能够知道自然所称述的道理。知道“天”，知道“地”，知道“大目”，知道“大均”，知道“大方”，知道“大信”，知道“大定”，这就达到了认识的极限。“天”加以贯通，“地”加以化解，万物各视其所见，顺其本性令其自得，各得其宜自成轨迹，各守其实无使超逸，顺任安定持守不渝。

原文 尽有天，循有照[①]，冥有枢[②]，始有彼。则其解之也似不解之者[③]，其知之也似不知之也，不知而后知之。其问之也，不可以有崖[④]，而不可以无崖。颉滑有实[⑤]，古今不代[⑥]，而不可以亏[⑦]，则可不谓有大扬搉乎[⑧]！阖不亦问是已[⑨]，奚惑然为[⑩]！以不惑解惑，复于不惑，是尚大不惑[⑪]。

注释 ①照：明朗清晰。

②冥：幽暗，这里指最高深的道理。枢：枢要。

③解：理解，认识。

④崖：界限。

⑤颉（xié）滑：万物纷扰错杂的样子。

⑥不代：不能相互替换。

⑦亏：缺少。

⑧扬：显。搉（què）：概略。

⑨阖：通作“盍”，怎么的意思。

⑩然：这样。为：表示疑问的语气词。

⑪尚：庶几，恐怕。大：初始。

译文 万物之中全都有其自然，顺应就会逐渐明朗清晰，深奥的道理之中都存在着枢要，而任何事物产生的同时又必然出现相应的对立面。那么，自然的理解好像是没有理解似的，自然的知晓好像是没有知晓，但这“不知”之后方才会有真知。深入一步问一问，本不可能有什么界限，然而又不可以没有什么界限。万物虽然纷扰杂乱却有它的根本，古今不能相互替换，但是无古无今、无今无古谁也不能缺少，这能不说是仅只显露其概略吗！何不再深入一步探问这博大玄妙的道理，为什么会迷惑成这个样呢？用不迷惑去解除迷惑，再回到不迷惑，这恐怕还是当初的不迷惑。

则阳

题解 “则阳”是篇首的人名。本篇内容仍很庞杂，全篇大体可以分成两大部分，前一部分写了头十个小故事，用人物的对话来说明恬淡、清虚、顺任的旨趣和生活态度，同时也对滞留人事、迷恋权势的人给予抨击。后一部分则讨论宇宙万物的基本规律，讨论宇宙的起源，讨论对外在事物的主体认识。

前一部分大体分作九小段，至“故曰待公阅休”为第一段，写公阅休清虚恬适的生活旨趣和处世态度。至“以十仞之台县众閒（间）者也”为第二段，写圣人的心态和人们对于道的尊崇与爱慕。至“无内无外”为第三段，写一个人要善于自处，善于应物。至“譬犹一吷也”为第四段，通过巧妙的比喻指出人在世间的渺小，倡导与世无争的态度，同时讽刺和嘲弄了诸侯国之间的争夺战争。至“其室虚矣”为第五段，通过孔子之口盛赞市南宜僚“声销”而“志无穷”的潜身态度。至“内热溲膏是也”为第六段，指出为政“卤莽”、治民“灭裂”的严重危害。至“于谁责而可乎”为第七段，通过柏矩游齐之所见，批评当世君主为政的虚伪和对人民的愚弄。至“然乎”为第八段，说明人们的是非观念不是永恒的，认识也是有限的。至“之二人何足以识之”为第九段，谴责卫灵公的荒唐无道。

后一部分写少知与大公调的对话，借大公调之口从讨论宇宙整体与万物之个体间“合异”“散同”的关系入手，指出各种事物都有其自身的规律，各种变化也都会向自己的反面转化，同时还讨论了宇宙万物的产生，又最终归结为浑一的道。

前一部分可以说是杂论，内容并不深厚，后一部分涉及宇宙观和认识论上的许多问题，也就较有价值。

原文 则阳游于楚[①]，夷节言之于王[②]，王未之见[③]，夷节归。彭阳见王果曰[④]："夫子何不谭我于王[⑤]？"王果曰："我不若公阅休[⑥]。"

注释 ①则阳：人名，姓彭名阳，则阳为字，故下文又称彭阳。

②夷节：楚人，姓夷名节。

③未之见：即未见之，没有接见他。

④王果：楚国的贤人。

⑤谭：同于"谈"，称说的意思。

⑥公阅休：楚国的隐士。

译文 则阳周游到楚国，夷节向楚王谈到则阳，楚王没有接见他，夷节只得作罢归家。则阳见到王果，说："先生怎么不在楚王面前谈谈我呢？"王果说："我不如公阅休。"

原文 彭阳曰："公阅休奚为者邪？"曰："冬则擉鳖于江[①]，夏则休乎山樊[②]。有过而问者，曰：'此予宅也。'夫夷节已不能，而况我乎！吾又不若夷节。夫夷节之为人也，无德而有知，不自许③，以之神其交固④，颠冥乎富贵之地⑤，非相助以德，相助消也⑥。夫冻者假衣于春⑦，暍者反冬乎冷风⑧。夫楚王之为人也，形尊而严；其于罪也，无赦如虎；非夫佞人正德⑨，其孰能桡焉⑩！”

注释

① 擉（chuō）：通作“戳”，刺的意思。

② 山樊：山边。

③不自许：不能自我约束，即不能清虚恬淡。

④神其交固：巧妙地交游与结识。

⑤颠冥：神情颠狂内心迷乱。

⑥消：毁损。本句语意承前句而有所隐含，“消”实是毁损德行的意思。

⑦假：借。“假衣于春”即向温暖的春天借衣，意思就是盼望温暖的春天。

⑧暍（yè）：中暑。反冬乎冷风：反过来又得向冷风寻求凉爽。

⑨佞人：指有才气善言辞的人。

⑩桡（náo）：通作“挠”，屈服，使之折服的意思。

译文

则阳问：“公阅休是干什么的人呢？”王果说：“他冬天

到江河里刺鳖，夏天到山脚下憩息。有人经过而问他，他就说：‘这就是我的住宅。’夷节尚且不能做到，何况是我呢？我又比不上夷节。夷节的为人，缺少德行却有世俗人的智巧，不能约束自己做到清虚恬淡，用他特有的办法巧妙地跟人交游与结识，在富有和尊显的圈子里弄得神情颠狂内心迷乱，不是用德行去相助他人，而是使德行有所毁损。受冻的人盼着温暖的春天，中暑的人刚好相反得求助冷风带来凉爽。楚王的为人，外表高贵而又威严；他对于有过错的人，像老虎一样不会给予一点宽恕；不是极有才辩的人而又端正德行，谁能够使他折服！”

原文 “故圣人，其穷也使家人忘其贫①，其达也使王公忘爵禄而化卑②。其于物也，与之为娱矣；其于人也，乐物之通而保己焉③；故或不言而饮人以和④，与人并立而使人化。父子之宜，彼其乎归居，而一閒其所施⑤。其于人心者若是其远也。故曰待公阅休⑥。”

注释 ①穷：困厄，这里指韬光晦迹潜身世外。

②达：指身世显赫。

③乐物之通：乐于沟通外物混迹人世。保己：保全自己的

真性。

④饮：这里含有得到满足的意思。

⑤閒：用同于“闲（閒）”，这里是清虚无为的意思。

⑥待：期待。本句是承前“我不若公阅休”一句而说的，意思是真正要使楚王折服，还需等待公阅休。

译文 “所以圣人，他们潜身世外能使家人忘却生活的清苦，他们身世显赫能使王公贵族忘却爵禄而变得谦卑起来。他们对于外物，与之和谐欢娱；他们对于别人，乐于沟通、混迹人世而又能保持自己的真性；有时候一句话不说也能用中和之道给人以满足，跟人在一块儿就能使人受到感化。父亲和儿子都各得其宜，各自安于自己的地位，而圣人却完全是清虚无为地对待周围所有的人。圣人的想法跟一般人的心思，相比起来差距是那么远。所以说，要使楚王信服还得期待公阅休哩。”

原文 圣人达绸缪[①]，周尽一体矣[②]，而不知其然，性也。复命摇作而以天为师[③]，人则从而命之也[④]。忧乎知而所行恒无几时[⑤]，其有止也若之何！

注释 ①绸缪：结缚，喻指人世间的各种纷繁与纠葛。“达绸缪”是说超然于人世的各种纠葛，不受尘网羁绊。

②一体：浑一天成。

③复命：返归本命。摇作：有所动作。

④命之：即命名之，用圣人的名字称呼他。

⑤知：智。“忧乎知”是说忧心智巧和思虑。

译文 圣人通达于人世间的各种纷扰与纠葛，周遍而又透彻地了解万物混同一体的状态，却并不知道为什么会是这样，这是出于自然的本性。为回返真性而又有所动作也总是把师法自然作为榜样，人们随后方才称呼他为圣人。忧心于智巧与谋虑因而行动常常不宜持久，时而有所中止又将能怎么样呢！

原文 生而美者，人与之鉴[①]，不告则不知其美于人也。若知之，若不知之，若闻之，若不闻之，其可喜也终无已；人之好之亦无已，性也。圣人之爱人也，人与之名，不告则不知其爱人也。若知之，若不知之，若闻之，若不闻之，其爱人也终无已，人之安之亦无已，性也。

注释 ①鉴:“镜”字的意思。篇文认为，事物的形态也是相辅相生的,“美”是在比较中形成，生下来就很美的人，也是因为人们给他作了一面镜子，如果不通过比较他也不会知道他自己是真正的美的。以下“人与之名”一句仿此而解。

译文 生来就漂亮的人，是因为别人给他作了一面镜子，如果不通过比较他也不会知道自己比别人漂亮。好像知道，又好像不知道，好像听见了，又好像没有听见，他内心的喜悦就不会有所终止，人们对他的好感也不会有所中止，这就是出于自然的本性。圣人抚爱众人，是因为人们给予了他相应的名字，如果人们不这样称誉他圣人也不知道自己怜爱他人。好像知道，又好像不知道，好像听见了，又好像没有听见，他给予人们的爱就不会有所终止，人们安于这样的抚爱也不会有所终止，这就是出于自然的本性。

原文 旧国旧都①，望之畅然②；虽使丘陵草木之缗③，入之者十九④，犹之畅然。况见见闻闻者也⑤，以十仞之台县众閒者也⑥！

注释 ①旧国旧都：喻指人的真性。

②畅然：欣喜的样子。

③缗（mín）：合，指混茫不清。

④入：掩蔽。

⑤见见闻闻：亲身见闻到它的真实面目与情况，这里喻指对大道的体悟。

⑥县（xuán）：悬。閒（jiān）：同于“间（間）”。数丈的高台悬在众人面前，是说为人们崇敬与仰慕。

译文 祖国与家乡，一看到她就分外喜悦；即使是丘陵草木使她显得面目不清，甚至掩蔽了十之八九，心里还是十分欣喜。更何况亲身见闻到她的真面目、真情况，就像是数丈高台高悬于众人的面前让人崇敬、仰慕啊！

原文 冉相氏得其环中以随成①，与物无终无始，无几无时，日与物化者，一不化者也②，阖尝舍之③！夫师天而不得师天④，与物皆殉⑤，其以为事也若之何？夫圣人未始有天，未始有人，未始有始，未始有物，与也偕行而不替⑥，所行之备而不洫⑦，其合之也若之何？汤得其司御门尹登恒为之傅之⑧，从师而不囿⑨；得其随成，为之司其名⑩；之名赢法⑪，得其两见⑫。仲尼之尽虑⑬，为之傅之。容成氏曰⑭："除日无岁，无内无外⑮。"

注释

①冉相氏：传说中的远古圣王。环中：中空，指大道的中枢，即虚空凝寂之道。

②一不化：指内心的凝寂虚空不会发生变化。

③阖：何。

④师：用如动词，含有效法、以之为师的意思。全句两个"师天"的含义不尽一样，后一"师天"照常规讲，前一"师天"又含有有心去效法的意思。

⑤殉：追逐。

⑥偕：同。替：废。

⑦洫：败坏。

⑧司御、门尹：皆官名。登恒：人名。一说"门尹登恒"为一人名。傅：辅佐；"为之傅之"即给他作师傅。

⑨囿：拘限；"不囿"即不受拘限。

⑩司：察。

⑪之：此。羸：无心。

⑫见（xiàn）：显；"两见"是说君臣、师徒都各得其所。

⑬尽虑：弃绝了谋虑。

⑭容成氏：传说中古代又一圣王。

⑮内：指自我。外：指外物。

译文 冉相氏体察了道的精髓因而能听任外物自然发展，跟外物接触相处没有终始，也显不出时日。天天随外物而变化，而其凝寂虚空的心境却一点也不会改变，何尝舍弃过大道的精髓！有心去效法自然却得不到效法自然的结果，跟外物一道相追逐，对于所修的事业又能够怎么样呢？圣人心目中从不曾有过天，从不曾有过人，从不曾有过开始，从不曾有过外物，跟随世道一块儿发展变化而没有废止，有所行动也是那么完备因而不会受到败坏，他与外物的契合与融洽又将是怎么样的呢！商汤启用他的司御门尹登恒做他的师傅，而他随从师傅学习却从不拘泥于所学；能够随顺而成，为此而察其名迹；对待这样的名迹又无心寻其常法，因而君臣、师徒能各得其所、各安其分。仲尼最后弃绝了谋虑，因此对自然才有所辅助。容成氏说："摒除了日就不会累积成年，忘掉了自己就能忘掉周围的事物。"

原文 魏莹与田侯牟约①，田侯牟背之。魏莹怒，将使人刺之。犀首闻而耻之曰②："君为万乘之君也③，而以匹夫从仇④！衍请受甲二十万⑤，为君攻之，虏其人民，系其牛马，使其君内热发于背。然后拔其国⑥。忌也出走⑦，然后抶其背⑧，折其脊。”

注释 ①魏莹：魏惠王的名字。田侯牟："田侯"旧注指齐威王，但历史上的齐威王并不叫"牟"。本段仍为寓言故事，人物可不必深究。约：指订立盟约。

②犀首：官名。有的本子"犀首"二字之下有"公孙衍"三字，则担任"犀首"这一官职的人就是"公孙衍"。这与下文吻合。耻之：以之为耻，把派人刺杀田侯牟的做法看作是耻辱；以下仿此而解。

③万乘：上万辆战车，这里指大国的军事力量。

④以匹夫从仇：用普通百姓的手段去报仇。

⑤衍：即公孙衍。甲：甲士。

⑥拔：攻克。

⑦忌：田忌，齐国的大将。

⑧抶（chì）：击打。

译文 魏惠王与齐威王订立盟约，而齐威王违背了盟约。魏王大怒，打算派人刺杀齐威王，将军公孙衍知道后认为可耻，说："您是大国的国君，却用普通百姓的手段去报仇！我愿统带二十万部队，替你攻打齐国，俘获齐国的百姓，牵走他们的牛马，使齐国的国君心急如焚热毒发于背心。然后我就攻占齐国的土地。齐国的大将田忌望风逃跑，于是我再鞭打他的背，折断他的脊骨。”

原文　季子闻而耻之曰①："筑十仞之城，城者既十仞矣，则又坏之，此胥靡之所苦也②。今兵不起七年矣，此王之基也。衍乱人，不可听也。"

注释　①季子：魏国的贤臣。

②胥靡：徒役之人。

译文　季子知道后又认为公孙衍的做法可耻，说："建筑七八丈高的城墙，筑城已经七八丈高了，接着又把它毁掉，这是役使之人所苦的事。如今战争不起已经七年了，这是你王业的基础。公孙衍实在是挑起祸乱的人，不可听从他的主张。"

原文　华子闻而丑之曰①："善言伐齐者，乱人也；善言勿伐者，亦乱人也；谓伐之与不伐乱人也者，又乱人也。"

君曰：“然则若何？”曰：“君求其道而已矣！”

注释 ①华子：魏国的贤臣。

译文 华子知道以后又鄙夷公孙衍和季子的做法，说：“极力主张讨伐齐国的人，是拨弄祸乱的人；极力劝说不要讨伐齐国的人，也是拨弄祸乱的人；评说讨伐齐国还是不讨伐齐国为拨弄祸乱之人的人，他本身就是拨弄祸乱的人。”魏王说：“既然如此，那将怎么办呢？”华子说：“你还是求助于清虚淡漠、物我兼忘的大道罢！”

原文 惠子闻之而见戴晋人[①]。戴晋人曰：“有所谓蜗者，君知之乎？”曰：“然。”“有国于蜗之左角者，曰触氏，有国于蜗之右角者，曰蛮氏。时相与争地而战，伏尸数万，逐北旬有五日而后反[②]。”君曰：“噫！其虚言与？”曰：“臣请为君实之。君以意在四方上下有穷乎[③]？”君曰：“无穷。”曰：“知游心于无穷，而反在通达之国[④]，若存若亡乎[⑤]？”君曰：“然。”曰：“通达之中有魏，于魏中有梁[⑥]，于梁中有王。王与蛮氏，有辩乎[⑦]？”君曰：“无辩。”客出而君惝然若有亡也[⑧]。

注释

①见：引见。戴晋人：魏国的贤人。以下戴晋人的说话是对魏王说的。

②北：败北，打了败仗。有：又。反：返。

③以：以为。意：意料。“以”与“意”义近并列。

④通达之国：四海之内，这里泛指人迹交接的范围。

⑤宇宙是无穷的，人迹所及是有限的，这是大与小的比较，本句“若存若亡”是说，有限的人迹所至在整个浩瀚宇宙之中只不过是一小丁点，好像存在又好像不存在。

⑥梁：大梁，魏国的都城。

⑦辩：通作“辨”，分别的意思。下句同。

⑧惝（tǎng）然：怅然若失的样子。

译文

惠子知道了，引见戴晋人。戴晋人对魏王说：“有叫蜗牛的小动物，国君知道吗？”魏王说：“知道。”戴晋人说：“有个国家在蜗牛的左角，名字叫触氏，有个国家在蜗牛的右角，名字叫蛮氏，正相互为争夺土地而打仗，倒下的尸体数也数不清，追赶打败的一方花去整整十五天方才撤兵而回。”魏王说：“咦，那都是虚妄的言论吧？”戴晋人说：“让我为你证实这些话。你认为四方与上下有尽头吗？”魏王说：“没有止境。”戴晋人说：“知道使自己的思想在无穷的境域里遨游，却又返身于人迹所至的狭小的生活范围，这狭小的生活范围处在无穷的境域里恐怕就像是若存若失一样吧？”魏王说：“是的。”戴晋人又说：“在这人迹所至的狭小范围内有一个魏国，在魏国中有一个大梁城，在大梁城里有你魏王。大王与那蛮氏相比，有区别吗？”魏王回答说：“没有。”戴晋人辞别而去，魏王心中不畅怅然若有所失。

原文 客出，惠子见。君曰：“客，大人也①，圣人不足以当之。”惠子曰：“夫吹管也②，犹有嗃也③；吹剑首者④，吷而已矣⑤。尧舜，人之所誉也；道尧舜于戴晋人之前，譬犹一吷也。”

注释 ①大人：伟大的人物。

②管：竹管。

③嗃（xiāo）：象声词，吹竹管所发出的较大的声音。

④剑首：指剑柄上端的环状小孔。

⑤吷（xuè）：象声词，细微的声音。下同。

译文 戴晋人离开后惠子见魏惠王，魏王说：“戴晋人，真是个了不起的人，圣人不足以和他相提并论。”惠子说："吹起竹管，就会有嘟嘟的响声；吹着剑首的环孔，只会有丝丝的声音罢了。尧与舜，都是人们所赞誉的圣人；在戴晋人面前称赞尧与舜，就好比那微弱的丝丝之声罢了。"

原文 孔子之楚[①]，舍于蚁丘之浆[②]。其邻有夫妻臣妾登极者[③]，子路曰："是稯稯何为者邪[④]？"仲尼曰："是圣人仆也。是自埋于民，自藏于畔[⑤]。其声销[⑥]，其志无穷，其口虽言，其心未尝言，方且与世违而心不屑与之俱。是陆沈者也[⑦]，是其市南宜僚邪[⑧]？"

注释 ①之：往。

②蚁丘：山丘名。浆：饮料，这里指卖水浆的人家。

③极：高，这里指屋顶。

④稯稯（zōng）：聚集的样子。

⑤畔：田界，这里泛指田园。

⑥销：通作"消"，消散、消失的意思。

⑦沈（chén）：同于"沉"。"陆沈"喻指隐遁，生活在世人之中却虚淡寂寥。

⑧市南宜僚：楚国的隐士，已见于前文。

译文 孔子到楚国去，寄宿在蚁丘的卖浆人家。卖浆人家的邻居夫妻奴仆全都登上了屋顶观看孔子的车骑，子路说："这么多人聚集在一起是干什么呢？"孔子说："这些人都是圣人的仆从。这个圣哲之人把自己隐藏在百姓之中，藏身于田园生活里。他的声音从世上消失了，他的志向却是伟大的，他嘴里虽然在说着话，心里却好像不曾说过什么，处处与世俗相违背而且心里总不屑与世俗为伍。这是隐遁于世俗中的隐士，这个人恐怕就是楚国的市南宜僚吧？"

原文 子路请往召之。孔子曰："已矣！彼知丘之著于己也①，知丘之适楚也，以丘为必使楚王之召己也，彼且以丘为佞人也②。夫若然者，其于佞人也羞闻其言，而况亲见其身乎！而何以为存③？"子路往视之，其室虚矣。

注释 ①著：明，这里是透彻了解的意思。

②佞人：这里指献媚的人。

③而：你。

译文 子路请求前去召见他。孔子说："算了吧！他知道我对他十分了解，又知道我到了楚国，认为我必定会让楚王来召见他，他将把我看成是巧言献媚的人。如果真是这样，他对于巧言献媚的人一定会羞于听其言谈，更何况是亲自见到其人呢！你凭什么认为他还会留在那里呢?”子路前往探视，市南宜僚的居室已经空无一人了。

原文 长梧封人问子牢曰①：“君为政焉勿卤莽②，治民焉勿灭裂③。昔予为禾，耕而卤莽之，则其实亦卤莽而报予；芸而灭裂之④，其实亦灭裂而报予。予来年变齐⑤，深其耕而熟耰之⑥，其禾蘩以滋⑦，予终年厌飧⑧。”

注释 ①长梧：地名。封人：守护封疆的人。子牢：孔子的弟子。

②卤莽：粗疏。

③灭裂：轻率。下同此解。

④芸：通作“耘”，指锄草。

⑤齐（jì）：剂。“变齐”即改变原来的方式。

⑥耰（yōu）：用如动词，指用锄头平整土地，除去杂草。

⑦蘩：通作“繁”，繁茂的意思。滋：繁衍。

⑧厌：满足，这个意义后代写作“餍”。飧（sūn）：熟食，

这里泛指食物。

译文 长梧地方守护封疆的人对子牢说："你处理政事不要太粗疏，治理百姓不要太草率。从前我种庄稼，耕地粗疏马虎，而庄稼收获时也就用粗疏马虎的态度来报复我；锄草也轻率马虎，而庄稼收获时也用轻率马虎的态度来报复我。我来年改变了原有的方式，深深地耕地细细地平整，禾苗繁茂果实累累，我一年到头不愁食品不足。"

原文 庄子闻之曰："今人之治其形，理其心，多有似封人之所谓，遁其天，离其性，灭其情，亡其神，以众为①。故卤莽其性者，欲恶之孽②，为性萑苇蒹葭③，始萌以扶吾形，寻擢吾性④，并溃漏发⑤，不择所出，漂疽疥痈⑥，内热溲膏是也⑦。"

注释 ①众为：义不详，联系上下文，似指上述卤莽的做法。大意是，皆因上述卤莽所为。

②孽：祸根。

③为性：蔽遮本性、危害本性。萑（huán）苇、蒹（jiān）葭（jiā）：均为芦类植物。萑苇、蒹葭蔽遮土地危害禾黍，这里

用作比喻，欲念和邪恶的祸根，像萑苇、蒹葭蔽遮土地、危害禾黍一样蔽遮人的本性，危害人的真情。

④寻：连续不断地，渐渐地。擢：拔除。

⑤并：一齐。遗漏：泛指各种毒疮。

⑥漂疽：亦作“瘭疽”，指毒疮流脓。疥痈：脓疮。

⑦溲膏：遗精。

译文 庄子听了后说：“如今人们治理自己的身形，调理自己的心思，许多都像这守护封疆的人所说的情况，逃避自然，背离天性，泯灭真情，丧失精神，这都因为粗疏卤莽所致。所以对待本性和真情粗疏卤莽的人，欲念与邪恶的祸根，就像萑苇、蒹葭蔽遮禾黍那样危害人的本性，开始时似乎还可以用来扶助人的形体，逐渐地就拔除了自己的本性，就像遍体毒疮一齐溃发，不知选择什么地方泄出，毒疮流脓，内热遗精就是这样。”

原文 柏矩学于老聃[①]，曰：“请之天下游[②]。”老聃曰：“已矣！天下犹是也。”又请之，老聃曰：“汝将何始？”曰：“始于齐。”

注释 ①柏矩：老聃的学生，姓柏名矩。

②之：往。“游”的主语是说话人自己，“请之天下游”意思是请你让我到天下游历。

译文 柏矩就学于老聃，说：“请求老师同意我到天下去游历。”老聃说：“算了，天下就像这里一样。”柏矩再次请求，老聃说：“你打算先去哪里？”柏矩说：“先从齐国开始。”

原文 至齐，见辜人焉[①]，推而强之[②]，解朝服而幕之[③]，号天而哭之曰[④]：“子乎子乎！天下有大菑[⑤]，子独先离之[⑥]，曰莫为盗，莫为杀人！荣辱立，然后睹所病；货财聚，然后睹所争。今立人之所病，聚人之所争，穷困人之身使无休时，欲无至此，得乎！”

注释 ①辜：罪。“辜人”指受刑处死而弃市的人。

②强（jiāng）：字亦作“殭”，通作“僵”；“推而强之”是说推推尸体将其摆正。

③幕：用如动词，覆盖的意思。

④号天而哭：仰天号哭。

⑤菑：“灾”字异体。

⑥离：罹，遭的意思。

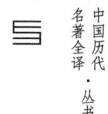

译文 柏矩到了齐国，见到一个处以死刑而抛尸示众的人，推推尸体把他摆正，再解下朝服覆盖在尸体上，仰天号啕大哭地诉说："你呀你呀！天下出现如此大的灾祸，偏偏你先碰上了。人们常说不要做强盗，不要杀人！世间一旦有了荣辱的区别，然后各种弊端就显示出来；财货日渐聚积，然后各种争斗也就表露出来。如今从生人们所厌恶的弊端，聚积人们所争夺的财物，贫穷困厄的人疲于奔命便没有休止之时，想要不出现这样的遭遇，怎么可能呢？"

原文 "古之君人者①，以得为在民，以失为在己；以正为在民，以枉为在己②。故一形有失其形者③，退而自责。今则不然。匿为物而愚不识④，大为难而罪不敢⑤，重为任而罚不胜⑥，远其塗而诛不至⑦。民知力竭，则以伪继之，日出多伪，士民安取不伪！夫力不足则伪，知不足则欺，财不足则盗。盗窃之行，于谁责而可乎？"

注释 ①君人者：统治者。

②枉：屈；这里指过错。

③一形：一个人。

④愚：亦作“遇”，而“遇”通假为“过（過）”，责备的意思。

⑤大为难：扩大办事的困难。罪：用如动词，归罪的意思。

⑥重为任：加重承受的负担。

⑦塗：通作“途”。诛：谴责、杀害。

译文 “古时候统治百姓的人，把社会清平归于百姓，把管理不善归于自己，把正确的做法归于百姓，把各种过错归于自己。所以只要有一个人其身形受到损害，便私下总是责备自己。如今却不是这样。隐匿事物的真情却责备人们不能了解，扩大办事的困难却归罪于不敢克服困难，加重承受的负担却处罚别人不能胜任，把路途安排得十分遥远却谴责人们不能达到。人民耗尽了智慧和力量，就用虚假来继续应付，天天出现那么多虚假的事情，百姓怎么会不弄虚作假！力量不够便作假，智巧不足就欺诈，财力不济便行盗。盗窃的行径，对谁加以责备才合理呢？”

原文 蘧伯玉行年六十而六十化[①]，未尝不始于是之而卒诎之以非也[②]，未知今之所谓是之非五十九非也[③]。万物有乎生而莫见其根，有乎出而莫见其门。人皆尊其知之所知[4]，而莫知恃其知之所不知而后知[5]，可不谓大疑乎！已乎已乎！且无所逃，此所谓然与，然乎？

注释

①蘧（qū）伯玉：卫国的贤大夫。六十化：六十年来与日俱新随年变化。

②是之：以之为是，认为是对的；以下仿此而解。卒：终。诎：屈曲。

③五十九非：五十九岁时就认为是不对的。

④尊其知：看重自己的才智。

⑤恃其知：凭借自己的才智。

译文

蘧伯玉活了六十岁而六十年来随年变化与日俱新，何尝不是年初时认为是对的而年终时又转过来认为是错的，不知道现今所认为是对的又不是五十九岁时认为是错的。万物有其产生却看不见它的本根，有其出现却寻不见它的门径。人人都尊崇自己的才智所了解的知识，却不懂得凭借自己才智所不知道而后知道的知识，这能不算是最大的疑惑吗？算了吧算了吧！没有什么办法可以逃避这样的情况。这就是所谓对吗，真正的对吗？

原文 仲尼问于大史大弢、伯常骞、豨韦曰[①]："夫卫灵公饮酒湛乐[②]，不听国家之政[③]，田猎毕弋[④]，不应诸侯之际[⑤]；其所以为灵公者何邪？"大弢曰："是因是也[⑥]。"伯常骞曰："夫灵公有妻三人，同滥而浴[⑦]。史鰌奉御而进所[⑧]，搏币而扶翼[⑨]。其慢若彼之甚也[⑩]，见贤人若此其肃也，是其所以为灵公也。"豨韦曰："夫灵公也死，卜葬于故墓不吉，卜葬于沙丘而吉。掘之数仞，得石椁焉[⑪]，洗而视之，有铭焉[⑫]，曰：'不冯其子[⑬]，灵公夺而里之[⑭]。'夫灵公之为灵也久矣，之二人何足以识之[⑮]！"

注释 ①大（tài）史：史官。大弢（tāo）、伯常骞、豨（xī）韦：三位史官名。

②湛乐：过度淫乐。

③听：处理。

④田：打猎。毕：兽网。弋：用系有丝绳的箭来射。

⑤际：交际，指会盟之类的事。

⑥是因是：这样的谥号就因为他具有这样的德行。旧注说，"灵"是无道的谥号，卫灵公无道因而称之为卫灵公。

⑦滥：浴器。字亦作“槛”。

⑧史鰌（qiū）：即史鱼，卫国的贤大夫。奉御：奉召。一说“奉”当读“捧（pěng）”，“奉御”即捧着君侯所用之物。译文从前说。所：居所，这里指灵公的居所。

⑨搏：接过。币：布帛。翼：蔽翼、遮挡。

⑩慢：怠慢。

⑪石椁：用石制成的外棺。

⑫铭：刻镌；“有铭焉”是说石椁上刻有文字。

⑬冯（píng）：依靠，这个意义后代写作“凭（凴）”。

⑭里：居处。

⑮之：此；“之二人”即大弢与伯常骞。

译文

孔子向太史大弢、伯常骞、豨韦请教：“卫灵公饮酒作乐荒淫无度，不愿处理国家政务；经常出外张网打猎射杀飞鸟，又不参与诸侯间的交往与盟会；他死之后为什么还追谥为灵公呢？”大弢说：“这样的谥号就是因为他具有这样的德行。”伯常骞说：“那时候卫灵公有三个妻子，他们在一个盆池里洗澡。卫国的贤臣史鰌奉召进到卫灵公的寓所，只得急忙接过衣裳来相互帮助遮掩。他对待大臣是多么的傲慢，而他对贤人又是如此的肃敬，这就是他死后追谥为灵公的原因。”

豨韦则说："当年卫灵公死了，占卜问葬说是葬在原墓地不吉利，而葬在沙丘上就能吉利。于是挖掘沙丘数丈，发现有一石制外棺，洗去泥土一看，上面还刻有一段文字，说：'不靠子孙，灵公将得此为冢。'灵公被叫做'灵'看来已经很久很久了，大弢和伯常骞怎么能够知道！"

原文 少知问于大公调曰①："何谓丘里之言②？"大公调曰："丘里者，合十姓百名而以为风俗也；合异以为同，散同以为异。今指马之百体而不得马，而马系于前者③，立其百体而谓之马也。是故丘山积卑而为高，江河合水而为大④，大人合并而为公。是以自外入者，有主而不执⑤；由中出者，有正而不距⑥，四时殊气⑦，天不赐⑧，故岁成⑨；五官殊职，君不私，故国治；文武大人不赐⑩，故德备；万物殊理⑪，道不私，故无名⑫。无名故无为，无为而无不为。时有终始，世有变化。祸福淳淳⑬，至有所拂者而有所宜⑭；自殉殊面⑮，有所正者有所差。比于大泽，百材皆度⑯；观于大山，木石同坛⑰。此之谓丘里之言。"

注释 ①少知、大（tài）公调：虚拟的人名，分别寓含知识浅薄与博大、公正、调谐的意思。

②丘里：乡里。旧注说，古代十家为丘，二十家为里。

③系：拴缚。

④“水”字疑为“小”字之讹，上句“卑”与“高”对文，本句“大”当与“小”对文。

⑤有主：指心有主见。执：执着，坚持己见。

⑥有正：具有正确的看法。距：离；“不距”是说不跟他人相违逆。

⑦殊：不同；下同此解。“殊气”即气节不一样。

⑧赐：给予，但含有偏私的意思；“天不赐”是说大自然并没有对哪一个节令给予特别的恩赐。

⑨岁成：岁月的序列因此形成。

⑩文武：文臣武将。

⑪理：条理，规律。

⑫无名：没有称谓。篇文认为人们对于外界的干预与作为都出自各种事物的分解与认识，因而没有各别不同的称谓也就能够做到无为。

⑬淳淳：流动的样子。

⑭拂：违逆、乖背。

⑮殉：逐；“自殉殊面”是说各自追求不同的侧面。

⑯度：量，合于一定的尺度。

⑰坛：基；“同坛”即同处在一个地方。

译文 少知向大公调求教：“什么叫做‘丘里’之言？”大公调说：“所谓‘丘里’，就是聚合头十个姓，上百个人而形成共同的风气与习俗；组合各个不同的个体就形成混同的整体，离散混同的整体又成为各个不同的个体。如今指称马的上百个部位都不能获得马的整体，而马就拴缚在眼前，只有确立了马的每一个部位并组合成一整体才能称之为马。所以说山丘积聚卑小的土石才成就其高，江河汇聚细小的流水才成就其大，伟大的人物并合了众多的意见才成就其公。所以，从外界反映到内心里的东西，自己虽有定见却并不执着己见，由内心里向外表达的东西，即使是正确的也不愿跟他人相违逆。四季具有不同的气候，大自然并没有对某一节令给予特别的恩赐，因此年岁的序列得以形成；各种官吏具有不同的职能，国君没有偏私，因此国家得以治理；文臣武将具有各不相同的本事，国君不作偏爱，因此各自德行完备；万物具有各别的规律，大道对它们也都没有偏爱，因此不去授予名称以示区别。没有称谓因而也就没有作为，没有作为因而也就无所不为。时序有终始，世代有变化。祸福在不停地流转，出现违逆的一面同时也就存在相宜的一面；各自追逐其不同的侧面，有所端正的同时也就有所差误。就拿山泽来比方，生长的各种材质全都有自己的用处；再看看大山，树木与石块处在同一块地方。这就叫做‘丘里’的言论。”

原文 少知曰：“然则谓之道，足乎？”大公调曰：“不然。今计物之数，不止于万，而期曰万物者①，以数之多者号而读之也②。是故天地者，形之大者也；阴阳者，气之大者也；道者为之公③。因其大以号而读之则可也，已有之矣④，乃将得比哉！则若以斯辩⑤，譬犹狗马，其不及远矣。”

注释 ①期：限。

②号（hào）：宣称。下同此解。读：语，称说。下同此解。

③为之公：为天地和阴阳二气所共同具备，即天地、阴阳都为大道所贯通。

④“已有之”是指已具有了“道”的名称。

⑤辩：通作“辨”，区分、分别的意思。

译文 少知问：“既然如此，那么称之为道，可以吗？”大公调说："不可以。现在计算一下物的种数，不止于一万，而只限于称作万物，是用数目字最多的来称述它。所以，天和地，是形体中最大的；阴与阳，是元气中最大的；而大道却把天地、阴阳相贯通。因为它大就用'道'来称述它是可以的，已经有了'道'的名称，还能够用什么来与它相提并论呢？假如用这样的观点来寻求区别，就好像狗与马，其间的差别也就太大了！"

原文

少知曰："四方之内，六合之里，万物之所生恶起？"大公调曰："阴阳相照相盖相治①，四时相代相生相杀②，欲恶去就于是桥起③，雌雄片合于是庸有④。安危相易，祸福相生，缓急相摩⑤，聚散以成⑥。此名实之可纪⑦，精微之可志也⑧。随序之相理⑨，桥运之相使⑩，穷则反，终则始；此物之所有。言之所尽，知之所至，极物而已⑪。睹道之人，不随其所废⑫，不原其所起⑬，此议之所止。"

注释

①照：辉映。盖（hài）：通作"害"。

②杀：衰减。

③桥起：像桥梁一样相互连接而起。

④片：分。庸：常。“雌雄”两两相对，“片合”也两两相对，结构形式跟上句之“欲恶”与“去就”相同。

⑤缓急：喻指寿延与夭折。相摩：相互交接。

⑥聚散：指生与死。篇文认为，生乃气的聚合，死乃气的离散。

⑦纪：绪；“可纪”是说可以理出端绪。

⑧志：记载。

⑨随序：随物变化的次序。相理：相互遵循着一定的规律。

⑩桥运：像桥梁连接着彼此两个方面一样地运动。相使：相互间又彼此制约。本句与前一句都在于说明一个道理，物与物之间、物的这一面与那一面之间总是相互关联而又相互制约的。

⑪极：限；“极物而已”是说只限于人们所熟悉的事物罢了。

⑫随：追逐。

⑬原：推究。

译文

少知问：“四境之内，宇宙之间，万物的产生从哪里开始？”大公调说：“阴阳互相辉映、互相伤害又互相调治，四季互相更替、互相产生又互相衰减。欲念、憎恶、离弃、靠拢，于是像桥梁一样相互连接相互兴起，雌性、雄性的分开、交合，于是相互为常相互具有。安全与危难相互变易，灾祸与幸福相互生存，寿延与夭折相互交接，生还与死亡因此而形成。这些现象的名称与实际都能理出端绪，精细微妙之处都能记载下来。随物变化的次序相互更替总是遵循着一定的轨迹，又像桥梁连接彼此两方那样地运动而又彼此相互制约，到了尽头就会折回，有了终结就有开始；这都是万物所共有的规律。言语所能致意的，智巧所能达到的，只限于人们所熟悉的少数事物罢了。体察大道的人，不追逐事物的消亡，不探究事物的源起，这就是言语评说所限止的境界。”

原文　少知曰：“季真之莫为①，接子之或使②，二家之议，孰正于其情，孰偏于其理？”大公调曰：“鸡鸣狗吠，是人之所知；虽有大知，不能以言读其所自化，又不能以意其所将为③。斯则析之④，精至于无伦⑤，大至于不可围，或之始，莫之为，未免于物而终以为过⑥。或始则实，莫为则虚。有名有实，是物之居⑦；无名无实，在物之虚。可言可意，言而愈疏。未生不可忌⑧，已死不可徂⑨。死生非远也，理不可睹。或之使，莫之为，疑之所假⑩。吾观之本⑪，其往无穷；吾求之末⑫，其来无止。无穷无止，言之无也，与物同理；或使莫为，言之本也⑬，与物终始。道不可有，有不可无。道之为名，所假而行。或使莫为，在物一曲⑭，夫胡为于大方⑮？言而足⑯，则终日言而尽道；言而不足，则终日言而尽物。道物之极⑰，言默不足以载⑱；非言非默，议有所极⑲。”

注释

①季真：齐国的贤人。莫为，季真的主张，认为万物都是自然地产生，不是出自什么人的作为。

②接子：齐国的贤人。或使：接子的主张，认为万物的产生总是有什么在支配。“季真”与“接子”乃至他们的主张，无史载可考，疑为篇文的杜撰。

③意：推测。所将为：将会怎么样。

④斯：此；“斯而析之”是说用此道理来加以推论和分析。

⑤伦：伦比。

⑥未免于物：不能免于为外物所拘滞。这是针对以上“或使”“莫为”两种态度而说的，篇文认为“或使”“莫为”各持一端都不能合于道，因而最终都不能免于过而不当。

⑦物之居：指名与实相合就构成物的具体存在，下句“虚”字的意思则刚好相反。

⑧忌：禁。

⑨徂：亦作“阻”，阻碍的意思。

⑩假：借。

⑪本：原本，这里指过去。

⑫末：末延，这里指未来。

⑬言之本：言谈者所各持的一端。

⑭曲：隅；“在物一曲”是说偏执于事物的一个方面。

⑮大方：大道。

⑯足：圆满。

⑰道物之极：大道乃是阐释万物的最高原理。

⑱言默：言谈与缄默。载：称述，表达。

⑲本句语意有所隐含，大意是，用言语来评说总有一定的局限，可是大道却是没有极限的。

译文

少知又问：“季真的‘莫为’观点，接子的‘或使’主张，两家的议论，谁最合乎事物的真情，谁又偏离了客观的规律？”大公调说：“鸡鸣狗叫，这是人人都能了解的现象；可是，即使是具有超人的才智，也不能用言语来称述其自我变化的原因，同样也不能臆断它们将会怎么样。用这样的道理来加以推论和分析，精妙达到了无与伦比，浩大达到了不可限量，事物的产生有所支持，还是事物的产生全出于虚无，两种看法各持一端均不能免于为物所拘滞，因而最终只能是过而不当。‘或使’的主张过于执滞，‘莫为’的观点过于虚空。有名有实，这就构成物的具体形象。无名无实，事物的存在也就显得十分虚无。可以言谈也可以测度，可是越是言谈距离事物的真情也就越疏远。没有产生的不能禁止其产生，已经死亡的不能阻挡其死亡。死与生并不相距很远，其中的规律却是不易察见。事物的产生有所支使，还是事物的产生全都出于虚无，两者都是因为疑惑而借此生出的偏执之见。我观察事物的原本，事物的过去没有穷尽；我寻找事物的末绪，事物的将来不可限止。没有穷尽又没有限止，言语的表达不能做到，这就跟事物具有同一的规律；而‘或使’‘莫为’的主张，用言谈各持一端，又跟事物一样有了外在的终始。道不可以用‘有’来表达，‘有’也不可以用无来描述。大道之所以称为‘道’，只不过是借用了‘道’的名称。‘或使’和‘莫为’的主张，各自偏执于事物的一隅，怎么能称述于大道呢？言语圆满周全，那么整天说话也能符合于道；言语不能圆满周全，那么整天说话也都滞碍于物。道是阐释万物的最高原理，言语和缄默都不足以称述，既不说话也不缄默，评议有极限而大道却是没有极限的。”

外物

题解

“外物”是篇首的两个字，用来作为篇名。全文内容依旧很杂，但多数文字在于讨论养生处世，倡导顺应，反对矫饰，反对有所操持，从而做到虚己而忘言。

全文大体分为九个部分。第一部分至“于是乎有僓然而道尽”，说明外在事物不可能有个定准，指出世俗人追逐于利害得失之间，到头来只会精神崩溃玄理丧尽。第二部分至“曾不如早索我枯鱼之肆”，写庄周家贫前往借贷的故事，借以说明顺应自然、依其本性的必要。第三部分至“其不可与经于世亦远矣”，借任公子钓大鱼的故事，讽刺眼光短浅好发议论的浅薄之士，比喻治理世事的人必须立志有所大成。第四部分至“无伤口中珠”，讽刺儒家表面倡导诗、礼，暗里却干着见不得人的勾当。第五部分至“奈何哉其载焉终矜尔”，写老莱子对孔丘的训示，指出“与其誉尧而非桀，不如两忘而闭其誉”，倡导顺应便能每事成功的主张。第六部分至“与能言者处也”，借神龟被杀的故事，说明“知有所困，神有所不及”的道理，因而只得一切顺其自然。第七部分至“然则无用之为用也亦明矣”，通过庄子和惠子的对话，指出“无用之为用”的道理。第八部分至“亦神者不胜”，讨论修身养性，批评了驰世逐物的处世态度，提倡“游于世而不僻”“顺人而不失己”的生活旨趣，而真正要做到这一点又在于内心要“空虚”，因为“空虚”就能容物，“空虚”就能顺应。余下为第九部分，进一步阐明顺应自然的观点，反对矫饰，反对有所操持，希望能做到遗物而忘我，最终进入到“得意而忘言”的境界。

原文 外物不可必①，故龙逄诛②，比干戮③，箕子狂④，恶来死⑤，桀纣亡。人主莫不欲其臣之忠，而忠未必信⑥，故伍员流于江⑦，苌弘死于蜀⑧，藏其血三年而化为碧。人亲莫不欲其子之孝，而孝未必爱⑨，故孝己忧而曾参悲⑩。木与木相摩而然⑪，金与火相守则流⑫。阴阳错行⑬，则天地大絯⑭，于是乎有雷有霆，水中有火⑮，乃焚大槐。有甚忧两陷而无所逃⑯，螴蜳不得成⑰，心若县于天地之间⑱，慰暋沈屯⑲，利害相摩，生火甚多⑳；众人焚和㉑，月固不胜火㉒，于是乎有僓然而道尽㉓。

注释 ①必：必然。

②龙逄：夏桀时代的贤臣，姓关名龙逄，多次劝谏夏桀反遭杀害。

③比干：殷纣王庶出的叔叔，也因多次劝谏而遭杀害。

④箕子：殷纣王庶出的叔叔，屡次劝谏都不被采纳，因而假装疯癫。

⑤恶来：殷纣王的谀臣。

⑥信：用于被动，“未必信”即未必能够受到信任。

⑦伍员：即伍子胥，本是楚大夫伍奢之子，逃吴后为吴王夫差的大夫，因劝谏夫差而被赐死，死后尸体被丢于江中。

⑧苌（cháng）弘：周王朝的贤大夫，相传流放巴蜀后被剖腹而死。

⑨爱：用于被动，“未必爱”是说未必能够受到怜爱。

⑩孝己：殷高宗的儿子，遭后母虐待忧苦而死。曾参（shēn）：孔子弟子，很有孝心，但却常遭父母打骂。

⑪摩：摩擦。然：燃烧；这个意义后代写作“燃”。

⑫流：指金属熔化。

⑬错行：错乱不顺。

⑭絯（hài）：通作“骇”，惊动的意思。

⑮火：指闪电。

⑯甚：通作“媅”，欢乐的意思。

⑰螴（chén）蜳（dūn）：即怵惕，恐惧不安的样子。

⑱县（xuán）：悬。

⑲慰：郁。暋（mǐn）：忧。沈（chén）：深。屯：难。

⑳生火甚多：形容内心焦躁不安。

㉑众人：一般的人，即世俗的人。

㉒月：喻指心境清明淡泊。火：指内心的焦虑。

㉓僓（tuí）然：即颓然，精神崩毁的样子。

译文 外在事物不可能有个定准，所以忠良之士关龙逢被斩杀，比干遭杀害，箕子被迫装疯，而谀臣恶来同样不能免于一死，暴君夏桀和殷纣也同样身毁国亡。国君无不希望他的臣子效忠于己，可是竭尽忠心未必能够取得信任，所以伍子胥被赐死而且飘尸江中，苌弘被流放西蜀而死，西蜀人珍藏他的血液三年后竟化作碧玉。做父母的无不希望子女孝顺，可是竭尽孝心未必能够受到怜爱，所以孝己愁苦而死、曾参悲切一生。木与木相互摩擦就会燃烧，金属跟火相互厮守就会熔化。阴与阳错乱不顺，天与地都会大受惊骇，于是雷声隆隆，雷雨中夹着闪电，甚至烧毁高大的树木。心存忧喜而且在这两种心境中越陷越深就会没有办法逃避，小心翼翼、恐惧不安而又一无所成，内心像高悬在天地之间，忧郁沉闷，利害得失在心中碰撞，于是内心烦乱焦躁万分；世俗人内热如火烧毁了中和之气，清虚淡泊的心境抑制不住内心如火的焦虑，于是便精神颓然玄理荡然无存。

原文 庄周家贫，故往贷粟于监河侯[①]。监河侯曰："诺。我将得邑金[②]，将贷子三百金[③]，可乎？"庄周忿然作色曰[④]："周昨来，有中道而呼者[⑤]，周顾视车辙中[⑥]，有鲋鱼焉[⑦]。周问之曰：'鲋鱼来[⑧]！子何为者邪？'对曰：'我，东海之波臣也[⑨]。君岂有斗升之水而活我哉[⑩]？'周曰：'诺。我且南游吴越之王[⑪]，激西江之水而迎子[⑫]，可乎？'鲋鱼忿然作色曰：'吾失我常与[⑬]，我无所处。吾得斗升之水然活耳[⑭]，君乃言此[⑮]，曾不如早索我枯鱼之肆[⑯]！'"

注释 ①监河侯：旧注指魏文侯。

②邑金：封邑之地的赋税。

③金：古代计算货币的单位，约等于二十两。

④色：脸色；"作色"是说脸色骤变。

⑤中道：途中。

⑥顾视：回头看。车辙：这里指车轮压过后留下的坑洼处。

⑦鲋（fù）鱼：即鲫鱼。

⑧来：语气词。

⑨波臣：水族中的一员。

⑩岂：表示祈请的语气。活我：使我活下来。

⑪游：游说，劝说。

⑫激：引。西江：非确指水名，泛指从西而来的流水。

⑬常与：经常生活的环境，这里指水。

⑭然：用作连词，这里讲作“就”。

⑮乃言此：竟说出这样的话。

⑯曾：还。索：求，找寻。肆：商店、市场。

译文 庄周家境贫寒，于是向监河侯借粮。监河侯说：“行，我即将收取封邑之地的税金，打算借给你三百金，好吗？”庄周听了脸色骤变忿忿地说：“我昨天来的时候，有谁在半道上呼唤我。我回头看看路上车轮辗过的小坑洼处，有条鲫鱼在那里挣扎。我问它：‘鲫鱼，你干什么呢？’鲫鱼回答：‘我是东海水族中的一员。你也许能用斗升之水使我活下来吧。’我对它说：‘行啊，我将到南方去游说吴王越王，引发西江之水来迎候你，可以吗？’鲫鱼变了脸色生气地说：‘我失去我经常生活的环境，没有安身之处。眼下我能得到斗升那样多的水就活下来了，而你竟说出这样的话，还不如早点到干鱼店里找我！’”

原文 任公子为大鉤巨缁①，五十辖以为饵②，蹲乎会稽③，投竿东海，旦旦而钓④，期年不得鱼⑤。已而大鱼食之[6]，牵巨鉤，錎没而下[7]，骛扬而奋鬐[8]，白波如山，海水震荡，声侔鬼神[9]，惮赫千里[10]。任公得若鱼[11]，离而腊之[12]，自制河以东[13]，苍梧已北[14]，莫不厌若鱼者[15]。已而后世辁才讽说之徒[16]，皆惊而相告也。夫揭竿累[17]，趣灌渎[18]，守鲵鲋[19]，其于得大鱼难矣。饰小说以干县令[20]，其于大达亦远矣[21]，是以未尝闻任氏之风俗[22]，其不可与经于世亦远矣[23]。

注释

①任公子：任国的公子。鉤："钩"字的古体；下同。缁（zī）：黑绳。

②犗（jiè）：阉割过的牛，这里泛指牛。"五十犗以为饵"即以五十头牛作为钓饵。

③会稽：山名。在今浙江省绍兴县南。

④旦旦：天天。

⑤期（jī）年：周年，整整一年。

⑥已而：后来不久。下同此解。

⑦錎（xiàn）：通作"陷"。"錎没"指大鱼牵着巨钩急速沉入海底。本句断句亦可作"錎没而下骛"，译文谨从旧本。

⑧骛扬：迅急地腾身而起。"骛"亦写作"骛"，这里未从。鬐（qí）：鱼脊。

⑨侔（móu）：齐等，"声侔鬼神"是说声音如同鬼神。

⑩惮赫：震惊。

⑪若鱼：即这样一条大鱼。下同此解。旧注将“若”字注为海神之名，未从。

⑫离：剖解。腊（xī）：干肉，这里用如动词，意思是制成鱼干。

⑬制河：即今之浙江。

⑭苍梧：岭南的山名。已：用同于“以”。

⑮厌：满足。这个意义后代写作“餍”。

⑯辁（quán）才：小才，浅薄之人。讽说之徒：喜好品评的人。

⑰揭：举。累：细绳。

⑱趣（qū）：亦写作“趋”，趋赴、奔走的意思。灌渎：小水渠。

⑲鲵鲋：小鱼。

⑳小说：浅薄的言辞。干：求。县（xuán）：悬，这里指高高的意思。令：美名。

㉑大达：通晓大道。

㉒风俗：风气、风格，这里指任公子有所大成的志向。

㉓经：治。“经于世”是说善于治理天下。

译文

任国公子做了个大鱼钩系上粗大的黑绳，用五十头牛做钓饵，蹲在会稽山上，把钓竿投向东海，每天都这样钓鱼，整整一年一条鱼也没钓到。不久大鱼吞食鱼饵，牵着巨大的钓钩，急速沉没海底，又迅急地扬起脊背腾身而起，掀起如山的白浪，海水剧烈震荡，吼声犹鬼神，震惊千里之外。任公子钓得这样一条大鱼，将它剖开制成鱼干，从浙江以东，到苍梧以北，没有谁不饱饱地吃上这条鱼的。这以后那些浅薄之人和喜好品评议论之士，都大为吃惊奔走相告。他们举着钓竿丝绳，奔跑在山沟小渠旁，守候小鱼上钩，至于想得到大鱼那就很难很难了。修饰浅薄的言辞以求得高高的美名，对于达到通晓大道的境界来说距离也就很远很远了，因此说不曾了解过任公子有所大成的志趣，恐怕也不可以说是善于治理天下，而且其间的差距也是很远很远了。

原文 儒以诗礼发冢[①]，大儒胪传曰[②]：“东方作矣[③]，事之何若[④]？”小儒曰：“未解裙襦[⑤]，口中有珠。诗固有之曰[⑥]：‘青青之麦，生于陵陂[⑦]。生不布施，死何含珠为[⑧]！’”“接其鬓[⑨]，压其颊[⑩]，儒以金椎控其颐[⑪]，徐别其颊[⑫]，无伤口中珠！”

注释 ①发：挖掘，打开。冢：坟墓。

②胪（lú）传：从上向下传告话语。

③作：这里指太阳的光亮已经露出。

④何若：如何，怎么样。

⑤襦：短衣。

⑥诗：古代逸诗。

⑦陂（bēi）：山坡，与“陵”字意义相近。

⑧为：语气词，表示疑问语气。本段标点颇多分歧，考其文意，为突出对话的语言环境而作了调整，未从旧说。

⑨接：撮，这里指从两鬓用力向内挤压。从本句以下应为大儒对小儒的答话，旧本将以下数句划为小儒的话语，于情理和人物身份均不吻合，故未从。

⑩频（huì）：腮帮上的胡须。

⑪儒：通作“而”，用作第二人称代词。控，敲击。颐：腮帮，即下巴。

⑫徐别：慢慢分开。

译文 儒生表面运用诗、书而暗地里却在盗墓。大儒在上面向下传话：“太阳快升起来了，事情进行得怎么样？”小儒说：“下裙和内衣还未解开，口中还含着珠子。古诗上就有这样的诗句：‘青青的麦苗，长在山坡上。生前不愿周济别人，死了怎么还含着珠子！’”大儒说："挤压他的两鬓，按着他的胡须，你再用锤子敲打他的下巴，慢慢地分开他的两颊，不要损坏了口中的珠子！"

原文 老莱子之弟子出薪[①]，遇仲尼，反以告[②]，曰："有人于彼，修上而趋下[③]，末偻而后耳[④]，视若营四海[⑤]，不知其谁氏之子。"老莱子曰："是丘也[⑥]。召而来。"仲尼至。曰："丘！去汝躬矜与汝容知[⑦]，斯为君子矣[⑧]。"仲尼揖而退，蹙然改容而问曰[⑨]："业可得进乎[⑩]？"老莱子曰："夫不忍一世之伤而骜万世之患[⑪]，抑固窭邪[⑫]，亡其略弗及邪[⑬]？惠以欢为骜[⑭]，终身之丑，中民之行进焉耳[⑮]，相引以名[⑯]，相结以隐[⑰]。与其誉尧而非桀[⑱]，不如两忘而闭其所誉[⑲]。反无非伤也[⑳]，动无非邪也[㉑]。圣人踌躇以兴事[㉒]，以每成功[㉓]，奈何哉其载焉终矜尔[㉔]！"

注释 ①老莱子：楚国的贤人，隐居于蒙山，楚王要他出来做官，他不愿为官而迁居。薪：用如动词，打柴。"出薪"亦作"出拾薪"。

②反：返，打柴归来。

③修：长，"修上"即上身长。趋（cù）：短促；"趋下"是说

下身短。

④末偻：头部朝前弯腰曲背。后耳：两耳后贴。

⑤营：谋。“视若营四海”是说目光敏锐周遍四方。

⑥是：此，这个人。

⑦知：智。

⑧斯：连词，用同于“则”。

⑨蹵（cù）然：惊恐不安的样子。

⑩业：学业，所从事的工作。

⑪一世之伤：指孔子意欲推行仁义来拯救当世的社会弊端。骜：亦作“骛”，奔波、驱驰的意思，“骜万世”是说使后世奔波不息。一说“骜”通作“傲”，亦可通。

⑫窭（jù）：贫穷，这里指内心的贫乏、蔽塞。

⑬亡其：与上句的“抑”字关联而成选择关系，相当于现代汉语的“抑或……还是……”的用法。略：谋略，才智。

⑭惠：布施恩惠。一说“惠”字为语首助词；译文从前一说。欢：这里指博取欢心。骜：通作“傲”。

⑮中民：普通人，平庸的人。

⑯相引以名：即以名相引，用名声相互招引。

⑰隐：私。“相结以隐”是说用私利相互勾结。

⑱非：非议，谴责。

⑲本句与前一句不能相应，疑有错讹，前一句谈到“誉”与

“非”两个方面，而本句“闭其所誉”却只提到了“誉”一个方面。译文姑从旧文。

⑳反：悖逆。“反无非伤”是说悖逆事理和物性无不受到损伤。

㉑动：这里指内心受到扰乱。“动无非邪”是说心性被搅乱无不邪念顿起。

㉒踌躇：从容，指不违背事物的真情而稳妥地从事。兴事：使事业兴盛。

㉓以：因而。每：每每，总是。

㉔载：执意而行。焉：指代“业可得进”一句中的“业”，即推行仁义于世。

译文 老莱子的弟子出外打柴，遇上了孔丘，打柴归来告诉老莱子，说：“有个人在那里，上身长下身短，伸颈曲背而且两耳后贴，眼光敏锐周遍四方，不知道他是姓什么的人。”老莱子说：“这个人一定是孔丘。快去叫他来见我。”孔丘来了，老莱子说：“孔丘，去掉你仪态上的矜持和容颜上的睿智之态，那就可以成为君子了。”孔丘听了后谦恭地作揖而退，面容顿改心悸不安地问道：“我所追求的仁义之学可以修进并为世人所用吗？”老莱子说：“不忍心一世的损伤却会留下使后世奔波不息的祸患，你是本来就孤陋蔽塞，还是才智赶不上呢？布施恩惠以博取欢心并因此自命不凡，这是终身的丑恶，是庸人的行为罢了，这样的人总是用名声来相互招引，用私利来相互勾结。与其称赞唐尧非议夏桀，不如两种情况都能遗忘而且堵住一切称誉。悖逆事理与物性定会受到损伤，心性被搅乱就会邪念顿起。圣哲的人顺应事理稳妥行事，因而总是事成功就。你执意推行仁义而且以此自矜又将会怎么样呢？”

原文 宋元君夜半而梦人被发窥阿门[①]，曰：“予自宰路之渊[②]，予为清江使河伯之所[③]，渔者余且得予[④]。”元君觉，使人占之，曰：“此神龟也。”君曰：“渔者有余且乎？”左右曰：“有。”君曰：“令余且会朝[⑤]。”明日，余且朝。君曰：“渔何得？”对曰：“且之网得白龟焉，其圆五尺。”君曰：“献若之龟。”龟至，君再欲杀之，再欲活之，心疑，卜之，曰：“杀龟以卜吉[⑥]。”乃刳龟[⑦]，七十二钻而无遗筴[⑧]。仲尼曰：“神龟能见梦于元君[⑨]，而不能避余且之网；知能七十二钻而无遗筴，不能避刳肠之患。如是，则知有所困，神有所不及也。虽有至知，万人谋之[⑩]。鱼不畏网而畏鹈鹕[⑪]。去小知而大知明，去善而自善矣[⑫]。婴儿生无石师而能言⑬，与能言者处也。”

注释 ①宋元君：宋国国君，即宋元公。被（pī）：通作“披”。阿门：侧旁的小门。

②宰路：江边一深水潭名。

③使：出使。河伯：神话中黄河的水神。

④余且：渔夫名。

⑤会朝：朝见。

⑥以卜：以之卜，用龟甲来占卜。

⑦刳（kū）：剖开后挖空。

⑧七十二：非实数，极言多次。钻：卜问时灼钻龟板。筴：“策”字的异体，算计。

⑨见（xiàn）：显。

⑩本句语意有所隐含，“万人谋之”意思是不能匹敌万人的谋算。

⑪鹈（tì）鹕（hú）：一种捕鱼的水鸟。

⑫前后两个“善”字意思不尽一样，前一“善”字指矜持矫饰的善行，后一“善”字指回归自然的善性。

⑬石（shuò）：通作“硕”，“石师”即大师。

译文 宋元君半夜里梦见有人披散着头发在侧门旁窥视，

说:“我来自名叫宰路的深渊,我作为清江的使者出使河伯的居所,渔夫余且捕捉了我。”宋元君醒来,派人占卜,说:“这是一只神龟。”宋元君问:“渔夫有名叫余且的吗?”左右侍臣回答:“有。”宋元君说:“叫余且来朝见我。”第二天,余且来朝。宋元君问:“你捕捞到了什么?”余且回答:“我的网捕捉到一只白龟,周长五尺。”宋元君说:“献出你捕获的白龟。”白龟送到,宋元君一会儿想杀掉,一会儿又想养起来,心里正犯疑惑,卜问吉凶,说:“杀掉白龟用来占卜,一定大吉。”于是把白龟剖开挖空,用龟板占卜数十次推断起来也没有一点失误。孔子知道后说:“神龟能显梦给宋元君,却不能避开余且的渔网;才智能占卜数十次也没有一点失误,却不能逃脱剖腹挖肠的祸患。如此说来,才智也有困窘的时候,神灵也有考虑不到的地方。即使存在最高超的智慧,也匹敌不了万人的谋算。鱼儿即使不畏惧渔网却也会害怕鹈鹕。摒弃小聪明方才显示大智慧,除去矫饰的善行方才能使自己真正回到自然的善性。婴儿生下地来没有高明的老师指教也能学会说话,只因为跟会说话的人自然相处。”

原文 惠子谓庄子曰："子言无用。"庄子曰："知无用而始可与言用矣。天地非不广且大也①，人之所用容足耳。然则厕足而垫之②，致黄泉③，人尚有用乎？"惠子曰："无用。"庄子曰："然则无用之为用也亦明矣。"

注释 ①天地：偏义复词，义重在"地"，"天"字只起音节性陪衬的作用。

②厕：置；"厕足"指投足之处。垫：掘。"厕足而垫之"是说，留下脚踩踏之处其余全都挖掉。

③致：直到。

译文 惠子对庄子说："你的言论没有用处。"庄子说："懂得没有用处方才能够跟他谈论有用。大地不能不说是既广且大了，人所用的只是脚能踩踏的一小块罢了。既然如此，那么只留下脚踩踏的一小块其余全都挖掉，一直挖到黄泉，大地对人来说还有用吗？"惠子说："当然没有用处。"庄子说："如此说来，没有用处的用处也就很明白了。"

原文 庄子曰："人有能游①，且得不游乎？人而不能游②，且得游乎？夫流遁之志③，决绝之行④，噫，其非至知厚德之任与[5]！覆坠而不反[6]，火驰而不顾[7]，虽相与为君臣，时也，易世而无以相践[8]。故曰至人不留行焉[9]。夫尊古而悲今，学者之流也[10]。且以狶韦氏之流观今之世，夫孰能不波？唯至人乃能游于世而不僻[11]，顺人而不失己[12]。彼教不学[13]，承意不彼[14]。"

注释

①游：随心而游，含有自适自乐之意。

②而：通作"若"，如果。

③流：流荡。遁：逃隐。"流"指追逐外物，"遁"指不能返归。

④决：矢志不渝。绝：刻意孤高。

⑤任：作为。"至知厚德之任"指真知大德之人的所作所为。

⑥覆坠：倾覆坠落，这里指沉溺于世事。

⑦火驰：像烈火燃烧一样地疾速驱驰，这里喻指追逐外物。

⑧践：通"贱"。贱视，地位低下。

⑨留：滞留。"不留行焉"是说随遇而安，在人生旅途上不作滞留。一本这句无"曰"字。

⑩学者：稚学之人，即还未能通达事理的人。

⑪僻：不正，邪僻。

⑫失己：失却自己的天性与真情。

⑬彼：指代前面所说的尊古卑今的观点。

⑭不彼：不分彼此，即不作争辩。

译文 庄子说:“人若能随心而游，那么难道还会不自适自乐吗？人假如不能随心而游，那么难道还能够自适自乐吗？流荡忘返于外物的心思，矢志不渝弃世孤高的行为，唉，恐怕不是真知大德之人的所作所为吧！沉溺于世事而不知悔悟，心急如焚地追逐外物而不愿反顾，即使相互间有的为君有的为臣，也只是看作一时的机遇，时世变化后就没有谁会认为自己地位低下了。所以说道德修养极为高尚的人从不愿意在人生的旅途上有所滞留。崇尚古代鄙薄当今，这是未能通达事理之人的观点。用狶韦氏之流的角度来观察当今的世事，谁又能不在心中引起波动？道德修养极为高尚的人方才能够混迹于世而不出现邪僻，顺随于众人之中却不会失却自己的真性。尊古卑今的见教不应学取，禀受其意也不必相互对立争辩不已。”

原文 目彻为明①，耳彻为聪，鼻彻为颤②，口彻为甘，心彻为知，知彻为德。凡道不欲壅，壅则哽③，哽而不止则跈④，跈者众害生。物之有知者恃息，其不殷⑤，非天之罪。天之穿之，日夜无降⑥，人则顾塞其窦⑦。胞有重阆⑧，心有天游⑨。室无空虚，则妇姑勃谿⑩；心无天游，则六凿相攘⑪。大林丘山之善于人也⑫，亦神者不胜。

注释 ①彻：透彻，贯通；以下同此解。

②颤（shān）：通作“膻”，这里指嗅觉。

③哽（gěng）：阻塞。

④跈（jiàn）：践踏。

⑤殷：盛。

⑥降：止息。

⑦顾：用作连词，表示转折关系。窦：孔窍。

⑧胞：包裹胎儿的囊膜，这里泛指内腹。阆（láng）：空旷之处。

⑨天游：没有拘系的自然而游。

⑩妇姑：媳妇与婆婆。勃豀（xī）：家庭里的争吵。

⑪六凿：六窍。一说指六情。译文从前说。攘：扰乱。

⑫善：宜。“善于人”即适宜于人。

译文 眼光敏锐叫做明，耳朵灵敏叫做聪，鼻子灵敏叫做膻，口感灵敏叫做甘，心灵透彻叫做智，聪明贯达叫做德。大凡道德总不希望有所壅塞，壅塞就会出现梗阻，梗阻而不能排除就会出现相互践踏，相互践踏那么各种祸害就会随之而起。物类有知觉靠的是气息，假如气息不盛，那么绝不是自然禀赋的过失。自然的真性贯穿万物，日夜不停，可是人们却反而堵塞自身的孔窍。腹腔有许多空旷之处因而能容受五脏怀藏胎儿，内心虚空便会没有拘系地顺应自然而游乐。屋里没有虚空感，婆媳之间就会争吵不休；内心不能虚空而且游心于自然，那么六种官能就会出现纷扰。森林与山丘之所以适宜于人，也是因为人们内心促狭、心神不爽。

原文　德溢乎名[①]，名溢乎暴[②]，谋稽乎誸[③]，知出乎争，柴生乎守[④]，官事果乎众宜。春雨日时[⑤]，草木怒生，铫鎒于是乎始修[⑥]，草木之到植者过半[⑦]，而不知其然。

注释　①溢：水满外流，这里是多余、过度的意思。下句同。

②暴（pù）：外露。

③稽：考求。誸（xián）：急。

④柴：通作“砦”，用于防守的栅栏，这里喻指闭塞。守：执滞。

⑤“日时”疑有讹误，全句暂理解为春雨适时而降。

⑥铫（yáo）、鎒（nòu）：锄地的工具。

⑦草木：偏义复词，义重在“草”，“木”字只起音节性的陪衬作用。到植：再生；“到”字的这个意义后代写作“倒”。

译文 德行的外溢是由于名声，名声的外溢是由于张扬，谋略的考求是由于危急，才智的运用是由于争斗，闭塞的出现是由于执滞，官府事务处理果决是由于顺应了民众。春雨应时而降，草木勃然而生，锄地的农具开始整修，田地里杂草锄后再生超过半数，而人们往往并不知道为什么会这样。

原文 静然可以补病，眦搣可以休老①，宁可以止遽②。虽然，若是，劳者之务也③，非佚者之所未尝过而问焉④。圣人之所以駴天下⑤，神人未尝过而问焉⑥；贤人所以駴世，圣人未尝过而问焉；君子所以駴国，贤人未尝过而问焉；小人所以合时，君子未尝过而问焉。

注释 ①眦（zì）搣（miè）：亦即“揃搣”或“訾搣”，古代类似今日按摩的一种养生办法。休：亦作“沐”，译文从“休”。

②遽（jù）：急促 。

③劳者之务：操劳的人所务必要做到的。篇文认为“静”也好，

“眦媙”也好,“宁”也好，都得有所操持。

④非：衍文，疑为注文窜入。佚：通作“逸”，闲逸的意思。

⑤駴（xiè）：惊骇。“所以駴”指用来惊动天下的办法。以下数句均仿此解。

⑥神人：这里指精神世界超脱于物外的人，即能够体察大道的人。

译文 沉静可以调养病体，摩摩擦擦可以延缓衰老，宁寂安定可以止息内心的急促。虽然如此，像这样，仍是操劳的人所务必要做到的，闲逸的人却从不予以过问。圣人用来惊骇天下的办法，神人不曾过问；贤人用来惊骇时世的办法，圣人不曾过问；君子用来惊骇国人的办法，贤人不曾过问；小人用来苟合于一时的办法，君子也不曾过问。

原文 演门有亲死者①，以善毁爵为官师②，其党人毁而死者半③。尧与许由天下，许由逃之；汤与务光④，务光怒之。纪他闻之⑤，帅弟子而踆于窾水⑥；诸侯吊之⑦，三年，申徒狄因以踣河⑧。荃者所以在鱼⑨，得鱼而忘荃；蹄者所以在兔⑩，得兔而忘蹄；言者所以在意，得意而忘言。吾安得夫忘言之人而与之言哉！

注释 ①演门：即寅门，宋国都城的东门。

②善：至孝。毁：毁容，指消瘦。下同此解。官师：官名。

③党人：乡里之人。

④务光：商汤时代的隐者。

⑤纪他：又一隐者。

⑥帅：统带，带领。踆（dūn）：通作“蹲”，停留、隐遁的意思。窾（kuǎn）水：一水名。

⑦吊：慰问。

⑧申徒狄：人名。踣（bó）：仆倒；“因以踣河”是说因为仰慕纪他的名声而投河。

⑨荃：通作“筌”，捕鱼的器具。所以在鱼：用来捕存鱼儿的工具。

⑩蹄：捕捉小动物的兽网，即罝（jiē）罘（fú）。

译文 东门口有个死了亲人的人，因为格外哀伤日渐消瘦而加官晋爵封为官师，他的同乡仿效他也消瘦毁容却死者过半。尧要禅让天下给许由，许由因而逃到箕山；商汤想把天下禅让给务光，务光大发脾气；纪他知道了这件事，率领弟子隐居在窾水一带，诸侯纷纷前往慰问，过了三年，申徒狄仰慕其名而投河自溺。竹笱是用来捕鱼的，捕到鱼后就忘掉了鱼笱；兔网是用来捕捉兔子的，捕到兔子后就忘掉了兔网；言语是用来传告思想的，领会了意思就忘掉了言语。我怎么能寻找到忘掉言语的人而跟他谈一谈呢！

寓言

题解 “寓言”本是篇首二字，但也是本文讨论的主要内容之一。所谓寓言，就是寄寓的言论。《庄子》阐述道理和主张，常假托于故事人物，寓言的方法正是《庄子》语言表达上的一大特色。

全文大体分成六个部分，第一部分至“天均者天倪也”，讨论了“寓言”、“重言”和“卮言”，指出宇宙万物从根本上说是齐一的、等同的，辨析事物的各种言论说到底是不符合客观事理的，要么不如忘言，要么随顺而言不留成见，日日变化更新。第一部分是全文的主体。第二部分至“吾且不得及彼乎”，借庄子之口评说孔子不再励志用心，指出再好的言论也不能使人心悦诚服。第三部分至“如观雀蚊虻相过乎前也”，写曾参两次做官心情不一样，但都不能做到心无牵挂，所以还是不能摆脱外物的拘系。第四部分至“若之何其有鬼邪”，表述体悟大道的过程，指出这其间最为重要的是忘却死生。第五部分至“强阳者又何以有问乎”，写影外微阴问影子变化不定的故事，指出无所依待才能随心而动。余下为第六部分，写老子对阳子居的批评以及阳子居的悔改，借此说明去除骄矜、容于众人，方才能真正做到修身养性。

原文

寓言十九①，重言十七②，卮言日出③，和以天倪④。寓言十九，藉外论之⑤。亲父不为其子媒。亲父誉之，不若非其父者也；非吾罪也，人之罪也。与己同则应，不与己同则反；同于己为是之⑥，异于己为非之⑦。重言十七，所以已言也⑧，是为耆艾⑨。年先矣⑩，而无经纬本末以期年耆者⑪，是非先也。人而无以先人⑫，无人道也⑬；人而无人道，是之谓陈人⑭。卮言日出，和以天倪，因以曼衍⑮，所以穷年⑯。

注释

①寓言：寄寓之言。十九：十分之九。“十九”所指，传统的说法是十句中有九句让人相信。也可理解为全书寓托之言占了十分之九。译文从前一说。

②重言：即引言，引用前辈圣哲的言论。十七：十分之七，即十句中有七句让人相信。也可以理解为全书引用前辈圣哲说过的话占了十分之七。译文从前一说。

③卮（zhī）言：自然而无成见的言论。“卮”本是酒器，任人倾注，空则盛，满则溢，侧仰则流，这里取其自然，不定之义。日出：天天更新。

④和：合。天倪：自然的分际。

⑤藉：借助。外：外在的客观情况。

⑥为：则，用作连词；下句同。是之：以之为是，认为是正确的。

⑦非之：以之为非，认为是不正确的。

⑧己：纪，记载并加以传述的意思。

⑨耆（qí）：六十岁。艾：五十岁。“耆”与“艾”，连用，这里用来泛指年长的人。

⑩年先：年龄在先，即年长。

⑪经纬：喻指治世的本领。本末：喻指事理的端绪。期：合。

⑫先人：先于他人。

⑬人道：为人之道。

⑭陈人：陈腐无用的人。

⑮因：循。曼衍：无心地变化发展。

⑯穷：尽。

译文 寄寓的言论十句有九句让人相信，引用前辈圣哲的言论十句有七句让人相信，随心表达、无有成见的言论天天变化更新，跟自然的区分相吻合。寄寓之言十句有九句让人相信，是因为借助于客观事物的实际来进行论述。做父亲的不给自己的儿子做媒。做父亲的夸赞儿子，总不如别人来称赞显得真实可信；这不是做父亲的过错，是人们易于猜疑的过错。跟自己的看法相同就应和，跟自己的看法不同就反对；跟自己的看法一致就肯定，跟自己的看法不一致就否定。引述前辈圣哲的言论十句有七句让人相信，是因为传告了前辈的论述，这些人都是年事已高的长者。年龄比别人大，却不能具备治世的本领和通晓事理的端绪而符合长者的厚德，这样的人就不能算是前辈长者。一个人如果没有什么先于他人的长处，也就缺乏做人之道；一个人如果缺乏做人之道，这就称作陈腐无用的人。随心表达、无有成见的言论天天变化更新，跟自然的区分相互吻合，因循无尽的变化与发展，因此能持久延年。

原文 不言则齐[①]，齐与言不齐，言与齐不齐也，故曰无言[②]。言无言，终身言，未尝不言[③]；终身不言，未尝不言。有自也而可[④]，有自也而不可；有自也而然[⑤]，有自也而不然。恶乎然？然于然。恶乎不然，不然于不然。恶乎可，可于可。恶乎不可？不可于不可。物固有所然，物固有所可，无物不然，无物不可。非卮言日出，和以天倪，孰得其久！万物皆种也[6]，以不同形相禅[7]，始卒若环[8]，莫得其伦[9]，是谓天均[10]。天均者天倪也。

注释

①齐：齐一，等同。篇文认为，言论不外乎是对事物的谈论和区分，可是事物归根结蒂是齐一的、等同的，因而不言不语事物常理自然存在，齐一的自然规律跟人们分辨事物的谈话始终是矛盾的，不能吻合的。

②无言：忘言，不如不说。一本“无”字前还有一“言”字，译文未从。

③未尝不言：“不”字当是衍文，删去“不”字前后句意方能贯述，句式也能相应。

④自：由。“有自”就是有其原因；下同此解。篇文认为，当齐一的事物被人为地分解为彼与此时，人们总会出现偏执之情，可与不可，然与不然均由此而生。

⑤然：对的、正确的。下同此解。

⑥种：指万物的源起，“皆种”是说皆出自气。

⑦禅：代，更替。

⑧卒：终了。

⑨伦：理。这里指循环往复变化的规律。

⑩天均：自然的均衡。

译文 不用说话事物的常理自然齐一，原本齐一的自然之理跟分辨事物的言论相比就不可能等同齐一了，既然言论跟客观齐一的自然之理不能谐和一致，所以虽然有话可说却不如不说。说出跟自然常理不能谐和一致的话就如同没有说话，终身在说话，也像是不曾说过话；而终身不说话，也未尝不是在说话。总是有所原由方才认可，也总是有所原由而不予认可；总是有所原由方才肯定，也总是有所原由而否定。怎么算是正确的？正确的就在于是正确的。怎样算是不正确的？不正确的就在于是不正确的。怎样才可以肯定？肯定就在于它可以肯定。怎样才应当否定？否定就在于它应当否定。万物原本就有它正确的方面，万物原本就有它可以肯定的方面，没有什么物类不存在正确的方面，没有什么物类不存在应当肯定的方面。如果不是随心表达、无有成见的言论天天变化更新，跟自然的区分相互吻合，什么言论能够维持长久？万物都有一个共同的起源，却用不同的形状相互替代，开始和终了就像在循环往复，没有谁能够掌握其间的规律，这就称作自然的均衡。自然的均衡也就是常说的自然的分际。

原文

庄子谓惠子曰："孔子行年六十而六十化[①]，始时所是[②]，卒而非之，未知今之所谓是之非五十九非也[③]。"惠子曰："孔子勤志服知也[④]。"庄子曰："孔子谢之矣[⑤]，而其未之尝言[⑥]。孔子云：'夫受才乎大本[⑦]，复灵以生[⑧]。'鸣而当律[⑨]，言而当法。利义陈乎前，而好恶是非直服人之口而已矣[⑩]。使人乃以心服，而不敢蘁立[⑪]，定天下之定[⑫]。已乎已乎！吾且不得及彼乎[⑬]！"

注释

①六十化：六十年来与日俱新随年变化。

②所是：所认为对的。

③五十九年非：五十九岁时认为是不对的。

④勤志：勤于励志。服：用。"服知"亦即用智，意思是用心学道。

⑤谢：代谢，这里指"勤志服知"业已退减。

⑥而：你。未之尝言：未尝言之，不要再说三道四。

⑦受才：禀受才智。大本：大道，亦可理解为自然。

⑧灵：灵性。

⑨律：乐律；“鸣而当律”是说发出的声音合于乐律。

⑩好恶是非：指辨别好、恶、是、非。直（tè）：通作“特”，仅只的意思。

⑪蘁（wù）：违逆的意思。

⑫前一“定”字是动词，立定、确立的意思；后一“定”字是名词，指定规、定理。

⑬彼：指代孔子。“不得及彼”是说比不上他。

译文 庄子对惠子说：“孔子活了六十岁而六十年来随年变化与日俱新，当初所肯定的，最终又作了否定，不知道现今所认为是对的不就是五十九岁时所认为是不对的。”惠子说：“孔子勤于励志用心学习。”庄子说：“孔子励志用心的精神已经大为减退，你不必再妄自评说。孔子说过：‘禀受才智于自然，回复灵性以全生。’如今发出的声音合于乐律，说出的话语合于法度。如果将利与义同时陈列于人们的面前，进而分辨好恶与是非，这仅仅只能使人口服罢了。要使人们能够内心诚服，而且不敢有丝毫违逆，还得确立天下的定规。算了算了，我还比不上他呢！”

原文 曾子再仕而心再化①，曰：“吾及亲仕②，三釜而心乐③；

后仕，三千钟而不洎④，吾心悲。”弟子问于仲尼曰：“若参者，可谓无所县其罪乎⑤？”曰：“既已县矣。夫无所县者，可以有哀乎？彼视三釜三千钟⑥，如观雀蚊虻相过乎前也⑦。”

注释

①曾子：曾参，孔子的弟子。再：第二次。化：变化。

②及：趁，赶上。“及亲仕”是说趁双亲还在世出来做官。

③釜：古代计量谷物的单位，合六斗四升。“三釜”的数量是微薄的，内心感到快乐是因为可以用来侍奉双亲。

④钟：古代计量谷物的单位，合六斛四斗。洎（jì）：通作“及”；“不洎亲”就是没赶上双亲在世。

⑤县（xuán）：悬，悬念、牵挂的意思；下同此解。罪：过错，这里指为爵禄所系拘。

⑥彼：泛指那些不为俸禄所拘系的人。

⑦一本“雀”字之前有一“鸟”字。“雀”与“蚊虻”都是鸟类和能飞的昆虫中的细小者，飞过后更不会留下印迹，用来比喻瞬间即逝不会存留心中。

译文

曾参第二次出来做官内心感情较前一次又有了变化，说：“我当年做官双亲在世，三釜微薄的俸禄也令人感到快乐；自那以后再次做官，三千钟的丰厚俸禄也赶不上赡养双亲了，所以我心里很悲伤。”孔子的弟子问孔子：“像曾参这样至孝的人，可以说是没有牵挂俸禄的过错吧？”孔子说：“曾参的心思已经跟俸禄联系起来了。如果内心没有牵挂，会出现悲伤的感情吗？对待俸禄心无所系的人，他们看待三釜乃至三千钟，就像是看待雀儿和蚊虻从眼前飞过一样。”

原文

颜成子游谓东郭子綦曰①：“自吾闻子之言，一年而野②，二年而从③，三年而通④，四年而物⑤，五年而来⑥，六年而鬼入⑦，七年而天成⑧，八年而不知死、不知生，九年而大妙⑨。”

注释

①颜成子游、东郭子綦：杜撰的人名。颜成子游为东郭子綦的弟子，东郭子綦因住外城之东而号东郭。

②野：质朴。

③从：顺从。

④通：通达，不执滞。

⑤物：用如动词，意思是与物混同。

⑥来：自得。

⑦鬼入：神灵会应。

⑧天成：跟自然融会谐和。

⑨大妙：达到玄妙之境。

译文 颜成子游对东郭子綦说："自从我听了你的谈话，一年之后就返归质朴，两年之后就顺从世俗，三年豁然贯通，四年与物混同，五年神情自得，六年灵会神悟，七年融于自然，八年就忘却生死，九年之后便达到了玄妙的境界。"

原文 "生有为，死也[①]，劝公[②]。以其死也，有自也[③]；而生阳也[④]，无自也。而果然乎[⑤]？恶乎其所适？恶乎其所不适[⑥]？天有历数[⑦]，地有人据[⑧]，吾恶乎求之？莫知其所终，若之何其无命[⑨]？莫知其所始，若之何其有命也？有以相应也，若之何其无鬼邪？无以相应也，若之何其有鬼邪？"

注释 ①从本句开始的这一自然段，应是东郭子綦的谈话。旧本看作颜成子游的谈话，与其学生的身份不符，故标点为老师东郭子綦对颜成子游的诲导。

②本句颇费解，前后也不能贯通，疑有脱讹。劝：劝勉，这里含有告诫的意思。公：平正。

③自：由，缘由，原因，下句同此解。

④生阳：生命感于阳气。

⑤而：你。然：这样，指代气聚则生、气散则死的认识。

⑥篇文认为，生不足乐，死不足哀，因此不存在何处适宜、何处不适宜的问题，顺应自然便能处处相宜。

⑦历数：日月星辰与寒暑节令的自然变化。

⑧人据：人们赖以生存的区域与寓所。

译文 东郭子綦说："生前驰逐外物恣意妄为，必然要走向死亡，劝诫人们事事求取平正。生命的终结，有它一定的原因；可是生命的产生却是感于阳气，并没有什么显明的迹象。你果真能够这样认识人的生与死吗？那么生与死何处算是适宜？又何处不算适宜呢？天有日月星辰和节气的变化，地有人们居住区域和寓所的划分，我又去哪里追求什么呢？没有人能够真正懂得生命的归向与终了，怎么能说没有命运安排？没有人能够真正懂得生命的起始与形成，又怎么能说存在命运的安排？有时候可以跟外物形成相应的感召，怎么能说没有鬼神主使呢？有时候又不能跟外物形成相应的感召，又怎么能说是存在鬼神的驱遣呢？"

原文 众罔两问于景曰①："若向也俯而今也仰②，向也括而今也被发[3]，向也坐而今也起，向也行而今也止，何也？”景曰：“搜搜也[4]，奚稍问也[5]！予有而不知其所以[6]。予，蜩甲也[7]，蛇蜕也，似之而非也。火与日，吾屯也[8]；阴与夜，吾代也[9]。彼吾所以有待邪[10]？而况乎以无有待者乎[11]！彼来则我与之来，彼往则我与之往，彼强阳则我与之强阳[12]。强阳者又何以有问乎！”

注释

①罔两：影外微阴。景（yǐng）：影。

②若：你。

③括：指括发，即束成发髻。一本“括”字之下还有一“撮”字，句意无变化。被（pī）：通作“披”。

④搜搜：亦作“叟叟”，无心运动的样子。

⑤稍：小。“奚稍问”即有何可问。

⑥有（wéi）：通作“为”。

⑦蜩甲：寒蝉蜕下的皮。

⑧屯：聚；“吾屯”是说光亮使影子聚合而显明。

⑨代：替代，含有隐息的意思。

⑩彼：指代有形之物。待：依待，凭借。

⑪无有待者：无所依待的事物，实指天道。

⑫强阳：亦即徜徉，徘徊不定、自然地运动的意思。

译文 影外的微阴向影子问道："你先前低着头现在仰起头，先前束着发髻现在披着头发，先前坐着现在站起，先前行走现在停下来，这是什么原因呢？"影子回答："我就是这样地随意运动，有什么可问的呢？我如此行止自己也不知道为什么会是这样。我，就如同寒蝉蜕下来的壳、蛇蜕下来的皮，跟那本体事物相似却又不是那事物本身。火与阳光，使我聚合而显明；阴与黑夜，使我得以隐息。可是有形的物体真就是我赖以存在的凭借吗？何况是没有任何依待的事物呢！有形的物体到来我便随之到来，有形的物体离去我也随之离去，有形的物体徘徊不定我就随之不停地运动。变化不定的事物有什么可问的呢？"

原文 阳之居南之沛①，老聃西游于秦②，邀于郊③，至于梁而遇老子④。老子中道仰天而叹曰："始以汝为可教，今不可也。"阳子居不答。至舍⑤，进盥漱巾栉⑥，脱屦户外⑦，膝行而前曰："向者弟子欲请夫子，夫子行不闲⑧，是以不敢。今闲矣，请问其过。"老子曰："而睢睢盱盱⑨，而谁与居？大白若辱⑩，盛德若不足。"阳子居蹴然变容曰⑪："敬闻命矣！"其往也⑫，舍者迎将⑬。其家公执席⑭，妻执巾栉⑮，舍者避席，炀者避灶[16]。其反也，舍者与之争席矣。

注释

①阳子居：人名，即阳朱。沛：地名，今江苏徐州一带。“南之沛”是说往南到沛地去。

②秦：指今陕西一带。

③邀：遇，半路上迎住。本句是说阳子居预料将在沛地的郊野遇上老聃。

④梁：地名，今河南开封一带。老子：即前句之老聃。

⑤舍：馆舍，旅店。

⑥盥（guàn）：洗手。栉（zhì）：梳篦。“盥漱巾栉”四字连用，泛指各种盥洗梳理用具。

⑦屦（jù）：麻鞋 。

⑧行不闲：旅行途中无有空闲。

⑨而：你，下句同。睢睢（suī）盱盱（xū）：抬头张目，傲视于人的样子。

⑩辱：污垢。

⑪蹴然：即蹙然，羞惭不安的样子。

⑫其：指代阳子居；“其往也”是说当阳子居刚来到旅社时。

⑬舍者：住店的旅客。将：送。

⑭公：指旅店的男主人。执席：亲自安排坐席。

⑮妻：指旅店的女主人。执巾栉（zhì）：亲手拿着毛巾、梳

子服侍盥洗。

⑯炀（yàng）：用火烘干，这里引申讲作烤火。

译文

阳子居往南到沛地去，正巧老聃到西边的秦地闲游，阳子居估计将在沛地的郊野遇上老聃，可是到了梁城方才见上面。老子在半路上仰天长叹说："当初我把你看作是可以教诲的人，如今看来你是不可受教的。"阳子居一句话也没说。到了旅店，阳子居进上各种盥洗用具，把鞋子脱在门外，双脚跪着上前说道："刚才弟子正想请教先生，正赶上先生旅途中没有空闲，所以不敢贸然启齿。如今先生闲暇下来，恳请先生指出我的过错。"老聃说："你仰头张目傲慢跋扈，你还能够跟谁相处？过于洁白的好像总会觉得有什么污垢，德行最为高尚的好像总会觉得有什么不足之处。"阳子居听了脸色大变羞惭不安地说："弟子由衷地接受先生的教导。"阳子居刚来旅店的时候，店里的客人都得迎来送往，那个旅舍的男主人亲自为他安排坐席，女主人亲手拿着毛巾梳子侍候他盥洗，旅客们见了他都得让出座位，烤火的人见了也就远离火边。等到他离开旅店的时候，旅店的客人已经跟他无拘无束争席而坐了。

让王

题解

“让王”，意思是禅让王位。篇文的主旨在于阐述重生，提倡不因外物妨碍生命的思想。利禄不可取，王位可以让，全在于看重生命，保全生命。“轻物重生”的观点历来多有指斥，认为与庄子思想不合，但其间亦有相通之处，且先秦诸子思想也常互相渗透与影响，尽可看作庄子后学所撰。

全文写了十六七个小故事，大体可以划分为十个部分。第一部分至“终身不反也”，写许由、子州支父、善卷和石户之农不愿接受禅让的故事，明确阐述了重视生命的思想，天下固然“至重”，但不能以此害生。本部分在阐明题旨上处于重要地位。第二部分至“此固越人之所欲得为君也”，写周文王的祖父大王亶父迁邠和王子搜不愿为君的故事，在前一部分的基础上进一步阐述重视生命的思想。第三部分至“岂特随侯之重哉”，通过华子与昭僖侯的对话和鲁君礼聘颜阖而颜阖不愿接受的故事，进一步指出要分清事物的轻与重，生命是重要的，利禄、土地等身外之物是不值得看重的，用宝贵的生命去追逐无用的外物，就好像用随侯之珠弹打高飞的麻雀。第四部分至“民果作难而杀子阳”，写列子贫穷却不愿接受官府的赠予。第五部分至“遂不受也”，写屠羊说有功也不受禄，表达了轻视利禄、追求高义的思想。第六部分至“是丘之得也”，写原宪、曾子、颜回身处卑微、生活贫困，却不愿为官，不愿追求利禄，表达了安贫乐道的思想。第七部分至“可谓有其意矣”，通过魏牟和瞻子的对话，提出“重生”、轻利的观点。第八部分至“故许由娱于颍阳而共伯得乎共首”，写孔子身处厄境也随遇而安，说明得道之人方能“穷亦乐”“通亦乐”。第九部分至“乃负石而自沈于庐水”，写北人无择、卞随和瞀光诸隐士鄙薄禄位不愿为君的故事，内容跟第一部分相似。余下为第十部分，写伯夷、叔齐对周王朝夺取天下的评价，斥之为“推乱以易暴”，宁可饿死于首阳山，也不愿“并乎周”而玷污自身。

原文

尧以天下让许由①，许由不受。又让于子州支父②，子州支父曰：“以我为天子，犹之可也。虽然，我适有幽忧之病③，方且治之，未暇治天下也。”夫天下至重也，而不以害其生④，又况他物乎！唯无以天下为者⑤，可以托天下也。

注释

①许由：传说中唐尧时代的隐士，其不受禅让的故事已多次见于《逍遥游》等篇目。

②子州支父：传说中唐尧时代的又一隐士，姓子名州，支父为字。

③幽：深。“幽忧之病”即痼疾，深固之病。

④不以害其生：不因为治理天下损害自己的生命。

⑤无以天下为：无所作为于天下，即对于天下之事顺任无为。

译文 尧把天下让给许由，许由不接受。又让给子州支父，子州支父说：“让我来做天子，那还是可以的。不过，我正患有很顽固的病症，正打算认真治一治，没有空闲时间来治天下。”统治天下是地位最高、权力最重的了，却不能因此而妨碍自己的生命，更何况是其他的一般事物呢？只有忘却天下，无所作为的人，方才可以把统治天下的重任托付给他。

原文 舜让天下于子州支伯[①]。子州支伯曰：“予适有幽忧之病，方且治之，未暇治天下也。”故天下大器也[②]，而不以易生[③]，此有道者之所以异乎俗者也。

注释 ①子州支伯：亦即子州支父。

②大器：最为贵重的器物。

③不以易生：不用统治天下这一最为贵重的器物来换取生命。

译文 舜让天下给子州支伯，子州支伯说：“我正患有很顽固的病症，正打算认真治一治，没有多余时间来治理天下。”由此可见，天下应当是最为贵重的东西了，可是却不能用它来替换生命，这就是怀道的人对待天下跟世俗大不一样的原因。

原文 舜以天下让善卷①，善卷曰：“余立于宇宙之中，冬日衣皮毛②，夏日衣葛絺③；春耕种，形足以劳动；秋收敛，身足以休食；日出而作，日入而息，逍遥于天地之间而心意自得。吾何以天下为哉④！悲夫，子之不知余也！”遂不受。于是去而入深山，莫知其处⑤。

注释 ①善卷：传说中又一古代隐士，姓善名卷。

②衣：用如动词，下句同；“衣皮毛”即穿皮毛之服。

③葛：植物名，茎皮纤维很长，可以用来织布。絺（chī）：细葛布。

④何以天下为：即“何以为天下”，为什么还要去治理天下。

⑤处（chù）：处所。

译文 舜又把天下让给善卷，善卷说：“我处在宇宙之中，冬天披柔软的皮毛，夏天穿细细的葛布；春天耕地下种，形躯能够承担这样的劳作，秋天收割贮藏，自身完全能够满足给养；太阳升起时就下地干活儿，太阳下山了就返家安息，无拘无束地生活在天地之间而心中的快意只有我自身能够领受。我又哪里用得着去统治天下呢！可悲啊，你不了解我！”也就没有接受。于是善卷离开了家而隐入深山，再没有人能够知道他的住处。

原文 舜以天下让其友石户之农①，石户之农曰：“捲捲乎后之为人②，葆力之士也③！”以舜之德为未至也，于是夫负妻戴④，携子以入于海，终身不反也。

注释 ①石户：杜撰的地名。“石户之农”是说石户的一位农夫。

②捲捲（quán）：用力的样子。后：君后，这里是指称舜。一说“后”字乃“户”字之讹。译文从前一说。

③葆：亦作“保”，“葆力”是勤苦劳累的意思。

④戴：用头顶负物品。

译文 舜再把天下让给他的朋友石户地方的一位农夫，这位石户的农夫说：“君后的为人实在是尽心尽力了，真是个勤苦劳累的人！”他认为舜的德行还未能达到最高的境界，于是夫妻二人背的背、扛的扛，带着子女逃到海上的荒岛，终身不再返回。

原文 大王亶父居邠[①]，狄人攻之[②]；事之以皮帛而不受[③]，事之以犬马而不受，事之以珠玉而不受，狄人之所求者土地也。大王亶父曰："与人之兄居而不杀其弟，与人之父居而杀其子，吾不忍也。子皆勉居矣[④]！为吾臣与为狄人臣奚以异！且吾闻之，不以所用养害所养[⑤]。"因杖筴而去之[⑥]。民相连而从之[⑦]，遂成国于岐山之下[⑧]。夫大王亶父，可望能尊生矣[⑨]。能尊生者，虽贵富不以养伤身，虽贫贱不以利累形[⑩]。今世之人居高官尊爵者，皆重失之[⑪]，见利轻亡其身，岂不惑者！

注释 ①大（tài）王亶父：周文王的祖父，始迁岐山，发展农耕，奠定了周王朝的基业。邠：古地名，今陕西省境内。

②狄：古代西北的一个部族，先秦的典籍上常又称作"猃狁"。

③事：奉，敬献。以下同此解。

④勉居：勉力居处，这里指跟狄人共同努力居住在一起。

⑤用：以；"所用养"即所以养，指土地。

⑥杖：用如动词，即拄杖。筴：鞭子，这里泛指手杖之类的器物。

⑦相连：相连续。一说“连”当讲作“辇”，“相连”则是相互推着车的意思，亦可通。

⑧国：城邑，国都。岐山：地名，今陕西岐山县。

⑨尊生：尊崇生命，看重生命。

⑩累形：使身体受到拘累与伤害。

⑪重失之：看重失去高官尊爵，言外之意是担心失去高官尊爵。

译文 大王亶父居住在邠地，狄人常来侵扰，敬献兽皮和布帛狄人不愿意接受，敬献猎犬和宝马狄人也不愿意接受，敬献珠宝和玉器狄人仍不愿意接受，狄人所希望得到的是占有邠地的土地。大王亶父说：“跟别人的兄长住在一起却杀死他的弟弟，跟别人的父亲住在一起却杀死他的子女，我不忍心这样做。你们都去和狄人勉力居住在一块儿吧！做我的臣民跟做狄人的臣民有什么不同！而且我还听说，不要为争夺用以养生的土地而伤害养育的人民。”于是拄着拐杖离开了邠地。邠地的百姓人连着人、车连着车跟随他，于是在岐山之下建立起一个新的都城。大王亶父，可以说是最能看重生命的了。能够珍视生命的人，即使富贵也不会贪恋俸养而伤害身体，即使贫贱同样也不会追逐私利而拘累形躯。当今世上的人们居于高官显位的，都时时担忧失去它们，见到利禄就轻率地为之贴上了自己的性命，这难道不很迷惑吗？

原文 越人三世弑其君，王子搜患之[1]，逃乎丹穴[2]。而越国无君，求王之搜不得，从之丹穴[3]。王子搜不肯出，越人薰之以艾[4]。乘以王舆[5]。王子搜援绥登车[6]，仰天而呼曰："君乎君乎！独不可以舍我乎！"王子搜非恶为君也，恶为君之患也。若王子搜者，可谓不以国伤生矣，此固越人之所欲得为君也。

注释 ①搜：越王子之名，即无颛。据史载，翳被他的儿子所杀，越人又杀掉翳的儿子另立无余，后无余又被杀而立无颛，故前一句有"三弑其君"的话。

②乎：于，至。丹穴：洞穴名，旧注南山洞。

③从（zōng）：尾随，追踪；这个意义后代写作"蹤"，又统于"踪"。

④薰之以艾：即以艾薰之，燃烧艾草薰山洞。

⑤乘以王舆：即以王舆乘，用国王乘坐的车辆让王子搜乘坐。

⑥援：引，拉着。绥：登车时供人扶着上车的绳索。

译文 越人先后三代杀掉自己的国君，王子搜对此十分担忧，逃到荒山野洞里去。越国没有了君主，到处找寻王子搜都没能找到，便追踪来到洞穴。王子搜不肯出洞，越人便点燃艾草用烟熏洞，还为他准备了国王的乘舆。王子搜拉过登车的绳索，仰天大呼说："国君之位啊，国君之位啊，就是不能够放过我啊！"王子搜并不是讨厌做国君，而是憎恶做了国君难免会招来杀身的祸患。像王子搜这样的人，可说是不因为国君之位而伤害自己生命的了，这必定就是越人一心想要让他做国君的缘故。

原文 韩魏相与争侵地。子华子见昭僖侯[①]，昭僖侯有忧色。子华子曰："今使天下书铭于君之前[②]，书之言曰：'左手攫之则右手废[③]，右手攫之则左手废，然而攫之者必有天下。'君能攫之乎[④]？"昭僖侯曰："寡人不攫也。"子华子曰："甚善！自是观之，两臂重于天下也，身亦重于两臂。韩之轻于天下亦远矣，今之所争者，其轻于韩又远。君固愁身伤生以忧戚不得也[⑤]！"僖侯曰："善哉！教寡人者众矣，未尝得闻此言也。子华子可谓知轻重矣。"

注释

①华子：魏国的贤人，一说为道家学派的又一代表人物。“华子”之前还有一“子”字，这是先秦对人格外尊敬的一种称呼。昭僖侯：韩国有一国君昭侯，又另有一僖王；因为是寓言，人名用字，未必究真。

②书：书写。铭：铭记。

③攫（jué）：抓取。下同此解。废：废弃，这里是砍断的意思。下同此解。

④有的本子“君”字之下没有“能”字。

⑤不得：指所争夺的边界土地。

译文

韩国和魏国相互争夺边界上的土地。华子拜见昭僖侯，昭僖侯正面带忧色。华子说：“如今让天下所有人都来到你面前书写铭记，书写的言辞说：‘左手抓取东西那么右手就砍掉，右手抓取东西那么左手就砍掉，不过抓取东西的人一定会拥有天下。’君侯会抓取吗？”昭僖侯说：“我是不会去抓取的。”华子说：“很好！由此观之，两只手臂比天下更为重要，而人的自身又比两只手臂重要。韩国比起整个天下实在是微不足道的了，如今两国所争夺的土地，比起韩国来又更是微不足道的了。你又何苦愁坏身体、损害生命而担忧得不到那边界上的弹丸之地呢！”昭僖侯说：“好啊！劝我的人很多很多了，却不曾听到过如此高明的言论。”华子真可说是懂得谁轻谁重的了。

原文 鲁君闻颜阖得道之人也[①]，使人以币先焉[②]。颜阖守陋闾[③]，苴布之衣而自饭牛[④]。鲁君之使者至，颜阖自对之[⑤]。使者曰：“此颜阖之家与？”颜阖对曰：“此阖之家也。”使者致币，颜阖对曰：“恐听者谬而遗使者罪[⑥]，不若审之[⑦]。”使者还，反审之，复来求之，则不得已[⑧]。故若颜阖者，真恶富贵也。

注释 ①鲁君：鲁哀公，一说为鲁定公。颜阖：鲁国的隐士。

②币：布帛，这里泛指聘礼。先：用如动词，“先焉”是说先行送去礼物致以敬慕之意。

③守：居住。陋闾（lǘ）：狭窄的巷子。

④苴（jū）布：粗麻布。饭：饲养。

⑤对：应答，这里是接待的意思。

⑥有的本子“听”字之后无“者”字；“听者谬”是说听话的人听错了。遗（wèi）：留给、带来；“遗使者罪”是说给使者带来过失。

⑦审：详细地查明。

⑧不得已：是说已经找不到颜阖了。

译文 鲁国国君听说颜阖是一个得道的人，派出使者先行送去聘礼表达敬慕之意。颜阖居住在极为狭窄的巷子里，穿着粗麻布衣而且亲自喂牛。鲁君的使者来到颜阖家，颜阖亲自接待了他。使者问："这里是颜阖的家吗？"颜阖回答："这里就是颜阖的家。"使者送上礼物，颜阖巧妙地说："恐怕听话的人听错了而给使者带来过失，不如回去再仔细问个明白。"使者返回，查问清楚了，再次来找颜阖，却再也找不到了。像颜阖这样的人，真正是厌恶富贵的。

原文 故曰，道之真以治身①，其绪余以为国家②，其土苴以治天下③。由此观之，帝王之功，圣人之余事也，非所以完身养生也④。今世俗之君子，多危身弃生以殉物⑤，岂不悲哉！凡圣人之动作也，必察其所以之与其所以为⑥。今且有人于此⑦，以随侯之珠弹千仞之雀⑧，世必笑之，是何也？则其所用者重而所要者轻也⑨。夫生者，岂特随侯之重哉⑩！

注释 ①真：真谛，原质。治身：修身。

②绪余：剩余。为国家：治理国家。

③土：泥土，粪土。苴（jū）：草芥。"土""苴"均用作比喻，

表示糟粕部分。

④生（xìng）：通作“性”；“完身养生”是说保全身形修养心性。

⑤生（xìng）：见前注。殉：追逐。

⑥之：往，这里含有趋赴、追逐的意思。

⑦一本本句无“且”字。

⑧随侯之珠：古代传说中的名珠之一。相传大蛇伤断，随侯看见了用药敷治，大蛇入江后口衔宝珠加以回报，故名随侯之珠。这里取其极为珍贵的意思。千仞之雀：飞得很高很高的麻雀。

⑨要（yāo）：求。

⑩特：仅只。随侯：即随侯之珠，古人行文常用修饰代整个中心语。

译文 所以，大道的真谛可以用来养身，大道的剩余可以用来治理国家，而大道的糟粕才用来统治天下。由此观之，帝王的功业，只不过是圣人余剩的事，不是可以用来保全身形、修养心性的。如今世俗所说的君子，大多危害身体，弃置禀性而一味地追逐身外之物，这难道不可悲吗！大凡圣人有所动作，必定要仔细地审察他所追求的方式以及他所行动的原因。如今却有这样的人，用珍贵的随侯之珠去弹打飞得很高很高的麻雀，世上的人们一定会笑话他，这是为什么呢？乃是因为他所使用的东西实在贵重而所希望得到的东西实在微不足道。至于说到生命，难道只有随侯之珠那么珍贵吗！

原文 子列子穷[①]，容貌有饥色。客有言之于郑子阳者曰[②]：“列御寇，盖有道之士也，居君之国而穷，君无乃为不好士乎？”郑子阳即令官遗之粟[③]。子列子见使者，再拜而辞。

注释 ①列子：即列御寇。名称之前用“子”字乃是古代表示尊敬的用法。

②子阳：人名，为郑国的相，故称作郑子阳。

③遗（wèi）：赠给。

译文 列子生活贫困，面容常有饥色。有人对郑国的上卿子阳说起这件事：“列御寇，是一位有道的人，居住在你治理的国家却是如此贫困，你恐怕不喜欢贤达的士人吧？”子阳立即派官吏送给列子米粟。列子见到派来的官吏，再三辞谢不接受子阳的赐予。

原文 使者去，子列子入，其妻望之而拊心曰①：“妾闻为有道者之妻子，皆得佚乐②，今有饥色。君过而遗先生食③，先生不受，岂不命邪！”子列子笑谓之曰：“君非自知我也。以人之言而遗我粟，至其罪我也又且以人之言④，此吾所以不受也。”其卒，民果作难而杀子阳。

注释 ①望：埋怨。拊（fǔ）：拍。“拊心”即拍着胸脯。

②佚（yì）：通作“逸”，“佚乐”亦即逸乐。

③过：责备，指子阳自责。一说“过（過）”乃是“遇”字之讹，表示知遇的意思。译文从后说。

④罪：用如动词，“罪我”即加罪于我。且：必将。

译文 官吏离去后，列子进到屋里，列子的妻子埋怨他并且拍着胸脯伤心地说：“我听说作为有道的人的妻子儿女，都能够过得安逸，可是如今我们却面有饥色。郑相子阳瞧得起先生方才会把食物赠送给先生，可是先生却拒不接受，这难道不是命里注定要忍饥挨饿吗！”列子笑着对他说：“郑相子阳并不是亲自了解了我。他因为别人的谈论而派人赠我米粟，等到他想加罪于我时必定仍会凭借别人的谈论，这就是我不愿接他赠予的原因。”后来，百姓果真发难而杀死了子阳。

原文

楚昭王失国①，屠羊说走而从于昭王②。昭王反国③，将赏从者，及屠羊说④。屠羊说曰：“大王失国，说失屠羊；大王反国，说亦反屠羊。臣之爵禄已复矣⑤，又何赏之有！”王曰：“强之⑥！”屠羊说曰：“大王失国，非臣之罪，故不敢伏其诛⑦；大王反国，非臣之功，故不敢当其赏⑧。”王曰：“见之⑨！”屠羊说曰：“楚国之法，必有重赏大功而后得见，今臣之知不足以存国而勇不足以死寇⑩。吴军入郢⑪，说畏难而避寇，非故随大王也⑫。今大王欲废法毁约而见说，此非臣之所以闻于天下也。”

注释

①楚昭王的父亲楚平王杀了伍奢，其子伍员投奔到吴，后请得吴兵伐楚，破楚郢都，昭王仓皇出逃。所谓“失国”即指此事。

②屠羊说（yuè）：人名，名叫说，因从事屠宰羊牲而称作屠羊说。走：逃亡。

③反：返。以下同此解。

④及：至，赏赐到。

⑤爵禄：这里实指从业之所得。

⑥强（qiǎng）之：强令屠羊说接受赏赐。

⑦不敢伏其法：不该伏法受诛，这是跟随昭王逃亡在外的一种婉转的说法。

⑧当：承当，接受。

⑨见之：接见他。在古代，受到君侯的接见也是一种嘉奖的办法。

⑩知：智。存国：使楚国得到保存。死寇：使敌寇受到歼灭。

⑪郢：楚国的都城。

⑫故随大王：有意追随大王。

译文

楚昭王丧失了国土，屠羊说跟随他在外逃亡。昭王返回楚国，打算赏赐跟随他逃亡的人，赏赐到屠羊说，屠羊说说："当年大王丧失了国土，我也失去了屠宰羊牲的职业；大王返归楚国，我也就得以重操旧业。我从业的报酬已经得到恢复，又何必赏赐什么！"昭王说："强令接受奖赏！"屠羊说说："大王失去楚国，不是为臣的过失，所以我不愿坐以待毙伏法受诛；大王返归楚国，也不是为臣的功劳，所以我也不该接受赏赐。"楚昭王说："那么我就接见他！"屠羊说又说："按照楚国的法令，必定有大功的人重赏后方才能够得到接见的礼遇，现在我的才智不足以使国家得到保全而勇力又不足以使敌寇受到歼灭。吴军攻入郢都，我畏惧危难而躲避敌寇，并不是有心追随大王在外逃亡。如今大王意欲弃置法令和制度来接见我，这不是我所希望传闻天下的办法。”

原文 王谓司马子綦曰[①]：“屠羊说居处卑贱而陈义甚高[②]，子綦为我延之以三旌之位[③]。”屠羊说曰：“夫三旌之位，吾知其贵于屠羊之肆也[④]；万钟之禄[⑤]，吾知其富于屠羊之利也；然岂可以贪爵禄而使吾君有妄施之名乎！说不敢当，愿复反吾屠羊之肆。”遂不受也。

注释 ①子綦：人名，因居司马之职故称司马子綦。

②陈义：陈述的道理。

③本句中的“綦”字当是“其”字之讹，用作语气副词，表示祈请的语气。昭王面对司马子綦说话，惯常只需称“子”，而不会直呼名字。延：请。三旌：即“三珪”，古代公卿皆执珪，“三旌之位”亦即三卿之位。

④肆：集市，作坊。下同此解。

⑤钟：古代计量谷物的单位，合六斛四斗。“万钟之禄”是说给予优厚的俸禄。

译文 楚昭王对司马子綦说：“屠羊说身处卑贱而陈述的道理却很深刻，你还是替我用三卿之位来延请他。”屠羊说知道后说：“三卿的高位，我知道比起屠宰羊牲的作坊实在是高贵得多；优厚的俸禄，我也知道比起屠宰羊牲的报酬实在是丰厚得多；然而，怎么可以贪图高官厚禄而使国君蒙受胡乱施舍的坏名声呢！我不敢接受公卿之位，一心想回到屠宰羊牲的作坊。”于是拒不接受封赏。

原文 原宪居鲁①，环堵之室②，茨以生草③，蓬户不完④，桑以为枢⑤；而瓮牖二室⑥，褐以为塞⑦；上漏下湿，匡坐而弦⑧。子贡乘大马⑨，中绀而表素⑩，轩车不容巷⑪，往见原宪。原宪华冠縰履⑫，杖藜而应门⑬。子贡曰：“嘻！先生何病？”原宪应之曰：“宪闻之，无财谓之贫，学而不能行谓之病。今宪贫也，非病也。”子贡逡巡而有愧色⑭。原宪笑曰：“夫希世而行⑮，比周而友⑯，学以为人，教以为己，仁义之慝⑰，舆马之饰，宪不忍为也。”

注释 ①原宪：孔子的弟子，姓原名思，字宪。

②堵：约一平方丈。“环堵之室”是说四周只有一方丈的小屋。

③茨（cí）：用草盖屋。生草：还未晒干的草。

④蓬：草。户：门。“蓬户”是说用蓬草编成门。

⑤枢：门轴。“桑以为枢”即以桑为枢，用桑条作为门轴。

⑥牖（yǒu）：窗。“瓮牖二室”意思是用破瓮做窗子隔成里外两室。

⑦褐：粗布衣；“褐以为塞”意思是用粗布衣堵住用破瓮做成的窗口。

⑧匡：正。弦：本指弦乐，这里是弹琴唱歌的意思。一本“弦”字之下有一“歌”字，语意更为完整。

⑨子贡：孔子的弟子，名赐。

⑩绀（gàn）：深青而又带红的颜色。素：白色。

⑪轩车：古代贵族所乘坐的华贵的马车，这里泛指高大华贵的车辆。不容巷：不能容纳于陋巷。

⑫华冠：裂开口子的帽子。一说桦树皮制成的帽子。译文从前一说。縰（xǐ）履：露出后跟的鞋子。

⑬杖：用如动词，拄杖的意思。藜：草本植物，茎可做杖。“杖藜”即拄着藜茎制成的拐杖。应门：应声自出开门。

⑭逡（qūn）巡：却退的样子。

⑮希：望。“希世”即趋时，赶浪潮，迎合世俗的意思。

⑯比：比附，亲近。周：周旋。

⑰慝（tè）：奸恶；“仁义之慝”是说以仁义作掩护而做奸恶

之事。

译文 原宪住在鲁国，家居方丈小屋，盖着新割下的茅草；蓬草编成的门四处透亮，折断桑条作为门轴，用破瓮做窗隔出两个居室，再将粗布衣堵在破瓮口上；屋子上漏下湿，而原宪却端端正正地坐着弹琴唱歌。子贡驾着高头大马，穿着暗红色的内衣外罩素雅的大褂，小小的巷子容不下这高大华贵的马车，前去看望原宪。原宪戴着裂开口子的帽子穿着破了后跟的鞋，拄着藜杖应声开门，子贡说："哎呀！先生得了什么病吗？"原宪回答："我听说，没有财物叫做贫，学习了却不能付诸实践叫做病。如今我原宪，是贫困，而不是生病。"子贡听了退后数步面有羞愧之色。原宪又笑着说："迎合世俗而行事，比附周旋而交朋结友，勤奋学习用以求取别人的夸赞，注重教诲是为了炫耀自己，用仁义作为奸恶勾当的掩护，讲求高车大马的华贵装饰，我原宪是不愿去做的。"

原文 曾子居卫①，缊袍无表②，颜色肿哙③，手足胼胝④。三日不举火，十年不制衣，正冠而缨绝⑤，捉衿而肘见⑥，纳屦而踵决⑦。曳、縰而歌商颂⑧，声满天地，若出金石。天子不得臣⑨，诸侯不得友。故养志者忘形，养形者忘利，致道者忘心矣⑩。

注释

①曾子：即曾参，孔子的弟子。

②缊（yùn）袍：用乱麻做絮里的袍子。无表：指袍子的表层已经破烂不堪。

③颜色：面颜、脸色。哙（kuì）：通作“瘣”，指病重。“肿哙”是说虚浮很厉害。

④胼（pián）胝（zhī）：手脚上磨出的老茧。

⑤缨：帽带子。绝：断。“正冠而缨绝”是说，正一正帽子帽带子就断了。

⑥衿：衣襟。见（xiàn）：现，露出。成语“捉衿（襟）见肘”源出于此。

⑦屦（jù）：麻鞋。“纳屦”亦即穿鞋。踵：脚后跟，这里指鞋的后跟处。“踵决”是说脚一伸进鞋子后跟就裂开了。以上五句都是用来描写曾子生活困苦、衣衫破烂的。

⑧曳縰（xǐ）：拖着破鞋。一说“縰”通作“缅”，指束发的帛，“曳縰”则讲作拖着束发的带子。译文从后一说。商颂：《诗经》中的一部分，为赞美功德、祭祀神灵的诗。

⑨不得臣：不能以之为臣。下句“不得友”仿此。

⑩致道者：得道的人。

译文 曾子居住在卫国，用乱麻作为絮里的袍子已经破破烂烂，满脸浮肿，手和脚都磨出了厚厚的老茧。他已经三天没有生火做饭，十年没有添制新衣，正一正帽子帽带就会断掉，提一提衣襟臂肘就会外露，穿一穿鞋子鞋后跟就会裂开。他还拖着散乱的发带吟咏《商颂》，声音洪亮充满天地，就像用金属和石料做成的乐器发出的声响。天子不能把他看作是臣仆，诸侯不能跟他结交成朋友。所以，修养心志的人能够忘却形骸，调养身形的人能够忘却利禄，得道的人能够忘却心机与才智。

原文 孔子谓颜回曰①："回，来！家贫居卑，胡不仕乎②？"颜回对曰："不愿仕。回有郭外之田五十亩③，足以给饦粥④；郭内之田四十亩，足以为丝麻；鼓琴足以自娱，所学夫子之道者足以自乐也。回不愿仕。"孔子愀然变容曰⑤："善哉，回之意！丘闻之：'知足者不以利自累也，审自得者失之而不惧⑥；行修于内者无位而不怍⑦。'丘诵之久矣，今于回而后见之，是丘之得也。"

注释 ①颜回：孔子的学生，字子渊。

②仕：做官。

③郭：外城。

④给：供给。饩（zhān）：厚粥。

⑤愀（qiāo）然：有所感动而改变面容的样子。

⑥审：用为副词，真正、的确的意思。

⑦位：爵。“无位”指没有官职。怍（zuò）：惭愧。

译文 孔子对颜回说：“颜回，你过来！你家境贫寒居处卑微，为什么不外出做官呢？”颜回回答说：“我无心做官。城郭之外我有五十亩地，足以供给我食粮；城郭之内我有四十亩地，足够用来种麻养蚕；拨动琴弦足以使我欢娱，学习先生所教给的道理足以使我快乐。因此我不愿做官。”孔子听了深受感动改变面容说：“实在好啊，颜回的心愿！我听说：‘知道满足的人不会因为利禄而使自己受到拘累，真正安闲自得的人明知失去了什么也不会畏缩焦虑，注意内心修养的人没有什么官职也不会因此惭愧。’我吟咏这样的话已经很久很久了，如今在你身上才算真正看到了它，这也是我的一点收获哩。”

原文 中山公子牟谓瞻子曰[①]：“身在江海之上，心居乎魏阙之下[2]，奈何？”瞻子曰：“重生，重生则利轻[3]。”中山公子牟曰：“虽知之，未能自胜也[4]。”瞻子曰：“不能自胜则从[5]，神无恶乎？不能自胜而强不从者[6]，此之谓重伤[7]。重伤之人，无寿类矣。”魏牟，万乘之公子也[8]，其隐岩穴也，难为于布衣之士[9]；虽未至乎道，可谓有其意矣。

注释

①中山公子牟：魏国公子，名牟，因封于中山故名“中山公子牟”。瞻子：魏国的贤人。

②阙：宫廷前面的观楼，常用来指代宫殿、朝廷。

③“利轻”疑为“轻利”之误倒，与“重生”互文。

④自胜：自我约束。

⑤从（zòng）：放任不羁，这个意义后代写作“纵（縱）”。下句同此解。

⑥强（qiǎng）：勉强。

⑦重（chóng）伤：双重损伤。下句同此解。

⑧万乘：上万辆军车，这里指具有如此军力的大国。

⑨布衣：平民的代称。

译文

中山公子牟对瞻子说：“我虽身居江湖之上，心思却时常留在宫廷里，怎么办呢？”瞻子说：“这就需要看重生命。重视生命的存在也就会看轻名利。”中山公子牟说：“虽然我也知道这个道理，可是总不能抑制住自己的感情。”瞻子说：“不能约束自己的感情也就听其自然放任不羁，这样你的心神会不厌恶对于宫廷生活的眷念吗？不能自己管束自己而又要勉强地管束自己，这就叫做双重损伤。心神受到双重损伤的人，就不会是寿延长久的人了。”魏牟，是大国的公子，他隐居在山岩洞穴中，比起平民百姓来这就难为得多了；虽然未能达到体悟大道的境界，也可说是有了体悟大道的心愿了。

原文 孔子穷于陈蔡之间[①]，七日不火食，藜羹不糁[②]，颜色甚惫，而弦歌于室。颜回择菜。子路子贡相与言曰：“夫子再逐于鲁，削迹于卫，伐树于宋，穷于商周，围于陈蔡，杀夫子者无罪，藉夫子者无禁[③]。弦歌鼓琴，未尝绝音，君子之无耻也若此乎？”

注释 ①穷：困厄，窘迫。孔子被围于陈蔡，以及以下提到的“再逐于鲁”、“削迹于卫”、“伐树于宋”、“穷于商周”等，都是孔子周游列国时不受待见的故事，已多次见于前文。

②藜：野菜。糁（sǎn）：小米粒，“不糁”是说没有一点米屑。

③藉：凌辱，践踏。

译文 孔子在陈、蔡之间遭受困厄，七天不能生火做饭，野菜汤里没有一粒米屑，脸色疲惫，可是还在屋里不停地弹琴唱歌。颜回在室外择菜，子路和子贡相互谈论："先生两次被赶出鲁国，在卫国遭受铲削足迹的污辱，在宋国受到砍掉大树的羞辱，在商、周后裔居住的地方弄得走投无路，如今在陈、蔡之间又陷入如此困厄的境地，图谋杀害先生的没有治罪，凌辱先生的没有禁阻。可是先生还不停地弹琴吟唱，不曾中断过乐声，君子不懂得羞辱竟达到这样的地步吗？"

原文 颜回无以应，入告孔子。孔子推琴喟然而叹曰[①]："由与赐[②]，细人也[③]。召而来，吾语之。"子路子贡入。子路曰："如此者可谓穷矣！"孔子曰："是何言也！君子通于道之谓通，穷于道之谓穷。今丘抱仁义之道以遭乱世之患，其何穷之为[④]！故内省而不穷于道[⑤]，临难而不失其德，天寒既至[⑥]，霜雪既降，吾是以知松柏之茂也。陈蔡之隘[⑦]，于丘其幸乎！"孔子削然反琴而弦歌[⑧]，子路扢然执干而舞[⑨]。子贡曰："吾不知天之高也，地之下也[⑩]。"

注释

①喟（kuì）然：叹息声。

②由与赐：即子路与子贡。

③细人：不足称道的人，这里指见识浅薄的人。

④为（wèi）：通作“谓”。

⑤省（xǐng）：检查。“内省”即自我检查。

⑥天：当是“大”字之讹。

⑦隘（è）：通作“阨”，困厄的意思。

⑧削然：取琴之声。一说“削然”亦即“悄然”，安详的样子。译文从后说。反琴：再次弹起琴来。

⑨扢（xì）然：勇武的样子。干：盾牌。

⑩地之下：犹言地之厚。一说喻指自己的浅薄，而“天之高”则喻指孔子的深远。亦可通。

译文

颜回没有办法回答，进入内室告诉给孔子。孔子推开琴弦长长地叹息说：“子路和子贡，真是见识浅薄的人。叫他们进来，我有话对他们说。”子路和子贡进到屋里。子路说：“像现在这样的处境真可以说是走投无路了！”孔子说：“这是什么话！君子通达于道叫做一以贯通，不能通达于道叫做走投无路。如今我信守仁义之道而遭逢乱世带来的祸患，怎么能说成是走投无路！所以说，善于反省就不会不通达于道，面临危难就不会丧失德行，严寒已经到来，霜雪降临大地，我这才真正看到了松柏仍是那么郁郁葱葱。陈、蔡之间的困厄，对于我来说恐怕还是一件幸事啊！”孔子说完后安详地拿过琴来随着琴声阵阵歌咏，子路兴奋而又勇武地拿着盾牌跳起舞来。子贡说：“我真不知道先生是如此高洁，而我却是那么的浅薄啊！”

原文 古之得道者，穷亦乐，通亦乐。所乐非穷通也，道德于此，则穷通为寒暑风雨之序矣。故许由娱于颍阳而共伯得乎共首[①]。

注释 ①颍阳：颍水的北岸，许由隐居之处。共伯：旧注指共伯和，西周末年人，怀道抱德，逍遥于丘首之山。本句“得乎共首”一本作“得志乎丘首”，但句意无变化。

译文 古时候得道的人，困厄的环境里也能快乐，通达的情况下也能快乐。心境快乐的原因不在于困厄与通达，道德存留于心中，那么困厄与通达都像是寒与暑、风与雨那样有规律地变化。所以，许由能够在颍水的北岸求得欢娱而共伯则在共首之山优游自得地生活。

原文 舜以天下让其友北人无择[①]，北人无择曰："异哉后之为人也[②]，居于畎亩之中而游尧之门[③]！不若是而已[④]，又欲以其辱行漫我[⑤]。吾羞见之。"因自投清泠之渊[⑥]。

注释 ①北人无择：人名，复姓北人，名无择。

②后：君后，这里指称虞舜。

③畎（quǎn）：田间小沟。"畎亩"泛指农田。舜接受尧的禅让前曾在历山从事耕作，所以本句说"居于畎亩之中"。游：交游，结识。"游尧之门"是说结识唐尧并接受了禅让。

④不若：不仅。已：止。

⑤漫：污。

⑥清泠：深渊之名。

译文 舜把天下让给他的朋友北人无择，北人无择说："真奇怪啊舜的为人，本在历山之麓从事农耕却要结识唐尧并且接受禅让！不仅只是接受了禅让就到此为止，又想要用那样的丑行来玷污我。我见到他真是感到羞辱。"于是跳入名叫清泠的深渊而死去。

原文 汤将伐桀，因卞随而谋[①]，卞随曰："非吾事也。"汤曰："孰可？"曰："吾不知也。"汤又因瞀光而谋[②]，瞀光曰："非吾事也。"汤曰："孰可？"曰："吾不知也。"汤曰："伊尹何如[③]？"曰："强力忍垢[④]，吾不知其他也。"汤遂与伊尹谋伐桀，克之[⑤]，以让卞随[⑥]。卞随辞曰："后之伐桀也谋乎我[⑦]，必以我为贼也[⑧]；胜桀而让我，必以我为贪也。吾生乎乱世，而无道之人再来漫我以其辱行，吾不忍数闻也。"乃自投椆水而死[⑨]。

注释

①卞（biàn）随：隐士。姓卞名随。

②瞀（mào）光：即务光，姓务名光，传说中的又一隐士。

③伊尹：商初的贤人，辅助商汤建立了商朝。

④强力：有坚强的毅力。垢：耻辱。

⑤克：胜。"克之"指战胜了夏桀。

⑥以让卞随：即以之让卞随，把天下让给卞随。

⑦后：君后，这里指称商汤。

⑧贼：害，这里讲作凶残的人。

⑨椆（zhōu）水：古代一水名。"椆"亦作"稠"。

译文

商汤打算讨伐夏桀，拿这事跟卞随商量，卞随说："这不是我该做的事。"商汤问："谁才可以呢？"卞随回答："我不知道。"商汤又拿这件事跟瞀光商量，瞀光说："这不是我该做的事。"商汤问："谁才可以呢？"瞀光回答："我不知道。"商汤说："伊尹怎么样？"瞀光说："伊尹这个人毅力坚强而且能够忍受耻辱，至于其他方面我便不知道了。"商汤于是跟伊尹商量讨伐夏桀的事，打败桀王之后，商汤又想把天下让给卞随。卞随推辞说："君后讨伐夏桀曾经跟我商量，必定是把我看作凶残的人；战胜桀王之后想要禅让天下给我，必定是把我看作贪婪的人。我生活在天下大乱的年代，而且不明大道的人两次用他的丑行玷污我，我不能忍受如此频仍的言谈。"就自己跳入椆水而死去。

原文 汤又让瞀光曰："知者谋之，武者遂之[①]，仁者居之，古之道也。吾子胡不立乎？"瞀光辞曰："废上[②]，非义也；杀民，非仁也；人犯其难，我享其利，非廉也。吾闻之曰：非其义者，不受其禄，无道之世，不践其土。况尊我乎[③]！吾不忍久见也。"乃负石而自沈于庐水[④]。

注释 ①遂：继而完成。

②废上：这里指灭了夏朝并流放了夏桀。商汤本是夏朝的臣属，故这里称作“上”。

③尊我：使我为尊。

④沈（chén）：沉。庐水：古代一水名。

译文 商汤又打算禅让给瞀光，说：“智慧的人谋划夺取天下，勇武的人继而加以完成，仁德的人居于统治之位，这是自古以来的道理。先生怎么不居于其位呢?”瞀光推辞说：“废除了自己的国君，不合于道义；征战杀伐，不合于仁爱；别人冒着危难，我却坐享其利，不合于廉洁。我听说这样的话：不合乎道义的人，不能接受他赐予的利禄；不合乎大道的社会，不能踏上那样的土地。何况是让我尊称为帝呢！我不忍长久地见到这种情况。”竟背着石块沉入庐水而死。

原文 昔周之兴，有士二人处于孤竹①，曰伯夷叔齐②。二人相谓曰：“吾闻西方有人，似有道者，试往观焉。”至于岐阳③，武王闻之，使叔旦往见之④，与盟曰⑤：“加富二等⑥，就官一列⑦。”血牲而埋之⑧。

注释 ①孤竹：古国名，相传在今辽西之地。

②伯夷、叔齐：孤竹君之二子，历代传为高洁之士。

③岐阳：岐山之阳，即岐山的南麓。

⑤叔旦：即周公旦，为周武王之弟，故称“叔旦”。

⑤一本“与”字之后有一“之”字。

⑥加富：指增加爵禄。

⑦就：就任。一列：一等。

⑧血牲而埋之：这是古代盟誓的一种习惯做法，用以表示信守不渝。

译文 当年周朝兴起的时候，孤竹国有两位贤人，名叫伯夷和叔齐。两人相互商量：“听说西方有个人，好像是有道的人，我们前去看看。”他们来到岐山的南面，周武王知道了，派他的弟弟旦前去拜见，并且跟他们结下誓盟，说：“增加俸禄二等，授予一等官职。”然后用牲血涂抹在盟书上埋入地下。

原文 二人相视而笑曰：“嘻，异哉！此非吾所谓道也。昔者神农之有天下也，时祀尽敬而不祈喜[①]；其于人也，忠信尽治而无求焉。乐与政为政[②]，乐与治为治，不以人之坏自成也[③]，不以人之卑自高也，不以遭时自利也。今周见殷之乱而遽为政[④]，上谋而下行货[⑤]，阻兵而保威[⑥]，割牲而盟以为信，扬行以说众[⑦]，杀伐以要利，是推乱以易暴也[⑧]。吾闻古之士，遭治世不避其任，遇乱世不为苟存[⑨]。今天下闇，周德衰[⑩]，其并乎周以涂吾身也[⑪]，不如避之以絜吾行[⑫]。”二子北至于首阳之山[⑬]，遂饿死焉。若伯夷叔齐者，其于富贵也，苟可得已，则必不赖[⑭]。高节戾行[⑮]，独乐其志，不事于世，此二士之节也。

注释

①时祀：按照时令祭祀。尽：竭力。祈：求。喜：福。这个意义后代写作“禧”。

②与（yù）：参与，在其中。

③以：因，趁。坏：败。

④遽（jù）：急速；“遽为政”是急速夺取统治天下的权力；一说急速改善政治以彰显殷纣王的暴虐。

⑤本句一本无“下”字。上谋：崇尚谋略。行货：指收买臣属。

⑥阻：恃；“阻兵”是说依靠武力。

⑦扬行（xìng）：宣扬自己的德行。说（yuè）：喜悦。“说众”即取悦众人。

⑧易暴：替代暴政。

⑨苟存：苟且活在世上。

⑩“周德衰”一句是针对上述描述而言的，在伯夷、叔齐看

来周之所以有天下是因为采取了不正当的手段，并非合乎于道。“周”一本作“殷”。

⑪并：傍；“并乎周”是说跟周在一起。涂：污。用如动词。

⑫絜（jié）：“洁（潔）”字的异体。

⑬首阳：古代的山名。

⑭赖：取。

⑮戾（lì）：乖悖，与众不同的意思。

译文 伯夷叔齐二人相视而笑说：“咦，真是奇怪啊！这不是我们所谈论的道。从前神农氏治理天下，按时祭祀竭尽虔诚而不祈求赐福；他对于百姓，忠实诚信尽心治理而不向他们索取。乐于参与政事就让他们参与政事，乐于从事治理就让他们从事治理，不趁别人的危难而自取成功，不因别人地位卑下而自以为高贵，不因遭逢机遇而图谋私利。如今周人看见殷商政局动荡就急速夺取统治天下的权力，崇尚谋略收买臣属，依靠武力保持威慑，宰牲结盟表示诚信，宣扬德行取悦众人，凭借征战求取私利，这是用推动祸乱的办法替代已有的暴政。我听说上古的贤士，遭逢治世不回避责任，遇上乱世不苟且偷生。如今天下昏暗，周人如此做法说明德行已经衰败，与其跟周人在一起而使自身受到污辱，不如逃离他们保持品行的高洁。”两人向北来到了首阳山，终于不食周粟而饿死在那里。像伯夷、叔齐这样的人，他们对于富贵，假如真有机会得到，那也决不会去获取。高尚的气节和不同流俗的行为，自适自乐，而不追逐于世事，这就是二位贤士的节操。

盗跖

题解

“盗跖”为一人名，指称一个名叫跖的大盗，本篇以人物之名为篇名。《盗跖》内容的中心是抨击儒家，指斥儒家观点的虚伪性和欺骗性，主张返归原始，顺其自然。

本篇写了三个寓言故事，自然地分为三大部分。第一部分至“几不免虎口哉”，写盗跖与孔子的对话，孔子规劝盗跖，反被盗跖严加指斥，称为“巧伪”之人。盗跖用大量古往今来的事例，证明儒家圣君、贤士、忠臣的观念都是与事实不相符合的，儒家的主张是行不通的，就连孔子自己也“不容身于天下”，因为他“不耕而食，不织而衣，摇唇鼓舌，擅生是非”。“盗跖”是先秦时代里一位著名的叛逆者，称他为

“盗”当然是基于封建统治者的观点，孔子眼里的盗跖就是“横行天下，侵暴诸侯”吃人肝的人物，但同时又不得不赞美他“心如涌泉，意如飘风”，而且兼有“三德”。第一部分是全文的主体部分。第二部分至“离其患也”，写子张和满苟得的对话，一个立足于名，一个立足于利，通过其间的辩论更进一步揭示出儒家说教的虚伪性，并且明确提出了“反殉而天”“与道徘徊”的主张，与其追求虚假的仁义，不如“从天之理”，顺其自然。余下为第三部分，写无足和知和的对话，一个尊崇权势与富有，一个反对探求、抨击权贵，通过其间的讨论进一步明确提出“不以美害生”“不以事害已”的主张。

本篇历来认为是伪作，或认为是后学者所为。通观全篇，第一部分与二、三部分的语言风格也很不一样，第一部分一气呵成，直陈胸臆，淋漓尽致，不拖泥带水，与《庄子》内篇离奇婉曲的风格迥异；二、三部分又晦涩不畅，显得十分费解。

原文 孔子与柳下季为友[①]，柳下季之弟，名曰盗跖。盗跖从卒九千人，横行天下，侵暴诸侯；穴室枢户[②]，驱人牛马，取人妇女；贪得忘亲，不顾父母兄弟，不祭先祖。所过之邑，大国守城，小国入保[③]，万民苦之[4]。孔子谓柳下季曰："夫为人父者，必能诏其子[5]；为人兄者，必能教其弟。若父不能诏其子，兄不能教其弟，则无贵父子兄弟之亲矣。今先生，世之才士也，弟为盗跖，为天下害，而弗能教也，丘窃为先生羞之。丘请为先生往说之[6]。"柳下季曰："先生言为人父者必能诏其子，为人兄者必能教其弟，若子不听父之诏，弟不受兄之教，虽今先生之辩，将奈之何哉！且跖之为人也，心如涌泉，意如飘风[7]，强足以距敌[8]，辩足以饰非，顺其心则喜，逆其心则怒，易辱人以言。先生必无往。"

注释

①柳下季：鲁国人，但并不与孔子同一时代，姓展名禽，字季，采邑之地叫柳下，故名柳下季。死后谥号惠，故又称柳下惠。

②穴：用如动词，打穿、冲破的意思。枢：通作"抠"，挖的意思。一本亦作"抠"。

③保：小城堡，这个意义后代写作"堡"。

④苦之：被他弄得很苦。

⑤诏：教，告诫。下同此解。

⑥说（shuì）：劝说，说服。

⑦飘风：骤起的暴风。

⑧距：通作“拒”。

译文 孔子跟柳下季是朋友，柳下季的弟弟名叫盗跖。盗跖的部下有九千人，横行天下，侵扰各国诸侯；穿室破门，掠夺牛马，抢劫妇女；贪财忘亲，全不顾及父母兄弟，也不祭祀祖先。他所经过的地方，大国避守城池，小国退入城堡，百姓被他弄得很苦。孔子对柳下季说：“大凡做父母的，必定能告诫自己的子女，做兄长的，必定能教育自己的弟弟。假如做父亲的不能告诫自己的子女，做兄长的不能教育自己的兄弟，那么父子、兄弟之间的亲密关系也就没有什么可贵的了。如今先生你，是当世的贤士，然而兄弟却被叫作盗跖，成为天下的祸害，而且不能加以管教，我私下里替先生感到羞愧。我愿意替你前去说服他。”柳下季说：“先生谈到做父亲的必定能告诫自己的子女，做兄长的必定能教育自己的弟弟，假如子女不听从父亲的告诫，兄弟不接受兄长的教育，即使像先生今天这样能言善辩，又能拿他怎么样呢？而且盗跖的为人，思想活跃犹如喷涌的泉水，感情变化就像骤起的暴风，勇武强悍足以抗击敌人，巧言善辩足以掩盖过失，顺从他的心意他就高兴，违背他的意愿他就发脾气，容易用言语侮辱别人。先生千万不要去见他。”

原文 孔子不听，颜回为驭，子贡为右[①]，往见盗跖。盗跖乃方休卒徒大山之阳[②]，脍人肝而餔之[③]。孔子下车而前，见谒者曰[④]：“鲁人孔丘，闻将军高义，敬再拜谒者。”

注释 ①右：车右，即居右位的骖乘。

②本句一本“徒”字之后有一“于”字，而“大山”亦作“太山”。大（tài）山之阳：泰山的南麓。

③脍（kuài）：细切的肉。餔（bǔ）：食。

④谒者：这里指传达、禀报的人员。

译文 孔子不听，让颜回驾车，子贡作骖乘，前去会见盗跖。盗跖正好在泰山的南麓休整队伍，将人肝切碎后吃掉。孔子下了车走上前去，见了禀报的人员说：“鲁国人孔丘，听说将军刚毅正直，多多拜托转达我前来拜见的心意。”

原文 谒者入通，盗跖闻之大怒，目如明星，发上指冠，曰：“此夫鲁国之巧伪人孔丘非邪[①]？为我告之：‘尔作言造语，妄称文武，冠枝木之冠[②]，带死牛之胁[③]，多辞缪说[④]，不耕而食，不织而衣，摇唇鼓舌，擅生是非，以迷天下之主，使天下学士不反其本，妄作孝弟而侥幸于封侯富贵者也[⑤]。子之罪大极重[⑥]，疾走归！不然，我将以子肝益昼铺之膳[⑦]！'"

注释 ①非：用同于"否"。

②前一"冠"字用如动词，讲作"戴"，后一"冠"字是名词，指帽子。枝木：形容帽子上华丽的装饰状如树枝。

③带：束。死牛之胁：用牛皮制成的阔大腰带。

④缪：谬。

⑤弟（tì）：敬重兄长，这个意义后代写作"悌"。

⑥极（極）：通作"殛"，诛戮的意思；"罪大极重"犹言罪大恶极。

⑦益：增。昼铺：午餐。

译文 禀报的人入内通报，盗跖听说孔子求见勃然大怒，双目圆睁亮如明星，头发怒起直冲帽顶，说："这不就是那鲁国的巧伪之人孔丘吗？替我告诉他：'你矫造语言，托伪于文王、武王的主张；你头上戴着树杈般的帽子，腰上围着宽宽的牛皮带，满口的胡言乱语，你不种地却吃得不错，不织布却穿得讲究；你整天摇唇鼓舌，专门制造是非，用以迷惑天下的诸侯，使天下的读书人全都不能返归自然的本性，而且虚妄地标榜尽孝尊长的主张以侥幸得到封侯的赏赐而成为富贵的人。你实在是罪大恶极，快些滚回去！要不然，我将把你的心肝挖出来增加午餐的膳食！'"

原文 孔子复通曰："丘得幸于季，愿望履幕下①。"谒者复通，盗跖曰："使来前！"孔子趋而进②，避席反走③，再拜盗跖。盗跖大怒，两展其足，案剑瞋目④，声如乳虎⑤，曰："丘来前！若所言，顺吾意则生，逆吾意则死。"

注释 ①履：踩。幕：帐幕；"履幕下"是说亲自去到盗跖的面前，这是一委婉的说法。

②趋：快步走。

③避席：远离坐席。反走：却退。这里指孔子见到盗跖后的谦恭态度。

④案：同"按"。瞋（chēn）目：因愤怒而大睁着眼。

⑤乳虎：哺养幼虎的母虎。

译文 孔子再次请求通报接见，说："我荣幸地跟柳下季相识，诚恳希望能够面见将军。"禀报人员再次通报，盗跖说："叫他进来！"孔子小心翼翼地快步走进帐去，又远离坐席连退数步，向盗跖深深施礼。盗跖一见孔子大怒不已，伸开双腿，按着剑柄怒睁双眼，喊声犹如哺乳的母虎，说："孔丘你上前来！你所说的话，合我的心意有你活的，不合我的心意你就等着一死。"

原文 孔子曰："丘闻之，凡天下有三德：生而长大，美好无双，少长贵贱见而皆说之①，此上德也；知维天地②，能辩诸物③，此中德也；勇悍果敢，聚众率兵，此下德也。凡人有此一德者，足以南面称孤矣④。今将军兼此三者，身长八尺二寸，面目有光，唇如激丹⑤，齿如齐贝，音中黄钟⑥，而名曰盗跖，丘窃为将军耻不取焉⑦。将军有意听臣⑧，臣请南使吴越，北使齐鲁，东使宋卫，西使晋楚，使为将军造大城数百里，立数十万户之邑，尊将军为诸侯，与天下更始⑨，罢兵休卒，收养昆弟⑩，共祭先祖⑪。此圣人才士之行，而天下之愿也。"

注释 ①说（yuè）：喜悦。

②维：络；“知维天地”是说才智足以包罗天地。

③辩：通作“辨”，分辨的意思。

④南面称孤：即南面称王。古代君王坐北朝南，而“孤”是君王的自称。

⑤激（jiǎo）：通作“曒”，明的意思；“激丹”指鲜明的朱砂。

⑥中（zhòng）：合于“黄钟”，古代音乐中的六律之一。

⑦不取焉：不应当获得如此名声。

⑧臣：孔子自谦之称。“听臣”即听从我的规劝。

⑨更（gēng）始：更新，更除旧态并有一个好的开端。

⑩昆弟：兄弟。

⑪共：供奉，这个意义后代写作“供”。

译文 孔子说：“我听说，大凡天下人有三种美德：生就魁梧高大，长得漂亮无双，无论少小年长高贵卑贱见到他都十分喜欢，这是上等的德行；才智能够包罗天地，能力足以分辨各种事物，这是中等的德行；勇武、慓悍、果决、勇敢，能够聚合众人统率士兵，这是下一等的德行。大凡人们有此一种美德，足以南面称王了。如今将军同时具备了上述三种美德，你高大魁梧身长八尺二寸，面容和双眼熠熠有光，嘴唇鲜红犹如朱砂，牙齿整齐犹如编贝，声音洪亮合于黄钟，然而名字却叫盗跖，我暗暗为将军感到羞耻并且认为将军不应有此恶名。将军如果有意听从我的劝告，我将南边出使吴国越国，北边出使齐国鲁国，东边出使宋国卫国，西边出使晋国秦国，派人为将军建造数百里的大城，确立数十万户人家的封邑，尊将军为诸侯，跟天下各国更除旧怨开启新的一页，弃置武器休养士卒，收养兄弟，供祭祖先。这才是圣人贤士的作为，也是天下人的心愿。”

原文 盗跖大怒曰：“丘来前！夫可规以利而可谏以言者①，皆愚陋恒民之谓耳②。今长大美好③，人见而悦之者，此吾父母之遗德也。丘虽不吾誉④，吾独不自知邪？且吾闻之，好面誉人者⑤，亦好背而毁之。今丘告我以大城众民，是欲规我以利而恒民畜我也⑥，安可久长也！城之大者，莫大乎天下矣。尧舜有天下，子孙无置锥之地；汤武立为天子，而后世绝灭；非以其利大故邪？

注释 ①规：规劝。谏：谏正，用言语让人知过而改。

②恒民：平常百姓。“恒民”亦作“顺民”，意思相当。

③长（cháng）大：身材魁梧高大。

④不吾誉：不赞誉我。

⑤面誉：当面夸赞人。

⑥畜：养；“恒民畜我”意思是用普通顺民的办法来畜养我。

译文 盗跖大怒说：“孔丘上前来！凡是可以用利禄来规劝、用言语来谏正的，都只能称作愚昧、浅陋的普通顺民。如今我身材高大魁梧面目英俊美好，人人见了都喜欢，这是我的父母给我留下的美德。你孔丘即使不当面吹捧我，我难道不知道吗？而且我听说，喜好当面夸奖别人的人，也好背地里诋毁别人。如今你把建造大城、汇聚众多百姓的意图告诉给我，这是用功利来诱惑我，而且是用对待普通顺民的态度来对待我，这怎么可以长久呢！城池最大的，莫过于整个天下。尧舜拥有天下，子孙却没有立锥之地；商汤与周武王立做天子，可是后代却遭灭绝，这不是因为他们贪求占有天下的缘故吗？

原文 “且吾闻之，古者禽兽多而人少，于是民皆巢居以避之[1]，昼拾橡栗[2]，暮栖木上，故命之曰有巢氏之民。古者民不知衣服，夏多积薪，冬则炀之[3]，故命之曰知生之民[4]。神农之世，卧则居居[5]，起则于于[6]，民知其母，不知其父，与麋鹿共处，耕而食，织而衣，无有相害之心，此至德之隆也⑦。然而黄帝不能致德⑧，与蚩尤战于涿鹿之野⑨，流血百里。尧舜作⑩，立群臣，汤放其主⑪，武王杀纣⑫。自是之后，以强凌弱，以众暴寡⑬。汤武以来，皆乱人之徒也。

注释

①巢居：在树上筑巢而居。

②橡栗：橡树的果实。

③炀（yàng）：烤干，这里讲作烤火。

④生：生存，这里指生存之道。

⑤居居：安静的样子。

⑥于于：自得的样子。

⑦隆：盛；“至德之隆”指道德鼎盛的时代。

⑧致：达到，求得。

⑨蚩尤：原始社会后期一部落首领，相传与黄帝争夺中原一带的统治权。涿鹿：地名，今河北涿州市。

⑩作：兴起，这里指称帝。

⑪放：流放，放逐。相传商汤打败夏桀，将夏桀流放到南巢。

⑫武王伐纣，战于牧野，纣王兵败自焚而死。

⑬暴：侵害。

译文 “况且我还听说，古时候禽兽多而人少，于是人们都在树上筑巢而居躲避野兽，白天拾取橡子，晚上住在树上，所以称他们叫做有巢氏之民。古时候人们不知道穿衣，夏天多多存积柴草，冬天就烧火取暖，所以称他们叫做懂得生存的人。到了神农时代，居处是多么安静闲暇，行动是多么优游自得，人们只知道母亲，不知道父亲，跟麋鹿生活在一起，自己耕种自己吃；自己织布自己穿，没有伤害别人的心思，这就是道德鼎盛的时代。然而到了黄帝就不再具有这样的德行，跟蚩尤在涿鹿的郊野上争战，流血百里。尧舜称帝，设置百官，商汤放逐了他的君主，武王杀死了纣王。从此以后，世上总是依仗强权欺凌弱小，依仗势众侵害寡少。商汤、武王以来，就都是属于篡逆叛乱的人了。

原文 “今子脩文武之道①，掌天下之辩②，以教后世，缝衣浅带③，矫言伪行，以迷惑天下之主，而欲求富贵焉，盗莫大于子。天下何故不谓子为盗丘，而乃谓我为盗跖？子以甘辞说子路而从之④，使子路去其危冠⑤，解其长剑，而受教于子，天下皆曰孔丘能止暴禁非。其卒之也⑥，子路欲杀卫君而事不成⑦，身菹于卫东门之上[⑧]，是子教之不至也。子自谓才士圣人邪？则再逐于鲁，削迹于卫，穷于齐，围于陈蔡，不容身于天下。子教子路菹此患[⑨]，上无以为身[⑩]，下无以为人，子之道岂足贵邪？

注释

①文武之道：周文王、周武王的治国方略。

②辩：辩言，这里指舆论。

③缝衣：逢衣，宽而长大之衣，亦即儒服。浅带：博带，即宽大的腰带。

④甘辞：甜蜜的话语。说（yuè）：喜悦。

⑤危冠：高高的帽子。子路刚勇好胜，常戴雄鸡形的高帽子，用以表示勇者之态。

⑥卒：终结，最后。

⑦卫君：卫庄公蒯聩。卫灵公死后公子辄立为卫君，蒯聩废辄自主，子路恨之，欲杀蒯聩，未能成功反遭难而死。

⑧菹（jū）：剁成肉酱。

⑨本句前后无关联，疑有篡讹，或移在“身菹于卫东门之上”一句之后，这样语意方易贯达。

⑩上：长上，这里指师长；下句的“下”则指门下，相对为文。

译文

“如今你研修文王、武王的治国方略，控制天下的舆论，一心想用你的主张传教后世子孙，穿着宽衣博带的儒式服装，说话与行动矫揉造作，用以迷惑天下的诸侯，而且一心想用这样的办法追求高官厚禄，要说大盗再没有比你大的了。天下为什么不叫你作盗丘，反而竟称我是盗跖呢？你用甜言蜜语说服了子路让他死心塌地地跟随你，使子路去掉了勇武的高冠，解除了长长的佩剑，受教于你的门下，天下人都说你孔子能够制止暴力禁绝不轨。可是后来，子路想要杀掉篡逆的卫君却不能成功，而且自身还在卫国东门上被剁成了肉酱，这就是你那套说教的失败。你不是自称才智的学士、圣哲的人物吗？却两次被逐出鲁国，在卫国被人铲削掉所有足迹，在齐国被逼得走投无路，在陈国蔡国之间遭受围困，不能容身于天下。而你所教育的子路却又遭受如此的祸患，做师长的没有办法在社会上立足，做学生的也就没有办法在社会上为人，你的那套主张难道还有可贵之处吗？

原文 “世之所高[①]，莫若黄帝，黄帝尚不能全德，而战涿鹿之野，流血百里。尧不慈[②]，舜不孝[③]，禹偏枯[④]，汤放其主，武王伐纣，文王拘羑里[⑤]。此六子者[⑥]，世之所高也，孰论之[⑦]，皆以利惑其真而强反其情性⑧，其行乃甚可羞也。

注释

①所高：所尊崇的人。

②尧不慈：唐尧没有把天下传给自己的儿子丹朱。一说尧杀了儿子丹朱，下一部分亦有“尧杀长子”一句，所以说尧不仁慈。

③舜不孝：舜为父亲所疾恶，所以说舜不孝顺。

④偏枯：过分劳苦而致半身不遂。

⑤羑（yǒu）里：殷代监狱名，文王曾被纣王关在羑里。本句历来有争议，一说本句应在“武王伐纣”之前，方才合乎顺序，不可能先叙武王再写文王，先叙“伐纣”再写“拘羑里”；一说本句为后人窜入。

⑥“六”字一本亦作“七”。黄帝、尧、舜、禹、汤、武王刚好称述为“六”，列入文王则当称述为“七”。

⑦孰：仔细，深入。这个意义后代写作“熟”。

⑨真：本真、真性。反：违背。情性：合于自然的禀性。

译文

“世人所尊崇的，莫过于黄帝，黄帝尚且不能保全德行，而征战于涿鹿的郊野，流血百里。唐尧不慈爱，虞舜不孝顺，大禹半身不遂，商汤放逐了他的君主，武王出兵征讨商纣，文王曾经被囚禁在羑里。这以上的六个人，都是世人所尊崇的，但是仔细评论起来，都是因为追求功利迷惑了真性而强迫自己违反了自然的禀赋，他们的做法实在是极为可耻的。

原文 “世之所谓贤士，伯夷叔齐。伯夷叔齐辞孤竹之君而饿死于首阳之山，骨肉不葬。鲍焦饰行非世①，抱木而死。申徒狄谏而不听②，负石自投于河，为鱼鳖所食。介子推至忠也③，自割其股以食文公④，文公后背之，子推怒而去，抱木而燔死⑤。尾生与女子期于梁下⑥，女子不来，水至不去，抱梁柱而死。此六子者，无异于磔犬流豖操瓢而乞者⑦，皆离名轻死⑧，不念本养寿命者也。

注释 ①鲍焦：周代的隐士，姓鲍名焦。饰行：矫饰德行，即有意把自己打扮得很清高。非世：非议世事。传说鲍焦廉洁自守，荷担采樵，拾橡子充饥。路遇子贡，子贡说，非议当政就不应踩着他统治的土地，指责国君就不应接受他的利禄，于是抱着树木不愿落地而死去。

②申徒狄：殷商时代的隐士，复姓申徒，名狄。

③介子推：晋人，即介之推。相传晋文公逃亡在外十九年，忍饥挨饿，介子推割下大腿上的肉让文公得以进食。晋文公

返国后大封从者却遗漏了介子推，介子推怒而逃至介山，晋文公追至介山，介子推隐避不出，于是放火烧山，介子推抱树焚烧而死。

④食文公：给晋文公吃。

⑤燔（fán）：焚烧。

⑥尾生：人名，即尾生高。期：约。梁：桥。

⑦磔（zhé）犬：屠宰肢解了的狗。流豕：沉河的猪。操：持。

⑧离：一本作“利”，“离（利）名”即以名为利，重视名声的意思。

译文

“世人所称道的贤士，就如伯夷、叔齐。伯夷、叔齐辞让了孤竹国的君位，却饿死在首阳山，尸体都未能埋葬。鲍焦着意清高非议世事，竟抱着树木而死去。申徒狄多次进谏不被采纳，背着石块投河而死，尸体被鱼鳖吃掉。介子推算是最忠诚的了，割下自己大腿上的肉给晋文公吃，文公返国后却背弃了他，介子推一怒之下逃出都城隐居山林，也抱着树木焚烧而死。尾生跟一女子在桥下约会，女子没有如期赴约，河水涌来尾生却不离去，竟抱着桥柱子而淹死。这以上的六个人，跟肢解了的狗、沉入河中的猪以及拿着瓢到处乞讨的乞丐相比没有什么不同，都是重视名节轻生赴死，不顾念身体和寿命的人。

原文 “世之所谓忠臣者，莫若王子比干、伍子胥。子胥沈江[①]，比干剖心，此二子者，世谓忠臣也，然卒为天下笑。自上观之，至于子胥比干，皆不足贵也。

注释 ①沈（chén）：沉。

译文 “世人所称道的忠臣，没有超过王子比干和伍子胥的了。伍子胥被抛尸江中，比干被剖心而死，这两个人，世人都称作忠臣，然而最终被天下人讥笑。从上述事实看来，直到伍子胥、王子比干之流，都是不值得推崇的。

原文 “丘之所以说我者，若告我以鬼事，则我不能知也；若告我以人事者，不过此矣，皆吾所闻知也。今吾告子以人之情，目欲视色，耳欲听声，口欲察味，志气欲盈[①]。人上寿百岁，中寿八十，下寿六十，除病瘦死丧忧患，其中开口而笑者，一月之中不过四五日而已矣。天与地无穷，人死者有时，操有时之具而托于无穷之间[②]，忽然无异骐骥之驰过隙也。不能说其志意③，养其寿命者，皆非通道者也。

注释 ①欲盈：要求得到满足。

②有时之具：有时限的生命。

③说（yuè）：悦。

译文 “你孔丘用来说服我的，假如告诉我怪诞离奇的事，那我是不可能知道的；假如告诉我人世间实实在在的事，不过如此而已，都是我所听闻的事。现在让我来告诉你人之常情，眼睛想要看到色彩，耳朵想要听到声音，嘴巴想要品尝滋味，志气想要满足、充沛。人生在世高寿为一百岁，中寿为八十岁，低寿为六十岁，除掉疾病、死丧、忧患的岁月，其中开口欢笑的时光，一月之中不过四五天罢了。天与地是无穷尽的，人的死亡却是有时限的，拿有时限的生命托付给无穷尽的天地之间，迅速地消逝就像是千里良驹从缝隙中骤然驰去一样。凡是不能够使自己心境获得愉快而颐养寿命的人，都不能算是通晓常理的人。

原文 “丘之所言，皆吾之所弃也，亟去走归①，无复言之！子之道，狂狂汲汲②，诈巧虚伪事也，非可以全真也，奚足论哉！”

注释 ①亟（jí）：急，赶快。

②狂狂汲汲：亦作“狂狂伋伋”，癫狂失性钻营奔逐的样子。

译文 “你孔丘所说的，全都是我想要废弃的，你赶快离开这里滚回去，不要再说了！你的那套主张，癫狂失性钻营奔逐，全都是巧诈、虚伪的东西，不可能用来保全真性，有什么好谈论的吗！”

原文 孔子再拜趋走，出门上车，执辔三失①，目芒然无见②，色若死灰，据轼低头③，不能出气。归到鲁东门外，适遇柳下季。柳下季曰：“今者阙然数日不见④，车马有行色，得微往见跖邪⑤？”孔子仰天而叹曰：“然。”柳下季曰：“跖得无逆汝意若前乎？”孔子曰：“然。丘所谓无病而自灸也⑥，疾走料虎头、编虎须⑦，几不免虎口哉！”

注释 ①执辔三失：拿着的缰绳三次失落。

②芒然：即茫然，模糊不清的样子。

③据：依。轼：车前用作扶手的横木。

④阙然：虚空，心里不踏实。

⑤微：通作“无”，“得微……邪”亦即“得无……乎”。

⑥灸：针刺疗病的办法。“无病而自灸”是说没有生病却自己给自己扎针，喻指自讨苦吃。

⑦料（liáo）：触动。一说通作“撩”，译文从后说。撩拨虎头，编理虎须，喻指行事草率。

译文 孔子一再拜谢快步离去，走出帐门登上车子，三次失落拿在手里的缰绳，眼光失神模糊不清，脸色犹如死灰，低垂着头靠在车前的横木上，颓丧地不能大口喘气。回到鲁国东门外，正巧遇上了柳下季。柳下季说：“近来多日不见心里很不踏实，看看你的车马好像外出过的样子，恐怕是前去见到盗跖了吧？”孔子仰天长叹道：“是的。”柳下季说：“盗跖莫不是像先前我所说的那样违背了你的心意吧？”孔子说：“正是这样。我这样做真叫做没有生病而自行扎针一样，自找苦吃，急急忙忙地跑去撩拨虎头、编理虎须，几乎不免被虎口吞掉啊！”

原文 子张问于满苟得曰[①]：“盍不为行[②]？无行则不信，不信则不任，不任则不利。故观文名[③]，计之利[④]，而义真是也⑤。若弃名利，反之于心⑥，则夫士之为行，不可一日不为乎！”满苟得曰：“无耻者富，多信者显⑦。夫名利之大者，几在无耻而信。故观之名，计之利，而信真是也⑧。若弃名利，反之于心，则夫士之为行，抱其天乎⑨！”

注释 ①子张：孔子的弟子，姓颛孙，名师，子张为字。满苟得：杜撰的人名。

②盍（hé）：何。行（xìng）：德行、品行。下同。

③观之名：即以名观之，从名誉的角度来观察。

④计：考虑；“计之利”即以利计之，从利禄的角度来考虑。

⑤而（néng）：通作“能”；“而义”即能够实行仁义。

⑥反之于心：只在内心求得反省。

⑦信（shēn）：通作“伸”。“多信”就是多处表现、多处求取。“信”字下同此解。一说“多信”犹如“多言”，多言就有夸口、吹捧的意思。

⑧而：见注⑤。

⑨抱：守。天：自然。

译文 子张向满苟得问道：“怎么不推行合于仁义的德行呢？没有德行就不能取得别人的信赖，不能取得别人的信赖就不会得到任用，不能得到任用就不会得到利益。所以，从名誉的角度来观察，从利禄的角度来考虑，能够实行仁义就真是这样的。假如弃置名利，只在内心求得反思，那么士大夫的所作所为，也不可能一天不讲仁义啊！”满苟得说：“没有羞耻的人才会富有，善于吹捧的人才会显贵。大凡获得名利最大的，几乎全在于无耻而多言。所以，从名誉的角度来观察，从利禄的角度来考虑，能够吹捧就真是这样的。假如弃置名利，只在内心求得反思，那么士大夫的所作所为，也就只有保持他的天性了啊！”

原文 子张曰：“昔者桀纣贵为天子，富有天下，今谓臧聚曰①，汝行如桀纣，则有怍色②，有不服之心者，小人所贱也。仲尼、墨翟穷为匹夫③，今谓宰相曰，子行如仲尼、墨翟，则变容易色称不足者，士诚贵也。故势为天子，未必贵也；穷为匹夫，未必贱也；贵贱之分，在行之恶美。”满苟得曰：“小盗者拘，大盗者为诸侯，诸侯之门，义士存焉。昔者桓公小白杀兄入嫂而管仲为臣④，田成子常杀君窃国而孔子受币⑤。论则贱之，行则下之，则是言行之情悖战于胸中也⑥，不亦拂乎⑦！故书曰：孰恶孰美？成者为首，不成者为尾。”

注释 ①臧：奴隶、仆役。聚（zōu）：赶马、驾车的人。

②怍（zuò）：惭愧。

③匹夫：平民百姓。

④齐桓公：名小白，杀其兄纠而为齐君，成为春秋五霸之首。入嫂：纳嫂，娶了嫂嫂作妻子。“入嫂”之事史载不详。管仲：春秋时代的大政治家，先追随子纠，后辅佐桓公。

⑤田成子：即田常，本是齐国的大夫，后杀了齐简公而自立为齐君。受币：接受赠予的布帛。春秋战国时期，布帛曾作为货币流通，所以说“受币”。

⑥悖（bèi）：违背；“悖战于胸中”是说在内心里矛盾斗争。

⑦拂：违逆，这里指情理上不相合。

译文 子张说：“当年桀与纣贵为天子，富有到占有天下，如今对地位卑贱的奴仆说，你的品行如同桀纣，那么他们定会惭愧不已，产生不服气的思想，这是因为桀纣的所作所为连地位卑贱的人也瞧不起。仲尼和墨翟穷困到跟普通百姓一样，如今对官居宰相地位的人说，你的品行如同仲尼和墨翟，那么他一定会除去傲气谦恭地说自己远远比不上，这是因为士大夫确实有可贵的品行。所以说，势大为天子，未必就尊贵；穷困为普通百姓，未必就卑贱；尊贵与卑贱的区别，决定于德行的美丑。”满苟得说：“小的盗贼被拘捕，大的强盗却成了诸侯，诸侯的门内，方才存有道义之士。当年齐桓公小白杀了兄长、娶了嫂嫂而管仲却做了他的臣子，田成子常杀了齐简公自立为国君而孔子却接受了他赠予的布帛。谈论起来总认为桓公、田常之流的行为卑下，做起来又总是使自己的行为更加卑下，这就是说言语和行动的实情在胸中相互矛盾和斗争，岂不是情理上极不相合吗！所以古书上说过：谁坏谁好？成功的居于尊上之位，失败的沦为卑下之人。”

原文

子张曰：“子不为行，即将疏戚无伦[①]，贵贱无义，长幼无序；五纪六位[②]，将何以为别乎？”满苟得曰：“尧杀长子，舜流母弟[③]，疏戚有伦乎？汤放桀，武王杀纣，贵贱有义乎？王季为適[④]，周公杀兄[⑤]，长幼有序乎？儒者伪辞，墨者兼爱，五纪六位将有别乎？

注释

①戚：亲。伦：人伦顺序。

②五纪：岁、日、月、星辰、历数；一说“五纪”即“五伦”，

指父子、君臣、夫妇、长幼、朋友之间的关系。六位：君、臣、父、子、夫、妇；一说“六位”即“六纪”，指诸父、兄弟、族人、诸舅、师长、朋友。

③相传舜流放了同母的弟弟象。

④王季：周文王的父亲。王季本是大王亶父的小儿子，太伯、仲雍让位不立，因而传位给了王季。適（dí）：通作“嫡”，指大儿子。

⑤周公曾诛杀兄长管叔、蔡叔。

译文 子张说：“你不推行合于仁义的德行，就必将在疏远与亲近之间失去人伦关系，在尊贵与卑贱之间失去规范和准则，在长上与幼小之间失去先后序列；这样一来五伦和六位，又拿什么加以区别呢？”满苟得说：“尧杀了亲生的长子，舜流放了同母的兄弟，亲疏之间还有伦常可言吗？商汤逐放夏桀，武王杀死商纣，贵贱之间还有准则可言吗？王季被立为长子，周公杀了两个哥哥，长幼之间还有序列可言吗？儒家伪善的言辞，墨家兼爱的主张，‘五纪’和‘六位’的序列关系还能有区别吗？

原文 “且子正为名，我正为利。名利之实，不顺于理，不监于道①。吾日与子讼于无约曰②：‘小人殉财，君子殉名。其所以变其情、易其性，则异矣；乃至于弃其所为而殉其所不为，则一也③。’故曰，无为小人，反殉而天④；无为君子，从天之理。若枉若直⑤，相而天极⑥；面观四方，与时消息⑦，若是若非，执而圆机⑧；独成而意⑨，与道徘徊。无转而行⑩，无成而义，将失而所为⑪。无赴而富，无殉而成，将弃而天。比干剖心，子胥抉眼⑫，忠之祸也；直躬证父⑬，尾生溺死，信之患也；鲍子立干⑭，申子不自理⑮，廉之害也；孔子不见母⑯，匡子不见父⑰，义之失也。此上世之所传，下世之所语，以为士者正其言⑱，必其行⑲，故服其殃⑳，离其患也㉑。”

注释

①监：明。一本亦作“鑑”，而“鑑”是古“镜”字。

②日：往昔。讼：争论是非。无约：假托的人名，寓指不受名利所约束。

③一：同一，同样的。

④而：你；“反殉而天”是说反过来再追寻你自己的天性。

⑤若：或。枉：曲。“枉”“直”犹言“是非”。

⑥相：视；“相而天极”即顺其自然。

⑦时：时令，四时。息：繁衍生息。“消息”指事物的消长

变化。

⑧圆机：环中，周转变化的中枢。

⑨而：你。以下“无转而行”“无成而义”“将失而所为”“将弃而天”各句中“而”字均讲作第二人称代词。

⑩转（zhuān）：通作“专”，执着、专一的意思。

⑪所为：旧注指真性。

⑫抉（jué）眼：挖出眼睛，指被杀害。伍子胥被杀害时曾说：“吾死后，抉眼悬于吴门东以观越之灭吴也。”

⑬直躬：人名，相传直躬的父亲盗羊，直躬出面证明。

⑭鲍子：即前一部分所述抱树而死的鲍焦。

⑮申子：指申生，晋献公的太子，遭受谗言而不愿申辩，自缢而死。不自理：不申辩。

⑯相传孔子周游列国，其母临终时孔子也未能见面。

⑰匡子：即匡章，齐国人，劝谏他的父亲，其父不采纳并把他赶出家门，于是匡章终生不再见父亲。

⑱正其言：以其言为正，让自己的言论正直。

⑲必其行：必定去做。

⑳服：受。

㉑离：通作“罹”，遭逢。

译文 而且你心里所想的正在于名，我心里所想的正为了利。名与利的实情，不合于理，也不明于道。我往日跟你在无约面前争论不休："小人为财而死，君子为名献身。然而他们变换真情、更改本性的原因，却没有不同；而竟至舍弃该做的事而不惜生命地追逐不该寻求的东西，那是同一样的。所以说，不要去做小人，反过来追寻你自己的天性；不要去做君子，而顺从自然的规律。或曲或直，顺其自然；观察四方，跟随四时变化而消长。或是或非，牢牢掌握循环变化的中枢；独自完成你的心意，跟随大道往返进退。不要执着于你的德行，不要成就于你所说的规范；那将会丧失你的禀性。不要为了富有而劳苦奔波，不要为了成功而不惜献身，那将会舍弃自然的真性。比干被剖心，子胥被挖眼，这是忠的祸害；直躬出证父亲偷羊，尾生被水淹死，这是信的祸患；鲍焦抱树而立、干枯而死，申生宁可自缢也不申辩委屈，这是廉的毒害；孔子不能为母送终，匡子发誓不见父亲，这是义的过失。这些现象都是上世的传闻，当代的话题，总认为士大夫必定会让自己的言论正直，让自己的行动跟着去做，所以深受灾殃，遭逢如此的祸患。"

原文 无足问于知和曰[①]："人卒未有不兴名就利者[②]。彼富则人归之，归则下之③，下则贵之④。夫见下贵者⑤，所以长生安体乐意之道也。今子独无意焉，知不足邪⑥？意知而力不能行邪⑦？故推正不忘邪⑧？”

注释

①无足、知和：虚构的人物，分别寓含贪婪与懂得中和之道的意思。

②卒：最终，毕竟。一说“人卒”就是指人众。

③下之：以己为下，表示谦卑，甘居其下。

④贵之：以之为贵，把对方看作是尊贵的。

⑤见：受。

⑥知：智。

⑦意知：心意能够知道。一说“意”通作“抑”，为连词用法；亦可通。

⑧推正：推行正道。

译文

无足向知和问道：“人们终究没有谁不想树立名声并获取利禄的。那个人富有了人们就归附他，归附他也就自以为卑下，以自己为卑下就更会尊崇富有者。受到卑下者的尊崇，就是人们用来延长寿命、安康体质、快乐心意的办法。如今唯独你在这方面没有欲念，是才智不够用呢？还是有了念头而力量不能达到呢？抑或推行正道而一心不忘呢？”

原文 知和曰：“今夫此人以为与己同时而生①，同乡而处者，以为夫绝俗过世之士焉②；是专无主正③，所以览古今之时，是非之分也，与俗化世④。去至重⑤，弃至尊⑥，以为其所为也⑦；此其所以论长生安体乐意之道，不亦远乎！惨怛之疾⑧，恬愉之安，不监于体⑨；怵惕之恐⑩，欣欢之喜，不监于心。知为为而不知所以为⑪，是以贵为天子，富有天下，而不免于患也。”

注释 ①今夫此人：如今有这么一个人。

②绝：超越。

③专：全。主正：基准。

④与俗：混同于俗。化世：融化于世。“与俗”和“化世”并列成文，而下句“去”与“弃”形成对应，旧本断句于“化”字，未得句读，故不从。

⑤至重：指生命。

⑥至尊：指大道。

⑦为其所为：追求他一心想要追求的东西。

⑧惨怛（dá）：悲伤。

⑨监：显明；“不监”是说不能自己看清。下仿此解。

⑩怵（chù）惕：惊惶不安。

⑪为为：一心做自己想要做的事。所以为：为什么要这样做。

译文 知和说：“如今有这么一个兴名就利的人，就认为跟自己是同时生、同乡处，而且认为是超越了世俗的人了；其实这样的人内心里全无主心，用这样的办法去看待古往今来和是非的不同，只能是混同流俗而融合于世事。舍弃了贵重的生命，离开了最崇高的大道，而追求他一心想要追求的东西；这就是他们所说的延长寿命、安康体质、快乐心意的办法，不是跟事理相去太远吗！悲伤所造成的痛苦，愉快所带来的安适，对身体的影响自己不能看清；惊慌所造成的恐惧，欢欣所留下的喜悦，对于心灵的影响自己也不可能看清。知道一心去做自己想要去做的事却不知道为什么要这样去做，所以尊贵如同天子，富裕到占有天下，却始终不能免于忧患。”

原文 无足曰：“夫富之于人，无所不利，穷美究埶[①]，至人之所不得逮[②]，贤人之所不能及，侠人之勇力而以为威强[③]，秉人之知谋以为明察[④]，因人之德以为贤良[⑤]，非享国而严若君父。且夫声色滋味权势之于人，心不待学而乐之，体不待象而安之⑥。夫欲恶避就，固不待师，此人之性也。天下虽非我⑦，孰能辞之！”

注释

①埶（shì）：势。

②逮：及；“不逮”即赶不上。

③侠（xié）：通作“挟”，挟持的意思。

④秉：把持。知：智。

⑤因：凭借、依靠。

⑥象：合于规范。

⑦非我：以我为非，认为我的看法不对。

译文

无足说：“富贵对于人们来说，没有什么不利的，享尽天下的美好并拥有天下最大的权势，这是道德极高尚的人所不能得到的，也是贤达的人所不能赶上的；挟持他人的勇力用以显示自己的威强，把握他人的智谋用以表露自己的明察，凭借他人的德行用以赢得贤良的声誉，虽然没有享受过国家权力所带来的好处却也像君父一样威严。至于说到乐声、美色、滋味、权势对于每一个人，心里不等到学会就自然喜欢，身体不需要模仿早已习惯。欲念、厌恶、回避、俯就，本来就不需要师传，这是人的禀性。天下人即使都认为我的看法不对，谁又能摆脱这一切呢？”

原文 知和曰：“知者之为，故动以百姓[①]，不违其度，是以足而不争，无以为故不求[②]。不足故求之，争四处而不自以为贪；有余故辞之，弃天下而不自以为廉。廉贪之实，非以迫外也[③]，反监之度[④]。势为天子而不以贵骄人，富有天下而不以财戏人。计其患，虑其反，以为害于性，故辞而不受也，非以要名誉也[⑤]。尧舜为帝而雍[⑥]，非仁天下也，不以美害生也；善卷许由得帝而不受，非虚辞让也，不以事害己。此皆就其利，辞其害，而天下称贤焉，则可以有之，彼非以兴名誉也。”

注释 ①以：因，循；“动以百姓”是说有所行动总是遵循百姓的心愿。

②无以为：即无所为，没有什么作为。

③以：因，由于。迫外：迫于外，即为外力所逼迫。

④反监：转回头来看一看。之：其。度：气度，度量。

⑤要（yāo）：求取。

⑥雍：雍和，指团结和睦。

译文 知和说："睿智的人的做法，总是依从百姓的心思而行动，不去违反民众的意愿，所以，知足就不会争斗，无所作为因而也就无有所求。不能知足所以贪求不已，争夺四方财物却不自认为是贪婪；心知有余所以处处辞让，舍弃天下却不自认为清廉。廉洁与贪婪的实情，并不是因为迫于外力，应该转回头来察看一下各自的禀赋。身处天子之位却不用显贵傲视他人，富裕到拥有天下却不用财富戏弄他人。想一想它的后患，再考虑一下事情的反面，认为有害于自然的本性，所以拒绝而不接受，并不是要用它来求取名声与荣耀。尧与舜做帝王天下和睦团结，并非行仁政于天下，而是不想因为追求美好而损害生命；善卷与许由能够得到帝王之位却辞让不受，也不是虚情假意的谢绝禅让，而是不想因为治理天下危害自己的生命。这些人都能趋就其利，辞避其害，因而人们称誉他们是贤明的人，可见贤明的称誉也是可以获取的，不过他们的本心并非建树个人的名誉。"

原文 无足曰："必持其名，苦体、绝甘、约养以持生①，则亦久病长阨而不死者也②。"

注释 ①苦体：使身体受到劳苦。甘：甜，泛指美好的食物。约养：俭省给养。

②阨（è）：用同“厄”；“长阨”是说长久地受到困厄。

译文 无足说：“必定要保持自己的名声，即使劳苦身形、谢绝美食、俭省给养以维持生命，那么这一定是个长期疾病困乏而没有死去的人。”

原文 知和曰：“平为福[①]，有余为害者，物莫不然，而财其甚者也。今富人，耳营钟鼓管籥之声[②]，口嗛于刍豢醪醴之味[③]，以感其意，遗忘其业，可谓乱矣；侅溺于冯气[④]，若负重行而上阪[⑤]，可谓苦矣；贪财而取慰[⑥]，贪权而取竭，静居则溺[⑦]，体泽而冯[⑧]，可谓疾矣；为欲富就利，故满若堵耳而不知避[⑨]，且冯而不舍[⑩]，可谓辱矣；财积而无用，服膺而不舍[⑪]，满心戚醮[⑫]，求益而不止，可谓忧矣；内则疑劫请之贼[⑬]，外则畏寇盗之害，内周楼疏[⑭]，外不敢独行，可谓畏矣。此六者，天下之至害也，皆遗忘而不知察，及其患至，求尽性竭财[⑮]，单以反一日之无故而不可得也[⑯]。故观之名则不见，求之利则不得，缭意体而争此[⑰]，不亦惑乎！”

注释

①平：均平、齐一。

②营：谋求。钟鼓：泛指敲击一类的乐器。管籥（yuè）：泛指箫笛一类的吹管乐器。

③嗛（xián）：衔在嘴里。一说“嗛”通作“慊（qiān）”，满足的意思。刍（chú）豢：泛指家畜，这里指肉食。醪（láo）醴：泛指酒浆。

④侅（gāi）溺：深深陷入的意思。冯（píng）气：盛气。

⑤阪（bǎn）；山坡。

⑥慰：怨。“取慰”即招惹怨恨。“慰”字一本亦作“辱”。

⑦溺：指沉溺于嗜欲。

⑧泽：光润。“体泽”犹如今言脑满肠肥。冯：满，指意气凌人。

⑨堵：墙。“堵耳”是说齐耳的高墙。一说全句意思是指，获取满足的欲望像高墙堵耳不知道回避利害。译文从前一说。

⑩冯而不舍：即恃而不舍，意思是说越是贪婪就越是得不到满足。

⑪服膺：念念不忘。“服膺”二字合音为“冯”，所谓“服膺而不舍”亦即“冯而不舍”。

⑫醮：同于“焦”。“戚醮”即烦恼。

⑬疑：担忧。请：强行索取。贼：害。

⑭楼：塔楼，用于防盗。疏：窗口。“内周楼疏”是说内部遍

设塔楼和射箭的孔道。

⑮尽性：保全性命。

⑯单：但，只。反：返，指返归贫苦的生活。无故：无事。

⑰缭：缠绕；“缭意体”是说使心意和身体受到困扰。

译文

知和说：“均平就是幸福，有余便是祸害，物类莫不是这样，而财物更为突出。如今富有的人，耳朵谋求钟鼓、箫笛的乐声，嘴巴满足于肉食、佳酿的美味，因而触发了他的欲念，遗忘了他的事业，真可说是迷乱极了；深深地陷入了愤懑的盛气之中，像背着重荷爬行在山坡上，真可说是痛苦极了；贪求财物而招惹怨恨，贪求权势而耗尽心力，安静闲居就沉溺于嗜欲，体态丰腴光泽就盛气凌人，真可说是发病了；为了贪图富有追求私利，获取的财物堆得像齐耳的高墙也不知满足，而且越是贪婪就越发不知收敛，真可说是羞辱极了；财物囤积却没有用处，念念不忘却又不愿割舍，满腹的焦心与烦恼，企求增益永无休止，真可说是忧愁极了；在家内总担忧窃贼的伤害，在外面总害怕寇盗的残杀，在内遍设防盗的塔楼和射箭的孔道，在外不敢独自行走，真可说是畏惧极了。以上的六种情况，是天下最大的祸害，全都遗忘不求审察，等到祸患来临，想要倾家荡产保全性命，只求返归贫穷求得一日的安宁也不可能。所以，从名声的角度来观察却看不见，从利益的角度来探求却得不到，使心意和身体受到如此困扰地竭力争夺名利，岂不迷乱吗！”

说剑

题解 《说剑》以义名篇，内容就是写庄子说剑。赵文王喜欢剑，整天与剑士为伍而不料理朝政，庄子前往游说。庄子说剑有三种，即天子之剑，诸侯之剑和庶民之剑，委婉地指出赵文王的所为实际上是庶民之剑，而希望他能成为天子之剑。

如果说《让王》《盗跖》已不类庄子之文，那么《说剑》就更非庄子之文了。篇文中确有“庄子”其名，但《说剑》里的庄子已不是倡导无为无己、逍遥顺应、齐物齐论中的庄子，完全是一个说客，即战国时代的策士形象，而内容也完全离开了《庄子》的主旨。因此，本篇历来认为是一伪作，也不是庄子学派的作品，应该看作是假托庄子之名的策士之文。

原文 昔赵文王喜剑①，剑士夹门而客三千余人②，日夜相击于前，死伤者岁百余人，好之不厌③。如是三年，国衰，诸侯谋之。太子悝患之④，募左右曰⑤：“孰能说王之意止剑士者⑥，赐之千金。”左右曰：“庄子当能。”

注释 ①赵文王：即赵惠文王。

②夹门：拥门。客：作客，寄食于门下。

③厌：满足。这个意义后代写作“餍”。

④悝：太子名。赵惠文王的大儿子并不叫“悝”，庄子也未曾向赵惠文王“说剑”，这里只是寓言。

⑤募：征求。

⑥说（shuì）：劝说，说服。一说“说”当讲作“悦”，亦可通。

译文 当年赵文王喜好剑术，击剑的人蜂拥而至门下食客三千余人，在赵文王面前日夜相互比试剑术，死伤的剑客每年都有百余人，而赵文王喜好击剑从来就不曾得到满足。像这样过了三年，国力日益衰退，各国诸侯都在谋算怎样攻打赵国。太子悝十分担忧，征求左右近侍说：“谁能够说服赵王停止比试剑术，赠予他千金。”左右近侍说：“只有庄子能够担当此任。”

原文

太子乃使人以千金奉庄子[①]。庄子弗受，与使者俱，往见太子曰："太子何以教周，赐周千金？"太子曰："闻夫子明圣，谨奉千金以币从者[②]。夫子弗受，悝尚何敢言！"庄子曰："闻太子所欲用周者，欲绝王之喜好也。使臣上说大王而逆王意[③]，下不当太子[④]，则身刑而死，周尚安所事金乎？使臣上说大王，下当太子，赵国何求而不得也！"太子曰："然。吾王所见，唯剑士也。"庄子曰："诺。周善为剑。"太子曰："然吾王所见剑士，皆蓬头突鬓垂冠[⑤]，曼胡之缨[⑥]，短后之衣[⑦]，瞋目而语难[⑧]，王乃说之[⑨]。今夫子必儒服而见王，事必大逆[⑩]。"庄子曰："请治剑服。"治剑服三日，乃见太子。太子乃与见王[⑪]，王脱白刃待之[⑫]。

注释

①奉：赠予。

②币：赠礼，这里用如动词。"币从者"即犒赏从者。

③使：假使。说：见上段注⑥。

④当（dàng）：合；"不当太子"是说不能合于太子的心愿。以下"下当太子"一句仿此解。

⑤突鬓：鬓毛突出。垂冠：低垂着帽子。

⑥曼胡之缨：系着粗实的帽缨。

⑦短后之衣：便于打斗的短衣。

⑧瞋（chēn）目：瞪着眼。语难：喘着粗气因而说话困难。

⑨乃：竟。说（yuè）：喜悦。

⑩逆：反。"事必大逆"是说事情一定会弄得很糟。

⑪与见王：即"与之见王"，跟庄周一起拜见赵文王。

⑫脱：解下。

译文 太子于是派人携带千金厚礼赠送给庄子。庄子不接受，跟随使者一道，前往会见太子说："太子有什么见教，赐给我千金的厚礼？"太子说："听说先生通达贤明，谨此奉上千金用以犒赏从者。先生不愿接受，我还有什么可说的！"庄子说："听说太子想要用我，意欲断绝赵王对剑术的爱好。假如我对上游说赵王却违拗了赵王的心意，对下也未能符合太子的意愿。那也就一定会遭受刑戮而死去，我还哪里用得着这些赠礼呢？假如我对上能说服赵王，对下能合于太子的心愿，在赵国这片土地上我希望得到什么难道还得不到！"太子说："是这样。父王的心目中，只有击剑的人。"庄子说："好的，我也善于运用剑术。"太子说："不过父王所见到的击剑人，全都头发蓬乱、鬓毛突出、帽子低垂，帽缨粗实，衣服紧身，瞪大眼睛而且气喘语塞，大王竟喜欢见到这样打扮的人。如今先生一定是穿儒服去会见赵王，事情一定会弄糟。”庄子说：“请让我准备剑士的服装。”三天以后剑士的服装裁制完毕，于是面见太子。太子就跟庄子一道拜见赵王，赵王解下利剑等待着庄子。

原文 庄子入殿门不趋[①]，见王不拜。王曰：“子欲何以教寡人，使太子先。”曰：“臣闻大王喜剑，故以剑见王。”王曰：“子之剑何能禁制[②]？”曰：“臣之剑，十步一人[③]，千里不留行[④]。”王大悦之，曰：“天下无敌矣！”

注释 ①趋：快步上前。

②禁：遏止。“禁制”即遏阻并制伏对手。

③十步一人：十步之内每每杀死一人。

④留：止。“千里不留行”是说行走千里也不会受阻。

译文 庄子不急不忙地进入殿内，见到赵王也不行跪拜之礼。赵王说：“你想用什么话来开导我，而且让太子先作引荐。”庄子说：“我听说大王喜好剑术，特地用剑术来参见大王。”赵王说：“你的剑术怎样能遏阻剑手、战胜对方呢？”庄子说：“我的剑术，十步之内可杀一人，行走千里也不会受人阻留。”赵王听了大喜，说：“天下没有谁是你的对手了！”

原文 庄子曰：“夫为剑者，示之以虚，开之以利，后之以发，先之以至。愿得试之。”王曰：“夫子休就舍待命①，令设戏请夫子②。”王乃校剑士七日③，死伤者六十余人，得五六人，使奉剑于殿下④，乃召庄子。王曰：“今日试使士敦剑⑤。”庄子曰：“望之久矣。”王曰：“夫子所御杖⑥，长短何如？”曰：“臣之所奉皆可。然臣有三剑，唯王所用，请先言而后试。”

注释 ①休就舍：暂到宿舍休息。“待命”二字旧本划入下句之首，按文意，“就舍”的目的在于“待命”，故于“待命”处断句。

②设戏：安排击剑比武的盛会。

③校：同于“较”。“校剑”即比试剑术。

④奉（pěng）：捧着；这个意义后代写作“捧”。

⑤敦：治。“使士敦剑”是说跟剑士比对剑术。

⑥御：用。杖：用如动词，执掌的意思。“所御杖”是说所习惯使用的。

译文 庄子说：“击剑的要领是，有意把弱点显露给对方，再用有机可乘之处引诱对方，后于对手发起攻击，同时要抢先击中对手。希望有机会能试试我的剑法。”赵王说：“先生暂回馆舍休息等待通知，我将安排好击剑比武的盛会再请先生出面比武。”赵王于是用七天时间让剑士们比武较量，死伤六十多人，从中挑选出五六人，让他们拿着剑在殿堂下等候，这才召见庄子。赵王说：“今天可让剑士们跟先生比试剑术了。”庄子说：“我已经盼望很久了。”赵王说：“先生所习惯使用的宝剑，长短怎么样！”庄子说：“我的剑术长短都适应。不过我有三种剑，任凭大王选用，请让我先作些说明然后再行比试。”

原文 王曰：“愿闻三剑。”曰：“有天子剑，有诸侯剑，有庶人剑。”王曰：“天子之剑何如？”曰：“天子之剑，以燕谿石城为锋①，齐岱为锷②，晋魏为脊③，周宋为镡④，韩魏为夹⑤；包以四夷，裹以四时，绕以渤海，带以常山⑥；制以五行⑦，论以刑德⑧；开以阴阳，持以春秋，行以秋冬。此剑，直之无前⑨，举之无上，案之无下⑩，运之无旁，上决浮云⑪，下绝地纪⑫。此剑一用，匡诸侯⑬，天下服矣。此天子之剑也。”文王芒然自失⑭，曰：“诸侯之剑何如？”曰：“诸侯之剑，以知勇士为锋⑮，以清廉士为锷，以贤良士为脊，以忠圣士为镡，以豪杰士为夹。此剑，直之亦无前，举之亦无上，案之亦无下，运之亦无旁；上法圆天以顺三光[16]，下法方地以顺四时，中和民意以安四乡[17]。此剑一用，如雷霆之震也，四封之内[18]，无不宾服而听从君命者矣[19]。此诸侯之剑也。”王曰：“庶人之剑何如？”曰：“庶人之剑，蓬头突鬓垂冠，曼胡之缨，短后之衣，瞋目而语难。相击于前，上斩颈领，下决肝肺，此庶人之剑，无异于斗鸡，一旦命已绝矣，无所用于国事。今大王有天子之位而好庶人之剑，臣窃为大王薄之[20]。”

注释

①以：用。以下各句承此而省。燕豀：燕国一地名。石城：塞北一山名。锋：剑尖。

②岱：山名，即泰山。锷：剑刃。

③“魏”字一本作“卫”。这里列述各处地名，无有“卫”地而以下还有“韩魏”一句中的“魏”字，足证本句“魏”字当是“卫”字之讹。

④镡（xín，又 tán）：剑环。

⑤夹：通作“挟”，指剑把。

⑥常山：即北岳恒山。

⑦制：制约，管理。五行：金木水火土；“制以五行”即“以

五行制”，用五行来统驭。

⑧刑德：刑律与德教。

⑨直：向前直刺。无前：前无所阻。

⑩案：同于“按”。

⑪决：裂，割开。

⑫绝：斩断。地纪：即地维，指大地的四角。古人认为天圆地方，天有九根柱子支撑，地有四维系缀。

⑬匡：正。

⑭芒然：即茫然。

⑮知勇：智勇。

⑯法：效法。下同此解。三光：日、月、星辰。

⑰四乡：四方。

⑱封：封疆，疆界。“四封”亦即四境。

⑲宾服：古代诸侯按时纳贡朝见天子以表示臣服，这里讲作归服。

⑳薄：鄙薄，不应看重。

译文 赵王说：“愿意听听你介绍三种剑。”庄子说：“有天子之剑，有诸侯之剑，有百姓之剑。”赵王说：“天子之剑怎么样？”庄子说：“天子之剑，拿燕谿的石城山做剑尖，拿齐国的泰山做剑刃，拿晋国和卫国做剑脊，拿周王畿和宋国做剑环，拿韩国和魏国做剑柄；用中原以外的四境来包扎，用四季来围裹，用渤海来缠绕，用恒山来做系带；靠五行来统驭，靠刑律和德教来论断；遵循阴阳的变化而进退，遵循春秋的时令而持延，遵循秋冬的到来而运行。这种剑，向前直刺一无阻挡，高高举起无物在上，按剑向下所向披靡，挥动起来旁若无物，向上割裂浮云，向下斩断地纪。这种剑一旦使用，可以匡正诸侯，使天下人全都归服。这就是天子之剑。”赵文王听了茫然若有所失，说：“诸侯之剑怎么样?”庄子说：“诸侯之剑，拿智勇之士做剑尖，拿清廉之士做剑刃，拿贤良之士做剑脊，拿忠诚圣明之士做剑环，拿豪杰之士做剑柄。这种剑，向前直刺也一无阻挡，高高举起也无物在上，按剑向下也所向披靡，挥动起来也旁若无物；对上效法于天而顺应日月星辰，对下取法于地而顺应四时序列，居中则顺和民意而安定四方。这种剑一旦使用，就好像雷霆震撼四境之内，没有不归服而听从国君号令的。这就是诸侯之剑。”赵王说：“百姓之剑又怎么样呢?”庄子说：“百姓之剑，全都头发蓬乱、鬓毛突出、帽子低垂，帽缨粗实，衣服紧身，瞪大眼睛而且气喘语塞。相互在人前争斗刺杀，上能斩断脖颈，下能剖裂肝肺，这就是百姓之剑，跟斗鸡没有什么不同，一旦命尽气绝，对于国事就什么用处也没有。如今大王拥有夺取天下的地位却喜好百姓之剑，我私下认为大王应当鄙薄这种做法。”

原文 王乃牵而上殿。宰人上食，王三环之①。庄子曰：“大王安坐定气，剑事已毕奏矣。”于是文王不出宫三月，剑士皆服毙自处也②。

注释 ①三环之：绕着坐席绕了三圈。这是古人一种深表惭愧的做法。

②服：伏。“服毙”犹言自杀。

译文 赵文王于是牵着庄子来到殿上。厨师献上食物，赵王绕着坐席惭愧地绕了三圈。庄子说：“大王安坐下来定定心气，有关剑术之事我已启奏完毕。”于是赵文王三月不出宫门，剑士们都在自己的住处自刎而死。

渔父

题解 “渔父”为一捕鱼的老人，这里用作篇名。篇文通过“渔父”对孔子的批评，指斥儒家的思想，并借此阐述了“持守其真”、还归自然的主张。

全文写了孔子见到渔父以及和渔父对话的全过程。首先是渔父跟孔子的弟子子路、子贡谈话，批评孔子“性服忠信、身形仁义”,“饰礼乐、选人伦”，都是“苦心劳形以危其真”。接着写孔子见到渔父，受到渔父的直接批评，指出他不在其位而谋其政，乃是“八疵”“四患”的行为；应该各安其位，才是最好的治理。接下去又进一步写渔父向孔子提出“真”；所谓真，就是“受于天”，主张“法天”“贵真”“不拘于俗”。最后写孔子对渔父的谦恭和崇敬的心情。

本篇历来也多有指责，认为是伪作，但本篇的思想跟庄子一贯的主张还是有相通之处，对儒家的指责不如《胠箧》《盗跖》那么直接、激烈，守真和受于天的思想也与内篇的观点相一致，而且渔父本身就是一隐道者的形象，因而仍应看作是庄派学说的后学之作。

原文 孔子游于缁帷之林[①]，休坐乎杏坛之上[②]。弟子读书，孔子弦歌鼓琴。奏曲未半，有渔父者[③]，下船而来，须眉交白④，被发揄袂⑤，行原以上⑥，距陆而止⑦，左手据膝⑧，右手持颐以听⑨。曲终而招子贡子路，二人俱对。

注释

①缁（zī）帷：树林之名。“缁”本指黑色，称之为“缁帷”，是说林木繁茂，蔽日如同帷幕。

②杏坛：长有许多杏树的水泽中的高地。

③渔父（fù）：捕鱼的老人。旧注认为是越相范蠡的化名，平吴后游于三江五湖。译文未从，因为本篇亦为寓言。

④本句“须”字亦作“鬓”，“交”字亦作“皎”；“交白”是说俱白。

⑤被（pī）：通作“披”。揄（yú）袂（mèi）：扬起衣袖。

⑥行原：沿着岸边。以：而。

⑦距：至。陆：这里指地势较高的平地。

⑧据：抱。

⑨持颐：托着下巴。

译文

孔子游观来到名叫缁帷的树林，坐在长有许多杏树的土坛上休息。弟子们在一旁读书，孔子在弹琴吟唱。曲子还未奏完一半，有个捕鱼的老人下船而来，胡须和眉毛全都白了，披着头发扬起衣袖，沿着河岸而上，来到一处高而平的地方便停下脚步，左手抱着膝盖，右手托起下巴听孔子弹琴吟唱。曲子终了渔父用手召唤子贡、子路，两个人一起走了过来。

原文 客指孔子曰[①]："彼何为者也？"子路对曰："鲁之君子也。"客问其族[②]。子路对曰："族孔氏。"客曰："孔氏者何治也[③]？"子路未应，子贡对曰："孔氏者，性服忠信[④]；身行仁义，饰礼乐[⑤]，选人伦[⑥]，上以忠于世主，下以化于齐民[⑦]，将以利天下。此孔氏之所治也。"又问曰："有土之君与？"子贡曰："非也。""侯王之佐与？"子贡曰："非也。"客乃笑而还，行言曰[⑧]："仁则仁矣，恐不免其身[⑨]；苦心劳形以危其真[⑩]。呜呼，远哉其分于道也[⑪]！"

注释 ①客：指渔父。下同。

②族：姓氏。下同此解。

③何治：治何，钻研、精通什么。

④服：内心折服执意信守。

⑤饰：修治。

⑥选：排列、制定。

⑦齐民：平民。

⑧行言：即“行且言”，边走边说。这里是写渔父不愿再搭理子贡、子路。

⑨本句语意有所隐含，“不免”是说不能免遭祸患。

⑩真：本真，纯真的天性。

⑪分：离。

译文

渔父指着孔子说：“他是干什么的？”子路回答说：“他是鲁国的君子。”渔父问孔子的姓氏。子路回答：“姓孔。”渔父说：“孔氏钻研并精通什么学问？”子路还未作答，子贡说：“孔氏这个人，心性敬奉忠信，亲身实践仁义，修治礼乐规范，排定人伦关系，对上来说竭尽忠心于国君，对下而言施行教化于百姓，打算用这样的办法造福于天下。这就是孔氏钻研精习的事业。”渔父又问道：“孔氏是拥有国土的君主吗？”子贡说：“不是。”渔父接着问道：“是王侯的辅臣吗？”子贡说：“也不是。”渔父于是笑着背转身去，边走边说道：“孔氏讲仁真可说是仁了，不过恐怕其自身终究不能免于祸患；真是折磨心性劳累身形而危害了他自己的自然本性。唉，他离大道也实在是太远太远了！”

原文 子贡还，报孔子。孔子推琴而起曰："其圣人与！"乃下求之，至于泽畔，方将杖拏而引其船①，顾见孔子③，还乡而立④。孔子反走④，再拜而进。

注释 ①杖：持。拏：通作"榜（橹）"，即船桨。引：引发，划开。

②顾：回头。

③还（xuán）：通作"旋"，掉转船头。乡（鄉）：向，相对；这个意义后代写作"嚮"，今又简化为"向"。

④反走：向后退行数步以表示谦敬的态度。

译文 子贡回来，把跟渔父的谈话报告给孔子。孔子推开身边的琴站起身来说："恐怕是位圣人吧！"于是走下杏坛寻找渔父，来到湖泽岸边，渔父正操起船桨撑船而去，回头看见孔子，转过身来面对孔子站着。孔子连连后退，再次行礼上前。

原文 客曰："子将何求？"孔子曰："曩者先生有绪言而去①，丘不肖②，未知所谓，窃待于下风③，幸闻咳唾之音以卒相丘也④！"客曰："嘻！甚矣子之好学也！"孔子再拜而起曰："丘少而脩学，以至于今，六十九岁矣，无所得闻至教，敢不虚心！"

注释 ①曩（nǎng）：以往，先前。绪言：绪余之言；“有绪言”犹如今天讲留下了话尾，没有把话说尽。

②不肖：不好。

③待：一本亦作“侍”。下风：即下方，表示处于谦卑的地位。

④咳唾之音：喻指随意谈吐。卒：终。相：助。

译文 渔父说：“你来找我有什么事？”孔子说：“刚才先生留下话尾而去，我实在是不聪明，不能领受其中的意思，私下在这里等候先生，希望能有幸听到你的谈吐以便最终有助于我！”渔父说：“咦，你实在是好学啊！”孔子又一次行礼后站起身说：“我少小时就努力学习，直到今天，已经六十九岁了，没有能够听到过真理的教诲，怎么敢不虚心请教！”

原文 客曰：“同类相从，同声相应，固天之理也。吾请释吾之所有而经子之所以①。子之所以者，人事也。天子诸侯大夫庶人，此四者自正，治之美也，四者离位而乱莫大焉。官治其职，人忧其事②，乃无所陵③。故田荒室露，衣食不足，征赋不属④，妻妾不和，长少无序，庶人之忧也；能不胜任，官事不治⑤，行不清白，群下荒怠，功美不有⑥，爵禄不持，大夫之忧也；廷无忠臣，国家昏乱[7]，工技不巧，贡职不美[8]，春秋后伦[9]，不顺天子，诸侯之忧也；阴阳不和，寒暑不时，以伤庶物[10]，诸侯暴乱，擅相攘伐[11]，以残民人，礼乐不节，财用穷匮[12]，人伦不饬[13]，百姓淫乱，天子有司之忧也[14]。今子既上无君侯有司之势而下无大臣职事之官，而擅饰礼乐[15]，选人伦，以化齐民，不泰多事乎[16]！

注释

①释：说解；“请释吾之所有”是说请让我说明我的看法和主张。经理，引申为分解、剖析之义。所以：所为；下同此解。“经子之所以”是说分析你所从事的活动。

②忧：一本作“处”。

③陵：乱，相互侵扰。

④属：继；“不属”是说不能按时缴纳。

⑤官事：职分以内的事。

⑥功美：功绩和美名。

⑦古代“国家”是两个概念，诸侯叫国，卿大夫叫家，都是指封邑采地而说的。

⑧贡职：即贡赋。

⑨春秋：古代诸侯春天朝见天子叫“朝”，秋天朝见天子叫“觐”，这里“春秋”实乃代指“朝觐”。伦：序；“后伦”是

说落在同列诸侯之后。

⑩庶：众多；“庶物”犹言万物。

⑪攘：侵夺，侵犯。

⑫匮（kuì）：匮乏，缺少。

⑬饬（chì）：整顿。

⑭有司：有关主管的官吏。

⑮饰：修治。

⑯泰：太。一本“不”字之下有一“亦”字，语气更完整。

译文

渔父说：“同类相互汇聚，同声相互应和，这本是自然的道理。请让我说明我的看法从而分析你所从事的活动。你所从事的活动，也就是跻身于尘俗的事务。天子、诸侯、大夫、庶民，这四种人能够各自摆正自己的位置，也就是社会治理的美好境界，四者倘若偏离了自己的位置社会动乱也就没有比这再大的了。官吏处理好各自的职权，人民安排好各自的事情，这就不会出现混乱和侵扰。所以，田地荒芜居室破漏，衣服和食物不充足，赋税不能按时缴纳，妻子侍妾不能和睦，老少失去尊卑的序列，这是普通百姓的忧虑。能力不能胜任职守，本职的工作不能办好，行为不清白，属下玩忽怠惰，功业和美名全不具备，爵位和俸禄不能保持，这是大夫的忧虑。朝廷上没有息臣，都城和采邑混乱，工艺技术不精巧，敬献的贡品不好，朝觐时落在后面而失去伦次，不能顺和天子的心意，这是诸侯的忧虑。阴阳不和谐，寒暑变化不合时令，以致伤害万物的生长，诸侯暴乱，随意侵扰征战，以致残害百姓，礼乐不合节度，财物穷尽匮乏，人伦关系未能整顿，百姓淫乱，这是天子和主管大臣的忧虑。如今你上无君侯主管的地位而下无大臣经办的官职，却擅自修治礼乐，排定人伦关系，从而教化百姓，不是太多事了吗！

原文

“且人有八疵[①]，事有四患，不可不察也。非其事而事之，谓之摠[②]；莫之顾而进之，谓之佞[③]；希意道言[④]，谓之谄；不择是非而言，谓之谀[⑤]；好言人之恶，谓之谗[⑥]；析交离亲[⑦]，谓之贼[⑧]；称誉诈伪以败恶人[⑨]，谓之慝[⑩]；不择善否[⑪]，两容颊适[⑫]，偷拔其所欲[⑬]，谓之险。此八疵者，外以乱人，内以伤身，君子不友，明君不臣。所谓四患者，好经大事[⑭]，变更易常，以挂功名[⑮]，谓之叨[⑯]；专知擅事[⑰]，侵人自用，谓之贪；见过不更，闻谏愈甚，谓之很[⑱]；人同于己则可，不同于己，虽善不善，谓之矜[⑲]。此四患也。能去八疵，无行四患，而始可教已。”

注释

①疵：毛病，缺点。

②摠（zǒng）：通作“总（總）”，包揽、滥管的意思。

③佞：用花言巧语讨好人。

④希：仰慕，迎合。道：导引，顺着。这个意义后代写作“导（導）”。

⑤谀：阿谀奉承。

⑥谗：背下说人坏话。

⑦析：分开，离间。

⑧贼：毁坏、伤害。

⑨败恶：毁败。“恶”字一本写作“德”。

⑩慝（tè）：奸邪。

⑪否（pǐ）：坏。这个意义后代写作“痞”。

⑫容：容受。颊：面颊。一本“颊”字写作“颜”。一说“颊”通作“兼”，亦可通。

⑬偷：暗。拔：取。“偷拔其所欲”是说暗暗地攫取合于自己心意的东西。

⑭经：理。

⑮挂：钓取。一说“挂”亦即“画”，图谋的意思。

⑯叨：贪。

⑰知：智；“专知”即自恃聪明。擅：专，独揽。

⑱很：执拗，不能听取劝告。

⑲矜：矜持，自以为能。

译文

“而且人有八种毛病，事有四种祸患，不可不清醒明察。不是自己职分以内的事也兜着去做，叫做揽；没人理会也说个没完，叫做佞；迎合对方顺引话意，叫做谄，不辨是非巴结奉承，叫做谀；喜欢背地说人坏话，叫做谗；离间故交挑拨亲友，叫做害；称誉伪诈败坏他人，叫做慝；不分善恶美丑，好坏兼容而脸色随应相适，暗暗攫取合于己意的东西，叫做险。有这八种毛病的人，外能迷乱他人，内则伤害自身，因而有道德修养的人不和他们交往，圣明的君主不以他们为臣。所谓四患，喜欢管理国家大事，随意变更常规常态，用以钓取功名，称作贪得无厌；自恃聪明专行独断，侵害他人刚愎自用，称作利欲熏心；知过不改，听到劝说却越错越多，称作犟头犟脑；跟自己相同就认可，跟自己不同即使是好的也认为不好，称作自负矜夸。这就是四种祸患。能够清除八种毛病，不再推行四种祸患，方才可以教育。”

原文 孔子愀然而叹[①]，再拜而起曰：“丘再逐于鲁[②]，削迹于卫，伐树于宋，围于陈蔡。丘不知所失，而离此四谤者何也[③]？”客凄然变容曰：“甚矣子之难悟也！人有畏影恶迹而去之走者[④]，举足愈数而迹愈多[⑤]，走愈疾而影不离身，自以为尚迟[⑥]，疾走不休，绝力而死。不知处阴以休影[⑦]，处静以息迹，愚亦甚矣！子审仁义之间，察同异之际[⑧]，观动静之变，适受与之度[⑨]，理好恶之情，和喜怒之节，而几于不免矣[⑩]。谨脩而身[⑪]，慎守其真[⑫]，还以物与人[⑬]，则无所累矣。今不脩之身而求之人[⑭]，不亦外乎[⑮]！”

注释 ①愀（qiǎo）然：凄凉悲伤的样子。

②连续以下四句写孔子周游列国时的厄运，已多次见于《山木》《天运》《盗跖》等篇目，这里不再分别注出。

③离：通作“罹”，遭受的意思。谤：诋毁。

④去：避离。走：跑。

⑤数（shuò）：频繁。一说通作“速”。

⑥迟：迟缓，慢。

⑦处：止，停留。下句同此解。阴：暗。

⑧际：分界。

⑨度：度量，“适……度”是说“掌握……分寸”。

⑩不免：不免于祸，这里语意有所隐含。

⑪而：你。

⑫真：本真，纯朴的自然本性。

⑬还：归还；“还以物与人”意思是让物与人都返归自然。一说把身外之物还之于人。

⑭本句亦作“今不脩身而求之于人”，语意更为畅达。

⑮外：注重外在的东西，言外之意是说颠倒了本末。

译文

孔子凄凉悲伤地长声叹息，再次行礼后站起身来，说：“我在鲁国两次受到冷遇，在卫国被铲削掉所有的足迹，在宋国遭受砍掉坐荫之树的羞辱，又被久久围困在陈国、蔡国之间。我不知道我有什么过失，遭到这样四次诋毁的原因究竟是什么呢？”渔父悲悯地改变面容说：“你实在是难于醒悟啊！有人害怕自己的身影、厌恶自己的足迹，想要避离而逃跑开去，举步越频繁足迹就越多，跑得越来越快而影子却总不离身，自以为还跑得慢了，于是快速奔跑而不休止，终于用尽力气而死去。不懂得停留在阴暗处就会使影子自然消失，停留在静止状态就会使足迹不复存在，这也实在是太愚蠢了！你仔细推究仁义的道理，考察事物同异的区别，观察动静的变化，掌握取舍的分寸，疏通好恶的情感，调谐喜怒的节度，却几乎不能免于灾祸。认真修养你的身心，谨慎地保持你的真性，把身外之物还与他人，那么也就没有什么拘系和累赘了。如今你不修养自身反而要求他人，这不是本末颠倒了吗？”

原文 孔子愀然曰：“请问何谓真？”客曰：“真者，精诚之至也。不精不诚，不能动人。故强哭者虽悲不哀，强怒者虽严不威，强亲者虽笑不和。真悲无声而哀，真怒未发而威，真亲未笑而和。真在内者，神动于外，是所以贵真也①。其用于人理也②，事亲则慈孝③，事君则忠贞，饮酒则欢乐，处丧则悲哀。忠贞以功为主，饮酒以乐为主，处丧以哀为主，事亲以适为主。功成之美，无一其迹矣。事亲以适，不论所以矣④；饮酒以乐，不选其具矣⑤；处丧以哀，无问其礼矣。礼者，世俗之所为也；真者，所以受于天也，自然不可易也。故圣人法天贵真⑥，不拘于俗。愚者反此。不能法天而恤于人⑦，不知贵真，禄禄而受变于俗⑧，故不足。惜哉，子之蚤湛于人伪而晚闻大道也⑨！”

注释 ①贵真：以真为贵，看重纯真的本性。

②人理：人伦。

③慈：敬爱，“慈孝”即竭尽孝心。

④不论所以：不必考虑使用什么方法。一本“论”字之后还有一“其”字。

⑤具：就餐的工具。

⑥法天：效法自然。

⑦恤：忧心。

⑧禄禄：即“碌碌”，急急忙忙而又无所作为。

⑨蚤：通作“早”。湛（chén）：通作“沉”，沉溺的意思。人伪：世俗的伪诈，这里指虚伪的礼仪。一本“伪”字之前无“人”字。

译文

孔子凄凉悲伤地说：“请问什么叫做真？”渔父回答：“所谓真，就是精诚的极点。不精不诚，不能感动人。所以，勉强啼哭的人虽然外表悲痛其实并不哀伤，勉强发怒的人虽然外表严厉其实并不威严，勉强亲热的人虽然笑容满面其实并不和善。真正的悲痛没有哭声而哀伤，真正的怒气未曾发作而威严，真正的亲热未曾含笑而和善。自然的真性存在于内心，神情的表露流于外在，这就是看重真情本性的原因。将上述道理用于人伦关系，侍奉双亲就会慈善孝顺，辅助国君就会忠贞不渝，饮酒就会舒心乐意，居丧就会悲痛哀伤。忠贞以建功为主旨，饮酒以欢乐为主旨，居丧以致哀为主旨，侍奉双亲以适意为主旨。功业与成就目的在于达到圆满、美好，因而不必拘于一个轨迹；侍奉双亲目的在于达到适意，因而不必考虑使用什么方法；饮酒目的在于达到欢乐，没有必要选用就餐的器具；居丧目的在于致以哀伤，不必过问规范礼仪。礼仪，是世俗人的行为；纯真，却是禀受于自然，出自自然因而也就不可改变。所以圣哲的人总是效法自然看重本真，不受世俗的拘系。愚昧的人则刚好与此相反。不能效法自然而忧虑世人，不知道珍惜真情本性，庸庸碌碌地在流俗中承受着变化，因此总是不知满足。可惜啊，你过早地沉溺于世俗的伪诈而很晚才听闻大道。”

原文 孔子又再拜而起曰：“今者丘得遇也，若天幸然[①]。先生不羞而比之服役[②]，而身教之。敢问舍所在[③]，请因受业而卒学大道[④]。”客曰：“吾闻之，可与往者与之[⑤]，至于妙道[⑥]；不可与往者，不知其道，慎勿与之，身乃无咎[⑦]。子勉之！吾去子矣，吾去子矣！”乃刺船而去[⑨]，延缘苇间[⑨]。

注释

①天幸：上天的宠幸。

②服役：仆从，这里指代弟子；“比之服役”即“比之于服役”，意思是把我当作弟子一样教导。

③舍所在：住处在哪里，即居住的地点。

④因：循，借此。卒学：最终学成。

⑤往者：指迷途知返的人。

⑥妙道：玄妙的大道。

⑦咎：灾祸。

⑧刺船：撑船。

⑨延：伸展。一说讲作“缓”，皆可通。缘：顺着。

译文

孔子又一次深深行礼后站起身来，说：“如今我孔丘有幸能遇上先生，好像苍天特别宠幸于我似的。先生不以此为羞辱并把我当作弟子一样看待，而且还亲自教导我。我冒昧地打听先生的住处，请求借此受业于门下而最终学完大道。”渔父说：“我听说，可以迷途知返的人就与之交往，直至领悟玄妙的大道；不能迷途知返的人，不会真正懂得大道，谨慎小心地不要与他们结交，自身也就不会招来祸殃。你自己勉励吧！我得离开你了！我得离开你了！”于是撑船离开孔子，缓缓地顺着芦苇丛中的水道划船而去。

原文 颜渊还车，子路授绥[①]，孔子不顾，待水波定，不闻拏音而后敢乘[②]。

注释 ①绥：登车时拉着上车的绳子。

②拏：通作“榜（橹）”，即船桨。

译文 颜回掉转车头，子路递过拉着上车的绳索，孔子看定渔父离去的方向头也不回，直到水波平定，听不见桨声方才登上车子。

原文 子路旁车而问曰[①]：“由得为役久矣[②]，未尝见夫子遇人如此其威也。万乘之主，千乘之君，见夫子未尝不分庭伉礼[③]，夫子犹有倨敖之容[④]。今渔父杖拏逆立[⑤]，而夫子曲要磬折[⑥]，言拜而应，得无太甚乎？门人皆怪夫子矣，渔人何以得此乎？”孔子伏轼而叹曰[⑦]：“甚矣由之难化也！湛于礼仪有间矣[⑧]，而朴鄙之心至今未去[⑨]。进，吾语汝！夫遇长不敬，失礼也；见贤不尊，不仁也。彼非至人，不能下人[⑩]，下人不精[⑪]，不得其真，故长伤身。惜哉！不仁之于人也，祸莫大焉，而由独擅之[⑫]。且道者，万物之所由也，庶物失之者死[⑬]，得之者生，为事逆之则败，顺之则成。故道之所在，圣人尊之。今渔父之于道，可谓有矣，吾敢不敬乎！”

注释

①旁（bàng）：依，靠着。这个意义后代写作“傍”。

②役：侍役，指弟子；“为役”即为你效劳，做你的弟子。

③伉：对；“分庭伉礼”即分处庭中，相对设礼，指宾主平等对待。“伉”字后写作“抗”。

④倨敖：傲慢。

⑤逆立：对着站立。

⑥要（yāo）：腰。磬（qìng）：石磬。“曲要磬折”是说像石磬一样弯腰鞠躬。

⑦轼：车前的横木。

⑧湛（chén）：通作“沉”。有间：有了一段时间。

⑨朴鄙：这里含有贬义，粗野愚昧的意思。

⑩下人：使人谦下。

⑪“下人不精”意思是指，对人谦下却不能做到至精至诚。

⑫擅：专有。

⑬庶：众多。

译文

子路依傍着车子而问道：“我能够为先生服务已经很久了，不曾看见先生对人如此谦恭尊敬。大国的诸侯，小国的国君，见到先生历来都是平等相待，先生还免不了流露出傲慢的神情。如今渔父手拿船桨对面而站，先生却像石磬一样弯腰鞠躬，听了渔父的话一再行礼后再作回答，恐怕是太过分了吧？弟子们都认为先生的态度不同于往常，一个捕鱼人怎么能够获得如此厚爱呢？”孔子伏身在车前的横木上叹息说：“你实在是难于教化啊！你沉湎于礼义已经有些时日了，可是粗野卑下的心态时至今日也未能除去。上前来，我对你说！大凡遇到长辈而不恭敬，就是失礼；见到贤人而不尊重，就是不仁。他倘若不是一个道德修养臻于完善的人，也就不能使人自感谦卑低下，对人谦恭卑下却不至精至诚，定然不能保持本真，所以久久伤害身体。真是可惜啊！不能见贤思齐对于人们来说，祸害再没有比这更大的了，而你子路却偏偏就有这一毛病。况且大道，是万物产生的根源，各种物类失去了道就会死亡，获得了道便会成功。所以大道之所在，圣人就尊崇。如今渔父对于大道，可以说是已有体悟，我怎么能不尊敬他呢？”

列御寇

题解

“列御寇”本是篇首一人名，这里用作篇名。全篇由许多小故事夹着议论组合而成。内容很杂，其间也无内在联系，不过从主要段落看，主要是阐述忘我的思想，人生在世不应炫耀于外，不应求仕求禄，不应追求智巧，不应贪功图报。

全文大体分为五个部分，第一部分至“虚而敖游者也”，通过伯昏瞀人与列御寇的对话，告诫人们不要显迹于外。人们之所以不能忘我，是因为他们始终不能忘外，“无能者无所求”，无所求的人才能虚己而遨游。第二部分至“而不知大宁”，通过对贪天之功以为己有的人的批评，对照朱泙漫学习屠龙技成而无所用，教导人们要顺应天成，不要追求人为，要像水流一样“无形”，而且让精神归于“无始”。第三部分至“唯真人能之”，嘲讽了势利的曹商，批评了矫饰学伪的孔子，指出给人们精神世界带来惩罚的，还是他自身的烦乱不安和行动过失，而能够摆脱精神桎梏的只有真人，即形同槁木、超脱于世俗之外的人。第四部分至“达小命者遭”，先借孔子之口大谈人心叵测，择人困难，再用正考父做官为例，引出处世原则的讨论，这就是态度谦下，不自以为是，不自恃傲人，而事事通达随顺自然。余下为第五部分，进一步阐述处世之道。连续写了庄子的三则小故事，旨意全在于说明一无所求的处世原则，最后又深刻指出，不要自恃明智而为外物所驱使，追求身外的功利实是可悲，应该有所感才有所应。

原文 列御寇之齐[①]，中道而反[②]，遇伯昏瞀人[③]。伯昏瞀人曰："奚方而反[④]？"曰："吾惊焉。"曰："恶乎惊[⑤]？"曰："吾尝食于十浆[⑥]，而五浆先馈[⑦]。"伯昏瞀人曰："若是，则汝何为惊已？"曰："夫内诚不解[⑧]，形谍成光[⑨]，以外镇人心[⑩]，使人轻乎贵老，而整其所患[⑪]。夫浆人特为食羹之货[⑫]，无多余之赢[⑬]，其为利也薄，其为权也轻[⑭]，而犹若是，而况于万乘之主乎！身劳于国而知尽于事，彼将任我以事而效我以功[⑮]，吾是以惊。"伯昏瞀人曰："善哉观乎！女处己[⑯]，人将保女矣[⑰]！"

注释 ①列御寇：即列子。之：往。

②反：返。

③伯昏瞀（mào）人：传说中的隐士。《德充符》中称作"伯昏无人"。

④方：故。"奚方"亦即何故。

⑤恶（wū）：何。

⑥浆：饮料。这里指卖饮料的人家。“浆”字亦作“餋”，义同。

⑦馈（kuì）：赠送，送给。

⑧解：化解，解脱。

⑨谍（xiè）：通作“渫”，疏通于外的意思。

⑩镇：服。

⑪整（jī）：聚汇，招致。

⑫特：但，只。货：出售。

⑬一本无“无”字，但本句有“无”字语义顺畅些。

⑭权：权衡、考虑，指先送饮料来的内心打算。

⑮效：验。

⑯处己：安处自身。一说“己”乃“已”字之讹，而“已”与“矣”通，用为语气词；亦可通。

⑰保：聚守，引申为依附的意思。下同此解。

译文 列御寇到齐国去，半路上又折了回来，遇上伯昏瞀人。伯昏瞀人问道：“什么事情使你又折了回来？”列御寇说：“我感到惊惶不安。”伯昏瞀人又问：“什么原因使你惊惶不安？”列御寇说：“我曾在十家卖饮料的店子里饮用，却有五家事先就给我送来。”伯昏瞀人说：“像这样的事，你怎么会惊惶不安呢？”列御寇说：“内心至诚却又未能从流俗中解脱出来，外部身形就会有所宣泄而呈现出神采；用外在的东西镇服人心，对自己的尊重胜过尊重年老的人，必然会招致祸患。那卖饮料的人只不过是为了卖掉饮用的羹汤，没有多少赢利，他们获利是很微薄的，他们预先送来饮料时的内心打算也是微不足道的，可是还如此地对待我，何况那大国的国君呢？国君亲身操劳于国家而才智耗尽于政事，他们定会把重任托付给我并检验我的功绩。我正因为这个缘故才惊惶不已。”伯昏瞀人说：“你的观察与分析实在是好啊！你安处自身吧，人们一定会归附于你了！”

原文 无几何而往[①]，则户外之屦满矣[②]。伯昏瞀人北面而立，敦杖蹙之乎颐[③]，立有间，不言而出。宾者以告列子[④]，列子提屦，跣而走[⑤]，暨乎门[⑥]，曰：“先生既来，曾不发药乎[⑦]？”曰：“已矣[⑧]，吾固告汝曰人将保汝，果保汝矣。非汝能使人保汝，而汝不能使人无保汝也，而焉用之感豫出异也[⑨]！必且有感摇而本才[⑩]，又无谓也[⑪]。与汝游者又莫汝告也[⑫]，彼所小言[⑬]，尽人毒也；莫觉莫悟，何相孰也[⑭]！巧者劳而知者忧，无能者无所求，饱食而敖游[⑮]，汎若不系之舟[⑯]，虚而敖游者也[⑰]。”

注释

①无几何：没有过多久。

②户外：门外。屦（jù）：鞋。“屦满”说明来列御寇家的人很多。

③敦：竖。蹙：抵着。颐：下巴。

④宾者：亦作“傧者”，接待、禀报的人员。

⑤跣（xiǎn）：光着脚。走：跑。

⑥暨：及，至。

⑦曾：乃，竟。发药：开发药方是为了疗治疾病，这里喻指批评疏导，使自己改正错误。

⑧已：止。

⑨而：你。焉：何。之：此，指代显迹于外的做法。豫：用同“预”，预先。

⑩感（hàn）：撼动，这个意义后代写作“撼”。而：见前一注。才：语气词，用同“哉”。

⑪无谓：犹言“无奈”。

⑫莫汝告：没有谁提醒告诫你。

⑬小言：细巧迷惑的言辞。

⑭孰（shú）：审视、详察；这个意义后代写作“熟”。“何相孰”是说怎么能彼此相互审视详察。

⑮敖游：即遨游；下同。

⑯汎：“泛”字之异体。

⑰虚：心境空宁，毫无拘系。

译文 没有多久伯昏瞀人前去看望列御寇，看见门外摆满了鞋子。伯昏瞀人面朝北方站着，竖着拐杖撑住下巴。站了一会儿，一句话也没说就走出去了。接待宾客的人员告诉了列御寇，列御寇提着鞋子，光着脚就跑了出来，赶到门口，说："先生已经来了，竟不说一句批评指教的话吗？"伯昏瞀人说："算了算了，我本来就告诉你说人们将会归附于你，果真都在归附你了。当初我曾责备过你让人们归附于你，而你却始终不能做到让人们不归附于你。你何必用显迹于外的做法让人感动而预先就表现得与众不同呢！必定是内心有所感动方才会动摇你的本性哩，而你又无可奈何。跟你交游的人又没有谁能提醒告诫你，他们的细巧迷惑的言辞，全是毒害人的；没有谁觉醒没有谁省悟，怎么能彼此相互审视详察！灵巧的人多劳累而聪慧的人多忧患，没有能耐的人也就没有什么追求，填饱肚子就自由自在地遨游，像没有缆索飘忽在水中的船只一样，这才是心境虚无而自由遨游的人。"

原文 郑人缓也呻吟裘氏之地[①]，祇三年而缓为儒[②]，河润九里[3]，泽及三族[4]，使其弟墨[5]。儒墨相与辩，其父助翟[6]，十年而缓自杀。其父梦之曰："使而子为墨者予也[7]。阖胡尝视其良[8]，既为秋柏之实矣？"夫造物者之报人也[9]，不报其人而报其人之天[10]。彼故使彼。夫人以己为有以异于人以贱其亲[11]，齐人之井饮者相捽也[12]。故曰今之世皆缓也。自是[13]，有德者以不知也[14]，而况有道者乎！古者谓之遁天之刑[15]。

注释

①缓：人名。呻吟：吟咏，诵读。裘氏：地名。

②祇（zhī）：只。

③河润：像河水滋润两岸的土地。九里：非实指，极言地方广远。

④泽及：惠泽施及。三族：父族、母族、妻族。

⑤墨：这里用如动词，指使……成为墨家学人。

⑥翟：墨翟，旧注称"翟"为缓的弟弟。其实"翟"在这里只是墨家学者的象征与代称，非指墨翟其人。

⑦而：你;"而子"即你的儿子。

⑧阖：句首语气词。胡：何，怎么不。一说"阖"讲作"何"，而"胡"字为衍文。译文从前一说。良（làng）：亦作"埌"，指坟堆。

⑨造物者：即自然。报：给予，成就。下句同此解。

⑩不报其人：不赋予人为，即不成就人的才智与能力。天：天然，自然的本性。

⑪夫（fú）人：指缓。有以异于人：有什么与众不同的地方。贱其亲：轻侮他的父亲，这里指托梦指责他的父亲。

⑫捽（zuò）：抓扯，扭打。

⑬自是：自以为是这样。

⑭以：用同“已”。不知：不知道有这样的情况。一说“以”字讲作认为，“不知”则是“不智”，亦可通。

⑮遁：乖背。

译文 郑国有个名叫缓的人在裘氏地方吟咏诵读，只用了三年就成了儒生，像河水滋润沿岸的土地一样润泽着广远的地方，他的恩惠还施及三族，并且使他的弟弟成为墨家的学人。儒家、墨家不能相容而相互争辩，缓的父亲则站在墨家一边。过了十年缓愤而自杀，他的父亲梦见他说：“让你的儿子成为墨家，还是我的功劳。怎么不看看我的坟墓，我已变成秋天的柏树而结出了果实！”造物者所给予人们的，不会赋予人的才智和能力而是赋予人们的自然本性。缓的弟弟具备了墨家的禀赋因而能使他成为墨家学人。缓总认为自己有什么与众不同的地方才这样轻侮他的父亲，就跟齐人自以为挖井有功而与饮水的人抓扯扭打一样，看来如今社会上的人差不多都是像缓这样贪天之功以为己有的人。自以为生活中总是这样，有德行的人却并不知道这样的情况，更何况是有道的人啊！古时候人们称这种贪天之功的做法是违背自然规律而受到刑戮。

原文 圣人安其所安，不安其所不安①；众人安其所不安，不安其所安。

注释 ①所不安：指人为的安排，跟上句“所安”表示自然的安排意思相对。以下两句仿此而解。

译文 圣哲的人安于自然，却不适应人为的摆布；普通人习惯于人为的摆布，却不安于自然。

原文 庄子曰：“知道易，勿言难①。知而不言，所以之天也②；知而言之，所以之人也③。古之人④，天而不人。”

注释 ①“道”本是无心而又自然的，要加以言谈、议论，则是用有心来对待“道”，所以这里说了解“道”容易，不加评论则很困难。

②所以之天：指通往自然境界的途径。

③人：人为。

④本句一本“人”字之前有一“至”字。

译文 庄子说：“了解道容易，不去谈论却很困难。了解了道却不妄加谈论，这是通往自然的境界；了解了道却信口谈论，这是走向人为的尘世。古时候的人，体察自然而不追求人为。”

原文 朱泙漫学屠龙于支离益[①]，单千金之家[②]，三年技成而无所用其巧。

注释 ①朱泙（pēng）漫、支离益：均为杜撰的人名。屠龙：喻指学道，可以体悟而不可言传、评论。

②单：通作“殚”，耗尽的意思。

译文 朱泙漫向支离益学习屠龙的技术，耗尽了千金的家产，三年后学成技术却没有什么机会可以施展这样的技巧。

原文 圣人以必不必①，故无兵②；众人以不必必之，故多兵；顺于兵③，故行有求。兵，恃之则亡。

注释 ①以：认为。必：必然，指不可移易的道理；“以必不必”是说，已经认为是不可移易的也不固执己见。

②兵：争战，军事行动，这里喻指纷争。下同此解。

③顺：听任，曲从。

译文 圣哲的人对于必然的事物不与人持拗固执，所以总是没有争论；普通人却把非必然的东西看作必然，因而总是争论不休。曲从于纷争，总是因为一举一动都有所追求，纷争，依仗于它到头来只会自取灭亡。

原文 小夫之知①，不离苞苴竿牍②，敝精神乎蹇浅③，而欲兼济道物④，太一形虚⑤。若是者，迷惑于宇宙，形累不知太初。彼至人者，归精神乎无始⑥，而甘冥乎无何有之乡⑦。水流乎无形，发泄乎太清⑧。悲哉乎！汝为知在毫毛⑨，而不知大宁⑩。

注释 ①小夫：匹夫。知：智。

②苞苴（jū）：古人用以馈赠的礼物。竿牍：竹简，古人常用

来作为赠答之物。“不离苞苴竿牍”，是说不离赠送、酬答。

③敝：疲累，耗费。蹇浅：浅薄之事。

④道：亦作“导（導）”，疏导的意思。

⑤太一：即太初，太初之时天地未分，元气混沌。

⑥无始：指还未形成万物的混沌状态。

⑦冥：一本作“瞑”，而“瞑”与“眠”通。

⑧太清：即太虚，指清虚宁寂之境。

⑨汝：指代上述“小夫”之人。知：智。

⑩大宁：大安，即自然，无为。

译文 世俗人的聪明做法，离不开赠送、酬答，在浅薄的事情上耗费精神，一心想着兼济天下疏导万物，满以为这就可以达到混沌初开、物我相融的境界。像这样的人，早已被浩瀚的宇宙所迷惑，身形劳苦拘累却并不了解混沌初始的真谛。那些道德修养极高的人，让精神回归到鸿蒙初开的原始状态，甘愿休眠在没有任何有形事物的世界。像水流一样随顺无形，自然而然地流淌在清虚空寂的境域。可悲啊！世俗人把心思用在毫毛琐事上，却一点也不懂得宁静、自然和无为。

原文 宋人有曹商者①，为宋王使秦。其往也，得车数乘；

王说之[2]，益车百乘[3]。反于宋[4]，见庄子曰："夫处穷闾阨巷[5]，困窘织屦[6]，槁项黄馘者[7]，商之所短也；一悟万乘之主而从车百乘者[8]，商之所长也。"庄子曰："秦王有病召医，破痈溃痤者得车一乘[9]，舐痔者得车五乘[10]，所治愈下，得车愈多。子岂治其痔邪，何得车之多也？子行矣！"

注释

①曹商：人名，姓曹名商。成语"曹商使秦"源出于此。

②王：指秦王。说（yuè）：悦。

③益：增加，加多赐予。

④反：返。

⑤阨（ài）：通作"隘"，狭窄的意思。

⑥织屦：织麻鞋。

⑦槁：干枯。项：脖子。馘（xù）：脸。

⑧一：一旦。悟万乘之主：使万乘之主省悟。

⑨痈：毒疮。痤（cuó）：疖子。

⑩舐（shì）：舔。

译文

宋国有个叫做曹商的人，为宋王出使秦国。他前往秦国的时候，得到宋王赠予的数辆车子，秦王十分高兴，又加赐车辆一百乘。曹商回到宋国，见了庄子说："身居偏僻狭窄的里巷，贫困到自己编织麻鞋，脖颈干瘪面色饥黄，这是我不如别人的地方；一旦有机会使大国的国君省悟而随从的车辆达到百乘之多，这又是我超过他人之处。"庄子说："听说秦王有病召请属下的医生，破出脓疮溃散疖子的人可获得车辆一乘，舔治痔疮的人可获得车辆五乘，凡是疗治的部位越是低下，所能获得的车辆就越多。你难道给秦王舔过痔疮吗，怎么获奖的车辆如此之多呢？你走开吧！"

原文

鲁哀公问乎颜阖曰①："吾以仲尼为贞干②，国其有瘳乎③？"曰："殆哉圾乎④！仲尼方且饰羽而画⑤，从事华辞，以支为旨⑥，忍性以视民而不知不信⑦；受乎心，宰乎神，夫何足以上民⑧！彼宜女与⑨？予颐与⑩？误而可矣⑪今使民离实学伪，非所以视民也，为后世虑，不若休之⑫。难治也。"

注释

①颜阖：人名，姓颜名阖。

②贞：通作"桢"。"桢"和"干"都是建筑物上的支柱，就像今天说"栋梁"一样，这里喻指国家的辅臣。

③瘳（chōu）：病愈。"有瘳"是说国家有了治理好的希望。

④殆：近。圾：通作"岌"，危险的意思。

⑤饰羽而画：粉饰装扮。羽毛本来就有炫耀于外的文采，再着力修饰，更显雕琢之意。

⑥支：支脉，这里喻指荒谬的、极次要的东西。

⑦忍：扭曲，并含有矫饰之意。视：通作“示”；“视民”是说夸示于民众。

⑧上民：上于民，居于民众之上，即统治、管理人民。

⑨彼：指代仲尼。

⑩予：赐予。颐：养。

⑪误而可：错误是无疑的了。

⑫休之：作罢，中止以仲尼为贞干的念头。

译文 鲁哀公向颜阖问道：“我想把仲尼任命为大臣，国家有希望了吧？”颜阖说：“危险了，实在是危险啊！仲尼正一心想着粉饰装扮，追求和讲习虚伪的言辞，把枝节看作是要旨，扭曲心性以夸示于民众却不知道全无一点诚信；让这样的做法承受于内心，并主宰着精神，怎么能够管理好人民！仲尼果真适合于你吗，还是他真的能够养育人民呢？你的考虑错误无疑了。现今让人民背离真情学习伪诈，这不是用来导引民众的办法，为后世子孙着想，不如早早放弃上述打算。孔丘是很难治理好国家的。”

原文 施于人而不忘[①]，非天布也[②]。商贾不齿[③]，虽以事齿之，神者弗齿[④]。

注释 ①施：施行恩惠。

②天布：自然对普天之下广泛无私的赐予。

③④齿：并列。“不齿”即不愿与之为伍，不愿交往。

译文 施予别人恩惠却总忘不了让人回报，远不是自然对普天之下广泛而无私的赐予。施恩图报的行为商人都瞧不起，即使有什么事情必须与他交往，内心也是瞧不起的。

原文 为外刑者，金与木也[①]；为内刑者，动与过也[②]。宵人之离外刑者[③]，金木讯之[④]；离内刑者，阴阳食之[⑤]。夫免乎外内之刑者，唯真人能之。

注释 ①金、木：刑具的代称，“金”指金属制成的刀、锯、斧、钺之类；“木”指木质的棍、棒桎梏之类。

②动、过：分别指内心的烦乱和行动带来的过失。

③宵人：小人。离：通作“罹”，遭受的意思。以下“离内刑者”一句同此解。

④讯：刑讯，拷问。

⑤食：蚀，慢慢地侵害。这个意义后代写作“蚀”。

译文 施加皮肉之刑的，不外乎是金属或木质的刑具；给内心世界带来惩罚的，则是自身的烦乱和行动的过失。小人受到皮肉之刑，是用刑具加以拷问；小人内心受到惩罚，则是阴气阳气郁积所造成的侵害。能够免于内外刑辱的，只有真人才可做到。

原文 孔子曰：“凡人心险于山川[①]，难于知天；天犹有春秋冬夏旦暮之期，人者厚貌深情[②]。故有貌愿而益[③]，有长若不肖[④]，有顺懁而达[⑤]，有坚而缦[⑥]，有缓而钎[⑦]。故其就义若渴者[⑧]，其去义若热。故君子远使之而观其忠，近使之而观其敬，烦使之而观其能，卒然问焉而观其知[⑨]，急与之期而观其信，委之以财而观其仁，告之以危而观其节，醉之以酒而观其侧[⑩]，杂之以处而观其色。九征至[⑪]，不肖人得矣。”

注释 ①险：险恶，指人心不可测。

②厚：多；“厚貌”指面容复杂多变。深：潜藏；“深情”指情感深藏。

③愿：老实，敦厚。益：满，骄态百出。这个意义后代写作“溢”。

④长（zhǎng）：指貌似长者。若：通作“而”。不肖：不像，不好。

⑤顺：一本亦作“慎”。儇（xuān）：急。一说通作“环（環）”，圆顺的意思。译文从前一说。

⑥缦：通作“慢”，懈怠、涣散的意思。一说“缦”指缠绵柔顺之意，亦可通。

⑦钎（hàn）：通作“悍”，强悍。一说“钎”应讲作急。译文从前一说。

⑧就：趋赴。“就义”是说追求仁义，与下句“去义”相对。

⑨卒（cù）然：即猝然，突然。

⑩侧：不正。“侧”字亦作“则”，指仪态；译文从“则”。

⑪征（徵）：证验。

译文

孔子说：“人心比山川还要险恶，比预测天象还要困难；自然界尚有春夏秋冬和早晚变化的一定周期，可是人却面容复杂多变情感深深潜藏。有的人貌似老实却内心骄溢，有的人貌似长者却心术不正，有的人外表拘谨内心急躁却通达事理，有的人外表坚韧却懈怠涣散，有的人表面舒缓而内心却很强悍。所以人们趋赴仁义犹如口干舌燥思饮泉水，而他们抛弃仁义也像是逃离炽热避开烈焰。因此君子总是让人远离自己任职而观察他们是否忠诚，让人就近办事而观察他们是否恭敬，让人处理纷乱事务观察他们是否有能力，对人突然提问观察他们是否有心智，交给期限紧迫的任务观察他们是否守信用，把财物托付给他们观察是否清廉，把危难告诉给他们观察是否持守节操，用醉酒的方式观察他们的仪态，用男女杂处的办法观察他们对待女色的态度。上述九种表现一一得到证验，不好的人也就自然挑拣出来。”

原文 正考父一命而伛①，再命而偻②，三命而俯③，循墙而走④，孰敢不轨！如而夫者⑤，一命而吕钜⑥，再命而于车上儛⑦，三命而名诸父⑧，孰协唐许⑨！

注释 ①正考父：人名，相传是宋国的大夫，孔子的远祖。命：任命。古代的任命按士、大夫、卿的等级排列，所谓“一命”指首先任命为士，以下两句“再命”“三命”则对应大夫和卿。伛（yǔ）：躬着背。

②偻（lóu）：弯着腰。

③俯：俯身于地。“伛”“偻”“俯”三字所表示的恭谨程度一

次比一次加深，意在说明官阶越高越是谦恭。

④循墙：顺着墙根。走：急步而趋。

⑤而夫：凡夫。

⑥吕钜：骄傲矜持的样子。

⑦儛（wǔ）：同于“舞”。

⑧名：称谓，用如动词。诸父：指父辈，即叔伯。

⑨协：合。唐许：唐尧和许由。

译文 正考父首次被任命为士便逢人躬着背，再次任命为大夫便深深地弯着腰，第三次任命为卿更谦恭地俯下身子，总是让开大道顺着墙根快步急走，态度如此谦下谁还敢干出不轨之事！如果是凡夫俗子，首次任命为士就会傲慢矜持，再次任命为大夫就会在车上手舞足蹈，第三次任命为卿就要人呼叔称伯了，像这样谁还会成为唐尧、许由那样谦让的人呢？

原文 贼莫大乎德有心而心有睫①，及其有睫也而内视②，内视而败矣。凶德有五③，中德为首④，何谓中德？中德也者，有以自好也而吡其所不为者也⑤。

注释 ①贼：残害。德有心：有心于德。睫：眼之代称，“心有睫”

是“有心眼”的意思。

②内视：主观地臆断外界事物。眼本是用来接触外物的，等到内心开了眼，也就不以目视而以心视，以意度事，偏执于一理，因而下句说“内视而败矣”。

③德：德行，这里指官能；“凶德”，即招惹凶祸的官能。五：指心、耳、眼、舌、鼻。篇文认为，上述五种器官必然引发五种欲念，心要思，耳要听，眼要看，舌要说，鼻要嗅，这就都得接触外物，而接触外物就是招惹凶祸的根由。

④中德：指内心的谋虑，即思维活动。

⑤自好（hào）：自以为是，以自己的好恶观念来偏执地确定好恶。吡（bǐ）：诋毁。

译文 最大的祸害莫过于有意培养德行而且有心眼，等到有了心眼就会以意度事主观臆断，而主观臆断必定导致失败。招惹凶祸的官能有心、耳、眼、舌、鼻五种，内心的谋虑则是祸害之首。什么叫做内心谋虑的祸害呢？所谓内心谋虑的祸害，是指自以为是而诋毁自己所不赞同的事情。

原文 穷有八极[①]，达有三必[②]，形有六府[③]。美、髯、长、大、壮、丽、勇、敢[④]，八者俱过人也，因以是穷。

缘循、偃佒、困畏不若人[5]，三者俱通达。知慧外通[6]，勇动多怨，仁义多责。达生之情者傀[7]，达于知者肖[8]，达大命者随[9]，达小命者遭[10]。

注释

①有：通作“于”，由于。下句同。八极：八个方面的自恃，即下文的美、髯、长、大、壮、丽、勇、敢。篇文认为，人们总不会困于自己的短处，总是因为自恃所长才使自己受到困扰。

②三必：三项情况的必然。三项即下文的缘循、偃佒、困畏不若人。

③六府：即六种脏腑，这个意义后代写作“腑”。

④髯：胡须。古人把长长的胡须看作是美的形象。

⑤缘循：缘情顺物，因循顺应。佒（yǎng）：同于“仰”；“偃佒”是说俯仰随人。不若人：不如人，指态度谦下。

⑥知慧外通：自恃聪明炫耀于外。

⑦傀（guī）：伟大，这里指心胸开阔广远。

⑧知：这里指真知。一说“知”当讲作“智”。肖：亦作“消”，释散，指心境虚阔、豁达。一说“肖”当讲作“小”。译文均从前说。

⑨大命：长命，与下句“小命”表示寿延短暂相对。一说“大命”亦即“大道”，译文未从。随：随顺自然。

⑩遭：遇。

译文 困厄窘迫源于以下八个方面的自恃与矜持，顺利通达基于以下三种情况的必然发展，就像身形必具六个脏腑一样。貌美、须长、高大、魁梧、健壮、艳丽、勇武、果敢，八项长处远远胜过他人，于是依恃傲人必然导致困厄窘迫。因循顺应、俯仰随人、困厄怯弱而又态度谦下，三种情况都能遇事通达。自恃聪明炫耀于外，勇猛躁动必多怨恨，倡导仁义必多责难。通晓生命实情的人心胸开阔，通晓真知的人内心虚空豁达，通晓长寿之道的人随顺自然，通晓寿命短暂之理的人也能随遇而安。

原文 人有见宋王者[①]，锡车十乘[②]，以其十乘骄穉庄子[③]。庄子曰："河上有家贫恃纬萧而食者[④]，其子没于渊[⑤]，得千金之珠。其父谓其子曰：'取石来锻之[⑥]！夫千金之珠，必在九重之渊而骊龙颔下[⑦]，子能得珠者，必遭其睡也[⑧]。使骊龙而寤[⑨]，子尚奚微之有哉[⑩]！'今宋国之深，非直九重之渊也[⑪]；宋王之猛，非直骊龙也；子能得车者，必遭其睡也。使宋王而寤，子为螫粉夫[⑫]！"

注释

①宋王：旧注指宋襄王。

②锡（cì）：通作"赐"。

③以：恃，依仗。樨：后；"樨庄子"是说以庄子为后，认为庄子比不上他。一说"樨"当讲作"骄"，"骄""樨"同义，亦可通。

④纬：编织。萧：荻蒿。"萧"字亦作"苇"。

⑤没：深潜入水。

⑥锻：锤打。

⑦九重：这里形容极深。骊（lì）龙：黑龙。颔（hàn）：下巴。

⑧遭：遇，逢。

⑨寤：睡醒。

⑩奚：何。微：微小，指残留下的少许身体部位。全句是说，你还能留下点什么？言外之意是早已被骊龙吞食掉了。

⑪直（tè）：通作"特"，仅只的意思。下句同。

⑫齑（jī）粉：粉碎，指粉身碎骨。

译文

有个拜会过宋王的人，宋王赐给他车马十乘，依仗这些车马在庄子面前炫耀。庄子说："河上有一个家庭贫穷靠编织苇席为生的人家，他的儿子潜入深渊，得到一枚价值千金的宝珠。父亲对儿子说：'拿过石块来锤坏这颗宝珠！价值千金的宝珠，必定出自深深的潭底黑龙的下巴下面，你能轻易地获得这样的宝珠，一定是正赶上黑龙睡着了。倘若黑龙醒过来，你还想活着回来吗？’如今宋国的险恶，远不只是深深的潭底；而宋王的凶残，也远不只是黑龙那样。你能从宋王那里获得十乘车马，也一定是遇上宋王睡着了。倘若宋王一旦醒过来，你也就必将粉身碎骨了。”

原文 或聘于庄子。庄子应其使曰：“子见夫牺牛乎[①]？衣以文绣[②]，食以刍叔[③]，及其牵而入于大庙，虽欲为孤犊[④]，其可得乎！”

注释 ①牺牛：准备用于祭祀的牛牲。

②衣（yì）：用如动词，穿的意思。文：花纹。这个意义后代写作“纹”。

③食（sì）：给它吃。刍（chú）：草。叔：大豆。这个意义后代写作“菽”。一本亦作“菽”。

④犊：小牛。“孤犊”指没有人看顾的小牛。

译文 有人向庄子行聘。庄子答复他的使者说：“你见过那准备用作祭祀的牛牲吗？用织有花纹的锦绣披着，给它吃草料和豆子，等到牵着进入太庙杀掉用于祭祀，就是想要做个没人看顾的小牛，难道还可能吗？”

原文 庄子将死，弟子欲厚葬之。庄子曰：“吾以天地为棺椁[①]，以日月为连璧[②]，星辰为珠玑，万物为赍送[③]。吾葬具岂不备邪？何以加此？”弟子曰：“吾恐乌鸢之食夫子也[④]。”庄子曰：“在上为乌鸢食，在下为蝼蚁食，夺彼与此，何其偏也！”

注释 ①椁：外棺。

②连璧：和下句的“珠玑”一样，都是用于殉葬的宝物。

③赍（jī）：送。

④乌：乌鸦。鸢（yuān）：老鹰。

译文 庄子快要死了，弟子们打算用很多的东西作为陪葬。庄子说：“我把天地当作棺椁，把日月当作连璧，把星辰当作珠玑，万物都可以成为我的陪葬。我陪葬的东西难道还不完备吗？哪里用得着再加上这些东西！”弟子说：“我们担忧乌鸦和老鹰啄食先生的遗体。”庄子说：“弃尸地面将会被乌鸦和老鹰吃掉，深埋地下将会被蚂蚁吃掉，夺过乌鸦老鹰的吃食再交给蚂蚁，怎么如此偏心！”

原文 以不平平①，其平也不平②；以不征征③，其征也不征④。明者唯为之使⑤，神者征之⑥。夫明之不胜神也久矣，而愚者恃其所见入于人⑦，其功外也⑧，不亦悲乎！

注释 ①不平：这里指偏见，偏执的心境。平：追求均平的事理。

②其平也不平：人为强求的均平实际上不是真正的均平。篇文认为，万物之理本来就是均平的，用偏见去对待想要均平也不可得。

③征（徵）：应。下同此解。

④其征也不征：那种主观的应验不能算是真正的应验。篇文认为，有道之人无心应物，总是有感才有应。如果有心去应物，也就有了主观的因素。

⑤明者：自诩明智的人。为之使：受到外物的驱使。

⑥神者：即《逍遥游》中所指的“神人”，精神世界完全超脱于物外的人。征之：自然地感应外物。

⑦入于人：陷入人事，追求人为。

⑧功：功利；“其功外也”是说他们的功利只在于追求外物。

译文 用偏见去追求均平，这样的均平绝对不是自然的均平；用人为的感应去应验外物，这样的应验绝不是自然的感应。自以为明智的人只会被外物所驱使，精神世界完全超脱于物外的人才会自然地感应。自以为明智的人早就比不上精神世界完全超脱的人，可是愚昧的人还总是自恃偏见而沉溺于世俗和人事，他们的功利只在于追求身外之物，这不很可悲吗！

天下

题解

“天下”是篇首的两个字，用来作为篇名。篇文极其精要地评述了先秦各家的学说，从庄子学派的观点出发，对各家学派一一作出褒贬，对庄子的思想也作了高度的概括，是研究先秦哲学思想不可多得的珍贵文献。

篇文自然分成七个部分，第一部分至“道术将为天下裂”，总述古代学术思想的演变，明确指出“道术”与“方术”的不同。“道术”是古人对宇宙本原和事物变化规律的研究，具有总体性和周遍性，是无处不在的；而先秦各家学派，只能就社会现象的某一方面进行讨论，割裂了事物的总体认识，也不可能探索到万物的基本规律，因此他们只能是“一曲之士”，而他们的学说也只不过是“以自为方”。第二部分至“才士也夫”，介绍墨家学说；墨家的基本主张是“泛爱”、“兼利”和“非斗”，毁弃古代的礼乐制度，倡导“非乐”与“节用”，而且身体力行。篇文认为墨家的主张和实践都不具有现实性，既不能真正拯救世界，自苦的精神也不合于真情实感的自然表达；对于墨家后学的贬斥就更多。第三部分至“其行适至是而止”，介绍宋尹学派，他们主张寡情少欲，忍辱负重，追求上下平等，希望社会平和安宁，反对攻伐，反对暴力行动。为了表达他们的信念，日夜不休地奔波劳苦。第四部分至“概乎皆尝有闻者也”，介绍彭蒙、田骈、慎到的学术思想。这三个人都是早期法家人物，主张“公而不当”“易而无私”，追求用齐同划一的尺度和标准去看待事物和处理事物。慎到之流追求无差别的、具有平等含义的规范，这似乎与庄子学派的齐物、齐论的观点接近，其实两者是完全不同的，庄子所主张的是混一的大同和超于物外的无我，而慎到之流所主张的是客观齐一的规范和不带主观成见的标准，因此篇文认为他们的主张仍不合于道。第五部分至“古之博大真人哉”，介绍关尹、老聃的思想。关尹和老聃是早期道家学派的代表人物，他们以道为本，认为事物之无、有出于自然而非人为，主张恬淡空虚，“动若水”“静若镜”“应若响”，并且倡导“宽容于物”“不削于人”，因此篇文称赞他们是“博大真人”，给予很高评价。第六部分至“未之尽者”，介绍庄子的思想。庄子的学说“弘大而辟”“深闳而肆”，能够“应于化而解于物”，其要旨是宗本于道，其特点是“芴漠无形，变化无常”。篇文还对庄子文章博大、雄奇、伟异的特色，对庄子的纵放不羁、变化不定的心态作了较为准确的介绍，对于了解庄子的学说很有价值。余下为第七部分，介绍惠施、桓团与公孙龙等名家学派人物的思想，说他们十分渊博，但不能符合于道。名家特别重视名与实的关系，为此设下许多辩论的话题，名家认为万物始终不会有固定的形态，因而也就不会有基本区别，差别和对立都是相对的，从而夸大了事吻的同一性。篇文列数了名家学派的许多辩题，指斥他们夸饰、矜持的态度，从大道的角度说，他们只不过是一蚊一虻的喧扰。本部分结构安排与前几部分不同，大有游离之嫌。

本篇十分精妙，历来评价很高，但不应视为庄子之作，而是庄派后学比较先秦诸家后概括而成，并且起到了全书后序的作用。本篇文笔洗练，结构严谨，对各家概括十分精当，加之所集录、介绍的先秦学派，其著作多已亡佚，因此在中国古代学术史上具有极重要的地位。

原文 天下之治方术者多矣[①]，皆以其有为不可加矣[②]。古之所谓道术者[③]，果恶乎在[④]？曰：“无乎不在。”曰：

“神何由降⑤？明何由出⑥？”“圣有所生⑦，王有所成，皆原于一⑧。”

注释

①方术：学术、学问。

②以：认为。有为：有所获，有所建树。

③道术：反映天道的学问。这里的“道术”和“方术”内涵是不同的，“道术”研究宇宙的本原和事物变化的基本规律，具有广泛的含义，而“方术”却是对社会现象和人生价值的某一方面的研究，具有特定的含义。因此篇文认为只有“道术”才能对宇宙万物作总体性认识，“方术”只能是察一方之言，所能回答的只是局部的问题。

④恶（wū）；何。

⑤神：神灵，灵妙。

⑥明：明智，智慧。“明”与“神”相对为文，“明”指已经表露出的智慧，而“神”则指蕴藏于内心的自然赋予。

⑦“圣”与下句的“王”，即下文提到的“内圣”和“外王”。

⑧一：指“道”，即产生万物、支配万物的本体。

译文

天下研究学术的人很多很多，都认为自己掌握了真理而且达到了无以复加、登峰造极的境界。那么，古时候所说的有关天道的规律，果真又存在哪里呢？回答是：“无处不在。”如果再问：“自然赋予的灵妙从何处降临？人们所拥有的睿智又从哪里产生？”回答是：“玄圣有他诞生的原因，圣王也有他出现的根由，因为他们全都源于宇宙万物本体混一的道。”

原文 不离于宗，谓之天人。不离于精，谓之神人。不离于真，谓之至人。以天为宗，以德为本，以道为门①，兆于变化②，谓之圣人。以仁为恩，以义为理，以礼为行，以乐为和③，薰然慈仁④，谓之君子。以法为分⑤，以名为表⑥，以参为验⑦，以稽为决⑧，其数一二三四是也⑨，百官以此相齿⑩；以事为常⑪，以衣食为主，蕃息畜藏⑫，老弱孤寡为意⑬，皆有以养，民之理也⑭。

注释 ①门：门径，途径。

②兆：征兆，用如动词，预知的意思。

③乐（yuè）：音乐。和：调谐，指调和人们的性情。

④薰然：温和的样子。

⑤法：法度。分：职分。

⑥表：标准，表率。

⑦参（sān）：三，指多次比较。验：验证。

⑧稽：考。

⑨其：用同“若”。

⑩齿：用如动词，指排列如齿序列不乱。

⑪事：职事、职业。

⑫蕃息：繁衍生殖。畜：通作“蓄”。“畜藏”，即储藏的意思。

⑬为意：放在心上，随时予以照顾。一本本句没有“为意”二字，则全句将与下句相连，“老弱孤寡皆有以养”，句意更为通畅。

⑭民之理：安定民心、治理百姓的规律。

译文 不违背道的宗本，称他叫天人。不违背道的精粹，称他叫神人。不违背道的真谛，称他叫至人，把自然视为本原，把禀赋视为根本，把规律视为途径，从而预知事物的各种变化，称他叫圣人。用仁慈来布施恩惠，用道义来分清事理，用礼义来规范行为，用音乐来调理性情，温和而又慈祥，称他叫君子。依照法规确定职分，遵从名分确立标准，反复比较求得验证，凭借查考作出决策，就像点数一二三四一样历历分别，各种官吏都以此相互就位；把各种职业固定下来，把农桑事务摆上重要位置，注意繁衍生息和蓄积储藏，老弱孤寡精心照料，全都有所安养，这又是安定民心、治理百姓的规律。

原文 古之人其备乎①！配神明②，醇天地③，育万物，和天下，泽及百姓④，明于本数⑤，系于末度⑥，六通四辟⑦，小大精粗，其运无乎不在。其明而在数度者⑧，旧法世传之史尚多有之。其在于《诗》《书》《礼》《乐》者，邹鲁之士、搢绅先生多能明之⑨。《诗》以道志⑩，《书》以道事，《礼》以道行，《乐》以道和，《易》以道阴阳，《春秋》以道名分。其数散于天下而设于中国者⑪，百家之学时或称而道之。

注释 ①备：完备，指能够充分体悟于道。

②配：合。

③醇（zhǔn）：通作“准”；“醇天地”即以天地为准绳。

④泽：恩泽。及：施及。

⑤数：术；“本数”指根本性的法规、典章。

⑥末度：细枝末节的法度。

⑦六：六合，上、下和四方。四：四时。辟：畅通。

⑧明：显明，表露；“明而在数度”是说显明而又表现在事物的规范和法度。

⑨邹：邑名，孔子父亲的封邑。一说“邹”通作“陬”，指

孔子的出生地。“邹”“鲁”连用，这里泛指孔子及其弟子，即儒家学人。搢：笏，上朝时用的朝板。绅：宽大的腰带。“搢”“绅”连用，这里指儒者所穿的服装。

⑩道：说解，表述。以下五句同此解。志：心志，思想情感。

⑪设：施行。中国：中原各诸侯国。

译文 古代圣哲的人实在是完备啊！他们配合灵妙之理、圣明之智，效法天地的自然规律，哺育万物，使天下均衡和谐，把恩泽施及百姓，通晓根本的典规，又能贯穿细枝末节的法度，六合通达四时顺畅，无论大小精粗的各种事物，其运动变化真是无所不在。他们的观点显明而又表露在各项典规法度的，旧有的法规和世代相传的史记里还是多有记载，那些存在于《诗》《书》《礼》《乐》中的，邹地和鲁国的学者以及身着儒服的士绅先生们，大多能够明了内中的道理。《诗》用来表达思想感情，《书》用来记述政事，《礼》用来表述行为规范，《乐》用来传递和谐的音律，《易》用来阐明阴阳变化的奥秘，《春秋》用来讲述名分的尊卑与序列。内中的看法和主张散布天下并施行于中原各国的，各家的学说时时有人称述和介绍。

原文 天下大乱，贤圣不明[1]，道德不一，天下多得一察焉以自好[2]。譬如耳目鼻口，皆有所明[3]，不能相通。犹百家众技也，皆有所长，时有所用。虽然，不该不遍[4]，一曲之士也[5]。判天地之美[6]，析万物之理，察古人之全[7]；寡能备于天地之美，称神明之容[8]。是故内圣外王之道[9]，暗而不明，郁而不发[10]，天下之人各为其所欲焉以自为方[11]。悲夫，百家往而不反，必不合矣！后世之学者，不幸不见天地之纯，古人之大体[12]，道术将为天下裂。

注释 ①贤圣不明：贤圣的学说和主张不能显露于世。

②一察：一孔之见。自好：沾沾自喜，自以为是。

③明：通，指通晓自身的职能；“皆有所明”是说都有各自的官能。

④该：通作“赅”，全、备的意思。

⑤曲：隅；“一曲之士”即只知一端的人。

⑥判：分割。

⑦察：仔细分辨，这里取其离析、分解之意，用与“判”“析”同。

⑧称：匹配。

⑨内圣：体悟于道并深藏内心的人，即以前篇目中所称述的

“玄圣”。外王：通晓玄理却又处于经纬世事地位的人，即以前的篇目中所称述的“圣王”。

⑩郁：郁积，滞留。

⑪方：方术；“以自为方”是说把自己偏执的看法当作完美的方术。

⑫大体：全貌，这里指道术的总体。

译文

天下大乱之时，贤圣的学术主张不能彰显于世，道德的标准也不能求得划一，天下人大多凭借一孔之见就自以为是炫耀于人。譬如眼、耳、口、鼻，各有各的官能和作用，不可能相互交替通用。又好像各种各样的技艺，各有各的长处，适用时就能派上用处。虽然如此，不能赅全周遍，只能是一些偏执于一端的人。他们分割了天地淳和之美，离析了万物相通之理，肢解了古人的道术，很少能够真正合于纯真的自然之美，匹配灵妙和睿智的容状。所以内圣、外王的主张，晦暗不明，阻滞不通，天下人多自追求其所好并把偏执的看法当作完美的方术。可悲啊！诸家学派越走越远不能返归正道，必然不能合于古人的道术！后代的学者，实在是不幸不能见到自然纯真之美和古人道术的全貌，道术也就势必受到诸家学派的分割与破坏。

原文 不侈于后世[①]，不靡于万物[②]，不晖于数度[③]，以绳墨自矫而备世之急[④]，古之道术有在于是者，墨翟、禽滑釐闻其风而说之[⑤]。为之大过[⑥]，已之大循[⑦]。作为“非乐”，命之曰“节用”[⑧]；生不歌，死无服[⑨]。墨子泛爱兼利而非斗[⑩]，其道不怒[⑪]；又好学而博，不异[⑫]，不与先王同[⑬]。

注释 ①侈：奢侈；“不侈于后世”是说不向后世流露奢侈。

②靡：浪费。

③晖：明。数度：各种典规与法度，这里含有明显区别等级差异的意思。

④绳墨：喻指各种规矩；“以绳墨自矫”是说用各种严厉的规矩来约束自己。

⑤墨翟：即墨子，鲁人，一说宋人，墨家学派的创始者。禽滑（gǔ）釐：墨子的弟子。风：风尚。说（yuè）：喜悦。一说“风”通作“凡”，大凡、要略的意思；而“说”字则照字面讲，亦可通。

⑥大过：太过于苛严。

⑦已：止。循：顺；“大循”亦即太进、太过。联系前一句，

篇文认为墨子的主张太苛严，而反对和节止也过于严厉。一说“大循”即大遁，是说墨子所要废止的却是使之大倒退。译文姑从前说。

⑧非乐、节用：旧注指《墨经》中的篇名，但不确，译文姑从之。

⑨无服：指人死时不穿衣戴帽，即不讲究服饰厚葬。

⑩泛爱、兼利、非斗：墨家的重要主张。“泛爱”即“兼爱”，指广泛地给人们以爱；“兼利”指给予每个人平等的利益；“非斗”即“非攻”，谴责各国间的战争。

⑪怒：怨恨，仇视对方。

⑫不异：不随便标异于众。

⑬本句是对上句的说明，“不与先王同”即毁弃前代的礼乐制度。

译文

让后世不奢侈，使万物不浪费，不使各种等级差别突出显明，而且用各种严厉的规矩约束自己以适应社会的急需。古时的道术确实包含上述方面的内容，墨翟、禽滑釐之流听闻这样的遗风并且热衷于这方面的活动。不过他们所主张和推行的又过于激烈，他们所反对、所节止的又过于苛严。他们倡导“非乐”，要求人们“节用”，生前不唱歌，死时不厚葬。墨家主张“泛爱”、“兼利”和“非斗”，他们的学说是非暴力的，而且墨家又好学博览，不随意标新立异，也不与前代帝王苟同。

原文 毁古之礼乐。黄帝有《咸池》①，尧有《大章》，舜有《大韶》，禹有《大夏》，汤有《大濩》，文王有《辟雍》之乐，武王、周公作《武》。古之丧礼，贵贱有仪②，上下有等，天子棺椁七重③，诸侯五重，大夫三重，士再重④。今墨子独生不歌，死不服，桐棺三寸而无椁，以为法式。以此教人，恐不爱人；以此自行，固不爱己。未败墨子道⑤，虽然，歌而非歌，哭而非哭，乐而非乐，是果类乎⑥？其生也勤，其死也薄，其道大觳⑦；使人忧，使人悲，其行难为也⑧，恐其不可以为圣人之道⑨，反天下之心，天下不堪⑩。墨子虽独能任，奈天下何！离于天下，其去王也远矣⑪。

注释 ①咸池：跟以下几句中的“大章”“大韶”“大夏”“大濩（hù）”“辟雍”“武”等，均为古乐的篇名。

②仪：法则。

③椁：外棺。

④再：二。

⑤败：败坏，诋毁。

⑥类：似，相合；“果类乎”是说果真跟人的真实感情相合吗？

⑦觳（què）：薄，苛刻。

⑧行：施行。难为：难以办到。

⑨为：算是。

⑩不堪：不能忍受。

⑪“去王也远”是说距离天下人所归往的境界也就很远很远了。篇文认为“外王”的境界较“圣”的境界要低一层，“外王”的程度都达不到，也就更谈不上“圣”了。

译文 皇家反对古代的礼乐制度。古代的乐章黄帝时有《咸池》，唐尧时有《大章》，虞舜时有《大韶》，夏禹时有《大夏》，商汤时有《大濩》，此外周文王时有《辟雍》之乐，武王和周公还作过《武》乐。古代的丧礼，贵贱有严格的规矩，上下有不同的等别，天子的内棺和外椁共有七层，诸侯是五层，大夫是三层，士是两层。如今墨家却独自主张生前不唱歌，死时不厚葬，桐木棺材厚三寸而且不用外棺，并把这些作为法度和定规。用这样的主张来教育人，恐怕不是真正的爱护人；用这样的要求来约束自己，当然不是对自己真正的爱惜。这样的评论并非有意要诋毁墨家的学说，虽然如此，不过情感表达需要歌唱却一味反对唱歌，情感表达需要哭泣却一味反对哭泣，情感表达需要欢乐却一味反对欢乐，这样做果真跟人的真情实感相吻合吗？他们主张人活在世上要勤劳，死的时候要淡薄，墨家的学说太苛刻了；使人忧虑，使人悲悯，而做起来也难以办到，恐怕不能够算是圣人之道，违反了天下人的心愿，天下之人也就不能忍受。墨子即使能够独自实行，又能拿天下人怎么样？背离了天下人的心愿，距离天下百姓一心归往的境界也就很远很远了。

原文

墨子称道曰："昔者禹之湮洪水①，决江河而通四夷九州也②，名山三百③，支川三千，小者无数。禹亲自操橐耜而九杂天下之川④，腓无胈⑤，胫无毛⑥，沐甚雨⑦，栉疾风⑧，置万国⑨。禹大圣也，而形劳天下也如此⑩。"使后世之墨者，多以裘褐为衣⑪，以跂蹻为服⑫，日夜不休，以自苦为极⑬，曰："不能如此，非禹之道也，不足谓墨。"

注释

①湮：通作"堙"，壅塞的意思。

②四夷：古代指称四方非华夏民族聚居的地区。九州：古代

分天下为九州，即冀、兖、青、徐、扬、荆、豫、梁、雍。

③山：当是“川”字之讹，“名川”亦即大川，与下句的“支川”相应。一本“山”字亦作“川”。

④橐（tuó）：装泥土的器具。“橐”字亦误作“稾”，宜正之。耜（sì）：铲。九：亦作“鸠”，聚合的意思。杂：汇集。

⑤腓（féi）：小腿后部突起的肉。胈（bá）：白肉。

⑥胫（jìng）：小腿。联系前一句，腿肚子消瘦，小腿上无毛，意在描写劳苦奔波。

⑦甚：极；“甚雨”即暴雨。

⑧栉（zhì），梳子。这里用作动词，“栉疾风”是说以狂风作为梳子，即冒着狂风的意思。

⑨置：安顿。国：这里指城邑，住居的集中点。

⑩劳天下：为天下而操劳。

⑪裘褐：泛指粗糙的皮和布。

⑫跂（jī）：通作“屐”，指木制的鞋子。蹻（蹻 jué）：通作“屩”，草织的鞋。服：服用。

⑬极：这里指最高的行为准则。

译文 墨子称赞说：“从前大禹治水时堵塞洪道，疏通长江黄河并使四夷九州沟通起来，整治的大河三百条，分支河道三千条，水渠溪流不可计数。大禹亲自抬筐挥铲，终于汇聚地面的水而使它归入大江河。劳苦奔波累得腿肚子消瘦，小腿上无毛，淋着暴雨，冒着狂风，安顿下万家城邑。禹是大圣，仍亲自为天下事务如此操劳。”因此，要让后世的墨家，多用羊皮、粗布做衣服，用木鞋、草鞋作服饰，日夜不停地操劳，把自身清苦看作是行为准则。并且还说：“不这样做，就不符合夏禹的主张，也就不配称作墨家。”

原文 相里勤之弟子五侯之徒①，南方之墨者苦获、已齿、邓陵子之属，俱诵《墨经》②，而倍谲不同③，相谓别墨④；以坚白同异之辩相訾⑤，以觭偶不仵之辞相应⑥；以巨子为圣人⑦，皆愿为之尸⑧，冀得为其后世⑨，至今不决⑩。

注释 ①相里勤：墨家的学人。相传墨子死后墨家分成三派，即相里氏、相夫氏和邓陵氏三家，“相里勤”即指相里氏支派。五侯：人名，“五”同于“伍”。以下“苦获”“已齿”“邓陵子”都是墨家后学支派的重要人物。

②墨经：墨家的经典，指现存《墨子》中的“经上”“经下”部分。

③倍：通作“背”。谲（jué）：乖违。本句指墨家学派各个

分支都背反《墨经》。

④别墨：不是正统的墨家。

⑤“坚白”和“同异”乃是战国各家津津乐道的两个话题，墨家也参与了其间的争辩。“坚白”之辩已见于《齐物论》等篇，讨论石块的白色与质地坚硬之间的关系和两者跟石块本身的关系；“同异”之辩讨论事物间各种复杂的相同与不同的关系。訾（zǐ）：指责，诋毁。

⑥觭（jī）：通作“奇”。“奇偶”是战国各家又一辩论的话题。仵（wǔ）：同。“觭偶不仵”是说奇与偶不会有相同之处。

⑦巨子：墨家中类似宗教团伙的首领，指其在学术造诣上最有所成、最具有权威性。

⑧尸：主。

⑨冀：希望。后世：后继人。

⑩本句指各个派别间的纷争至今不决。

译文 后世墨家学人相里勤和他的弟子五侯之流，南方的墨家苦获与已齿，还有邓陵子一类的人，都口诵《墨经》，却违背了墨家的宗旨，相互指责对方不是正统的墨家。他们用“坚白”“同异”等话题彼此争辩相互诋毁，用奇数偶数不会一致的言辞相互应答，把一时推举出来的首领看作是圣人，全都乐意敬重他为领袖，希望能成为墨家学派的后继人，而且至今各派之间仍争论不休。

原文 墨翟、禽滑釐之意则是，其行则非也。将使后世之墨者，必自苦以腓无胈、胫无毛，相进而已矣①。乱之上也，治之下也②。虽然，墨子真天下之好也③，将求之不得也，虽枯槁不舍也④，才士也夫！

注释 ①相进：争相超过对方。

②联系前一句，“治”与“乱”分别指世道的太平和社会的动乱，大意是说，墨家的主张乱世是良策，治世是下策。

③好（hào）：爱好，热爱。一本本句“好”字之后有一“者”字，则“好”字当读上声。

④枯槁：指形容憔悴。

译文 墨翟和禽滑釐他们的意愿应当说是好的，但他们的做法却不可取。这将使后世的墨家学人，必定是励行劳苦，争先恐后地弄得腿肚子消瘦、小腿上无毛罢了。墨家的学说算得上是乱世的良方，却又只能是治世的下策。即使这样，墨子还是真正热爱天下的人民，一心追求的目标不能实现，就是弄得形容枯槁面颜憔悴也不会放弃自己的主张，真可算是有才之士啊！

原文 不累于俗，不饰于物，不苟于人[1]，不忮于众[2]。愿天下之安宁以活民命，人我之养毕足而止[3]，以此白心[4]。古之道术有在于是者，宋钘、尹文闻其风而悦之[5]。作为华山之冠以自表[6]，接万物以别宥为始[7]；语心之容[8]，命之曰心之行[9]。以聏合驩[10]，以调海内，请欲置之以为主[11]。见侮不辱[12]，救民之斗[13]。禁攻寝兵[14]，救世之战。以此周行天下，上说下教[15]，虽天下不取，强聒而不舍者也[16]，故曰上下见厌而强见也[17]。

注释 ①苟：为“苛”字之讹，苛求的意思。

②忮（zhì）：逆；“不忮于众”是说不悖逆众人的心情。

③养：给养，基本生活条件。毕足：满足。

④白：告白，剖白；“白心”即剖白自己的心迹。

⑤宋钘（xíng）：宋国人，《逍遥游》中称作“宋荣子”，《孟子》中却称作“宋牼”。尹文：齐国人。宋尹学派的著述早已亡佚，从本篇介绍看，他们忍辱节欲，反对战争，追求平等，一心希望天下太平安宁。

⑥一种象征平等的特制帽子。华山陡削，上下一致，用其形

制成帽子，表白宋尹学派的人立志均平。

⑦宥（yòu）：通作“囿”，围域的意思，喻指一定的范围与界限。

⑧心之容：内心的容收，即人的内心活动。

⑨心之行：内心的行为。一说“心之行”应是宋、尹学派讨论内心活动的著述，但宋、尹学派的著述已不存于世，无从考定。

⑩聏（ěr）：和，柔。驩：“欢（歡）”字的异体。

⑪请（qíng）：通作“情”。一说“请”字乃“情”字之讹。“请欲置之以为主”是指把抑制个人情欲看作自己学派的主旨。一说“置之”亦即下文的“寡浅”，全句意思则是把情欲寡少当作主旨。

⑫见：受到。

⑬救：解救。

⑭寝：平息。兵：武器，这里指各种暴力行动。

⑮说（shuì）：游说，劝谏。

⑯聒（guō）：喧扰，不停地说。

⑰见厌：遭到厌恶。强见（xiàn）：执拗地表白自己的观点。本句中前后两个“见”字意思和用法是不一样的，前一“见”字表被动情态，后一“见”字则讲作“现”，显现、表露的意思。

译文 不受流俗所牵累，不因外物而矫饰，不对人提出苛严的要求，不背违众人的心情，但愿天下太平无事人人都能糊口养生，自己和他人生存条件能够得到保证也就心满意足，并且以此来剖白自己的心迹。古时候的道术确实包含上述方面的内容。宋钘、尹文听闻这方面的遗风并且热衷于这方面的活动。他们戴着特制的华山之形的帽子来表白上下均平的信念，应接外物总是先清除掉各式各样的界说和成见；他们竭力讨论人的思想活动，取个名字叫做内心的行为。他们用和顺柔韧的态度迎合人们的欢心，并调谐整个天下，而把抑制个人的情感和欲念看作主旨。他们受到侮辱却不以为是耻辱，一心解救人们之间的争斗；他们主张禁绝攻伐停止暴力行动，一心想平息世上的各类战争。用这样的学说周游天下，对上劝谏诸侯对下教导百姓，即使天下人都不采纳，他们也絮絮不休地说个没完。所以说，上上下下都受人嫌弃却仍然不遗余力地反复陈述。

原文 虽然，其为人太多①，其自为太少，曰："请欲固置五升之饭足矣②！"先王恐不得饱③，弟子虽饥，不忘天下。日夜不休曰："我必得活哉④！"图傲乎救世之士哉[5]！曰："君子不为苛察[6]，不以身假物[7]。"以为无益于天下者，明之不如已也[8]。以禁攻寝兵为外，以情欲寡浅为内，其小大精粗，其行适至是而止[9]。

注释

①为（wèi）：为了，替。下句同此解，"自为"亦即为了自己。

②固：通作"姑"，"姑且"的意思。

③先生：这里指宋尹学派中年长的老师。

④我：表复数，泛指"我们大家"。

⑤图：原本作"啚"，疑是"喬（乔）"字之讹；"图傲"亦即高大的意思。

⑥不为苛察：对人务求宽恕，不苛刻要求，不事事计较。

⑦假物：即"假于物"，受外物所役使。

⑧已：止。本句为一复句的紧缩，意思是说，与其竭力地申辩说明，倒不如停止不干。

⑨适：只。至是：至此，达到这样的境界。

译文

即使这样，他们还是为别人考虑很多很多，为自己考虑很少很少。他们常说："只希望准备五升米的饭食就完全足够了！"他们中的师长恐怕都不能吃饱，弟子们就是忍饥挨饿，也不忘怀天下的事务。他们无日无夜地为世人奔波，说："我们大家都得生存下去啊!”那高大的样子确实是救世的人啊！他们还说：“君子不事事计较而苛求于人，也不会让自身为外物所役使。”他们认为对天下无益的事，与其竭力申辩倒不如停止不干。他们把禁绝攻伐平息暴力行动看作是主要的社会活动，把抑制个人的情感和欲念看作是对自身的主要要求，无论哪一个方面，他们的所作所为只不过达到这样的境界而已。

原文

公而不当①，易而无私②，决然无主③，趣物而不两④，不顾于虑，不谋于知⑤，于物无择，与之俱往⑥。古之道术有在于是者，彭蒙、田骈、慎到闻其风而悦之⑦。齐万物以为首⑧，曰：“天能覆之而不能载之，地能载之而不能覆之，大道能包之而不能辩之⑨。”知万物皆有所可，有所不可，故曰：“选而不遍，教则不至，道则无遗者矣⑩。”

注释

①当（當）：乃是“党”字之讹；“不当”是说不偏袒。“当”字一本亦作“党”。

②易：平易。

③决然：断然。无主：指不存在一点主观成见。

④趣：通作“趋”，“趣物”是说随物而趋。不两：不生两意，

指对待事物一视同仁，不用两个标准。

⑤知：智。“知”字在本部分多次讲作才智、智慧、谋划，不再一一注出。

⑥“之”字指代外物的规律，“与之俱往”即顺自然而行。

⑦彭蒙、田骈、慎到：早期法家的代表人物。他们主张“齐万物”，认为世间事物应有一个统一的客观的规范与标准，因此主张“弃知”“去己”，消除主观成见，即所谓“趣物而不两”，而且提倡“公而不当”“易而无私”。这就是早期法家追求平等、不偏不党的思想。彭蒙与田骈相传为齐国人。著述生平均已不考。慎到为赵国人，影响在彭蒙、田骈之上，但所传《慎子》也是后人所辑。

⑧齐万物：平等地对待万物，即倡导客观划一的标准，用统一的尺度去看待和处理各种事物，因此这里的“齐万物”的观点与庄子的《齐物论》是截然不同的。

⑨辩：通作“辨”，分辨、剖分的意思。

⑩道：这里指对待外物齐同划一的规范。

译文 公正而不结党，平易而不偏私，断然依理不存主见，随物趋进一视同仁；不瞻前顾后，不谋求智巧，对于外物无所选择，随顺自然与物一同变化。古时候的道术确实包含上述方面的内容，彭蒙、田骈、慎到听闻这方面的遗风并且热衷于这方面的活动。他们把平等地对待外在事物放在首要地位，说："苍天能够覆盖万物却不能托载万物，大地能够托载万物却不能覆盖万物，大道能够包容万物却不能区别万物。"他们懂得万物都有它们可以认可的一面，万物也有它们不可以认可的一面，所以说："有所挑选就必然不会周遍，有教育就会出现教育不到的方面，一视同仁的规范与齐同划一的尺度才能没有遗漏。"

原文 是故慎到弃知去己而缘不得已①，泠汰于物以为道理②，曰："知不知，将薄知为后邻伤之者也③。"谿髁无任而笑天下之尚贤也④，纵脱无行而非天下之大圣⑤。椎拍輐断⑥，与物宛转，舍是与非，苟可以免。不师知虑⑦，不知前后，魏然而已矣⑧。推而后行，曳而后往，若飘风之还⑨，若羽之旋，若磨石之隧⑩，全而无非⑪，动静无过，未尝有罪。是何故？夫无知之物，无建己之患⑫，无用知之累，动静不离于理，是以终身无誉。故曰："至于若无知之物而已，无用贤圣，夫块不失道⑬。"豪桀相与笑之曰⑭："慎到之道，非生人之行，而至死人之理，适得怪焉⑮。"

注释

①“弃知去己”是说排除一切带有主观成见的主张与思考，与庄子学派的“弃知”“无己”不是一回事。缘：顺。

②泠（líng）汰：听任。道理：疏导一切事物的方术。“道”字的这个意义后代写作“导（導）”。

③薄（pò）：通作“迫”，急迫的意思。邻（鄰 lìn）：通作“蹸”，而“蹸”与“躏”字同。

④謑（xī）髁（kē）：怠惰不正的样子。任：能。

⑤纵脱：纵放不羁。无行（xìng）：不讲德行。大：用如动词，“大圣”就是尊崇圣人。

⑥椎：击。輐（wán）：通作“刓”，削割的意思。本句颇费解，旧注均不确，联系下一句，大意是，或击或拍或削或断，均能与物婉曲推移。

⑦师：用。

⑧魏然：即巍然。“魏”字亦作“巍”。

⑨飘风：旋风。

⑩隧：旋转。

⑪全：保全自己。非：责备，非难。以上三个比方在于说明无心，无心就能保全自己而不受责难。

⑫建己：建树个人的功绩。

⑬块：土块。土块是没有感知的物类，当然也就不会有“建己之患”和“用知之累”，因此也就无所谓脱离轨迹。

⑭豪桀：即“豪傑”，今简化为“豪杰”。

⑮适：宜；“适得怪”是说理所当然地被人们看作是诡谲怪异的言论。

译文

因此慎到弃置智巧，去除自我而顺应事物的必然，把听任外物的变化规律作为疏导一切事物的方术。他说：“明知不可知，却不能顺应而急迫地力求知道，势必再次使自己受到伤害。”自身怠惰不正无以为能却讥笑他人崇尚贤能，自身纵放不羁无有德行却讥笑他人尊重圣哲。或是击拍或是削截，只求随物婉曲变化，舍弃心中是非之见，希求能够免于各种牵累。不用智巧与谋虑，不究前因与后果，巍然自立而已。推一推然后行进，曳一曳然后前往，像旋风一样回旋，像飞羽一样飘忽，像磨石一样转圈，保全自己不受责难，动静合宜全无过失，不曾有过祸殃。这是为什么呢？大凡没有感知的物类，就不会有建树个人的忧患，就不会留下使用心计的牵累，或动或静不背离客观事理，因此终身无所谓荣誉。所以说：“达到像没有感知的东西那样罢了，无须贤人圣人，譬如土块就不会失去规范。”那些才华出众的人常在一起讥笑说：“慎到的学说，不是活人所能实行，而是死人的道理，理所当然地被人们看作是怪异的主张。”

原文 田骈亦然，学于彭蒙，得不教焉[①]。彭蒙之师曰：“古之道人，至于莫之是莫之非而已矣[②]。其风窢然[③]，恶可而言?”常反人[④]，不见观[⑤]，而不免于魭断[⑥]。其所谓道非道，而所言之韪不免于非[⑦]。彭蒙、田骈、慎到不知道。虽然，概乎皆尝有闻者也。

注释 ①不教：不言之教，即会心的传授。

②莫之是、莫之非：即“莫是之”“莫非之”，不肯定什么也不否定什么的意思。

③窢（yù）然：迅急的风声。本句是说，他的教诲像迅急而过的风声，不留下一点痕迹。

④反人：违背人们的心愿。

⑤不见观：亦作“不聚观”，不能引起人们的瞻望。一说“见”表被动，讲作受到，亦可通。

⑥魭（yuán）断：即上文之“輐断”，“不免于魭断”是说仍不能免于随物变化；“魭断”在这里乃是临时代指“椎拍輐断，与物宛转”之义。

⑦韪（wěi）：是，与“非”字相对。

译文 田骈也是这样，向彭蒙学习，受到会心的传授。彭蒙的老师说："古时候得道的人，达到了什么也不肯定又什么也不否定的境界而已。犹如迅急而过的风声不留一点踪迹，怎么可以加以言说？"他们总是违背人们的意愿，不能引起人们的关注，因而始终不能免于随物变化，他们所说的齐同划一的规范并不是真正的道，因而所说的正确也终不免于谬误。彭蒙、田骈与慎到均不真正懂得道。虽然如此，他们恐怕还是都听说过有关大道的概略。

原文 以本为精①，以物为粗，以有积为不足②，澹然独与神明居③。古之道术有在于是者，关尹、老聃闻其风而悦之④。建之以常无有⑤，主之以太一⑥，以濡弱谦下为表⑦，以空虚不毁万物为实。

注释 ①本：指玄妙之道。

②篇文认为，有心去积蓄便会贪，心贪也就总感不足。

③澹：用同于"淡"。篇文认为心境恬淡虚空就能跟神明为伍，即精神境界与道相通。

④关尹：即尹喜，字公度，曾为关令，故称关尹。史载《关尹子》一书有九篇，但均已失传，现在见到的《关尹子》乃

是后人伪托而作。老聃：即李耳，字聃，史载为《老子》一书的作者。关尹和李聃都是早期道家学派的代表人物。

⑤常无有：常无与常有。这是道家学派的一个重要观点，认为世间一切事物之“无”与“有”都是出于自然，即出于本然，而非出自人为。“常”就是原本、固然的意思。

⑥太一：至高至极、绝对唯一的意思，实指形成天地、产生万物的道。

⑦濡弱：柔弱。表：外表，与下句的“实”指内在相对为文。

译文 把主宰万物的道视为精髓，把各具外形的物类视为粗杂，认为有所积蓄反生不易满足的贪欲，心境恬淡闲适只跟神明为伍。古时候的道术确实包含上述方面的内容，关尹、老聃听闻这方面的遗风并且热衷于这方面的活动。他们树立起“常无”“常有”的观点，并把“太一”视为他们学说的核心，而且还以柔弱谦下的态度为外表，以空虚宁寂、不毁弃万物的心境为内质。

原文 关尹曰：“在己无居①，形物自著②。其动若水，其静若镜，其应若响③。芴乎若亡④，寂乎若清。同焉者和⑤，得焉者失⑥。未尝先人而常随人。”

注释 ①居：居处，滞留；“无居”是说不存己见。

②形物：有形的外物。著：显。本句是讲外在事物的，而上句则是讲内心世界。

③响：回声。

④芴（hū）：通作“忽”；“芴乎”亦即恍惚。亡：通作“无”；一说通作“忘”，亦可通。

⑤同焉：是说混同于万物。

⑥得焉：指追逐外物而有所得。篇文认为，追逐外物而有所得内心世界也就必有所失。

译文 关尹说：“内心世界不存已见，外在有形之物便自然显露。有所动作像流水一样因势随顺，静止下来犹如明镜显迹无所敛藏，感应外物则像回声那样自然应答。恍恍惚惚仿佛什么也不存在，沉寂宁静如同虚空湛清。混同于万物必能谐和顺达，驰逐外物而有所得内心也就必有所失，从不曾抢在人先，而是常随人后。”

原文 老聃曰：“知其雄①，守其雌，为天下谿②；知其白③，守其辱④，为天下谷。”人皆取先，己独取后，曰受天下之垢。人皆取实，己独取虚，无藏也故有余⑤；

岿然而有余⑥。其行身也，徐而不费⑦，无为也而笑巧。人皆求福，己独曲全，曰苟免于咎⑧。以深为根⑨，以约为纪⑩，曰坚则毁矣，锐则挫矣。常宽容于物⑪，不削于人⑫，可谓至极。

注释

①雄：喻指刚强，下句“雌”则喻指柔弱。

②谿：“溪”字之异体。以下还有一句“为天下谷”。“谿”指小山沟，“谷”指大山沟，但无论“谿”还是“谷”，都是两山间的川壑，能够汇聚山水，能够容受洪峰，这里就取其虚空而能容物之义。

③白：显露，明亮。

④辱：污浊，晦暗。这个意义亦曾写作“黣”。

⑤藏：储积；“无藏”是说无心积攒财物。

⑥岿然：亦即巍然，高大、充实的样子。

⑦徐：缓，从容闲适。费：损，耗费精神。

⑧咎：祸。

⑨深：指怀藏深邃奥妙之道。

⑩约：指节约俭省的生活态度。纪：纲纪，大要。

⑪一本无“容”字，但句意无变化。

⑫削：削夺，侵害。

译文 老聃说："认识事物刚强的一面，却持守事物柔弱的一面，愿做天下可以汇聚潺潺细流的小溪；知道事物显著明亮的一面，却持守事物污浊晦暗的一面，愿做天下可以容受他物的虚空的山谷。"人人都争先恐后，自己却偏偏留在后边，说是承受天下的污辱。人人都求取实惠，自己却偏偏持守虚空，无心积蓄因而处处显得有余；是那么高大、充实而有余。他们立身行事，从容闲适而不耗费精神，无所作为而又耻笑智巧。人人都在追求福禄，自己却偏偏委曲求全，说是只求避免灾祸。以怀藏深邃奥妙的道为根本，以节约俭省的生活态度为大要，说是坚硬的容易毁坏，锐利的容易折损。对物常常宽容，对人无所削夺，就可算是最高的思想境界了。

原文 关尹、老聃乎！古之博大真人哉！

译文 关尹和老聃，真是自古以来最为博大的真人啊！

原文 芴漠无形[①]，变化无常，死与生与[②]，天地并与[③]，神明往与！芒乎何之[④]，忽乎何适[⑤]，万物毕罗[⑥]，莫足以归，古之道术有在于是者，庄周闻其风而悦之。以谬悠之说[7]，荒唐之言[8]，无端崖之辞[9]，时恣纵而不傥[10]，不以觭见之也[11]，以天下为沈浊[12]，不可与庄语[13]，以卮言为曼衍[14]，以重言为真[15]，以寓言为广[16]。独与天地精神往来而不敖倪于万物[17]，不谴是非[18]，以与世俗处。其书虽瑰玮而连犿无伤也[19]。其辞虽参差而諔诡可观[20]。彼其充实不可以已[21]，上与造物者游[22]，而下与外死生、无终始者为友[23]。其于本也[24]，弘大而辟[25]，深闳而肆[26]；其于宗也，可谓稠适而上遂矣[27]。虽然，其应于化而解于物也[28]，其理不竭[29]，其来不蜕[30]，芒乎昧乎[31]，未之尽者。

注释

①芴漠：亦作“寂漠”，虚空宁寂的样子。

②道家学派认为人的死生犹如昼夜的更替，乃是气散与气聚，因而认为已死却未尝有生，认为已生却未尝有死。

③并：并存。

④芒乎：恍惚。下句“忽乎”义同。何之：即“之何”之倒，去到哪里的意思。

⑤适：往；“何适”即“适何”，义同于上句之“何之”。

⑥毕罗：全部包罗。

⑦谬：虚空。悠：远。

⑧荒唐：广大无垠。一说是指夸大之义。

⑨端崖：边际。

⑩恣纵：这里指不受拘束地任意发挥。傥：通作“谠”，直陈的意思。“傥”字亦作“党”，则讲作偏执之义。

⑪觭（jī）：通作“奇”，指一端之言。见（xiàn）：现。

⑫沈（chén）浊：沉迷而又污浊，这里指追求外物而不知觉醒。

⑬庄：端庄。

⑭卮言：随顺自然而无成见的言论。“卮言”以及下句的“重言”和“寓言”详见《寓言》篇。曼衍：变化不定、不受拘束地发展。

⑮重言：引用前辈圣哲的言论。

⑯寓言：寄寓的言论。

⑰敖：傲。倪：通作“睨”；“敖倪”即傲视之意。

⑱谴：责。

⑲瑰玮：奇伟。连犿（fān）：连缀宛转。

⑳参差：变化很大，错落不齐。諔（chù）诡：奇异。

㉑彼：指代庄子，“充实”指庄子的内心世界。已：止；“不可以已”是说下笔阐述而不能自已停下来。

㉒造物者：这里实指天地。

㉓外死生：把死生置之度外，即超脱于死生。“外死生、无终始者”当指得道的人。

㉔本：指大道。

㉕辟：开通，豁达。

㉖闳（hóng）：通作“泓”，深的意思。肆：纵放，无所限制。

㉗稠（tiáo）：通作“调”。“稠适”是说和谐而又适宜。“稠”一本亦作“调”。遂：达；“上遂”是说达到了最高的境界。

㉘应于化：顺应事物变化。解于物：分解事物实情。

㉙竭：尽。

㉚来：来由，指庄派学说的渊源。蜕：蝉、蛇之类动物蜕解下来的皮；“不蜕”是说没有离开原本的形迹。

㉛芒：茫；“芒昧”是说庄子的学说窈冥深邃而不可测。

译文

虚空宁寂没有形迹，变化万千没有定规，无所谓死无所谓生啊，跟天地共存啊，跟神明交往啊！恍恍惚惚往什么地方而去，又惚惚恍恍从什么地方而来，万物全都囊括于内，却没有什么去处足以作为最后的归宿。古时候的道术确实包含上述方面的内容，庄周听闻这方面的内容并且热衷于这方面的活动。他用虚空悠远的话语，宏阔夸张的谈论，没有边际的言辞，时时纵任发挥却不偏执拘滞，从不靠标榜异端来显示自己的观点。他认为天下人沉湎于物欲而不知觉醒，不能够跟他们端庄不苟地讨论问题，因而用随顺无心的言辞不受拘束地随意铺陈，用先辈圣哲的话语让人信以为真，用婉曲寄寓的文辞来拓展自己的胸臆。他独自跟博大的天地和玄妙的精神来往却又不傲视于万物，不追问是非曲直，而是与世俗相处。他的著述虽然雄奇伟异却婉转连缀不失宏旨，他的言辞虽然变化不定却妙趣横生引人入胜。他内心充实因而行文不能自已，上与天地结伴而游，下跟弃置死生、不知终始的得道之人交为朋友。他对于道的阐释，宏大而又通达，深远而又纵放；他对于道的探讨，可以说是谐和适宜而且达到了最高的境界。即使如此，在顺应事物的变化和分解事物的实情方面，他所阐述的道理是那么无穷无尽，他所建立的学说宗于本源脉络清楚，多么窈冥深邃啊，不可能完全洞悉其中的奥妙。

原文 惠施多方[①]，其书五车[②]，其道舛驳[③]，其言也不中[④]。麻物之意[⑤]，曰："至大无外，谓之大一；至小无内，谓之小一[⑥]。无厚，不可积也，其大千里[⑦]。天与地卑，山与泽平[⑧]。日方中方睨，物方生方死[⑨]。大同而与小同异，此之谓小同异；万物毕同毕异，此之谓大同异[⑩]。南方无穷而有穷[⑪]，今日适越而昔来[⑫]。连环可解也[⑬]。我知天下之中央，燕之北越之南是也[⑭]。泛爱万物，天地一体也。"

注释

①方：方术；“多方术”是说掌握多种方术。

②本句是说惠子著书很多，但惠子的著作今天差不多都亡佚了。

③道：这里指惠子的学说。舛（chuǎn）：乖悖，差错。驳：混杂。

④中（zhòng）：正。一说“不中”是指不合于道。

⑤厤（lì）：“曆”字之古体，后简化为“历”，这里是点数、观察分析的意思。一说“厤物”，为惠子著述的篇名，但已不可考。

⑥连续四句讨论大与小的关系。大到极点已无范围可言，形成无可限量的整体，因此称作“大一”；小到极点则相反，已无所包容，也就谈不上有什么内核，因此称作“小一”。

⑦连续三句讨论面与积的关系。意思是说没有厚度的平面，不可能累积而形成体积，但可以无限扩展以至很广很远。

⑧卑：低。连续两句讨论高与低的关系。从人们认知的常理说，天与地、山与泽不在一个平面上，存在高低之分，但如果从整个宇宙的角度看，天与地都是低的，山与泽都是平的。

⑨方：正，刚刚。下句同此解。睨：斜视，这里取其偏斜之意。连续两句讨论事物变化阶段上的起讫点的关系，意思是说，太阳刚刚正中就同时开始偏斜，各种物类刚刚产生就同时意味着走向死亡。

⑩连续四句讨论事物同与异的关系，即类属与种属的关系。每一类事物都有共同的性质，叫做“大同”，譬如马之为马；每类事物中又有不同的种属，种属又有自身的特点，叫做“小同”，譬如白马指所有马之白色者。万物不管怎么千差万别实属于同一大类，具有共同的性质，这叫做“毕同”，“毕”就是完全的意思；至于每一个个体的东西又存在自身的特点，使他们区别于别的东西，因此又叫做“毕异”。

⑪本句是说，如果没有标定南北，那么无处不是南方，所以南方是无穷尽的；如果标定南北，那么南方就有所限指，所以南方是有穷尽的。

⑫本句就时间的相对性而言，今天到越国，称今日而去，到了越国，则今日已是昔日。而地点也发生了变化，去也就变成了来。本句与前一句曾有人从地圆的角度来解释，亦可通。

⑬连环是不可解的，但形成连环以后终会毁坏，因而也可说是它无时不在解的过程之中。一说连环之所以不可解，是因为一环套一环，但环体并不等于环所形成的空间，既然环体和环体空间可以分离，因此说连环也可以分解；此说更接近名家离析石之“坚”与“白”的情况。

⑭连续两句进一步讨论空间方面的相对认识。从整个大宇宙的角度说，定点具有任意性，可以在燕之北也可以在越之南。有人据此认为古人已有地圆的观念。是：代词，指代“天下

之中央”，用作名词性谓语。

译文 惠施懂得许多方面的学问，他的著述多达五车，但他的学说却乖背杂乱，他的言谈也多偏颇不当。他观察分析事物的要理，说：“大到极点的东西已无外围可言，称之为‘大一’；小到极点的东西已无所包容，称之为‘小一’。没有厚度的平面，不可能累积而成体积，但却可以无限扩展以至很远很远。从整个宇宙的角度看天与地都是低的，山峰与湖泽都是平的。太阳刚刚正中就同时开始偏斜，各种物类刚刚产生就同时意味着走向死亡。万物有类别的共同点和种属的共同点的差异，这叫做‘小同异’；万物有完全相同的共性和个别事物完全不同的特点的差异，这叫做‘大同异’。南方可以是无穷尽的但南方也可能是有尽头的，今天到越国去又可以说成是昨天来到了越国。连环本不可解但又可说是无时无刻不在销解。我知道天下的中心部位，可以说是在燕国的北边也可说是在越国的南方。广泛地爱护各种物类，因为天地间本来就是没有区别的整体。”

原文 惠施以此为大[①]，观于天下而晓辩者[②]，天下之辩者相与乐之：卵有毛[3]；鸡三足[4]；郢有天下[5]；犬可以为羊[6]；马有卵[7]；丁子有尾[8]；火不热[9]；山出口[10]，轮不蹍地[11]；目不见[12]；指不至[13]，至不绝；龟长于蛇[14]；矩不方，规不可以为圆[15]；凿不围枘[16]；飞鸟之景未尝动也[17]；镞矢之疾而有不行不止之时[18]；狗非犬[19]；黄马骊牛三[20]；白狗黑[21]；孤驹未尝有母[22]；一尺之捶，日取其半，万世不竭[23]。辩者以此与惠施相应，终身无穷。

注释

①以此为大：认为上述观点最为博大精妙。

②晓：晓示，晓谕。

③卵本无毛，但鸟是卵孵化而成，卵中存在长成毛羽的可能，故说“卵有毛”。以下均是惠施以及其他名家人物所热衷论辩的话题。

④鸡脚之实为二，鸡脚之名为一，名实相加鸡脚就成了“三”。

⑤“郢”为楚国的国都，乃天下之一部分，而天下整体为不可分，于是辩称郢都也可包含天下。

⑥假如分别物的名与实，名称是用来称物的，但不是物的本身，犬羊之名也就不是犬羊之实。名称是人所命名的，假如先称犬为羊，“犬”也就叫做羊了。

⑦胎生和卵生本有其固定含义，但如果离开了这个固定的含义，胎生的也可说成是卵生的，在未形成胎之前，必有待于卵子的受精。

⑧丁子：楚方言对蝦蟆的称呼。蜈蟆本无尾，但却是从有尾的蝌蚪变化而成的。

⑨热是人对火的感受，火具有能使人感受热的特点，但火自身并不感受热。

⑩大山虽高也有隘口、泉眼。一说山谷回声犹如出自于口。

⑪蹍（zhǎn）：踩。轮子是一整体，着地的只是轮周上的一小部分，整个轮子不会同时着地。

⑫眼睛能够看见东西，必定得借助光亮，离开了光亮，眼睛也就不能看物。

⑬指：根据物的外部特征对其进行指认。至：指足以完全反映物的实际。下句同此解。

⑭从常识看蛇比龟长，但相对地说蛇蜷曲时就不如龟长，小蛇当然也不如龟长。

⑮联系上一句，矩是用来划方的，但不是有矩而后有方，任何矩所能画出的方只是个别的、具体的方，而不是绝对的方，更不是具有共相的总体性的方。仿此，规是用来划圆的，但不是有规方才有圆，任何规所能画出的只是个别的、具体的圆，而不是绝对的圆，更不是具有共相的总体性的圆。一说

矩可划方却不是方的本身，规可画圆却不是圆的本身。

⑯凿：榫（sǔn）眼。枘（ruì）：榫头。就世界上具体事物间没有绝对相合的观点说，具体的榫眼与榫头也不可能存在绝对的吻合。

⑰景（yǐng）：影。影子的变动是因为鸟飞或光的变化，却不是影子本身。一说影子随鸟飞而动，但从某一静止的点上看，影子并未移动，而移动的是整个动的过程。

⑱镞（zú）：箭头。疾：快速运行。箭镞运行乃是一个动的全过程，在这个全过程中，箭镞一直处在快速运行中，故称作“不止”。但就某一个具体阶段看，从静点的角度来认识，它又像是处在某一位置上，故称作“不行”。

⑲“狗”“犬”相通，但分而言之“狗”指小狗，“犬”指大狗。

⑳骊（lí）牛：黑牛。本句含义跟“鸡三足”相似，黄马为一，骊牛为一，“黄马和骊牛”联合在一起成为一个新的名、实之体，又为一，故称为“三”。

㉑狗之白是就毛色说的，但白色的狗眼珠也是黑的，如果从黑眼的角度说，白狗也可叫做黑狗。一说白狗、黑狗均是狗，白与黑同是色泽，取其大同异而无视其小同异，故白狗也可叫做黑狗。

㉒无母的小马叫“孤驹”，既然叫做“孤驹”也就不曾有母亲。

㉓捶：鞭、棍之类的器物，连续三句讨论有限的物体也可以

无限分割。

译文 惠施认为上述看法是最为博大的了，游观天下并晓谕各处善辩的人，天下一切喜好争辩的人无不相互津津乐道：卵里面可以说是存在着毛；鸡的脚可以数出三只；郢都内就存在着天下；狗也可命名为羊，马能够说是卵生的；蝦蟆可以说是长有尾巴；火本身并没有热感；山中的回音证明大山也生出了口；车轮永远不会着地；眼睛也可说缺乏看视的能力；指认外物永远达不到事物的实际，即使达到实际也会无穷无尽；乌龟可能比蛇还长；角尺不能画出方形，圆规也不能用来画圆；具体的榫眼与榫头不会完全地吻合；飞鸟的身影也可说不曾有过移动；飞逝而去的箭头有停留、也有不曾停歇的时刻；小狗可以不是狗；黄马、黑牛的称谓可以数落出三个；白狗也可以叫它黑狗；称作孤驹应该说它不曾有过母亲；一尺长的棍棒，每天截取一半，一万年也分截不完。喜好争辩的人们用上述命题跟惠施相互辩论，一辈子没完没了。

原文 桓团、公孙龙辩者之徒[①]，饰人之心[②]，易人之意[③]，能胜人之口，不能服人之心，辩者之囿也[④]。惠施日以其知与人之辩[5]，特与天下之辩者为怪[6]，此其柢也[7]。

注释

①桓团：赵人，姓桓名团。公孙龙：赵人，姓公孙名龙。桓团和公孙龙都是当时善辩之士，是名家的著名人物。

②饰：这里含有蒙蔽、迷惑之义。

③易：改变。

④囿：局限，受到限制。

⑤知：智。

⑥特：独，与众不同。为怪。制造奇谈怪论。

⑦柢（dǐ）：通作“抵”；“大柢”犹言大略、大概。

译文

桓团、公孙龙等善辩之流，蒙蔽人们的思想，改变人们的心意，能够堵住别人的嘴，却不能折服人心，这就是辩者的局限。惠施每天用其心智跟人辩论，独自跟天下的辩者制造出这么多奇谈怪论，而上述就是他们论争的大体情况。

原文

然惠施之口谈[1]，自以为最贤，曰：“天地其壮乎[2]！”施存雄而无术[3]。南方有倚人焉曰黄缭[4]，问天地所以不坠不陷，风雨雷霆之故。惠施不辞而应，不虑而对，遍为万物说，说而不休，多而无已，犹以为寡，益之以怪[5]。以反人为实而欲以胜人为名，是以与众不适也。弱于德，强于物[6]，其塗隩矣[7]。由天地之道观惠施之能，其犹一蚊一虻之劳者也。其于物也何庸[8]！夫充一尚可曰愈[9]，贵道几矣[10]！惠施不能以此自宁[11]，散于万物而不厌，卒以善辩为名。惜乎！惠施之才，骀荡而不得[12]，逐万物而不反[13]，是穷响以声[14]，形与影竞走也[15]，悲夫！

注释

①口谈：指善于言谈、辩论。

②壮：大。本句应理解为惠施所言，天地实在是伟大啊，而自己将与天地并存，实是超世过人。

③存雄：心存压倒他人的雄心。术：这里指道术。

④倚（qí）：通作“奇”；“奇人”亦即异人。黄缭：楚人，相传曾与惠施辩论。

⑤益：添加；“益之以怪”即“以怪益之”，把怪异的东西添加进去。

⑥连续两句是用来评说惠子的，在德行的自我修养上十分薄弱，对于外在事物的追求却有强烈的欲望和热情。

⑦塗：通作“途”。隩（yù）：水边迂曲之处，喻指道路弯曲、狭窄。

⑧庸：用。

⑨一：一端，指懂得事理的某一方面。愈：胜，突出。

⑩贵道：以道为贵，尊崇于道。几：近，指接近于道术。

⑪自宁：指自己安于大道。

⑫骀（dài）荡：放荡，没有一点节制。

⑬反：返。

⑭穷响：遏止回声；“穷响以声”即“以声穷响”，用声音来遏止回声。

⑮全句是说，身形为了避开影子而拼命地奔跑，此意欲说明徒劳无益。

译文 不过惠施的口总是说个没完，自以为最有才气，说：“天地伟大啊！”他实在是心存压倒他人的雄心而又不真正懂得道术。南方有个奇异的人名叫黄缭，向他询问天为什么不会坠落、地为什么不会塌陷，询问风雨雷霆形成的原因。惠施一点也不谦逊立即回应，不加思索地就做出答复，广泛阐述事物的规律与原理，说起来絮絮不绝，话多而无休止，还认为说得太少，把许多奇异的东西也添加进去。他处处违反人的实情，却一心求取超人的名声，因此他总是跟众人不合时宜。他内心修养十分薄弱，而追逐外物的欲念又十分强烈，他所走的道路真是弯曲狭窄的哩。用阴阳交构化育万物的道术来考察惠施的能耐，不过就像是一只蚊虻在徒劳地嗡嗡作响。他的言论对于万物有什么用处！不过充分了解事理的某一部分还是可以说十分突出的，如果能够尊崇于道也就接近于道术了！惠施不能够在这方面安下心来认真下点功夫，离散心神于外界事物又从不知道倦怠，最终只不过得到善辩的美称。可惜啊！惠施的才气，放荡不羁而无所获，驰逐于外物而不知返归本真，这就像用声音来遏止回声，又像是为了使身形摆脱影子而拼命地奔跑，实在是可悲啊！

本书获2019年贵州省出版传媒事业发展专项资金资助

图书在版编目(CIP)数据

庄子全译：上下/(战国)庄周著；张耿光译注.—贵阳：贵州人民出版社，2022.3
(中国历代名著全译丛书)
ISBN 978-7-221-16976-1

Ⅰ.①庄… Ⅱ.①庄…②张… Ⅲ.①道家②《庄子》—译文Ⅳ.①B223.54

中国版本图书馆CIP数据核字(2021)第236875号

出 版 人：王 旭
责任编辑：谢丹华 张翕之
装帧设计：晓笛设计工作室 舒刚卫 刘清霞
责任监印：尹晓蓓 唐锡璋

书 名：庄子全译(上下)
著 者：〔战国〕庄周
译 注：张耿光
出版发行：贵州出版集团 贵州人民出版社
地 址：贵州省贵阳市观山湖区会展东路SOHO办公区A座
印 刷：天津创先河普业印刷有限公司
开 本：880mm×1230mm 32开
印 张：31.125
字 数：562千字
版 次：2022年3月第1版
印 次：2022年3月第1次印刷
书 号：ISBN 978-7-221-16976-1
定 价：128.00元